VERLAG HERMANN BÖHLAUS NACHFOLGER
16 24
WEIMAR

GOETHE-JAHRBUCH

Im Auftrag
des Vorstands der Goethe-Gesellschaft
herausgegeben
von
Jochen Golz und Edith Zehm

EINHUNDERTUNDNEUNZEHNTER BAND
DER GESAMTFOLGE

2002

Verlag Hermann Böhlaus Nachfolger Weimar

Redaktion: Dr. Petra Oberhauser

Mit 13 Abbildungen

Gedruckt mit Unterstützung des Beauftragten der Bundesregierung für Angelegenheiten der Kultur und der Medien und des Thüringer Ministeriums für Wissenschaft, Forschung und Kunst

ISBN 3-7400-1203-X

ISSN 0323-4207

Gedruckt auf alterungsbeständigem Papier

www.boehlausnf.de
info@boehlausnf.de

Umschlag: Willy Löffelhardt
Satzgestaltung: Grafik-Design Fischer, Weimar
Druck und Bindung: Kösel GmbH & Co KG, Kempten
Printed in Germany
Mai 2003

Inhaltsverzeichnis

Vorwort

Die letzte Hauptversammlung unserer Gesellschaft bot als Auftakt eine wirkliche Premiere: Zum ersten Mal fanden sich in diesem Rahmen junge Goethe-Forscher zu einem Symposium zusammen. Nicht ohne leichte Skepsis sahen wir dieser Veranstaltung entgegen. Würde das öffentliche Interesse groß genug sein, oder würden am Ende die Referenten unter sich bleiben? Der Erfolg gab den Organisatoren recht. Zahlreiche Zuhörer fanden sich zu den Vorträgen ein, lebhaft und aufgeschlossen war das Klima der Diskussionen – ein guter Anfang für eine Reihe, die wir fortzusetzen gedenken. Zugleich kann eine solche Veranstaltung jene widerlegen, die meinen, es sei im Grunde schon alles gesagt, oder es gäbe zwar Themen genug, doch wendeten sich junge Forscher eher anderen, leichter zu bestellenden Feldern zu. Die Referate des Symposiums, die in Auswahl unser Jahrbuch eröffnen, sprechen eine andere Sprache. Sie bezeugen das unvermindert große Interesse an einem lebendigen, modernen Goethe, und sie bezeugen gleichermaßen, daß systematische Nachwuchsförderung an deutschen Universitäten gute Früchte tragen kann.

Auch sonst kommen in diesem Jahrbuch Nachwuchswissenschaftler zu Wort, ob nun Goethes Cagliostro-Rezeption behandelt wird oder im Dokumentarteil Randnotizen Goethes im *Archiv für den Thierischen Magnetismus* publiziert und kommentiert werden. Zum wissenschaftlichen Kontext des „Musenhof"-Beitrags mag eine Anmerkung erlaubt sein. Seit 1998 gibt es an der Friedrich-Schiller-Universität Jena den von der Deutschen Forschungsgemeinschaft geförderten Sonderforschungsbereich *Ereignis Weimar-Jena. Kultur um 1800*. Im Zusammenwirken nahezu aller relevanten Fachrichtungen wird jenes Kulturereignis, in dem Aufklärung, Klassik und Romantik sich in einem spannungsvollen und widerspruchsreichen historischen Verbund beisammen finden, interdisziplinär in den Blick genommen; an den zahlreichen Teilprojekten sind vor allem junge Forscher beteiligt. In solchen Zusammenhängen stellte sich auch eine neue Sicht auf den Weimarer „Musenhof" ein; vorgestellt wird im Jahrbuch ein Segment daraus, das besonders für die zeitgenössische Legendenbildung um Goethe von Interesse ist. Sofern möglich, wird sich unser Jahrbuch auch künftig Beiträgen aus dem Jenenser Sonderforschungsbereich öffnen.

Der Dokumentation neuer Quellen widmet unser Jahrbuch stets besondere Aufmerksamkeit. Doch bei dem Beitrag von Georg Kurscheidt, Norbert Oellers und Elke Richter handelt es sich nicht nur um die Publikation sechs bislang unbekannter Goethe-Briefe, sondern auch um die Ankündigung und Vorstellung eines editorischen Langzeitunternehmens am Goethe- und Schiller-Archiv der Stiftung Weimarer Klassik und Kunstsammlungen. Als ein Zentrum quellenorientierter Goetheforschung hat sich das Weimarer Archiv das ehrgeizige Ziel gesetzt, die dringend revisionsbedürftigen Abteilungen der Weimarer Goethe-Ausgabe, der immer noch einzigen vollständigen wissenschaftlichen Goethe-Ausgabe, sukzessive zu erneuern. Zusätzlich erhält diese Aufgabe Gewicht durch eine Ehrung, die dem Archiv jüngst zuteil geworden ist; der dort befindliche handschriftliche Nachlaß Goethes wurde in die UNESCO-Liste *Memory of the World* aufgenommen. Nachdem bereits 1940 die Erneuerung der zweiten Abteilung der Weimarer Ausgabe in Gestalt der Leopoldina-Ausgabe von Goethes Schriften zur Naturwissenschaft begonnen worden war, nahm man 1990 in Weimar die Arbeit an einer neuen Edition von Goethes Tagebüchern auf, von der bislang zwei Bände vorliegen; ein dritter wird 2003 folgen. Nunmehr hat der Stiftungsrat der Stiftung Weimarer Klassik und Kunstsammlungen eine neue, kommentierte Ausgabe von Goethes Briefen beschlossen. Dies konnte erst geschehen, nachdem in den Jahren zuvor mit Unterstützung der Deutschen Forschungsgemeinschaft eine Datenbank mit sämtlichen überlieferten Briefen Goethes angelegt worden war. Eine erste Probe aus der Werkstatt der Edition wird jetzt in unserem Jahrbuch vorgelegt. Damit verbindet sich die freundliche Einladung an Editionswissenschaftler und Goethephilologen, über die hier vorgestellten Prinzipien der Textbehandlung und Kommentierung mit den Autoren, die zugleich das Herausgeberteam bilden, in einen kritischen Diskurs zu treten.

Das Thema „Goethe und die Todesstrafe" beschäftigt nach wie vor die Forschung und erregt immer wieder die Gemüter. Die Legende, Goethe habe eigenhändig ein Todesurteil für eine Kindsmörderin unterzeichnet, führt ein zähes Leben und hat auch in romanhafte Goethe-Biographien Eingang gefunden. Als einen Beitrag zur Rekonstruktion geschichtlicher Wahrheit haben wir darum René Jacques Baerlochers Aufsatz aufgenommen. Baerlocher läßt vor allem die Dokumente selbst sprechen und kommentiert nur dort, wo es zum Verständnis historischer Zusammenhänge notwendig ist; dem Kundigen sagt es genug, der weniger Kundige möge sich aufgerufen fühlen, unbedrängt von modernen Moral- und Rechtsvorstellungen geschichtlichen Wahrheiten weiter nachzuspüren. Die Wahrheit zu finden ist nicht einfach, doch sie sollte – nicht zuletzt um der Verständigung unter den Mitgliedern unserer Gesellschaft willen – nach Möglichkeit unvoreingenommen gesucht werden. Nicht ein Bild vom weltfernen Olympier Goethe soll aufgerichtet werden, sondern das Bild eines Menschen, der, in sich wahrhaftig, in Lebensverhältnisse hineingestellt war, die ihm auch schwierige politische Entscheidungen abforderten und in denen er – humanen Intentionen folgend – entschieden hat. Wer dazu andere begründete Auffassungen vorzutragen hat, ist eingeladen, sich in unserem Jahrbuch zu Wort zu melden.

Die Aufnahme des Goetheschen Nachlasses in die UNESCO-Liste *Memory of the World* ist Ausdruck einer weltumspannenden Anerkennung und Wertschätzung des Weltbürgers Goethe. Von einem international weitgefächerten Spektrum der Forschung legt der Rezensionsteil unseres Jahrbuchs Zeugnis ab, und die jährlich vorgelegte Bibliographie gibt dies ebenfalls zu erkennen. Denn dort sind in Auswahl auch jene Publikationen verzeichnet, die in ausländischen Goethe-Periodica zu finden sind: im Jahrbuch der Goethe Society of North America oder der English Goethe Society, im Jahrbuch des Wiener Goethe-Vereins, im Jahrbuch der Koreanischen Goethe-Gesellschaft oder im Periodicum der Goethe-Freunde in Japan, um nur die wichtigsten zu nennen. Hervorgehoben sei auch, daß die Moskauer Goethe-Freunde in lockerer Folge höchst gewichtige Sammelbände vorlegen – der jüngste, das Thema *Goethe in der russischen Kultur des 20. Jahrhunderts* behandelnd, hat uns vor kurzem erreicht. Dank gesagt sei all den weltweit publizierenden Goethe-Forschern, die unter denkbar verschiedenen sozialen und kulturellen Bedingungen ihrer Aufgabe nachkommen, Goethe einem jeweils anderen nationalen Publikum zu vermitteln, und uns darüber hinaus wichtige Anstöße geben. Als Wegweiser zu den Ergebnissen einer international ausgreifenden Goetheforschung, als Instrument wissenschaftlicher Kommunikation über Ländergrenzen hinweg möge unsere Bibliographie verstanden werden.

Jochen Golz und Edith Zehm

SYMPOSIUM JUNGER GOETHEFORSCHER

THORSTEN VALK

Poetische Pathographie. Goethes „Werther" im Kontext zeitgenössischer Melancholie-Diskurse

> Ohne ein lebhaftes pathologisches Interesse ist es auch mir niemals gelungen, irgend eine tragische Situation zu bearbeiten [...].
>
> (Goethe an Schiller, 9. 12. 1797)

Die Melancholie bildet im ausgehenden 18. Jahrhundert das Gravitationszentrum zahlreicher moralphilosophischer Debatten, da sie die allgemeine Aufmerksamkeit auf jene Areale der menschlichen Psyche lenkt, die sich dem vielbeschworenen Licht der Aufklärung beharrlich entziehen. Diese lichtscheuen Seelenbezirke gelten als Brutstätten schwermütiger Stimmungen und rufen deshalb all jene Zeitgenossen auf den Plan, die der Vernunft zur unumschränkten Herrschaft verhelfen wollen. Immanuel Kant beispielsweise charakterisiert 1798 die melancholische Gemütslage als Konsequenz eines inadäquaten Vernunftgebrauchs; sie resultiert seines Erachtens aus der Weigerung des Subjekts, traurige Empfindungen einer kritischen Prüfung zu unterziehen und so ihre häufige Grundlosigkeit zu entlarven. Die Melancholie ist laut Kant „ein bloßer Wahn" vom Elend, den sich „der Trübsinnige (zum Grämen geneigte) Selbstquäler schafft. Sie ist selber zwar noch nicht Gemütsstörung, kann aber wohl dahin führen".[1] Schwermütige Schwärmereien und melancholische Gemütszustände erscheinen der Aufklärung und ihren Verfechtern als Skandalon, da im Siegeszeichen des Lichtes Enklaven der Dunkelheit nicht geduldet werden können. Die Dialektik von Licht und Schatten läßt sich indes nicht auflösen: Während die Melancholie von den Repräsentanten der Aufklärung als grundlose, krankhafte und weltabgewandte Traurigkeit denunziert wird, gilt sie den Anhängern der Empfindsamkeit als Ausweis eines höheren und inspirierten

---

1 Immanuel Kant: *Werke in sechs Bänden.* Hrsg. von Wilhelm Weischedel. Bd. 6: *Schriften zur Anthropologie, Geschichtsphilosophie, Politik und Pädagogik.* Darmstadt 51983, S. 528. – Die hier zitierte *Anthropologie in pragmatischer Hinsicht* läßt gegenüber der Melancholie eine klar ablehnende Haltung erkennen. Das ist insofern besonders interessant, als Kant in seiner ‚vorkritischen' Zeit die Melancholie noch sehr viel ambivalenter bewertet und zwischen entgegengesetzten Positionen, zwischen positiver und negativer Beurteilung schwankt. Vgl. hierzu die 1764 publizierte Schrift *Beobachtungen über das Gefühl des Schönen und Erhabenen* (Bd. 1, S. 821–884) sowie den aus dem gleichen Jahr stammenden *Versuch über die Krankheiten des Kopfes* (Bd. 1, S. 885–901). Kants Wende in der Einschätzung des melancholischen Gemüts resultiert aus seiner Entwicklung vom ‚Gefühlsethiker' (der vorkritischen Zeit) zum ‚Vernunftethiker'.

Lebens inmitten einer profanen Umwelt. „Komm, Königin erhabner weiser Gedanken, / Du Schwester ernster Phantasie! / Du Wächterin des philosophischen Kranken, / Komm, heilige Melancholie!" Mit diesen empfindsamen Versen wendet sich Johann Jakob Guoth in einem 1772 publizierten Gedicht an die Melancholie, die er als Muse sakralisiert und hymnisch anruft.[2]

Der Streit um die Melancholie polarisiert die Intellektuellen des ausgehenden 18. Jahrhunderts. Eine indifferente Haltung ist in dieser mit ungewöhnlicher Schärfe geführten Debatte kaum möglich. „Wie hältst Du's mit der Melancholie", lautet die Gretchenfrage unter rationalistischen Aufklärern und deren empfindsamen Gegnern. Die außerordentliche Bedeutung der Melancholie für die Zeit vor und um 1800 läßt sich nicht zuletzt auch an Goethes und Schillers dramatischen Hauptwerken ablesen. Mit Faust und Wallenstein stehen zwei Melancholiker par excellence im Mittelpunkt der Weimarer Klassik.[3] Goethe setzt sich freilich nicht erst in seiner *Faust*-Dichtung mit dem Phänomen der Melancholie auseinander; bereits in seinen frühen Werken aus der Leipziger und Frankfurter Zeit bildet es einen klar vernehmbaren ‚Cantus firmus'. Der 1774 publizierte *Werther*-Roman thematisiert mit besonderer Intensität die unterschiedlichen Facetten der Melancholie – er schildert die von ihr ausgehenden Gefährdungen ebenso wie ihre inspirierenden Wirkungen und nimmt damit in der zeitgenössischen Diskussion eine vermittelnde Position ein. Goethes aufsehenerregendes Romandebüt bringt die Melancholie in ihrer ganzen Bandbreite und ihren weitverzweigten Traditionssträngen zur Darstellung. Die der Aufklärung verpflichtete Psychopathologie steht neben dem eigenwilligen Melancholiekult der Empfindsamkeit und – was sich im Rahmen dieser Abhandlung allerdings nur en passant berücksichtigen läßt – neben der auf die pseudoaristotelischen *Problemata* zurückgehenden Inspirationstheorie, derzufolge die Melancholie den Künstler zu genialem Schöpfertum befähigt und den weltabgewandten Gelehrten zu kontemplativer Ideenschau erhebt.[4]

Bereits in den Maibriefen, die Goethes Roman eröffnen, offenbart sich Werther als ausgesprochener Melancholiker, der die Gesellschaft meidet und auf ausgedehnten Wanderungen elegischen Phantasien nachhängt. Werther kultiviert seine Einsamkeit: Er bezeichnet sie als „Balsam" für sein chronisch angegriffenes Herz und betrachtet sie als Vorbedingung für ein empfindsam gesteigertes Dasein, dem sich die letzten Geheimnisse der Natur enthüllen (HA 6, S. 8f.). Die Einsamkeit ist seit jeher fest mit dem Melancholiker assoziiert, ihre allgemeine Nobilitierung erfährt sie jedoch erst in der zweiten Hälfte des 18. Jahrhunderts unter dem Einfluß zivilisationskritischer Tendenzen. Trotz dieser Neubewertung wird die Selbstisolierung auch im ausgehenden 18. Jahrhundert nicht einhellig begrüßt, führt sie doch auf lange Sicht zu einer übertriebenen Selbstfixierung, die – wie im Falle Werthers – zu einer ruinösen Egomanie ausarten kann. Werther gefällt sich in der Rolle des sozialen Außenseiters, dessen melancholische Seelenstimmung außergewöhnliche Sensibilität verleiht und gesteigerte Gefühlsintensität ermöglicht. Die in den Maibriefen wiederholt artikulierte Klage,

---

2 Johann Jakob Guoth: *An die Melancholie*. In: Ludwig Völker (Hrsg.): *„Komm, heilige Melancholie". Eine Anthologie deutscher Melancholie-Gedichte. Mit Ausblicken auf die europäische Melancholie-Tradition in Literatur- und Kunstgeschichte.* Stuttgart 1983, S. 73.

3 Vgl. Jochen Schmidt: *Faust als Melancholiker und Melancholie als strukturbildendes Element bis zum Teufelspakt.* In: Jb. der Deutschen Schillergesellschaft 41 (1997), S. 125–139. Vgl. außerdem Dieter Borchmeyer: *Macht und Melancholie. Schillers „Wallenstein".* Frankfurt a. M. 1988.

4 Hierzu ausführlich: Thorsten Valk: *Melancholie im Werk Goethes. Genese – Symptomatik – Therapie.* Tübingen 2002.

daß er zwar viele Menschen kennenlerne und auch rasch Kontakte knüpfe, indes mit niemandem in ein vertraulicheres Verhältnis treten könne, trägt deutliche Züge der Heuchelei. Als notorischer Einzelgänger meidet Werther bewußt soziale Bindungen.

In Werthers Briefen finden sich so gut wie alle Elemente des empfindsamen Melancholiekults, der im letzten Drittel des 18. Jahrhunderts in weiten Teilen Europas um sich greift. Die Anhänger dieser spezifisch modernen Oppositionsbewegung schätzen vor allem die traurigen Gemütszustände, die sie lustvoll in petrarkistischer Manier umschreiben. Oxymorale Wendungen wie „joy of grief" oder „süße Trauer" kursieren allerorten. Man glaubt, daß allein der Melancholiker in der Lage sei, sich von der Atmosphäre eines dunklen Waldes, dem klagenden Gesang einer Nachtigall oder der schwermütigen Stimmung einer stillen Mondnacht ansprechen zu lassen. Von zentraler Bedeutung für die Melancholie-Mode der Empfindsamkeit ist ferner der Kult um Tod und Jenseits, der sich in den elegischen Nachtgedichten von Edward Young oder auch in Klopstocks und Grays tränenseliger Stimmungslyrik paradigmatisch fassen läßt. „Hier stirbt ein verlassenes Mädchen, dort ertrinkt ein getreuer Liebhaber", resümiert Goethe 1814 rückblickend in *Dichtung und Wahrheit*, „und wenn ein Dichter wie Gray sich auf einem Dorfkirchhofe lagert, und jene bekannten Melodien wieder anstimmt, so kann er versichert sein, eine Anzahl Freunde der Melancholie um sich zu versammeln" (HA 9, S. 581 f.).

Werthers Briefe partizipieren in hohem Maße an der empfindsamen Zeitströmung, wie der Brief vom 10. September 1771 exemplarisch verdeutlichen kann: Werther, der sich nach langem Zögern entschlossen hat, Wahlheim zu verlassen, kommt am Abend vor seiner geheimen Abreise ein letztes Mal mit Lotte und Albert zusammen. Man will sich im Garten vor Lottes und Alberts Haus treffen. Werther findet sich als erster ein und sieht voller Wehmut der untergehenden Sonne nach, die ihn an glückliche Stunden mit Lotte erinnert. Im nachlassenden Abendlicht überblickt er den Garten, der sich am Ende der Terrasse zunehmend verjüngt, bis „zuletzt alles sich in ein geschlossenes Plätzchen endigt, das alle Schauer der Einsamkeit umschweben" (HA 6, S. 56). Werther, der dieses Plätzchen schon öfters aufgesucht hat, schreibt im Hinblick auf die Begegnung mit Lotte und Albert: „[I]ch ahnete ganz leise, was für ein Schauplatz das noch werden sollte von Seligkeit und Schmerz" (HA 6, S. 57). Seligkeit und Schmerz erscheinen hier als entgegengesetzte Seelenstimmungen, die von Werther simultan erlebt werden – dies ist genau jene melancholische Haltung, die mit dem Schlagwort des „joy of grief" umschrieben werden kann. Auch im weiteren Verlauf des Briefes betont Werther mehrmals die spezifische „Süße" des unmittelbar bevorstehenden Abschiedsschmerzes. Rückblickend erklärt er: „Ich hatte mich etwa eine halbe Stunde in den schmachtenden, süßen Gedanken des Abscheidens, des Wiedersehens geweidet, als ich sie die Terrasse heraufsteigen hörte. Ich lief ihnen entgegen, mit einem Schauer faßte ich ihre Hand und küßte sie" (ebd.). Gemeinsam mit Lotte und Albert begibt sich Werther in die Gartenlaube, wo „tiefe Dämmerung" herrscht, während die anderen Bereiche des Gartens durch den aufgehenden Mond in ein mattes Licht getaucht werden (ebd.). Blasser Mondenschein und tiefe Dunkelheit bilden die empfindsam-melancholische Atmosphäre einer pathosgeladenen Unterhaltung über Tod, Auferstehung und jenseitiges Leben.

Werther kultiviert seine melancholischen Stimmungen, da er sie als besonders lustvoll erfährt. Doch es droht ernste Gefahr, denn in seinem Fall wächst sich die spezifisch empfindsame und gemeinhin auch gefahrlose Form der Melancholie zu einer massiven Bedrohung der Seelenbalance aus. Wie Werther bereits am 13. Mai hervorhebt, kann er das im Sinne der Empfindsamkeit vertretbare Maß „süßer Melancholie" nicht einhalten, da bei ihm die sanfte Schwermut immer wieder in den manischen Affekt der „verderblichen Leidenschaft" umschlägt (HA 6, S. 10). Werthers Melancholie erweist sich als ambivalent. Die empfindsame Vorliebe für elegische Stimmungen verbindet sich bei ihm von Anfang an mit pathogenen Wesenszügen: Dem schwärmerischen Enthusiasmus korrespondiert eine psychische Hyperlabilität, die Einkehr ins eigene Ich verschränkt sich mit einer überspannten Einbildungskraft, der genüßlich kultivierte Hang zur Einsamkeit korreliert mit einem obsessiven Inkludenzgefühl. Noch vor der Bekanntschaft mit Lotte drängen sich Werther Selbstmordgedanken auf, die über das empfindsame Melancholieverständnis weit hinausreichen. Das irdische Leben verengt sich zum quälenden Kerker, aus dem es zu fliehen gilt. Die Suizidneigung, die dem Melancholiker seit der Antike in fast allen medizinischen Abhandlungen zugeschrieben wird, entpuppt sich als Werthers ständiger Begleiter.

Die pathogenen Eigenschaften werden in den Maibriefen zwar zunächst nur beiläufig erwähnt, doch bereits hier offenbaren sie ihre ruinösen Implikationen. Werther kann seine heftigen Stimmungen nicht auf ein Normalmaß eindämmen. Ohne Unterlaß oszilliert er zwischen Euphorie und Verzweiflung, wobei sich die Stimmungsumschwünge oft ohne erkennbare äußere Einwirkung vollziehen. Neben die psychische Labilität tritt von Anfang an eine hypertrophe Einbildungskraft, deren chaotische Ausgeburten jeder Kontrolle enthoben sind. Werther erliegt einer Handlungshemmung und einem fortschreitenden Wirklichkeitsverlust. Die aufflammende Liebesleidenschaft forciert seine krankhafte Melancholie, da sie ihn in eine prekäre Situation manövriert. Das Verhältnis zu Lotte darf aufgrund ihrer Verlobung und Ehe mit Albert die Grenzen einer platonischen Seelenfreundschaft nicht überschreiten. Werther unternimmt daher alles, um sein erotisches Verlangen zu unterdrücken. Er stilisiert Lotte zu einer Heiligen, in deren Gegenwart seine sinnlichen Leidenschaften geläutert und zu einer keuschen Liebe sublimiert werden. „Sie ist mir heilig", erklärt er am 16. Juli 1771 gegenüber Wilhelm mit Nachdruck. „Alle Begier schweigt in ihrer Gegenwart" (HA 6, S. 39). Werther sakralisiert Lotte und beteuert wiederholt in seinen Briefen, daß die Liebe zu ihr über jedes körperliche Verlangen erhaben sei. Doch er täuscht sich – das sinnliche Begehren läßt sich auf Dauer nicht unterdrücken und tritt nach dem kurzen Zwischenspiel bei der fürstlichen Gesandtschaft immer stärker hervor. Werther vermag seine idealistische und rein platonische Liebe nicht aufrechtzuerhalten und versinkt in einem wilden Gefühlsaufruhr. Die Beziehung zu Lotte steigert seine Melancholie ins hochgradig Pathologische, da keinerlei Aussicht auf Erfüllung seines körperlichen Begehrens besteht. In diesem Sinne äußert sich auch Goethe im Juni 1774 gegenüber Gottlieb Friedrich Ernst Schönborn:

> Allerhand neues hab ich gemacht. Eine Geschichte des Titels: d i e L e i d e n d e s i u n g e n W e r t h e r s, darinn ich einen iungen Menschen darstelle, der mit einer tiefen reinen Empfindung und wahrer Penetration begabt, sich in schwärmende Träume verliert, sich durch Spekulation untergräbt, biss er zuletzt durch dazutretende unglückliche Leidenschafften; besonders eine endlose Liebe zerrüttet, sich eine Kugel vor den Kopf schiesst. (WA IV, 2, S. 171)

In dieser konzentrierten Inhaltsangabe skizziert Goethe mit unmißverständlicher Klarheit den Stellenwert und die Funktion der Liebesbeziehung. Werther verliert sich schon vor der Verbindung mit Lotte in schwärmerische Träume und tiefsinnige Spekulationen, die seine psychische Konstitution unterminieren und suizidale Sehnsüchte heraufbeschwören. Durch das von Leidenschaft und zunehmender Sinnlichkeit geprägte Liebesverhältnis verfällt Werther dann in immer stärkerem Maße der Melancholie, bis er zuletzt im Freitod seinem Leiden ein Ende setzt.[5]

Goethes Roman erzählt nicht nur die Geschichte einer tödlich endenden Melancholie, sondern gewährt auch einen umfassenden Einblick in die psychotherapeutische Praxis des ausgehenden 18. Jahrhunderts. Zu den gängigen psychotherapeutischen Heilmethoden der Goethezeit gehören ausgedehnte Reisen und gelegentliche Ortswechsel, eine klar strukturierte Tageseinteilung sowie produktive und abwechslungsreiche Tätigkeit. All diese Maßnahmen sollen den Melancholiker von seiner Fixierung auf die eigene Krankheit ablenken und seine depressiven Stimmungen lindern. Auch die schönen Künste werden als ästhetische Heilmittel für die psychotherapeutische Methode nutzbar gemacht. Insbesondere Musik und Dichtung sollen die seelischen Verspannungen des Melancholikers lösen, indem sie reinigend auf seine Affekte einwirken und ihn je nach Stimmungslage erheitern oder beruhigen.[6] Die genannten Heilmethoden begegnen ohne Ausnahme auch in Goethes Roman. Bereits der Eingangsbrief vom 4. Mai dokumentiert, daß sich Werther auf Wunsch seiner Mutter zu einer Reise entschlossen hat, die ihn von seinen seelischen Konflikten und melancholischen Neigungen ablenken soll. Die Therapie scheint zunächst auch anzuschlagen: „[I]ch will das Gegenwärtige genießen, und das Vergangene soll mir vergangen sein", schreibt Werther an seinen Freund Wilhelm (HA 6, S. 7). Gerade der unverhältnismäßige Vergangenheitsbezug zählt zu den auffälligsten Symptomen des Melancholikers. Da er sich vom Einfluß zurückliegender Ereignisse nicht emanzipieren kann, verliert er jede Fähigkeit zur Bewältigung der Gegenwart. Das endlose Wiederkäuen der Vergangenheit, das auch andere Figuren Goethes als Melancholiker kennzeichnet, will Werther laut eigener Aussage künftig vermeiden. Daß ihm dies indes nicht gelingen wird, verraten bereits die Maibriefe.[7]

Den psychotherapeutischen Vorstellungen der Goethezeit zufolge kommt Wilhelm, dem Adressaten der Briefe, die wichtige Funktion zu, als enger Vertrauter immer wieder mahnend und ermutigend auf Werther einzuwirken. Als sich dessen Gesundheitszustand zusehends verschlechtert, bemüht sich Wilhelm, eine Anstellung bei der fürstlichen Gesandtschaft zu vermitteln. Sie soll Werther durch produktive Tätigkeit psychisch stabilisieren und dem besorgniserregenden Müßiggang ein Ende setzen. Werther, der bislang jede Form der Arbeit als inakzeptable Fron ablehnte, nimmt die von Wilhelm vermittelte Stelle als Gesandtschaftssekretär an, da er glaubt, nur noch auf diese Weise den Qualen der sich sukzessive verschärfenden Melancholie entkommen zu können. Wie bereits am Beginn des Briefromans scheint sich durch den neuerlichen Ortswechsel eine rasche Besserung einzustellen. Die Arbeit

---

[5] Auch bei den Parallelfiguren zu Werther – beim Schreiber Heinrich und bei der jungen Selbstmörderin – erweist sich die leidenschaftliche Liebe als Katalysator einer im Wahnsinn oder Tod endenden Melancholie.

[6] Die antimelancholischen Heilpraktiken der frühen Neuzeit (mit besonderer Berücksichtigung der Musiktherapie) beschreibt Jean Starobinski: *Geschichte der Melancholiebehandlung von den Anfängen bis 1900.* Basel 1960, S. 55–90.

[7] Gegenüber Wilhelm erklärt Werther mit Nachdruck: „[I]ch will mich bessern, will nicht mehr ein bißchen Übel, das uns das Schicksal vorlegt, wiederkäuen, wie ich's immer getan habe" (HA 6, S. 7). Auch Wilhelm Meister gibt sich nach der schmerzhaften Trennung von Mariane als melancholischer Wiederkäuer zu erkennen. Sein Freund Werner muß schon einige Anstrengungen auf sich nehmen, um ihn „mit Erzählen, Vorlesen, auch wohl oft durch die bloße Gegenwart von den heimlichen Gedanken abzubringen", in denen er „sein Schicksal wiederzukauen, und sich selbst zu verzehren eine Wollust" findet (*Theatralische Sendung*; FA I, 9, S. 65).

sowie der rege Umgang mit zahlreichen Menschen fordern Werthers Aufmerksamkeit und geben ihm eine neue Lebensperspektive. Am 26. November schreibt er an Wilhelm: „Das beste ist, daß es zu tun genug gibt; und dann die vielerlei Menschen, die allerlei neuen Gestalten machen mir ein buntes Schauspiel vor meiner Seele“ (HA 6, S. 61). Werther lernt an seinem neuen Aufenthaltsort mehrere Personen kennen, mit denen er gerne zusammenkommt, da er ihren Umgang besonders schätzt. Was ihn indes verärgert, ist das äußerst schwierige Verhältnis zu seinem unmittelbaren Vorgesetzten, der bei jeder Gelegenheit gegen ihn intrigiert. Werthers Verdruß steigert sich und kulminiert schließlich nach dem erniedrigenden Verweis aus der höfischen Adelssoirée. Er fühlt sich kompromittiert und reicht sofort seine Kündigung ein. Damit aber scheitert auch der erneute Versuch, durch einen Ortswechsel und durch produktive Tätigkeit die Melancholie zu überwinden. Werther verläßt die Gesandtschaft und folgt zunächst einem Fürsten, um mit diesem in einen Krieg zu ziehen. Liest man zwischen den Zeilen, so wird recht schnell deutlich, warum sich Werther mit einem Mal für das Militär interessiert: Er will den Tod auf dem Schlachtfeld suchen. Nicht zuletzt hierin gleicht er dem Melancholiker Eduard aus den *Wahlverwandtschaften*, der ebenfalls in den Krieg ziehen will, um sich und seinem seelischen Leiden ein gewaltsames Ende zu setzen (HA 6, S. 359).[8]

Die ästhetischen Heilmittel Dichtung und Musik gelten der Psychotherapie des ausgehenden 18. Jahrhunderts als besonders effiziente Palliative. Auch in Goethes Roman werden sie immer wieder in diesem Zusammenhang genannt. Wenn Werther in seinem Homer liest oder bisweilen auch Lotte beim Klavierspielen zuhört, so übt dies eine besänftigende und melancholiebannende Wirkung auf ihn aus. Die Homer-Lektüre beruhigt die ständigen Seelenstürme, und die von Lotte dem Klavier entlockten Melodien vertreiben die dunklen Obsessionen. „Kein Wort von der Zauberkraft der alten Musik ist mir unwahrscheinlich“, erklärt Werther am 16. Juli 1771. „Wie mich der einfache Gesang angreift! [...] oft zur Zeit, wo ich mir eine Kugel vor den Kopf schießen möchte! Die Irrung und Finsternis meiner Seele zerstreut sich, und ich atme wieder freier“ (HA 6, S. 39). Dichtung und Musik werden von der psychotherapeutischen Praxis des 18. Jahrhunderts zwar als überaus wirksame Heilmittel geschätzt, bei falscher Auswahl oder ungeschickter Dosierung drohen sie jedoch zu abträglichen Ergebnissen zu führen und die Melancholie in erheblichem Maße zu verschärfen. Diese gegensätzlichen Wirkungen, die bereits in der antiken Medizin reflektiert werden, treten auch in Goethes Roman deutlich zutage. Solange sich Werther an Homer hält, erfüllt die Dichtung ihre therapeutische Funktion. In dem Augenblick aber, da er seine Begeisterung für Ossian entdeckt, entfesselt sie ihre unterminierenden Kräfte. Die vermeintlich mythischen Gesänge aus irischer und schottischer Vorzeit entführen Werther in eine dämmrige Nebelwelt, die so gut wie alle Topoi einer melancholischen Landschaft aufweist: Immer wieder ist es Nacht, dichte Wolkenmassen ziehen vorüber, während der Mond die Ebene in ein mattes Licht taucht und steinerne Grabhügel beleuchtet, unter denen junge

---

[8] Zur Suizidneigung des Melancholikers erklärt Zedlers Universallexikon: „Daferne es nun aber mit einer solchen hypochondrischen Melancholey so weit gekommen, daß sie sehr tief eingewurtzelt und jemehr und mehr angewachsen ist, so verfallen dergleichen Leute nicht selten in eine vollkommene Verzweifelung, und werden öfters ihre eigene Mörder“. – Johann Heinrich Zedler: *Grosses vollständiges Universal-Lexicon Aller Wissenschafften und Künste, Welche bishero durch menschlichen Verstand und Witz erfunden und verbessert worden.* 64 Bde. sowie 4 Suppl.-Bde. Halle/Leipzig 1733 bis 1754, Bd. 36, Sp. 470 (fotomechanischer Nachdr.: Graz 1961 ff.).

Männer ihre letzte Ruhe gefunden haben. Die Ossianischen Gesänge mobilisieren das ganze Repertoire dunkler Stimmungen und verbinden es mit der permanenten Evokation des tragisch erlittenen Todes. Werther taucht in die nordische Sagenwelt ein und glaubt zuletzt selbst über die kahle Heide zu wandern (HA 6, S. 82). Er verliert sich in der schwermütigen und todessüchtigen Nebellandschaft, die im Kontrast zu den lichterfüllten Landstrichen der Homerischen *Odyssee* keine heilenden Energien mehr entfaltet. Die Gesänge Ossians verschärfen und beschleunigen Werthers melancholische Erkrankung, da sie seine Suizidneigungen weiter anfachen. Was Werther an den Ossianischen Gesängen fesselt, ist vor allem die sentimentale Totenklage, die sein eigenes Todesverlangen literarisch sublimiert.[9]

Neben den bereits genannten Therapeutika rückt Goethes Roman auch die soziale Integration als melancholiemindernde Kraft ins Blickfeld. Gerade der Umgang mit Menschen könnte Werther vor seiner permanenten Introspektion bewahren, die ihn immer tiefer in die Melancholie hineintreibt. Werther fällt der Verkehr mit Menschen nicht schwer, er versteht es, rasch Kontakte zu knüpfen und das Vertrauen anderer Menschen zu gewinnen. Dennoch erscheint er von Beginn an als isolierter Einzelgänger, der zu seinen Weggefährten in unüberwindlicher Distanz verharrt. Der flüchtige Kontakt mit anderen Personen dient letztlich nur der melancholischen Selbstbespiegelung. Einzig und allein zu Lotte baut Werther eine intensivere Beziehung auf, die freilich auch von einem narzißtischen Selbstbezug überschattet wird: „Und wie wert ich mir selbst werde, [...] wie ich mich selbst anbete, seitdem sie mich liebt", schreibt Werther am 13. Juli 1771 (HA 6, S. 38). Auch in der Beziehung zu Lotte offenbart sich wiederholt ein Ausmaß an Ich-Bezogenheit, das jede zwischenmenschliche Beziehung zerstören muß.

Die zahlreichen Heilversuche, die im Verlauf des Romans geschildert werden, führen zu keiner dauerhaften Genesung. Die Melancholie verschärft sich und kulminiert schließlich im Freitod. Bereits am 12. August 1771 berichtet Werther von einem Gespräch mit Albert, das um die Frage des Selbstmordes und um die Möglichkeiten seiner Rechtfertigung kreist. Werther vertritt in diesem Disput den Standpunkt, daß psychische Krankheiten somatischen Gebrechen vergleichbar seien und somit der Selbstmord aus seelischer Verzweiflung ein Pendant zum Tod aufgrund körperlichen Versagens darstelle. Gegenüber Albert erklärt er mit Nachdruck:

> [W]ir nennen das eine Krankheit zum Tode, wodurch die Natur so angegriffen wird, daß teils ihre Kräfte verzehrt, teils so außer Wirkung gesetzt werden, daß sie sich nicht wieder aufzuhelfen, durch keine glückliche Revolution den gewöhnlichen Umlauf des Lebens wieder herzustellen fähig ist.
>
> Nun, mein Lieber, laß uns das auf den Geist anwenden. Sieh den Menschen an in seiner Eingeschränktheit, wie Eindrücke auf ihn wirken, Ideen sich bei ihm festsetzen, bis endlich eine wachsende Leidenschaft ihn aller ruhigen Sinneskraft beraubt und ihn zugrunde richtet. (HA 6, S. 48)

Obwohl Werther in diesem Disput nicht über seine persönliche Situation spricht, wird doch deutlich, daß er, indem er den Selbstmord als unabwendbares Ende einer psychischen Krankheit deutet, antizipatorisch auch seinen eigenen Freitod verteidigt und einer moralischen Ver-

[9] Vgl. Peter Pütz: *Werthers Leiden an der Literatur.* In: William J. Lillyman (Hrsg.): *Goethe's Narrative Fiction. The Irvine Goethe Symposium.* Berlin 1983, S. 55–68.

urteilung entzieht. Werthers allgemeine Ausführung liest sich wie eine verdeckte Beschreibung seines eigenen Melancholiker-Schicksals, denn auch er klagt bereits in den Frühlingsbriefen über das Gefühl unerträglicher „Einschränkung" (HA 6, S. 13). Zu diesem Inkludenzbewußtsein gesellt sich ebenfalls in den Maibriefen eine hypersensible Einbildungskraft, die schon durch gewöhnliche Alltagserscheinungen in höchstem Maße affiziert wird. Werthers gefährdete psychische Konstitution gerät dann durch die „wachsende Leidenschaft" zu Lotte immer stärker aus dem Gleichgewicht, bis er schließlich einer hochgradigen Melancholie anheimfällt und sich – „aller ruhigen Sinneskraft beraubt" – im Freitod das Leben nimmt.

Das Streitgespräch zwischen Albert und Werther kreist nicht nur um die Rechtfertigung des Suizids, sondern auch um das zerstörerische Potential hemmungsloser Leidenschaften. Albert kritisiert Werthers Plädoyer für einen nachsichtigen Umgang mit Selbstmördern und lenkt das Gespräch auf die zweifelhaften Wirkungen der außer Kontrolle geratenen Affekte. Werther reagiert mit Empörung und Emphase:

> Ich bin mehr als einmal trunken gewesen, meine Leidenschaften waren nie weit vom Wahnsinn, und beides reut mich nicht: denn ich habe in meinem Maße begreifen lernen, wie man alle außerordentlichen Menschen, die etwas Großes, etwas Unmöglichscheinendes wirkten, von jeher für Trunkene und Wahnsinnige ausschreien mußte. (HA 6, S. 47)

Werthers impulsives Bekenntnis läßt sich ansatzweise auf die Aussagen des pseudoaristotelischen *Problems* XXX I beziehen, das bereits im vierten vorchristlichen Jahrhundert die enge Beziehung zwischen Melancholie und genialer Veranlagung fixiert. Das *Problem*, das in seinen zahlreichen Verästelungen eine bis weit ins 18. Jahrhundert reichende Tradition begründet und durch Autoren wie Hamann und Lavater an Goethe vermittelt wird, sieht gerade den durch die Melancholie zu genialen Leistungen befähigten Menschen in der ständigen Gefahr, dem ebenfalls durch die Melancholie hervorgerufenen Wahnsinn anheimzufallen.[10] Die zentralen Analogien zwischen der pseudoaristotelischen Abhandlung und Werthers Äußerungen sind offensichtlich. Ein wesentlicher Unterschied besteht freilich darin, daß im *Problem* der Wahnsinn als negative Kehrseite des melancholischen Genies erscheint; Werther hingegen nobilitiert den Wahnsinn und führt ihn als Parole gegen die banale Sittlichkeit der „vernünftigen Leute" ins Feld (HA 6, S. 47).[11]

Goethes Roman bietet genügend Anhaltspunkte, um Werthers tödliche Krankheit als Melancholie zu identifizieren. Es findet sich jedoch auch ein außerliterarischer Hinweis, der die Evidenz der Diagnose bestätigt. Goethe hat seinem Briefroman einen Bericht zugrunde gelegt, der ihn nach seiner Abreise aus Wetzlar über den aufsehenerregenden Selbstmord des Legationssekretärs Karl Wilhelm Jerusalem unterrichtete. Dieser von Johann Christian Kestner verfaßte Bericht, der Goethe einen Einblick in die dramatischen Vorfälle vermitteln sollte, referiert nicht nur die Chronologie des Tathergangs, sondern analysiert zugleich auch

---

10 Zur Aktualisierung der traditionellen Verbindung von Genie und Melancholie im Sturm und Drang siehe Jochen Schmidt: *Die Geschichte des Genie-Gedankens in der deutschen Literatur, Philosophie und Politik 1750–1945*. Bd. 1: *Von der Aufklärung bis zum Idealismus.* Darmstadt ²1988, S. 105–110.

11 Siehe hierzu auch Hans-Jürgen Schings: *Melancholie und Aufklärung. Melancholiker und ihre Kritiker in Erfahrungsseelenkunde und Literatur des 18. Jahrhunderts.* Stuttgart 1977, S. 275.

den Charakter des Selbstmörders. Jerusalem erscheint bei Kestner als menschenscheuer Sonderling, der mit seinem Vorgesetzten am Reichskammergericht im Dauerzwist liegt und überdies eine aussichtslose Liebesbeziehung kultiviert. Er leidet dem Bericht zufolge auch an den allzu engen Erkenntnisgrenzen, die dem Verstand des Menschen gesetzt sind. Kestner verbindet Jerusalems Inkludenzgefühl mit dessen schwermütiger Haltung und bezeichnet diese expressis verbis als Melancholie, die zum tragischen Freitod geführt habe (MA 1.2, S. 780). Man ginge sicherlich zu weit, wollte man die Werthergestalt als eine poetische Nachbildung Jerusalems begreifen. Es scheint jedoch legitim, in Kestners Brief die Keimzelle für Goethes Dichtung zu sehen, da die Werthergestalt nach den Angaben des Berichtes konturiert wurde und einige Textpassagen sogar wortwörtlich in den Roman eingegangen sind. Indem Kestner den jungen Jerusalem dezidiert als Melancholiker darstellt, Goethe aber die zentralen Elemente aus Kestners Brief in seinen Roman aufnimmt, überträgt er auch Jerusalems Melancholie auf Werther.[12]

Goethes Roman thematisiert wie kein zweiter seiner Zeit die psychopathologischen Implikationen der Melancholie. Zugleich aber vermeidet er jede einseitige Verurteilung vom Standpunkt einer rigoristischen Moraldidaxe. Während die meisten Dichtungen des ausgehenden 18. Jahrhunderts im Streit um die Melancholie Partei ergreifen, verharrt Goethes Roman in einer neutralen Position, die mit psychologischem Scharfblick die Verlockungen und Gefährdungen der Melancholie auslotet. Einer Verherrlichung des Freitodes wird im *Werther* sicherlich nicht das Wort geredet, auch wenn viele Kritiker von Lessing bis Nicolai genau dies dem Roman vorgeworfen haben. Goethe idealisiert die Melancholie keineswegs. Er weigert sich aber auch, dem Roman jene „kalte Schlußrede" anzuhängen, die Lessing in einem Brief vom 26. Oktober 1774 an Johann Joachim Eschenburg zynisch einfordert.[13] Der Dichter des *Werther* hat sich mit der Melancholie bis ins hohe Alter auseinandergesetzt. Noch in seinem letzten Werk – dem zweiten Teil des *Faust* – widmet er der Melancholie eine eigene Szene. Mit nahezu klinischer Exaktheit beschreibt er im Streitgespräch zwischen der ‚Sorge' und Faust das altbekannte Krankheitsbild. Die Intensität, mit der sich Goethe in seinem ersten Roman dem Phänomen der Melancholie nähert, läßt auch in späteren Schaffensperioden nicht nach. Goethes literarisches Œuvre steht im Zeichen der Melancholie – wie kaum ein anderes Gesamtwerk ist es diesem Thema verpflichtet.

---

12 Daß Kestners Bericht durchgehend von dem Versuch bestimmt ist, Jerusalems Selbstmord unter Rückgriff auf tradierte Melancholiekonzepte plausibel zu machen, betont neuerdings auch die Studie von Roger Paulin: *Der Fall Wilhelm Jerusalem. Zum Selbstmordproblem zwischen Aufklärung und Empfindsamkeit.* Wolfenbüttel 1999, S. 23–30.

13 Gotthold Ephraim Lessing: *Werke und Briefe in 12 Bänden.* Hrsg. von Wilfried Barner u. a. Bd. 11/2: *Briefe von und an Lessing. 1770–1776.* Hrsg. von Helmuth Kiesel u. a. Frankfurt a. M. 1988, S. 667.

STEFANIA SBARRA

Der junge Goethe und Jean-Jacques Rousseau[1]

1. Wenn man bedenkt, welch unerhörtes Phänomen Rousseaus Kulturpessimismus im Rahmen der europäischen Aufklärung darstellte, ist Goethes Wortkargheit in der Würdigung von Rousseaus Einfluß auf das eigene Schaffen nahezu befremdend. Die Gründe für diesen Mangel an ausdrücklichen und eindeutigen Stellungnahmen von seiten Goethes, wenn man von seinen botanischen Interessen absieht[2], mögen einfach mit jenem Rezeptionsvorgang erklärt werden, den Harold Bloom als Einflußangst beschrieben hat[3]. Es liegt aber auch die Vermutung nahe, Goethe habe nach 1789 im Autor des *Contrat social* den Vorläufer der Französischen Revolution samt ihren Greueltaten erblickt und konsequenterweise von ihm Abstand genommen. Zu dieser Annahme veranlaßt folgender Passus aus *Dichtung und Wahrheit*:

> Diderot war nahe genug mit uns verwandt; [...]. Seine Naturkinder [...] behagten uns gar sehr, seine wackeren Wilddiebe und Schleichhändler entzückten uns, und dieses Ge-

---

[1] Die Zitate aus den Werken Rousseaus sind folgender Ausgabe entnommen: *Œuvres Complètes de Jean-Jacques Rousseau.* Edition de la Pléiade, publiée sous la direction de B. Gagnebin et M. Raymond. Paris 1959–1969; im Text sind sie mit der Abkürzung OC, Angabe des Bandes und der Seitenzahl belegt. Die Zitate aus *La nouvelle Héloïse* sind mit der Abkürzung NH, Angabe der Abteilung und des Briefes belegt. Die Zitate aus den Werken Rousseaus in der deutschen Fassung sind mit folgenden Abkürzungen und Angabe der Seitenzahl belegt: AU = *Abhandlung über den Ursprung und die Grundlagen der Ungleichheit unter den Menschen*; AW = *Abhandlung über die Wissenschaften und Künste*; N = *Vorrede zu „Narcisse"*. In: Jean-Jacques Rousseau: *Schriften.* Bd. 1. Hrsg. von Henning Ritter. Frankfurt/M. 1988; E = *Emil oder über die Erziehung.* Hrsg. von Ludwig Schmidts. Paderborn u. a. 1995; NH = *Julie oder Die neue Héloïse.* München 1978. Falls keine deutsche Ausgabe vorhanden ist oder Übersetzungsfehler anzutreffen waren, habe ich selbst für die Übertragung gesorgt. Es liegt leider noch keine vollständige deutsche Werkausgabe der Schriften Rousseaus vor.

Weitere Abkürzungen: HK = *Johann Gottfried Herder: Werke in zehn Bänden.* Hrsg. von Günter Arnold u. a. Frankfurt/M. 1985 ff.; HS = *Johann Gottfried Herder: Sämtliche Werke.* Hrsg. von Bernhard Suphan. Hildesheim, New York 1967/68; KSA = *Friedrich Nietzsche: Sämtliche Werke. Kritische Studienausgabe.* Hrsg. von Giorgio Colli u. Mazzino Montinari. Berlin, New York 1988. Hervorhebungen in den Zitaten stammen größtenteils von mir.

[2] Vgl. HA 13, S. 157–160.

[3] Vgl. Hans Robert Jauß: *Ästhetische Erfahrung und literarische Hermeneutik.* Frankfurt/M. 1987, S. 624–625.

> sindel hat in der Folge auf dem deutschen Parnaß nur allzu sehr gewuchert. So war er es denn auch, der, wie Rousseau, von dem geselligen Leben einen Ekelbegriff verbreitete, eine stille Einleitung zu jenen ungeheueren Weltveränderungen, in welchen alles Bestehende unterzugehen schien. (HA 9, S. 487–488)

Rousseau wird hier zunächst aus der Perspektive der Begebenheiten von 1789 ausgelegt, was übrigens seit Louis Sébastien Merciers *De Jean-Jacques Rousseau considéré comme l'un des premiers philosophes de la Révolution* (1792) durchaus legitim ist. Interessant scheint mir aber vor allem die von der Kritik wahrgenommene unzureichende Bewertung Rousseaus als eines Wortführers der Stürmer und Dränger zugunsten einer Wertschätzung Diderots, dem hinsichtlich der damaligen Selbsthelferdramaturgie eine zentrale, den Genfer Bürger erstaunlicherweise in den Hintergrund drängende Rolle zugeschrieben wird. Man könnte mit Ralph Rainer Wuthenow vermuten, daß Goethe aus der Distanz seiner autobiographischen Bemühungen die Rolle Rousseaus unterschätzte. „Eigentlich“, so Wuthenow, „wird hier, wie nebenbei und kommentarlos, Diderot eine Wirkung zugeschrieben, die man eher mit dem Namen Rousseau zu verbinden pflegt: Naturkinder in der Rebellion gegen das Unrecht und die Sklaverei der fortgeschrittenen Gesellschaft“.[4] Das gilt für Schriftsteller wie Klinger und Lenz, wenn man an ihre Dramen *Der Hofmeister* und *Das leidende Weib* denkt, und auch für Herders *Journal meiner Reise im Winter 1769*, wo gegen eine jugendfeindliche Pädagogik protestiert wird. Das gilt aber nicht für den jungen Goethe, dessen Rousseau-Rezeption erst dann interessant wird, wenn sie mit der Herderschen Auffassung vom künstlerischen Kraftgenie in Konflikt gerät, wobei die Auffassung des Gefühls eine zentrale Rolle spielt.

Weder in der bis zum Überdruß wiederholten Formel „Zurück zur Natur“, die übrigens in keinem Werk Rousseaus zu finden ist, noch in einer Aufforderung zur Revolte hat Goethe gefunden, was er zur Auseinandersetzung mit seinem Selbst brauchte, sondern in Rousseaus Kritik der Eigenliebe, die den Schwerpunkt all seiner Werke bildet. Goethes Rousseau-Lektüre zeichnet sich dadurch aus, daß sie ihn mit einer Psychologie des modernen Subjekts vertraut macht, die ihm zum Verständnis des eigenen Künstlertums in bezug auf die Eigenliebepathologie des zivilisierten Menschen verhilft. Nur vor dem Hintergrund dieser Kritik am zivilisierten Menschen gewinnen sämtliche Naturparolen genaue Konturen und jene Einmaligkeit, die Rousseau von anderen, bereits vor ihm hervorgetretenen Sängern des ländlichen Lebens unterscheidet. Nicht allein in der Verherrlichung idyllischer Naturszenen einer weit hinter uns liegenden Zeit ist sein Einfluß zu suchen, wie Schiller in *Über naive und sentimentalische Dichtung* behauptet[5]. Wenn dem so wäre, dann hätte Hallers Gedicht *Die Alpen* 1729 schon genug für den Gegensatz Land/Stadt, Tugend/Laster geleistet und in der Schweiz die idyllische, aber konkrete Alternative zur Zivilisation zugänglich gemacht.

Rousseaus Begriff von Eigenliebe als Pervertierung einer ursprünglichen, gesunden Selbstliebe ist der eigentliche Ausgangspunkt einer Naturauffassung, die ohne diesen permanenten Bezug eine unbrauchbare Worthülse bliebe. Der Gegensatz von *amour de soi* und *amour propre* ist also der unumgängliche Kern einer Reflexion, die sich stets mit den Einwirkungen

---

[4] Ralph Rainer Wuthenow: *Rousseau im „Sturm und Drang“*. In: Walter Hinck (Hrsg.): *Sturm und Drang*. Frankfurt/M. 1989, S. 20.

[5] „Daher ist auch in dem Ideale, das er von der Menschheit aufstellt, auf die Schranken derselben zuviel, auf ihr Vermögen zu wenig Rücksicht genommen, und überall mehr ein Bedürfniß nach physischer Ruhe als nach moralischer Übereinstimmung darinn sichtbar“ (SNA 20, S. 451–452).

der Zivilisation auf die Psyche auseinandersetzt. Es entsteht schon in Rousseaus frühen Schriften das Porträt des modernen Subjekts, wie es, von selbstsüchtigen Trieben beherrscht, die Rückseite des hochgepriesenen wissenschaftlichen Fortschritts aufdeckt. Es kann nicht verwundern, daß Rousseau sich zeit seines Lebens in einer Außenseiterrolle befindet, denn seine frühzeitige Anklage in der Art einer vorweggenommenen *Dialektik der Aufklärung* macht ihn zum Störenfried in einer Kultur, die das Übel der Welt zwar nicht naiv übersieht, aber doch zumindest dank der Fortschritte des Verstandes irgendwann zu überwinden hofft[6]. Dem Stolz der Aufklärung zum Trotz schreibt er die Entwicklung des Erkennens dem Einfluß von Leidenschaften zu, die der Eigenliebe entspringen. Die Eigenliebe, Triebfeder im Handeln des zivilisierten Menschen, entlarvt er im Gegensatz zur ursprünglichen, naturgemäßen und gesunden Selbstliebe als eine unmoralische, krankhafte Neigung. Die Pervertierung des *amour de soi* in *amour propre*, die einen nicht wiedergutzumachenden Verfall einleitet, ist die Erbsünde einer Menschheit, die nicht im Namen der Wahrheit und des Guten handelt, sondern Genuß, Erfolg und Selbstbehauptung als alleinige Zwecke verfolgt. Die Sensation des ersten *Discours* basiert zunächst auf der aus der Sicht der *Encyclopédistes* unerhörten Behauptung, daß zwischen Natur und Wissenschaft kein Verhältnis von Kontinuität anzunehmen, daß dagegen der Anfang aller Wissenschaft mit dem langsamen, aber unwiederbringlichen Abschied vom naturgemäßen Leben zu bezahlen sei[7], und das Adjektiv „naturgemäß" hat bei Rousseau eben nicht viel mit „Naturkindern" im Sinne von „Wilddieben" und „Schleichhändlern" gemein. Der unerhörte Skandal im *Discours sur l'origine de l'inégalité parmi les hommes* ist dementsprechend folgender Satz, der den Intellekt bloß als ein Mittel zur Befriedigung der Lust und zur Beseitigung der Angst (also der Unlust?) auslegt:

> Quoi qu'en disent les Moralistes, l'entendement humain doit beaucoup aux Passions, qui, d'un commun aveu, lui doivent beaucoup aussi: C'est par leur activité, que notre raison se perfectionne; *Nous ne cherchons à connoître, que parce que nous desirons de jouir*; et il n'est pas possible de concevoir pourquoi celui qui n'auroit ni désirs ni craintes se donneroit la peine de raisonner. Les Passions, à leur tour, tirent leur origine de nos besoins, et leur progrès de nos connoissances [...]. (OC 3, S. 143)

> Die Sittenlehrer mögen sagen, was sie wollen, der menschliche Verstand hat den Leidenschaften vieles zu verdanken, so wie von diesen ein jeder gesteht, daß sie dem Verstande vieles schuldig sind. Unsere Vernunft wird durch die Wirksamkeit der Leidenschaften vollkommener gemacht. Wir suchen Einsicht, weil wir genießen wollen. Unmöglich kann man

---

[6] Iring Fetscher betont seine Unzeitgemäßheit: „Gegner des technischen Fortschritts, ein Feind der großen Staaten seiner Zeit [...]. Er beklagte die Verstädterung und den überhandnehmenden Luxus, kritisierte die repräsentative Demokratie Englands und trat für die direkte Demokratie in kleinen, überschaubaren Gemeinwesen ein, verurteilte den Außenhandel und plädierte für Autarchie, lehnte den Kosmopolitismus ab und verherrlichte Patriotismus und Nationalismus. [...] Er erschien mir als ein lange mißverstandener Konservativer und Moralist" (Fetscher: *Rousseau, Voltaire und wir*. In: Merkur 32 [1978], S. 641–665; Zitat S. 641). – In der Anklage gegen die Mißbräuche des Intellekts durch eine skrupellose, nur auf die Anforderungen des Marktes orientierte Wissenschaft scheint mir heute Rousseaus Kritik der Aufklärung aktueller denn je.

[7] „C'étoit une ancienne tradition passée de l'Egypte en Gréce, qu'un Dieu ennemi du repos des hommes, étoit l'inventeur des sciences" (OC 3, S. 17).

„Es ist eine alte Sage, welche aus Ägypten nach Griechenland gekommen ist, daß ein der Ruhe der Menschen feindseliger Gott der Erfinder der Wissenschaften gewesen sei" (AW, S. 45).

sich vorstellen, daß sich einer die Mühe geben sollte, zu denken, der weder von Furcht noch von Begierden dazu angetrieben würde. Die Leidenschaften hingegen entstehen aus unseren Bedürfnissen und werden durch unsere Einsichten vermehrt. (AU, S. 205)

Désirs, Begierden, Leidenschaften: das ist der Sündenfall des zivilisierten Menschen, dem Kultur und Fortschritt entspringen. Mit dem Entstehen neuer Wünsche in den sich miteinander stets vergleichenden Menschen schwindet die psychische Autonomie der ersten *hommes naturels*, die sich ohne weiteres mit ihrer Lage zufriedengaben. Ihr Gnadenzustand bestand darin, daß sie wenige Leidenschaften kannten, daß ihre Wünsche sich auf das unmittelbar Mögliche und in nächster Nähe Erreichbare beschränkten, so daß es zu ihrer Befriedigung weder List noch Erfindung bedurfte:

> Concluons qu'errant dans les forêts, sans industrie, sans parole, sans domicile, sans guerre et sans liaison, sans nul besoin de ses semblables, comme sans désir de leur nuire, peut-être même sans jamais en reconnoître aucun individuellement, l'homme Sauvage sujet à peu de passions, et se suffisant à lui même, n'avoit que les sentimens et les lumiéres propres à cet état, qu'il ne sentoit que ses vrais besoins, ne regardoit que ce qu'il croyoit avoir intérêt de voir, et que son intelligence ne faisoit pas plus de progrès que sa vanité. (OC 3, S. 159–160)

> Laßt uns daher schließen, daß der wilde Mensch, der in Wäldern herumirrt ohne Fähigkeiten, ohne Sprache, ohne Wohnhaus, ohne Krieg und ohne Verbindung, ohne seinesgleichen zu bedürfen, und ohne Begierde, ihnen Übles zuzufügen, daß ein solcher Mensch, sage ich, der wenig Leidenschaften unterworfen ist und an sich selbst genug hat, keine anderen Empfindungen und Einsichten haben könne, als die sich für seinen Zustand schicken, daß er nichts anderes als seine wahren Bedürfnisse fühlt, auch nichts anderes betrachtet, als wovon er glaubt, daß es ihn angehe, und daß endlich sein Verstand nicht weiter fortschreitet als seine Eitelkeit. (AU, S. 225)

2. Der Zusammenhang von Eigenliebe und Zivilisation prägt die aufgeklärte Messe- und Universitätsstadt Leipzig, wie sie Goethe 1765 bis 1768 erlebt. Hier beobachtet er mit Erstaunen, wie sich die Menschen dem sinnlichen Genuß verschrieben haben. In „Klein-Paris" orientieren sich nicht wenige Studenten am Ideal der Galanterie (HA 9, S. 252), und die jungen Frauen sind allzusehr beschäftigt, zu verführen und zu gefallen:

> Ah ma soeur, quelles creature sont ce que ces filles saxonnes! Une quantite en est folle, la plus part, n'en est pas trop sage, et toutes sont coquettes. [...] *Ce desir de plaire* par des moiens indignes d'une Dame d'esprit et d'honneur, est ici tres a la Mode. On se croiroit presque a Paris. Le beau sexe est porte generalement a aimer *les choses qui occupent les sens*, il regarde la beaute, et toute autre apparence exterieure, comme le plus grand merite dont il est capable [...]. (HA Briefe, Bd. 1, S. 27 f.)[8]

„Il cherche à plaire" (OC 2, S. 980), „er versucht zu gefallen": So hatte Rousseau Valère, die Hauptfigur in *Narcisse, ou l'amant de soi-même*, porträtiert, der wegen seiner grenzenlosen Eitelkeit von Angelique, seiner Verlobten, an den Pranger gestellt wird. Der Eigenliebe ver-

---

[8] Brief vom 30. 3. 1766.

fallen, scheint ein jeder sich selbst, seine persönlichsten Wünsche und Bestrebungen als absolute Prioritäten zu setzen, ohne Rücksicht auf die Mitmenschen zu nehmen. Im schlimmsten Fall wird das Zusammenleben in der Gesellschaft zu einem verschleierten, aber unerbittlichen Konkurrenzkampf um die höchste Gunst der Mitwelt und um das höchste Maß an Vergnügungen. Die Kultur, die Rousseau als Produkt der „Wut, sich hervorzutun" (AU, S. 260) ansieht, und der damals so gepriesene Fortschritt der Vernunft büßen jeden ideellen Glanz ein und entlarven sich als Mittel zur Befriedigung niedriger Leidenschaften. Man erkennt also nur, um das Leben bequemer zu gestalten und intensiver genießen zu können, wie Rousseau im zweiten *Discours* behauptet, und die Luxusgesellschaft erscheint ihm schließlich als die zentrale Errungenschaft einer allein auf die Produktion von Konsumgütern ausgerichteten Wissenschaft. Fortschritt, Verstand und Wissenschaft sind vom Standpunkt Rousseaus aus nicht mehr von Unmoral, Eitelkeit, Erschlaffung und Selbstsucht zu trennen, was die Zeitgenossen als absurdes, unerhörtes Paradoxon erledigen. Das alles steckt hinter dem Rousseauschen Begriff von Eigenliebe in der modernen aufgeklärten Gesellschaft, mit dem sich Goethe während seines Leipziger Aufenthaltes beschäftigt, wie die folgende Stelle aus einem Brief vom 12. bis 14. Oktober an seine Schwester Cornelia belegt:

> Die Mdll. Breitkopf habe ich fast ganz aufgegeben, sie hat zu viel gelesen, und da ist Hopfen und Malz verlohren. Lache nicht über diese närrisch scheinende Philosophie, die Sätze die so paradox scheinen, sind die herrlichsten Wahrheiten, und die Verderbniß der heutigen Welt liegt nur darinne daß man sie nicht achtet. Sie gründen sich auf die verehrungswürdigste Wahrheit: *Plus que les moeurs se raffinent, plus les hommes se depravent.* (HA Briefe, Bd. 1, S. 50)

Alle Züge des modernen, naturentrückten Menschentypus Rousseaus erkennt Goethe in seiner Leipziger Umgebung wieder: Eigenliebe als Eitelkeit, als entnervte Sinnlichkeit, als psychische Abhängigkeit von der Mode und den Meinungen der Mitwelt und, wie das Lustspiel *Die Mitschuldigen* aussagen wird, als Betrug und Heuchelei um der Lust willen. Vertretern dieser modernen bürgerlichen Welt war Goethe aber auch in Frankfurt, obgleich unter ganz anderen Umständen, begegnet. Die sogenannte Gretchen-Episode, egal nun ob erfunden oder tatsachentreu, erzählt der alte Dichter in seiner Autobiographie mit einem rousseauschen Unterton. Die jungen Menschen, die ihn mit seiner ersten dichterischen Arbeit außerhalb des vertrauten Familienkreises beauftragen, indem sie bei ihm falsche Liebesbriefe bestellen, entsprechen dem Paradigma der *amour propre*-Kritik und treten schon als die Protagonisten jener Konkurrenzgesellschaft auf, die Rousseau als Inbegriff der modernen Unmoral verworfen hatte:

> Ihre Tätigkeit war lobenswürdig, und ich hörte ihnen mit Vergnügen zu, wenn sie von den vielfachen Mitteln und Wegen sprachen, wie man sich etwas erwerben könne; auch erzählten sie am liebsten von gegenwärtig sehr reichen Leuten, die mit nichts angefangen. Andere hätten als arme Handlungsdiener sich ihren Patronen notwendig gemacht, und wären endlich zu ihren Schwiegersöhnen erhoben worden; noch andre hätten einen kleinen Kram mit *Schwefelfaden* und dergleichen so erweitert und veredelt, daß sie nun als reiche Kauf- und Handelsmänner erschienen. [...] Wir alle hörten das gern, und jeder dünkte sich etwas, wenn er sich in dem Augenblick vorstellte, daß in ihm selbst so viel vorhanden sei, nicht nur um in der Welt fortzukommen, sondern sogar ein außerordentliches Glück zu machen. (HA 9, S. 173)

Ehrgeiz, Aufstiegsträume, Unzufriedenheit mit der Lage, in die man hineingeboren ist: so stellt sich Rousseau das Profil des stets unruhigen modernen Menschen vor, wenn er als Gegenbild dazu seinen *homme naturel* entwirft, der sich gelassen mit seiner Situation zufriedengibt:

> Je demande si jamais on a ouï dire qu'un Sauvage en liberté ait seulement songé à se plaindre de la vie et à se donner la mort? Qu'on juge donc avec moins d'orgueil de quel côté est la véritable misére. Rien au contraire n'eût été si misérable que l'homme Sauvage, ébloui par des lumieres, tourmenté par des Passions, et *raisonnant sur un état différent du sien.* (OC 3, S. 152)

> Hat man jemals einen Wilden gesehen, der in Freiheit war und sich über sein Leben beklagte oder sich gar dasselbe nahm? Man urteile also nicht mit so viel Stolz, auf welcher Seite das wahre Elend zu finden sei. (AU, S. 216) Hingegen wäre nichts Elenderes gewesen als ein Wilder, wenn dieser durch Verstand geblendet, von Leidenschaften gequält und mit Gedanken über einen anderen Stand beschäftigt wäre.[9]

Auch Goethe erscheint in der Gretchen-Episode als junger, begabter Dichter, seiner Eigenliebe verfallen, und er schlüpft in die Rolle Valères, indem er an sich selber Liebesbriefe schreibt. Nicht zufällig endet diese Erzählung mit einem Prozeß, in dem vor allem die Eitelkeit (Gretchen), der Ehrgeiz (ihrer Vettern) und die Eigenliebe des Dichters unter Anklage stehen. Denn wenngleich Goethes Leben als Schriftsteller die eindeutigste Stellungnahme gegen Rousseaus Ächtung der Kunst darstellt, so ist nicht auszuschließen, daß er sich hat schmerzlich auseinandersetzen müssen mit solch einer Aussage, die ihm spätestens seit 1797[10], aber höchstwahrscheinlich schon früher, bekannt gewesen ist:

> Tout homme qui s'occupe des talens agréables veut plaire, être admiré, et il veut être admiré plus qu'un autre. Les applaudissemens publics appartiennent à lui seul: je dirois qu'il fait tout pour les obtenir, s'il ne faisoit encore plus pour en priver ses concurrens. (OC 2, S. 967)

> Jeder Mensch, der mit angenehmen Talenten seine Zeit verbringt, will gefallen, bewundert werden, und er will mehr bewundert werden als ein anderer. Der öffentliche Beifall gehört ihm allein; ich würde sagen, daß er alles tut, um ihn zu erhalten, wenn er nicht noch mehr täte, um seine Konkurrenten um diesen Beifall zu bringen. (N, S. 156)

Der innere Kampf um die Poesie im jungen, sich selbst als Dichter entdeckenden Goethe tritt am deutlichsten ans Licht, nachdem dieser Leipzig verlassen hat. Am 1. September 1768 kehrt er krank und niedergeschlagen nach Frankfurt zurück, wo er in einen pietistischen Kreis aufgenommen wird, der sich in seinem Elternhaus um Susanne von Klettenberg versammelt. Die ‚schönen Seelen' verhelfen ihm zur Besserung, indem sie ihm die Ideale der Stille und der Gelassenheit durch erbauliche Geistesübungen und Gebete vermitteln. Ziel der Therapie ist die Wiederherstellung des seelischen Gleichgewichts, die über die Abtötung selbstsüchtiger Neigungen und sinnlicher Wünsche erfolgen soll. Interessanterweise weist diese Wertekonstellation eine gewisse Ähnlichkeit mit der moralischen *sensibilité* bei Rousseau auf, der jede exzentrische Ichbezogenheit als Manifestation der Eigenliebe verwirft und

9 Die Übersetzung dieses letzten Satzes stammt von mir.

10 Vgl. Anm. 16.

in der Sucht, sich auszuzeichnen (*de se distinguer*), das Übel der modernen Konkurrenzgesellschaft beklagt. Goethe ist aber ein sehr widerstrebender Patient, denn nunmehr bekennt er sich als Schriftsteller zur modernen Dimension der Eigenliebe:

> Mein feuriger Kopf, mein Witz, meine Bemühung und ziemlich gegründete Hoffnung, mit der Zeit ein guter Autor zu werden, sind jetzt, daß ich aufrichtig rede, die wichtigsten Hinderniße an meiner gänzlichen Sinnesänderung, und des eigentlichen Ernsts die Wincke der Gnade begieriger anzunehmen. Sie sehen daß ich grade rede, es ist meistenteils der Funcke von übelangewandter Eigenliebe der noch zu mächtig ist, und, ich fürchte, noch mächtiger werden wird. (an Langer, 24. 11. 1768; HA Briefe, Bd. 1, S. 79)

Von jetzt an ist er von der Sucht angesteckt, ein erfolgreicher Künstler zu werden, weswegen ihm pietistische Gelassenheit nur befremdlich erscheinen kann. Die Absage an diese Werte, die Clavigos Ehrgeiz vorwegnimmt, bedeutet die Identifizierung mit dem modernen, unruhigen, ja zerrissenen Subjekt jener von Eigenliebe geprägten Welt, die Rousseau zur harten Polemik gegen die Fortschrittsgesellschaft veranlaßt hatte. Damit verschiebt sich also der Schauplatz des Zusammenpralls zwischen den von Rousseau polemisch vertretenen antimodernen Werten und der ichbezogenen Eigenliebe des modernen Menschen in Goethes Inneres.

Es ist auf das Lustspiel *Die Mitschuldigen* als das Werk hingewiesen worden, in dem sich die Leipziger Erfahrungen des Dichters am deutlichsten widerspiegeln. Goethe inszeniert eine bürgerliche Welt von genußsüchtigen Menschen, die sich im modernen Leipzig um des *plaisir* willen gegenseitig betrügen. In Söllers Maxime „Die Lust ist mächtiger als alle Furcht der Strafe" (HA 4, S. 45) findet die psychische Lage des modernen Subjekts ihren Ausdruck, das in einem Wirbel von Vergnügen und Zerstreuungen alle herkömmlichen moralischen Werte verabschiedet, um sich ausschließlich der rastlosen Suche nach dem flüchtigen Genuß zu ergeben.[11] Die Eintragung eben derselben Worte ins Heft eines Leipziger Freundes, der Goethe am 29. Januar 1769 von Leipzig her besucht,[12] legt die Vermutung nahe, daß Söllers Spruch eine zentrale Erfahrung des jungen Dichters wiedergibt.

Ich schreibe Rousseau, und besonders seiner Kritik der modernen Erschlaffung (*molesse*), die wichtige Rolle zu, Goethe bei der Beobachtung des modernen Subjekts ein geeignetes psychologisches Muster geliefert zu haben. In den *Ephemerides* steht nämlich ein kurzer, aber gewichtiger Auszug aus der *Lettre à Monseigneur de Beaumont Archevêque de Paris*, wo Rousseau über seine in *Emile* entfaltete Auffassung der kindlichen Haupttriebe Rechenschaft gibt:

> Le peché originel explique tout exepté son principe, et c'est ce principe qu'il s'agit d'expliquer [...]. J'ai prouvé que *toute la gloire du paradis les tentoit moins qu'un morceau de sucre, et qu'ils craignoit beaucoup plus de s'ennuyer a vépres que de bruler en enfer.* (WA I, 37, S. 98)[13]

---

[11] Zu dieser Auslegung der *Mitschuldigen* und zur Rolle des Leipziger Hedonismus beim jungen Goethe vgl. Giuliano Baioni: *Il giovane Goethe.* Torino 1996.

[12] Siehe *Der junge Goethe.* Hrsg. von Hanna Fischer-Lamberg. Bd. 1. Berlin 1963, S. 291.

[13] „Die Erbsünde erklärt alles, nur nicht ihren Grund, und diesen Grund muß man untersuchen. [...] ich habe bewiesen, daß ein Stück Zuckerbrot sie [die Kinder] mehr reizt als die Freuden des Paradieses und daß sie weit mehr die Langeweile in der Vesper empfinden als die Höllenstrafen fürchten" (Rousseau, *Schriften*, Bd. 1, S. 513 u. 516).

Bei Kindern erscheinen Lust und Unlust als die herrschenden Beweggründe des Handelns schlechthin, weswegen sie sich noch außerhalb von jeder ethischen Konstellation befinden. Der Sündenfall ist die Folge eines Ungehorsams, der einem Verlangen, einer Lust entspringt. Es ist nicht auszuschließen, daß Söllers Worte eine Variation zu diesem Zitat sind. Der Menschentypus, den er verkörpert, bietet sich dem jungen Dichter als Held der modernen hedonistischen Gesellschaft an, die sich von den herkömmlichen Moralsystemen losgesprochen hat, um ausschließlich im Bereich egoistischer Wünsche zu schwelgen. Wie Rousseaus Kinder fürchtet Söller sich nur vor der Langeweile: Die Rolle des tugendhaften und tüchtigen Ehemanns ist ihm lästig, er verbringt seine Zeit in Gaststätten, raucht und spielt auf Kosten des Schwiegervaters, häuft Schulden an und sieht zu, wie auch seine leichtfertige Frau keine Strafe scheut, wenn es um die Befriedigung einer Lust geht. In dieser Psychologie der Eigenliebe liegt der tiefere Eindruck, den Rousseau bei Goethe unabhängig von Herders Vermittlung hinterlassen hat.

Natürlich kann man nicht Herders Einfluß auf Goethes Rousseau-Bild bestreiten, wie er zum Beispiel im *Götz von Berlichingen* zutage tritt, und zwar in der Kritik des Titelhelden an der sterilen, lebensfremden Erziehung des eigenen Kindes:

> KARL. Jaxthausen ist ein Dorf und Schloß an der Jaxt, gehört seit zweihundert Jahren den Herrn von Berlichingen erb- und eigentümlich zu.
> GÖTZ. Kennst du den Herrn von Berlichingen?
> KARL *sieht ihn starr an.*
> GÖTZ *vor sich.* Er kennt wohl vor lauter Gelehrsamkeit seinen Vater nicht.
> (HA 4, S. 88)

Hier wird auf Herders *Journal meiner Reise im Winter 1769* Bezug genommen.[14] Karl steht vor der Gefahr, zu einem „Tintenfaß von gelehrter Schriftstellerei", zu einem „Repositorium voll Papiere und Bücher" verbildet zu werden, was Herder als die dramatische Folge einer systematischen Unterdrückung der Sinne, und vor allem des Gefühls, in der Jugend beklagt hatte. Diesem Unbehagen an der Unterdrückung jugendlicher Instinkte und Kräfte wird in Rousseaus *Emile* eine Aufwertung der psychischen und physischen Ganzheit in einem neuen Menschenbild entgegengesetzt, das als naturgegeben erkannt und empfunden wird. Bei der Vermittlung dieser Auffassung vom naturgemäßen Menschen an die Stürmer und Dränger spielt die Aufwertung des allzu lange unterdrückten Gefühls die wichtigste Rolle. Durch die Wiederentdeckung des natürlichsten aller Sinne kann die Jugend den Weg aus der Ermattung der Studierstube finden und in vorher ungeahnter Kraftäußerung das

---

14 Im *Journal meiner Reise* schreibt Herder: „Ich beklage mich, ich habe gewisse Jahre von meinem *Menschlichen* Leben verloren: und lags nicht bloß an mir sie zu genießen? [...] Ich hätte meine Jahre genießen, gründliche, reelle Wissenschaft kennen und Alles anwenden gelernt, was ich lernte. Ich wäre nicht ein Tintenfaß von gelehrter Schriftstellerei, nicht ein Wörterbuch von Künsten und Wissenschaften geworden, die ich nicht gesehen habe und nicht verstehe: ich wäre nicht ein Repositorium voll Papiere und Bücher geworden, das nur in die Studierstube gehört" (HK 9/2, S. 12–13). Nietzsches Polemik gegen die pädagogisch organisierte Unterdrückung der Jugend, die die Herstellung von „eingefleischte[n] Compendien und gleichsam concrete[n] Abstracta" verfolgt (KSA 1, S. 283), weist viele Berührungspunkte mit Herders Ansichten auf. In der zweiten *Unzeitgemäßen Betrachtung* wird eine übermäßig historische Bildung für die Erschlaffung aller gesunden, das heißt die Tätigkeit fördernden Instinkte verantwortlich gemacht.

Leben allseitig genießen und eigenmächtig gestalten. Das Gefühl dient dem Leben vor allem insofern, als es die Quelle aller Taten und Handlungen ist. Auf die Gleichsetzung von Gefühl und Kraft, Gefühl und Tat läuft schließlich Herders Anthropologie hinaus, die ihren Höhepunkt in seiner Auffassung des Künstlers erreicht, wie er uns in der Plastik als Demiurg, als Statthalter Gottes auf Erden vor Augen geführt wird. Herders Ansichten vom Künstler als gottähnlichem, schöpferischem Kraft-Menschen finden in der Prometheus-Gestalt des jungen Goethe ihren Ausdruck. Herder, dem *Emile* in der ersten Begeisterung seiner Entwürfe zu einem neuen, von der herkömmlichen Erziehung emanzipierten Menschenbild durchaus verpflichtet, kehrt gleichwohl Rousseau und dessen Kulturpessimismus den Rücken: Nichts ist dem Schweizer fremder als die Aggressivität und der Machtwille des Prometheus-Typus der Natur gegenüber, die ihm als freiem Schöpfer, aber auch als „Verwüster" vorbehaltlos zu Verfügung steht.[15]

Während seines Straßburger Aufenthalts gewinnt Goethe eine tiefe Einsicht in die Herdersche Gedankenwelt. Die Genies seiner vollendeten Werke aus der Sturm-und-Drang-Zeit sind aber alles andere als zum Erfolg und zur Macht bestimmt. Der Grund dafür mag in seiner von Herder abweichenden Auffassung des Gefühls liegen, das regressive und selbstzerstörerische Tendenzen in sich birgt. Und das ist nicht zuletzt auf Rousseaus Wirkung zurückzuführen, der in seinem *Pygmalion*, einer erstaunlicherweise zum Herderschen Genie antithetischen Gestalt, die Problematik des modernen Künstlers gestaltet hat.[16] Nie hat sich Goethe zu einem Werk Rousseaus offener und mit größerer Begeisterung als in seinem Brief an Sophie von La Roche vom 19. Januar 1773 geäußert:

> *Pygmalion* ist eine treffliche Arbeit; soviel Wahrheit und Güte des Gefühls, soviel Treuherzigkeit im Ausdruck. Ich darfs doch noch behalten, es muss allen vorgelesen werden deren Empfindung ich ehre. (WA IV, 2, S. 57)

Da das Werk aus einem einzigen Auftritt besteht, kann man leicht erraten, daß Goethe vom Schicksal und Charakter dieses Bildhauers tief beeindruckt ist. Anders als seine Vorgänger

---

15 In den *Unterhaltungen und Briefen über die Älteste Urkunde* (1771–1772) beschreibt Herder „das Privilegium der Kunst" im Sinne eines Willens zur Macht: „Man nennet es immer, der Mensch verderbe, verunstalte das ganze Weltall, mache Alles böse, was Gott gut gemacht hat, sei ein Tyrann, ein Verwüster und nicht ein Beherrscher der Schöpfung und wie die Roußeau's sonst auszuruffen pflegen – Daß er sehr verderbe [...] ist nicht zu läugnen; daß er aber im Allgemeinen auch die rechtmäßige Gewalt habe, verderben zu können, wenn er will – ist eben so unläugbar" (HS 6, S. 152).

16 Die Ansicht, daß dem Künstler eine zweideutige Eigenschaft als Genie auf der einen, als pathologischem Fall auf der anderen anhafte, ist durch Rousseau wiederholt vertreten und schon in seinem Jugendwerk *Narcisse* (1730–1731) und im später entstandenen *Préface* (1753) mustergültig erörtert worden. Es ist sehr wahrscheinlich, aber nicht erwiesen, daß Goethe schon in den siebziger Jahren mit diesem Werk bekannt gewesen ist. Eine Spur dieser Lektüre taucht aber erst 1797 auf, während er die *Briefe aus der Schweiz* (in den Tagebüchern: *Werthers Reise*) schreibt (AA 9, S. 729). Im *Vorwort zu Narcisse* hatte Rousseau von seinen durch die Eigenliebe entstellten Zeitgenossen behauptet, daß sie die Furcht, als böse (*méchant*) zu erscheinen, durch die Furcht, als lächerlich (*ridicule*) zu erscheinen, ersetzen. Werther, der mit den Augen eines Malers eine nackte Frau beobachten möchte, kommt auf den Einfall, eine Prostituierte aufzusuchen, und erkundigt sich bei einem Genfer, ohne aber seine wahre, rein künstlerische Intention zu verraten, „denn man will lieber jemandem *lasterhaft* als *lächerlich* erscheinen" (AA 9, S. 492).

in der Behandlung dieses Mythos befaßt sich Rousseau nicht mit der lebendigen Statue und ihrer Wirkung[17], sondern ausschließlich mit der Psychologie ihres Schöpfers. Pygmalion erliegt der von seinem Werk ausgehenden Faszination. Ihm gelingt, was Narcisse vorenthalten geblieben war, der absolute, bedingungslose Selbstgenuß durch das zum Leben erwachte Bild seines Ich in weiblicher Gestalt.

> Vanité, foiblesse humaine! je ne puis me lasser d'admirer mon ouvrage; je m'enivre d'amour-propre; je m'adore dans ce que j'ai fait... Non jamais rien de si beau ne parut dans la nature; j'ai passé l'ouvrage des Dieux [...]. (OC 2, S. 1226)

> Eitelkeit, menschliche Schwäche! Ich kann nicht aufhören, mein Werk zu bewundern; ich schwelge im Rausch meiner Eigenliebe; ich bete mich selber in meinem Werk an ... Nein, nie erschien eine solche Schönheit in der Natur; ich habe das Werk der Götter übertroffen.

„Galathée! ô prestige d'un amour forcené!" („Galathée! Oh Wunder einer besinnungslosen Liebe!"[18]), ruft er beim Anblick der zum Leben erwachenden Statue, den Wahnsinn in seinem Verlangen ahnend. Selbsterotik, Selbstbespiegelung und Auflösung aller Beziehungen zur Mitwelt bilden hier den Schwerpunkt der künstlerischen Erfahrung, wie sie Rousseau am Beispiel des zwischen Gewissen und Rausch schwankenden Bildhauers darstellt. Aus der Distanz von vier Jahrzehnten fällt Goethe aber ein ganz anderes Urteil über dieses Werk:

> Diese Produktion gehört allerdings zu den monstrosen und ist höchst merkwürdig als Symptom der Hauptkrankheit jener Zeit, wo Staat und Sitte, Kunst und Talent mit einem namenlosen Wesen, das man aber Natur nannte, in einen Brei gerührt werden sollte, ja gerührt und gequirlt ward. Diese Operation soll, hoff ich, mein nächster Band zum Anschauen bringen: denn ward ich nicht auch von dieser Epidemie ergriffen, und war sie nicht wohltätig schuld an der Entwickelung meines Wesens, die mir jetzt auf keine andre Weise denkbar ist? (an Zelter, 3. 12. 1812; HA Briefe, Bd. 3, S. 215)

Als krankhaft lehnt er jetzt eine Ästhetik ab, die „zwischen Natur und Kunst" schwankt, „mit dem falschen Bestreben, diese in jene aufzulösen" (HA 9, S. 489), wobei seine Bezeichnung jener damals angebeteten Natur als eines „namenlosen Wesens" zu betonen ist. Vom Standpunkt seiner klassischen, auf der Überwindung des „rohen Stoffes"[19] ruhenden Kunstauffassung verurteilt er Pygmalion wegen seiner Regression in namenlose, d. h. rein triebhafte Sphären eines alle organische Formen zerstörenden Gefühls:

> Wir sehen einen Künstler, der das Vollkommenste geleistet hat, und doch nicht Befriedigung darin findet, seine Idee außer sich, kunstgemäß dargestellt und ihr ein höheres Leben verliehen zu haben; nein! sie soll auch in das irdische Leben zu ihm herabgezogen werden. Er will das Höchste, was Geist und Tat hervorgebracht, durch den gemeinsten Akt der Sinnlichkeit zerstören. (HA 9, S. 489)

---

17 Vgl. André François Boureau-Deslandes: *Pygmalion ou la statue animée* (1742) und Étienne Bonnot de Condillac: *Traité des sensations* (1754).

18 Die Übersetzung stammt von mir.

19 Vgl. die *Einleitung in die Propyläen* (HA 12, S. 42).

Diese Stellungnahme, die eigentlich Rousseaus Gesinnung durchaus gerecht wird, macht den vorbehaltlosen Beifall im Brief von 1773 an Sophie von La Roche noch interessanter. Im Sinne der Kunstauffassung Rousseaus ist der mythische Bildhauer ein durchaus negativer, wenngleich Mitgefühl erweckender Held. Denn Kunst, die zunächst der Beifallssucht des geselligen Menschen entspringt, rechtfertigt Rousseau im Sinne einer *extrema ratio* nur insofern, als sie den Ausschweifungen arg verdorbener Sitten Einhalt zu gebieten vermag. Sie kommt der Gesellschaft gewissermaßen homöopathisch zu Hilfe, indem sie das Übel durch das Übel selber bekämpft. Die Eigenliebe wird gegen ihre eigenen Ausschreitungen dadurch in Grenzen gehalten, daß man den Bösewicht vor dem Publikum in ein negatives Licht stellt oder ihn sogar lächerlich macht. Pygmalion verfolgt in seiner Kunst diese erzieherische Absicht überhaupt nicht, denn ihm geht es ausschließlich um die Befriedigung seiner Eigenliebe, wie er offen bekennt.

Ich wage die Vermutung, der junge Goethe habe 1773 in dieser Künstlerfigur die literarische, ja mythische Gestaltung einer persönlich erlebten Neigung wahrnehmen können, die ihm Identifikationsmöglichkeiten darbot, wie sie ihm in Herders Genieauffassung nicht entgegentraten, und die schließlich ins Gedicht *Ganymed* mündete. Rousseaus Pygmalion kommt Goethe 1773 sehr gelegen; Herders Pygmalion tritt in den Hintergrund.

Nach dem Beispiel Diderots anläßlich der Ausstellung von Maurice Etienne Falconets Statue im Salon von 1763[20] schreibt Herder dem Bildhauer dieselben psychischen Züge zu, die dem Selbsthelfer Prometheus eigen sind (HK 4, S. 1040). Als schöpferisches Genie erscheint er schon vorbildlich im Titel seines 1770 entstandenen Werkes: *Plastik. Einige Wahrnehmungen über Form und Gestalt aus Pygmalions bildendem Traume.* In der *Ältesten Urkunde* findet der Mensch zu seiner höchsten und zugleich naturgemäßen Bestimmung als gottähnlicher, planmäßig schaffender Künstler, wie ihn Pygmalion verkörpert:

> In allem, was der Mensch tut, und denket – welche Schöpfersgabe! Welche Nachahmung der Gottheit! Immer mit Plan und Absicht handelnd! Aus dem Vergangenen Zukunft erfindend! Er verbessert, verschönert nach seiner Meinung, schafft immer dem Steine, wie Pygmalion, wenns auch so sehr Stein und sein Bild Wahnbild wäre, seine Idee an. Sein ganzes Leben also Ideal! Herrschen und Walten! Kunst, sie sei so gut oder schlecht als sie wolle! (HS 6, S. 250)

Wahnideen als eine Begleiterscheinung des Schaffensprozesses durchaus einbeziehend, macht Herder Pygmalion zum selbstbewußten, kräftigen Beherrscher des Stoffes im Zeichen eines inhaltlich nicht genauer erörterten Ideals, das sozusagen jenseits von Gut und Böse eine Art Willen zur Macht vorwegnimmt. Der Abgrund, der Herders Pygmalion vom trunkenen Bildhauer bei Rousseau trennt, ist kaum zu übersehen.

Möglicherweise versucht Goethe 1773 im *Prometheus*-Fragment eine Synthese der beiden Figuren zu unternehmen, um die Aporie zwischen Herders mächtigem Kraftgenie und dem Rousseauschen eher sinnlichen, sozusagen ganymedischen Künstler zu überwinden. Prometheus lehnt im Sinne Herders den durch Rousseau propagierten Kulturpessimismus ab, indem er im Konkurrenzkampf und Besitzanspruch der ersten Menschen eine durchaus

---

20 In seiner Würdigung von Falconets *Pygmalion aux pieds de sa statue qui s'anime* hatte Diderot Pygmalion und Prometheus als eng verwandte Gestalten betrachtet. Vgl. Denis Diderot: *Œuvres Complètes*, éd. De Assézat, Bd. 10, S. 221–223.

naturgemäße Erscheinung erblickt. Er ist der ‚herrschende Erdgott‘, der über die ganze Natur nach Belieben verfügt und sich von den Göttern mit unbeugsamer Entschlossenheit emanzipiert. Dieser Kraftmensch gerät aber ins Schwanken und ist beinahe versucht, sich dem Willen Jupiters zu fügen, wenn er wie bezaubert vor Pandora steht. Jupiter, so heißt es, hätte ihm die Belebung seiner Statuen unter der Bedingung verheißen, daß er sich ihm unterwerfe. „Das war das einzige, was mich bedenken machte“ (HA 4, S. 181), sagt er zu Minerva, die ihm aus der Bedrängnis hilft, indem sie gegen Jupiters Verbot die Statuen selber belebt. Wie Galathée das Ich Pygmalions zur Erscheinung bringt, so spiegeln sich in Prometheus' Bekenntnis zu Pandora Empfindungen wider, die in ihrer Intensität Werthers Umarmung mit der Natur im Brief vom 10. Mai vorwegnehmen:

> Alles, was mich je erquickt von Wonnegefühl,
> Was in des Schattens Kühle
> Mir Labsal ergossen,
> Der Sonne Liebe jemals Frühlingswonne,
> Des Meeres laue Welle
> Jemals Zärtlichkeit an meinen Busen angeschmiegt,
> Und was ich je für reinen Himmelsglanz
> Und Seelenruhgenuß geschmeckt –
> Das all all – – Meine Pandora!
> (HA 4, S. 181)

Pandora, die die ekstatischen Verse des Ganymed hätte aussprechen müssen[21], macht einen Riß in Prometheus' Schöpfertum sichtbar und läßt die Möglichkeit einer Lähmung seiner Kraft ahnen. Sehnsüchtig und tief erschüttert zugleich sieht sie der Umarmung eines Liebespaares zu. „Das ist der Tod“ (HA 4, S. 187), sagt Prometheus, indem er in der Liebeserfüllung das Moment eines Ichverlustes, das Hinschwinden des Willens zugunsten regressiver Selbstvergessenheit erblickt, wie es Pygmalion an sich erfahren hatte: der Bildhauer, der übermütig behauptet, das Werk der Götter überboten zu haben, die Hände aber dann ohnmächtig sinken läßt, um sich in der nichtsdestoweniger als Weg in den Wahnsinn erkannten Umarmung mit seinem weiblichen Ebenbild zu verlieren.

Die zeitliche Nähe zwischen Goethes begeisterter Lektüre des *Pygmalion* und seiner Arbeit am *Prometheus*-Stoff veranlaßt zur Annahme, er habe die Aporie zweier in seinem Inneren gegeneinanderstoßenden Tendenzen in der schönsten seiner Geniegestalten darstellen, aber nicht überwinden können, weswegen der Text Fragment bleiben mußte. An einer vorbehaltlosen Bejahung des Herderschen Kraftmenschen hat ihn Rousseaus Aufdeckung einer Pathologie der Eigenliebe gehindert, wie sie die Charaktere des *homme-enfant* und Künstlers Werther und des von Ehrgeiz besessenen, aber sich letzten Endes dafür bestrafenden Clavigo auch prägen wird.

3. Von diesem Interpretationsansatz ausgehend, möchte ich nun Werther und Clavigo betrachten und sie als die Verkörperung dessen auslegen, was Rousseau am modernen Subjekt kritisierte und Goethe selber an sich schmerzlich, aber unvermeidlich erfahren mußte. Bei ihm stoßen, wie ich ausgeführt habe, das durch Herder gestärkte und letzten

21 Rolf Christian Zimmermann: *Das Weltbild des jungen Goethe*. Bd. 2. München 1969, S. 157–158.

Endes gegen Rousseau gewendete Geniebewußtsein und die doch wiederum von Rousseau übermittelte Diagnose des Sittenverfalls gegeneinander, die jeder Erscheinung von Eigenliebe zugrunde liegt. Das wird vor allem bei einer näheren Betrachtung der Sinnlichkeit und besonders des Gefühls sichtbar. Ist das Gefühl bei Herder ursprüngliche, männliche, selbstbewußte Tatkraft, so erscheint es bei Goethe auch als der Bereich kindlicher, ja regressiver, ethisch nicht zu verantwortender Neigungen. Menschen, die sich (wie Pygmalion) hauptsächlich von ihrer Sinnlichkeit und ihren Wünschen bestimmen lassen, sind meistens der Erschlaffung ihrer ethischen Kräfte preisgegeben oder, wie Rousseau meint, der *molesse*, wie sie das Leben der aufgeklärten und hedonistischen Pariser Gesellschaft beherrscht.

Was Rousseau im oben erwähnten *Lettre à M. de Beaumont* als die psychische Struktur der Kinder zum Ausgangspunkt seiner Pädagogik gemacht hatte, überträgt also Goethe auf die Psyche des modernen Menschen. Herder, dem die Aufwertung des lang unterdrückten Gefühls am Herzen lag, hatte sein *Journal* mit dem Vorsatz beschlossen, „immer die Gegenwart zu genießen" (HK 9/2, S. 126). Mit demselben Vorhaben fangen *Die Leiden des jungen Werther* an: „ich will das Gegenwärtige genießen, und das Vergangene soll mir vergangen sein" (HA 6, S. 7). Werthers Persönlichkeitsstruktur ist von dieser Erfahrung geprägt: Indem er seinen Anspruch stellt, die Welt ausschließlich als Selbst-Objekt, d. h. als Objekt eines regressiven Genusses zu erfahren, wird er zum Vertreter einer Menschheit, die jeden Bezug zu ethischen, sozial verantwortlichen Werten von sich abweist und die von den kindlichsten Trieben der Lust und Unlust bestimmt ist. Werther geht darüber zugrunde, daß es ihm verboten bleibt, nach dem Gegenstand seiner Sehnsucht mit der Ursprünglichkeit eines Kindes zuzugreifen:

> Wenn ich nicht schon hundertmal auf dem Punkte gestanden bin, ihr um den Hals zu fallen! Weiß der große Gott, wie einem das tut, so viele Liebenswürdigkeit vor einem herumkreuzen zu sehen und nicht zugreifen zu dürfen; und das Zugreifen ist doch der natürlichste Trieb der Menschheit. Greifen die Kinder nicht nach allem, was ihnen in den Sinn fällt? – Und ich? (HA 6, S. 84)

Die Umarmung mit der Natur – im Roman auf den 10. Mai datiert –, die ihn in der „Gestalt einer Geliebten", wie Galathée den berauschten Pygmalion, aufgenommen hat, darf sich nicht wiederholen. Der Roman muß einen tragischen Ausgang nehmen, weil die dort angelegten Spannungen von vornherein keinen Ausweg aus der Sackgasse ermöglichen, in die der Protagonist geraten ist. Mir scheint es fast, als ob Goethe mit dem jungen Werther ein Experiment organisiert hätte: Ein *homme-enfant* knüpft enge Beziehungen zu einer geordneten Gesellschaft an und ist zum Scheitern verurteilt, weil er aufgrund seiner Ichbezogenheit entwicklungsunfähig ist. Von einem *homme-enfant* ist in *Emile* folgendes zu lesen:

> [...] il n'existeroit que dans le commun *sensorium*; il n'auroit qu'une seule idée, savoir celle du *moi* à laquelle il rapporteroit toutes ses sensations [...]. (OC 4, S. 280)

> [...] es existierte nur im allgemeinen *Sensorium*. Es würde nur eine Idee kennen, die des *Ich*, auf das es alle Empfindungen bezieht. (E, S. 38)

Durch eine mit seinen ursprünglichen Neigungen harmonierende Bildung soll das Naturkind Emile seiner naturgegebenen Ichbezogenheit entfremdet und gemeinschaftsfähig gemacht werden. Denn: „Celui qui dans l'ordre civil veut conserver la primauté des sentimens de la nature, ne sait ce qu'il veut"; OC 4, S. 249 („Wer innerhalb der bürgerlichen Ordnung seine natürliche Ursprünglichkeit bewahren will, der weiß nicht, was er will"; E, S. 13).

Dieses erzieherische Vorhaben prägt auch den Plan der *Nouvelle Héloïse*, wo Julie und Saint-Preux den nur scheinbaren Naturzustand ihrer leidenschaftlichen Liebe überwinden, um entsagend im Schoß einer versöhnten Gemeinschaft ein tugendhaftes Ideal im Einklang mit der Natur neu zu verwirklichen. Unter Natur versteht man in diesem Fall keineswegs die hinreißende, auf gesellschaftliche Normen keine Rücksicht nehmende Leidenschaft am Romananfang, sondern das ruhige, regelmäßige, friedliche Leben in einer Werteordnung, die die väterliche Autorität entworfen hat und die die jungen Helden korrigiert und verinnerlicht haben sollen. Ob sie funktioniert oder nicht, steht dahin. Man würde eher sagen, daß sie nicht einwandfrei funktioniert, denn nur der frühzeitige Tod Julies – möglicherweise ein verschleierter Selbstmord[22] – beugt einem erneuten Aufflammen der alten Leidenschaft vor. Tatsache bleibt aber, daß sich Saint-Preux diesem Erziehungsplan willig unterwirft, indem er seiner Liebe zugunsten der geselligen Tugenden entsagt, was Werther in der Absolutheit seines Standpunktes deutlich als lächerliche, unglaubwürdige Lösung ansieht. Die Einbeziehung des einzelnen in ein gemeinschaftliches Netz ist im Rousseauschen Roman die Hauptintention. Das mag Goethe wohl begriffen und infolgedessen im Genfer Bürger keineswegs den Verfechter einer vagen, naiven oder bestialischen *retour à la nature* oder gar einen Rebellen gesehen haben, wie es bei Klinger und Lenz der Fall gewesen war.[23] Daß Goethe seinen Helden aus der Perspektive des unerziehbaren *homme-enfant* darstellt, kann ein Vergleich mit den in der *Nouvelle Héloïse* aufgestellten Verhaltensmustern erhellen, die sich im Schicksal Werthers gewissermaßen umkehren. Werther bewahrt seine Ichbezogenheit dadurch, daß er jeden Kompromiß mit der vorgefundenen Gesellschaft ablehnt. Lieber geht er in der Unbedingtheit seiner Wünsche zugrunde und zerstört damit auch das Leben der Freunde, als daß er seinen Standpunkt relativiert oder gar einen anderen gelten läßt. Wäre dem nicht so, dann hätte seine Absage an die Konfliktlösungen der *Nouvelle Héloïse,* wie sie sich im Roman Geltung verschafft, wenig Sinn. Sowohl die Arbeits- als auch die Freundschaftstherapie vermögen gegen d i e s e Liebeskrankheit erstaunlich wenig. Saint-Preux' Selbstmordgedanken hatte der englische Freund Edouard zu widerlegen gewußt, indem er den Unglücklichen an seine Pflichten erinnert und ihm seine Geringschätzung freundschaftlicher Ideale vorwirft. In Goethes Roman werden solche Prinzipien zu unzulänglichen, Werther gar nicht erreichenden Sedativen abgewertet: „Und daran seid ihr alle schuld, die ihr mich in das Joch geschwatzt und mir so viel von Aktivität vorgesungen habt. Aktivität!" (HA 6, S. 62). Seine Arbeit bei der Gesandtschaft hat die gewünschte Erlösung

22 Vgl. F. James Jones: *La Nouvelle Héloïse: Rousseau and Utopia.* Genève, Paris 1978.

23 Die jungen Autoren des Sturm und Drang sehen in Saint-Preux den Vertreter einer rebellischen Generation, der sich gegen die Gesellschaftskonventionen sträubt. Lenz stellt in *Der Hofmeister oder die Vorteile der Privaterziehung* (1774) dieselben Spannungen wie in der *Nouvelle Héloïse* dar, ohne aber die bei Rousseau zu beobachtende gesellschaftlich-utopische Umerziehung des Helden nachzuvollziehen; die aussichtslose Revolte des Helden hat bei Lenz Selbstkastration zur Konsequenz. Rousseaus Roman wird ausdrücklich erwähnt (II, 5), wie auch in Klingers Drama *Das leidende Weib* (III, 1), wo es zu einer Zuspitzung des Konflikts zwischen ehrlichem Bürgertum und korruptem Adel kommt.

vom Lebensüberdruß nicht bewirkt. Auch eine Dreieckskonstellation nach dem Vorbild der *Nouvelle Héloïse* erwägt er nur kurz:

> Ich könnte das beste, glücklichste Leben führen, wenn ich nicht ein Tor wäre. [...] Ein Glied der liebenswürdigen Familie zu sein, von dem Alten geliebt zu werden wie ein Sohn, von den Kleinen wie ein Vater, und von Lotten! – dann der ehrliche Albert, der durch keine launische Unart mein Glück stört; der mich mit herzlicher Freundschaft umfaßt; dem ich nach Lotten das Liebste auf der Welt bin! (HA 6, S. 44)

Doch ernstlich denkt er nicht daran, sich an die Stelle von Saint-Preux in eine wiederbelebte Clarens-Gesellschaft zu begeben. Er kann es nicht über sich bringen, wie die Rousseauschen Helden seine Leidenschaft in der pädagogischen Diktatur von Wolmar zu bezwingen, und er vermag kaum die eigene Distanz zum Vorbild zu verschweigen:

> Wilhelm, es ist eine Freude, uns zu hören, wenn wir spazierengehen und uns einander von Lotten unterhalten: es ist in der Welt nichts Lächerlichers erfunden worden als dieses Verhältnis, und doch kommen mir oft darüber die Tränen in die Augen. (ebd.)

Weil die Freundschaftstherapie scheitert, muß Lotte zur Abwehr äußere Maßnahmen ergreifen, die sie ebenfalls der *Nouvelle Héloïse* entnimmt:

> Gewinnen Sie es über sich, eine Reise wird Sie, muß Sie zerstreuen! Suchen Sie, finden Sie einen werten Gegenstand Ihrer Liebe, und kehren Sie zurück, und lassen Sie uns zusammen die Seligkeit einer wahren Freundschaft genießen. (ebd., S. 103)

Mit dem Thema „Reise" spricht sie ein Motiv des Rousseauschen Romans an, den sie als empfindsame Leserin von 1771 wohl kennen muß. Und dem nunmehr verzweifelten, desillusionierten Werther ist der literarische Zusammenhang wohl bewußt, wenn er zynisch auf diesen letzten Versuch Lottes repliziert, ihn in eine nach allgemein gesellschaftlichen wie auch spezifisch literarischen Normen strukturierte Gemeinschaft einzubeziehen: „Das könnte man", sagte er mit einem kalten Lachen, „drucken lassen und allen Hofmeistern empfehlen" (ebd.).[24] Die Ablehnung jeder erzieherischen Beeinflussung bedeutet das Beharren in der moralischen Indifferenz der Kinder, die nach allem greifen, was ihnen „in die Sinne fällt". Was Werther – anders als Goethe – nicht zu sehen vermag, ist der Kern von Rousseaus Lehre jenseits eines modischen Rousseauismus: Das Zugreifen ist in der frühen Kindheit naturgemäß, als späte Erscheinung in der zivilisierten Gesellschaft, im Mannesalter sozusagen, ist es aber nur die verhängnisvolle Ausschweifung einer alles um sich zersetzenden Eigenliebe. Schließlich hatte Rousseau in seinem *Emile* folgendes geschrieben:

> Les bonnes institutions sociales sont celles qui savent le mieux dénaturer l'homme, lui ôter son existence absolue pour lui en donner une relative, et transporter le *moi* dans l'unité

---

24 „Wenn er doch eine Reise nach Pareis oder Pecking getan hätte! So aber wollt' er nicht weg von Feuer und Bratspieß und wendet sich so lange d'ran herum, bis er kaput ist", kommentiert Matthias Claudius in seiner *Werther*-Rezension (zit. nach: Karl Robert Mandelkow: *Goethe im Urteil seiner Kritiker*. Bd. 5, I. München 1975, S. 20).

commune; en sorte que chaque particulier ne se croye plus un, mais partie de l'unité, et ne soit plus sensible que dans le tout. (OC 4, S. 249)

Gute soziale Einrichtungen entkleiden den Menschen seiner eigentlichen Natur und geben ihm für seine absolute eine relative Existenz. Sie übertragen sein *Ich* in die Allgemeinheit, so daß sich der einzelne nicht mehr als Einheit, sondern als Glied des Ganzen fühlt und angesehen wird. (E, S. 12)

Die Konstellation einer solchen relativen Existenz, wie sie auch den Plan der *Nouvelle Héloïse* charakterisiert, wird im Roman unter dem 21. Dezember wieder aufgerufen, als Werther schon Selbstmordgedanken hegt:

Die Kleinen ließen ihn nicht lange in Ruhe, sie verfolgten ihn, sprangen an ihm hinauf, erzählten ihm, daß wenn *morgen, und wieder morgen, und noch ein Tag* wäre, sie die Christgeschenke bei Lotten holten, und erzählten ihm Wunder, die sich ihre kleine Einbildungskraft versprach. – „Morgen!" rief er aus, „und wieder morgen! und noch ein Tag!" (HA 6, S. 105)

Die Wendung „le lendemain, le surlendemain, et toute sa vie" („morgen, übermorgen, sein ganzes Leben lang") erscheint im Roman Rousseaus in einem engen Zusammenhang mit dem Selbstmordplan (NH, S. 410), das heißt mit dem ethisch bedenklichsten Moment tiefster Verzweiflung im Schicksal Saint-Preux'. Sie taucht aber auch in der Weinlese von Clarens wieder auf, die einen markanten Punkt in den utopischen Dimensionen der Handlung darstellt (NH, S. 640). Es liegt die Vermutung nahe, daß die hier zutagetretende Variabilität in einem konstanten Textzusammenhang, auf die Goethe etliche Male in seinen Briefen und seinen Werken Bezug nimmt[25], als Signal für die Entwicklungsfähigkeit der Romanhelden aufgefaßt werden konnte, zumal der damit angesprochene Wechsel der Verhältnisse in der damals erst aufkommenden Gesellschaft des Luxus und der Mode zu einem zentralen Erlebnis wurde. Saint-Preux' Pariser Briefe beschreiben die hedonistische Dimension der Großstadt, die die Kohärenz und Identität des Subjekts soweit bedroht, daß es selbstvergessen von einer Zerstreuung zur anderen wechselt und sich dabei in eine Kette unzusammenhängender Augenblicke auflöst. Die Veränderlichkeit des eigenen, einer Vielfalt von Verführungen ausgesetzten Selbst empfindet er als die größte Gefahr in Paris:

Cependant je commence à sentir l'ivresse où cette vie agitée et tumultueuse plonge ceux qui la menent, et *je tombe dans un étourdissement semblable à celui d'un homme aux yeux*

---

25 „Seh ich sie etwa, da werden mir die Tränen in die Augen kommen, und werde dencken: Gott verzeih dir wie ich dir verzeihe, und schencke dir alle die Jahre, die du meinem Leben raubst; das werde ich dencken, sie ansehen, mich freuen daß ich halb und halb glauben kann daß sie mich liebt, und wieder gehen. So wird's seyn *morgen, übermorgen, und immer fort*" (HA Briefe, Bd. 1, S. 61). So schreibt Goethe über Anna Katharina Schönkopf in einem Brief vom 10. November 1767 an den Freund Behrisch. In *Dichtung und Wahrheit* taucht das Zitat in bezug auf die Wetzlarer Zeit auf: „Verstehen wird mich, wer sich erinnert, was von dem glücklich-unglücklichen Freunde der Neuen Heloise geweissagt worden: ‚Und zu den Füßen seiner Geliebten sitzend, wird er Hanf brechen, und er wird wünschen Hanf zu brechen, *heute, morgen und übermorgen, ja sein ganzes Leben*'" (HA 9, S. 544).

> *duquel on fait passer rapidement une multitude d'objets.* Aucun de ceux qui me frapent n'attache mon cœur, mais tous ensemble en troublent et suspendent les affections, au point d'en oublier quelques instans ce que je suis et à qui je suis. [...] je flote de caprice en caprice, et mes goûts étant sans cesse asservis à l'opinion, je ne puis être sûr *un seul jour* de ce que j'aimerai *le lendemain.* (*NH* 2, XVII)

> Gleichwohl fange ich nun an, die Trunkenheit zu empfinden, in die dieses geräuschvolle, unruhige Leben diejenigen, die es führen, versetzt; ich verfalle in eine Betäubung, die dem Zustand eines Menschen gleicht, *vor dessen Augen schnell hintereinander eine Menge von Gegenständen vorübereilt.* Nichts von dem, was meinem Blick auffällt, dringt bis ans Herz; alles zusammen aber beunruhigt dessen Regungen und gebietet ihnen Stillstand, so daß ich für einige Augenblicke vergesse, wer ich bin und wem ich angehöre. [...] ich treibe von einer Laune zur andern, und da sich meine Neigungen stets der herrschenden Meinung unterwerfen müssen, kann ich keinen Tag sicher wissen, was ich am folgenden lieben werde. (NH, S. 262–263)

Die pathogene Seelenverfassung des modernen, stets vom Lebensekel heimgesuchten Subjekts und die daraus folgende Unfähigkeit, sich selbst bei der rastlosen Veränderlichkeit der berauschendsten Sinneseindrücke gleich zu bleiben, bedarf eines Gegenmittels. Dieses glaubt Rousseau in der ethischen Dimension der Weinlese von Clarens gefunden zu haben, wo Vergnügen und Lust nur gemeinschaftlich als Freude genossen werden. Dieser durchaus geselligkeitsstiftenden *gaieté* haftet nichts Krankhaftes, dieser Sinnlichkeit nichts Vergängliches an:

> Ensuite on offre à boire à toute l'assemblée; chacun boit à la santé du vainqueur et va se coucher content d'une journée passée dans le travail, la gaieté, l'innocence, et qu'on ne seroit pas fâché de recommencer *le lendemain, le surlendemain, et toute sa vie.* (NH 5, VII)

> Darauf wird der ganzen Versammlung noch ein Trunk gereicht. Ein jeder trinkt auf die Gesundheit des Siegers und geht zu Bett, zufrieden über einen mit Arbeit, in Heiterkeit und Unschuld zugebrachten Tag, den man *morgen, übermorgen und sein Leben lang* aufs neue zu beginnen nicht leid wäre. (NH, S. 640)

Die Wiederkehr dieser Wendung deutet auf eine Art radikale Umkehr hin, die sich dann zwar im Lebenswandel Saint-Preux' vollzieht, nicht jedoch in Werthers Schicksal. Seinen Briefen aus der Residenzstadt, in denen die Pariser Briefe Saint-Preux' nachklingen, folgt keine Erlösung:

> Wenn Sie mich sähen, meine Beste, in dem Schwall von Zerstreuung! Wie ausgetrocknet meine Sinne werden! Nicht e i n e n Augenblick der Fülle des Herzens, nicht e i n e selige Stunde! nichts! nichts! *Ich stehe wie vor einem Raritätenkasten und sehe die Männchen und Gäulchen vor mir herumrücken, und frage mich oft, ob es nicht optischer Betrug ist.* Ich spiele mit, vielmehr, ich werde gespielt wie eine Marionette und fasse manchmal meinen Nachbar an der hölzernen Hand und schaudere zurück. (HA 6, S. 65)

Korrespondierend mit den Pariser Briefen Saint-Preux' ist das hier geschilderte Bild der Welt dermaßen sinnlos und verwirrend, daß die Erinnerung an den von Saint-Preux erwähnten optischen Betrug sehr gelegen kommt.

Daß Werther mit der Therapie der *Nouvelle Héloïse* nicht zu helfen ist, erweist sich schließlich an der nunmehr wirkungslosen Beschwörungsformel der Kinder vor Weihnachten. Berechtigt sprechen sie die Wendung „morgen, übermorgen und noch ein Tag" aus, weil sie noch in eine geordnete Gesellschaft gehören, aus der der unerziehbare Werther wegen seines unzeitgemäßen Anspruchs ausgestoßen wird, nach allem zu greifen, was ihm „in die Sinne fällt". Dieser *homme-enfant*, der seiner Ichbezogenheit um eines gemeinschaftlichen Plans willen nicht entsagen konnte, weil er nur das Gegenwärtige genießen wollte, erschießt sich, während Lottens Kinder das gewünschte Zuckerbrot „endlich erhaschen, es mit vollen Backen verzehren und rufen: ‚Mehr!'" (HA 6, S. 14).

4. Während er noch am *Werther* schreibt, entwirft Goethe in wenigen Tagen die Gestalt Clavigos, der dem von Rousseau porträtierten modernen Individuum nachgezeichnet ist. Besessen von seiner Ambition, der „Schöpfer des guten Geschmacks" (HA 4, S. 260) in Spanien zu werden, ist er wie keine andere Goethesche Gestalt von seiner Eigenliebe durchdrungen. Ihm steht eine glänzende Laufbahn bevor, und es mag kein Zufall sein, wenn ihn Goethe von „Wissenschaften" und „Künste[n]" (ebd., S. 269) sprechen läßt. An der Gestalt des Clavigo – den Quellen zufolge auf der Insel Lanzarote[26] geboren – ist die in der Konkurrenzgesellschaft herrschende Sucht, sich auszuzeichnen, am deutlichsten sichtbar:

> Hab ich's für einen Fremden, der ohne Stand, ohne Namen, ohne Vermögen hierher kam, nicht weit genug gebracht? Hier an einem Hofe! unter dem Gedränge von Menschen, wo es so schwer hält, sich bemerken zu machen? […] Geliebt von den Ersten des Königreichs! geehrt durch meine Wissenschaften, meinen Rang! (HA 4, S. 261)

Weil er sein Ich nur durch das Meinungsbild legitimiert sieht, das in der Öffentlichkeit von ihm existiert, ist sein Selbstwertgefühl von äußeren, immer wieder wechselnden Umständen abhängig. Dem Beifall der großen Welt ausgeliefert, vernimmt er in seinem zynischen Dialogpartner Carlos die realistisch-pragmatische Stimme der modernen Zeit; diese flüstert ihm zu: „[W]er nichts für andere tut, tut nichts für sich; und wenn die Menschen dich nicht bewundern oder beneiden, bist du auch nicht glücklich" (HA 4, S. 290). Es ist eben die von Rousseau angeprangerte „gegenseitige Abhängigkeit", die sich in Carlos' Rede Geltung verschafft[27]. Clavigo bleibt aber Carlos' schlechter Schüler, denn er ist zwischen seinen

---

26 Pierre Augustin Caron de Beaumarchais: *Quatrième mémoire à consulter pour Pierre Augustin Baron de Beaumarchais* (1774).

27 „Nos Ecrivains regardent tous comme le chef-d'oeuvre de la politique de notre siécle les sciences, les arts, le luxe, le commerce, les loix, et les autres liens qui resserrant entre les hommes les noeuds de la société par l'intérêt personel, les mettent tous dans une *dépendance mutuelle*, leur donnent des besoins réciproques, et des intérêts communs, et obligent chacun d'eux de concourir au bonheur des autres pour pouvoir faire le sien. […] C'est donc une chose bien merveilleuse que d'avoir mis les hommes dans l'impossibilité de vivre entre eux sans se prévenir, se supplanter, se tromper, se trahir, se détruire mutuellement!" (OC 2, S. 968) – „Alle unsere Schriftsteller betrachten als das Meisterwerk der Politik unseres Jahrhunderts die Wissenschaften, die Künste, den Handel, die Gesetze und die anderen Bande, welche unter den Menschen den Knoten der Gesellschaft durch das persönliche Interesse knüpfen, sie alle in eine wechselseitige Abhängigkeit voneinander bringen, ihnen gegenseitige Bedürfnisse und gemeinsame Interessen geben und jeden von ihnen verpflichten, zum Glück der anderen beizutragen, um das seine machen zu können. […] Es ist doch ein

Erfolgsträumen und einer nunmehr nur Gewissensbisse erweckenden Liebe hin und her gerissen. – Eine Liebe, an der er als unbeständiger Weltmann teilhat, was ihn mit Grauen über die Vergänglichkeit alles Ewiggeglaubten erfüllt:

> Sieh, ich begreife den Menschen nicht. Ich liebte sie wahrlich, sie zog mich an, sie hielt mich, und wie ich zu ihren Füßen saß, schwur ich ihr, schwur ich mir, daß es ewig so sein sollte, [...] – Und nun, Carlos! [...] Sie ist verschwunden! glatt aus meinem Herzen verschwunden [...] – Daß man so veränderlich ist! (HA 4, S. 262)

Gelähmt von widerstrebenden Neigungen, geht er schließlich zugrunde, weil er weder ganz Carlos noch ganz Beaumarchais sein kann: er besitzt ein viel zu schlechtes Gewissen, um sich ein für allemal als Künstler zu behaupten, eine viel zu starke Eigenliebe, um sein Talent einem bürgerlich-empfindsamen Familienethos aufzuopfern, eine allzu große Angst vor der Möglichkeit, sich mit jedem Tag von seinen tiefsten Gefühlen verabschieden zu müssen. So verkörpert er in seiner unheilbaren Zerrissenheit das moderne Individuum, wie es Rousseau im zweiten *Discours* entworfen hat, indem er es durch negative, keine Bewunderung, sondern höchstens Mitleid erweckende Eigenschaften von der Mittelmäßigkeit abhebt[28]:

> [...] le Sauvage vit en lui-même; l'homme sociable toûjours hors de lui ne sait vivre que dans l'opinion des autres, et c'est, pour ainsi dire, de leur seul jugement qu'il tire le sentiment de sa propre éxistence. (OC 3, S. 193)

> Der wilde Mensch lebt in sich, der gesellige hingegen ist immer außer sich und lebt nur in der Meinung, die andere von ihm haben. Selbst die Empfindung seines Daseins nimmt er nur aus ihrem Urteil. (AU, S. 264)

„Es irrt der Mensch, solang' er strebt" (HA 3, S. 18), wird der Herr im *Prolog im Himmel* sagen und noch einmal Goethes Rousseauismus zu erkennen geben, in dem sich im Grunde die Klage um die Unersättlichkeit und Rastlosigkeit des modernen Menschen artikuliert, der sich in einem Wirbel von Wünschen in seiner Kohärenz bedroht fühlt, der aber genau weiß, daß dieser Riß nicht wiedergutzumachen ist. Mag Rousseau in seiner Diagnose Recht haben, so ist letzten Endes auch Carlos' Aussage berechtigt, in der die von Herder akzentuierte Künstlerthematik aufscheint: „mit seinem Geist, mit seinen Gaben ist es unverantwortlich – ist es unmöglich, daß er bleibt, was er ist" (HA 4, S. 288). Wie soll aber Clavigo seine Anlagen zur Geltung bringen, ohne die Menschen um sich zu zerstören? Und wie soll Werther glücklich werden, ohne auf der kindlichen Ichbezogenheit eines *homme-enfant* zu bestehen? Die Überwindung der Kluft, die sich zwischen den Ansprüchen des Individuums und den Forderungen des gesellschaftlichen Zusammenlebens geöffnet hat, ist dem Schriftsteller aufgegeben. – Daher die Idee einer Erziehung und der Blick nach vorn und zurück zugleich: „Emile n'est pas un sauvage à releguer dans les déserts; c'est un sauvage fait pour habiter les villes" (OC 4, S. 484) – „Emil ist kein Wilder, den man in die Wüste verbannen will, er ist ein Wilder, der in der Stadt leben soll". Wilhelm Meister etwa auch?

---

sehr bewunderungswürdiges Ding, daß man die Menschen dahin gebracht hat, daß es ihnen unmöglich ist, miteinander zu leben, ohne sich gegenseitig zu beschuldigen, beiseite zu drängen, zu täuschen, zu verraten und zu vernichten!" (N, S. 157)

28 Otto Voßler: *Rousseaus Freiheitslehre.* Göttingen 1963, S. 66.

HEE-JU KIM

Rituelle Identitätsbildung. Zur Lossprechung Wilhelm Meisters

Zwei Jahre vor der Publikation von *Wilhelm Meisters Lehrjahren* notierte Goethe hinsichtlich der Figurenkonzeption seines Romanpersonals lakonisch, bei einigen der Gestalten handle es sich um personifizierte Träume. Und er spezifizierte entsprechend: Wilhelm als „ästhetisch-sittliche[n] Traum", Lothario als „heroisch-aktive[n] Traum" und das vorgeblich so rational-souveräne Oberhaupt der Turmgesellschaft, den Abbé, als „Pädagogische[n] praktische[n] Traum" (HA 7, S. 616). Das Zusammentreffen dieser Träumer arrangiert der Roman, lax formuliert, gemäß dem Motto ‚Träume sind Schäume'. Immer wieder schiebt sich nämlich die phantasiegeprägte Sicht der Dinge vor die tatsächlichen Verhältnisse. Die daraus resultierenden Irrtümer sind eines der konstitutiven Merkmale des Romans. Auf Irrwege gerät nicht allein der dem Ideal der Selbstentfaltung nachstrebende Wilhelm, sondern auch der Abbé, Wilhelms pädagogischer Leiter, sowie dessen Genossen aus der Turmgesellschaft.

So kommt es nicht von ungefähr, daß gegen Ende des Romans Jarno gegenüber Wilhelm die Turmgesellschaft sogar als eine Gesellschaft der Irrenden charakterisiert. Auf Wilhelms Vorwurf, die Turmgesellschaft habe mit seiner Lossprechung von den Lehrjahren allzu „übereilt" gehandelt und ihn damit völlig desorientiert, so daß er gar nicht mehr wisse, was er „kann, will oder soll", entschuldigt sich Jarno: „Wir sind ohne Schuld in diese Verwirrung geraten, das gute Glück mag uns wieder heraushelfen" (FA I, 9, S. 930).[1] Und in der Tat kommt Wilhelms Lebensweg schließlich durch nichts anderes als eben glückliche Zufälle an ein gutes, beim genauen Hinsehen allerdings ironisch gebrochenes Ende. Wo die sich allwissend wähnenden Mitglieder der Turmgesellschaft versagen, ist der Zufall zur Stelle, der alles zum Besten fügt. So übersteigt „die letzte Summe" von Wilhelms Lebensgeschichte deutlich diejenige Zahl, die sich aus der Addition seiner einzelnen Lebensabschnitte ergibt – ein eigentümlicher „Additionsfehler", den Goethe – wie er gegenüber Schiller einräumt – absichtlich begangen hat (9. 7. 1796; MA 8.1, S. 209).[2] Auch wenn Wilhelms Lebensgeschichte keines-

1 Alle Zitate aus *Wilhelm Meisters Lehrjahren* nach FA I, 9.

2 Auf Schillers Kritik, die Beziehung aller einzelnen Glieder des Romans müsse im Blick auf die philosophische Grundidee der Bildung noch deutlicher herausgestellt werden, begründet Goethe den ‚Rechenfehler' mit seiner Tendenz zum ‚Realismus': „Der Fehler, den Sie mit Recht bemerken, kommt aus meiner innersten Natur, aus einem gewissen realistischen Tic, durch den ich meine Existenz, meine Handlungen, meine Schriften den Menschen aus den Augen zu rücken behaglich finde" (9. 7. 1797; MA 8.1, S. 208).

wegs in bruchloser Geradlinigkeit verläuft, so wäre es allerdings kurzsichtig, zu behaupten, daß das Erziehungsbemühen der Turmgesellschaft überhaupt keinen Einfluß auf sie nehmen würde. Der hinter das Augenscheinliche dringende Blick der Emissäre der Turmgesellschaft ist bemerkenswert: Nicht einmal das Unbewußte Wilhelms scheint ihnen verborgen zu bleiben. So wird ihnen seine konflikthafte psychische Befindlichkeit transparent und scheint damit formbar.

Dem Wechselspiel zwischen dem pädagogischen Kalkül der schier omnipotent wirkenden Bildungsinstanz Turmgesellschaft und den inneren Dispositionen Wilhelms gehe ich im folgenden genauer nach. Um deren pädagogische Verfahren zu verdeutlichen, sind zunächst die psychischen Grundlagen Wilhelms, die sie zum Angriffspunkt ihrer Erziehungsbemühungen machen, herauszustellen. Ich betrachte dazu das fünfte Buch der *Lehrjahre*, das das architektonische Zentrum des achtteiligen Romans bildet und die Schaltstelle einer Gattungswandlung markiert. Präsentiert Goethe den ersten Teil von Wilhelms Biographie im Duktus eines Künstlerromans, so erzählt er sie anschließend – nach dem Intermezzo der *Bekenntnisse einer schönen Seele* – mit Wilhelms Eintritt in die Sozietät des Turms im Duktus eines Gesellschaftsromans. Für das Verständnis des Romans ist es aufschlußreich, welche Weichenstellungen von wem durch welche Stellhebel in welche Richtung zu welchem Zweck betätigt werden. Was führt dazu, daß Wilhelm der Welt des Theaters abschwört und sich von der Turmgesellschaft zu familialer Existenz und tätigem Leben bestimmen läßt? Selbstverständlich ist es schließlich nicht, daß ein Theaterenthusiast, der von Kind auf nichts anderes als seine ästhetische Selbstentfaltung anvisierte, sich von der heiß ersehnten Schauspielerkarriere verabschiedet, um sich in die Ordnung der Gesellschaft zu fügen.

Zu Beginn des fünften Buches fallen Wilhelms äußere Lebenslage und innere Seelenlage auseinander. Damit zerfällt zugleich die epische Ordnung, die – nach Blanckenburgs programmatischem Gattungskonzept im *Versuch über den Roman* – Außenwelt und Innenwelt des Protagonisten in einen kausalgenetischen Zusammenhang zu bringen hat,[3] mit der Folge einer markanten Identitätskrise Wilhelms. Den entscheidenden Anstoß dafür, daß bei Wilhelm dieser Zusammenhang zerbricht, gibt die Nachricht vom Tod des Vaters, die Wilhelm gleich zu Beginn des fünften Buches erhält. Diese unvermutete Todespost versetzt ihn in eine Lage, in der er „mit sich selbst [...] nicht einig werden" (S. 652) kann. Wilhelms Identitätskonfusion diagnostiziert der Erzähler als höchst alarmierenden Zustand:

> Der Mensch kann in keine gefährlichere Lage versetzt werden, als wenn durch äußere Umstände eine große Veränderung seines Zustandes bewirkt wird, ohne daß seine Art zu empfinden und zu denken darauf vorbereitet ist. Es gibt alsdann eine Epoche ohne Epoche, und es entsteht nur ein desto größerer Widerspruch, je weniger der Mensch bemerkt, daß er zu dem neuen Zustande noch nicht ausgebildet sei. (S. 651 f.)

Im Paradox einer „Epoche ohne Epoche" wird manifest, wie sich bei Wilhelm äußere und innere Befindlichkeiten voneinander lösen. Der Tod des Familienoberhauptes verändert zunächst Wilhelms rechtliche Situation wesentlich und steht damit am Beginn seiner neuen sozialen Lebensperiode. Jetzt ist er als Erbe zwar endgültig mündig geworden, doch stellt sich die Frage, welche innere Geltung dieses Ereignis erlangt. Wilhelm selbst versucht anfänglich,

---

3 Vgl. Christian Friedrich von Blanckenburg: *Versuch über den Roman*. Faksimiledruck der Originalausgabe von 1774. Mit einem Nachwort von Eberhard Lämmert. Stuttgart 1965.

die neue Lage zu ignorieren; er bemüht sich nachdrücklich, den Tod seines Vaters – ein Ereignis, das ihn „im Innersten" getroffen hat, wie der Erzähler konstatiert – zu verdrängen, um sich wieder den „eigenen Verhältnissen" zuzuwenden (S. 651). Er bleibt aber zutiefst verunsichert. Denn mit dem Verlust des Vaters verliert er zwar nach außen seinen Status als Sohn, innerlich aber hat er diese Rolle noch keineswegs überwunden. Alle seine Aktivitäten, die sich in der Folge zunehmend dem Theater widmen, sind nur die Flucht in seine jugendliche Wunschwelt, die verdeckt, in welchen Widerspruch sein Inneres zu seiner Schauspielerexistenz geraten ist. Vom Ziel universaler Selbstentfaltung und Identitätsfindung ist Wilhelm weiter entfernt denn je.

Im folgenden versuche ich, die Entstehung, die Entwicklung, das Ende und schließlich die Konsequenzen von Wilhelms Identitätskonfusion herauszustellen. Entsprechend nehme ich vier Lebensstadien genauer in den Blick: (1) die Zeit vor, (2) die Zeit während, (3) den Schlußpunkt und (4) die Zeit nach der „Epoche ohne Epoche".

1.

In Wilhelms erstem Lebensabschnitt verbleibt das psychische Konfliktpotential zwischen ihm und seinem Vater, dessen Tod dann seine Identitätskrise hervorruft, weitgehend in der Latenz und bricht nur gelegentlich gegenüber den von der Mutter übermittelten väterlichen Mahnungen aus. Wilhelm wächst in einer Kaufmannsfamilie auf, in der die Erziehungsvorstellungen des Vaters auf die gesellschaftliche Existenz des Kindes zielen. Er vertritt dabei die Auffassung, daß man „einem jungen Menschen keine größere Wohltat erweisen [kann], als wenn man ihn zeitig in die Bestimmung seines Lebens einweiht" (S. 393). Sein Sohn soll, wie er, Kaufmann werden, um sich im Lebenskampf ökonomisch behaupten zu können. Doch das Innere Wilhelms folgt nicht den äußeren Geboten des Vaters. Und so erlebt der schon früh aufs Theaterspiel versessene Wilhelm den Vater vorrangig als autoritäre Verbotsinstanz. Wie der Vater bereits in Wilhelms Kindheit gegen das Puppenspiel vorging, so weist er später die „unmäßige Leidenschaft" (S. 362) des Sohnes fürs Theater zurecht. Dem Vater, der als zweckrationale Verbotsinstanz fungiert, wird die Mutter entgegengesetzt. Sie erscheint als eine ästhetische Wohltäterin, die Wilhelm „zuerst Geschmack am Schauspiele beibrachte" (ebd.), indem sie ihm ein Puppenspiel schenkte. So gesehen, kann Wilhelms Theaterenthusiasmus als mütterliche Gabe mit spezifisch weiblicher Konnotation begriffen werden. Erotisch angereichert wird das Bild der ästhetischen Lebensform später durch die Verquickung von Theater- und Liebessphäre in der Gestalt Marianes, die als Schauspielerin beide in Personalunion verkörpert. Die von den beiden Elternteilen repräsentierte Opposition von Ökonomischem und Ästhetischem findet ihre lyrische Verdichtung in Wilhelms Selbstvergewisserungsgedicht *Jüngling am Scheideweg*, in dem „die Muse der tragischen Dichtkunst und eine andere Frauensgestalt [...] sich um meine werte Person recht wacker zanken" (S. 383). Daß in der „Muse der tragischen Dichtkunst" das Weibliche als ästhetischer Lebensentwurf stilisiert wird, ist offensichtlich. Die „andere Frauengestalt", die negativ dargestellte „alte Hausmutter" dagegen modelliert Wilhelm nach dem männlichen Muster ökonomischer Existenz – vom „knechtische[n] Tagewerk im Schweiße des Angesichtes" ist die Rede, auch von in Aussicht gestellten „Reichtümern" und von einer ‚Enterbung' (S. 383 f.). Das dem ökonomischen Diskurs entlehnte Vokabular verweist auf den väterlichen Lebensentwurf, der der ästhetischen Existenz des Theaters den ordentlichen Broterwerb gegenüberstellt. In Wilhelms Gedicht wird nun sein von der väterlichen Instanz

„enterbtes" lyrisches Rollen-Ich, das sich „nackt" vorfindet (S. 384), von Melpomene, der Muse der tragischen Dichtkunst, mit einem goldenen Schleier bedeckt – Zeichen für die Rettung dessen, der sich vom Ökonomischen losgesagt hat, durch das Ästhetische.

Während das Gedicht im Stile einer Schwarz-weiß-Malerei eine eindeutige Entscheidung fällt, macht Wilhelm im realen Leben allerdings halbherzige Kompromisse. Er stiehlt sich nur nachts heimlich zu Mariane und erfüllt sich nur in seinen Phantasien den Theaterwunsch, während er sich tagsüber – wie es der Vater verlangt – dem Handelsstand widmet (siehe S. 365). Doch auf Dauer vermag Wilhelm seine Doppelexistenz, die ihn in die öffentliche Existenz eines willfährigen Sohnes und die heimliche eines Theaterenthusiasten und Liebhabers spaltet, nicht durchzuhalten. Das bislang verheimlichte, in das Dunkel der Nacht und in hochfliegende Pläne und Fiktionen verdrängte erotisch-ästhetische Amalgam soll öffentlich werden. Mit einem Wort: Die Diskrepanz zwischen Innenwelt und Außenwelt will Wilhelm aufheben, indem er jene zu dieser erhebt und sich selbst zum Gründer eines Nationaltheaters imaginiert (siehe S. 386). Hier – so seine Phantasie – löst sich der ihn bislang bestimmende Konflikt zwischen ästhetischer Neigung und ökonomischer Pflicht. Doch der erste Ablösungsversuch des „unbefiederten Kaufmannssohn[s]" (S. 361) von der väterlichen Welt schlägt fehl. Wilhelm verfällt dem Irrtum, Mariane sei ihm untreu, bricht daraufhin sogleich den Kontakt zu ihr ab und entsagt für mehrere Jahre seinem ästhetischen Lebensentwurf.

Der zweite Versuch Wilhelms, die Wunschwelt des Inneren zur Realität des Außen zu machen, gelingt offenbar problemloser. Die früheren Heimlichkeiten haben ein Ende, als er von seinem Vater auf eine Geschäftsreise geschickt wird. Hier trifft er zufällig auf die Reste einer Wandertruppe, die seine lang abgewiesene Wunschwelt des Theaters aktualisiert. Doch der Eindruck täuscht, Wilhelm könne jetzt Innenwelt und Außenwelt, die bislang im Spannungsverhältnis zueinander standen, zur Deckung bringen und so eine feste Identität gewinnen, in der Sollen und Wollen, Pflicht und Neigung bruchlos miteinander übereinstimmen. Denn immer noch bleibt er der Welt seines Vaters und des Herkommens unterworfen. Von ihr bezieht er sein Geld, und vor ihr versteckt er seine Theaterexistenz, indem er seinem Vater z. B. einen gefälschten Reisebericht voll abgeschriebener ökonomischer Kenntnisse schickt (siehe S. 630 ff.). Weiterhin realisiert Wilhelm seine Wunschwelt heimlich, diesmal aufgrund räumlicher Distanz. Nun kann er „verstohlen" – wie der Erzähler bemerkt – „seine Wünsche befriedigen" und „seinen alten Träumen nachschleichen" (S. 497). „Verstohlen" geschieht dies in der Tat: Nur fern von seinem Elternhaus vermag er ungeniert der vom Vater untersagten Lust zu frönen und so den offenen Bruch mit diesem zu vermeiden. Zwar zieht Wilhelm die Rückkehr zu seinem Vater und ins bürgerliche Leben immer wieder in Erwägung, insbesondere wenn ihm seine realen Theatererfahrungen die Kluft zwischen Theaterideal und -wirklichkeit verdeutlichen (siehe S. 496 f. u. S. 640 ff.), bis zur Nachricht vom Tod seines Vaters verharrt Wilhelm jedoch im Doppelleben des Sohnes als Bürger und des Schauspielers als Bohemien – mit der Folge eines schlechten Gewissens dem Vater gegenüber.

2.

Mit dem Tod von Wilhelms Vater bricht die vom Erzähler proklamierte „Epoche ohne Epoche" (S. 651) aus. Was hat das für Konsequenzen? Wollte der Sohn noch kurz vor dem Erhalt der Todesnachricht das Theater endgültig verlassen und damit sein ästhetisches Selbstentfaltungsprojekt aufgeben, so zeigt sich Wilhelm nun froh, seinen bislang nur „verstohlen" realisierten Wunsch nach einer Schauspielerexistenz offen verwirklichen zu können. Dies geschieht auch. Allerdings ist Wilhelms Entscheidung für seine ‚theatralische Sendung' eingetaucht in das ironische Licht einer signifikant fremdbestimmten Selbstbestimmung. Provoziert durch den Brief von Werner, der Wilhelm zur Rückkehr ins ökonomische Leben auffordert, läßt er seinen Heimkehrplan fallen und verschreibt sich ganz dem Theater. In seinem Brief an Werner artikuliert er nochmals sein inzwischen doch längst in Zweifel gezogenes Selbstbildungsprojekt. Das Pathos, mit dem sich Wilhelm auf sein Bildungsideal beruft – „mich selbst, ganz wie ich da bin, auszubilden, das war dunkel von Jugend auf mein Wunsch und meine Absicht" (S. 657) –, konterkariert der Erzähler mit einer auktorialen Bemerkung: Wilhelm werde bei der Abfassung seines apologetischen Briefes durch einen „heimlichen Geist des Widerspruchs" bestimmt (S. 656). In Werner – dem mittlerweile zum Kaufmann gewordenen Jugendfreund und wohl deshalb auch geschätzten Schwiegersohn seines Vaters – sieht Wilhelm einen Wiedergänger seines Vaters. Indem er gegen Werners Ansinnen, in die Welt der Ökonomie zurückzukehren, rebelliert, rebelliert er zugleich gegen den Vater und dessen Gebote – allerdings mit dem Mut eines Feiglings, denn der Vater ist ja tot.

Dieser verschobene Aufstand gegen den Vater gelingt Wilhelm jedoch nur scheinbar, denn mit der Abwendung vom Ökonomischen und der Hinwendung zum Theatralischen hat Wilhelm keineswegs die verinnerlichte Autorität des Vaters überwunden. Sie bleibt in seiner „Epoche ohne Epoche" weiterhin bestimmend. Zwar kann Wilhelm die ehemalige Außenwelt der ökonomischen Existenz in der Person Werners abweisen, doch vermag sich die Innenwelt der ästhetischen Existenz, die jetzt endgültig auch zur Außenwelt werden soll, keineswegs frei von der internalisierten Vaterinstanz zu entfalten. Auf höchst subtile Weise gestaltet Goethes Roman diesen Problemzusammenhang anläßlich der *Hamlet*-Inszenierung.[4]

Bei der Vorbereitung des Stücks gilt Wilhelms größte Sorge der Besetzung der Rolle des Geistes von Hamlets Vater. Der Roman treibt hier einen großen Aufwand im Hin und Her, wer wohl für diese Rolle geeignet sei – auf den ersten Blick scheint diese Konfusion ziemlich funktionslos, denn alsbald löst sich dieses Problem wie von selbst. Ein Unbekannter läßt Wilhelm wissen, daß an dem Tag der Aufführung die Rolle des Geistes schon besetzt werde. Wie man erst sehr viel später erfährt, haben Vertreter des Turms ihre Hand im Spiel. Einer von ihnen agiert bei der Premiere als Geist von Hamlets Vater. Als er dann auf die Bühne tritt, ereignet sich etwas Seltsames – hier setzt jetzt meine zweite Beobachtung an. Wilhelm,

---

4 Bereits während des *Hamlet*-Studiums faßt Wilhelm den Kern des tragischen Konflikts im Blick auf seine selbstbezogene Aporie zwischen dem väterlich-ökonomischen Lebensprinzip und dem Glauben an seine Berufenheit zum Ästhetischen zusammen. In dem handlungsohnmächtigen Prinzen sieht Wilhelm einen von väterlichen Forderungen überforderten Sohn: „Shakespear habe schildern wollen: eine große Tat auf eine Seele gelegt, die der Tat nicht gewachsen ist" (S. 609). Da Wilhelms identifikatorische Deutung der Hamletgestalt die psychische Disposition des Interpreten selbst erhellt, kommt der Frage, ob Wilhelms Charakterisierung von Hamlet mit dem Shakespeareschen Original in der Tat übereinstimmt – mit diesem Vergleich befaßt sich etwa William Diamond: *Wilhelm Meister's Interpretation of Hamlet.* In: Modern Philology 23 (1926/27), S. 89–101 –, m. E. keine wesentliche Relevanz zu. Unter der Annahme von Wilhelms beschränktem Erkenntnisvermögen werden dessen interpretatorischer Umgang mit *Hamlet* und die Shakespeare-Zitationen mitunter auch trivialisiert; vgl. etwa Mark Evan Bonds: *Die Funktion des „Hamlet"-Motivs in „Wilhelm Meisters Lehrjahre".* In: GJb 1979, S. 101–110.

der zwischenzeitlich das Besetzungsproblem im Premierenfieber schon vergessen hatte, ist beim Auftritt des Geistes zutiefst verstört und bringt „die Anrede an den Geist so verwirrt, zerstückt und gezwungen vor, daß die größte Kunst sie nicht so trefflich hätte ausdrücken können" (S. 690). Wilhelm erzielt hierdurch einen großen schauspielerischen Erfolg, der auch gebührend gefeiert wird.

Doch verdankt sich dieser Erfolg weniger seinem künstlerischen Darstellungsvermögen. Wilhelm spielt nicht den erschrockenen Hamlet, sondern ist als Wilhelm selbst erschrocken – implizites Zeichen dafür, daß er ein schlechter Schauspieler ist, da er nur sich selbst spielen kann, wie Jarno ihm später vorwerfen wird.[5] Wilhelms reales Erschrecken resultiert allerdings nicht nur aus dem überraschenden Auftritt des Geistes, der lange ungewiß war, sondern speist sich auch aus einer Quelle seines Inneren, von der er glaubte, sie sei lange ausgetrocknet: aus dem verinnerlichten Autoritätsverhältnis zum Vater. Denn Wilhelm sieht nicht nur den Auftritt des Geistes, sondern meint, als dieser spricht, auch die Stimme seines Vaters zu vernehmen:

> Furchtsam ausspähend stand er vor ihm; allein als die ersten Töne aus dem Helme hervordrangen, als eine wohlklingende, nur ein wenig rauhe Stimme sich in den Worten hören ließ: ich bin der Geist deines Vaters, trat Wilhelm einige Schritte schaudernd zurück, und das ganze Publikum schauderte. Die Stimme schien jedermann bekannt, und Wilhelm glaubte eine Ähnlichkeit mit der Stimme seines Vaters zu bemerken. (S. 691)

Wilhelms Reaktion auf den Auftritt des als Akteur nicht identifizierbaren Geistes ist auf merkwürdige Weise ambivalent. Die „wunderbaren Empfindungen" in der gegenwärtigen Situation mischen sich mit „Erinnerungen" an Vergangenes. Zu seiner rätselhaften „Neugierde den seltsamen Freund zu entdecken" gesellt sich die nicht minder rätselhafte „Sorge ihn zu beleidigen" (ebd.). Beide Regungen „bewegten Wilhelmen nach entgegengesetzten Seiten" (ebd.) – äußerliches Abbild innerer Zerrissenheit.

Goethe bedient sich zur Beschreibung von Wilhelms Reaktionen nicht nur einer Fülle von Wirkungsvokabeln der Aristotelischen Tragödienkonzeption – wie ‚Furcht', ‚Entsetzen', ‚Schauder' oder ‚Jammer' (siehe S. 690 f.) – , er inszeniert zugleich das dramaturgisch zentrale Moment der Anagnorisis[6], und zwar ironischerweise nicht auf der Ebene des in der Romanhandlung präsentierten Stückes *Hamlet*, sondern auf der Ebene der romaninternen

---

[5] Die Aussage der Romangestalt Jarno entspricht Goethes eigenem theatertheoretischen Standpunkt, wonach der Schauspieler auf der Bühne zugunsten der gelingenden Inszenierung seine Individualität aufzugeben habe: „Unter den Grundsätzen, welche man bei dem hiesigen Theater immer vor Augen gehabt, ist einer der vornehmsten, der Schauspieler müsse seine Persönlichkeit verleugnen und dergestalt umbilden lernen, daß es von ihm abhange, in gewissen Rollen, seine Individualität unkenntlich zu machen". In: *Weimarisches Hoftheater* (FA I, 18, S. 843). Zur zeitgenössischen theatertheoretischen Diskussion über das Verhältnis von Rolle und Akteur siehe Ulrike Stephan: *Gefühlsschauspieler und Verstandesschauspieler. Ein theatertheoretisches Problem des 18. Jahrhunderts.* In: Hans Körner u. a. (Hrsg.): *Empfindung und Reflexion. Ein Problem des 18. Jahrhunderts.* Hildesheim u. a. 1986, S. 99–116.

[6] Aristoteles definiert die Anagnorisis als „einen Umschlag von Unkenntnis in Kenntnis, mit der Folge, daß Freundschaft oder Feindschaft eintritt, je nachdem die Beteiligten zu Glück oder Unglück bestimmt sind" (Aristoteles: *Poetik*, 1452a, S. 29–32. Übers. von Manfred Fuhrmann. Stuttgart 1982).

Wirklichkeit von Wilhelms Erleben. Inmitten der Aufführungssituation erinnert sich Wilhelm über seine Rolle hinweg und zugleich aber über sie vermittelt an seinen verstorbenen Vater. Erschrocken ist Wilhelm, da ihm mit dem Geist von Hamlets Vater, der seinem Sohn gebietet, weniger eine gespielte Rolle entgegentritt als die reale Vergegenwärtigung seines eigenen gebieterischen Vaters. Aus dieser sonderbaren Überlagerung von Theatersituation und psychischer Wirklichkeit resultiert Wilhelms überzeugende Wirkung auf das Publikum. Der Vater-Geist, der in der Shakespeare-Rezeption schon früh als personifizierter Inbegriff eines schlechten Gewissens verstanden wurde, ruft in Wilhelm die väterliche Gebotsinstanz auf, die ihn auf eine ökonomische Existenz verwies. Doch zugleich ist der Schuldgefühle einflößende Vater als Mitspieler auf der Bühne, ein „seltsame[r] Freund" (S. 691). Wilhelm ist verwirrt und oszilliert zwischen theatralischer Gegenwart und verinnerlichter Vergangenheit, zwischen Schauspielerdasein und Sohnesexistenz.

In dieser „Epoche ohne Epoche", einem Zustand an der Schwelle zwischen der Gegenwart theatralischen Scheins und der Vergegenwärtigung familiären Seins, nimmt Wilhelm die Stimmodulation des Geistes weniger im fiktionalen Handlungskontext des Dramas als vielmehr im psychischen Empfindungskontext seiner vergangenen Lebensgeschichte wahr. So glaubt Wilhelm, der Geist habe mit einem Gefühl „des Verdrusses" gesprochen, wo die fiktionale Spielvorlage doch deutlich das „des Jammers" des verstorbenen Königs akzentuiert (ebd.) – dies ist ein deutlicher Hinweis, wie tief Wilhelm das Vater-Sohn-Verhältnis, das er überwunden zu haben glaubt, verinnerlicht hat. Zwar ist Wilhelms lange verborgene theatralische Wunschwelt zur Wirklichkeit einer Aufführung geworden, die vom Vater repräsentierte Wirklichkeit der Ökonomie ist damit aber keineswegs ausgelöscht.[7] Sie ist ins Innere von Wilhelm eingedrungen und hat dort die Leerstelle besetzt, die seine nun öffentlich gewordene theatralische Wunschwelt hinterlassen hat. Ein Platztausch hat stattgefunden: Der Tod des Vaters hat Wilhelms Konflikt zwischen ästhetischer und ökonomischer Existenz, die er zunächst durch Heimlichkeiten, durch räumlichen Abstand und lyrische Schwarz-weiß-Malerei zu überspielen suchte, nicht gelöst, sondern nur um 180 Grad gedreht. Zugleich verschiebt sich hier das Autoritätsverhältnis, denn hinter der akustisch präsentierten patria potestas verbirgt sich ja die Turmgesellschaft, deren Emissär die Rolle des Geistes in mysteriöser Art übernommen hat. Auf gleitende Weise füllt er, vermittelt über die Theaterszene, die Leerstelle der Autorität aus, die der Tod von Wilhelms Vater hinterlassen hat. Die internalisierte Vaterinstanz, die Wilhelm nur dem Anschein nach in Werner abweisen konnte, bekommt unmittelbar nach dem Ende der *Hamlet*-Inszenierung auch eine äußere Repräsentanz: Nach dem mysteriösen Abgang des Geistes entdeckt Wilhelm den von diesem hinterlassenen Schleier mit der Inschrift, die ihn drängt, die Theaterlaufbahn aufzugeben: *„Zum ersten und letztenmal! Flieh! Jüngling, flieh!"* (S. 697).

3.

Ich komme nun zum Freisprechungsritual der Turmgesellschaft und damit zum Ende von Wilhelms „Epoche ohne Epoche". Bewältigt Wilhelm mit der Aufgabe seiner Theaterexistenz auch seine Identitätskrise? Dies scheint der Fall zu sein. Mit Hilfe der Turmgesellschaft

---

7 In seinem Essay *Shakespeare und kein Ende* hat Goethe das Mißverhältnis zwischen Pflicht und Wunsch, das Wilhelms Grundkonflikt ausmacht, als den eigentümlichen Darstellungsgegenstand

gelingt es Wilhelm offenbar, sich auch endgültig von der väterlichen Welt zu emanzipieren und seinen identitätsgefährdenden Vaterkomplex zu überwinden,[8] indem er nach langem Zögern Felix als seinen Sohn anerkennt und selbst die Rolle des Vaters einnimmt, was vom Abbé mit den Worten „Heil Dir junger Mann! Deine Lehrjahre sind vorüber, die Natur hat Dich losgesprochen“ (S. 876) gebührend gefeiert wird. Doch wie sieht das Szenarium genau aus, das die Turmgesellschaft im Freisprechungsritual arrangiert? Erneut tritt der Geist von Hamlets Vater auf die Bühne. In deutlicher Abweichung von der Dramenvorlage arrangiert die Turmgesellschaft die Geist-Szene allerdings neu. An die Stelle der einstmals vom Geist „mit einem tiefen Gefühl des Verdrusses“ (S. 691) artikulierten Aufforderung zum Gehorsam tritt nun sein Segen für eine frohe Zukunft:

> Ich bin der Geist Deines Vaters, sagte das Bildnis, und scheide getrost, da meine Wünsche für Dich, mehr als ich sie selbst begriff, erfüllt sind. Steile Gegenden lassen sich nur durch Umwege erklimmen, auf der Ebene führen gerade Wege von einem Ort zum andern. Lebe wohl, und gedenke mein, wenn Du genießest, was ich Dir vorbereitet habe. (S. 874)

Wiederum glaubt Wilhelm, die Stimme seines Vaters zu vernehmen. So wie sich bei ihm früher über den Gleichklang der Stimmen von theatralischem Geist und verstorbenem Vater das szenische Autoritätsverhältnis als psychisches realisierte, so realisiert er jetzt im Medium der theatralisch inszenierten Freisprechung das gegenüber der einstigen *Hamlet*-Aufführung neu inszenierte Vater-Sohn-Verhältnis als das einer Fürsorge für sein künftiges Glück.

Das Ritual der Turmgesellschaft inszeniert auf diese Weise die psychische Versöhnung zwischen Vater und Sohn, die für den Sohn die Überwindung seiner Identitätskrise bedeutet, indem sie dem Verhältnis von Innenwelt und Außenwelt eine erneute Wendung gibt. Die durch die realisierte Wunschwelt des Theaters nach innen verdrängte väterliche Autorität wird im Arrangement der Turmgesellschaft nach außen geführt und zur Erlaubnisinstanz für ein glückhaftes Leben umcodiert. Die „Epoche ohne Epoche“, die aus der Diskrepanz zwischen Innen und Außen entstand, scheint also in eben dem Moment zu enden, da Wilhelm mit tatkräftiger Unterstützung der Turmgesellschaft den verbietenden Vater in sich überwindet. Doch gelingt diese Emanzipation wirklich? Und vor allem: Wie wirken sich die verschiedenen Manöver der Turmgesellschaft auf Wilhelms Emanzipationsversuche aus? Die Turmgesellschaft agiert sicher nicht ganz ungeschickt. Sie versteht es zum Beispiel, bei der *Hamlet*-Inszenierung theatralische Mittel einzusetzen, um den Theaterenthusiasten vom Theater abzubringen. Weiterhin nutzt sie ihr Wissen um die assoziative

---

von Shakespeares Tragödien erfaßt: „Wollen und Sollen suchen sich durchaus in seinen Stücken ins Gleichgewicht zu setzen; Beide bekämpfen sich mit Gewalt, doch immer so, daß das Wollen im Nachteile bleibt“ (FA I, 19, S. 644).

[8] Der Vater-Sohn-Konflikt in den *Lehrjahren* wurde des öfteren aus psychoanalytischer Sicht als ödipales Syndrom beleuchtet. Siehe dazu David Roberts: *The Indirections of Desire. Hamlet in „Wilhelm Meister“.* Heidelberg 1989; Bernhard Greiner: *Puppenspiel und Hamlet-Nachfolge. Wilhelm Meisters „Aufgabe“ der theatralischen Sendung.* In: Euphorion 83 (1989), S. 281–296. Greiner versteht die *Hamlet*-Aufführung als „Trauerarbeit“, durch die Wilhelm seinen ödipalen Komplex überwindet und schließlich ans Ziel der „Entelechie“ gelangt (S. 293 ff.).

Realitätswahrnehmung Wilhelms, um seine labile Psyche zunächst noch tiefer zu verunsichern und sie danach um so stärker zu beeinflussen.

Doch kann bei aller pädagogischen Subtilität und allem psychologischen Geschick der Turmgesellschaft ein fundamentales Problem des Lossprechungsaktes nicht verborgen bleiben: Der Akt der Emanzipation soll zwar Wilhelms Mündigkeit konstituieren, stellt damit aber selbst eben keinen Akt der Mündigkeit, sondern einen der Unmündigkeit dar. Wilhelm gewinnt seine Mündigkeit ja keineswegs durch eigene Kraft und Leistung. Er schreibt sich seine neue Identität nicht selbst zu, sie wird ihm von außen zugeschrieben, ja: zugemutet! Damit erfährt sich Wilhelm nicht als Subjekt, sondern als Objekt eines performativen Selbstwiderspruchs: Genau der Akt, der ihm Mündigkeit und Selbstbestimmung propositional zuspricht, macht ihn zum Gegenstand von Entmündigung und Fremdbestimmung. Dieser Widerspruch aber prägt seinen weiteren Lebensweg: Gerade die Zeit nach der „Epoche ohne Epoche“ wird nicht von Autonomie, sondern von Heteronomie bestimmt.

4.

Zwar hat sich mit der von der Turmgesellschaft vollzogenen Umformung des gebietenden in den erlaubenden Vater die personifizierte Autoritätsinstanz aufgelöst, der sich Wilhelm durch die Flucht in ästhetische Gegenwelten zu entziehen suchte. Damit aber hat er in gewisser Weise auch seinen Halt verloren. Denn es war der väterliche Gegenpol, der Wilhelm mit der Möglichkeit, in heimlicher Rebellion zu leben, eine gewisse Stabilität verschaffte – so prekär diese auch immer sein mochte. An die frei gewordene Stelle der Vaterautorität treten nun die mannigfachen Zufälle des Lebens. Sie erlauben es Wilhelm nicht mehr, nach dem zur Selbstvergewisserung entworfenen Muster des *Jünglings am Scheideweg* oppositionelle Wunschwelten zu entwerfen. So einfach, wie er es sich mit seinem Gedicht suggerierte, ist der Komplexität der Außenwelt nicht zu begegnen. Die vom Vater ex negativo gestiftete Gewißheit einer ästhetischen Existenz wird jetzt abgelöst von der Ungewißheit, wie sie durch die Unberechenbarkeit der Verhältnisse erzeugt wird. Wilhelm will zwar sein Schicksal selbst in die Hand nehmen, will seinem Sohn ein guter Vater sein, sucht für ihn die ideale Mutter und schließt sich den ökonomischen Plänen der Turmgesellschaft an, doch alle diese Bestimmungsversuche schlagen fehl und enden letztlich in der Einsicht, daß sich nichts bestimmen läßt.

Die auf seinen Sohn Felix bezogenen Erziehungsversuche bleiben ohne Erfolg – zum Glück, sagt der Roman, denn sonst hätte Felix die vergiftete Milch getrunken und wäre gestorben (siehe S. 985 ff.). Auch Wilhelms Heiratspläne mit Therese scheitern trotz reiflicher Überlegung – zum Glück, sagt der Roman, denn andernfalls hätte er ja nicht Natalie zur Frau nehmen können (siehe S. 990 ff.). Seine ökonomischen Pläne und Absichten verfolgt Wilhelm erst gar nicht weiter. Nur der Zufall in Form des verbalen Schabernacks von Friedrich, „du kommst mir vor wie Saul, der Sohn Kis, der ausging seines Vaters Eselinnen zu suchen, und ein Königreich fand“ (S. 992), spielt ihm noch rechtzeitig die richtige Braut zu, so daß der Roman glücklich endet, wenn man die intertextuelle Anspielung auf Saul, den Melancholiker und Selbstmörder, einmal ausblendet.[9] Doch noch kurz zuvor befindet sich Wilhelm in der

[9] Siehe hierzu Friederike Eigler: *Wer hat ‚Wilhelm Schüler' zum ‚Wilhelm Meister' gebildet? „Wilhelm Meisters Lehrjahre“ und die Aussparungen einer hermeneutischen Verstehens- und Bildungspraxis.* In: Goethe Yearbook 1986, S. 93–119.

tiefsten Identitätskrise seines bisherigen Lebens. Ohne die ihn ex negativo orientierende Vaterinstanz gerät er in ein heilloses Wirrwarr von Absicht und Ausführung. Tiefste Depression ist die Folge.[10] Drei Seiten vor Ende des Romans findet sich die folgende Passage, die Wilhelms verzweifelte Seelenlage eindringlich wiedergibt:

> Vergebens klagen wir Menschen uns selbst, vergebens das Schicksal an! Wir sind elend und zum Elend bestimmt, und ist es nicht völlig einerlei, ob eigene Schuld, höherer Einfluß oder Zufall, Tugend oder Laster, Weisheit oder Wahnsinn uns ins Verderben stürzen. (S. 989f.)

Von Identitätsgewinnung, Selbstentfaltung und Selbstbestimmung findet sich hier offensichtlich keine Spur. Als Fazit kann ich damit konstatieren: Goethe hat Schillers Wunsch, daß sich Wilhelms Bildungsgeschichte runden möge, nicht erfüllt, sondern in dem Roman seine süffisante Bemerkung von absichtlichen Rechenfehlern literarisch umgesetzt. Wilhelm tritt nicht – wie Schiller hofft – „von einem leeren und unbestimmten Ideal in ein bestimmtes tätiges Leben" (8.7.1796; MA 8.1, S. 206). Vielmehr wird Wilhelm aus einer Welt, in der der Zwiespalt zwischen ästhetischer und ökonomischer Existenz im Spannungsfeld der von Mutter und Vater repräsentierten Familienordnung aufgehoben ist, überführt in eine Welt der Kontingenz, in der die Pläne nur bis zum nächsten Irrtum reichen. An die Stelle des geordneten Kosmos der väterlichen Welt, dessen Gesetze Wilhelm gleichermaßen Einhalt gebieten wie sie ihm Halt gewähren, treten die Zufälligkeiten des Lebens, in dem es nicht das Verdienst des Romanhelden Wilhelm, sondern der Wille des Romanautors Goethe ist, daß das Ende ein vorgeblich glückliches ist[11] – vorgeblich deshalb, weil die *Wanderjahre* nicht die Geschichte einer glücklichen Kleinfamilie erzählen, sondern uns den einsamen Wanderer zeigen, der sogar seinen Sohn Felix in der Pädagogischen Provinz abgibt, bis er ihn am Ende noch einmal in die Arme schließen darf.

---

10 Siehe hierzu Günter Saße: *„Vom heimlichen Geist des Widerspruchs": Der Bildungsroman im 18. Jahrhundert. Goethes „Wilhelm Meisters Lehrjahre" im Spannungsfeld von Subjektivität und Intersubjektivität.* In: Monika Fludernik/Ruth Nestvold (Hrsg.): *Das 18. Jahrhundert.* Trier 1998, S. 69–90.

11 Goethe selbst verweist auf den willkürlichen Charakter des glücklichen Romanschlusses, wenn er gegenüber Eckermann äußert, „im Grunde scheint doch das Ganze [des Romans] nichts anderes sagen zu wollen, als daß der Mensch, trotz aller Dummheiten und Verwirrungen, von einer höheren Hand geleitet, doch zum glücklichen Ziele gelange" (FA II, 12, S. 141).

NORBERT CHRISTIAN WOLF

*„Die Wesenheit des Objektes bedingt den Stil". Zur Modernität des Erzählkonzepts in „Wilhelm Meisters Wanderjahren"**

In seinem berühmten Essay *James Joyce und die Gegenwart* (1936) beschreibt Hermann Broch das erzählerische Konzept des *Ulysses* als „Stilagglomeration", nämlich als „Verfahren, das das Objekt von einer Stilbeleuchtung in die andere rückt, um es völlig auszuschöpfen und ihm das höchste Maß von Wirklichkeit, einer übernaturalistischen Wirklichkeit abzugewinnen"; das Objekt der Narration sei „aus dem Stil hervorgegangen", die „Wesenheit des Objektes" bedinge „den Stil, erst in solcher fortgesetzten Wirkung und Gegenwirkung eine Realität schaffend, die die innere Realität der Welt ist. Denn alles Sinnhafte entsteht in Spiegelung und Symbol, und das Ursprüngliche und Wirkliche kann ebensowohl am Ende wie am Anfang der Spiegelreihe stehen".[1] Diese recht emphatische Charakterisierung der narrativen Verfahrensweise des vielleicht wichtigsten Romans der klassischen europäischen Moderne mutet für heutige Ohren in ihrer Fokussierung auf „Spiegelung und Symbol" sowie auf die „innere Realität der Welt" selbst überraschend ‚klassisch' an. Es verwundert deshalb auch kaum, daß Broch den Beginn einer solcherart verstandenen literarischen Moderne in Goethes *Wanderjahren* sah: Goethe habe damit „den Grundstein der neuen Dichtung, des neuen Romans" gelegt; es sei neben der „Totalität des Daseins [...] die ihr adäquate Totalität der Form", „die ihn zu ganz neuen Ausdrucksformen" gedrängt habe, „d. h. die völlige Beherrschung sämtlicher ästhetischer Ausdrucksmittel, untergeordnet der Universalität des Inhalts".[2] Gegenüber einer damals noch recht ratlosen germanistischen Literaturwissenschaft, welche die eigentümliche formale Gestalt und Erzählweise der *Wanderjahre* mit der allmählich versagenden dichterischen und gestalterischen Kraft des späten Goethe zu erklären suchte,[3] vertrat der zeitgenössische Romancier Broch erstmals entschieden die Modernität des Goetheschen Altersstils, den er auch bereits in einen engen Zusammen-

---

* An dieser Stelle möchte ich mich bei Safia Azzouni, die an einer Dissertation zu *Wilhelm Meisters Wanderjahren* arbeitet, für Gespräche und Literaturhinweise bedanken.

1 In: Hermann Broch: *Dichten und Erkennen. Essays.* Bd. 1. Hrsg. von Hannah Arendt. Zürich 1955, S. 183–210; hier S. 191.

2 Ebd., S. 206.

3 Vgl. etwa Eduard Spranger: *Der psychologische Perspektivismus im Roman.* In: Jb. des Freien Deutschen Hochstifts (1930), S. 70–90; wiederabgedruckt in: *Zur Poetik des Romans.* Hrsg. von Volker Klotz. Darmstadt 1965, S. 217–238. Einen knappen Überblick über die Geschichte dieses und weiterer negativer Klischees der germanistischen *Wanderjahre*-Rezeption von Georg Gottfried Gervinus bis Emil Staiger gibt Ehrhard Bahr: *Wilhelm Meisters Wanderjahre oder die Entsagenden.* In: Goethe-Handbuch, Bd. 3, S. 186–231; hier S. 218 f.

hang mit Goethes wissenschaftlichen Ambitionen brachte: „[N]iemandem war es klarer als Goethe, wie sehr das Dichterische im Erkenntnisproblem verankert ist".[4]

Freilich hat die Literaturwissenschaft die alten Versäumnisse mittlerweile wettgemacht. Die in den *Wanderjahren* durch eine „Desintegration der Erzählformen"[5] vermittelte „Totalität des Erkennens" und der „Welterfassung"[6] gehört inzwischen zum Handbuchwissen. Was Goethes konkretes Erzählprinzip betrifft, so wurde bisher vor allem die narrative „Makrostruktur"[7] – also die tragenden Komponenten der Gesamtkomposition – untersucht: Ich nenne nur die ‚klassischen' Studien zur ‚Archivfiktion'[8], zu den Voraussetzungen der zyklischen Erzählform[9], zur ästhetisch-integrativen Funktion der Herausgeberfiktion[10] und zu den verschiedenen Erzählinstanzen[11]. Was die daraus resultierende textuelle Mikrostruktur betrifft, mit der Goethe in den *Wanderjahren* – mehr noch als in den *Wahlverwandtschaften*[12] – ebenfalls zahlreiche Erzähltechniken der Moderne vorwegnimmt, galt das Hauptaugenmerk den von Broch bei Joyce wahrgenommenen Phänomenen ‚Symbol' und ‚Spiegelung'. Die folgenden Ausführungen werden sich dagegen auf weniger intensiv bearbeitete Aspekte konzentrieren und dabei von Brochs These leiten lassen, in Goethes später Prosa zeichne sich der Beginn des modernen Erzählens ab,[13] indem eben „die Wesenheit des Objektes den Stil" bedinge. Aus der skizzierten Perspektive möchte ich am Beispiel ausgewählter Textpassagen drei mikrostrukturelle narrative Verfahrensweisen beobachten, die Goethe nicht nur anwendet, sondern im Roman selbst reflektiert und an verschiedenen Stellen sogar poetologisch erörtert. Zu diesen Strukturelementen zählen: 1. die möglichst

---

4 Broch (Anm. 1), S. 205.

5 Dieter Borchmeyer: *Weimarer Klassik. Portrait einer Epoche.* Weinheim 1994, S. 527.

6 Broch (Anm. 1), S. 205.

7 So der Begriff von Hans-Jürgen Bastian: *Die Makrostruktur von „Wilhelm Meisters Wanderjahren".* In: Weimarer Beiträge 14 (1968) 3, S. 626–639.

8 Volker Neuhaus: *Die Archivfiktion in „Wilhelm Meisters Wanderjahren".* In: Euphorion 62 (1968), S. 3–27.

9 Paul Böckmann: *Voraussetzungen der zyklischen Erzählform in „Wilhelm Meisters Wanderjahren".* In: *Festschrift für Detlev W. Schumann zum 70. Geburtstag [...].* Hrsg. von Albert R. Schmitt. München 1970, S. 130–144.

10 Klaus-Detlef Müller: *Lenardos Tagebuch. Zum Romanbegriff in Goethes „Wilhelm Meisters Wanderjahre".* In: Deutsche Vierteljahrsschrift für Literaturwissenschaft und Geistesgeschichte 53 (1979), S. 275–299.

11 Gonthier-Louis Fink: *Tagebuch, Redaktor und Autor. Erzählinstanz und Struktur in Goethes „Wilhelm Meisters Wanderjahre".* In: Recherches germaniques 16 (1986), S. 7–54.

12 Vgl. dazu Vf.: *Ästhetische Objektivität. Goethes und Flauberts Konzept des Stils.* In: Poetica 34 (2002) 1, S. 125–169; hier S. 162 ff.

13 Vgl. dazu bereits die kursorischen Anmerkungen im Schlußkapitel von Heidi Gidion: *Zur Darstellungsweise von Goethes „Wilhelm Meisters Wanderjahre".* Göttingen 1969, S. 138–140, die auf erzähltechnische Analogien zu Samuel Beckett und Robert Musil verweist, diese aber nicht genauer untersucht. Eine eingehendere Analyse der Strukturverwandtschaften zwischen den *Wanderjahren* und James Joyce' *Ulysses* hinsichtlich der Integration von nichtfiktionaler Sachprosa in den Romantext unternimmt Ehrhard Bahr: *Wilhelm Meisters Wanderjahre oder Die Entsagenden. (1821/1829).* In: *Goethes Erzählwerk. Interpretationen.* Hrsg. von Paul Michael Lützeler u. James E. McLeod. Stuttgart 1985, S. 363–395; hier S. 367–374. Kaum mehr als allgemeine Aperçus bietet hingegen Joseph Strelka: *Goethes „Wilhelm Meister" und der Roman des zwanzigsten Jahrhunderts.* In: The German Quarterly 41 (1968) 3, S. 338–355.

unvoreingenommene, emotionslose und weitgehend entsubjektivierte Erzählhaltung (Entsagung), 2. die Ablösung des einen linearen Erzählstrangs durch ein komplexes Erzählgewebe (Diskontinuität) und 3. die Perspektivenvielfalt und narrative Objektivierung des Subjektiven (Polyphonie und Intertextualität).

1. Entsagung

Flauberts anti-subjektivistische Erzählhaltung der ‚impassibilité'[14] (Gelassenheit, Kaltblütigkeit) gilt gemeinhin als der Beginn ‚moderner' Narration. Es ging ihm dabei um die radikale Zurückdrängung des erzählenden Ich aus dem Erzählkosmos. Diese Tendenz zur ‚Entsubjektivierung' zeichnet sich freilich schon in Goethes ‚klassischer' Poetik ab.[15] Spätestens seit der italienischen Reise läßt sich in seinem ästhetischen Wahrnehmungskonzept eine grundlegende Neuorientierung beobachten: So berichtet er dem Ehepaar Herder am 10./11. November 1786 aus Rom von seiner „Übung alle Dinge wie sie sind zu sehen und zu lesen", was eine „völlige Entäusserung von aller Prätention" des Subjekts voraussetze (WA IV, 8, S. 50f.). Indem er „neuerdings nur die Sachen und nicht, wie sonst, bei und mit den Sachen [sieht] was nicht da ist" (*Zweiter römischer Aufenthalt*; MA 15, S. 428), sucht er eine Gefahr zu vermeiden, die seines Erachtens der subjektivistischen ‚Manier' innewohnt. Die leicht erhitzbare ‚Einbildungskraft' der Werther-Zeit soll nunmehr ein für allemal der Vergangenheit angehören, wie er am 29. Dezember 1786 mit drastischen Worten in einem Brief an Charlotte von Stein festhält: „[J]e mehr ich mich selbst verläugnen muß je mehr freut es mich" (WA IV, 8, S. 105). Das ‚klassische', radikal anti-subjektivistische Wahrnehmungskonzept Goethes dringt auf die weitestgehende Elimination der subjektiven Bedingtheiten menschlicher Erkenntnis. Theoretischen Niederschlag findet dieses Programm im naturwissenschaftlichen Aufsatz *Der Versuch als Vermittler von Objekt und Subjekt*, den er 1792 unter dem bezeichnenden Arbeitstitel *Kautelen eines Beobachters* verfaßte, aber erst 1823 (revidiert und unter dem nun veränderten Titel) publizierte. Dort heißt es zu den Menschen, „die durch den Trieb nach Kenntnis angefeuert die Gegenstände der Natur an sich selbst [!] und in ihren Verhältnissen unter einander zu beobachten streben":

> [D]en [sic] Maßstab des Gefallens und Mißfallens, des Anziehens und Abstoßens, des Nutzens und Schadens, diesem sollen sie ganz entsagen, sie sollen als gleichgültige und gleichsam göttliche Wesen suchen und untersuchen was ist und nicht was behagt. So soll den echten Botaniker weder die Schönheit noch die Nutzbarkeit einer Pflanze rühren; er soll ihre Bildung, ihre Verwandtschaft mit dem übrigen Pflanzenreiche untersuchen [...], und den Maßstab zu dieser Erkenntnis, die Data der Beurteilung nicht aus sich, sondern aus dem Kreise der Dinge nehmen die er beobachtet. (MA 4.2, S. 321f.)

---

14 Der Begriff stammt aus dem Brief an Louise Colet vom 9.12.1852. In: Gustave Flaubert: *Correspondance.* Hrsg. von Jean Bruneau. [Bislang] 4 Bde. Paris 1973ff., Bd. 2, S. 204. Vgl. dazu Marianne Bonwit: *Gustave Flaubert et le principe d'impassibilité.* In: University of California Publications in Modern Philology 33 (1950) 4, S. 263–420; Gerhard Walter Frey: *Die ästhetische Begriffswelt Flauberts. Studien zu der ästhetischen Terminologie der Briefe Flauberts.* München 1972, S. 193–202.

15 Hier und im folgenden beziehe ich mich auf Vf.: *Streitbare Ästhetik. Goethes kunst- und literaturtheoretische Schriften 1771–1789.* Tübingen 2001, S. 449–467 u. 500–508.

Wie sich die ‚objektivistische‘ Erkenntnistheorie auf die literarische Darstellung auswirkt, skizziert Goethe etwa in den *Tag- und Jahresheften* zum Jahr 1789 anläßlich seiner Beschreibung des römischen Karnevals:

> Seit Sternes unnachahmliche sentimentale Reise den Ton gegeben und Nachahmer geweckt, waren Reisebeschreibungen fast durchgängig den Gefühlen und Ansichten des Reisenden gewidmet. Ich dagegen hatte die Maxime ergriffen, mich soviel als möglich zu verleugnen und das Objekt so rein als nur zu tun wäre in mich aufzunehmen. (MA 14, S. 15)

Zum darstellerischen Ziel seiner nachvollziehenden Beschreibung, ja zur zentralen Aufgabe des ‚Styls‘ ganz generell, erklärt Goethe dabei die Absicht, „das Eigentümlichste der [...] Verhältnisse klar und rein auszudrücken“, ohne Beimischung subjektiver Eindrücke, Wünsche oder Projektionen.

Ein ähnlich rigoroses Darstellungsprinzip prägt gemeinsam mit dem in den Jahren vor 1800 entwickelten Symbolkonzept auch Goethes ‚klassische‘ und späte Erzählkunst, deren anti-subjektivistische Grundstimmung der inneren Distanziertheit bereits von der zeitgenössischen Kritik als kalt und tendenziell amoralisch inkriminiert worden ist.[16] Gegen eine moralische Indienstnahme von Kunst und Literatur sowie vor allem gegen die Integration einer moralischen Richterinstanz in den Erzählkosmos hat sich Goethe zeit seines Lebens ausgesprochen. Der Erzähler habe sich statt dessen streng auf eine möglichst objektive Darstellung äußerer und innerer Sachverhalte zu konzentrieren; alle Schlüsse daraus seien hingegen allenfalls Sache des Lesers.[17]

Das thematische und eben auch formale Korrelat dieser ästhetischen Doktrin sind die Regeln der ‚Entsagung‘; dementsprechend haben in den *Wanderjahren* die Gebote des Wanderers, die Wilhelm von der Turmgesellschaft auferlegt worden sind (vgl. MA 5, S. 493 ff.), dieselbe Funktion wie die Entsagungsübungen des reisenden Goethe: es geht um die „Einübung in eine postsubjektive Zeit und Gesellschaft“.[18] Der Roman führt dies gleich zu Beginn plastisch vor Augen. So versichert Wilhelm seiner Korrespondentin Natalie anläßlich seiner Überwindung „des Gebirgs, das eine mächtigere Trennung zwischen uns setzen wird, als der ganze Landraum bisher“: „Deine zarten Gebote will ich nicht übertreten; auf diesem Gipfel sei es das letztemal, daß ich das Wort Trennung vor dir ausspreche“ (1. Buch, 1. Kap.; MA 17, S. 245). Wilhelms Gelöbnis, künftig über die Trennung zu schweigen, steht paradigmatisch für den konsequenten Ausschluß aller emotionalen und sentimentalen Affekte aus den weiteren Mitteilungen: „Laß mich mein letztes Ach zu dir hinübersenden! Laß meinen letzten Blick zu dir sich noch mit einer unwillkürlichen Träne füllen! Ich bin entschieden

---

16 Vgl. Vf. (Anm. 12), S. 163–167.

17 Vgl. anläßlich der *Wahlverwandtschaften* etwa den Brief an Carl Friedrich von Reinhard, 31.12.1809 (WA IV, 21, S. 153), anläßlich der *Wanderjahre* die Briefe an Joseph Stanislaus Zauper, 7.9.1821 (WA IV, 35, S. 73 f.), und an Zelter, 19.10.1821 (WA IV, 35, S. 146).

18 So Hans-Jürgen Schings: *„Gedenke zu wandern“. Wilhelm Meisters Lebensreise.* In: *„Der Buchstab tödt – der Geist macht lebendig“.* Fs. zum 60. Geburtstag von Hans-Gert Roloff von Freunden, Schülern und Kollegen. Hrsg. von James Hardin u. Jörg Jungmayr. Bd. II. Bern u. a. 1992, S. 1029 bis 1044; hier S. 1040. Dort auch Genaueres zum thematischen Zusammenhang von Wandern und Entsagen sowie zum „‚gegenständliche[n]‘ Reisen“ (S. 1034).

und entschlossen. Du sollst keine Klagen von mir hören; du sollst nur hören, was dem Wanderer begegnet“ (ebd., S. 247).

Die darstellerische Beschränkung auf äußerliche Begegnungen unter radikalem Ausschluß der eigenen Innerlichkeit und Emotionalität fällt dem wandernden Romanhelden keineswegs leicht: „Und doch kreuzen sich, indem ich schließen will, nochmals tausend Gedanken, Wünsche, Hoffnungen und Vorsätze“. Wilhelm sucht deshalb seine innere Festigkeit durch die Befolgung äußerer Zwänge und Verpflichtungen wiederzugewinnen: „Glücklicherweise treibt man mich hinweg. Der Bote ruft und der Wirt räumt schon wieder auf in meiner Gegenwart, eben als wenn ich hinweg wäre, wie gefühllose unvorsichtige Erben vor dem Abscheidenden die Anstalten, sich in Besitz zu setzen, nicht verbergen“ (ebd.). Der Vergleich zwischen dem aufräumenden Zimmerwirt und ‚gefühllosen, unvorsichtigen Erben‘ legt die durchaus existierende, aber eben zu bekämpfende empfindsame Subjektivität Wilhelms an den Tag: „Jetzt lebe wohl und lege dieses Blatt mit dem Gefühl aus der Hand, daß es nur Eins zu sagen habe, nur Eines sagen und wiederholen möchte, aber es nicht sagen, nicht wiederholen will, bis ich das Glück habe wieder zu deinen Füßen zu liegen und auf deinen Händen mich über alle das Entbehren auszuweinen“ (ebd., S. 246). Die Bürde des Entsagungsgebots wird mehrmals hervorgehoben; so lamentiert Wilhelm wiederum gegenüber Natalie im 3. Kapitel: „[I]ch [darf] nicht einmal mein Schicksal beklagen, weil ich dir zugesagt habe zu schweigen und zu dulden, wie du es auch übernommen hast“ (ebd., S. 262). Ähnlich Jarno: „[W]ir mußten uns resignieren, wo nicht für immer, doch für eine gute Zeit“ (ebd., S. 266). Trotz oder gerade wegen der Härte, die das Entsagungsgelübde für die Wanderer bedeutet, bleibt es vorerst ohne jede Aufweichung in Kraft – ungeachtet der im 7. Kapitel des 2. Buchs mitgeteilten, wahrhaft dämonischen psychologischen Einsicht des Redaktors in seiner quasi-auktorialen Funktion: „Jede Absonderung, jede Bedingung, die unsern aufkeimenden Leidenschaften in den Weg tritt, schärft sie anstatt sie zu dämpfen“ (ebd., S. 463).

Wilhelms fiktives Brieftagebuch für Natalie macht nun einen zentralen Baustein des Archivs aus, das der romanesken Fiktion zufolge die Materialgrundlage für die Textzusammenstellung durch die Instanz des Redaktors bildet. Wenn dieser zentrale Bestandteil der Quellensammlung aber streng den gestalterischen Vorgaben der ‚Entsagung‘ folgt, dann spielt die perzeptive und darstellerische Haltung des Tagebuchschreibers auch eine gewichtige Rolle für die gesamte Narration, die solcherart allein schon mangels einschlägiger Informationen emotionale Befindlichkeiten der Protagonisten ebenfalls aus ihrem Gegenstandsbereich aussparen muß. Entsprechend heißt es in den *Betrachtungen im Sinne der Wanderer* ausdrücklich:

> Der Dichter ist angewiesen auf Darstellung. Das Höchste derselben ist, wenn sie mit der Wirklichkeit wetteifert, d. h. wenn ihre Schilderungen durch den Geist dergestalt lebendig sind, daß sie als gegenwärtig für jederman gelten können. Auf ihrem höchsten Gipfel scheint die Poesie ganz äußerlich; jemehr sie sich ins Innere zurückzieht, ist sie auf dem Wege zu sinken. (MA 17, S. 524)

Die antisubjektivistische, antiromantische Haltung Goethes gerät hier zu einem regelrechten Wertkriterium für die Beurteilung von Dichtung:

> Diejenige die nur das Innere darstellt, ohne es durch ein Äußeres zu verkörpern; oder ohne das Äußere durch das Innere durchfühlen zu lassen, sind beides die letzten Stufen, von welchen aus sie ins gemeine Leben hineintritt. (ebd.)

Das zuletzt angeklungene Postulat einer strengen Scheidung von Kunst und Leben bezieht sich allerdings nicht auf inhaltliche, sondern auf formale Aspekte der künstlerischen Gestaltung; belegt wird das etwa durch die Tagebucheinträge des ebenfalls ‚entsagenden' Lenardo, die sogar direkten Eingang in den Romantext finden: Das bekannteste Beispiel für die thematische Integration von zeitgenössischen Wissensdiskursen aus dem Bereich des ‚gemeinen Lebens' in den Romankosmos der *Wanderjahre* ist wohl die bis in kleinste technische Details gehende Darstellung der Spinner und Weber (3. Buch, 5. Kap.; ebd., S. 571–580) – eine Beschreibung, die Goethe bekanntlich fast unverändert aus einem Bericht Heinrich Meyers über die Baumwollherstellung in der Herrschaft Wädenswil bei Zürich übernommen hat und die in der narrativen Ökonomie dazu dient, „unter der objektiven Sprache der Sachprosa die Sehnsucht des Protagonisten zu verbergen".[19]

Wie weit und bis zu welchen Grenzen die benannte ‚objektivistische' Erzählhaltung des späten Goethe tatsächlich Flauberts erzählerisches Konzept der ‚impassibilité', also der darstellerischen ‚Teilnahmslosigkeit' und ‚Kälte', präfiguriert, mag eine bezeichnende Maxime aus den *Betrachtungen im Sinne der Wanderer* illustrieren; dort heißt es in einer harschen Distanzierung von der sympathetischen Poetik des Sturm und Drang und der Romantik: „Die Mängel erkennt nur der Lieblose; deshalb, um sie einzusehen, muß man auch lieblos werden"; allerdings fügt Goethe im Unterschied zu seinem französischen Nachfolger hinzu: „aber nicht mehr als hiezu nötig ist" (ebd., S. 525).[20] In diesen ironischen Worten zeichnet sich eine gewisse Distanzierung von einem allzu rigoros verstandenen erzählerischen ‚Entsagungsgebot' ab, was in der späteren Entbindung Wilhelms von seinem Gelübde (ebd., S. 473) ein thematisches Korrelat hat; dementsprechend entfernt sich dessen narrative Umsetzung im Verlauf des Romans immer wieder von der formalen Strenge der zitierten Passagen aus den ersten Kapiteln – der entstehungsgeschichtlich ältesten Erzählsubstanz[21], die stilistisch hinsichtlich der „Depotenzierung des Ichs" und der „Wendung zum Sachlichen"[22] in besonderer Weise an die in unmittelbarer zeitlicher Nachbarschaft konzipierten *Wahlverwandtschaften* erinnert. Dennoch bleibt die ‚entsagende' Erzählhaltung zweifelsohne weiterhin aufrecht: Erwähnt sei hier nur der anhaltende programmatische Verzicht auf erzählerische Originalität, der sich in der Ablösung einer auktorialen Erzählinstanz durch einen bloß herausgebenden, fiktiven ‚Redaktor' manifestiert.[23]

---

19 Bahr (Anm. 13), S. 372.

20 Zu beachten ist dabei, daß auch Flauberts Stilhaltung der ‚impassibilité' keineswegs auf Gefühllosigkeit, sondern im Gegenteil auf einer gesteigerten ‚sensibilité' und ‚sympathie' des Autors beruht, die dann in der künstlerischen Darstellung ‚absorbiert' werden muß; vgl. Frey (Anm. 14), S. 194–198.

21 Entstanden 1807, erstmals veröffentlicht 1809 im *Taschenbuch für Damen auf das Jahr 1810*.

22 Jochen Schmidt: *Die Geschichte des Genie-Gedankens in der deutschen Literatur, Philosophie und Politik 1750–1945*. Bd. 1: *Von der Aufklärung bis zum Idealismus*. Darmstadt ²1988, S. 351.

23 Vgl. dazu ebd., S. 345 f., sowie Bahr (Anm. 13), S. 384. Problematisch scheint mir allerdings, das hier nur angedeutete und von Fink (Anm. 11) genauer untersuchte komplexe Zusammenspiel unterschiedlicher Erzählinstanzen als „Erschütterung der Autorfunktion" (FA I, 10, S. 965) nach Foucault zu deuten, wie das der *Wanderjahre*-Kommentar der Frankfurter Ausgabe von Gerhard Neumann und Hans-Georg Dewitz unternimmt, der die ‚fonction auteur' als ‚technisches Problem des Erzählens' (FA I, 10, S. 964) mißversteht. Foucault beschäftigt sich in seinem Vortrag *Qu'est-ce qu'un auteur?* jedoch keineswegs mit innertextuellen fiktionalen Erzählinstanzen, sondern mit „le seul rapport du texte à l'auteur, la manière dont le texte pointe vers cette figure qui lui est extérieure et antérieure, en apparence du moins". Er hält deshalb ausdrücklich fest: „Il serait

2. *Diskontinuität*

Die Komplexitätssteigerung der modernen Wirklichkeit und ihrer Erfahrung führt zu einer zwingenden Verabschiedung des linearen Erzählens: So beruht die bloße Wiedergabe von „Ereignisse[n] in der Reihenfolge ihres zeitlichen Ablaufes" nach den berühmten Worten Robert Musils auf einer „perspektivische[n] Verkürzung des Verstandes". Musils Romanfigur Ulrich, der diese „perspektivische Verkürzung" durchschaut hat, bemerkt voll Erstaunen, daß ihm das „primitiv Epische abhanden gekommen sei, woran das private Leben noch festhält, obgleich öffentlich alles schon unerzählerisch geworden ist und nicht einem ‚Faden' mehr folgt, sondern sich in einer unendlich verwobenen Fläche ausbreitet".[24]

Entsprechende Erfahrungen machte bereits Goethe, und er setzte sie auch erzählerisch um. Dies gilt nicht allein für die zwei Aphorismensammlungen[25] des Altersromans. Wie Hans Staub gezeigt hat, kündigt sich die „Ablösung des einen Erzählstrangs durch ein komplexes Erzählgewebe"[26] schon in den letzten Büchern der *Lehrjahre* an und gerät in den *Wanderjahren* konsequent zu einem zentralen narrativen Strukturprinzip[27]. Goethe selbst legitimiert die für sein Spätwerk charakteristische nicht-lineare Darstellungsweise und Erzählordnung in einem Brief an Carl Jacob Ludwig Iken vom 27. September 1827 mit der Komplexität der Wirklichkeit:

> Da sich gar manches unserer Erfahrungen nicht rund aussprechen und direct mittheilen läßt, so habe ich seit langem das Mittel gewählt, durch einander gegenüber gestellte und sich gleichsam in einander abspiegelnde Gebilde den geheimeren Sinn dem Aufmerkenden zu offenbaren. (WA IV, 43, S. 83)

An diesem bekannten Zitat interessieren im gegenwärtigen Kontext weniger die schon hinreichend untersuchte Technik der wechselseitigen Spiegelung[28] und Reihenbildung, sondern vor allem die erkenntniskritische Fundierung der diskontinuierlichen Erzählweise, die aus dem Hinweis auf die opake Struktur der „Erfahrungen" bzw. auf deren „geheimeren Sinn"

[…] faux de chercher l'auteur […] du côté de ce locuteur fictif" (Michel Foucault: *Dits et écrits. 1954–1988.* Hrsg. von Daniel Defert u. François Ewald unter Mitarbeit von Jacques Lagrange. 4 Bde. Paris 1994, Bd. 1, S. 789–821; zit. S. 792 u. 803). Eine Depotenzierung des Erzählers hat demzufolge keinerlei Auswirkung auf die Autorfunktion.

24 Robert Musil: *Der Mann ohne Eigenschaften. Roman.* Hrsg. von Adolf Frisé. 2 Bde. Neu durchgesehene und verb. Aufl. Bd. 1. Reinbek bei Hamburg 1981, S. 650. Vgl. dazu etwa Hans-Jost Frey: *Musils Essayismus.* In: ders.: *Der unendliche Text.* Frankfurt/M. 1990, S. 231–261.

25 Vgl. Bahr (Anm. 13), S. 387: „Durch die ‚Betrachtungen im Sinne der Wanderer', aber auch durch die Aphorismen ‚Aus Makariens Archiv' wird der lineare Prozeß der Romanlektüre durch den diskontinuierlichen der Aphorismenlektüre unterbrochen bzw. abgelöst. Die Aphorismen erfordern vom Leser die Fähigkeit, die Gedankensprünge ihres Inhalts und ihrer Anordnung mitzumachen" etc. Fast identisch die Formulierung in Bahr (Anm. 3), S. 208.

26 Hans Staub: *Der Weber und sein Text.* In: *Das Subjekt der Dichtung. Festschrift für Gerhard Kaiser.* Hrsg. von Gerhard Buhr, Friedrich A. Kittler u. Horst Turk. Würzburg 1990, S. 533–553; hier S. 533.

27 Vgl. ebd., S. 537 f., sowie bereits die Andeutungen von Strelka (Anm. 13), S. 340 f.

28 Vgl. dazu den 1823 verfaßten, zu Lebzeiten unveröffentlichten Aufsatz *Wiederholte Spiegelungen* (MA 14, S. 569).

hervorgeht. Die Linearität der maßgeblichen Zeit- und Fortschrittsvorstellungen des 18. Jahrhunderts wird dadurch genauso verabschiedet wie der Erkenntnisoptimismus des gemeinaufklärerischen Mimesis- und Darstellungskonzepts. Dementsprechend zählt Goethe anläßlich seiner Arbeit am *West-östlichen Divan* zu den Eigenschaften „einer Poesie wie sie meinen Jahren ziemt“ u. a. einen „heitere[n] Überblick des beweglichen, immer kreis- und spiralartig wiederkehrenden Erde-Treibens“. Die neue Erzählordnung folgt notwendig aus dieser nicht mehr monolinearen Struktur der Erfahrungswirklichkeit. Zur Offenlegung von deren ‚geheimerem Sinn‘ verlangt Goethes Stil-Konzept dabei nach der Vorgabe der spinozistischen ‚scientia intuitiva‘,[29] daß „alles Reale“ nicht einfach nur abgebildet, sondern darstellerisch „geläutert“ werde, und zwar in gestalterischer Hinsicht „sich symbolisch auflösend“, wie er Zelter in einem Brief vom 11. Mai 1820 mitteilt (MA 20.1, S. 601).

Die Vorstellung eines bloß eindimensionalen, linearen Erzählstrangs wird also von Goethe aus erkenntnistheoretischen Gründen verworfen. Im Text der *Wanderjahre* gibt es gleich mehrere Begründungen für das durchaus unkonventionelle Verhältnis von erzählender Geschichte und erzähltem Geschehen. Eine erste ist die mangelhafte Dokumentation des Geschehens durch das Archiv: So wird in der „Zwischenrede“ der ersten Fassung „eine gewisse Lücke“ mit den Problemen der „Redaktion“ von unterschiedlichsten und „mannigfaltigsten Papieren“ legitimiert; die Rede ist von „Heften der wirklichen Welt gewidmet, statistischen, technischen und sonst realen Inhalts“, noch nicht ganz „folgerecht[en] und durchgreifend[en] [...] Entwürfe[n]“, „kleinen Anekdoten ohne Zusammenhang, schwer unter Rubriken zu bringen“, „ausgebildetere[n] Erzählungen, deren manche schon bekannt, dennoch hier notwendig einen Platz verlangen und zugleich Auflösung und Abschluß fordern“, aber auch von „Gedichten“, deren Aufgabe es bei richtiger Anordnung sei, „der wahren Stimmung nachzuhelfen“ – also von einer multiperspektivischen Ansammlung höchst unterschiedlicher Textgenres. Der Redaktor fährt fort, es bleibe ihm

> nichts übrig, als zu überliefern was wir besitzen, mitzuteilen was sich erhalten hat. Und so geben wir daher einige Kapitel, deren Ausführung wohl wünschenswert gewesen, nur in vorüber eilender Gestalt, damit der Leser nicht nur fühle, daß hier etwas ermangelt, sondern daß er von dem Mangelnden näher unterrichtet sei und sich dasjenige selbst ausbilde was, teils der Natur des Gegenstandes nach, teils den eintretenden Umständen gemäß, nicht vollkommen ausgebildet oder mit allen Belegen gekräftiget ihm entgegen treten kann. (MA 17, S. 116f.)

Die Lückenhaftigkeit der Geschichte entspricht also auf das Genaueste der lückenhaften Überlieferung des Geschehens. Während die am Leitbild darstellerischer Objektivität orientierte Redaktion hier keine eigenmächtigen Klitterungen vornehmen darf, wird der angesprochene Leser sogar ausdrücklich aufgefordert, sich in seiner Imagination die unvollständigen Mitteilungen selbst zu ergänzen. Im 13. Kapitel der ersten Fassung bemerkt der Redaktor dazu ironisch, „daß wir im Roman, eben wie es in der Weltgeschichte geht, an ungewisser Zeitrechnung leiden, und nicht ganz entschieden zu bestimmen vermögen was sich früher oder später ereignet. Wir halten uns daher an die sichersten Punkte“ (ebd., S. 133). Das erzählerische Resultat ist, daß „unsere Wandernd-Entsagenden bald unvermutet untertauchen und vor unserm Blick verschwinden, dann aber wieder, an einer Stelle wo wir

---

29 Vgl. Vf. (Anm. 15), S. 411–416 u. 512–527.

sie nicht erwarteten, hervorschimmern"; der genaue Hergang des Geschehens bleibt der erzählenden Instanz des Redaktors oft im unklaren: es lasse „sich nicht genau nachweisen, welche Richtung sie [die Wandernd-Entsagenden; d. Vf.] in der Verborgenheit genommen" (ebd., S. 133).

Eine weitere romaninterne Begründung des diskontinuierlichen Erzählens ist die angesichts der Materialmenge notwendig selektive Auswahl aus dem Archiv: „Dieses Gespräch, das wir nur skizzenhaft wiederliefern" (ebd., S. 270), heißt es etwa entschuldigend im 4. Kapitel des 1. Buchs. Auch „hält der Sammler und Ordner dieser Papiere mit [...] Anordnungen zurück, welche unter der Gesellschaft selbst noch als Probleme zirkulieren" (ebd., S. 636). Der Redaktor gibt sich damit selbst als Vertrauter des Bundes der Entsagenden zu erkennen. Des weiteren reflektiert er bei der Auswahl und Anordnung des Erzählten auch die Bedürfnisse der ungeduldigen zeitgenössischen Leser, wie er im 3. Kapitel des 2. Buchs ironisch hervorhebt: „Der Angewöhnung des werten Publikums zu schmeicheln, welches seit geraumer Zeit Gefallen findet sich stückweise unterhalten zu lassen, gedachten wir erst nachstehende Erzählung in mehreren Abteilungen vorzulegen". Ausschlaggebend für die Anordnung der Erzähleinlage *Der Mann von funfzig Jahren* sind dann aber doch nicht wirkungsästhetische Rücksichten, die Goethe generell ablehnt, sondern die ‚objektive' Struktur des dargestellten Geschehens: „Der innere Zusammenhang jedoch, nach Gesinnungen, Empfindungen und Ereignissen betrachtet, veranlaßte einen fortlaufenden Vortrag" (ebd., S. 398). Hier übt sich der Redaktor gleich in doppelter Ironie, denn gerade dieser ‚fortlaufende Vortrag' der Novelle unterbricht seinerseits die vermeintliche Rahmenhandlung und wird – im Gegensatz zur Ankündigung – vor der Lösung des Konflikts dann selbst unterbrochen (vgl. ebd., S. 1152 u. 1157).

Zuletzt sei im Zusammenhang der Diskussion um Goethes Abkehr vom linearen Erzählstrang darauf verwiesen, daß Wilhelms Aufzeichnungen als Vorlage weiter Strecken der Narration bereits selber ausschnitthaft und diskontinuierlich angelegt sind, wie die wenigen direkt wiedergegebenen Passagen belegen. So entschuldigt er sich im 3. Kapitel des 1. Buchs in einem Brief an Natalie: „Gar manchen schönen Zug des Zusammenseins dieser frommen und heitern Menschen muß ich übergehen: denn wie ließe sich alles schreiben!" (ebd., S. 262). Im 12. Kapitel des 2. Buchs windet er sich ihr gegenüber sichtlich bei der brieflichen Legitimation seiner Entscheidung für den Wundarztberuf:

> Wenn ich nun aber nach dieser umständlichen Erzählung zu bekennen habe, daß ich noch immer nicht ans Ziel meiner Absicht gelangt sei, und daß ich nur durch einen Umweg dahin zu gelangen hoffen darf, was soll ich da sagen! wie kann ich mich entschuldigen! Allenfalls hätte ich folgendes vorzubringen: Wenn es dem Humoristen erlaubt ist, das Hundertste ins Tausendste durcheinander zu werfen, wenn er kecklich seinem Leser überläßt, das was allenfalls daraus zu nehmen sei in halber Bedeutung endlich aufzufinden, sollte es dem Verständigen, dem Vernünftigen nicht zustehen auf eine seltsam scheinende Weise rings umher nach vielen Punkten hinzuwirken, damit man sie in Einem Brennpunkte zuletzt abgespie[ge]lt und zusammengefaßt erkenne, einsehen lerne wie die verschiedensten Einwirkungen den Menschen umringend zu einem Entschluß treiben, den er auf keine andere Weise, weder aus innerm Trieb noch äußerm Anlaß, hätte ergreifen können? (MA 17, S. 508 f.)

Die ‚umständliche Erzählung' vom ‚Hundertsten ins Tausendste' dient also der narrativen Bewußtmachung sämtlicher ‚Einwirkungen', die Wilhelm zu seiner sozial prekären Berufsentscheidung gebracht haben; sie ist mithin wiederum in der komplexen Struktur der Erfahrung – des Geschehens – begründet. Erst die adäquate Wiedergabe sämtlicher dieser Gründe, die sich von Wilhelm nicht in einer kontinuierlichen Erzählweise, sondern nur in mehr oder weniger unzusammenhängenden Einzelmitteilungen darlegen lassen, erlaubt dann ein nachvollziehendes Verständnis für die Entscheidung:

> Bei dem mannigfaltigen, was mir noch zu sagen übrig bleibt, habe ich die Wahl, was ich zuerst vornehmen will; aber auch dies ist gleichgültig, du mußt dich eben in Geduld fassen, lesen und weiter lesen, zuletzt wird denn doch auf einmal hervorspringen und dir ganz natürlich scheinen was mit einem Worte ausgesprochen dir höchst seltsam vorgekommen wäre, und zwar auf einen Grad daß du nachher diesen Einleitungen in Form von Erklärungen kaum einen Augenblick hättest schenken mögen. (MA 17, S. 509)

Nur ein multilineares Erzählgeflecht, dessen Zeichenordnung der angestrebten plurikausalen Motivation entspricht und nicht mehr mit einem kontinuierlichen Erkenntnisfortschritt des Lesers kongruiert, kann eine adäquate narrative Darstellung der komplexen Erfahrungswirklichkeit annähernd gewährleisten. Die Diskontinuität der Narration ermöglicht somit die „auf einmal“ hervorspringende, sich völlig unerwartet und augenblicklich einstellende ‚Totalität‘ des Erkennens, deren plötzliches Zustandekommen aus dem interdependenten Zusammenspiel verschiedener „Erklärungen“ das retrospektive Bewußtsein kaum nachzuvollziehen vermag.

3. Polyphonie

Seit der bemerkenswerten literaturwissenschaftlichen Konjunktur von Michail M. Bachtins Konzept des ‚polyphonen Romans‘ gilt die romaninterne Stimmenvielfalt als ein zentrales Signum der literarischen Moderne. Bachtin sieht die „*Vielfalt gleichberechtigter Bewußtseine mit ihren Welten*“, die „in der Einheit eines Ereignisses miteinander verbunden“ ist, „ohne daß sie ineinander aufgehen“, d.h. also „*die echte Polyphonie vollwertiger Stimmen*“, allerdings erst in den Romanen Dostojewskis konsequent verwirklicht. Erst darin werde das „Bewußtsein des Helden [...] als anderes, *fremdes* Bewußtsein dargestellt“, werde „gleichzeitig aber nicht vergegenständlicht, nicht verdeckt, [...] nicht zum einfachen Objekt des Autorenbewußtseins“.[30] Bachtin stellt Dostojewski sogar in einen expliziten Gegensatz zu Goethe, der „seinem Wesen nach zu einer evolutionären Reihe“ neige: „Alle koexistierenden Widersprüche sucht er als verschiedene Etappen einer einzigen Entwicklung aufzufassen [...]; infolgedessen liegt nichts für ihn auf derselben extensiven Ebene“.[31] Das Modell einer daraus resultierenden monologischen Romanwelt bezieht Bachtin mit einiger Wahrscheinlichkeit aus seiner verlorengegangenen Analyse des deutschen Bildungsromans, insbesondere der Goetheschen *Lehrjahre*.[32] Ein anderes Bild ergibt sich freilich bei einer Berücksichtigung der *Wanderjahre*; so thematisieren die *Betrachtungen im Sinne der Wanderer* ausdrücklich die Problematik der Pluralität:

---

30 Michail Bachtin: *Probleme der Poetik Dostoevskijs.* [1929, 1963]. Frankfurt/M. u.a. 1985, S. 10.
31 Ebd., S. 34.
32 Vgl. ebd., S. 88–94.

> Ein jeder Mensch sieht die fertige und geregelte, gebildete, vollkommene Welt doch nur als ein Element an, woraus er sich eine besondere ihm angemessene Welt zu erschaffen bemüht ist. [...] Wer sich von dieser Grundwahrheit recht durchdrungen fühlte, würde mit niemanden [sic] streiten, sondern nur die Vorstellungsart eines andern wie seine eigene als ein Phänomen betrachten. Denn wir erfahren fast täglich, daß der eine mit Bequemlichkeit denken mag, was dem andern zu denken unmöglich ist, und zwar nicht etwa in Dingen die auf Wohl und Wehe nur irgend einen Einfluß hätten, sondern in Dingen, die für uns völlig gleichgültig sind. (MA 17, S. 536)

Die angesprochene Unterschiedlichkeit der Perspektiven auf ausschlaggebende wie auch auf gleichgültige Angelegenheiten des Lebens wird im Roman selbst inszeniert: Ein Beispiel sind etwa Hersilies Worte aus dem 5. Kapitel des 1. Buchs, mit denen sie Wilhelm in ihre Familie einführt:

> Nach vorläufigem allgemeinem Gespräch ergriff Hersilie Gelegenheit zu sagen: „damit der Fremde desto schneller mit uns vertraut und in unsere Unterhaltung eingeweiht werde, muß ich bekennen, daß bei uns viel gelesen wird, und daß wir uns, aus Zufall, Neigung auch wohl Widerspruchsgeist, in die verschiedenen Literaturen geteilt haben. Der Oheim ist fürs Italienische, die Dame hier nimmt es nicht übel, wenn man sie für eine vollendete Engländerin hält, ich aber halte mich an die Franzosen, sofern sie heiter und zierlich sind. Hier, Amtmann Papa erfreut sich des deutschen Altertums, und der Sohn mag denn wie billig dem neuern, jüngern seinen Anteil zuwenden. Hiernach werden Sie uns beurteilen, hiernach Teil nehmen, einstimmen oder streiten [...]." (MA 17, S. 283)

In dieser Szenerie, die in mancher Hinsicht an die ‚polylogische' Konstellation von Goethes früherer Künstler-Novelle *Der Sammler und die Seinigen* (1799) erinnert, wird jede Person mit einer bestimmten ästhetisch-literarischen Vorliebe identifiziert, und alle Vorlieben stehen gleichberechtigt nebeneinander, obgleich sie z. T. geradezu antagonistisch sind. Nicht zufällig benennt Hersilie neben „Zufall" und „Neigung" gerade den „Widerspruchsgeist" als Movens für diese geschmackliche Differenzierung und damit auch für die „Unterhaltung" der Familie.

Immer wieder ist in den *Wanderjahren* vom polyphonen „Geist des Widerspruchs, der in allen Menschen wohnt" (2. Buch, 9. Kap.; ebd., S. 488), die Rede; so kommentiert die Erzählstimme die Rückkehr des Oheims aus Amerika mit den Worten, daß „in den Söhnen sich oft ein Widerspruch hervortut gegen väterliche Gesinnungen" (1. Buch, 7. Kap.; ebd., S. 314). Nach diesem Prinzip setzt auch die Novelle *Wer ist der Verräter?* gleich unmittelbar ein, indem sich Lucidor leidenschaftlich gegen die ihm vom Vater zugedachte Brautwahl empört (1. Buch, 8. Kap.; ebd., S. 317 f.). Lenardo belehrt Wilhelm in diesem Sinne: „der Vater behält immer eine Art von despotischem Verhältnis zu seinem Sohn" (1. Buch, 11. Kap.; ebd., S. 372), und auch Hilarie als Tochter muß sich gegen die neu aufgelegten Heiratspläne des Majors und ihrer Mutter zunächst heftig wehren (2. Buch, 5. Kap.; ebd., S. 450 f.). Wie schon erwähnt wurde, gilt das Prinzip des Widerspruchs nicht allein in lebensentscheidenden Fragen, sondern fungiert auch in weniger wichtigen Momenten als Mittel der narrativen Strukturierung: Hersilie äußert sich etwa ironisch zu den Sinnsprüchen des Oheims, die im Schloß „in den Feldern über den Türen eingeschrieben" (1. Buch, 6. Kap.; ebd., S. 298) sind: „[I]ch [...] finde, daß man sie alle umkehren kann und daß sie alsdann eben so wahr sind, und vielleicht noch mehr" (ebd., S. 301; vgl. auch ebd., S. 298 f.). Hier wie auch in den mehrfachen impliziten Ironisierungen der Doktrin der ‚Entsagung' (vgl. ebd., S. 317, 343 u. 447 f.) manifestiert sich ein Strukturprinzip des polyphonen Romans nach Bachtins Bestimmung: „Das Wort des Helden über sich selbst und die Welt hat genau so viel Gewicht wie das gewöhnliche Autorenwort [...]. Ihm kommt völlige Selbständigkeit in der Struktur des Werkes zu, es erklingt *neben* dem Autorenwort und wird auf besondere Weise mit ihm und den vollwertigen Stimmen anderer Helden verbunden".[33] Der einzige Aspekt, der Goethes Pluralitätskonzept in dieser Hinsicht noch vom späteren Polyphoniekonzept Dostojewskis unterscheidet, ist die in den *Wanderjahren* immer wieder wahrnehmbare dezidierte Meinung des Autors, der als solcher im Roman selbst e i n e deutliche Stimme hat (sie aber deshalb noch lange nicht auch immer einsetzt, geschweige denn privilegiert).

Wie etwa die ständig wechselnde, geradezu zerstückelnde Erzählperspektive der Novelle *Nicht zu weit* (3. Buch, 10. Kap.) offenbart, führt die „mehrfache subjektive Brechung der dargestellten Erlebnisse und Welten"[34] nicht zur grenzenlosen Subjektivierung des Romankosmos, sondern dient – ähnlich wie die in den *Wahlverwandtschaften* konsequent eingesetzte Technik der ‚erlebten Rede'[35] – einer Objektivierung subjektiver Einzelperspektiven, ohne deren jeweilige Berechtigung deshalb in Frage zu stellen. „Jeder Mensch muß nach seiner Weise denken, denn er findet auf seinem Wege immer ein Wahres, oder eine Art von Wahrem die ihm durchs Leben hilft" (MA 17, S. 516), heißt es dazu in den *Betrachtungen im Sinne der Wanderer.* Eine möglichst ‚objektive' erzählerische Darstellung des menschlichen Zusammenlebens hat dieser grundlegenden anthropologischen Einsicht Rechnung zu tragen – ganz im Sinne des Erkenntnisprinzips, daß vor allem „das Interesse mehrerer auf Einen Punkt gerichtet etwas Vorzügliches hervor zu bringen im Stande ist", wie Goethe in *Der Versuch als Vermittler von Objekt und Subjekt* auseinandersetzt; er postuliert dort auch für wissenschaftliche Untersuchungen die ‚polylogische' „Methode mit Mehreren zu arbeiten":[36]

> Sind uns nun bloß natürliche aufmerksame Menschen so viel zu nützen im Stande, wie allgemeiner muß der Nutzen sein, wenn unterrichtete Menschen einander in die Hände arbeiten. [...] wir können [...] nicht genug anerkennen, wie nötig Mitteilung, Beihülfe, Erinnerung und Widerspruch sei, um uns auf dem rechten Wege zu erhalten und vorwärts zu bringen. (MA 4.2, S. 324 f.)

Es ist also nur konsequent, wenn Goethe 1828, im Blick auf die zweite Fassung seines Altersromans, wiederholt darauf hinweist, daß dieser „ein kollektives Werk sei" (zu Eckermann,

---

33 Ebd., S. 11.

34 So Gonthier-Louis Fink in MA 17, S. 1002.

35 Vgl. Roy Pascal: *The Dual Voice. Free Indirect Speech and its Functioning in the 19th Century European Novel.* Manchester 1977, S. 37–45. In den *Wanderjahren* begegnet die ‚erlebte Rede' hingegen auffallend selten; vgl. etwa folgende Stellen: MA 17, S. 277, Z. 6 f.; MA 17, S. 312, Z. 1–5.; eine unechte ‚erlebte Rede' (kein Präteritum) liegt vor in MA 17, S. 481, Z. 15–25. Ein Grund für Goethes Abkehr vom Stilprinzip der ‚erlebten Rede' dürfte darin liegen, daß diese vor allem einer kritischen Distanzierung der Erzählstimme vom illusionären Zustand der Romangestalten dient, also die durch sie bewirkte Stimmenvielfalt gleich wieder einschränkt.

36 Vgl. dazu auch Vf. (Anm. 15), S. 502 f. Gerade am Problem der ‚kollektiven Arbeit' ließe sich allerdings der wachsende Stellenwert von Pluralität beim späten Goethe gegenüber seiner doch uniformeren ‚klassischen' Konzeption des ‚Styls' profilieren.

11.9.1828; MA 19, S. 251), das „gewissermaßen nur zum Verband der disparatesten Einzelnheiten unternommen zu seyn scheint" (an Johann Friedrich Rochlitz, 28.7.1829; WA IV, 46, S. 27). Er selbst versteht seine Funktion als Autor entsprechend, wie das vom französischen Übersetzer seiner botanischen Arbeiten Frédéric Jacques Soret zum 17. Februar 1832 überlieferte berühmte Diktum zeigt:

> J'ai recueilli, utilisé tout ce que j'ai entendu, observé. Mes œuvres sont nourries par des milliers d'individus divers, des ignorants et des sages, des gens d'esprit et des sots. L'enfance, l'âge mûr, la vieillesse, tous sont venus m'offrir leurs pensées, leurs facultés, leur manière d'être, j'ai recueilli souvent la moisson que d'autres avaient semée. Mon œuvre est celle d'un être collectif et elle porte le nom de Goethe. (Gespräche, Bd. 3.2, S. 839)

Diese zukunftsweisende Vorstellung intertextueller Kollektivität von Autorschaft und Werk als Gegenentwurf zur problematischen Genielehre exklusiver „Originalität und Selbstständigkeit" wird in den *Wanderjahren* nicht allein thematisch dargestellt, sondern sogar ausdrücklich reflektiert: sie findet sich wieder als kunstdidaktisches Programm der Pädagogischen Provinz (2. Buch, 9. Kap.; MA 17, S. 480–484, zit. S. 480).[37]

Beim Blick auf die im Roman immer wieder thematisierte und formal reflektierte Diskontinuität und Kollektivität der Erfahrung wird es verständlich, weshalb Goethe sich nach einer Gesprächsnotiz Friedrich von Müllers vom 18. Februar 1830 so über „die alberne Idee" seines Korrespondenten und Schriftstellerkollegen Rochlitz mokierte, „das Ganze [der *Wanderjahre*; d. Vf.] systematisch konstruieren und analysieren zu wollen. Das sei rein unmöglich, das Buch gebe sich nur für ein Aggregat aus" (Gespräche, Bd. 3.2, S. 571). Mit diesem Begriff, den Goethe der zeitgenössischen Naturwissenschaft entlehnt, bezeichnet er selbst das Strukturprinzip seines großen nicht-monologischen Altersromans. Adelungs *Grammatisch-kritisches Wörterbuch* verzeichnet zum Lemma ‚Aggregat' folgenden Eintrag:

> [...] ein Haufen mehrerer zusammen gebrachter Dinge. Besonders, 1) in der Rechenkunst, wo das Aggregat so viel als die Summe ist. 2) In der Physik ist das Aggregat, eine Verbindung mehrerer solcher Theile zu einem Ganzen, welche wieder aus merklich verschiedenen Theilen bestehen, und ein auf solche Art zusammen gesetztes Ding; die Zusammenhäufung, ein Haufwerk.[38]

Erst die additive „Verbindung" unterschiedlicher „Theile" der menschlichen Erfahrung, die ihrerseits aus „merklich verschiedenen", also heterogenen Elementen bestehen, erlaubt nach der inneren Logik von Goethes Analogiebildung ein im Sinne epischer Objektivität und Totalität notwendig zusammengesetztes erzählerisches ‚Ganzes', das aber den Charakter einer „Zusammenhäufung" keineswegs verleugnet. Die Selbstaussage bezieht sich explizit sowohl auf die makrostrukturelle als auch auf die mikrostrukturelle Erzählordnung von

---

37 Vgl. zum Problemkomplex auch Eckermanns Gesprächsnotiz vom 17.2.1832 (MA 19, S. 691) sowie vor allem Schmidt (Anm. 22), S. 344–353. In diesem Zusammenhang wäre mit einiger Berechtigung von einer „Erschütterung der Autorfunktion" zu sprechen (s.o., Anm. 23).

38 Johann Christoph Adelung: *Grammatisch-kritisches Wörterbuch der hochdeutschen Mundart mit beständiger Vergleichung der übrigen Mundarten, besonders aber der Oberdeutschen.* Leipzig ²1793 bis 1801, Bd. 1, Sp. 182f.

Wilhelm Meisters Wanderjahren. Dem dergestalt polyphonen Kunstwerk ist bei einer adäquaten Lektürehaltung eine ebenso polyphone Rezeption gleichsam eingeschrieben, wie Goethe im (bereits zitierten) Brief an Rochlitz vom 28. Juli 1829 betont: „Eine Arbeit wie diese, die sich selbst als collectiv ankündiget, [...] erlaubt, ja fordert mehr als eine andere daß jeder sich zueigne was ihm gemäß ist" (WA IV, 46, S. 27).

Angesichts der bereits vorliegenden Ergebnisse einschlägiger Untersuchungen[39] braucht an dieser Stelle nicht mehr eigens herausgearbeitet zu werden, in welchem Ausmaß die polyphone und offene Struktur des Romans im Verein mit Goethes „Verzicht auf Deutungsvorgaben" eine „realistische Form der Textaneignung" durch den Rezipienten befördert, die dessen eigener „empirische[r] Wirklichkeitserfahrung" entspricht. Eine aktive Deutungsarbeit ist zur „Erfassung der durch die Archivfiktion hergestellten Realitätsschichten und Bewußtseinsvorgänge" unabdingbar.[40] Goethe war sich dessen wohl bewußt, wie der Brief an Zelter vom 19. Oktober 1821 anläßlich der ersten Fassung belegt: „[I]ch kann mich rühmen, daß keine Zeile drinnen steht, die nicht gefühlt oder gedacht wäre, der echte Leser wird das alles schon wieder herausfühlen und denken" (MA 20.1, S. 672). Durch die beschriebene strukturelle Beschaffenheit der *Wanderjahre* gerät das laut Broch im ‚Dichterischen' verankerte „Erkenntnisproblem" von einem Pensum des Autors notwendig auch zu einem Pensum des Lesers, womit Goethe eine weitere charakteristische Textstrategie des modernen Romans vorwegnimmt.[41]

Ein letztes Indiz für den herausragenden Stellenwert der *Wanderjahre* hinsichtlich der Entwicklung narrativer Stimmenvielfalt sei abschließend erwähnt: Bachtin spricht von der „prinzipiellen Unabschließbarkeit des polyphonen Romans". Während selbst Dostojewski diesem strukturellen Dilemma in den meisten Romanen durch „ein *konventionell-literarisches* und *bedingt-monologisches* Ende"[42] ausweicht, verzichtet Goethe in den *Wanderjahren* konsequent auf einen solchen finalen Kunstgriff. Von den maßgeblichen Handlungssträngen wird keiner an ein definitives Ende geführt. Mehr noch: Die letzten Worte des Romans, die zwischen zwei runden Klammern stehen und sich nicht notwendig nur auf das Gedicht *Im ernsten Beinhaus war's* beziehen, geben dem Autor wie den Lesern eine überraschende Aufgabe mit auf den Weg; es heißt da bekanntlich so prägnant wie lapidar: „Ist fortzusetzen" (MA 17, S. 714). Dies soll auch für meine kursorischen Ausführungen gelten, an deren Ende noch einmal an ihre zentrale Hypothese erinnert sei: Die genannten erzähltechnischen Innovationen verdanken sich sämtlich dem Goetheschen Anspruch, „das Dichterische in die Sphäre der Erkenntnis zu heben", wie Broch formuliert hat. Ihm zufolge handelt es sich dabei um einen – von Goethe erstmals ausgesprochenen – regelrechten „Befehl" an eine ‚zeitgerechte' „neue Dichtung", wobei er in diesem „Belange" uneingeschränkt auf ‚Allgemeinverbindlichkeit' pocht.[43]

---

39 Vgl. Gidion (Anm. 13), S. 106–125, sowie Benjamin Bennett: *Beyond Theory: Eighteenth-Century German Literature and the Poetics of Irony.* Ithaca/London 1993, S. 14–63 u. 307–326.

40 Bahr (Anm. 3), S. 208; fast gleichlautend in Bahr (Anm. 13), S. 385.

41 Vgl. Wolfgang Iser: *Der implizite Leser. Kommunikationsformen des Romans von Bunyan bis Beckett.* München ³1994, S. 10f. u. passim.

42 Bachtin (Anm. 30), S. 47f.

43 Broch (Anm. 1), S. 207.

STEFFEN SCHNEIDER

Mnemonische Imaginationen in Goethes „Faust II". Eine Lektüre der Klassischen Walpurgisnacht

1. „Faust II" – ein ‚être collectif'?

Eines der auffälligsten Merkmale des *Faust II* bildet die Präsenz umfassender und beeindruckender Wissensbestände, die Goethe in dieses Werk „hineingeheimnisset"[1] hat. Obwohl die zahllosen offenen und versteckten Bezüge des Dramas von der Faustforschung längst aufgedeckt wurden, bleibt es weiterhin umstritten, welche Funktion, welche Voraussetzungen und welchen literaturgeschichtlichen Stellenwert eine solche Praxis des Schreibens haben könnte, die darin besteht, den poetischen Text im ständigen kommunikativen Austausch mit dem Wissen der Zeit zu vernetzen.[2] In der Forschung ging man lange stillschweigend davon aus, daß diese Wissenselemente als solche höchstens die Bedeutung von ‚Quellen', ‚Stoffen' oder ‚Einflüssen' besitzen, deren Kenntnis zwar zum Verständnis des Dramas hilfreich sein mag, die aber doch nicht für sich selbst den Rang eines eigenständigen Bedeutungsträgers einnehmen können. Erst Albrecht Schöne hat im Kommentar zu seiner Ausgabe des *Faust* diesen Schritt getan und sich dabei auf eine populäre Äußerung Goethes bezogen, in der dieser sein Werk gegenüber seinem französischen Hausfreund Frédéric Soret als das eines ‚être collectif' bezeichnete.[3] War diese Selbstcharakteristik auf das gesamte Œuvre bezogen, so gibt Schöne ihr eine poetologische Wendung. Goethes Bemerkung treffe in besonderem Maße auf *Faust* zu, da dieses Drama wie kaum ein anderes Werk Goethes sich auf eine Pluralität unterschiedlichster freiwilliger und unfreiwilliger ‚Ko-Autoren' stütze. Doch darüber hinaus sei die Wahrnehmung dieser Kollektivität gefordert; die Berücksichtigung des eingebauten Wissens gehöre nicht zu einem Vorverständnis des Werkes, sondern zu diesem selbst:

> Denn viele solcher angeeigneten fremden Schätze sind im *Faust* keineswegs so aufgegangen und unkenntlich geworden, so eingeschmolzen, daß ihre Herkunft belanglos bliebe,

1 Die Formulierung stammt aus einem Brief an Zelter vom 26./27.7.1828 (MA 20.2, S. 1139).

2 Vgl. neuerdings zu diesem Problem auch die Aufsätze von Christoph König: *Wissensvorstellungen in Goethes „Faust II"*. In: Euphorion 93 (1999), S. 227–249, und Gernot Böhme: *Kann man Goethes „Faust" in der Tradition des Lehrgedichts lesen?* In: GJb 2000, S. 67–77.

3 „Qu'ai-je fait? J'ai recueilli, utilisé tout ce que j'ai entendu, observé. Mes œuvres sont nourries par des milliers d'individus divers, des ignorants et des sages, des gens d'esprit et des sots. L'enfance, l'âge mûr, la vieillesse, tous sont venus m'offrir leurs pensées, leurs facultés, leur manière d'être, j'ai recueilli souvent la moisson que d'autres avaient semée. Mon œuvre est celle d'un être collectif et elle porte le nom de Goethe" (Gespräche, Bd. 3.2, S. 839).

sind hier vielmehr in erkennbarer Form aufbewahrt und auf eine herkunftsbezogen bedeutsame Weise eingesetzt worden.[4]

Mit diesen wichtigen Formulierungen hat Schöne auf ein Problem aufmerksam gemacht, das insbesondere für das Verständnis des Goetheschen Spätwerks von großer Bedeutung ist. Nicht allein *Faust* – und insbesondere *Faust II* –,[5] sondern auch die *Wanderjahre* sind Texte, die geprägt sind durch ein spannungsvolles Verhältnis zwischen der Autonomie und Einheit des Werkes und der Heteronomie, die sich aus dem Verhältnis zu anderen literarischen und nicht-literarischen Formen und Inhalten ergibt, die diese Texte in sich aufnehmen. Diese Spannung läßt sich, so lautet meine These, nicht in die eine oder andere Richtung auflösen. Weder können die vorgängigen Wissensbestandteile, auf die sich *Faust II* bezieht, ignoriert werden, wenn nicht eine wesentliche Dimension des Dramas verlorengehen soll, noch kann das Drama aus diesen Materialien erklärt oder gar als „dienende Kunst“, etwa als eine poetisch verkleidete Wissensvermittlung, bezeichnet werden.[6]

Die Alternative, die ich im folgenden anhand einiger Textstellen aus der klassischen Walpurgisnacht belegen möchte, besteht darin, die Spannung zwischen Integration und Heterogenität als ein konstitutives Faktum des Dramas anzuerkennen. Gerade in der Entfaltung dieser Spannung ermöglichen die wahrgenommenen Wissenselemente Goethe, dem Stück eine immanente Poetik einzuzeichnen. Die fremden, sperrigen Bezüge auf die unterschiedlichsten Diskursformen setzen einen Leser voraus, der ihnen folgt, ihnen eine intertextuelle und damit hermeneutische Bedeutung zuweist. In der Intertextualität erschafft sich das Drama ein Medium, in dem es sich in Analogie und Differenz zu den ihm vorausgehenden Texten reflektiert. Der Gehalt dieser Reflexion betrifft den Status der Dichtung überhaupt: Diese wird nicht länger als Repräsentation im Sinne einer idealisierenden Durchdringung des Empirischen mit der symbolischen Darstellung des Allgemeinen verstanden, sondern als stets nur partikulare und offene Kommunikation im Raum eines disparaten, bruchstückhaften Wissens, das von der Poesie ‚verwendet‘, d. h. ins Uneigentliche, in die Trope und in Fiktionen verwandelt, dort aber gleichwohl aufbewahrt wird.[7] Dichtung

---

4 FA I, 7.2, S. 28 f.

5 Meine Arbeit befaßt sich ausschließlich mit *Faust II.* Die Wissensrepräsentation nämlich unterscheidet sich hier wesentlich vom ersten Teil, und zwar, weil sie, wie ich im folgenden zeigen werde, in sehr viel stärkerem Maße zur poetischen Selbstreflexion genutzt wird. Diese vollzieht sich im ersten Teil v. a. durch die Prologe, im zweiten durch die Personifikation der Schreibverfahren durch Handlungselemente.

6 Die Formulierung, für Goethe sei Kunst „im Alter dienend geworden“, findet sich bei Dorothea Lohmeyer: *Faust und die Welt. Der zweite Teil der Dichtung. Eine Anleitung zum Lesen des Textes.* München 1975, S. 13. Ulrich Gaier, der *Faust* als „metapoetisches Werk“ charakterisiert, sieht das Drama hingegen als Kommentar zum Epochenwissen an. Problematisch bleibt hierbei, daß für Gaier das Wissen selbst zum Gegenstand wird, das er in mehreren „Lesarten“ aufschlüsselt. Dadurch wird das Drama zu einem monströsen Kompendium, in dem alles gesagt zu sein scheint, was man um 1800 wußte. Vgl. Gaiers Kommentar in: *Johann Wolfgang Goethe: Faust-Dichtungen.* Hrsg. und komm. von U. Gaier. Bd. 3. Stuttgart 1999, S. 12. Meine Reflexion setzt dagegen genau an der Stelle an, wo sich die Frage nach der poetischen Funktion des Wissens stellt; es geht mir also nicht um dieses selbst, sondern um seine poetische und poetologische Verwendung.

7 Auch Christoph König (*Wissensvorstellungen in Goethes „Faust II“* [Anm. 2]) sieht, daß im *Faust II* „die Traditionen zugunsten der Konstruktion ästhetisch negiert werden“ und sich „gelehrtes und

bezieht sich auf Gesagtes und Gewußtes, weil sowohl die Wirklichkeit wie auch das Wissen selbst nicht mehr anders existieren als in unzähligen, ‚kollektiven' Stimmen und Erfahrungen, deren Einheit nicht darstellbar ist und vielleicht nicht einmal existiert[8].

Diese Eigenschaft des Textes, zwischen dem Bewahren der Gedächtnisspuren des vorausliegenden Wissens und ihrer imaginativen Erneuerung in der Schwebe zu bleiben, bezeichnet der Begriff der ‚mnemonischen Imagination'. Bei dieser handelt es sich nicht nur um ein Verfahren transformatorischer Erneuerung von Gespeichertem, sondern auch um eine Weise, den Ursprung des Dramas im Selbstkommentar zu benennen: Es verweist auf seine Herkunft aus vorliegendem Text- und Diskursmaterial, das in veränderter Gestalt wiederkehrt. So bestimmt die imaginative Verformung des Bestehenden und nicht eine ‚creatio ex nihilo' das Wesen des Dramas.[9] Versuche einer unmittelbaren Schaffung von Neuem durch handelnde Personen – sei es von neuem Leben, von neuem Land, von neuem Geld – werden dagegen im Namen dieser ‚mnemonischen Imagination' kritisch reflektiert.

Bei der Weise der Verwendung von Wissen im *Faust II* handelt es sich einerseits um die Dramatisierung verschiedener Wissensformen, andererseits sind diese die Grundlage für die Dichtung, weil der Dichtungsbegriff, der dem Text zugrunde liegt, vom Stand des Wissens ausgeht. In den folgenden Abschnitten stelle ich diese Thesen in drei Schritten dar: Zunächst zeige ich am Beispiel der Chironszene, mit Hilfe welcher Verfahren sich aus Wissen Poesie machen läßt, wie also die Dramatisierung von Kenntnissen und Aussagen vor sich geht und in welcher Weise das in diesem Falle philologische Wissen sich auf das Drama zurückwendet. In einem zweiten Abschnitt bringe ich Goethes Verfahren in Zusammenhang mit der *ars memoriae*. Abschließend wird an Chiron und an der Erichthofigur gezeigt, welche Form der poetischen Selbstreflexivität dadurch ermöglicht wird.

2. *Das Verfahren der ‚mnemonischen Imagination'*

Bei der Analyse der dramatischen Darstellung von Wissen im *Faust II* müssen zwei Ebenen unterschieden werden: Die erste Ebene betrifft die Elemente, aus denen die dargestellte Welt sich zusammensetzt: das Personal, die Orte, auch Handlungsstränge wie z. B. das Ägäische Fest oder das Erdbeben in der klassischen Walpurgisnacht. Sie stammen im Fall der hier zu

---

literarisches Wissen im dramatischen Gang der Ereignisse kaum über einzelne Sequenzen hinaus Geltung verschaffen [kann]" (ebd., S. 228).

8 In meiner Dissertation begründe ich diesen Umgang mit Wissen und den veränderten Wirklichkeitsbezug des Dramas aus einem grundlegenden Wandel der Wissensstrukturen um 1800, auf die Goethes Spätwerk, die *Wanderjahre* und *Faust II*, poetologisch reagieren. Vgl. hierzu Vf.: *Zur Funktion des Wissens in Johann Wolfgang Goethes „Faust II". Eine archivpoetische Studie.* (Noch unveröff. Diss.).

9 Darin weist *Faust II* gewisse Ähnlichkeiten mit Flauberts *Tentation de Saint-Antoine* auf. Jedenfalls gilt auch von Goethes Text, daß das vorliegende Wissen zum Generator einer dichterischen Imagination wird, die „zwischen dem Buch und der Lampe haust", und daß es „die bereits gesagten Worte, die überprüften Texte, die Massen an winzigen Informationen, Parzellen von Monumenten, Reproduktionen von Reproduktionen [sind], die der modernen Erfahrung die Mächte des Unmöglichen zutragen". Vgl. Michel Foucault: *Un „fantastique" de bibliothèque.* In: ders.: *Schriften zur Literatur.* Frankfurt a. M. 1988, S. 157–177; hier S. 160.

besprechenden Szene beinahe alle aus antiken Quellen;[10] sie werden miteinander kombiniert und bilden die Bausteine der fiktiven Welt, die durch die zahllosen intertextuellen Reminiszenzen Assoziationen freisetzt und den Rezipienten aktiv zur Wiedererkennung anhält.

Die zweite Ebene besteht in dem Wissen, das dem recodierten antiken Personal in den Mund gelegt bzw. anhand des Geschehens visualisiert wird. Dieses entstammt einer anderen Zeit als die antiken Elemente, nämlich der Kunstperiode, der Moderne also, den Diskursen und Diskussionen nach und um 1800. Es verknüpfen sich zitathafte Handlungselemente mit Aussagen, die das Gedächtnis der Goethezeit stellvertretend repräsentieren, und dies so, daß es zu einer Gleichzeitigkeit von Bestandteilen verschiedener Schichten kommt. Dies ist etwa der Fall, wenn Thales und Anaxagoras geologische Probleme der Epoche diskutieren. Das Personal der Fabelwesen, bei denen es sich um Geister, um Wiedergänger handelt, dient als Personifikation; es verleiht einem anderen – dem durch es hindurch ausgesagten Wissen eine Stimme und ein Gesicht.

Zur Kombination von Figuren aus der antiken Imagination mit dem Wissen des 19. Jahrhunderts kommt noch die räumliche Ordnung hinzu. Es gibt insgesamt vier Regionen in der thessalischen Landschaft: die Pharsalischen Felder, den Obern und den Unteren Peneios sowie die Felsbuchten des Ägäischen Meeres. Diese Regionen sind allesamt deutlich voneinander unterschieden; zwar gibt es, neben den drei Wanderern, auch Figuren, die sich wie die Sirenen dazwischen bewegen können, doch insgesamt ist jeder Platz durch ein bestimmtes Personal, eine bestimmte Charakteristik der Landschaft gekennzeichnet. Durch die Zuordnung solcher Figuren zu den Orten der klassischen Walpurgisnacht entwirft sich Goethe eine Gedächtnislandschaft, die die Anordnung und Dramatisierung des Wissens ermöglicht. Diese verschiedenen Aspekte der Wissensrepräsentation sollen nun zunächst an der Figur des Chiron näher kommentiert werden.

Noch bevor Faust auf Chiron trifft, befindet er sich am Unteren Peneios, in der idyllischen Flußlandschaft, die mit Nymphen, Schilfrohr, Bächlein Merkmale pastoraler Gestaltung besitzt. Damit wird das erotische Thema, das den Helden Faust interessiert, durch die Reminiszenzen an die literarische Tradition von neuem dramatisch verlebendigt, und das Wissen, um das es im folgenden geht – die Mythologie der Liebe –, wird dem topisch gestalteten Raum angeglichen. Der Übergang von einem Ort zu einem anderen signalisiert in dieser Weise auch den Übertritt in eine andere Form des Wissens.

In dieser arkadischen Landschaft tritt nun Chiron, der Kentaur, auf. Seine Verbindung zu Thessalien gehört zur Mythologie.[11] Faust erkennt ihn sofort und benennt wichtige Aspekte

---

10 Diese werden jedoch vielfach in nichtantiken Darstellungsformen dramatisiert. So ist etwa auf Traditionen barocken Theaters aufmerksam zu machen sowie auf Formen des Musiktheaters. Vgl. hierzu die Dissertation von Tina Hartmann: *„Die günstigste aller dramatischen Formen“. Goethes Musiktheater. Singspiele – Opern – Festspiele – „Faust“.* (Noch unveröff. Diss.). Zu den Quellen Goethes gibt es zahlreiche Untersuchungen. Besonders möchte ich an eine Studie von Karl Reinhard erinnern, die mir noch heute als vorbildlich erscheint, weil Reinhard die Quellen nicht nur nachweist, sondern die Verwobenheit und innere Dialogizität der heterogenen Bestandteile erkennt. Vgl. Karl Reinhard: *Die klassische Walpurgisnacht. Entstehung und Bedeutung.* Zuerst in: Antike und Abendland I (1945), S. 133–162; zuletzt veröffentlicht mit einer Einleitung von Friedrich Kittler in: *Grundlagen der Literaturwissenschaft. Exemplarische Texte.* Hrsg. von Bernhard Dotzler. Köln u. a. 1999, S. 73–114.

11 Vgl. u. a. Lukan: *Pharsalia*, VI, V. 393. Auch der Artikel *Chiron* im „Hederich“ kennt diese Verbindung. Vgl. Benjamin Hederich: *Gründliches mythologisches Lexikon.* Bearb. von Johann Joachim Schwabe. Leipzig 1770, S. 710 [Repr. Darmstadt 1967].

der mythologischen Figur: Er ist Arzt und Pädagoge, der die mythischen Heroen erzogen hat. Nun wird diese Figur durch Goethe nicht einfach nur auf die Bühne gestellt, wie in vielen Dramen mythologische Wesen auf der Bühne stehen. Vielmehr wird die Erzählung vom Pädagogen Chiron zum Anlaß, mythologisches Erzählen selbst vorzuführen und dabei ein enzyklopädisches Wissen auszuschütten. Dies geschieht als Antwort auf Fausts Fragen, die um die Argonauten, um Herkules und schließlich um Helena kreisen. Chiron erscheint einerseits als wichtige Figur, die Faust auf seinem Weg in die Unterwelt behilflich ist, andererseits ermöglicht er die dramatische Integration mythologischen Wissens ins Drama.

Doch damit ist es nicht genug. Chirons Erzählung der Mythologie schlägt an einem bestimmten Punkt um in eine Erzählung über Mythologie, sie wird philologisch. Durch die Maske der dramatischen Figur spricht die kritische Textwissenschaft der Goethezeit. Darüber darf auch Chirons Spott auf die Philologie nicht hinwegtäuschen. Als Faust sich über Helenas Alter äußert („Erst sieben Jahr!"), korrigiert Chiron ihn mit den Worten:

> Ich seh', die Philologen,
> Sie haben dich so wie sich selbst betrogen.
> Ganz eigen ist's mit mythologischer Frau;
> Der Dichter bringt sie, wie er's braucht zur Schau:
> Nie wird sie mündig, wird nicht alt,
> Stets appetitlicher Gestalt,
> Wird jung entführt, im Alter noch umfreit;
> G'nug, den Poeten bindet keine Zeit.
> (FA I, 7.1, V. 7426–7433)

Die Mythologie erscheint hier als ein Zeichen- und Bildervorrat: Sie wird nicht mehr geglaubt, sondern nur noch von den Dichtern gebraucht. Die mythologische Frau wird hier nicht mehr in ihrer Beziehung zu einer Zeit des Mythos, die als frühere Kulturstufe einmal existiert haben mag, gesehen, sondern in ihrer Bedeutung für die Literaturgeschichte, in der sie eine wichtige Rolle spielt. Chirons Kritik an der Philologie bezieht sich auf die widersprüchlichen mythologischen Aussagen über Helena und die philologischen Versuche, daraus eine „Eigentliche Historie" – so heißt die Rubrik, die viele Artikel in Hederichs *Mythologischem Lexikon*[12] beschließt – zu rekonstruieren. Chirons Spott gilt einem Mythenverständnis, das diese nicht zuerst auf ihre poetische Struktur und Funktion hin befragt, sondern sie in einer direkten Weise referentialisieren möchte. Darin zeigt sich der kritische Geist der Altphilologie und der Bibelkritik, wie sie etwa der Göttinger Philologe Christian Gottlieb Heyne und seine Schüler Eichhorn und Gabler vertraten,[13] aber auch ein literarisches Verständnis, das sich in Herders Aufsatz *Vom neuern Gebrauch der Mythologie* (1767) findet. Heyne unterscheidet etwa zwischen einer mythischen Zeit, die an die Erzählung noch glaubte und in der Mythos, Religion, Kunst und Wissen noch eine Einheit bildeten, und einer nachmythischen Verwendung der alten Erzählungen durch die Dichter, die dann als poetische Mythologie anzusprechen

---

12 Zu Hederich vgl. Anm. 11.

13 Zur Bedeutung der Philologie für die Poesie der Goethezeit vgl. Heinz Schlaffer: *Poesie und Wissen.* Stuttgart 1990. Eine Darstellung der philologischen Methoden der durch Christian Heyne gegründeten sog. ‚mythischen' Schule bieten Christian Hartlich und Walter Sachs: *Der Ursprung des Mythosbegriffs in der modernen Bibelwissenschaft.* Tübingen 1952.

wäre.[14] Die Mythologie ist also ein Reservoir der poetischen Phantasie.[15] Während der Mythos noch keine Differenzierung der Erzählung und ihrer Bedeutung kennt, also ein ganz wörtliches Verstehen fordert, meinen mythologische Erzählungen immer etwas anderes, sie sind poetische Darstellungsmittel, dienen dem Vergnügen, der Ausschmückung, kurz, sie erfüllen eine Funktion. Eine solche Auffassung ist auch bei Goethe bezeugt; so gibt es eine Tagebuchnotiz, die zwischen Mythos und Mythologie differenziert: „Da Μυθος erfunden wird, werden die Bilder durch die Sachen gros, wenns Mythologie wird werden die Sachen durch die Bilder gros".[16]

Diese Differenzierung wird auch von Chiron in den Text eingeführt. Während er an Helena das poetische Moment betonte, nämlich ihre Eigenschaft als Zeichen für die Dichter, führt er Herkules als mythischen Helden ein, der vom mythologischen Gebrauch, den die Dichtung und die Kunst von ihm machte, nie wieder erreicht werden konnte:

> Den zweiten zeugt nicht Gäa wieder,
> Nicht führt ihn Hebe himmelein;
> Vergebens mühen sich die Lieder,
> Vergebens quälen sie den Stein.
> (V. 7391–7394)

Auch Herkules mag als mythologisches Rezeptionsphänomen existieren, doch die Ursprünglichkeit einer mythischen Zeit ist verloren. Es gibt ein Vorher und ein Nachher, mythische Identität und mythologische Differenz. Dieses philologische Wissen ist es, das Chiron ins Drama einführt, und dabei verharrt der „edle Pädagog" (V. 7337) ganz in einer aufgeklärten Differenz und Distanz zum Mythos, dem er doch selbst entstammt.

Ganz anders Faust: Auf Chirons philologischen Aufklärungsakt reagiert er durchaus ungelehrig. Seine Replik lautet: „So sei auch sie durch keine Zeit gebunden! / Hat doch Achill auf Pherä sie gefunden, / Selbst außer aller Zeit" (V. 7434–7436). Darin beweist er sein von Chiron abweichendes Verständnis von Mythologie und eine andere Auffassung von Memoria. Wo Chiron die Unmöglichkeit einer Rückkehr des Mythos und die Nicht-Ursprünglichkeit der Mythologie betont, setzt Faust auf eine Wiederaneignung des Mythos und eine Aufhebung der Zeit in der Erinnerung.[17]

---

14 Vgl. etwa Heynes Abhandlung *Ueber den Ursprung und die Veranlassungen der Homerischen Fabeln. Eine Vorlesung des Herrn Hofrath C. G. Heyne den 6ten September, 1777. in der Göttingl. königl. Societät der Wissenschaften gehalten. Aus dem Lateinischen übersetzt.* In: Neue Bibliothek der schönen Wissenschaften und der freyen Künste 23 (1779) 1, S. 5–53.

15 „Erstlich, Homer hat nicht alles erdichtet, noch weniger zuerst aufgebracht, sondern das meiste anders woher überkommen: zweytens es gab schon vor ihm Dichter und dichterische Werke, die er vor Augen hatte, und aus denen er seine Phantasie und seine Gedichte bereicherte" (ebd., S. 8 f.).

16 So lautet ein Tagebuch-Eintrag Goethes vom 5. 4. 1777 (GT I, 1, S. 40). Zu Goethes Auffassung von Mythos bzw. Mythologie vgl. Christoph Jamme: *‚alter Tage fabelhaft Gebild'. Goethes Mythenbastelei im „Faust II".* In: *Interpreting Goethe's „Faust" today.* Ed. Jane K. Brown u. a. Columbia 1994, S. 207–218, sowie Walter Killy: *Der Begriff des Mythos bei Goethe und Hölderlin.* In: *Theologie und Literatur. Zum Stand des Dialogs.* Hrsg. von Walter Jens, Hans Küng u. Karl-Josef Kuschel. München 1986, S. 130–145.

17 Zu Fausts paradoxen Versuchen einer Stillstellung der Zeit durch die Einschreibung ins Gedächtnis vgl. Peter Matussek: *„Faust II" – die Tragödie der Gedächtniskultur.* In: *Peter Stein inszeniert „Faust".* Hrsg. von Roswitha Schieb. Köln 2000, S. 291–296.

Faust begegnet uns bereits zu Beginn der Szene *Am Unteren Peneios* als ein Sich-Erinnernder, für den Erinnerung und Imagination bruchlos ineinander übergehen. Die mythologische Szenerie ist ihm mühelos lesbar; das Geschehen am Flußlauf identifiziert er sogleich als Zeugung der Helena, und in dieser Erinnerung, die eine Wiedererinnerung und Aneignung des bereits Vertrauten ist, vollzieht sich die Tätigkeit der Imagination, für die sich eine Trennung von Subjekt und Objekt, eine Erfahrung von Fremdheit gar nicht erst einstellt. „Ich wache ja! O laßt sie walten / Die unvergleichlichen Gestalten / Wie sie dorthin mein Auge schickt" (V. 7271 ff.), lauten die entscheidenden Sätze in Fausts Ekphrasis, in der er das Geschehen so beschreibt, als entwerfe er es gerade selbst. Die Antike wird nicht als fremd erfahren; sie erscheint als die eigene Heimat, als Modell einer Identität von Innen und Außen, in der sich das Leben glückhaft in einem Moment als Ineinander von Produktion und Rezeption erfüllt. Memoria bedeutet hier eine Rückkehr ins Vertraute, ein Zusammenfallen des Getrennten und eine radikale Stillstellung der Zeit.

Während Faust also ein auf Identität zielendes Memoriamodell vertritt, bleibt Chirons Gedächtnis das eines Lexikons, das eine unendliche Kombination, Neucodierung, einen stets neuen Gebrauch des Vergangenen ermöglicht: ein externes Gedächtnis, auf das jederzeit zugegriffen werden kann und das nicht auf Wieder-Erinnerung, sondern auf Veränderung des Gewesenen setzt, dabei aber, anders als Faust, die Unwiederbringlichkeit und Fremdheit dieses Gewesenen anerkennt. Beide Modelle sind und bleiben in diesem Drama ineinander verschränkt und bilden einen Gegensatz, der nicht gelöst wird. Die Figur der Helena verkörpert diesen Gegensatz genau. Einerseits ist sie ein Objekt des Wissens, nicht erst durch Chirons Erzählung, denn bereits in der Rittersaalszene war sie kritisch vom Publikum rezensiert worden; andererseits ist sie der Signifikant des faustischen Verlangens nach Identität und Wiedererinnerung. Indem sie beides bezeichnet, wird sie zu einem Symbol – ein Symbol in dem Sinne, daß sie die widerstreitenden Tendenzen des Dramas in ihrem Widerstreit veranschaulicht, ohne sie aufzuheben.

3. *Ars memoriae als Modell der Darstellung*

Das Beispiel Chirons zeigte, daß in der Kombination von Elementen aus dem Bild- und Mythengedächtnis mit modernem wissenschaftlichem Wissen und in der Zuordnung dieses Wissens zu bestimmten Plätzen eine Dramatisierung dieser Gedächtniselemente möglich wurde. Nun soll auf ein mögliches Modell für diese dramatische Gestaltung des Wissens hingewiesen werden: die antike und frühneuzeitliche *ars memoriae*, die bis weit ins 18. Jahrhundert auf verschiedenen Wegen rezipiert wurde.[18]

Ursprünglich handelte es sich hierbei um die Pragmatisierung der Imagination zum Zwecke des Auswendiglernens. Der Rhetor, den die Gedächtniskunst adressierte, sollte sich eine Topographie ausdenken, die eine klare Struktur und Ordnung erforderte, denn die

---

18 Zum folgenden vor allem: Frances A. Yates: *The Art of Memory*. London 1966 sowie Renate Lachmann: *Gedächtnis und Literatur. Intertextualität in der russischen Moderne*. Frankfurt a. M. 1990. Zur Rezeption bis ins 18. Jahrhundert vgl. die von J. J. Berns und W. Neuber zusammengetragenen Texte in: *Das enzyklopädische Gedächtnis der Frühen Neuzeit. Enzyklopädie- und Lexikonartikel zur Mnemonik*. Tübingen 1998 sowie die Beiträge in: *Ars memorativa. Zur kulturgeschichtlichen Bedeutung der Gedächtniskunst 1400–1750*. Hrsg. von J. J. Berns u. W. Neuber. Tübingen 1993.

räumliche Ordnung spiegelte die argumentative Folge der Redebestandteile wider, die im Durchschreiten dieses imaginären Gedächtnisraumes erinnert wurde. In ganz ähnlicher Weise durchlaufen Faust, Mephisto und Homunkulus die Räume Thessaliens, wo sie jeweils unterschiedliches Wissen aufnehmen.

Neben diese topographische Ordnung setzt die Tradition der Gedächtniskunst eine Ordnung der Gedächtnisbilder. Nicht nur die Struktur der Rede, auch ihre Inhalte waren zu memorieren, und zwar im Medium der *imago agens* oder des *simulacrums*. Jede *res* oder jedes *verbum* sollte in ein Bild übersetzt werden. Dem lag die psychologische Überzeugung zugrunde, daß Bilder eine stärkere mnemonische Energie besäßen, daß sie sich leichter einprägen und besser erinnern ließen als Wörter bzw. Sachverhalte. Der rhetorische Bildbegriff zielt dabei nicht auf die mediale Differenz von visueller und sprachlicher Codierung; Bildfindung meint letztlich: Fiktionalisierung.[19] Die Lehre der Gedächtniskunst beschrieb also, wie man aus dem zu Erinnernden durch eine Schulung der Imagination Bilder herstellt und dadurch dem natürlichen Gedächtnis aufhilft, es durch *ars* stärkt und verbessert. Hierin stecken Möglichkeiten, Wissen in Bilder und räumliche Ordnungen zu übersetzen, die die neuzeitliche Phantasie vielfältig beschäftigten und die auch in Goethes *Faust II* wiedererkannt werden können.

Für unseren Zusammenhang ist an der Gedächtniskunst neben der Zuordnung von Raum, Figur und Wissen noch ein zweiter Aspekt von Belang, nämlich ihre semiotische Ambivalenz. Für die Bilderlehre der *ars memoriae* ist charakteristisch, daß die *imagines agentes* hier nicht auf eine natürliche Ordnung von Urbild und Abbild bezogen werden. Denn sie stellen nicht etwa mimetisch dar, was durch sie memoriert werden soll, sondern sie sind mit dem durch sie bezeichneten Inhalt über eine Kette von Assoziationen verknüpft. Diese Assoziativität wird durch eine besondere Einprägsamkeit der *imago* erreicht, nicht durch Transparenz und *perspicuitas*, die das Gemeinte verdeutlicht. Von Anfang an war die *ars memoriae* dazu geeignet, einer phantastischen Imagination die Bahn zu ebnen.[20] Bereits der Herenniusautor betonte die Notwendigkeit, eine Veränderung an dem Gegenstand vorzunehmen, der erinnert werden sollte; er solle verzerrt, ins Extreme gezogen werden, weil er dann um so leichter wieder aufgefunden werden konnte.[21] Dabei geht es nicht darum, ein ‚Porträt‘ einer Sache zu verfertigen und diese dann zu verzerren, sondern es können genausogut bereits existierende natürliche oder fiktive Räume und Bilder benutzt werden; sie

---

19 Es geht also nicht um die Relation Text – Bild, sondern um die von Diskursivität (des zu Memorierenden) und Einbildungskraft. Das Gedächtnisbild verweist auf diskursive Elemente (oder Wörter) in ambivalenter, ‚überschießender‘ Weise.

20 Wolfgang Neuber beklagt eine in der Tradition von Frances Yates stehende einseitige „*imaginatio*-Fixation“ der Erforschung der Gedächtniskunst (Wolfgang Neuber: *Wahrnehmungen an der Oberfläche des Denkens – Zur Kanonkonstruktion der mnemonischen Literatur bei Frances Yates.* In: *Behext von Bildern? Ursachen, Funktionen und Perspektiven der textuellen Faszination durch Bilder.* Hrsg. von Heinz Drügh u. Maria Moog-Grünewald. Heidelberg 2001, S. 57–70; hier S. 67). In der Tat diente die *ars memoriae* im Prozeß neuzeitlicher Rationalität vor allem der Organisation von Wissen. Wie *Faust II* zeigt, geht die Wissensordnung leicht in überbordende Imagination über.

21 Vgl. *Ad Her.*, III, V. 37. *Imagines agentes* finden wir, sagt der Autor, „si egregiam pulcritudinem aut unicam turpitudinem eis adtribuemus; si aliquas exornabimus [...] aut si quam rem deformabimus [...] aut si ridiculas res aliquas imaginibus adtribuemus“. Die Operationen des Verzierens, Entstellens, Lächerlichmachens bezeichnen eine Imagination, die nicht auf Abbildlichkeit, Transparenz und Natürlichkeit aus ist.

werden dann überschrieben und verformt und für die eigenen Zwecke eingesetzt. Dadurch erhalten die *imagines agentes* eine doppelte Bedeutung, denn einerseits präsentieren sie ein Bildzeichen, andererseits sind sie mit einem Inhalt verknüpft, der von dem Bild weder durch logisches Denken noch durch Abbildung bezeichnet wird, sondern durch Assoziation. Es stellen sich zwei Ebenen ein, die nebeneinander existieren, und so können rätselhafte, groteske, witzige Beziehungen zwischen dem Dargestellten und dem verborgenen Sinn entstehen, die für manieristische, emblematische, aber auch für magische Strömungen interessant wurden, wenn man den ursprünglich ganz pragmatischen Sinn dieser Lehre außer acht ließ und sie als eine ‚ars imaginativa' umdeutete.

Was hat das nun alles mit der klassischen Walpurgisnacht zu tun? Nicht wenig: denn im Zusammenspiel von dramatischer Person, szenischem Geschehen, Ort der Handlung mit der Aneignung von Wissen durch die drei Hauptpersonen ist die Struktur der Gedächtniskunst eindeutig wiedererkennbar. Doch nicht nur hierin, sondern mehr noch in der Weise, in der Goethe Antikes dazu benutzt, modernes Wissen zu dramatisieren und es damit ins Stück zu integrieren, die sich analog zur ‚Überschreibung' der Bilder in der *ars memoriae* verhält: Bei Chiron z. B. handelt es sich um ein im oben beschriebenen Sinn doppelt signifiziertes Gedächtnisbild. Auf der einen Seite scheint er die Wiederholung eines mythologischen Wesens zu sein. Doch auf der anderen Seite dient er einem späteren Wissen als Maske oder Stimme – als Personifikation, die mit dem von ihr dargestellten Wissen der Philologie nicht durch Abbildung verbunden ist, sondern durch eine eher assoziative, auf Kontiguität basierende Relation: Weil Chiron der Antike als Pädagoge galt, kann er hier die Philologie der Aufklärung repräsentieren und Faust (vergeblich) belehren.

Durch den Hinweis auf diese Tradition kann erklärt werden, weshalb es sich bei den Personen um Geister handelt. Es sind nämlich *imagines agentes*, denen der Rhetorik sehr ähnlich. Das Wesen der Geister besteht darin, ein Anderes, ein Abwesendes, Totes zu repräsentieren, ohne dieses selbst zu sein. So trennen sich auch bei Chiron Erscheinung und Funktion, er ist wie Helena ein zur Schau gebrachtes mythologisches Zeichen, bei dem der einstige Sinn und die gegenwärtige Funktion nicht ineinander aufgehen.

4. Selbstreflexion

Auf Chiron selbst trifft in einem doppelten Sinn zu, was er über den Gebrauch der mythologischen Frau sagt: Erstens erscheint er an dieser Stelle selbst als Dichter, der die Varianten der Helena-Sage zu einer neuen Erzählung verbindet; zweitens gilt auch von ihm, daß er von Goethe im *Faust II* so zur Schau gebracht wurde, wie es diesem gefiel, nämlich als *simulacrum* eines Wissens, das nicht das des mythischen Chiron ist. Dies wird zwar nicht direkt gesagt, weil es sich hier um ein deutlich ironisches Sprechen handelt. Wendet man seine Worte jedoch auf Chiron selbst zurück, so benennen sie sehr genau die Transformation und Um-Funktionierung, denen Goethe das intertextuelle Material unterwirft. Dadurch also, daß Chiron in indirekter Weise s a g t, was der Dramentext t u t, läßt er sich auch als Personifikation der Darstellungsverfahren des Dramas lesen.[22] Diese bestehen in

22 Vgl. zur Personifikation bzw. Prosopopoiie Paul de Mans Ausführungen in: *Autobiography as Defacement.* In: ders.: *The Rhetoric of Romanticism.* New York 1984, S. 67–81, und in: *Hypogram and Inscription.* In: ders.: *The Resistance to Theory.* Minneapolis 1986, S. 27–53. Die Prosopopoiie

der Transformation, Selektion und Kombination vorliegenden Materials, zugleich im beständigen ironisch-maskierten Selbstkommentar.

Dasselbe gilt auch von Erichtho, die das Geschehen einleitet und in einer versteckten Weise das Verfahren reflektiert. Ihr soll eine abschließende Interpretation gewidmet werden. Erichtho steht nicht nur als Prologsprecherin an erster Stelle in der klassischen Walpurgisnacht, sondern auch, weil sie die prominenteste Gruppe mythologischer Thessalienbewohner repräsentiert: die berühmten thessalischen Hexen, mit denen Homunkulus dem widerspenstigen Mephisto die Thessalienreise schmackhaft machen konnte.[23] Interessant ist, daß Erichtho verschwindet, als Mephisto ankommt, so daß sein erotisches Begehren frustriert wird. Insofern stellt das Fehlen der Hexen bzw. ihr verfrühter Abgang eine in der Forschung noch unbemerkte Leerstelle dar. Es läßt sich zeigen, daß diese Leerstelle eine sehr präzise Funktion hat: Gerade durch die Enttäuschung des Versprechens wird das Verschwinden der Hexe bedeutungsvoll. Ihr Abgang von der Bühne stellt nicht die Marginalisierung dieser Figur dar, sondern sie verschwindet, weil die mnemonische Imagination als Textverfahren die Magie der thessalischen Hexen beerbt. Erichthos Prolog bezeichnet diesen Übergang, in dem die Funktion magischer Verlebendigung an die Poesie abgegeben wird. Dabei bedient sie sich ähnlich wie Chiron eines indirekten, ironischen Sprechens, das mit der Realität der literarischen Fiktion spielt und auch hier wieder als Personifikation der Verfahren und als Selbstkommentar gelesen werden kann.[24]

---

vereint in sich den Widerstreit zwischen Selbstreferenz und Fremdreferenz, dem literarische Texte und ihre Interpretation ausgesetzt sind. Im Fall des *Faust II* kann man von einem sehr bewußten Einsatz der Prosopopoiie ausgehen. Zu de Man vgl. auch Bettine Menke: *De Mans „Prosopopöie“ der Lektüre. Die Entleerung des Monuments.* In: *Ästhetik und Rhetorik. Lektüren zu Paul de Man.* Hrsg. von Karl Heinz Bohrer. Frankfurt a. M. 1993, S. 34–78. Vgl. zur Prosopopoiie auch dies.: *Prosopopoiia – Stimme und Text bei Brentano, Hoffmann, Kleist und Kafka.* München 2000. Die Prosopopoiie unterscheidet sich auch von Heinz Schlaffers Allegoriebegriff; während dieser sich für die Fremdreferenz entscheidet und *Faust II* als „Allegorie des 19. Jahrhunderts“ liest, lese ich die Handlungsebene des Textes (auch) als Personifikation der Darstellungsverfahren und mithin als Selbstkommentar. Vgl. Heinz Schlaffer: *„Faust II“. Die Allegorie des 19. Jahrhunderts.* Stuttgart 1980.

23 Vgl. V. 6976 ff.

24 In die Richtung einer poetologischen Erichtho-Lektüre führen auch zwei Zitate aus der *Pharsalia* des Lukan, die sich auf einem *Faust*-Paralipomenon finden: Goethe hatte sie sich eigenhändig notiert, was darauf schließen läßt, daß er ihnen Bedeutung zumaß. Sie lauten: „quid quid non creditur ars est“ und „tonat coelum ignaro iove“. (Es handelt sich um das Paralip. HP 140, zit. nach FA I, 7.1, S. 627; die Lukanzitate aus: *Pharsalia*, VI, V. 437 bzw. 467.) Die Zitate legen eine Verwandtschaft der Magie der Hexen mit der Poesie nahe. Beide Halbverse gehören in den Kontext der Darstellung magischer Hexenkunst im 6. Buch der *Pharsalia.* Die Rede vom unwissenden Jupiter, dem die Hexen den Donner entwinden, läßt sich mit der Prometheus-Sage in Verbindung bringen. Wie Prometheus Zeus durch den Raub des Feuers hinterging, so hintergehen ihn die Hexen, indem sie sich seiner Macht über die Natur bemächtigen. Für Goethe war der prometheische Protest gegen Jupiter bekanntermaßen stets ein Ringen um Autorschaft. Das zweite Zitat beschreibt die Hexerei als eine Kunst, das Unglaubliche zu tun. Dieses besteht in der Umkehrung der Naturgesetze: Die Hexen rufen Tote ins Leben zurück, sie singen den Mond vom Himmel, bewirken Liebe im begehrten Objekt. All dieses wird allerdings auch von der Poesie bewirkt; und so ist in den Worten des Astrologs in der Rittersaal-Szene der Lukansche Vers als Subtext oder Anagramm präsent. Dem Erzeugnis der Phantasie des Magiers wird dort nachgesagt: „Unmöglich ist's, drum eben glaubenswert“ (V. 6420). Das Unglaubliche bei Lukan meint das Unwahrscheinliche,

Erichthos Sprechen scheint sich zunächst auf anderes zu beziehen, nämlich auf die Dichter, die, so unterstellt sie, das Reale entstellen und es in Fiktion überführen. Diese Differenz ist uns bereits aus Chirons Sätzen über Herkules und Helena vertraut. So trennt auch Erichtho zwischen einer Wahrheit und Echtheit, die sie für sich in Anspruch nimmt, und dem stets verfälschenden Gebrauch, den die Dichter von der ‚Wahrheit' machen:

> Zum Schauderfeste dieser Nacht, wie öfter schon,
> Tret' ich einher, Erichtho, ich die düstere;
> Nicht so abscheulich wie die leidigen Dichter mich
> Im Übermaß verlästern ... Endigen sie doch nie,
> In Lob und Tadel ...
> (V. 7005–7009)

Die Unterscheidung Fiktion vs. Realität wird von Erichtho so aufgebaut, daß sie innerhalb der Fiktion selbst als wahr gelten könnte. Dann wäre sie die echte Erichtho, die gegenüber den Dichtern das biographische Copyright für sich in Anspruch nehmen könnte. Andererseits ist die Ironie dieser Unterscheidung nur allzu deutlich, hat Erichtho doch nie anders als in der Poesie existiert. Dies hebt die Glaubwürdigkeit der Figur wieder auf. Ironischerweise demaskiert sie sich im Akt der Behauptung ihrer Echtheit – das heißt, sie stellt in der indirekten Aussage ihre Fiktionalität zur Schau.

Erichtho benennt als Wesen der Poesie die Verformung des Existenten – als Übertreibung in Lob und Tadel, als Verlästerung. Das beschreibt auch die Bildung der poetischen Mythologie als eine Auseinanderfaltung eines mythischen Kerns in unendlich viele Erzählungen. Doch Erichtho betreibt hier das Geschäft der Dichter, das sie zugleich abzulehnen vorgibt, denn auch sie fügt den Varianten der Erichthofigur nur eine weitere hinzu: sich selbst. Sie stellt also in der Negation der Poesie deren Prinzip selbst vor Augen, ist dessen Personifikation. Erichtho setzt sich als ursprüngliches, originales Wesen, während sie zugleich als Wiederholung markiert wird, und dadurch verweist sie sowohl auf ein Außersprachliches (ihre Biographie) wie auf das literarische System des Textes, der als Wiederholung von Vorgängern erscheint.

Zugleich handelt es sich bei Erichtho, wie bei Chiron, um ein *simulacrum*: Was sie sagt, weist auch hier wieder auf ein Anderes, das sie verschweigt, bezieht ein Wissen in den Text ein, bei dem es sich dieses Mal nicht um philologisches, sondern um poetisches handelt. Um die Ironie des Erichtho-Prologes und seine poetologische Bedeutung ganz zu verstehen, muß man ins Archiv der Intertextualität gehen und fragen, wie die „leidigen Dichter" sie darstellten. Zur Beantwortung dieser Frage bedarf es der Berücksichtigung der *Pharsalia* Lukans, und zwar des 6. Buches dieses Epos.[25]

Ihren Auftritt hat Erichtho dort im Zusammenhang mit dem Bürgerkrieg zwischen Pompeius und Cäsar, die sich bei Pharsalis zur Entscheidungsschlacht gegenüberstehen. Der Sohn des Pompeius, Sextus mit Namen, begibt sich am Vorabend der Schlacht zur Hexe

---

Naturgesetzwidrige, das die Hexen verwirklichen. Goethes Text spitzt diese Logik zu: Für das Publikum wie den Poeten ist das Unmögliche glaubenswert in dem Sinne, daß sich das Poetische geradezu durch die Verwirklichung des Unmöglichen auszeichnet. Glaubenswert ist die Unmöglichkeit in der Poesie, weil darin dessen besondere Macht und Wirkung besteht.

25 Zum folgenden *Pharsalia*, VI, V. 589–830.

Erichtho, um von ihr die Zukunft zu erfahren. Doch Hexen sind so wenig allwissend wie Autoren: Sie sprechen nicht aus eigener Macht, sondern indem sie sich auf das beziehen, was ihnen vorliegt. In diesem Fall handelt es sich um einen Leichnam, der sich zufälligerweise findet. Breit wird die magische Prozedur ausgeführt, im Genuß am Makabren und Schauerlichen beschreibt Lukan, wie Erichtho den Toten wäscht und mit magischen Substanzen präpariert, wie sie die Götter beschwört, damit diese seine Seele aus der Unterwelt freigeben. Schließlich hat sie Erfolg, der Tote erhält ein Scheinleben zurück; er gewinnt magisch-gespenstische Realität, ist mit einem über den aktuellen Anlaß hinausreichenden Wissen versehen und liefert eine Deutung des Bürgerkrieges. Durch diesen Rückgriff auf Lukans Epos – und nur dadurch – erhält der Auftritt Erichthos einen Sinngehalt, der sonst verloren wäre. Die magische Prozedur der Hexe bei Lukan spiegelt das literarische Verfahren Goethes: Der Leichnam des Römers, der zu gespenstischem Leben erweckt wird und der einem ihm selbst nicht zugänglichen Wissen Stimme und Gesicht verleiht, entspricht der Realität der Goetheschen Gespenster, die gleichermaßen ein Wissen ins Drama integrieren, das ihren historischen oder literarischen Vorbildern selbst nicht zugänglich war. Die Magie der Hexe Erichtho präfiguriert die mnemonische Imagination in Goethes *Faust II*, die das Tote, das Abwesende, die im kulturellen Gedächtnis gespeicherten Wissensbestände erweckt und zu einem gespenstischen Leben versammelt. Auch die Tatsache, daß anstatt des toten Römers aus Lukans *Pharsalia* bei Goethe die Hexe die Stelle des geisterhaften Mediums einnimmt, unterstützt diese Interpretation; denn das jeweils Tote, nicht mehr Lebendige wird hier in genauer Entsprechung als Darstellungsmittel von Wissen genutzt: im einen Fall durch die Hexe, im anderen durch Goethe. Erichtho fungiert als *pars pro toto* für den Prätext des lateinischen Dichters, der intertextuell wiederverwertet wird.

Die unter dem Rubrum der ‚mnemonischen Imagination‘ beschriebene Darstellungsweise wird also durch die Figuration des Verfahrens auf der Handlungsebene thematisiert und ermöglicht so die Selbstreflexion der Poesie, die im Rückgriff auf das Wissen stets nur eine Scheinlebendigkeit erreichen kann. Demnach läßt sich der im *Faust II* implizit entwickelte Dichtungsbegriff nicht mehr im Sinne der klassischen Ästhetik als symbolische Repräsentation und auch nicht im Sinne der Wissensvermittlung verstehen. Vielmehr konstituiert sich die Poesie im Bezug auf Wissen selbst und kommentiert diese Selbstkonstitution als einen sich in der Transformation vorliegenden Materials vollziehenden Prozeß. Die Form der Selbstreflexivität im *Faust II* besteht also im beständigen Umschlagen von Fremdreferenz (dem Verweis auf Wissen) in Selbstreferenz (die Personifikation der Verfahren). Der Ort dieses Umschlagens sind die mythologischen und allegorischen Figuren des Dramas, wie die Interpretation Chirons und Erichthos gezeigt hat.

Dieses Pendeln zwischen unterschiedlichen Ebenen setzt allerdings die Geltung der sinnlichen Repräsentation ebenso außer Kraft wie die reine Allegorie. Denn die Bedeutungen ergeben sich nicht aus dem, was sich im Text unmittelbar präsentiert, sondern sie müssen durch eine gelehrte und gelehrige Lektürearbeit erst aufgefunden werden. Andererseits führt die Analyse der Wissensdiskurse zurück zu den dramatischen Verfahren – und nicht zu einem abstrakten Begriff, auf den sich das Stück am Ende bringen ließe. Durch dieses komplizierte Spiel der ‚mnemonischen Imagination‘ kann der Text eine Metaebene – eine Beobachtung zweiter Ordnung – einrichten, in der die eigentliche Einheit des Dramas liegt. Im Vergleich mit anderen Wissensformen und im fortgesetzten Einrichten und Zerstören seiner Referenzen gewinnt *Faust II* seine Komplexität.

ABHANDLUNGEN

JOACHIM REES

Das Tagebuch einer Reise nach Sizilien von Richard Payne Knight

*Anmerkungen zum wiedergefundenen Originalmanuskript und zu Goethes Übersetzung**

> Was das Reisejournal betrifft, so konnte die Frage entstehen, ob es wohl der Mühe wert sei, solches zu übersetzen und abzudrucken. Sicilien, das in der zweiten Hälfte des vergangenen Jahrhunderts gleichsam erst für fremde Nationen entdeckt wurde, ist so vielfach durchreist und beschrieben worden, daß man sich kaum nach einer abermaligen, besonders nach einer älteren Reisebeschreibung sehnen möchte.[1]

Trotz dieses selbst eingestandenen Zweifels hat Goethe seine Übersetzung des sizilianischen Reisetagebuchs von Richard Payne Knight in sein 1811 bei Cotta erschienenes Buch über den Landschaftsmaler Jakob Philipp Hackert aufgenommen. In der Tat verlangte der Umstand, daß die Aufzeichnungen des englischen Antiquars und Kunsttheoretikers Richard Payne Knight über dreißig Jahre nach der Reise doch noch das Licht der Öffentlichkeit erblicken sollten, eine gewisse Rechtfertigung. Im April 1777 waren Payne Knight, sein Landsmann Charles Gore, ein wohlhabender Kaufmann und Amateurkünstler, mit Hackert von Neapel aus zu ihrer dreimonatigen Rundreise durch Sizilien aufgebrochen, um jene Insel zu erkunden, die in den letzten Jahrzehnten des 18. Jahrhunderts wegen ihrer kaum bekannten Altertümer und Naturwunder immer mehr Reisende aus dem Norden anzog. Mit der stetig wachsenden Zahl der Reisenden vermehrten sich auch die Publikationen über die Insel.[2] Obschon

---

* Der vorliegende Beitrag entstand im Rahmen des von der Deutschen Forschungsgemeinschaft finanzierten und am Forschungszentrum Europäische Aufklärung in Potsdam durchgeführten Projekts *Die enzyklopädischen Europareisen der politischen Funktionsträger des Alten Reichs. Praktizierter Kulturtransfer 1763–1789*. Für vielfältige Unterstützung bin ich folgenden Personen zu besonderem Dank verpflichtet: meinem Potsdamer Kollegen Dr. Winfried Siebers, der den ersten Hinweis auf das Dresdner Manuskript gab, Herrn Perk Loesch, Leiter der Handschriftenabteilung der Sächsischen Landesbibliothek Dresden, der zahlreiche Auskünfte zum Böttiger-Nachlaß und die Publikationserlaubnis für die Dresdner Dokumente erteilte, sowie Dr. Katharina Krügel, Goethe-Nationalmuseum Weimar, die mich bei meinen Recherchen im Gore-Nachlaß fachkundig unterstützte. Auskünfte zu verschiedenen hier behandelten Teilaspekten erteilten in zuvorkommender Weise Dr. Thomas Besing, Loveno di Menaggio, Karen Hearn M. A., London, und Dr. Adelheid Rasche, Berlin.

1 *Philipp Hackert. Biographische Skizze meist nach dessen eigenen Aufsätzen entworfen von Goethe* (MA 9, S. 829).

2 Einen Überblick über das rasante Anwachsen der Sizilienliteratur in der zweiten Hälfte des 18. Jahrhunderts vermittelt Hélène Tuzet: *La Sicile vue par les voyageurs étrangers au XVIIIe siècle*. Stras-

Goethe auf seiner Sizilienreise im Frühjahr 1787 noch die Inkunabel der deutschsprachigen Sizilienliteratur, Johann Hermann von Riedesels *Reise durch Sicilien und Großgriechenland* von 1771 mitführte[3], zeitigten gerade die frühen 1780er Jahre eine Fülle von Neuerscheinungen, die sich an Umfang und Ausstattung gleichsam zu übertrumpfen trachteten. Genannt seien nur die reich illustrierten Prachtwerke von Jean Houel und des Abbé Jean-Claude Richard de Saint-Non, die für die hier zu skizzierende Publikationsgeschichte von Payne Knights Reisebericht eine nicht unwichtige Rolle spielen sollten.[4] Wenn sich Goethe dennoch entschloß, den Bericht des Engländers in Übersetzung zu publizieren, so macht sich darin ein bemerkenswerter Perspektivwechsel in der Bewertung des Genres des Reiseberichts als Informationsquelle und Medium der Erfahrungsbildung geltend. Zwar konnte die Erstveröffentlichung eines über dreißig Jahre alten Reisetagebuchs dem Aktualitätspostulat, dem die gedruckte Reiseliteratur unweigerlich unterworfen war, nicht mehr genügen, doch diese Zeitgebundenheit ist für Goethe nur scheinbar ein Nachteil. Tatsächlich ist der Reisebericht im Laufe der Jahrzehnte unversehens zu einer historischen Quelle geworden: Er verzeichnet nicht allein auf der Faktenebene Zustände, die sich seitdem verändert haben, sondern bezeugt in einer viel grundsätzlicheren Weise den „Zeitcharakter, den die Reisenden an sich tragen" (MA 9, S. 830). Aus der Rückschau erkennt Goethe diesen Zeitcharakter im sachzugewandten Pragmatismus, der nicht nur die Biographien der drei Reisenden insgemein geprägt habe, sondern auch den Duktus der Reisebeschreibung Payne Knights im besonderen bestimme:

> Die Hauptrichtung des Jahrhunderts gegen alle Untätigkeit und was den Menschen darin erhält, die Hauptneigung zu allem, was wirksam und förderlich ist, besonders im Staatsfache, so wie im Ökonomischen, Merkantilischen, Technischen, erscheint an diesen wenigen Männern teils in der Reisebeschreibung, teils in der Biographie. (MA 9, S. 830)

Mit dieser Charakterisierung hat Goethe nicht nur wesentliche Wirkabsichten und Gegenstandsbereiche des Reiseberichts im Zeitalter der Aufklärung benannt, sondern zugleich angedeutet, daß die Epoche, die diesen Typus von Reisebeschreibung hervorgebracht hat, eine vergangene ist.[5] Die gewachsene Distanz zu den praxisorientierten Beobachtungs- und Schreibkonventionen des spätaufklärerischen Reiseberichts läßt sich nicht zuletzt daran ablesen, daß Goethe den zweiten Teil des Journals von Payne Knight, in dem dieser kritische

---

bourg 1955. Für den deutschen Sprachraum ergänzend hinzuzuziehen sind Ernst Osterkamp: *Sizilien. Reisebilder aus drei Jahrhunderten.* München 1986 und Gert van de Moetter: *Historisch-bibliographischer Abriß der deutschen Sizilienreisenden 1600–1900.* Messina 1991.

3 Vgl. Ernst Osterkamp: *Johann Hermann von Riedesel, Goethes Reiseführer in Sizilien.* In: *Ein unsäglich schönes Land. Goethes „Italienische Reise" und der Mythos Siziliens.* Hrsg. von Albert Meier. Palermo 1987, S. 194–213.

4 Zur Publikationsgeschichte von Saint-Nons *Voyage Pittoresque ou description des royaumes de Naples et de Sicile*, 4 Bde., Paris 1781–1786, vgl. Petra Lamers: *Il viaggio nel Sud dell' Abbé de Saint-Non. Il ‚Voyage pittoresque à Naples et en Sicile': la genesi, i disegni preparatori, le incisioni.* Neapel 1995. Zu Houels *Voyage pittoresque des Isles de Sicile, de Malte, et de Lipari*, 2 Bde., Paris 1784–1787, vgl. Ausstellungskat. *Hoüel. Voyage en Sicile 1776–1779*, bearb. von Madeleine Pinault, Musée du Louvre, Département des Arts graphiques, Paris 1990.

5 Vgl. hierzu die prägnanten Ausführungen von Peter J. Brenner in seinem umfänglichen Forschungsbericht *Der Reisebericht in der deutschen Literatur. Ein Forschungsüberblick als Vorstudie zu einer Gattungsgeschichte.* Tübingen 1990; bes. Kapitel V u. VI.

Betrachtungen zur sozio-ökonomischen Lage des modernen Sizilien anstellt, nicht drucken ließ, obschon ihm der Wortlaut des Reisediariums vollständig vorlag und auch für diesen Teil bereits Übersetzungskonzepte erarbeitet waren. Als Arbeitsgrundlage für die eigene Übertragung diente ihm eine Abschrift des englischen Tagebuchtextes, die sich im Goethe- und Schiller-Archiv erhalten hat.[6] Die Nachwelt scheint Goethes Zweifel, ob die Schrift der Mühe wert sei, veröffentlicht zu werden, geteilt zu haben. Erst 1986, also 175 Jahre nach Goethes Teilübersetzung, erschien auf der Grundlage des Weimarer Manuskripts die von Claudia Stumpf besorgte erste vollständige Edition des Tagebuchs in seiner Originalsprache.[7] Seitdem hat das Tagebuch vor allem in der kunsthistorischen Forschung zu Hackert wiederholt Aufmerksamkeit erfahren. Besonders Thomas Weidner hat in seiner substantiellen Studie über den Landschaftsmaler das Tagebuch im Kontext von Goethes Arbeit an der biographischen Skizze über Hackert und der literarischen Fassung seiner eigenen Sizilienreise ausführlich gewürdigt.[8] Der mittlerweile weithin akzeptierte Stellenwert von Payne Knights Journal im Kanon der Sizilienliteratur des späten 18. Jahrhunderts wurde jüngst eindrücklich untermauert durch die von Alessandra Ponte betreute Veröffentlichung einer französischen Übersetzung des Tagebuchs mit einer begleitenden Studie über den Einfluß der Reise auf Payne Knights Geschichts- und Kunstauffassung.[9]

Über die Provenienz des Manuskripts im Goethe- und Schiller-Archiv konnten bisher nur Mutmaßungen angestellt werden. Stumpf äußerte die Vermutung, das Manuskript sei mit den Papieren Hackerts in den Besitz Goethes gekommen.[10] Diese Hypothese ist insofern naheliegend, als sich Goethes Beschäftigung mit dem Reisetagebuch zuallererst seinem freundschaftlichen Verhältnis zu den beiden Mitreisenden Hackert und Gore verdankt, während er zum Autor des Tagebuchs – soweit zu sehen – nie in Verbindung getreten ist.[11] Goethe schloß, noch bevor er Hackert persönlich in Neapel traf, während seines ersten römischen Aufenthalts Bekanntschaft mit Charles Gore und seinen beiden Töchtern Elizabeth und Emily.[12] Sowohl der Vater als auch die Töchter hatten in Hackert einen versierten

---

6 GSA 25/XLIV, 7. Das 123 Seiten umfassende Ms. enthält unter dem Titel *Expedition into Sicily. 1777* den englischen Tagebuchtext. Beigebunden sind separat numerierte Seiten der urschriftlichen Übersetzung Goethes, die keine Aufnahme in den Druck gefunden haben (S. 97–100). Sie betreffen den letzten Teil des Tagebuchs, der allgemeinen Betrachtungen über die politische, soziale und wirtschaftliche Lage des zeitgenössischen Sizilien sowie einem Vergleich der modernen Zustände mit dem antiken Sizilien gewidmet ist (im Ms. S. 94–101). Von diesen Ausführungen hat Goethe nur etwa ein Viertel übersetzt. Dem Umstand, daß die Abschrift des Tagebuchtextes keinerlei Verfasservermerk besitzt, dürfte wohl die Namensverwechslung geschuldet sein, die sich in den Druck von 1811 eingeschlichen hat, wo der Autor als „Henry Knight" benannt wird.

7 Richard Payne Knight: *Expedition into Sicily*. Hrsg. u. komm. von Claudia Stumpf. London 1986.

8 Thomas Weidner: *Jakob Philipp Hackert. Landschaftsmaler im 18. Jahrhundert*. Berlin 1998, S. 61–71 u. 154–156.

9 *Le paysage des origines. Le voyage en Sicile (1777) de Richard Payne Knight*. Hrsg. u. komm. von Alessandra Ponte. Besançon 2000.

10 Vgl. Payne Knight (Anm. 7), S. 15.

11 Goethes Tagebucheintrag vom 19. 11. 1824 „Gegen Abend Herr Knight. Unterhaltung über seine zurückgelegten Reisen" (WA III, 9, S. 298) kann sich nicht auf Richard Payne Knight beziehen, da dieser bereits im April 1824 verstorben war.

12 Zu den Europareisen der Familie Gore und zur Vorgeschichte ihrer Übersiedlung nach Weimar vgl. Willi Ehrlich: *„... wegen Kunstverwandtschaft und freundlicher Lebensteilnahme". Goethes Beziehungen zu Charles Gore*. In: GJb 1974, S. 117–135.

Lehrer im Landschaftsfach gefunden und den Künstler auch als Reisebegleiter schätzen gelernt. 1791, nachdem Herzogin Anna Amalia auf ihrer Italienreise die zuvor schon von Herzog Carl August mehrfach ausgesprochene Einladung bekräftigt hatte, zog die Familie Gore nach Weimar und ließ sich dort dauerhaft nieder. Jakob Philipp Hackert und Charles Gore verstarben im Abstand weniger Monate in der ersten Hälfte des Jahres 1807. Goethes rasch gefaßter Plan, das Andenken an den international renommierten Künstler mit einer Biographie zu ehren, mußte zwangsläufig eine Hommage an den Weimarer Nachbarn englischer Herkunft mit einschließen, war beider Lebensweg und künstlerisches Schaffen – so unterschiedlich es in Anspruch und Ausführung auch ausfallen mochte – doch auf vielfältige Weise miteinander verwoben. Wie ernst Goethe das Verfassen der Skizze über Hackerts Leben und künstlerische Karriere nahm, läßt sich der Tatsache entnehmen, daß selbst ein jahrelanger Rechtsstreit mit Hackerts Erben um den schriftlichen Nachlaß des Künstlers ihn nicht von seinem Vorhaben abzubringen vermochte.[13] Gleichwohl läßt sich die Vermutung, das Manuskript des sizilianischen Reisetagebuchs stamme aus Hackerts Nachlaß, über dessen Nutzung sich die streitenden Parteien im Mai 1810 endlich gütlich einigten, nicht aufrechterhalten. Vielmehr hat Willi Ehrlich bereits 1974 in seiner Studie zu Charles Gore auf einen Brief Goethes an Charlotte von Stein vom 2. Juni 1808 aufmerksam gemacht, der einen wichtigen Hinweis zur Herkunft des Tagebuchs enthält.[14] In diesem in Karlsbad verfaßten Brief bittet Goethe, Emily Gore mitzuteilen, er hoffe, das Tagebuch der sizilianischen Reise aus Frankfurt am Main zu erhalten, wohin es mitsamt dem Nachlaß von Georg Melchior Kraus gelangt sei (WA IV, 20, S. 109). Zwar ist bekannt, daß Kraus' Erben, vertreten durch seinen Neffen Johann Jakob Mylius, ein starkes Interesse daran hatten, die Hinterlassenschaft des Künstlers, der am 5. November 1806 im französisch besetzten Weimar verstorben war, so schnell wie möglich in das sichere Frankfurt zu verlagern.[15] Insofern läßt sich die in der bedrohlichen äußeren Situation offenbar irrtümlich erfolgte Vereinnahmung des Manuskripts durch die Erben und die von Goethe angestrengte Rückführung nach Weimar erklären. Doch die Frage, warum sich das Tagebuch überhaupt im Hause des herzoglichen Zeichenlehrers befunden hatte, und ob es sich dabei um jenes Manuskript gehandelt haben kann, das in Goethes Besitz verbleiben sollte, ist damit noch nicht beantwortet.

Der Schlüssel zur Klärung der Überlieferungsgeschichte des sizilianischen Tagebuchs liegt indessen weder in Weimar noch in Frankfurt. Aufgrund umfangreicher Archivrecherchen im Rahmen eines Projekts zu deutschen Europareisenden in der zweiten Hälfte des 18. Jahrhunderts konnte vor kurzem die Originalhandschrift des Reisetagebuchs von Richard Payne Knight in der Sächsischen Landesbibliothek – Staats- und Universitätsbibliothek zu Dresden gefunden werden.[16] Dabei handelt es sich im strengen Sinne um eine Wiederentdeckung, ist das Manuskript doch bereits 1906 im Handschriftenkatalog der damaligen Königlichen

---

[13] Vgl. Weidner (Anm. 8), S. 152–154.

[14] Ehrlich (Anm. 12), S. 130.

[15] Goethe hatte in einem Brief vom 26. 12. 1806 Herzog Carl August das Gesuch der Erben, den Nachlaß des Künstlers nach Frankfurt zu überführen, vorgetragen (WA IV, 19, S. 255–257). Siehe ferner die Briefe von Christian Gottlob Voigt an Goethe in der Erbsache Kraus. *Briefe an Goethe. Gesamtausgabe in Regestform.* Hrsg. von Karl-Heinz Hahn, red. von Irmtraut Schmid. Bd. 5. Weimar 1992, Nr. 535, 566, 581, 586.

[16] Dresden, Sächsische Landesbibliothek – Staats- und Universitätsbibliothek (im folgenden SLUB), Handschriftenabteilung, Mscr. Dresd. P. 125.

Öffentlichen Bibliothek nachgewiesen.[17] Gleichwohl ist bisher weder die kunstgeschichtliche Forschung zu Hackert, Payne Knight und Gore, noch die Goethe-Forschung auf die Existenz der Handschrift aufmerksam geworden. Die nachfolgenden Ausführungen versuchen daher, die Dresdner Handschrift knapp zu charakterisieren, wobei vor allem ihr Verhältnis zum Weimarer Manuskript sowie die Funktion der dem Dresdner Autograph beiliegenden zwölf Zeichnungen näher zu erläutern ist. Abschließend soll, ausgehend von der Frage, auf welche Weise die Handschrift nach Dresden gelangte, auf einen bisher unbekannten Plan zur Publikation des Tagebuchs aufmerksam gemacht werden, der von Charles Gore und Karl August Böttiger unabhängig von Goethes Veröffentlichung entwickelt worden ist.

Die Dresdner Handschrift besteht aus einem Heft mit 51 Blatt (Abb. 1). Die sich dem Folio-Format annähernden Maße und die Papierqualität der benutzten Bögen sind einheitlich. Ein Wasserzeichen mit dem bourbonischen Wappen der Könige von Neapel verweist auf eine süditalienische Herkunft.[18] Lediglich fol. 35 und 36 bilden eine Ausnahme. Sie bestehen aus einem gefalteten Quartbogen in bläulicher Färbung und wurden offenbar erst bei der Bindung der restlichen Bögen an dieser Stelle eingefügt. Die Handschrift dieser Seiten unterscheidet sich deutlich vom Hauptteil des Textes. Sie findet sich gleichfalls in den Notizen, die auf den Innenseiten der Einbanddeckel angebracht sind. So liefern die Eintragungen auf der vorderen Innenseite bereits einen wichtigen Hinweis auf die Autorschaft des Textes. Während der Haupttext ohne weiteren Verfasservermerk mit der Titelzeile „Expedition to Sicily“ anhebt, ist hier zu lesen: „wrote by Mr. Knight – Journal of an Expedition to Sicily in the year 1777“. Es folgen die Namen der drei Reisenden: „Mr. Knight/Mr. Hackert &/Mr. Gore“. Das improvisierte Titelblatt schließt mit Versen aus Tassos *Gerusalemme Liberata*, die mit ihrer Klage auf die Vergänglichkeit Karthagos einen elegischen Grundton für den Bericht über die sizilianische Reise anstimmen.[19] Von gleicher Hand stammt schließlich auch die abermalige Identifizierung des Autors am Ende des Haupttextes („Written by Mr Knight of Downton Castle Shropshire“) sowie das auf einen separaten Zettel notierte und auf die Innenseite des hinteren Einbanddeckels geklebte Itinerar mitsamt einer Angabe über die Gesamtkosten der Reise.[20] Im Text des Tagebuchs selbst erscheint diese Handschrift lediglich in einigen Marginalien, die sich auf Orts- und Datumsangaben, bisweilen auch auf knappe Kommentare zum Haupttext beschränken. Der eigentliche Tagebuchtext ist in einer einheitlichen, breit laufenden Handschrift verfaßt und nur an wenigen Stellen durch Streichungen und Ersetzungen einzelner Worte korrigiert worden.

---

17 Der Eintrag umfaßt alle für die Identifizierung der Handschrift notwendigen Angaben: „Expedition to Sicily 1777 [Am Schluß:] Written by Mr Knight of Downton Castle Shropshire. Mit einer Anzahl lose beiliegender Tuschezeichnungen 18. Jahrh. Ppbd. fol. 51. Und 12. Beil.“. *Katalog der Handschriften der königlichen öffentlichen Bibliothek zu Dresden.* Hrsg. von Franz Schnorr von Carolsfeld u. Ludwig Schmidt. Bd. 3. Leipzig 1906, S. 194.

18 Für ein Vergleichsbeispiel, das vom Wasserzeichen des Dresdner Ms. lediglich in einigen wenigen Details abweicht, siehe: W. A. Churchill: *Watermarks in Paper in Holland, England, France etc. in the XVII and XVIII centuries and their Interconnection.* Amsterdam 1935, Nr. 262.

19 Das Zitat ist Gesang XIV, 20 entnommen: „Giace l'alta Cartago: a pena i segni / de l'alte sue ruine il lido serba. / Muoiono le città, muoiono i regni, / copre i fasti e le pompe arena et erba, / e l'uom d'esser mortal par che si sdegni: / oh nostra mente cupida e superba!“.

20 SLUB Dresden, Mscr. Dresd. P. 125, fol. 51r: „The total expence of our Expedition was 600 ounces of Naples or at £ 338 stlg.“.

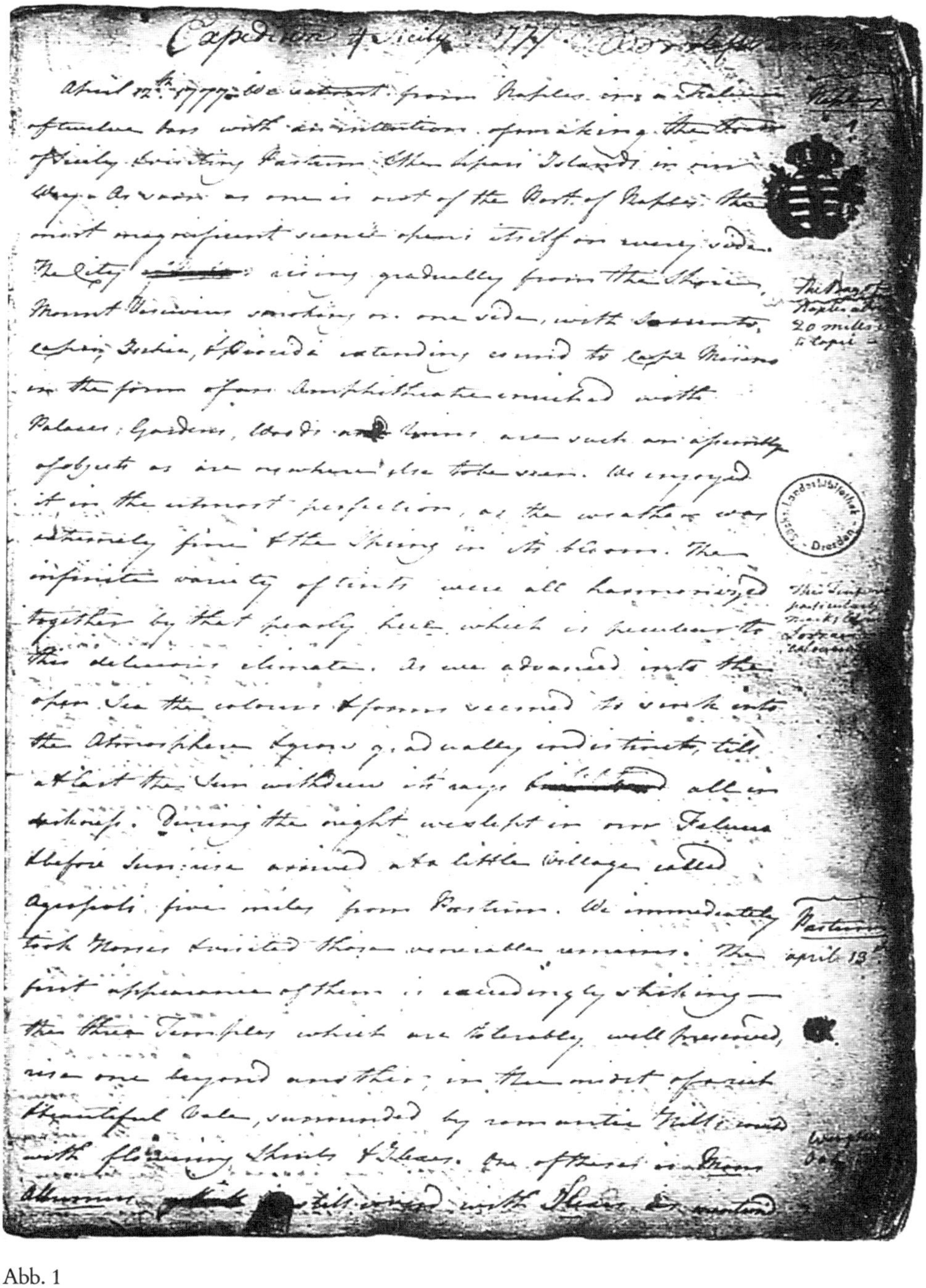

Expedition to Sicily 1777.

April 12th 1777. We set out from Naples in a Felucca of twelve oars with an intention of making the tour of Sicily visiting Paestum & the Lipari Islands in our way. As soon as one is out of the Port of Naples the most magnificent scene opens itself on every side. The City rising gradually from the Shore, Mount Vesuvius smoking on one side, with Sorrento, Capri, Ischia, & Procida extending round to Cape Misene in the form of an Amphitheatre enriched with Palaces, Gardens, Woods and Towns are such an assembly of objects as are no where else to be seen. We enjoyed it in the utmost perfection, as the weather was extremely fine & the Spring in its bloom. The infinite variety of tints were all harmonized together by that pearly hue which is peculiar to this delicious climate. As we advanced into the open Sea the colours & forms seemed to sink into the Atmosphere & grow gradually indistinct, till at last the Sun withdrew its rays & left all in darkness. During the night we slept in our Felucca & before Sun-rise arrived at a little Village called Agropoli five miles from Paestum. We immediately took Horses & visited those venerable remains. The first appearance of them is exceedingly striking — the three Temples which are tolerably well preserved, rise one beyond another, in the midst of a rich plentiful Vale, surrounded by romantic Hills covered with flowering Shrubs & Ilexes. One of these is Mons Alburnus still covered with Ilexes as mentioned

Naples

The Bay of Naples about 20 miles to Capri

Paestum April 13th

Abb. 1
Richard Payne Knight, Charles Gore: *Expedition to Sicily*

Eine Bestimmung der beiden an der Erstellung des Manuskripts beteiligten Hände kann mit hinreichender Sicherheit vorgenommen werden. Während der Haupttext von Payne Knight stammt, wie ein Vergleich mit seinen handschriftlichen Dokumenten im British Museum belegen kann[21], zeichnet Charles Gore für die übrigen Textbestandteile verantwortlich. Seine Hinzufügungen stehen in engem Zusammenhang mit den handschriftlichen Notizen, die sich als textliche Ergänzungen im Album seiner Sizilien-Zeichnungen befinden. Das großformatige Konvolut ist Bestandteil seines annähernd 1 600 Zeichnungen umfassenden künstlerischen Nachlasses, der im Goethe-Nationalmuseum in Weimar bewahrt wird.[22] Bereits das von Gore angefertigte Titelblatt des Sizilienalbums verweist unmittelbar auf das dem Dresdner Manuskript vorgeschaltete Frontispiz, enthält es doch – einschließlich des Tasso-Zitats – die gleichen textlichen Bestandteile. Ein weiteres Bindeglied zwischen Gores Zeichnungsalbum und dem Dresdner Manuskript läßt sich darin erkennen, daß sich in jenem vereinzelte eingeklebte Quartbögen aus bläulichem Papier befinden, deren Beschaffenheit mit dem Exemplar im Dresdner Manuskript identisch ist.[23] Auch der Text dieses Supplements (fol. 35 und 36) findet sich im Weimarer Album. Die spannungsvolle Schilderung der Ätna-Besteigung aus Gores Feder erscheint hier als Kommentar zu einer Zeichnung des Vulkans.[24] Offenkundig hat Gore darauf verzichtet, seine eigenen Reiseaufzeichnungen zu einem fortlaufenden Text auszubauen. Statt dessen stellte er sie Payne Knight für die Abfassung seines Journals zur Verfügung und nutzte sie als Kommentierung für sein Zeichnungsalbum.

Sucht man das Verhältnis zwischen der Dresdner Handschrift und dem Manuskript in Weimar zu bestimmen, so besteht kaum ein Zweifel, daß es sich bei dem Exemplar des Goethe- und Schiller-Archivs um eine Abschrift des Dresdner Manuskripts handelt. So sind alle Korrekturen der Dresdner Handschrift in das Weimarer Manuskript übertragen worden. Hinsichtlich der textlichen Substanz des Tagebuchs sind zwischen Original und Abschrift keine Unterschiede festzustellen. Von den zusätzlichen Notaten Gores findet sich in der Weimarer Abschrift indessen nur die erwähnte Schilderung der Ätna-Besteigung. Freilich ist diese Passage – anders als im Dresdner Manuskript vorgegeben – aus der Ereignischronologie des Tagebuchs ausgegliedert und als Appendix an den Haupttext angehängt worden.[25] Auch in seiner Übersetzung hat sich Goethe an die knapper und nüchterner gehaltene Schilderung Payne Knights angelehnt und Gores ausführlicheren Bericht, der

---

21 Zwar stammt der überwiegende Teil des erhaltenen handschriftlichen Materials von Payne Knight erst aus den späten 1780er Jahren, als das Tagebuch der sizilianischen Reise bereits vollendet war, doch die Übereinstimmungen mit dem Dresdner Manuskript sind hinreichend deutlich. Als Vergleichsbeispiel bietet sich das von Payne Knight etwa seit 1780 geführte *Notebook of Coins* an, das im British Museum bewahrt wird, vgl. Ausstellungskat. *The Arrogant Connoisseur: Richard Payne Knight 1751–1824.* Hrsg. von Michael Clarke u. Nicholas Penny. Withworth Art Gallery, Manchester 1982, Nr. 84, S. 149.

22 GNM, Th. Scr. 2:2³. Das Album enthält 112 Zeichnungen zur sizilianischen Reise sowie zahlreiche handschriftliche Fragmente von Charles Gore zur Reise von 1777.

23 Längere handschriftliche Passagen befinden sich ebd. auf fol. 15r (über das Kloster Santa Rosalia in Palermo), 18v (über Selinunt), 36v (über die Besteigung des Ätna).

24 Ebd. fol. 36v. Der Text weist nur geringe Differenzen zu der Schilderung im Dresdner Ms. auf.

25 Die Abschrift von Gores Schilderung der Besteigung des Ätnas ist im Ms. GSA 25/XLIV,7 nach S. 110 beigeheftet.

Abb. 2
Charles Gore: *Palermo mit Monte Pelegrino*, ca. 1801–04, Bleistift, Feder in Braun laviert, 12,5 x 30,2 cm

stärker auf die physische Anstrengung der Krater-Besteigung abhebt, im buchstäblichen Sinne hintangestellt.

Sind also hinsichtlich der textlichen Verfaßtheit des sizilianischen Tagebuchs keine gravierenden Unterschiede zwischen dem Dresdner Original und der Weimarer Abschrift festzustellen, so verdienen die der Dresdner Handschrift beigefügten zwölf Zeichnungen besondere Aufmerksamkeit, da sie in engstem Zusammenhang mit dem Tagebuch stehen und sich in der Weimarer Abschrift keinerlei Hinweise auf die Existenz von begleitenden Illustrationen finden lassen. Die kleinformatigen lavierten Federzeichnungen auf transparentem Ölpapier zeigen allesamt Ansichten der liparischen und sizilianischen Küste (Abb. 2). Versuche, die Autorschaft der unsignierten Werke zu klären, sehen sich abermals an den Gore-Nachlaß im Goethe-Nationalmuseum verwiesen. Tatsächlich finden sich für alle Motive in Dresden entsprechende Vorlagen im Weimarer Konvolut von Gores Zeichnungen der sizilianischen Reise.[26] Lediglich in den Maßen und in der zeichnerischen Umsetzung weisen die eher skizzenhaft gehaltenen Dresdner Blätter Unterschiede zu den sauber lavierten und kolorierten Weimarer Vorbildern auf. Diese Differenzen sind jedoch nicht stilistischer Art, sondern aus der noch zu erläuternden Funktion der Dresdner Transparent-Zeichnungen abzuleiten. Kann demnach an der Autorschaft Charles Gores kein Zweifel bestehen, so erschließt sich der Kontext, in dem diese Zeichnungen entstanden sind, nicht ohne weiteres. Immerhin läßt sich anhand der Jahreszahl 1801, die im Wasserzeichen des

26 Die Zeichnungen werden hier mit den Beischriften in der Abfolge des Itinerars der Reise angeführt. Die Abfolge unterscheidet sich von der modernen Numerierung auf der Rückseite der Blätter. Die Zahlen in Klammern beziehen sich auf die entsprechenden Vorlagen in Gores Sizilien-Album (GNM, Th.Scr.2:2[3]): *Rochers volcaniques près de Lipari.* 9,3 x 22,5 cm (3); *Lipari.* 11,6 x 23 cm (20); *Cefalû du coté du Palermo.* 11,1 x 23 cm (36); *Cefalu vers l'Est.* 9,3 x 19,7 cm (38); *Palermo. Monte Pelegrino.* 12,5 x 30,2 cm (49); *Chapelle de S.te Rosalie monte Pelegrino Palermo.* 16,2 x 14,1 cm (50); *Lipari Island, Stromboli, Crater of Etna.* 11,4 x 27,3 cm (100); *Cote de l'Etna.* 8,5 x 17,2 cm (107); *L'Etna vu a 10 milles loin.* 8 x 30,5 cm (109); *Chateau d'Iaci avec des rochers volcaniques les Fornaioli.* 10,9 x 22,7 cm (110); *Chateau d'Iaci du coté de Lave.* 7,5 x 23 cm (111); *Cavernes dans le Lave pres de Taormina.* 8 x 18,5 cm (112).

Abb. 3
Charles Gore: *Lipari*, ca. 1801–04, Bleistift, Feder in Braun laviert, 11,6 x 23 cm

von Gore benutzten Papiers der englischen Manufaktur John Buttanshaw erscheint, ein ungefährer terminus post quem gewinnen (Abb. 3).[27] Offenbar sind die Dresdner Skizzen erheblich später als die eigentlichen Reisezeichnungen entstanden und als im Format stark verkleinertes Bildmaterial dem Original des sizilianischen Tagebuchs beigefügt worden.

Die mannigfachen Hinweise auf Charles Gores intensive Beschäftigung mit dem Tagebuch der sizilianischen Reise legen die Vermutung nahe, daß er selbst zeitweiliger Besitzer des Autographs gewesen sein muß, dem er einige wenige textliche Zusätze sowie Zeichnungen von seiner Hand beigefügt hat. Auch wenn sich bisher keine konkreten Hinweise haben aufweisen lassen, so wird man doch annehmen dürfen, daß Gore das Tagebuch von Payne Knight persönlich erhalten hat. Mit der Übergabe des Originalmanuskripts an den einstigen Reisebegleiter dürfte Payne Knight zugleich seinen Plan, das Reisetagebuch mit ausgewählten Zeichnungen von Hackert und Gore im Stil einer reich illustrierten *voyage pittoresque* zu veröffentlichen, endgültig verabschiedet haben. Den Forschungen von Claudia Stumpf zufolge betrieb Payne Knight noch 1782 dieses Vorhaben mit großer Ernsthaftigkeit.[28] Doch die bereits zitierten französischen Konkurrenzunternehmen des Abbé de Saint-Non und Jean Houels, die zu Beginn der 1780er Jahre die ersten Bände ihrer aufwendigen Reisewerke dem europäischen Publikum präsentierten, dürften den Engländer schließlich von der Realisierung seines Buchprojekts abgebracht haben.[29] Mit wachsender Distanz

27 Das Wasserzeichen *JButt^w 1801* erscheint klar leserlich auf dem Blatt mit der Ansicht von Lipari. Ein Vergleichsbeispiel bieten Thomas L. Gravell/George Miller: *A Catalogue of Watermarks Found on Paper Used in America 1700–1835*. New York, London 1983, Nr. 125.

28 Vgl. Payne Knight (Anm. 7), S. 12f.

29 Goethe selbst deutet in seinem knappen Bericht zur Sizilienliteratur im Nachtrag zu Hackerts Lebensbeschreibung an, daß mit den Stichwerken der Franzosen, insbesondere „den durch sein Kupferwerk alles gleichsam abschließenden *Houel*" die Publikationen über Sizilien einen kaum mehr zu überbietenden Höhepunkt erfahren hatten (MA 9, S. 829).

zum Reiseerlebnis, vielleicht auch, weil er im Vergleich mit der stetig ansteigenden Sizilienliteratur die Unzulänglichkeiten des eigenen, im Alter von 26 Jahren verfaßten Reisejournals spürte, mag sich Payne Knight schließlich entschlossen haben, den Text dem väterlichen Freund als Geschenk und zur weiteren Nutzung zu überreichen. Dies muß spätestens 1798 geschehen sein, als Gore einen letzten nachweislichen Besuch in seinem Heimatland absolvierte, um eine Publikation über Schiffsbau vorzubereiten.[30]

Gore übernahm von Payne Knight indessen nicht nur das Manuskript, sondern auch das Vorhaben, die Handschrift zum Druck zu befördern. Ermutigung und Unterstützung hierzu erhielt er von Karl August Böttiger, dessen enge Kontakte zu führenden Verlagshäusern in Deutschland ihn auch in diesem Fall zu einer wichtigen Vermittlerfigur in einem ambitionierten Buchprojekt werden ließen. Eine Zusammenarbeit zwischen Gore und Böttiger lag insofern nahe, als letzterer in den späten 1790er Jahren sich verstärkt um die Vermittlung englischsprachiger Reiseberichte an das deutsche Lesepublikum bemühte, wobei ihm seine guten Verbindungen zum Londoner Gesandtschaftssekretär Johann Christian Hüttner zustatten kamen.[31]

Bislang nicht berücksichtigte Briefe von Charles und Emily Gore im Böttiger-Nachlaß zu Dresden belegen, daß der Plan, die *Expedition into Sicily* zu publizieren, noch während Böttigers Weimarer Zeit gefaßt worden ist und auch nach seiner Übersiedlung nach Dresden im Frühjahr 1804 weiterverfolgt wurde. Aus einem Brief von Emily Gore an Böttiger vom 4. Juni 1804 ist zu erschließen, daß der ehemalige Weimarer Schuldirektor offenkundig schon im Besitz des Manuskripts war und sich von Dresden aus um einen Verleger bemühte. Emily Gores Aufmerksamkeit gilt nämlich ausschließlich den ins Auge gefaßten Illustrationen, die ihr Vater bei Bedarf umgehend anfertigen und beim nächsten Besuch in Dresden mitbringen werde.[32] Zusammen mit dem Manuskript sollten die nachträglich gelieferten Zeichnungen behilflich sein, das Interesse der Verleger an einer Publikation zu stimulieren. Zwar ist Böttigers Antwort auf diesen Brief nicht nachzuweisen, doch sie dürfte positiv ausgefallen sein, denn noch im gleichen Monat wurden die Zeichnungen nach Dresden gesandt, wie ein Brief Charles Gores an Böttiger vom 30. Juni 1804 belegt. Dieser Brief enthält detaillierte Informationen über das gemeinschaftlich verfolgte Publikationsvorhaben und erklärt zudem die Funktion der beigelegten Zeichnungen (vgl. Anhang). Bereits der Einleitungssatz erhellt, daß Böttiger schon Gespräche mit einem Verleger über die Publikation des Tagebuchs geführt haben muß, da der namentlich nicht genannte „libraire" um die Zusendung einiger Muster für die von Gore beabsichtigten Illustrationen des Reisewerks

---

30 Vgl. Peter D. Fraser: *Charles Gore and the Willem Van de Veldes.* In: Master Drawings 15 (1977), S. 375–387; bes. S. 378.

31 Als Beispiel für eine von Böttiger besorgte Publikation eines englischen Reiseberichts in der Übersetzung Hüttners sei genannt: Johann Christian Hüttner: *Nachricht von der Brittischen Gesandtschaftsreise durch China und einen Theil der Tartarei.* Berlin 1797. Auch in seiner Dresdner Zeit trat Böttiger noch als Herausgeber von Reisebeschreibungen in Erscheinung, so etwa bei der Publikation der Reiseberichte Elisa von der Reckes: *Tagebuch einer Reise durch einen Theil Deutschlands und durch Italien, in den Jahren 1804 bis 1806.* 4 Bde. Berlin 1815–1817.

32 SLUB Dresden, Nachlaß K. A. Böttiger, h 37, Bd. 61, 4°, Stck. 5: „My father also desires me to mention that sh^{d} you think of publishing the Tour thro Sicily he can & will with great pleasure furnish you with views very interesting & yet unknown [...]. I sh^{d} think it w^{d} make a very interesting publication – pray tell me y. ideas of it, & sh^{d} you be decided my father will immediately begin copying the Drawings taken upon the spot & bring them with us to Dresden".

gebeten hatte. Die von Gore als „echantillons" bezeichneten Zeichnungen sollten mithin beispielhaft den avisierten Typus topographischer Ansichten belegen und den technischen Prozeß der Übertragung des Motivs auf die Druckplatte demonstrieren, ermöglichte das transparente Papier doch eine seitenverkehrte Durchzeichnung, so daß das Motiv im Druck wieder seitenrichtig zur ursprünglichen Vorlage erscheinen würde. Als Vorbild für die drucktechnische Realisierung zieht Gore die Stiche heran, die der Leipziger Künstler Christian Gottfried Heinrich Geissler als Illustrationen für die Reisewerke von Peter Simon Pallas über das russische Reich angefertigt hatte.[33] Die hohe Bedeutung, die Gore den Illustrationen beimaß, wird auch daran erkenntlich, daß er bei Bedarf zusätzlich zu den topographischen Ansichten als zweiten Darstellungstyp Figurenstudien mit neapolitanischen und sizilianischen Kostümen zu liefern versprach. Zudem war offenbar schon aus Kostengründen nicht an ein großformatiges Tafelwerk gedacht. Wohl der Tatsache Rechnung tragend, daß der Bedarf an solchen Prachtwerken bereits durch die französischen Produkte einstweilen gedeckt war, faßte Gore wahlweise ein Quartformat mit Abbildungen oder ein Oktavbändchen mit einem separaten „atlas" für die Illustrationen ins Auge. Abermals ist auffällig, daß zwar die Zusendung weiterer Zeichnungen in Aussicht gestellt, der Text des Tagebuchs jedoch mit keiner Silbe erwähnt wird und sich somit bereits im Besitz Böttigers befunden haben dürfte. Immerhin teilt Gore mit, daß eine französische Übersetzung des Tagebuchs bereits von Auguste Duvau angefertigt worden sei.[34] Dies könnte darauf hindeuten, daß nicht etwa an eine Publikation des Textes in seiner Originalsprache, sondern neben einer deutschen auch an eine lukrative französische Ausgabe gedacht war. Eher beiläufig liefert Gores Brief einige Hinweise auf die Vorgeschichte des nun gemeinschaftlich vorangetriebenen Projekts, weist er doch auf eine von Georg Melchior Kraus angefertigte Kalkulation der Druckkosten hin, die aus der Zeit stamme, „que nous [d. i. Gore und Kraus] avions pensé d'executer cet ouvrage".[35] Tatsächlich dürfte der Fortgang der Arbeiten im wesentlichen von Kraus abhängig gewesen sein, dem die zeitintensive Anfertigung der Radierungen oblag.[36]

Über die Gründe, warum die zwischen Gore, Böttiger und Kraus vereinbarte und bereits in konkreter Planung befindliche Veröffentlichung des Reisetagebuchs letztlich doch unterblieb, können mangels weiterer Schriftzeugnisse nur Mutmaßungen angestellt werden. Möglicherweise waren pragmatische Ursachen ausschlaggebend: Die Tatsache, daß sich das Manuskript zum Zeitpunkt von Kraus' Tod in seinem Haus befand, legt die Vermutung nahe, er sei mit den weiteren Vorarbeiten für die Drucklegung des illustrierten Werkes beschäftigt gewesen, die aufgrund seiner zahlreichen anderen Verpflichtungen wohl nur

---

33 Charles Gore dürfte hier vor allem an das vierbändige Tafelwerk gedacht haben, das Geissler in den Jahren nach seiner 1798 erfolgten Rückkehr aus Rußland bei Baumgärtner in Leipzig veröffentlichte: *Malerische Darstellung der Sitten, Gebräuche und Lustbarkeiten bei den Russischen, Tartarischen, Mongolischen und andern Völkern im Russischen Reich. Auf einer Reise mit dem Staatsrath von Pallas an Ort und Stelle gezeichnet und auf 40 color. Kupfern dargestellt. Nebst einer kurzen Erläuterung derselben von Friedrich Hempel.* 4 Bde. Leipzig 1801–1803.

34 Zu Auguste Duvau (1771–1831), der seit 1795 als Emigrant in Weimar lebte, vgl. Friedrich Michael: *Auguste Duvau. Ein französischer Freund der Weimarer Gesellschaft.* In: Jb. der Sammlung Kippenberg 4 (1924), S. 191–248.

35 Diese Kalkulation der Druckkosten konnte bisher im Böttiger-Nachlaß nicht nachgewiesen werden.

36 Zu der auch in anderen Fällen nachweisbaren Zusammenarbeit zwischen Gore und Kraus vgl. Eberhard Schenk zu Schweinsberg: *Georg Melchior Kraus.* Weimar 1930, S. 27 ff.

schleppend vorangekommen sein dürften. Von Dresden aus wird sich Böttiger kaum intensiv um den Fortgang der Arbeiten gekümmert haben, zumal seine weitverzweigte, stets unter hohem Termindruck vorangetriebene journalistische Tätigkeit seine ganze Aufmerksamkeit erforderte. Der spürbare allgemeine wirtschaftliche Niedergang infolge der Konfrontation mit dem revolutionären Frankreich wird zudem bei allen Beteiligten die Hoffnung, für ein kostspieliges Reisewerk genügend Interessenten zu finden, merklich gedämpft haben. Einige Indizien deuten darauf hin, daß Gores Plan, den Reisebericht in Form eines – wenngleich in Ausstattung und Format reduzierten – *voyage pittoresque* zu veröffentlichen, bei Böttiger auf einige Vorbehalte gestoßen sein muß. Eine viele Jahre später in Böttigers antiquarische Zeitschrift *Amalthea* eingeflochtene Bemerkung kann belegen, daß sein Interesse an Reiseberichten – zumal wenn sie, wie im Falle des sizilianischen Reisetagebuchs, eine primär altertumskundliche Ausrichtung hatten – vor allem der sachbezogenen Textinformation galt. Landschaftsansichten in Reiseberichten hingegen vermochte Böttiger keine verläßliche Funktion als Anschauungsmittel zuzubilligen. In einer an Platos Höhlengleichnis gemahnenden Metaphorik bezeichnet er die gerade in englischen Reisewerken so beliebten Ansichten von antiken Orten und Landschaften als „Schatten von Schatten", die als kostspielige druckgraphische Erzeugnisse zudem eine instruktive Literaturgattung für weite Leserkreise unerschwinglich machten:

> Wer wollte den reichen Liebhabern das Vergnügen mißgönnen, auch von den klassischen Gegenden der alten Welt gut ausgeführte Landschaften in ihre Portefeuilles zu legen. Doch bleibt es ein sehr verderblicher Luxus der Britten, ihre sonst so lehrreichen Reisebeschreibungen durch *views*, die gewöhnlich nur Schatten von Schatten sind, ins Unerschwingliche zu vertheuern.[37]

Wenngleich die These, Böttiger habe die Veröffentlichung des Reisetagebuchs von Payne Knight aufgrund dieser Vorbehalte gegenüber den Illustrationen nur halbherzig vorangetrieben, kaum eindeutig zu belegen ist, so dürfte Goethes Absicht, das Manuskript im Rahmen seines biographischen Essays über Hackert zu publizieren, Böttiger endgültig bewogen haben, von der Veröffentlichung Abstand zu nehmen. Goethe hat als interessierter Betrachter von Gores Reisebildern sicherlich auch Kenntnis von dem Tagebuch gehabt, doch werden ihm vielleicht die zwischen Weimar und Dresden entwickelten Publikationspläne nicht bekannt gewesen sein.[38] Merkwürdig bleibt in dieser Hinsicht die sehr allgemein gehaltene Erwähnung des Manuskripts in der von Emily Gore für Goethe verfaßten Lebensbeschreibung ihres Vaters, in der das von Payne Knight verfaßte Tagebuch als „very interesting" bezeichnet wird, ergänzt um den Zusatz, es sei ihres Wissens niemals veröffentlicht worden.[39] Bedenkt man, daß Emily Gore sehr genau in die Publikationspläne ihres Vaters

---

37 Die Bemerkung findet sich in Böttigers Fußnote zum Bericht des Korrespondenten Georg Heinrich Roehden über einige Neuerscheinungen archäologischen Inhalts, vgl. *Briefe aus London*; in: Amalthea 3 (1825), S. 401.

38 Vereinzelt finden sich in Goethes Tagebüchern auch schon vor seiner Arbeit an der Vita Hackerts Hinweise auf seine Beschäftigung mit Gores Zeichnungen: „Nach Tisch Gores Prospecte, durch die *camera obscura* gezeichnet, besehen" (28. 11. 1806; WA III, 3, S. 180).

39 Emily Gore: *The Life of Charles Gore*, GSA 25/XLIV, 3, fol. 47r-v: „[Payne Knight] occupied himself while Hackert and Mr. Gore were drawing, in writing the journal of this tour which was very interesting but I believe was never published".

eingeweiht war, so kann man hinter dieser recht vagen Bemerkung ein willentliches Verschweigen der Kooperation mit Karl August Böttiger vermuten. Emily Gore dürften die wachsenden Spannungen zwischen Goethe und Böttiger in dessen späten Weimarer Jahren kaum verborgen geblieben sein, und möglicherweise hielt sie es deshalb für angebracht, das zu diesem Zeitpunkt offenkundig überholte Publikationsprojekt mit Böttiger gegenüber Goethe nicht mehr eigens zu erwähnen.[40]

Gleichwohl war es offensichtlich Emily Gore selbst, die vor ihrer Übersiedlung nach Florenz im Jahre 1810 Sorge trug, daß das Autograph des sizilianischen Reisetagebuchs schließlich wieder den Weg nach Dresden zu Böttiger gefunden hat. Wie oben bemerkt, ist es Goethes Initiative bei Mylius in Frankfurt zu verdanken gewesen, daß das Manuskript im Sommer 1808 der rechtmäßigen Eigentümerin Emily Gore zurückerstattet wurde. Erst zu diesem Zeitpunkt dürfte die in Goethes Besitz verbliebene Abschrift entstanden sein, in die Emily einzelne Worte, die der Schreiber im Original nicht zweifelsfrei lesen konnte, nachgetragen hat.[41] Man mag es als Ausdruck persönlicher Verbundenheit zu Karl August Böttiger werten, daß das Autograph mitsamt den beiliegenden Zeichnungen nicht jenem Kontingent an Büchern und Kunstwerken einverleibt wurde, das Emily in Weimar zurückließ und das späterhin in herzoglichen Besitz überging[42], sondern von der Besitzerin dem anglophilen Freund der Familie in Dresden übereignet wurde. Emily Gore war Böttiger auch nach seiner Übersiedlung in die Residenz Kursachsens bei der Beschaffung englischer Bücher – darunter auch Werke von Richard Payne Knight[43] – behilflich, und die Übereignung des sizilianischen Reisetagebuchs kurz vor Emilys Abreise nach Italien würde gut zu dieser aus beiderseitigen literarischen Interessen gespeisten Verbindung passen.

Obschon Böttiger auch in der Folgezeit – soweit zu sehen – weder das Publikationsvorhaben vorangetrieben noch in seinen umfangreichen antiquarischen Schriften auf das Reisetagebuch Bezug genommen hat, müssen ihm die Bedeutung und der Wert des Manuskripts bewußt gewesen sein. Ein indirekter Hinweis darauf ist, daß das Autograph als einzige Handschrift im Versteigerungskatalog der Bibliothek Böttigers von 1836 genannt wird.[44] Höchstwahrscheinlich wurde das Manuskript bei dieser Versteigerung von der damaligen Königlichen Öffentlichen Bibliothek erworben, noch bevor 1854 bzw. 1858 der

---

40 Zum vieldiskutierten Verhältnis zwischen Goethe und Böttiger vgl. die ausgewogene Darstellung von Ernst Friedrich Sondermann: *Karl August Böttiger, literarischer Journalist der Goethezeit in Weimar.* Bonn 1983, S. 187–214, sowie das Vorwort von René Sternke in: Karl August Böttiger: *Literarische Zustände und Zeitgenossen. Begegnungen und Gespräche im klassischen Weimar.* Hrsg. von Klaus Gerlach u. René Sternke. Berlin 1998; bes. S. 14 ff.

41 Die Eintragungen von Emily Gore in GSA 25/XLIV, 7 beziehen sich hauptsächlich auf Personen- und Ortsnamen.

42 Zur Erwerbung des Nachlasses von Charles Gore durch Herzog Carl August vgl. Ehrlich (Anm. 12), S. 129 f.

43 Ein undatiertes Billet von Emily Gore an Böttiger, das wohl in dessen Dresdner Zeit fallen dürfte, erwähnt Payne Knights *The Progress of Civil Society* (London 1796) als ein Exemplar, das dem Adressaten zur Ansicht („pour l'inspection de Mr. Böttiger") zugesandt worden sei (SLUB Dresden, Nachlaß K. A. Böttiger, h 37, Bd. 61, 4°, Stck. 42).

44 „38a. Reisejournal v. Knight. Originalmanuskript m. beigel. Handzeichnungen. br." *Bibliotheca Böttigeriana. Verzeichniss des Ersten Theils der Bibliothek des verstorbenen Herrn Hofrath Carl August Böttiger.* Bd. I. Dresden 1836, S. 2.

umfangreiche schriftliche Nachlaß Karl August Böttigers kraft Schenkung in nämliche Bibliothek gelangte.[45]

Im Gegensatz zu Goethe finden sich bei Böttiger zudem einige Hinweise auf einen persönlichen Kontakt zum Autor des Tagebuchs, der seit der Reise von 1777 zu einem der führenden Kunstkenner und Ästheten Großbritanniens aufgestiegen war. Wenngleich er nie eine formelle Korrespondenz mit Richard Payne Knight aufgenommen zu haben scheint, so stand Böttiger mit dem englischen Gelehrten über gemeinsame Bekanntschaften in Kontakt. Diese anfänglich von der Familie Gore eingenommene Funktion übernahm später der wohlhabende englische Dilettant John Hawkins, den Böttiger während eines längeren Aufenthalts in Kursachsen kennengelernt hatte.[46] Aufgrund dieser Kontakte besaß Böttiger, seit 1813 Aufseher der Königlichen Sammlung antiker Skulpturen in Dresden, nicht nur alle wichtigen antiquarischen und ästhetischen Werke des Engländers[47], sondern zeigte sich zugleich interessiert, eine deutsche Übersetzung von Payne Knights letztem Hauptwerk *An Inquiry into the Symbolical Language of Ancient Art and Mythology* vorzubereiten.[48] Selbst eines der sehr seltenen Exemplare der Erstauflage von Payne Knights Studie über das Fortleben priapischer Kulte in Süditalien, die der Autor infolge heftiger Anfeindungen in der englischen Öffentlichkeit wieder eingezogen hatte, konnte Böttiger dank Hawkins' Hilfe sein eigen nennen.[49] In Anbetracht einer Vielzahl gemeinsamer Interessen auf dem Gebiet der Altertumskunde dürfte es für Böttiger mehr

---

45 Aufgrund fehlender Informationen in den Akquisitionsjournalen lassen sich die näheren Umstände der Erwerbung nicht eindeutig ermitteln. Für einen Ankauf des Ms. anläßlich der Versteigerung spricht, daß das Reisetagebuch offenkundig von der Hauptmasse des Böttiger-Nachlasses getrennt und in der Handschriftensammlung in die Fachgruppe P („Vermischtes") eingeordnet wurde – und damit der Vergessenheit anheimfiel.

46 Zu John Hawkins (1761–1841) vgl. *Dictionary of National Biography*. Gegründet von George Smith, hrsg. von Leslie Stephen und Sidney Lee. Oxford 1949–1950, Bd. 9, S. 221. Hawkins' Korrespondenz mit Böttiger zwischen 1818 und 1835 bildet einen eigenen Band im Dresdner Nachlaß (h 37, Bd. 75, 4°).

47 Payne Knights Schriften sind im Auktionskatalog der Bibliothek Böttigers (Anm. 44) auf die Sektionen Philologie, Archäologie und Antiquitäten (dort auch der Eintrag für die Handschrift des Reisejournals), Schöne Künste und Belletristik verteilt.

48 Einem Brief von John Hawkins ist zu entnehmen, daß Payne Knight seine Schrift *An Inquiry into the Symbolical Language of Ancient Art and Mythology* (London 1818), die als Einleitung zum zweiten Band des Tafelwerks *Specimens of Ancient Sculpture* fungieren sollte, verschiedenen Antiquaren in Deutschland zur Begutachtung zugesandt hatte, darunter auch Böttiger. Dieser hatte daraufhin sein Interesse an einer Übersetzung ins Deutsche bekundet. Vgl. Hawkins' Brief an Böttiger, datiert Bignor Park Sussex, 5. 7. 1818 [?], SLUB Dresden, Nachlaß K. A. Böttiger, h 37, Bd. 75, 4°, o. Nr.

49 Im Postskriptum zu einem Brief vom 16. 1. 1826 an Böttiger erwähnt Hawkins die Übersendung eines Exemplars des *Account of the Remains of the Worship of Priapus* (London 1786), das er selbst bei seiner Aufnahme in die *Society of Dilettanti* geschenkt bekommen habe, vgl. SLUB Dresden, Nachlaß K. A. Böttiger, h 37, Bd.75, 4°, Stck. 12. Bei dem Exemplar der Universitätsbibliothek Leipzig (Sig. Arch. 749-k) dürfte es sich höchstwahrscheinlich um das Buch aus Böttigers Bibliothek handeln (die Leipziger Universität war die langjährige Wirkungsstätte des Sohnes Karl Wilhelm Böttiger). Herzogin Anna Amalia kam während ihres Aufenthalts in Neapel in den Besitz des seltenen Werks, das ihr von Sir William Hamilton persönlich übereignet worden war, vgl. die Widmung im Exemplar der HAAB Weimar, Sig. Er 2:20.

als eine journalistische Pflichtübung gewesen sein, den Nachruf auf den im April 1824 verstorbenen Richard Payne Knight zu verfassen. Der 1825 in der *Amalthea* abgedruckte gutinformierte Nekrolog gehört zu den ausführlichsten aller zeitgenössischen Würdigungen des Verstorbenen und zeichnet sich durch eine um Objektivität bemühte Beurteilung von Payne Knights wissenschaftlichem Werk aus.[50] Zwar betont Böttiger, sein Nachruf könne sich auch auf handschriftliche Dokumente stützen, doch wird weder das in seinem Besitz befindliche Tagebuch noch Goethes Übersetzung desselben herangezogen.[51] Auch über die Reise selbst, die zweifellos als Initiation des angehenden Kunstkenners in die Welt der Antike betrachtet werden kann, ergeht sich Böttiger nur in der allgemeinen Bemerkung, daß sowohl Payne Knights Reisen wie seine Antikensammlung zur Ausbildung seines vorzüglichen Kunstgeschmacks beigetragen hätten.[52] Vielleicht nicht ohne einen Anflug von Wehmut wird sich Böttiger bei der Niederschrift dieser Zeilen seiner eigenen Pläne einer Reise in den Süden erinnert haben. Dreimal soll er, nach Aussage des Sohnes, das letztlich nie verwirklichte Vorhaben einer Reise nach Italien, „dem Lande seiner Sehnsucht", in Angriff genommen haben.[53]

Für Goethes Beschäftigung mit dem Manuskript der *Expedition into Sicily* war hingegen ihre Einbettung in einen biographischen Deutungsrahmen von Anfang an konstitutiv. Wie seine eingangs zitierten begleitenden Bemerkungen zur Teilveröffentlichung des Tagebuchs belegen, wäre ihm eine Publikation des Manuskripts als selbständige Monographie kaum in den Sinn gekommen. Dieser Vorrang des Biographischen läßt sich schon daran erkennen, daß Goethe mit der Übersetzung des Tagebuchs erst begonnen hat, als die Arbeit an den Lebensbeschreibungen zu Hackert und Gore weitgehend vollendet war.[54] Als Supplement zur Biographie war die Veröffentlichung des Tagebuchs nicht nur zu rechtfertigen, sondern der Bericht war damit zugleich den genrespezifischen Anforde-

---

50 Karl August Böttiger: *Ueber Richard Payne Knight.* In: Amalthea 3 (1825), S. 408–418.

51 Ausweislich des Versteigerungskatalogs seiner Bibliothek (Anm. 44) war Böttiger in Besitz von Goethes Buch über Hackert, vgl. Sektion Schöne Künste, Nr. 456: „Phil. Hackert. biogr. Skizze von Göthe. Tübing. 1811".

52 Böttiger (Anm. 50), S. 411: „Ein durch die vertrauteste Bekanntschaft mit den Classikern und die Beschauung der vorzüglichsten aus dem Alterthum übrig gebliebenen Kunstwerke auf seinen Reisen und in seiner eigenen Sammlung gebildeter Geschmack zeigt sich überall in seinem Leben und Schaffen".

53 Böttigers Pläne für eine Italienreise werden knapp angesprochen in einer Bemerkung seines Sohnes Karl Wilhelm im Zusammenhang mit der vom Vater angelegten Sammlung handschriftlicher Reisejournale: „Ebenso gern, als er [d. i. Karl August Böttiger] seine Tagebücher mittheilte – nicht selten finden sich Bemerkungen von fremder Hand darin – las er auch Ähnliches von Andern, und ließ es sich copiren. So finden sich noch in seinem Nachlasse abschriftlich ein Tagebuch über den Aufenthalt der Herzogin Amalie in Italien (dem Lande seiner Sehnsucht, welches zu sehen, dreimal aber vereitelte Hoffnung war), des Herrn von Wolzogen 1792 und 1793 in Paris, dann von Bode und James Macdonald, einem edlen Schotten, der seinen gleichnamigen Neffen in Mounier's Institut in Weimar gebracht hatte" (*Literarische Zustände und Zeitgenossen. In Schilderungen aus Karl Aug. Böttiger's handschriftlichem Nachlasse.* Hrsg. von Karl Wilhelm Böttiger. Bd. 1. Leipzig 1838, S. 6).

54 Goethe nahm die Arbeit an der Übersetzung des Reisejournals ausweislich seines Tagebuchs am 19. 12. 1810 auf (WA III, 4, S. 173), am 18. 1. 1811 wurde die Übersetzung einer Endredaktion unterzogen. Am 28. Januar wurde „das letzte Drittel von Hackerts Biographie geordnet" (WA III, 4, S. 182).

rungen an die Reiseliteratur als aktualitätsbezogenes Medium der Erfahrungsbildung und Wissensvermittlung enthoben. Mit dieser Eingliederung der Reiseaufzeichnungen in einen größeren lebensgeschichtlichen Kontext erprobte Goethe ein Verfahren, das für die literarische Bearbeitung seiner *Italienischen Reise* entscheidende Bedeutung erlangen sollte. Auf die zeitliche Nähe und das Bedingungsverhältnis zwischen der Arbeit an der Lebensbeschreibung Hackerts und der Konzeption der ersten Teile von *Dichtung und Wahrheit* ist wiederholt hingewiesen worden.[55] Goethe hat in den *Tag- und Jahresheften* der Beschäftigung mit den Materialien zu Hackerts Leben den Charakter einer Initialzündung für seine Autobiographie zugesprochen: „ich hatte Ursache mich zu fragen, warum ich dasjenige was ich für einen andern thue, nicht für mich selbst zu leisten unternehme?" (WA I, 36, S. 62). Mit gleichem Recht hätte er diese Frage auf seine Editionstätigkeit für Payne Knights Tagebuch und seine bislang unveröffentlichten Aufzeichnungen über Sizilien beziehen können. Auch hier fungierte die Beschäftigung mit den Reiseaufzeichnungen von fremder Hand als entscheidender Impuls, den Stellenwert der eigenen Reisenotizen und ihre literarische Aufbereitung zu überdenken. Bemerkenswert bleibt in diesem Zusammenhang, daß die Werkgenese der *Italienischen Reise* nicht nur unlösbar mit der Autobiographie verwoben ist, sondern auch, daß die im Dezember 1813 einsetzende Bearbeitung der Reiseaufzeichnungen der Jahre 1786 bis 1788 entgegen der zu erwartenden Abfolge mit dem Aufenthalt in Sizilien begann.[56] Rückblickend betrachtet, gewinnt damit die der Publikation der *Expedition into Sicily* vorangestellte Reflexion über die Reise der drei Kunstfreunde im Jahre 1777 als Signatur ihrer Biographie und ihres Zeitalters für Goethe eine antizipierende Note: Seine Antwort auf die dort aufgeworfene Frage, ob sich das Publikum „nach einer abermaligen, besonders nach einer älteren Reisebeschreibung sehnen möchte", bestand im Fall seiner *Italienischen Reise* in einer programmatischen Verflechtung von Reise und Lebensgeschichte, die sich dem Gattungsprofil des Reiseberichts als Reservoir abrufbarer ‚nützlicher' Wissensbestände von vornherein zu entziehen trachtete.

Möglicherweise ist in dieser sukzessiven Aufladung der Reiseerfahrung mit autobiographischer Signifikanz letztlich auch der entscheidende Impetus zu suchen, der Goethe bewog, die Übersetzung und Publikation der Sizilienreise von 1777 voranzutreiben, während Böttiger das Projekt anscheinend eher zögerlich und mit Zweifeln behaftet verfolgt hat. Dabei war es ersterem vergönnt, Payne Knights Reisebericht und Charles Gores Reisebilder vielfach mit eigenem Erleben und eigener Anschauung zu füllen und zu vergegenwärtigen. Goethe wird bei der Lektüre des Tagebuchs von Payne Knight nicht nur den in der Rückschau klar zutage tretenden „Zeitcharakter" der Reise von 1777 erkannt haben, sondern auch deutlich auf die Historizität und lebensgeschichtliche Bedeutung seiner eigenen, zehn Jahre später erfolgten Erkundung der Insel verwiesen worden sein. Böttiger hingegen dürfte Payne Knights Bericht und Gores Bilder mit nüchterneren Augen gelesen und betrachtet haben und war daher möglicherweise geneigt, an beidem eher die darstellerischen Unzulänglichkeiten wahrzunehmen. Die in Wort und Bild konservierten Ansichten Siziliens aus dem Jahre 1777 konnten ihm notgedrungen „nur Schatten von Schatten" sein.

---

55 Vgl. zuletzt Weidner (Anm. 8), S. 154–155.

56 Der Tagebucheintrag „Sicilianische Reise" vom 6. 12. 1813 signalisiert den Beginn der Arbeiten an der *Italienischen Reise* (WA III, 5, S. 86).

Anhang

Auszug aus einem Brief von Charles Gore an Karl August Böttiger, datiert Weimar 30. Juni 1804; SLUB Dresden, Nachlaß K. A. Böttiger, h 37, Bd. 61, 4°, Stck. 4.

Mon cher Mons.r de Boetiger –
Ma fille me dit que parapport a la publication du Voyage, votre Libraire souhaitteoit quelques Echantillons de la maniere que je proposerois pour les Estampes.

Je vous envoye cy incluses plusieurs calques qui etant faites sur de papier transparent pourroient facilement mis a l'envers sur le Cuivre, & alors les impressions rendaient dans la direction des originaux. Les contours sont exacts, & on voit facilement la nature du sujet, qu'un habile artiste rempliroit sans denaturer la chose. Je proposerois de le faire dans meme maniere que les vuës qui se trouvent dans le voyage de Pallas qui sont fait par Monsr. Geissler, je crois, de Leipsig; on pourroit ayant fait le contour legerement, mais exactement, donner si l'on veut, une legere touche de l'Aqua Tinta & une petite Intermination encore comme ceux de Pallas. – Il me paroit que cela ne doit pas etre couteux au moins cela se fait vite & facilement.

Je vous envoye ces echantillons seulement pour donner une idée. Il faut considerer de quelle grandeur on veut les faire. Si le volume doit etre en quarto & alors, les Estampes peuvent y'etre mises & seront assez grandes. Ou si en 8vo. on peut mettre les Estampes dans un Atlas apart. – Quand cela sera decidé je vous fournirai avec plaisir un nombre de dessins de la longeur & grandeur qui conviennent, & comme beaucoup de hauteur n'est pas necessaire on mettra en bas de la grande une ou deux petits. J'enveloppe ces echantillons dans un papier ou vous trouveréz le calcul que Mr. Kraus avoit fait dans le temps que nous avions pensé d'executer cet ouvrage, cela vous mettre a meme un peu de jugir de la depénse. Je puis vous donner encore plusieurs dessins des costumes Napolitaines & Siciliennes que je ferai copier par Mr. Kraus. Je crois qu'il ne sera pas essentiel d'y mettre les noms, & qu'il suffira de dire Voyage en Sicile par deux Gentilhommes Anglois accompagnés par un celebre artiste. Si en veut mettre mon nom aux dessins je n'ai pas absolument d'objection. – Je ne scais pas si vous savez que la traduction a été deja faite en francois par Mr. Deuvaux & qu'elle luy en eté rendue par Mr. Kraus. Peutetre que vous l'avez & je crois qu'elle été assèz bien faite. – [...]

[Übersetzung des Briefes von Charles Gore an Karl August Böttiger]

Mein lieber Herr von Böttiger –
Meine Tochter sagt mir, daß Ihr Verleger bezüglich der Veröffentlichung der Reise einige Muster von der Art wünscht, die ich für die Abbildungen vorschlagen würde.

Ich sende Ihnen beiliegend einige Durchpausen, die, auf transparentem Papier angefertigt, recht einfach seitenverkehrt auf der Kupferplatte angebracht werden könnten, so daß die Abdrucke wieder seitenrichtig zu den Originalen erscheinen würden. Die Umrisse sind genau, und man sieht leicht die Natur des Gegenstands, den ein fähiger Künstler ausfüllen könnte, ohne die Sache zu entstellen. Ich schlage vor, es in der gleichen Art zu machen, wie die Ansichten in der Reise von Pallas, die von Herrn Geissler – ich glaube, aus Leipzig – angefertigt worden sind. Man könnte, sofern man die Umrisse zwar nur leicht, jedoch genau andeutet, eine schwache Ätzung und eine gewisse Unschärfe hinzufügen, wenn man will, wiederum so wie bei den Ansichten von Pallas. – Meiner Ansicht nach dürfte dies nicht teuer sein, wenigstens ginge es schnell und einfach.

Ich sende Ihnen diese Muster lediglich, um eine Vorstellung zu vermitteln. Es ist zu überlegen, in welcher Größe man sie ausführt. Wenn der Band ein Quarto-Format haben soll, könnte man die Drucke dort einfügen, und sie wären recht groß. Wenn man ein Oktav-Format wählte, könnte man die Drucke in einem gesonderten Atlas zusammenfassen. – Sobald dies entschieden ist, werde ich Ihnen mit Vergnügen eine Anzahl von Zeichnungen mit der passenden Breite und Größe zukommen lassen. Da allzu viel Höhe nicht nötig sein wird, kann man unter einen großen [Druck] einen oder zwei kleine setzen. Ich schlage diese Muster in ein Papier ein, auf dem Sie eine Kalkulation finden, die Herr Kraus zu der Zeit aufgestellt hat, als wir das Vorhaben auszuführen gedachten; dies wird Ihnen helfen, die Kosten einzuschätzen. Ich kann Ihnen noch mehrere Zeichnungen von neapolitanischen und sizilianischen Kostümen geben, die ich von Herrn Kraus kopieren lassen werde. Ich glaube nicht, daß es wichtig ist, die Namen anzugeben; es wird reichen zu sagen: Eine Reise in Sizilien von zwei englischen Gentlemen in Begleitung eines berühmten Künstlers. Wenn man meinen Namen den Zeichnungen hinzufügen will, so habe ich dagegen durchaus keine Einwände. – Ich weiß nicht, ob Sie wissen, daß Herr Duvau bereits eine französische Übersetzung angefertigt hat, die ihm von Herrn Kraus zurückgegeben wurde. Vielleicht besitzen Sie sie, ich glaube, sie ist recht gut gelungen. – [...]

YVONNE WÜBBEN

„[...] und dennoch spukt's in Tegel" – Zu Goethes Cagliostro-Rezeption

> C'était enfin une de ces périodes où les esprits amenés par les philosophes vers le vrai, c'est-à-dire vers le désenchantement, se lassent de cette limpidité du possible qui laisse voir le fond de toute chose, et, par un pas en avant, essaie de franchir les bornes du monde réel pour entrer dans le monde des rêves et des fictions.
>
> (Alexandre Dumas Père: *Le Collier de la Reine*)

Am 23. März 1792 setzt Goethe zur Entlarvung eines der berüchtigtsten Defraudanten des ausgehenden 18. Jahrhunderts an. Er enthüllt den Mitgliedern der eben erst gegründeten Weimarer Freitagsgesellschaft die wahre Identität des Magiers Graf Alessandro Cagliostro und versucht damit, hartnäckigen Spekulationen über dessen vermeintliche Herkunft ein Ende zu bereiten.[1] Ein in Italien angefertigter Stammbaum weist den an den Höfen Kurlands, Rußlands und Frankreichs mit Geisterbeschwörungen hervorgetretenen angeblichen Grafen als Sohn einer einfachen sizilianischen Bandhändlerfamilie aus und kann dadurch zunächst die vielzitierte ‚Effronterie' des ‚unhöfischen Hofmannes' sowie dessen Dreistigkeit und das Fehlen jeglicher Galanterie bei den Geisterzitationen erklären.[2]

1 Vgl. dazu die Angaben von Karl August Böttiger (MA 4.2, S. 1105–1108). Einem (möglicherweise stilisierten) Bericht zufolge hat Goethe den Stammbaum mit Hilfe eines palermischen Juristen anfertigen können. Vgl. dazu *Italienische Reise* (HA 11, S. 253 ff.). Informationen zur Herkunft Cagliostros waren auch dem Deutschen gemeinnützigen Magazin 1 (1788), S. 323–328, zu entnehmen. Zit. nach: Klaus H. Kiefer: *Nachwort.* In: *Cagliostro – Dokumente zu Aufklärung und Okkultismus.* Hrsg. von Klaus H. Kiefer. München 1991, S. 609–635; Anm. S. 696, sowie nach Heinrich Düntzer: *Studien zu Goethe's Werken.* Bd. 6: *Der Graf Cagliostro und Goethe's Großcophta.* In: Archiv 7 (1850), S. 1–60; hier S. 22. Spekuliert wurde über die vermeintliche Identität Cagliostros bereits 1785 in der Zeitschrift *Courier de l'Europe.* Dazu Elsie Butler: *Goethe and Cagliostro.* In: Publications of the English Goethe Society 16 (1947), S. 1–28; hier S. 16 f. Vehemente Zweifel an der Identifizierung von Cagliostro mit Giuseppe Balsamo sind u. a. von Johann Caspar Lavater angemeldet worden, der nicht nur die Identität beider in Frage stellt, sondern sich zudem über Goethes ‚edle Humanität' gegenüber den „Pseudocagliostros", d. h. der Familie Giuseppe Balsamos, der Goethe Geld zukommen ließ, lustig macht. Vgl. dazu Lavaters Brief an Goethe vom 3. Oktober 1792. In: *Goethe und Lavater. Briefe und Tagebücher.* Hrsg. von Heinrich Funck. Weimar 1901, S. 246. Skeptisch gegenüber dieser Identifizierung bleiben in der Forschung auch Edith Rosenstrauch-Königsberg: *Cagliostro und Wien. Das letzte Opfer der Päpstlichen Inquisition.* In: *Ambivalenzen der Aufklärung.* Fs. f. Ernst Wangermann. Hrsg. von Gerhard Ammerer u. Hanns Haas. München 1997, S. 139–154; hier S. 139, und Marc Haven: *Le Maître Inconnu Cagliostro. Étude Historique et Critique sur la Haute Magie.* Paris o. J. [1912], S. 269–279; hier S. 273.

2 Verschiedene Zeitgenossen bemängelten das Fehlen von Galanterie, so z. B. Lavater in einem undatierten Brief an Goethe. In: *Briefe und Tagebücher* (Anm. 1), S. 152, und Johann Joachim Christoph Bode: *Ein paar Tröpflein aus dem Brunnen der Wahrheit. Ausgegossen vor dem neuen Thaumaturgen Caljostro* [1781]. In: *Cagliostro – Dokumente* (Anm. 1), S. 177–198; hier S. 179.

Goethes genealogische Entlarvung des Betrügers steht im Kontext der seit den 80er Jahren virulenten Cagliostro-Debatte, die sowohl von den Berliner Aufklärern um Friedrich Nicolai wie auch von den späteren Weimarer Klassikern geführt und mit Schillers Romanfragment *Der Geisterseher* literarisch aufgenommen wird. Der Vortrag vor der Weimarer Gesellschaft ist ein Dokument von Goethes langanhaltender und intensiver Beschäftigung mit Cagliostro, die im vorklassischen Weimar beginnt, sich in Italien fortsetzt und auch für die literarische Produktion der nachitalienischen Zeit von zentraler Bedeutung bleibt.[3] Über diesen gesamten Zeitraum verfolgt er die zahlreichen zeitgenössischen Cagliostro-Berichte mit großer Anteilnahme, er konzipiert während der Italien-Reise bereits eine unvollendete Cagliostro-Oper und widmet dem Geisterseher in den 90er Jahren schließlich ein Drama, das zugleich den Auftakt seiner Weimarer Zeit als Theaterdirektor bildet.

Goethes intensives Interesse am Geisterseher ist von der Forschung schon mehrfach zur Kenntnis genommen,[4] aber mit dem Hinweis auf die allgemein verbreitete Schwärmerkritik des ausgehenden 18. Jahrhunderts, auf den aufklärerischen Impetus und die rationalistischen Bestrebungen des Weimarers wohl ebenso unzureichend erklärt worden[5] wie

---

3 Goethes Vortrag schließt sich an die Verurteilung Cagliostros durch die römische Inquisition an. In deren Folge erschienen zahlreiche kritische Schriften über den Seher, darunter die verbreitete Abhandlung *Compendio della vita, e delle gesta di Giuseppe Balsamo denominato il Conte Cagliostro* (1791) von Giovanni Barberi, welche in deutscher Übersetzung im *Teutschen Merkur* ab 1791 veröffentlicht wurde. Auch der Bibliothekar der Herzogin Anna Amalia, Joseph Jagemann, übertrug Passagen aus den Prozeßakten. Vgl. dazu Winfried Schröder: *Goethes Groß-Cophta. Cagliostro und die Vorgeschichte der Französischen Revolution.* In: GJb 1988, S. 181–211; hier S. 194. Die Veröffentlichung der Prozeßakten im Hamburger *Politischen Journal* und verschiedene Spekulationen in der *Vossischen Zeitung* lösten bereits 1790 eine weitreichende Debatte über Cagliostros vermeintliche Rolle bei den Illuminaten aus: Diesen Berichten zufolge war Cagliostro während seines Aufenthaltes in Frankfurt bei einer Logensitzung über angebliche Ziele des Illuminatenordens – u. a. über die Abschaffung despotischer Monarchen – informiert worden, vgl. dazu Giovanni Barberi: *Leben und Taten des Joseph Balsamo, sogenannten Grafen Cagliostro* [1791]. In: *Cagliostro – Dokumente* (Anm. 1), S. 456–607; hier S. 537, und Johann Joachim Bode: *Ist Cagliostro Chef der Illuminaten? Oder, das Buch: Sur la secte des Illuminés in Deutsch.* Mit erklärenden Anmerkungen des deutschen Translators. Gotha 1790, S. 217. Bode weist allerdings die Behauptung zurück, Cagliostro stehe mit den Illuminaten in Verbindung. Dennoch sorgten diese Informationen zusammen mit der allgemeinen Verwirrung um die Bezeichnungen ‚Illuminés' und ‚Illuminaten' für eine gegen Cagliostro gerichtete Verschwörungsthese bzw. Drahtziehertheorie, die ihm u. a. eine Beteiligung an der Französischen Revolution nachsagte. Vgl. dazu Johannes Rogalla von Bieberstein: *Die These von der Verschwörung 1776–1945. Philosophen, Freimaurer, Juden, Liberale und Sozialisten als Verschwörer gegen die Sozialordnung.* Frankfurt/M. 1976, S. 89–109, sowie auch Ludwig Hammermayer: *Der Wilhelmsbader Freimaurer-Konvent von 1782. Ein Höhe- und Wendepunkt in der Geschichte der deutschen und europäischen Geheimgesellschaften.* Heidelberg 1980, S. 43. Zu Goethes Rezeption der römischen Prozeßakten siehe seine Äußerung gegenüber Friedrich Heinrich Jacobi am 1. Juni 1791 (WA IV, 9, S. 270): „Cagliostro's Stammbaum und Nachrichten von seiner Familie die ich in Palermo kennen gelernt, werde ich wohl auch jetzt herausgeben, damit über diesen Nichtswürdigen gar kein Zweifel übrig bleibe. Ich weiß nicht ob du schon den Auszug von seinem Prozesse gelesen hast, den man in Rom hat drucken lassen. Er enthält fast nichts, was man nicht schon wußte".

4 Zuerst ausführlich von Düntzer (Anm. 1), S. 1–60, der Goethes Rezeption der Halsbandgeschichte detailliert darstellt.

5 Auf die Schwärmer- und Magiekritik gehen besonders ein: Klaus Kiefer: *Okkultismus und Aufklärung aus medienkritischer Sicht. Zur Cagliostro-Rezeption Goethes und Schillers im zeitgenössischen Kontext.* In: *Klassik und Moderne. Die Weimarer Klassik als historisches Ereignis und Herausforderung*

durch den lakonischen Verweis auf ein rein stoffliches Interesse am Typus des demaskierten Betrügers.[6] In Ergänzung zu diesen teils werkimmanenten oder primär um eine ästhetische Wertung bemühten Ansätzen läßt sich Goethes Faszination am Geister-Betrüger – dem trotz seines offensichtlichen Dilettantismus ja ein nahezu unvergleichbares publizistisches Interesse entgegengebracht wird – durch eine kontextbezogene Analyse der in der Cagliostro-Debatte manifest werdenden Problematik erhellen, die Weimarer Klassiker, Berliner Aufklärer und schwärmerische Religionisten gleichermaßen veranlaßte, den Seher zu einer paradigmatischen Problemfigur des ausgehenden 18. Jahrhunderts zu stilisieren.[7]

Über Goethes persönliche Motive gibt zunächst die Anzeige seiner französischen Werkausgabe Auskunft:

> Da der Dichter niemals etwas schrieb, ohne daß man gewissermaßen den Anlaß dazu in irgend einem Capitel seines Lebens finden könnte, so treffen wir überall auf Spuren der Einwirkung gleichzeitiger Begebenheiten oder auch Erinnerungen derselben. Zu Palermo ergreift ihn das geheimnißvolle Schicksal des Cagliostro, und seine Einbildungskraft, von lebhafter Neugierde getrieben, kann diesen wunderbaren Mann nicht loslassen, bis er ihn dramatisch gestaltet um sich selbst gleichsam ein Schauspiel zu geben. So entstand der Groß-Cophta […]. Bei'm Lesen dieser übrigens sehr unterhaltenden Komödie erinnert man sich, daß der Dichter einige Zeit zu ähnlichem Wahn hinneigte, wie der ist, den er entwickelt; wir sehen einen enttäuschten Adepten, der die gläubige Exaltation der Schüler so wie die geschickte Marktschreierei des Meisters darstellt, und zwar wie ein Mann, der die eine getheilt und die andere nahe gesehen hat. Man muß geglaubt haben, um so treffend über das zu spotten, woran man nicht mehr glaubt.[8]

Dem knappen Hinweis der *Notice biographique et littéraire* zufolge eignete sich die Cagliostro-Episode zunächst zur Darstellung eines allgemeinen Desillusionierungsprozesses,

---

im kulturgeschichtlichen Prozeß. Hrsg. von Karl Richter u. Jörg Schönert. Walter Müller-Seidel zum 65. Geburtstag. Stuttgart 1983, S. 207–227, und Walter Müller-Seidel: *Cagliostro und die Vorgeschichte der deutschen Klassik.* In: *Literaturwissenschaft und Geistesgeschichte.* Fs. f. Richard Brinkmann. Tübingen 1981, S.136–161.

6 Folgende Aufsätze befassen sich vorwiegend mit poetologischen, genrespezifischen oder ästhetischen Aspekten des ‚Lustspiels': Lieselotte Blumenthal: *Goethes „Groß-Cophta".* In: Weimarer Beiträge 7 (1961), S. 1–26; Charles P. Magill: *„Der Groß-Cophta" and the Problem of German Comedy.* In: *German Studies.* Fs. f. W. H. Bruford. London 1962, S. 105–149; Fritz Martini: *Goethes verfehlte Lustspiele: „Die Mitschuldigen" und „Der Groß-Cophta".* In: ders.: *Lustspiele und das Lustspiel.* Stuttgart 1974, S. 105–149, und Marlis Mehra: *Goethes „Groß-Cophta" und das zeitgenössische Lustspiel um 1790.* In: Goethe Yearbook 1 (1982), S. 93–111.

7 Dabei soll nicht die Verwendung von Geistern und Gespenstern als literarische Motive, wie sie sich unter anderem in Goethes *Märchen* nachweisen lassen, untersucht werden, sondern Goethes Stellungnahme zur Cagliostro-Debatte und seine literarische Adaption der in verschiedenen Journalen und Schriften hervorgehobenen Aspekte dieser Debatte. Zur möglichen didaktischen Funktion von Gespenstermotiven vgl. Leif Ludwig Albertsen: *Spiel und Gespenst. Bemerkungen zu einigen vom klassischen Goethe aufgegriffenen Irrationalismen.* In: GJb 1974, S. 78–91. Zu Goethes Wortgebrauch von ‚Gespenst' und besonders zu der aus der Optik übernommenen Bedeutung des Wortes im Sinne von *spectrum* vgl. den Aufsatz von John Henning: *Zu Goethes Gebrauch des Wortes „Gespenst".* In: Deutsche Vierteljahrsschrift für Literaturwissenschaft und Geistesgeschichte 28 (1954), S. 487–496.

8 WA I, 41.2, S. 192 f.

der – als individuelle ‚Aufklärung' verstanden – ein Stadium der intellektuellen Entwicklung beschreibt, das mit einer Umdeutung oder Umstrukturierung überkommener Vorstellungsinhalte einhergeht. In diesem Sinn verweist die Episode auf einen Bruch in Goethes eigener Biographie. Cagliostro habe demnach bei Goethe Reminiszenzen an frühe Mystikaffinitäten, an die später oftmals kritisierte ‚Schwärmerei' der Frankfurter Zeit wachgerufen: Die offensichtliche Affinität zwischen Goethes frühem (auch unter dem Einfluß von Lavater entwickeltem) Enthusiasmus und der Cagliostroschen Geisterschwärmerei bietet somit den autobiographischen Bezugsrahmen, der sowohl das intensive Interesse am Seher wie auch die Vehemenz von Goethes Cagliostro-Ablehnung begründen soll.

Neben diesem autobiographischen (und hier möglicherweise verkaufsstrategischen Erwägungen gezollten) Erklärungsansatz muß jedoch ein weiteres Moment für Goethes vehemente Stellungnahmen zur Cagliostro-Debatte herangezogen werden. Gemeint ist die gesellschaftspolitische Dimension des Geisterbetrugs, die Goethe veranlaßte, sich nicht nur von den Schwärmern, sondern auch von der Geisterkritik der Berliner Aufklärer und ihrer Strategie im Umgang mit dem Betrüger zu distanzieren.

Goethes spezifische Position in der Debatte und seine Abgrenzung gegen den aufklärerischen Rationalismus und die Religionsschwärmerei sollen im folgenden durch die Rekonstruktion jenes intellektuellen Milieus erhellt werden, in dem seine Cagliostro-Rezeption situiert ist und aus dem auch seine literarische Adaption des Stoffes hervorgeht. Für diesen Zusammenhang ist nicht nur Goethes Drama *Der Groß-Cophta*, sondern ebenso der zweite Teil seiner bis jetzt in diesem Kontext kaum beachteten Fausttragödie relevant,[9] die schließlich – so die These – die gesellschaftspolitische Dimension der Cagliostro-Kritik sowie deren philosophische Legitimation und ihren strategischen Wert innerhalb der spätaufklärerischen Schwärmerdebatte offenlegt.[10] Zentral ist dabei zunächst die Hypothese, Goethe habe Cagliostro als Vehikel benutzt, um eine spezifische, epistemisch fundierte Kritik an der Schwärmerei und der rationalistischen Aufklärungspropaganda zu lancieren.

I.

Zum Zeitpunkt des Weimarer Vortrags, im Frühjahr 1792 – also kurz vor dem geplanten Feldzug gegen Frankreich –, war der entlarvte Magier den Anwesenden kein Unbekannter mehr. Schon seit den 80er Jahren informierten zahlreiche Schriften über dessen vermeintlich magische Operationen, vornehmlich über seine nicht immer erfolgreichen Geisterbeschwörungen in Mitau, wo Cagliostro durch bestochene Medien angeblich Gespräche mit Toten simulierte. Goethe hat von den mitauischen Geisterzitationen zu Beginn der 80er Jahre Notiz genommen und in ihnen zu diesem Zeitpunkt ein Dokument des infamsten Betrugs sowie eine gefährliche und durchaus ernst zu nehmende Bedrohung für die Gesellschaft gesehen.[11] 1781 heißt es dazu in einem vielzitierten Brief an Johann Caspar Lavater:

---

9 Eine Ausnahme bildet John R. Williams: *Mephisto's magical mystery tour: Goethe, Cagliostro, and the Mothers in Faust, Part Two*. In: Publications of the English Goethe Society 58 (1989), S. 84–102.

10 So auch in Ansätzen bei Schröder (Anm. 3), S. 181–211.

11 Anders dagegen Hartmut Reinhardt in seinem Kommentar der Münchner Ausgabe (MA 3.1, S. 810) zu Goethes den Cagliostro-Stoff aufgreifendem Opernentwurf *Die Mystifizierten*: Demnach sei Cagliostro und dessen Geistersehen für Goethe kein ‚ernstzunehmendes menschliches Grenzphänomen' gewesen.

> Was die geheimen Künste des Calliostro betrift, bin ich sehr mistrauisch gegen alle Geschichten, besonders von Mitau her. Ich habe Spuren, um nicht zu sagen Nachrichten, von einer großen Masse Lügen, die im Finstern schleicht, von der du noch keine Ahndung zu haben scheinst. Glaube mir, unsere moralische und politische Welt ist mit unterirdischen Gängen, Kellern und Cloaken miniret [...].[12]

Die Vehemenz dieser Äußerung und die Stilisierung Cagliostros zu einer erheblichen Gefahrenquelle für die gesellschaftlich-politische Ordnung ist zu diesem Zeitpunkt verwunderlich,[13] werden die Operationen des Geistersehers in zahlreichen Invektiven gemeinhin als belustigende, nicht ernst zu nehmende Farce entlarvt. Eine der frühesten Cagliostro-Invektiven – die 1781 von Johann Joachim Christoph Bode veröffentlichte und Goethe bekannte Schrift *Ein paar Tröpflein aus dem Brunnen der Wahrheit. Ausgegossen vor dem neuen Thaumaturgen Caljostro*[14] – legt den Schwindel der magischen Verfahren aufs drastischste dar: Dieser Schrift war zu entnehmen, daß Cagliostros Geisterbetrug durch bestochene Medien zustande kam und daß seine zahlreichen fehlgeschlagenen Heilversuche in Straßburg wirklich nicht von apostolischer Wunderkraft zeugten. Gerade weil Cagliostros Wundertaten den kritischen Augenzeugen zu Beginn der 80er Jahre höchstens ungalant, aber nicht

---

12 Goethe an Lavater, 22. 6. 1781. In: *Briefe und Tagebücher* (Anm. 1), S. 184.

13 Diese Äußerung hat der Forschung Anlaß zu verschiedensten Spekulationen gegeben. So interpretiert W. Daniel Wilson: *Unterirdische Gänge. Goethe, Freimaurerei und Politik.* Göttingen 1999, S. 100 f., die Erwähnung der „unterirdischen Gänge" vor dem Hintergrund der Geheimbund-Debatte. Goethes kritische Äußerung ist ihm Beleg für seine Bespitzelungsthese, wonach es Goethe um eine Überwachung von Lavaters Bruder Diethelm als Schlüsselfigur der Strikten Observanz gehe. Gegen die von Wilson konstatierte „verstärkte Ablehnung" aller geheimen Gesellschaften angesichts der drohenden jesuitischen Verschwörung macht Hans-Jürgen Schings: *Wilhelm Meister und das Erbe der Illuminaten.* In: Jb. der Deutschen Schillergesellschaft 63 (1999), S. 123–147; hier S. 127, darauf aufmerksam, daß Goethe ja bereits 1780 Mitglied der geheimen Loge Anna Amalia war und das Geheimbundwesen deshalb wohl kaum generell kritisiert haben dürfte. Differenziert argumentiert ebenso Dieter Borchmeyer: *Höfische Gesellschaft und Französische Revolution bei Goethe. Adeliges und Bürgerliches Wertsystem im Urteil der Weimarer Klassiker.* Kronberg 1977, S. 316. Müller-Seidel (Anm. 5), S. 137 f., geht auf die oben zitierte Äußerung ein, er kommt aber nicht über den paraphrasierenden Schluß hinaus, Goethe sehe im Geisterbannen und Geistersehen die Untergrabung der gesellschaftlichen Fundamente. Wolfgang Martens: *Geheimnis und Logenwesen als Elemente des Betruges in Goethes Lustspiel „Der Groß-Cophta".* In: *Geheime Gesellschaften.* Hrsg. von Peter Christian Ludz. Heidelberg 1979, S. 325–333; hier S. 327 ff., unterscheidet nicht grundsätzlich zwischen der kritisierten Anmaßung Cagliostros und Goethes allgemeiner Bewertung des Logenwesens. Die Ausdrücke ‚unterirdische Gänge' und ‚im Finstern schleichen' lassen sich hier als Anspielung auf die in den späten 70er Jahren virulente *status-in-statu*-Debatte und die in diesem Kontext formulierte Kritik an der Arkanpraxis der Jesuiten und Rosenkreuzer lesen. Diese Kritik expliziert u. a. Joseph Aloisius Maier [= Adolf Franz Ludwig von Knigge]: *Über Jesuiten, Freymaurer und deutsche Rosencreutzer* [1781]. Eing. u. mit einem Nachwort versehen von Alfred Unger. Berlin 1929, S. 18 u. S. 117, der mit Bezug auf das rosenkreuzerische Hochgradsystem vom ‚Tappen im Finstern' spricht. Zu Geistersehen und Magie als Elementen der Arkanpolitik vgl. die Studie von Monika Neugebauer-Wölk: *Arkanwelten im 18. Jahrhundert. Zur Struktur des Politischen im Kontext von Aufklärung und frühmoderner Staatlichkeit.* In: Aufklärung. Interdisziplinäres Jb. zur Erforschung des 18. Jahrhunderts und seiner Wirkungsgeschichte 15 (2003) [in Vorbereitung].

14 Vgl. Lavater an Goethe, 16. 8. 1781. In: *Briefe und Tagebücher* (Anm. 1), S. 190.

bedrohlich erschienen, bedarf Goethes nachdrückliche Warnung, ja seine vehemente Agitation gegen den Seher einer weiteren Erklärung. Aufschlüsse über seine kritische Bewertung liefert eines der wichtigsten Dokumente seiner frühen Cagliostro-Rezeption: der mit Lavater zwischen 1781 bis 1783 geführte Briefwechsel, in dem Goethe Cagliostro-Ablehnung und Lavater-Kritik amalgamiert. Die zwischen Lavater und Goethe ausgetragene Auseinandersetzung um den Seher entzündet sich vorderhand am Besuch des Physiognomisten bei dem angeblichen Grafen im März 1781 in Straßburg. Dort wurde der Schweizer mit der „personifizirte[n] Kraft"[15] und der „Rohheit" des „Parazelsische[n] Sternnarr[en]"[16] offenbar auf das unangenehmste konfrontiert. Der angebliche Graf habe Lavater nicht nur mißachtet, seine Fragen ignoriert, sondern sei dem Schweizer zudem noch mit Spott begegnet. Für Lavater stellt der Magier seitdem ein Kuriosum dar, eine äußerste Aberration, ja sogar einen Extremrepräsentanten des gesamten Menschheitsspektrums.[17] Er bezeichnet den Seher als „laterne magique für einzele Seiten der Menschheit", in der exemplarisch alle menschlichen Gegensätze, alle positiven und negativen Aspekte des Individuellen zusammentreffen.

> Calliostro seh' ich an, wie du – als eine laterne magique für einzele Seiten der Menschheit – als Siegel auf meine Hypothese, daß der Mensch Gott und Satan, Himmel und Erde, alles in Einem sey.[18]

Der in Cagliostro angetroffene dämonische Charakter und die göttliche Divinationskraft fungieren als zwei gegensätzliche koinzidierende Momente der Lavaterschen Cagliostro-Apologie:[19] Die Tatsache, daß der „medizinische" und „chymische" Charakter des Sehers mit einer realen „Divinazion, oder Geisterseherey" zusammentrifft, wird zur zentralen Bedingung für eine anthropologische Nobilitierung des „Enfant gaté der großen Natur"[20], die mit dem Begriff der Kraft als metaphysischer Größe operiert.

Vor solch fragwürdigen Deutungen versucht nun Goethe den „lieben Bruder" zu warnen, indem er Lavaters Hypothesen zunächst als Verstandeskonstrukte ausweist:

> Wohl sagst du daß der Mensch Gott und Satan Himmel und Erde alles in Einem sey; denn was sind diese Begriffe anders als Conzepte die der Mensch von seiner eignen Natur hat.[21]

---

15 Lavater an Goethe, 10. [?]2. 1781 (ebd., S. 147).

16 Lavater an Goethe, 3. 3. 1781 (ebd., S. 152).

17 Goethe an Lavater, 18. 3. 1781 (ebd., S. 162).

18 Lavater an Goethe, 31. 3. 1781 (ebd., S. 167).

19 Wie aus einer späten Äußerung Goethes gegenüber Eckermann hervorgeht, hat Lavater Cagliostro offensichtlich wie einen ‚Heiligen' verehrt. Goethe zu Eckermann, 17. 2. 1829: „Viel über den Großkophta gesprochen. ‚*Lavater*, sagte Goethe, glaubte an Cagliostro und dessen Wunder. Als man ihn als einen Betrüger entlarvt hatte, behauptete Lavater: dies sei ein anderer Cagliostro, der Wundertäter Cagliostro sei eine heilige Person'" (MA 19, S. 287). In diesem Kontext steht auch die Cagliostro-Jesus-Parallelisierung im *Groß-Cophta.* Zu ihren Implikationen Schröder (Anm. 3), S. 202, der diese Parallele im Sinne einer Wunder-Parodie interpretiert, und Kurt Rahe: *Zu den biblischen Anspielungen in Goethes Komödie „Der Groß-Cophta"*. Hamburg 1994, der sich vornehmlich um die Differenzierung des christlichen und parodistischen Gehaltes des *Groß-Cophtas* bemüht.

20 Lavater an Goethe, 16. 8. 1781. In: Briefe und Tagebücher (Anm. 1), S. 190.

21 Goethe an Lavater, 9. 4. 1781 (ebd., S. 170).

Dabei erkennt Goethe die produktive Kraft eines nicht materiell determinierten menschlichen Vermögens durchaus an, plädiert aber zugleich für eine schärfere Trennung von spezifisch „menschliche[n] Exkremente[n]“ und den Produkten einer ‚höheren‘ geistigen Inspiration:

> Ich bin geneigter als iemand noch eine Welt außer der Sichtbaren zu glauben und ich habe Dichtungs- und Lebenskraft genug, sogar mein eigenes beschränktes Selbst zu einem Schwedenborgischen Geisteruniversum erweitert zu fühlen. Alsdenn mag ich aber gern, daß das alberne und ekelhafte menschlicher Exkremente durch eine feine Gährung abgesondert und der reinlichste Zustand in den wir versezt werden können, empfunden werde. Was soll ich aber zu Geistern sagen die solchen Menschen gehorchen, solches Zeug vorbringen und solche Handlungen begehen.[22]

Die „Dichtungs- und Lebenskraft“ ist Goethe zufolge Teil eines produktiven Vermögens, dem hier eine eigene Geltungssphäre zugewiesen wird. In diesem Sinn gesteht Goethe Lavater die Existenz einer unabhängigen poetischen Einbildungs- oder ‚Geisteskraft‘ zwar zu,[23] wendet sich aber zugleich gegen deren Rückübertragung in einen nicht-ästhetischen Bereich, indem er vor der Deutung der hier zur Diskussion stehenden konkreten empirischen Phänomene als Ausdrücke dieser ‚Geisteskraft‘ warnt und in dem Zusammenhang auf die mögliche Funktionalisierung von ‚Geistern‘ zur Durchsetzung politischer bzw. egoistischer Ziele hinweist.

Goethes Auseinandersetzung mit Lavater ist also durch ein zweifaches Interesse gekennzeichnet: Einerseits stellt sie den Versuch dar, der unabhängigen Ideensphäre einen Geltungsraum zuzuweisen, andererseits wendet sie sich gegen die konkrete Inanspruchnahme eben dieses Geltungsraumes durch Betrüger wie Cagliostro. Seine doppelte Argumentation hat mithin die strategische Funktion, dem Vorwurf ‚materialistischer Seichtheit und Eindimensionalität‘ zu begegnen und sich zugleich von jeglicher Form religionistischer Schwärmerei zu distanzieren.

Eine ähnliche Argumentationsstrategie verfolgt er auch in der Auseinandersetzung mit den Vertretern der Berliner Aufklärung. Mehr als Lavaters schon nicht mehr ernst genommene religionsphilosophisch-anthropologische Deutung von Cagliostros ‚Wunderkräften‘ beunruhigt Goethe zu diesem Zeitpunkt offenbar die von der Berliner Aufklärung ins Feld geführte gesellschaftspolitische Dimension des Wunderbetrugs: d. h. die Cagliostros Geisterzitationen immanente Gefahr für die „moralische und politische Welt“.

Zu der Einschätzung, daß Cagliostro eine erhebliche Gefahr für die Gesellschaft bedeuten könnte, gelangt Goethe unmittelbar im Anschluß an die Lektüre der oben zitierten Bode-Invektive. Diese reagiert auf den Verdacht, Cagliostro sei nicht nur Gründer einer geheimnisvollen, ägyptischen Maurerei,[24] sondern zugleich Mitglied zahlreicher weiterer Freimaurerlogen gewesen. Vor diesem Hintergrund wirft Bode ihm implizit die Instrumentalisierung des weitverzweigten Kommunikationsnetzes der Geheimgesellschaften für eigene Zwecke vor. Verbreitet wird die Befürchtung, Cagliostro versuche durch eine

---

22 Goethe an Lavater, 14. 11. 1781 (ebd., S. 192).

23 In diesem Sinn interpretiert auch Max Morris: *Swedenborg und Faust.* In: Euphorion 6 (1899), S. 491–510; hier S. 507, diese Äußerung.

24 Vgl. Matteo Lore: *Giuseppe Balsamo. Ricerche Storiche.* Venedig 1877; bes. S. 94–101.

Unterminierung des Geheimbundwesens einem neuen Okkultismus Vorschub zu leisten, durch die seit 1784 gegen Cagliostro geführte Berliner Großoffensive, in deren Zug zunächst die Gold- und Rosenkreuzer diffamiert und später besonders die Illuminaten kritisiert werden. In der *Berlinischen Monatsschrift*, die beide Geheimorganisationen unter Jesuitenverdacht stellt, wird unter der Ägide Friedrich Nicolais auch Cagliostro zu einem Emissär des Jesuitenordens stilisiert und als Menschenkenner, Menschenverführer und Hauptagitator gegen das Aufklärungsprojekt verurteilt.[25] Der Vorwurf richtet sich gegen Cagliostros angebliche Psychagogie – die ja auch den Illuminaten zum Vorwurf gemacht wurde –, gegen die Mobilisierung von Massen, gegen die Instrumentalisierung des anthropologischen Wissens und gegen die Manipulation von religiösen wie amourösen Leidenschaften durch den Geisterbetrug. Besonders auf Johann Caspar Lavater, ein vermeintliches Opfer dieses Betruges, greift die Polemik nun über. Lavater war ja nicht nur als prominenter Cagliostro-Anhänger hervorgetreten, sondern hatte der Geisterseherei u. a. mit seinen ab 1768 erscheinenden *Aussichten in die Ewigkeit* – in denen er die mögliche Kommunikation mit den Seelen der Verstorbenen thematisiert – auch noch Vorschub geleistet und sich dadurch zudem den Vorwurf des Krypto-Jesuitismus eingehandelt.[26]

Durch Nicolais Kurzschluß von Anti-Jesuitenpolemik und Cagliostro-Kritik erhalten die Wunderverfahren des Magiers zunächst eine neue Dignität, aufgrund derer der Streit um das Geistersehen zu einer der hitzigsten Kontroversen der Spätaufklärung avanciert. Diese Kontroverse geht schließlich mit einer Funktionsbestimmung von Aufklärung und ihren Zielen einher, die sowohl die Gefahren einer radikalen Aufklärung wie auch den möglichen Rückfall in die Religionsschwärmerei reflektiert. Es ist kein Wunder, daß dem Geistersehen bei dieser Funktionsbestimmung ein besonderer argumentativer Stellenwert zukommt. Ganz exemplarisch hatte – mehr als zwanzig Jahre zuvor – bereits Kant die erkenntnistheoretische und moralphilosophische Problematik der Geisterdebatte unter diesem Gesichtspunkt dargestellt: Die Frage nach Geistern erweist sich dort nämlich als Problemfall, wo die radikale Ablehnung geistiger Substanzen zu Materialismus, Skeptizismus und Entfernung von der

---

25 Siehe u. a. folgende in der *Berlinischen Monatsschrift* (= BM) erschienene Artikel: [Anonym]: *Der Pseudo-Graf Cagliostro.* In: BM 4 (1784), S. 536–539; [Anonym]: *Cagliostros ägyptische Pyramide.* In: BM 7 (1786), S. 566–568; [Anonym]: *Ein Pommerscher Cagliostro.* In: BM 8 (1786), S. 269 bis 276; Ernst Wilhelm Cuhn: *Der Cagliostro des vorigen Jahrhunderts.* In: BM 10 (1787), S. 346–350; Erich Biester: *Cagliostro.* In: BM 10 (1787), S. 449–458; [Anonym]: *Über Herrn Schlossers Vertheidigung des berüchtigten Cagliostros.* In: BM 11 (1788), S. 282–294; Johann Jacob Ferber: *Kagliostro in Mitau.* In: BM 16 (1790), S. 302–322. Beleg für diese Offensive sind auch die Berichte Elisa von der Reckes in der *Berlinischen Monatsschrift* sowie ihre Schrift *Nachricht von des berüchtigten Cagliostro Aufenthalte in Mitau, im Jahre 1779, und von dessen dortigen magischen Operationen* [1787]. In: *Cagliostro – Dokumente* (Anm. 1), S. 20–143; bes. S. 27. Vgl. dazu Peter Pütz: *Die deutsche Aufklärung.* Darmstadt [4]1991, S. 22 f., sowie *Was ist Aufklärung? Beiträge aus der Berlinischen Monatsschrift.* Hrsg. von Norbert Hinske. Darmstadt 1981, S. 413 f.

26 Johann Caspar Lavater: *Aussichten in die Ewigkeit in Briefen an Johann Georg Zimmermann.* Zürich 1768 ff.; nimmt bes. im siebenten Brief, der vom Zustand der Seelen nach dem Tode bis zu deren Aufnahme ins Himmelreich handelt, auf die mögliche Kommunikation mit Geistern Bezug. Vgl. dazu Horst Weigelt: *Das Verständnis vom Zwischenzustand bei Lavater. Ein Beitrag zur Erforschung der Eschatologie im 18. Jahrhundert.* In: *Hoffnung der Kirche und Erneuerung der Welt.* Beitr. zu d. ökumen., sozialen u. polit. Wirkungen d. Pietismus. Fs. f. Andreas Lindt zum 65. Geburtstag. Hrsg. von Alfred Schindler u. Rudolf Dellsperger. Göttingen 1985, S. 111–126.

Moral führt und wo deren unbeweisbare Annahme den Rückfall in die Schwärmerei befördern kann.[27]

Politischen Zündstoff erhält die Kontroverse um das Geistersehen durch Cagliostros vermeintliche Beteiligung an der Halsbandintrige und die auf sie folgende Französische Revolution: Im Zuge dieser Intrige war der Straßburger Kardinal Rohan von der Madame de la Motte durch eine gefälschte Unterschrift veranlaßt worden, im Namen der französischen Königin Marie-Antoinette ein kostbares Diamantenhalsband zu erwerben und ihr dieses bei einem heimlichen Treffen im Park zu überreichen. Cagliostro wird zunächst – so legen es zumindest die im Anschluß an die Affäre veröffentlichten Memoiren dar – eine direkte Beteiligung an der Intrige, d. h. eine Komplizenschaft mit ihrer Initiatorin, der Madame de la Motte, nachgesagt. Die Halsbandaffäre wurde später zudem in Zusammenhang mit der Französischen Revolution gebracht und als Schlüsselereignis gewertet, das zur Degradierung des Adels maßgeblich beigetragen hat.

Für die Berliner Aufklärer dürfte das Geistersehen mithin durch einen weiteren politischen Umstand eine zentrale Bedeutung erlangt haben: durch den Beitritt Friedrich Wilhelms II. zu den Rosenkreuzern und durch dessen Faszination an okkulten Séancen, die das Geistersehen zum Element der reaktionär politischen Bewegungen in Preußen avancieren läßt.[28] Der in Berlin gehegte Verdacht, der Kronprinz Friedrich Wilhelm ließe sich zunehmend in den Bann verschiedener Geisterbetrüger ziehen, kann jedenfalls das immense publizistische Interesse am Geistersehen erklären, das mit der Gründung der *Berlinischen Monatsschrift* 1783 kulminiert.

Die weitreichenden politischen Implikationen des Geistersehens – der vermeintliche Fürstenbetrug in Berlin und die Halsbandintrige in Paris – waren der Öffentlichkeit bereits im Spätherbst 1786 bekannt.[29] Goethe hat sich darüber zu diesem Zeitpunkt durch verschiedene, in Deutschland zirkulierende Verteidigungsschriften informieren können.[30] Die Schriften, von denen sich einige in seiner Bibliothek befanden, klagen Cagliostro zunächst an, die politische Intrige durch seine Geisterseherei befördert zu haben.

---

27 Vgl. dazu Immanuel Kants gegen den Erzgeisterseher Emanuel Swedenborg gerichtete Schrift von 1766 *Träume eines Geistersehers erläutert durch die Träume der Metaphysik*. In: *Werkausgabe II. Vorkritische Schriften bis 1768*. Hrsg. von Wilhelm Weischedel. Frankfurt/M. [6]1991, S. 923–989. Zur weitreichenden Geister-Kontroverse in der Aufklärung vgl. auch Diethard Sawicki: *Die Gespenster und ihr Ancien Régime. Geisterglauben als „Nachtseite" der Spätaufklärung*. In: *Aufklärung und Esoterik*. Hrsg. von Monika Neugebauer-Wölk. Hamburg 1999, S. 324–395, der eine Übersicht über die verschiedenen Diskursfelder bietet; jetzt auch ders.: *Leben mit den Toten. Geisterglauben und die Entstehung des Spiritismus in Deutschland 1770–1900*. Paderborn u. a. 2002; bes. S. 41–84.

28 Williams (Anm. 9), S. 100 ff., hält diesen Umstand auch im Hinblick auf Goethes Cagliostro-Kritik im *Faust II* für relevant.

29 Nach Klaus Kiefer: *Wiedergeburt und Neues Leben. Aspekte des Strukturwandels in Goethes „Italienischer Reise"*. Bonn 1978; hier S. 158, hatte Goethe von dem Skandal bereits im November 1785 durch einen Bericht in der *Correspondance littéraire* Notiz genommen. Vermittelt wurden ihm die Einzelheiten der historischen Ereignisse über deren ausführliche Darstellung in Schlözers *Staatsanzeigen*, die nach Düntzer (Anm. 1), S. 7, Goethes maßgebliche Quelle gewesen sein sollen.

30 Goethe besaß einige der zahlreichen im Zuge des Halsbandprozesses veröffentlichten Verteidigungsschriften. Vgl. *Goethes Bibliothek. Katalog*. Bearb. von Hans Ruppert. Weimar 1958, S. 500 ff. Zu diesen zählen vor allem die ab 1786 veröffentlichten Verteidigungsschriften des Kardinal Rohan, der Madame de la Motte sowie von Mademoiselle d'Olivia.

II.

Mit seinem 1791 in Weimar uraufgeführten Drama *Der Groß-Cophta* greift Goethe den Cagliostro-Stoff literarisch auf und bezieht damit zur politischen Dimension des Themas Position. Er stellt mit dem Drama nicht nur die Geisterbeschwörungen Cagliostros auf die Bühne, sondern nimmt auch auf die Halsbandaffäre Bezug, indem er die Einzelereignisse Halsbandbetrug, Geisterseherei und implizit die Französische Revolution in einen prekären Zusammenhang stellt, der weit mehr als eine bloße Koinzidenz konstatieren oder kausale Verknüpfungen aufdecken will, sondern – wie im Folgenden zu zeigen sein wird – eine grundsätzliche erkenntnistheoretische Kritik an Wundern und Täuschungen enthält.[31]

In diesem eng an den historischen Ereignissen orientierten Drama weist Goethe Cagliostros Geisterbeschwörung zunächst als Teil der Halsbandintrige aus, in deren Zug das Opfer, der Domherr (Rohan), auf infamste Weise getäuscht wird. Der Graf (Cagliostro) und die Marquise (Madame de la Motte) versuchen gezielt, den Domherrn mit Hilfe einer gefälschten Unterschrift sowie mit Hilfe bestochener Medien für den Kauf des Diamantenhalsbandes bzw. für die Geisterseherei zu interessieren. Der Domherr hofft seinerseits, durch den Diamantenhandel die verlorene Gunst der Prinzessin (Marie-Antoinette) zurückzugewinnen und durch den Grafen in alt-ägyptische Geheimnisse eingeweiht zu werden. Eine Einweihung, die von Beginn ebenso auf die Akkumulation weltlicher Macht abzielt; nämlich darauf, ‚die Welt zu regieren' und die ‚Schätze der Weisheit' kennenzulernen. Eben dieses doppelte Verlangen machen sich der Graf und die Marquise zunutze: Zunächst kann der Graf dem Domherrn durch ein bestochenes Medium – die Nichte – die ‚Geistererscheinung' der Prinzessin vorspiegeln, durch die suggerierte ‚geistige' Nähe die Leidenschaften des Domherrn für die Prinzessin vermehren und schließlich auf seinen Entschluß zur nächtlichen Übergabe des Halsbandes Einfluß nehmen. Die Geisterséance dient damit also – und dies ist die literarisch bedeutsame Abweichung vom historischen Stoff – der Vorbereitung und Unterstützung einer gesellschaftlichen Intrige.

Daß Goethe an dieser Form des Machtmißbrauchs Kritik übt, wird durch die Denunziation des Domherrn als eines schwärmerischen Egoisten deutlich. Allerdings verbirgt sich hinter der Konstellation nicht nur eine moralische Kritik an Egoismus und Schwärmerei,

---

31 Zwar ist das Drama nicht unmittelbar zu Goethes Revolutionsstücken zu zählen, die literarische Adaption des Halsbandprozesses weist aber doch einige Besonderheiten auf, die eine gezielte Revolutionskritik implizieren. So geht Alwin Binder: *Goethes „Groß-Cophta" als Analyse unmündiger Gesellschaft.* Nachwort zu Johann Wolfgang Goethe: *„Der Groß-Cophta". Ein Lustspiel in fünf Aufzügen.* Stuttgart 1998, S. 144–175, auf die implizite Kritik an der Adelsgesellschaft ein, er leitet aus ihr allerdings ein verstecktes Revolutionsbekenntnis Goethes ab, das freilich durch den weiteren Werkkontext widerlegt wird. Auch Mehra (Anm. 6), S. 104f., sieht in dem Stück eine Kritik am französischen Adel. Als Abbild und Kritik eines gesellschaftlichen ‚Systems', der hierarchischen Ständegesellschaft, deutet das Stück Herbert Kraft: *„... Alle Jahre einmal als ein Wahrzeichen." Goethes Lustspiel „Der Groß-Cophta".* In: *Unser Commercium. Goethes und Schillers Literaturpolitik.* Hrsg. von Wilfried Barner, Eberhard Lämmert u. Norbert Oellers. Stuttgart 1984, S. 275 –288. Nach Blumenthal (Anm. 6), S. 1, ist die politische Bedeutung des Stoffes zu diesem Zeitpunkt ‚überholt'. Für Martini (Anm. 6), S. 134, hat der Eindruck der Revolution und der Ernst des Stoffes schließlich die Umarbeitung der geplanten Cagliostro-Oper *Die Mystifizierten* zum Lustspiel bedingt.

sondern vor allem der Verweis auf die politische Instrumentalisierbarkeit schwärmerischer Egoisten.

Der Domherr kann zum entscheidenden Bindeglied beider Täuschungen werden, weil bei ihm aufgrund seiner spezifischen Disposition das gleiche anthropologische (dem Halsband- wie auch dem Geisterbetrug zugrundeliegende) Kalkül zum Erfolg führt.[32] Sowohl die vom Grafen als auch die von der Marquise initiierte Täuschung besteht nämlich in der gezielten Leidenschaftsmanipulation und führt durch die Verwirrung eines egoistischen Schwärmers, der zugleich ein wichtiger politischer Repräsentant des herrschenden Systems ist, zur Destabilisierung gesellschaftlicher Verhältnisse.[33] Wie gezielt z. B. der Graf sich sein anthropologisches Wissen zunutze macht, wie professionell er seine Opfer hintergeht, zeigt die minutiöse Planung des Betruges: So gehören das Leben in der Einsamkeit sowie das Fasten zu den notwendigen, die Séance vorbereitenden ‚Initiationsriten'. Sie befördern zugleich – dies ist ein Topos der anthropologischen Literatur – die Einbildungskraft und disponieren die Initianten, an den Betrug zu glauben. Mit dieser spezifisch anthropologischen Deutung knüpft Goethe zunächst an den Vorwurf der Leidenschaftsmanipulation durch anthropologisches Wissen an, den ja auch Nicolai im Zuge seiner Jesuitenkritik an Cagliostro geübt hat.[34] Allerdings verzichtet er in diesem Kontext auf eine explizite Stellungnahme zum Jesuitismusvorwurf.

Die Darstellung der Affäre am Weimarer Hoftheater ist 1791 nicht nur deshalb prekär,[35] weil sie den französischen Adel diskreditiert, sondern weil sie ein beunruhigendes, der Französischen Revolution vorangehendes Ereignis auf die Bühne bringt.[36] Nach Goethes späterer Diagnose hat gerade der historische Halsbandprozeß dem Ansehen des Adels geschadet und ist ihm zufolge deshalb zu den Initialereignissen der Französischen Revolution zu zählen.[37]

---

32 Vgl. MA 4.1, S. 11. So zollt die Marquise zu Beginn des Stückes der Manipulationskunst des Grafen ihre Hochachtung: „O Graf! du bist ein unnachahmlicher Schelm [...] Wie er die Leidenschaft dieses jungen Mannes zu brauchen, sie zu vermehren weiß!"

33 So auch Dieter Borchmeyer: *Nachwort*. In: *Johann Wolfgang Goethe: Klassisches Theater*. Hrsg. von Dieter Borchmeyer. Frankfurt/M. 1982, S. 641–673; hier S. 663.

34 Vgl. auch das von Nicolai herausgegebene Buch Elisa von der Reckes (Anm. 25).

35 Vgl. dazu den Kommentar von Reiner Wild in der Münchner Ausgabe (MA 4.1, S. 949 f.) sowie auch Schröder (Anm. 3), S. 181–211.

36 Vgl. *Paralipomena zu Dichtung und Wahrheit* (WA I, 53, S. 385 f.): „Anfänge der französischen Revolution. Symptome. Halsbandgeschichte. Großer Eindruck derselben auf mich, in Vorahndung des Zukünftigen". Ebenso die Äußerungen in der *Campagne in Frankreich* (HA 10, S. 356 ff.) und in den *Tag- und Jahres-Heften* von 1789: „Schon im Jahr 1785 hatte die Halsbandgeschichte einen unaussprechlichen Eindruck auf mich gemacht. In dem unsittlichen Stadt-, Hof- und Staats-Abgrunde [...] erschienen mir die greulichsten Folgen gespensterhaft" (MA 14, S. 14). Anlaß zur Vermutung, Cagliostro sei direkt an der Französischen Revolution beteiligt gewesen, gaben den Zeitgenossen 1791 ferner die vermeintliche Verbindung des Geistersehers zu den Illuminaten und ein in London verfaßter Brief an die englische Nation, in dem u. a. die Zustände in der Bastille kritisiert werden. Vgl. dazu Bieberstein (Anm. 3), S. 89 f.

37 Vgl. Goethe an Eckermann, 15. 2. 1831 (MA 19, S. 408 f.). Daß Goethe die Halsbandgeschichte als ein Symptom für den Verfall des französischen Adels betrachtete und in diesem Sinn als Vorzeichen der Revolution deutete, beobachtet auch Claude David: *Goethe und die Französische Revolution*. In: *Deutsche Literatur und Französische Revolution. Sieben Studien von Richard Brinkmann, Claude David, Gonthier-Louis Fink, Gerhard Kaiser, Walter Müller-Seidel, Lawrence Ryan, Kurt Wölfel*. Göttingen 1974, S. 63–86; hier S. 70.

Die mögliche politische Konsequenz der Täuschung, d. h. die Destabilisierung bestehender politischer Machtstrukturen, bleibt im *Groß-Cophta* allerdings ausgespart. Durch den im Stück vorgestellten Eingriff der Schweizer Garde wird die Affäre in der Stille aufgelöst und ein öffentlicher Prozeß vermieden. Mit der Inhaftierung der Beteiligten scheint die Staatskrise und damit auch die vom Betrug ausgehende Gefahr für die politische Ordnung gebannt.[38] Die Betrüger werden zwar überführt, mögliche verheerende Konsequenzen eines öffentlichen Prozesses (der vor allem eine Bloßstellung der Königin Marie-Antoinette bewirkte)[39] aber abgewandt – zuungunsten einer politischen Öffentlichkeit freilich, die in Goethes Stück über die Machenschaften der Betrüger im unklaren gelassen wird.

Die Auflösung ‚in der Stille' kann als literarische Alternative, als idealtypischer Ausgang der Affäre gewertet werden, weil diese Form der Konfliktlösung den Autoritätsverlust vermeidet, die öffentliche Diffamierung verhindert und weiteren Irritationen vorbeugt.[40] Sie enthält eine implizite Kritik nicht nur an den Ereignissen in Frankreich, sondern auch an der vollständigen und rücksichtslosen Denunziation des Wunderbetrugs, wie sie z. B. in Berlin praktiziert wurde. Goethes Adaption der Halsbandaffäre stellt somit eine literarische Alternative zum Vorgehen der Berliner Aufklärung dar, die ihrerseits in radikaler Weise an der publizistischen Enttarnung von Betrügern wie Cagliostro interessiert war. Ein möglicher historischer Grund für diese Differenz kann in dem schon erwähnten Umstand gesehen werden, daß die Aufnahme Friedrich Wilhelms bei den Rosenkreuzern und die angeblich am Hof durchgeführten Geisterbeschwörungen eine besondere Gefahr für die Berliner Aufklärung darstellten und die schonungslose Enttarnung von Geisterbetrügern hier die Funktion hatte, die Errungenschaften der Aufklärung gegenüber einer in ihrer Entstehung begriffenen, religionspolitisch-reaktionären Bewegung zu sichern.[41]

Mit seiner Kritik an Lavaters Schwärmerei und an Nicolais Rationalismus wendet Goethe eine – für die spätere Weimarer Klassik geradezu typische und auch in ästhetischen Fragen erprobte[42] – Strategie einer doppelten Abgrenzung an, welche ihm erlaubt, sich von den beiden etablierten Positionen, ‚Aufklärung' und ‚Gegenaufklärung', gleichermaßen zu distanzieren und dadurch das innovative Potential des eigenen Ansatzes herauszustellen.

---

38 So auch Martens (Anm. 13), S. 326.

39 Besonders die *Mémoires justificatifs* der aus der Bastille geflohenen und 1789 nach England gelangten Madame de la Motte klagen die Königin auf infame Weise an. Kein Wunder, daß sie von den Jakobinern 1792 neu aufgelegt wurden, vgl. dazu Düntzer (Anm. 1), S. 17. Auch diese Verteidigungsschriften befanden sich in Goethes Besitz.

40 Aus dieser idealtypischen Wendung des Stücks, aus der Vermeidung des öffentlichen Prozesses, läßt sich dann auch implizit Goethes Ablehnung der Französischen Revolution ablesen. Zu einem entgegengesetzten Schluß kommt Kraft (Anm. 31), S. 275–288, sowie Binder (Anm. 31), S. 144 bis 175. Anders dagegen Shô Shibata: *„Der Großkophta" oder das Ende der klassischen Harmonie.* In: Goethe-Jb.-Tokyo 25 (1983), S. 181–207; hier S. 198, der davon ausgeht, Goethe begreife nicht die Bloßlegung als Gefahr für die alte Ordnung, sondern interpretiere ausschließlich den Betrug als Zeichen des Verfalls des Ancien Régime.

41 Mehr dazu in einem Aufsatz der Verfasserin, welcher im Jahr 2003 in der *Berliner Aufklärung* erscheint.

42 Zu diesem Vorgehen vgl. die Studie von Norbert Christian Wolff: *Streitbare Ästhetik. Goethes kunst- und literaturtheoretische Schriften 1771–1789.* Tübingen 2001, S. 326.

III.

Mit dem kontrovers rezipierten Cagliostro-Stück *Der Groß-Cophta* ist Goethes Interesse am Geisterseher aber keineswegs abgeklungen. Mehr als dreißig Jahre später – mit der Arbeit am ersten Akt des *Faust II* – nimmt er den Motivkomplex wieder auf, indem er einen durch Magie und Geisterbetrug verführten Fürsten erneut zur literarischen Figur eines Dramas macht.[43] In der zweiten Fausttragödie werden die schon im *Cophta* offenkundigen Zusammenhänge zwischen Wunder, Betrug, Schwärmerei und politischer Manipulation weiter ausgeführt. Goethes *Groß-Cophta* und die Fausttragödie weisen zahlreiche stoffliche Gemeinsamkeiten auf, die insbesondere den ersten Akt des *Faust II* betreffen und bis auf wenige Ausnahmen bislang Forschungsdesiderat geblieben sind. Diese Gemeinsamkeiten lassen sich folgendermaßen zusammenfassen: Im *Groß-Cophta* tritt zunächst ein willkürlicher Magier auf, der mit Goldproduktion, Geisterbeschwörungen und einer gefälschten Unterschrift beim Domherrn reüssiert. Im Faustdrama erscheint der wiedererweckte Protagonist am Kaiserhof, um im Verbund mit Mephisto (durch eine zweifelhafte Unterschrift legitimiert) Papiergeld herzustellen und im Anschluß daran Gespenster zu zitieren. Auch im Faustdrama wird eine Geisterinszenierung vorgenommen, gemeint ist die Erscheinung Helenas im ersten Akt, die als magisches Präludium der großen ‚Phantasmagorie' des Helena-Aktes angesehen werden kann. Geld und Magie im politischen Kontext sind die thematischen Schnittpunkte beider Dramen, bei denen es sich jedoch um mehr als nur thematische Affinitäten handelt. Das Faustdrama enthält konkrete philologische Spuren, welche zum *Groß-Cophta* zurückweisen.[44]

Zu diesen philologischen Spuren zählt die in der Faustforschung bislang verschiedentlich gedeutete groteske Pluto-Maske Fausts.[45] Der Herold beschreibt den im Gespann mit dem Knaben-Lenker auftretenden Plutus zunächst mit folgenden Worten: „gesunde[s] Mondgesicht", „voller Mund", „erblühte Wangen" (V. 5563 f.).[46] Dies sind keine traditionellen Faust-Attribute, sondern eben genau jene Charakteristika, welche sich auf zahlreichen Cagliostro-Stichen der Zeit wiederfinden lassen und die zudem zum festen Bestand physiognomischer Beschreibungen des Magiers gehören. In der schon zitierten Schrift von Johann

---

43 Parallelen zwischen Cagliostro, dem Cophta und der Faustfigur vermerken auch Borchmeyer (Anm. 33), S. 663, und Schröder (Anm. 3), S. 199.

44 In der Forschungsliteratur sind diese Motive bis jetzt nicht im Detail aufgezeigt worden. Zwar versucht Williams (Anm. 9), S. 84–102, Cagliostro-Bezüge im *Faust II* nachzuweisen, er orientiert sich dabei aber ausschließlich an der Mütterszene und läßt die Faustfigur völlig unbeachtet. Williams antwortet damit auf Butler (Anm. 1), die zwischen Faust und Cagliostro gar keinen Zusammenhang, sondern in beiden sogar Gegenbilder sieht. Eine Differenz betont auch Hartmut Reinhardt, der im Kommentar der Münchner Ausgabe zu dem Schluß kommt: „Trotz gewisser Anklänge an den Magier Faust, der ihn [Goethe] 60 Jahre nicht losließ (und auch in Italien wieder in seinen Gesichtskreis trat), konnte G. offenbar in Cagliostro kein ernstzunehmendes Grenzphänomen des Menschlichen [...] erkennen" (MA 3.1, S. 810).

45 Für diesen Hinweis möchte ich Herrn Professor Hans-Jürgen Schings danken. Zu den in der Forschungsliteratur diskutierten Vorlagen für diese Maske zählen die von Andrea Mantegna entworfene Bilderfolge *Triumphzug Julius Caesars* und der von Charles LeBrun angefertigte *Triumph-Einzug Alexander d. Gr. in Babylon.* Vgl. dazu Albrecht Schöne: *Johann Wolfgang Goethe: „Faust". Kommentare.* Hrsg. von Albrecht Schöne. Frankfurt/M. 1999, S. 427.

46 *Johann Wolfgang Goethe: „Faust". Texte.* Hrsg. von Albrecht Schöne. Frankfurt/M. 1999, S. 234.

Joachim Christoph Bode *Ein paar Tröpflein aus dem Brunnen der Wahrheit. Ausgegossen vor dem neuen Thaumaturgen Caljostro* (1781) heißt es zum Beispiel: „Er ist ein kleiner, breitschultriger Mann, hat schwarze Haare und lebhafte Augen, hat ein volles Gesicht; eine etwas hervorstehende Oberlippe, und kleine Hände und Füße".[47] Zu den weiteren deutlicheren Cagliostro-Anspielungen, die den Text durchziehen, zählt der mysteriöse und in der Forschung bislang nicht entschlüsselte „Turban" Fausts.[48] Die Herkunft des vermeintlichen Grafen Cagliostro war angeblich Medina, und so gehörte der Turban zum Standardinventar seiner ‚magischen' Maskeraden. Augustus Moszinsky beschreibt in seiner Schrift *Cagliostro in Warschau* – einer Goethe bekannten zeitgenössischen Quelle – eine derartige Szene folgendermaßen:

> Da uns Cagliostro vermutlich mehr Zutrauen und Glauben an ihn einflößen zu müssen glaubt, so hat er uns gestern eine neue Szene gegeben, und einen neuen Proselyten den Ägyptischen *Groß-Kophta*, der einige tausend Jahre alt sein soll, sehen lassen. Er war sehr dick, weiß gekleidet, hatte weiße Haare, und einen großen Turban auf dem Kopfe.[49]

Neben diesem orientalischen Kopfschmuck hat Faust mit Cagliostro die ostentative Darstellung eines dubiosen Reichtums gemein: Das Prahlen und Protzen mit Schätzen ist eine Eigenschaft des historischen Geistersehers, über die der Königsberger Bischof und Kant-Schüler Ernst Ludwig Borowsky in seiner Cagliostro-Schrift informiert. Auch ein in der *Berlinischen Monatsschrift* erschienener Artikel hebt Cagliostros Angewohnheit hervor, „seine Demantenringe, seine reiche Tabakdose [...] recht oft und fertig den Fremden unter die Augen zu bringen, damit auch der Blödsichtigste sie bemerken müsse".[50] Im *Faust* lauten die an den Knaben-Lenker gerichteten Worte: „Das Prahlen steht dir gar zu schön; / Doch laß uns deine Künste sehn!".[51] Dies kann als Anspielung auf den leeren, ostentativen Habitus Cagliostros gelesen werden, der das Mißverhältnis von Anspruch und Können auf eindrücklichste Weise dokumentiert.

Über diese physiognomischen und psychologischen Gemeinsamkeiten mit dem Betrüger hinaus betätigt sich Faust zudem auf dessen ureigenstem Gebiet, der Geisterseherei. Vor allem nämlich die von Faust durchgeführte Geisterinszenierung und der sie vorbereitende Gang zu den Müttern haben ihre Anleihen bei Cagliostro gefunden: Fausts Gang zu den Müttern, der ihn in Besitz des Schlüssels bringen und zur Helena-Beschwörung befähigen soll, ist in der Faustliteratur allerdings in der Regel nicht als explizite Anspielung auf die von Cagliostro in den 80er Jahren durchgeführten Geisterbeschwörungen gelesen worden. Die Mütterszene wurde dagegen bislang vielfach als Ausdruck von Goethes poetologischen

47 Bode (Anm. 2), S. 179.

48 Schöne (Anm. 45), S. 427, nimmt an, der Turban sei einer Goethe bekannten orientalisierenden Darstellung von Alexander dem Großen entnommen. Nach Wilhelm Emrich: *Die Symbolik von „Faust II". Sinn und Vorformen.* Königstein ⁵1981, S. 177, handelt es sich schlicht um ein Attribut des „Würdigen". Zu möglichen Anklängen an den *Diwan* vgl. den *Faust*-Kommentar von Erich Trunz (HA 3, S. 601).

49 [Augustus Moszinsky:] *Cagliostro in Warschau. Oder Nachricht und Tagebuch über desselben magische Operationen in Warschau im Jahre 1780, geführt von einem Augenzeugen* [1786]. In: *Cagliostro – Dokumente* (Anm. 1), S. 149–174; hier S. 160.

50 Erich Biester: *Cagliostro.* In: BM 10 (1787), S. 449–458; hier S. 451.

51 Goethe (Anm. 46), S. 234.

Maximen oder gar als ein Bekenntnis zur neuplatonischen Erkenntnistheorie verstanden.[52] Philologisch herabstimmen lassen sich derartige Interpretationen zunächst durch die Situierung der Szene in den Kontext der Geister-Debatte, welche die bis ins Detail reichenden Parallelen zu Beschwörungsszenen der magischen Unterhaltungsbücher und zur Cagliostro-Literatur evident werden läßt.[53] Albrecht Schöne hat in seinem *Faust*-Kommentar bereits auf den Kontext der Geisterliteratur aufmerksam gemacht, indem er zunächst allgemein auf das technische Mittel zur Inszenierung des magischen Betruges verwies: Mit der *laterna magica*, die hier offenbar zur Erzeugung des ‚Gespenstes' eingesetzt wird, konnte durch einen Lichtstrahl eine Figur an die Wand projiziert und so der Eindruck eines erscheinenden figürlichen Geistes vermittelt werden.[54]

Außer diesem technischen Hilfsmittel stellen die magischen Schriften noch weitere Kunstgriffe vor, mit Hilfe derer man ‚Geister erscheinen' lassen konnte: Zu diesen Kunstgriffen zählen die durch Schillers Roman *Der Geisterseher* prominent gewordene Kooperation zweier Komplizen, die Anspannung der Einbildungskraft, die lange Vorbereitung, die Ablenkung möglicher Kritiker und die Verbreitung einer prämissiven Stimmung durch die

---

52 Goethe gibt vor, die Mütterszene Plutarchs *Marcellus* entnommen zu haben, in dem ein auf Sizilien vorkommender kretischer Mutterkult erwähnt wird. Vgl. dazu auch Hans Arens: *Kommentar zu „Faust II"*. Heidelberg 1989, S. 243–249. Bezug auf mögliche antike Vorlagen nimmt auch Yoshito Takahashi: *Faust geht als zweiter Orpheus zu den Müttern*. In: *Begegnungen mit dem Fremden. Grenzen – Traditionen – Vergleiche*. Akten des VIII. Internationalen Germanisten-Kongresses. Bd. 7: *Klassik – Konstruktion und Rezeption. Orientalismus, Exotismus, koloniale Diskurse*. Tokyo 1990, S. 199–206. Weitere Interpretationen der Mütterszene finden sich u. a. bei Emrich (Anm. 48), S. 212, sowie bei Dorothea Hölscher-Lohmeyer: *Faust und die Welt. Der zweite Teil der Dichtung. Eine Anleitung zum Lesen des Textes*. München 1975, S. 121, für welche die Signifikanz der Szene im durchaus ernst gemeinten „Schauen der Urbilder" besteht. Eine kritische Interpretation der Szene liefert u. a. Stuart Atkins: *The mothers. The Phorcides and the Cairi in Goethes „Faust"*. In: Monatshefte 45 (1953), S. 289–296; Thomas Zabka: *„Faust II". Das Klassische und das Romantische. Goethes „Eingriff in die neueste Literatur"*. Tübingen 1993; bes. S. 140–162, hat die Beschwörungsszene als Kritik am romantischen Subjektivismus gelesen. Auch wenn sich die vorliegende Interpretation dieser Auffassung grundsätzlich anschließt, ist es ihr nicht um die Rekonstruktion eines der Szene zugrundeliegenden romantischen ‚Prätextes' (Novalis, Schlegel, Schelling) zu tun, sondern vielmehr um die direkten Anlehnungen an die Geisterseher-Literatur.

53 Als mögliche Vorlage für derartige Beschwörungsszenen muß die umfangreiche Geisterseher-Literatur in Betracht gezogen werden. Hier sei zunächst u. a. auf Christian August Crusius' Schrift *Bedencken gegen die Schröpferischen Geisterbeschwörungen* (1775), auf Schillers Romanfragment *Der Geisterseher* (1789) und auf Johann Salomo Semlers *Sammlung von Briefen und Aufsätzen über die Gaßnerischen und Schröpferischen Geisterbeschwörungen* (1776) verwiesen.

54 Vgl. Schöne (Anm. 45), S. 481 ff. Dieser Projektionsapparat war zur Entstehungszeit des Dramas bereits vielfach zum Einsatz gekommen und zu einem geselligen Belustigungsmedium avanciert. Cagliostro selbst allerdings nutzte diese Möglichkeit offensichtlich nicht, sondern führte seine Beschwörungen mit Hilfe von Medien vor, die er eine Vision vorspiegeln ließ. Welch vielfältige Medien damals gemeinhin schon zur Projektion von Bildern verwandt wurden, verdeutlicht E.-H. Schmitz: *Handbuch zur Geschichte der Optik*. Bd. 2: *Von Newton bis Fraunhofer*. Bonn 1982, S. 57–75; sowie Ulrike Hick: *Geschichte der optischen Medien*. München 1999; bes. S. 156–205. Hier muß auch an das Phantoskop als möglicher Projektionsapparatur gedacht werden. Mit der *laterna magica* war Goethe bereits durch seine Übersetzung der Autobiographie Benvenuto Cellinis (1500–1571) bekannt geworden.

Darlegung einer magischen Lehre.[55] Diese primär auf anthropologischem Wissen basierenden Methoden sind auch in der Mütterszene präsent. Für das Gelingen des Geisterbetruges ist die vorherige Erregung und Anspannung der Einbildungskraft notwendig, sie wird durch die Requisiten des Rittersaals, durch das lange Warten, aber auch durch die von Faust und Mephisto bereits in der vorangehenden Episode durchgeführten magischen Operationen garantiert. Die verschiedenen Komponenten zählen zu den in modernen Magiebüchern aufgeführten und empfohlenen Vorbereitungen der Geisterinszenierungen, sie sind keineswegs magische Zaubertricks, sondern Kunstgriffe, deren Erfolg sich auf eine natürliche Ursache, d. h. auf die gezielte Stimulierung der Einbildungskraft zurückführen läßt. Schon die Worte Mephistos, mit denen er sich als geschulter Unterhaltungsmagier ausweist, deuten auf eine natürliche Erzeugung der Geistererscheinung. So heißt es zu Beginn: „Hier braucht es, dächt' ich, keine Zauberworte; / Die Geister finden sich von selbst zum Orte" (V. 6375).

Auch die Rede von den Müttern hat ihre spezifische psychologische Funktion; sie ist als eine magische Pseudo-Lehre anzusehen, die auf der Erfindung unsinniger ‚Kunstwörter' basiert, mit der die Erscheinung theoretisch umrahmt werden soll. Die „Mütter" sind für Faust in diesem Zusammenhang ein mysteriöses, „neues Wort" (V. 6267), das seine Einbildungskraft stimuliert, über dessen Sinngehalt hier zu rätseln aber zwecklos sein dürfte. So gehört die Erwähnung der Mütter ebenso wie das Warten zu den magischen Kunstgriffen, welche die Funktion erfüllen, Furcht und Neugierde zu erzeugen, damit auf die Erscheinung vorzubereiten und zum Gelingen des Betrugs beizutragen.

Nicht nur diese unspezifischen Vorbereitungsrituale, sondern auch die konkrete Durchführung von Cagliostros Geisterbeschwörungen hatte Goethe Elisa von der Reckes 1787 erschienener Schrift *Nachrichten von des berüchtigten Cagliostro Aufenthalte in Mitau* entnehmen können.[56] Von der Recke war in der *Berlinischen Monatsschrift* sowie durch ein von Nicolai herausgegebenes, Cagliostro-kritisches Buch in der Geisterdebatte hervorgetreten; sie hatte darin die Geisterbeschwörungen des Sehers detailliert beschrieben. Bei von der Recke werden diese Beschwörungen folgendermaßen lächerlich gemacht:

> Cagliostro stand mit einem bloßen Degen in der Hand, in der Mitte des nämlichen Zimmers, gebot uns allen Stillschweigen, Ernst, Andacht und Stille. Darauf machte er mit seinem Degen einige Charaktere an die Tür des Zimmers, in welchem das Kind war; dann stampfte er mit den Füßen, bald auf die Erde, bald an die Tür, schrieb mit dem Degen Charaktere in die Luft, sprach allerlei Namen und Worte aus, die wir alle nicht verstanden, aber die drei Ausrufungen kamen am öftersten vor: *Helion, Melion, Tetragrammaton.*[57]

Die von Elisa von der Recke beschriebene Geisterszene ist eine durchaus typische Variante der Cagliostroschen Operationen, die sich zudem in zahlreichen anderen Schriften wiederfindet. Offensichtlich griff Cagliostro bei den Beschwörungen auf folgende Instrumente und

---

55 Informativ in diesem Zusammenhang das Auflösungsgespräch in Schillers Romanfragment *Der Geisterseher* (SNA 16, S. 72 f.).

56 Für die Darstellung der Geisterszene im *Groß-Cophta* benutzte Goethe offensichtlich die Verteidigungsschrift Cagliostros. Vgl. dazu auch Robert Boxberger: *Zu Goethes „Groß-Cophta"*. In: Archiv für Litteraturgeschichte 9 (1880), S. 268–272.

57 Von der Recke (Anm. 25), S. 78 f.

Methoden zurück: Er verwandte meist einen Degen, zog einen Kreis, verfiel in Andacht und Furcht erregende unvorhersehbare Wutausbrüche; die Kombination dieser ‚okkulten' Verfahren kann also als spezifische Inszenierungspraxis des berüchtigten Geisterbeschwörers angesehen werden. In der Geisterszene des *Faust II* fallen sofort das Ziehen eines Kreises [V. 5757], das Fuchteln mit dem Stab [V. 5739], das Stampfen [V. 6304], das Laborieren und Vorbereiten sowie der Weihrauch [V. 6440] und die Rede vom großen, hohen Werk ins Auge. Auch der Einsatz des Dreifußes [V. 6283] – bei Lohmeyer noch ein „geistige[s] Bildeprinzip der Natur"[58] – fungiert als direkter Cagliostro-Verweis; er wird von Elisa von der Recke beschrieben und von Goethe bereits im *Groß-Cophta* aufgenommen.[59]

Schließlich sei noch auf den unglücklichen Ausgang der Beschwörungsszene verwiesen. Die Faust unterlaufende Verwechslung von Sein und Schein – die Verwechslung des Helena-Geistes mit einer lebenden Frau – muß nicht nur als Symptom der Faustischen Schwärmerei verstanden werden, sondern war eben auch für Cagliostro typisch. Der Magier, so heißt es bei Moszinsky, verliebte sich während seiner Séancen öfters in seine Medien (was den Geisterbeschwörungen freilich nicht gerade förderlich war):

> Unglücklicher Weise aber fing Cagliostro an, sich in diese reine Jungfrau zu verlieben und wollte sich unter dem Vorwand einer neuen Geisteroperation gewisse körperliche Operationen bei ihr erlauben [...].[60]

Aufgrund dieser magischen, sich durch den gesamten ersten Akt fortsetzenden Rituale erhält die Geisterbeschwörung nun geradezu einen opernhaft-grotesken Charakter. Die textuellen Bezüge zu den Cagliostro-Schriften lassen den ersten Akt zu einer Farce werden, bei der es vornehmlich um die Erzeugung von Erotik, die Vermehrung von Geld und den Erhalt oder die Potenzierung von politischem Einfluß geht. Durch die Aufnahme der Cagliostro-Motive werden die Herstellung des ‚Papiergeldgespenstes' wie auch die von Mephisto unternommenen Heilversuche und die abschließende Geisterbeschwörung in ein dezidiert kritisches Licht gerückt. Daß es sich bei diesen dämonischen Versuchen um Erscheinungsformen der Magie handelt, die nämlich nicht nur retrospektiv auf Cagliostro verweisen, sondern zudem auch noch einen aktuellen Zeitbezug haben, darin dürfte das Originelle der Anspielung liegen: An die Stelle der Goldherstellung tritt hier das Papiergeld und das Kreditwesen; beide werden so als moderne Formen magischer Werterzeugung interpretierbar.

Ebenso wie dem Cophta gelingt es Faust, mit seinen ‚magischen' Fähigkeiten einen Fürsten zu täuschen, mit ihm zu paktieren und dadurch eigens politische Geltung zu erlangen. An das Geistersehen schließt sich Fausts Landgewinnungsprojekt und die Realisierung verschiedenster (meist fragwürdiger) utopischer Programme an. Die Faustische Manipulation von Machtträgern durch okkulte magische Verfahren ist von der des *Groß-Cophta* nicht grundsätzlich verschieden, nur daß die Wiederaufnahme der schon im *Groß-Cophta* dargestellten magischen Verführung im *Faust II* eine Zuspitzung erfährt, insofern dem Geistersehen nun politische Unruhen bzw. eine Sozialreform folgen: gemeint sind Fausts sogenannte Reformpläne, die als Anspielung auf eine konkrete politische Situation, auf die Julirevolution

---

58 Hölscher-Lohmeyer (Anm. 52), S. 137.

59 MA 4.1, S. 61.

60 Moszinsky (Anm. 49), S. 152.

von 1830, und die mit diesem Ereignis verbundene Ausbreitung des Saint-Simonismus gelesen werden können.[61]

Daß konstitutive Gemeinsamkeiten zwischen den Magiern Faust und Cagliostro nicht von der Hand zu weisen sind, attestiert Goethes Überlegung zur Genese und Bedeutung der Faustlegende, die einige Aufschlüsse über den Sinn der Reaktivierung des Cagliostro-Komplexes um 1830 liefert. Am 20. November 1829 schreibt Goethe dazu an Zelter:

> [D]er Ursprung [der Faustischen Legende] scheint in's sechzehnte und die Ausbildung in's siebzehnte Jahrhundert zu gehören. Die protestantischen Teufelsbeschwörer hatten den kirchlichen Bann nicht unmittelbar zu befürchten, und es gab destomehr Cophtas welche die Albernheit, Unbehülflichkeit und leidenschaftliche Begierde der Menschen zu nutzen wußten; denn freylich wäre es leichter durch einige gezogene Charaktere und unsinniges Gemurmel reich zu werden, als im Schweiße seines Angesichts das tägliche Brot zu essen. Haben wir doch noch vor Kurzem im Neustädter Kreise ein dergleichen Nest von Schatzgräbern ausgehoben [...].[62]

Die zwischen dem neuzeitlichen Faust und seinen Ausläufern im 18. und 19. Jahrhundert zu beobachtende Schnittstelle wird mit dem Ausdruck das ‚Cophtische' benannt. Unter diesen Ausdruck, der eine Anspielung auf das von Cagliostro gegründete ägyptische Logenwesen und dessen vermeintliches Oberhaupt „Groß-Cophta" ist, können eine Reihe moderner Phänomene subsumiert werden.[63] Dazu zählten nicht nur das Geistersehen, sondern vor allem der moderne Subjektivismus, aber auch die Korruption, der Wunderglaube, die Dekadenz, der Okkultismus und die Machtusurpation. Mit dem Ausdruck ‚das Cophtische' verleiht Goethe seiner Diagnose der Modernität also Nachdruck, er kennzeichnet sie als Erscheinungsform des ‚Cophtischen' und nimmt damit zugleich auf den schon im *Groß-Cophta* dargestellten Geisterbetrug Bezug.

VI.

Goethes spezifische Kritik am ‚Cophtischen' wird auf sehr subtile Weise auch erkenntnistheoretisch profiliert. Diese Profilierung, durch die seine Modernitätskritik ihre Konturen erhält, läßt sich zunächst am *Groß-Cophta,* und zwar an dem vom Grafen propagierten Wahlspruch, ablesen. Kurz vor dem Erscheinen des vermeintlichen Cophta proklamiert der

---

[61] Zu den Parallelen von faustischer Reform und Saint-Simonismus vgl. u. a. Gottlieb C. Schuchard: *Julirevolution, Saint-Simonismus und die Faustpartien von 1831.* In: Zeitschrift für deutsche Philologie 60 (1935), S. 240–274, und Nicholas Boyle: *The Politics of „Faust II": Another look at the Stratum of 1831.* In: Publications of the English Goethe Society 52 (1983), S. 4–43.

[62] WA IV, 46, S. 157. Und weiter unten (S. 159): „Der Protestantismus befreyte die Menschen von aller Furcht vor kirchlichen Strafen; das Studentenwesen wurde freyer, gab Gelegenheit zu frechen und liederlichen Streichen; und so scheint sich, in der Hälfte des sechzehnten Jahrhunderts, dieses Teufels- und Zauberwesen methodischer hervorgethan zu haben, da es bisher nur unter dem verworrenen Pöbel gehaust hatte".

[63] Auf das Cophtische bei Goethe geht auch R. Hillenbrand ein: *Cophtisches bei Goethe.* In: Neophilologus 82 (1998), S. 259–278, ohne dabei allerdings die erkenntnistheoretischen Grundlagen zu erläutern.

Graf sein magisches Credo, die Weisheit „in verbis, herbis et lapidibus", also in Worten, Kräutern und Steinen zu finden. Die Anwesenden assoziieren bei diesem Wahlspruch zunächst die Hieroglyphik (Domherr), die Diamanten (Marquise) und schließlich den Verjüngungstrunk (Marquis) und bringen damit ihre trivialen Vorstellungen von Magie zum Ausdruck, denen offensichtlich ein Interesse an Liebe, Wissen und Reichtum zugrunde liegt.[64] Dieser Spruch ist vor allem als unspezifisches magisches Credo prominent geworden[65] – und seine Ironisierung mag demnach ein kritischer Rekurs auf eben diese magische Tradition sein. Von Bedeutung ist dabei die epistemische Fundierung der von Goethe geäußerten Kritik, die als spezifischer Affront gegen Lavater und die Cagliostro-Anhänger gedeutet werden muß. Hinter dieser Äußerung verbirgt sich eine weitere Anspielung auf die zeitgenössische Cagliostro-Debatte: Der Wahlspruch, die Weisheit in „verbis, herbis et lapidibus" zu finden, soll auf eine Antwort Cagliostros an Lavater zurückgehen und stellt somit indirekt wiederum einen versteckten Affront gegen den Schweizer Physiognomisten dar.[66]

Goethes epistemische Fundierung dieser Kritik läßt sich zunächst aus einer Äußerung erhellen, die im Kontext der Spinozismusdebatte[67] steht und das Zerwürfnis zwischen Goethe und Lavater besiegelt. In einem Brief an Friedrich Heinrich Jacobi bekundet Goethe sein eigenes, dem Wahlspruch des Grafen diametral entgegenstehendes Credo, nämlich das „Göttliche in herbis et lapidibus" zu suchen.[68] Die Verknappung des Wahlspruchs um das „verbis" ist für Goethes erkenntnistheoretische Position kennzeichnend. Nicht in den Worten ist nach Goethes Auffassung die Weisheit zu finden, sondern in der Übereinstimmung von Begriff und Sache. Dem magischen Credo Lavaters, Cagliostros und der Cophtas liegt somit ein wie auch immer aufzufassender Vorrang des Wortes vor den Einzeldingen der

64 MA 4.1, S. 59. Dazu auch Müller-Seidel (Anm. 5), S. 147, der diese Stelle vor dem Hintergrund von Goethes im Kreise Susanna von Klettenbergs durchgeführten Magiestudien liest. Dazu auch Schröder (Anm. 3), S. 201 f.

65 So wird dieser Spruch im Kapitel *Von Wörtern, Kräutern und Steinen* der einflußreichen Schrift Karl von Eckartshausens: *Aufschlüsse zur Magie aus geprüften Erfahrungen über die verborgene philosophische Wissenschaft und seltne Geheimnisse der Natur.* München 1790, S. 286, als traditioneller Topos der Magie, aber auch der Schwärmer- und Aberglaubensgeschichte ausgewiesen.

66 Vgl. [Anonym]: *Etwas über Cagliostro* [1786]. In: *Cagliostro – Dokumente* (Anm. 1), S. 281–292; hier S. 286. Vgl. dazu auch Düntzer (Anm. 1), S. 3, demzufolge Lavater auf seine Frage an den Grafen, woher dessen Kenntnisse rührten, die Antwort ‚In verbis. In herbis. In lapidibus' erhielt.

67 Zu Goethes Spinozismus allgemein Martin Bollacher: *Der junge Goethe und Spinoza.* Tübingen 1966; Hermann Timm: *Gott und Freiheit. Studien zur Religionsphilosophie der Goethezeit.* Bd. 1: *Die Spätrenaissance.* Frankfurt/M. 1975, S. 275 ff.; David Bell: *Spinoza in Germany from 1670 to the age of Goethe.* London 1984; für den Willkürkontext einschlägig Hans-Jürgen Schings: *Natalie und die Lehre des †††. Zur Rezeption Spinozas in „Wilhelm Meisters Lehrjahren".* In: Jb. des Wiener Goethe-Vereins 89/90/91 (1985/86/87), S. 37–88; ders.: *Goethes „Wilhelm Meister" und Spinoza.* In: *Verantwortung und Utopie. Zur Literatur der Goethezeit.* Ein Symposium. Hrsg. von Wolfgang Wittkowski. Tübingen 1988, S. 57–66; ders.: *„Le philosophe auquel je me fie si volontiers". Présence de Spinoza dans l'œuvre littéraire de Goethe.* In: *Johann Wolfgang Goethe. L'un, l'Autre, et le Tout. Année Goethe. Paris 1999.* Hrsg. von Jean-Marie Valentin. Paris 2000, S. 615–631.

68 Goethe an Jacobi, 19. 6. 1785: „Verzeih mir der ich nie an Metaphysische Vorstellungsart Anspruch gemacht habe, daß ich nach solanger Zeit nicht mehr und nichts bessers schreibe. Heute mahne ich Herdern und hoffe der solls besser machen. / Hier bin ich auf und unter Bergen, suche das göttliche in herbis et lapidibus" (HA Briefe, Bd. 1, S. 476).

Erfahrungswelt zugrunde. Die Auslassung des „verbis" in Goethes Wahlspruch richtet sich demnach gegen die magische Tradition, gegen den Vorrang des Wortes, gegen die postulierte Trennung von Wort und Sache. An die Stelle dieser Form des ‚Idealismus' setzt er eine mit der Autorität des Spinoza legitimierte ‚realistische' Position, die durch das Postulat einer Übereinstimmung von Wort und Sache in der objektiven Anschauung definiert wird.[69] Die Differenz zwischen den Einzelerscheinungen und dem aus diesen Einzelerscheinungen zu rekonstruierenden ‚Urphänomen' bleibt dabei freilich auch in der objektiven Anschauung bestehen, wird aber nicht skeptisch gewendet, sondern symbolisch gefaßt und als immanente Grundfeste der Wahrheit gedeutet.[70]

Vor diesem Hintergrund – also durch Goethes mit der Autorität des Spinoza legitimierte ‚Erkenntnistheorie' – läßt sich die idealistische Tendenz der Magie auch mit dem Begriff der Willkür belegen. Mit diesem Terminus, der sich im Anschluß an seine eigenen Spinoza-Lektüren und durch die Lektüre von Herders Schrift *Gott. Einige Gespräche* zunehmend festigt und als zentraler Begriff seiner ‚Erkenntnistheorie' weiter ausdifferenziert wird, ist zunächst ein subjektiv übersteigertes Verständnis der menschlichen Willensfreiheit benannt. Willkür stellt sich als unbedingtes Wollen dar, als angestrebte Realisierung einer Idee, die sich nicht von der vorgefundenen Wirklichkeit beschränken läßt. In den *Venetianischen Epigrammen* (1790) taucht das Wort ‚Willkür' im Anschluß an die Revolutionserfahrungen auf, also in einem für die folgenden Überlegungen wichtigen politischen Kontext. Mit der „Willkür" der sogenannten „Freiheitsapostel"[71] charakterisiert Goethe das prätendierte Wollen der Revolutionäre, das auf einer falsch verstandenen Willensfreiheit und uneingeschränkten Subjektivität basieren soll.

Bezeichnend für Goethes Willkürinterpretation ist ihre erweiterte, über den Bereich der menschlichen Willensfreiheit hinausreichende Anwendbarkeit. So verwendet Goethe den Willkür-Begriff gleichsam zur Beschreibung von Naturphänomenen wie auch von politischem Handeln.[72] Die Willkür basiert hierbei ebenso auf der Trennung von zugrundeliegender Idee und den ihr objektiv nicht entsprechenden realen Verhältnissen. Der relativ breite Deutungsspielraum dieses Willkürbegriffs ermöglicht eine Analogisierung von prätendierten Wundern und politischen Utopien: Nicht nur beim Geistersehen Cagliostros, sondern eben auch bei den politischen Utopien der Revolutionäre handelt es sich um einen willkürlichen, idealistischen Entwurf, dessen Spezifikum eine Trennung von Wort und Sache ist und der mit einer Überformung bestehender Verhältnisse einhergeht.

---

69 Goethe an Jacobi, 19. 6. 1785 (ebd.). Zur Bedeutung des Begriffs ‚Grundfeste' im Kontext von Goethes Naturphilosophie und zu deren Übertragbarkeit auf gesellschaftliche Verhältnisse vgl. auch Davids (Anm. 37), S. 81 ff., Interpretation von Goethes Granitaufsatz.

70 Goethe an Jacobi, 5. 5. 1786 (HA Briefe, Bd. 1, S. 508).

71 HA 1, S. 79.

72 Willkür nennt Goethe ebenso das Resultat eines subjektiven Verfahrens, bei dem unterschiedliche Teile unverhältnismäßig zu einem Ganzen zusammengeführt werden. Vgl. *Versuch als Vermittler von Objekt und Subjekt* (HA 13, S. 19). Auch der allegorische Farbgebrauch wird als Ausdruck von Willkür verstanden: *Zur Farbenlehre. Allegorischer, symbolischer, mystischer Gebrauch der Farbe* (HA 13, S. 520). Das Willkürprinzip der Natur ist schließlich Grund für die Varianz innerhalb der Arten, vgl. *Probleme* (ebd., S. 35 f.). Dieses breite Anwendungsspektrum verdeutlicht bereits die grundlegende Schlüsselfunktion, die dem Begriff der Willkür zum Verständnis des Goetheschen Objektivitätsbegriffes im Rahmen seiner Naturphilosophie und Gesellschaftstheorie zukommt.

Damit ist Goethes Kritik am Cophtischen erkenntnistheoretisch fundiert: Das gemeinsame Moment cophtischer Phänomene, also des Geistersehens, der Fürsten-Manipulation und der sozialen bzw. revolutionären Utopie, besteht in der sich in ihnen manifestierenden Willkür. Beim Cophtischen handelt es sich damit nicht mehr um ein historisches Einzelphänomen, sondern um eine universale, typologische Konstellation, die sich zunächst auf erkenntnistheoretisch analysierbare Positionen von Einzelsubjekten gründet, aber als Summationsphänomen zur geschichtsbestimmenden Signatur der Moderne avanciert.

Aufgrund dieses typologischen Geschichtsverständnisses, das die Subsumption verschiedener historischer Einzelphänomene unter den Komplex der Willkür rechtfertigt, kann Goethe sowohl die im *Groß-Cophta* anklingende Französische Revolution von 1789 wie auch das ‚Cophtische' Geistersehen und mehr als dreißig Jahre später die im zweiten *Faust* dargestellte Julirevolution von 1830 als verschiedene Erscheinungsformen derselben Grundhaltung ausweisen.[73] Es entspricht dieser Kritik, daß Goethe – wenn er die Halsbandaffäre als „Umkehrung der Welthistorie" versteht[74] – mit Umkehrung nun nicht einen kausalgenetischen Zusammenhang, sondern vor allem die Substitution einer Willkürherrschaft durch eine andere meint.[75] Mit Blick auf die spinozistische Notwendigkeitsmetaphysik läßt sie sich als Erscheinung desselben Phänomens aus zwei unterschiedlichen Perspektiven auffassen, als Mißverhältnis von Idee und Realität, als Willkür von oben und unten.

Zu dem Versuch, die Realität idealisch zu überformen, zählt nun eine weitere, eng mit dem Geistersehen verbundene Erscheinung der Zeit, die von Goethe sowohl im *Groß-Cophta* wie auch im *Faust* aufgegriffen wird. Sie hängt mit der oben zitierten Leidenschaftsmanipulation zusammen und äußert sich als Verkupplung des Sinnlichen mit dem Heiligen. Die cophtischen Geistererscheinungen sind ein Phänomen, für das eine derartige Verkupplung geradezu konstitutiv ist. Besonders gegen diese moderne Form der Schwärmerei setzt sich Goethe massiv zur Wehr. 1808 kritisiert er explizit die romantische Verwechslung von Schönem, Heiligem und Sinnlichem und beanstandet mit Blick auf Zacharias Werner in einem Brief an Friedrich Heinrich Jacobi:

> und ich verarge dir's gar nicht wenn du das verkoppeln und verkuppeln des Heiligen mit dem Schönen oder vielmehr Angenehmen und Reizenden nicht vertragen magst: denn es entsteht daraus, wie uns selbst die Wernerschen Sachen den Beweis geben, eine lüsterne Redouten- und Halb Bordellwirthschaft, die nach und nach noch schlimmer werden wird.[76]

Auf genau diese Vermischung von Sinnlichem und Heiligem läuft schließlich nach Goethe das gesamte „Cophtische Wesen" hinaus, das nun mit dem Romantischen assoziiert

---

73 So spricht Goethe an Knebel am 12. September 1830 von einer „Reprise der Tragödie" (WA IV, 47, S. 217).

74 Vgl. Riemers Tagebuchnotiz, 5. 5. 1816: „Die Halsbandgeschichte ist eine Umkehrung der Welthistorie". In: Gespräche, Bd. 2, S. 1138, Nr. 4330.

75 WA I, 53, S. 386. Diese politische Kritik ist freilich als Einwand *ex eventu* und nicht als apriorische Ablehnung von Reformen schlechthin zu verstehen. Vgl. dazu auch Reiner Wild: *Naivität und Terror. Die Französische Revolution im Urteil des klassischen Weimar.* In: *Schreckensmythen – Hoffnungsbilder. Die Französische Revolution in der deutschen Literatur. Essays.* Hrsg. von Harro Zimmermann. Frankfurt/M. 1989, S. 47–80; bes. S. 51–53.

76 Goethe an Friedrich Heinrich Jacobi, 7. 3. 1808 (WA IV, 20, S. 27).

wird.[77] Die schwärmerischen Versuche, die profane (hier erotische) Wirklichkeit durch den Rekurs auf verschiedene Philosopheme neuplatonischer Provenienz idealisch zu überhöhen, werden als romantisches Spezifikum gekennzeichnet, über dessen Wert kein Zweifel besteht.[78] So äußert sich Goethe anläßlich des Zacharias-Werner-Dramas *Die Weihe der Kraft* diesbezüglich völlig unmißverständlich:

> Eben so macht mir Werner Spaß, wenn ich sehe, wie er die Weiblein mit leidlich ausgedachten und artig aufgestutzten Theorieen von Liebe, Vereinigung zweyer prädestinirten Hälften, Meisterschaft, Jüngerschaft, verastralisirten Mignons zu berücken weiß.[79]

In einem früheren Brief an Jacobi hatte er bereits nachdrücklich vor falschen Propheten sowie dem ‚Schnappen nach Wundern' gewarnt[80] und in diesem Zusammenhang angekündigt, den *Groß-Cophta* „alle Jahre einmal" als „Wahrzeichen" gegen den Irrationalismus und die Geisterseherei aufzuführen.[81] Dieses ästhetische Wahrzeichen tritt an die Stelle einer radikalen anti-metaphysischen Kritik am Cophtischen und Geistersehen, wie sie Goethe in Form von Nicolais Schriften bekannt war.[82] Es ist als ästhetisches Mittel gegen eine sich gesellschaftlich und politisch manifestierende Schwärmerei zu verstehen.

Goethe wendet sich mit diesem Konzept schließlich gegen die von Berlin lancierte Geisterkritik und ihre primär rationalistisch-anthropologische Stoßrichtung, wie sie bereits in der zwischen Nicolai und Goethe ausgetragenen Werther-Kontroverse evident wurde. In seiner polemischen Kritik am *Werther* hatte Nicolai die Wertherschen Schwärmereien als ‚hypochondrische Dünste' ausgewiesen und sie für das Phänomen der illusionären Verkennung verantwortlich gemacht.[83] Goethe äußert nun Vorbehalte gegenüber der geringen Tragweite und dem mangelnden praktischen Nutzen dieser anthropologischen – dem Materialismus nahestehenden – Begründungsversuche.

In der *Walpurgisnacht*-Szene des *Faust I* nimmt Goethe den Mißerfolg des anthropologischen Generalangriffs auf das Geistersehen mit einiger Genugtuung zur Kenntnis und verunglimpft besonders Nicolais Unverständnis über die Persistenz des Irrationalismus. Unter dem Eindruck eines Vortrags, den Nicolai 1799 vor der Berliner Akademie hielt, konzipiert Goethe hier die Figur des Proktophantasmisten. Nicolai hatte der Akademie bei dieser Gelegenheit gegen das Gespenstersehen die klassische Gelehrtenmelancholie-Therapie, die Blutegelkur, anempfohlen und dabei zugleich seinem Unmut über die Verbreitung des Geisterglaubens Ausdruck verliehen. In der Rede des Proktophantasmisten nimmt sich dieser Unmut folgendermaßen aus:

---

77 Ebd., S. 29.

78 Auf Goethes in diesem Kontext relevante Kritik an der romantischen Ästhetik geht auch Zabka (Anm. 52), S. 158–162, ein.

79 Goethe an Jacobi, 7. 3. 1808 (WA IV, 20, S. 28).

80 Goethe an Jacobi, 1. 6. 1791 (WA IV, 9, S. 270).

81 Goethe an Reichardt, 29. 7. 1792 (ebd., S. 323).

82 Durch Nicolais Schrift *Beyspiel einer Erscheinung mehrerer Phantasmen; nebst einigen erläuternden Anmerkungen.* In: ders.: *Sämtliche Werke, Briefe, Dokumente.* Kritische Ausgabe mit Kommentar. Hrsg. von P. M. Mitchell, Hans-Gert Roloff u. Erhard Weidl. Bd. 6: *Gedächtnisschriften und philosophische Abhandlungen.* Bearbeitet von Alexander Košenina. Bern u. a. 1995, S. 207–224.

83 So auch Kant (Anm. 27), S. 959, der in der schon zitierten Invektive gegen Swedenborg ebenso die anthropologisch materialistische Erklärung kritisiert.

Ihr [Geister] seid noch immer da! Nein das ist unerhört.
Verschwindet doch! Wir haben ja aufgeklärt!
Das Teufelspack es fragt nach keiner Regel.
Wir sind so klug und dennoch spukt's in Tegel.[84]

Weder die Brachialmethode der Blutegelkur noch die der rationalistischen Kritik hat den Geisterglauben nachhaltig eingedämmt. Mit dieser Verspottung kann Goethe in satirischer Form noch einmal auf das nicht zuletzt im Zuge der Cagliostro-Debatte manifest gewordene Problem der Aufklärung Bezug nehmen: das Problem, den Glauben an die Geister und damit die vom Cophtischen ausgehende Faszination durch rationale Argumente nicht nachhaltig eingeschränkt und ebensowenig den politischen Erfolg der rosenkreuzerischen Geisterseher verhindert zu haben.

Mit dem Hinweis auf diese (auch von Nicolai zugestandene) eingeschränkte Wirkung der Wunderkritik scheint Goethe einem an die Grenzen rationaler Begründbarkeit reichenden eschatologischen ‚Bedürfnis' Rechnung zu tragen, das sich – auf den immanenten Objektbereich bezogen – freilich als Willkür darstellt, das aber dennoch nicht von der Hand zu weisen ist. In Anerkennung dieses eschatologischen Bedürfnisses hat sich Goethe gegen die vom ‚Cophtischen' ausgehende Gefahr immer wieder kritisch geäußert; gerade deshalb nahm er Cagliostro durchaus ernst und rechnete ihn sogar zu den „dämonischen" Menschen. Dies dürfte auch der Grund für die Hervorhebung der „dämonischen Menschen" als permanenter Quelle sittlicher Unruhen im zwanzigsten Buch von *Dichtung und Wahrheit* sein.[85]

Eine Resignation über die mögliche Beseitigung dieser Form der Schwärmerei dokumentieren die 1830 an Carl August verschickten, schon für die Oper *Die Mystifizierten* verfaßten *Cophtischen Lieder*:

Törigt, auf Beßrung der Toren zu harren!
Kinder der Klugkeit, o! habet die Narren
Eben zum Narren auch, wie sichs gebührt.[86]

Diese Haltung ist dabei wohl die Konklusion aus einer weiteren Überlegung: Die Suche nach den Ursachen der Geistererscheinungen, die Frage nämlich, ob derartige Wahrnehmungen durch hypochondrische Winde oder reale Geister verursacht sind, ist für Goethe lediglich ein widersinniges Theoretisieren – oder ‚vernünfteln nach dem Cartesius' (Kant). An die Stelle derartig theoretischer Erklärungsmodelle treten der *Groß-Cophta* und ebenso der *Faust* als literarische ‚Warnzeichen'.

Goethes Kritik am Geistersehen manifestiert sich also primär literarisch, sie ist durch seinen Spinozismus erkenntnistheoretisch fundiert und explizit in die theoretische Debatte der

84 Goethe (Anm. 46), S. 178, und dazu der Kommentar, S. 358. Die Anspielung nimmt Bezug auf einen im November 1797 in der *Berlinischen Monatsschrift* veröffentlichten Aufsatz *Über das nächtliche Gepolter in Tegel (1 1/2 Meilen von Berlin)*, in dem von einer Geistererscheinung berichtet wird.

85 HA 10, S. 177.

86 MA 3.2, S. 9. Sie erschienen zuerst im Musenalmanach, stellen Baßarien aus dem Opernplan dar und wurden zunächst als Teil von Cagliostros Ordenswahlspruch konzipiert, vgl. Düntzer (Anm. 1), S. 26.

Spätaufklärung eingebunden. Formal äußert sie sich aber vor allem durch ironische Entstellung, die besonders die Berliner Aufklärung betrifft. Der religionskritische und gegen den Irrationalismus gerichtete Impetus der Geisterdebatte wird von Goethe aufgegriffen, aber nicht bis zur radikalen anthropologischen Geisterkritik fortgeführt. Diese Zurückhaltung ist mit dem erkenntnistheoretischen, spinozistischen Philosophem der Willkür begründet, und diese Begründung hat mithin die ethische Funktion, den moralischen Implikationen einer radikalen Geisterkritik – dem Materialismus und der Skepsis – vorzubeugen.

ALWIN BINDER

„Amors Tempel"

Zu Goethes Elegie „Saget Steine mir an"

Goethe reiste eine Woche nach seinem siebenunddreißigsten Geburtstag von Karlsbad nach Italien und kam etwa zwei Monate vor Vollendung seines neununddreißigsten Lebensjahres nach Weimar zurück. Diese Reise war für ihn nicht nur in künstlerischer Hinsicht bedeutend, sondern er hat auch davon gesprochen, daß er niemals wieder so glücklich gewesen sei wie in Rom. Solche Erfahrungen spiegeln sich wider im Gedichtzyklus der *Römischen Elegien.* Doch sind diese Gedichte nicht, wie ihr Titel vermuten läßt, in Rom entstanden, sondern erst danach in Weimar. Zwanzig der vierundzwanzig Elegien wurden 1795 unter dem Titel *Elegien* in Schillers Zeitschrift *Die Horen* veröffentlicht. Manche Zeitgenossen empfanden diese Gedichte als schamlos: „[…] alle ehrbaren Frauen sind empört über die bordellmäßige Nacktheit. Herder sagte sehr schön: er [Goethe] habe der Frechheit ein kaiserliches Insiegel aufgedrückt. Die *Horen* müßten nun mit dem u gedruckt werden".[1]

In Rom soll Goethe eine Geliebte gehabt haben; über deren Person gibt es aber nur Vermutungen. Dagegen weiß man, daß er seit Juli 1788 – zuerst heimlich – mit Christiane Vulpius zusammenlebte; folglich wurden die *Römischen Elegien* vor allem mit ihr in Verbindung gebracht. Diese Liebesdichtung läßt sich jedoch nicht verstehen, wenn man sie auf private Liebesbeziehungen reduziert. Vielmehr sind es Texte, in denen private Erfahrungen nur enthalten sind, insofern sie über das Private hinausweisende ‚Bedeutung' haben. Unter diesen Gedichten ist die erste Elegie durch außergewöhnliche ‚Kunstfertigkeit' hervorgehoben, der dann wohl eine außergewöhnliche Bedeutung entspricht. Um dies zu zeigen, beziehe ich mich auf die Erstveröffentlichung in den *Horen*:

Saget Steine mir an, o! sprecht, ihr hohen Palläste.
Straßen redet ein Wort! Genius regst du dich nicht?
Ja es ist alles beseelt in deinen heiligen Mauern
Ewige Roma, nur mir schweiget noch alles so still.
O! wer flüstert mir zu, an welchem Fenster erblick ich
Einst das holde Geschöpf, das mich versengt und erquickt?
Ahnd' ich die Wege noch nicht, durch die ich immer und immer,
Zu ihr und von ihr zu gehn, opfre die köstliche Zeit.

---

1 Böttiger an Friedrich Schulz, 27. 7. 1795. In: Wilhelm Bode (Hrsg.): *Goethe in vertraulichen Briefen seiner Zeitgenossen.* Berlin 1918, S. 528 f.

Noch betracht' ich Palläst und Kirchen, Ruinen und Säulen,
Wie ein bedächtiger Mann sich auf der Reise beträgt.
Doch bald ist es vorbey, dann wird ein einziger Tempel,
Amors Tempel nur seyn, der den Geweihten empfängt.
Eine Welt zwar bist du, o Rom, doch ohne die Liebe
Wäre die Welt nicht die Welt, wäre denn Rom auch nicht Rom.

Dieser Text wird gesprochen von einem *Mann*, der nach *Rom* kommt mit der Absicht, dort ein *holdes Geschöpf* zu erblicken. Obwohl er in[2] *Rom* ist, fühlt er sich von der Stadt ausgeschlossen und spricht in seiner Isoliertheit leblose Gegenstände an mit der Bitte, ihm *zuzuflüstern*, wo er sein Ziel erreichen werde. Der *Mann* beobachtet sich selbst. Er fühlt sich wohl deshalb nicht zu *Rom* ‚gehörig', weil er sich noch zu sehr wie *auf der Reise beträgt.* Aber er sucht den Grund für seine Isoliertheit nicht nur bei sich. Seine ersten Sätze enthalten unausgesprochene Vorwürfe: ‚Wenn ihr beseelt seid, warum redet ihr nicht mit mir?' Er scheint *Steine, Palläste* usw. daran erinnern zu wollen, daß sie sprechen könnten.

Aber nicht nur durch diese, im normalen Leben sinnlosen Aussagen und Vorwürfe hebt sich der *Mann* von einem gewöhnlichen Reisenden ab, sondern auch durch die vier Schlußzeilen seiner Rede. Die Vision, daß bald nur noch *Amors Tempel* den *Geweihten* empfangen werde, läßt sich zwar begreifen als Euphemismus, der Obszönes verbirgt, aber der Schlußsatz ist von einem Standort aus gesprochen, von dem sich Geschichte und Gegenwart der *Welt* überblicken lassen; kein ‚gewöhnlicher' Reisender könnte sagen:

Eine Welt zwar bist du, o Rom, doch ohne die Liebe
Wäre die Welt nicht *die Welt, wäre denn Rom auch* nicht *Rom.*

Diese Aussage enthält nicht nur erotische Anspielungen, sondern durch das überhöhte Sprechen und den Vokativ *o Rom* bekommen die Sätze ein ungewöhnliches, nur scheinbar ironisches Gewicht. Man könnte sie etwa so lesen: ‚Es gibt verschiedene Vorstellungen von Welt, und es nennt sich vieles Welt, aber zum wahren Begriff der Welt gehört die Liebe.' „Eros", die „Liebe", nimmt „in der Chaos-Szenerie antiker Weltentstehungslehren einen primären Platz ein: Hesiod stellt ihn neben Tartaros und Gaia elternlos an den Beginn aller Dinge"[3]. Und unter jüdisch-christlichem Aspekt könnte *Liebe* die göttliche Liebe bedeuten, aus der die Schöpfung hervorging. Wenn die *Welt* ursprünglich aus *Liebe* geworden ist, dann ist jeder Begriff von Welt falsch, in der sich keine *Liebe* erkennen läßt.

Jetzt erhält die Formulierung *Eine Welt zwar bist du* einen genaueren Sinn: Rom ist eine Welt „unter den Millionen Welten", denen die *Liebe* fehlt. Aus Italien schreibt Goethe an Herder: „[...] je mehr ich die Welt sehe, desto weniger kann ich hoffen, daß die Menschheit je Eine weise, kluge, glückliche Masse werden könne. Vielleicht ist unter den Millionen Welten eine, die sich dieses Vorzugs rühmen kann; bei der Constitution der unsrigen [gemeint ist die Welt Weimars] bleibt mir so wenig für sie, als für Sicilien bei der seinigen zu hoffen".[4]

2 Alle gesperrt gesetzten Stellen, innerhalb und außerhalb von Zitaten, sind Hervorhebungen von mir.

3 *Der kleine Pauly.* Hrsg. von Konrat Ziegler u. Walther Sontheimer. Bd. 2. München 1979, Sp. 361.

4 WA I, 31, S. 238.

Rom wird hier auch deshalb als *Welt* bezeichnet, weil es sich selbst als urbs orbis begreift, als die Stadt des ganzen Erdkreises. In diesem Gedicht aber ist *Rom* als *Welt* nicht das, was es sein könnte. Dieser – vorläufige – Mangel ist nicht nur angedeutet durch den Konjunktiv, sondern zeigt sich auch, sobald man den vorletzten Vers für sich liest, wenn man also die Versgrenze über die syntaktische Grenze stellt: ‚Eine Welt zwar bist du, o Rom, doch ohne die Liebe.' Die Verwandlung der liebe-losen *Welt Roms* als einer *Welt* in die *Welt* als Muster und Gleichnis der *Welt* schlechthin ist hier angekündigt durch den prophetischen Satz:

Doch bald ist es vorbey, dann wird ein einziger Tempel,
Amors Tempel nur seyn, der den Geweihten empfängt.

Die prophetische Sprache in den vier letzten Versen legt nahe, das lyrische Ich als Abgesandten, als Vertreter des Gottes der *Liebe* zu sehen und sein Tun und Sprechen so aufzufassen, als ob es vermitteln wolle, was der *Welt* zur *Welt* und *Rom* zu *Rom* noch fehle. Weil es ein Prophet *Amors* ist, ist das lyrische Ich ein *Geweihter*, und von daher leitet sich auch die Autorität ab, mit dem dieser *Geweihte* als ‚Eingeweihter' am Schluß der Elegie das Kommen einer Zeit der *Liebe* verkündet und deren Notwendigkeit begründet. Seine Mission könnte auf die Sendung Jesu anspielen, der das neue Gebot gab, daß sich die Menschen lieben sollen (Jo 13,34).

Das ‚Rom-Bild' des lyrischen Ich setzt sich zunächst zusammen aus *Steinen*, *Pallästen* und *Straßen*, denen jeweils eine sprachliche Äußerungsform zugeordnet ist. *Steine* und *sagen* scheinen eine ursprüngliche, an den Mythos erinnernde Dimension zu haben. Den *hohen* – herrschaftlichen – *Pallästen* entspricht die kultiviertere Sprachform des ‚Sprechens'. Und den öffentlichen *Straßen* korrespondiert die ‚Rede' als die im Alten Rom gepflegte und vor allem in der Republik gebrauchte Kunst der Beredsamkeit, der Rhetorik. Zusammen mit den *Mauern* der *Ewigen Roma* repräsentieren diese Details das Imperium Romanum, eine liebe-lose Weltherrschaft, und zugleich die Römische Kirche, die für sich beansprucht, auf *ewig* der *Tempel* göttlicher *Liebe* zu sein.

Während das lyrische Ich *Rom* wie ein *bedächtiger Mann* betrachtet, stellen sich ihm *Palläst und Kirchen, Ruinen und Säulen* nebeneinander auf einer Ebene dar. Jeder Rombesucher kann wahrnehmen, wie austauschbar die Bezeichnungen für diese Gebäude und Gebäudereste in Rom sind, wie zum Beispiel Michelangelo in die Ruinen der Diokletian-Thermen die Kirche S. Maria degli Angeli gebaut hat, daß das Pantheon nur erhalten blieb, weil es als Kirche genutzt worden ist, ansonsten aber das antike *Rom* der Steinbruch war, aus dem *Palläst und Kirchen* gebaut worden sind. Was sich zunächst vielleicht als Bild der Vergänglichkeit vergangener und gegenwärtiger Gewalten zeigt, kann in der ‚Betrachtung', in der Reflexion erkennen lassen, daß weltliche und kirchliche Weltherrschaft zusammengehören, austauschbar sind, und es mit beiden *vorbey* sein muß, wenn *Amors Tempel* erscheinen soll. *Ja es ist alles beseelt in deinen heiligen Mauern.* Das ist wohl die säkularisierte Vision des Himmlischen Jerusalem, die neue Vision der *ewigen Roma.*

Indem das lyrische Ich *Rom* an-spricht, drückt es aus, daß *alles* in und innerhalb der *Mauern beseelt* sein könnte. ‚Beseeltsein' hat demnach eine sprachliche Dimension, und das lyrische Ich versucht, die in den *Steinen* verborgene Sprachmöglichkeit durch An-Sprache zu wecken und dadurch die versteinerte, liebe-lose Qualität *Roms* in ‚Be-weg-ung' zu bringen. Die Methode, durch die das lyrische Ich versucht, *Rom* zu verwandeln, ist eine Sprache, die dem jeweils Angesprochenen gemäß ist.

Das könnte andeuten, daß *Amor* und Sprechen zusammengehören. Es ist wohl nicht unbedeutend, daß dieses *Liebe*-Gedicht zwar Befehlsformen enthält, aber alle drei auffordern, sich sprachlich zu äußern: *saget an*, *sprecht*, *redet*. Dies scheint der einzig erlaubte Appell zu sein. Wenn *alles*, was *beseelt* ist und demnach sprechen könnte, für das lyrische Ich vernehmbar spricht, und zwar so spricht, daß es nicht Gewalt, sondern konkret erfahrbare *Liebe* bedeutet, dann scheint *Rom* zu sich selbst gekommen und das Modell einer *Welt* zu sein, in der Sprache kein Herrschaftsmittel, sondern Ausdruck einer ‚mündigen' Gesellschaft ist.

Die Bedeutung des Sprechens wird zusätzlich erhöht, indem im ersten und im letzten Hexameter des Gedichts *o! sprecht* und *o Rom* deutlich aufeinander bezogen sind. In einem sprechenden, liebenden *Rom* wäre der Vokativ wohl verschwunden, oder wenigstens drückte er kein Herrschaftsgefälle aus. Zunächst freilich ist die Sprache der *Liebe* in *Rom* noch eine gefährliche Sprache, die sich nur *flüsternd* äußert und die durch Fragen hervorgelockt werden muß:

O! wer flüstert mir zu, an welchem Fenster erblick ich
Einst das holde Geschöpf, das mich versengt und erquickt?

In dieser widersprüchlichen, an Bilder der Mystik erinnernden Aussage, daß ein *holdes Geschöpf [...] versengt und erquickt*, ist der Liebes-Akt, also die liebe-volle Handlung, dargestellt. Als Anspielung auf den Phönix, der verjüngt aus der Asche hervorsteigt, kennzeichnet das Oxymoron *versengt und erquickt* die ersehnte *Liebe* auch als Wiedergeburt, als Erneuerung, als Regeneration.

Dort, wo das lyrische Ich von konkreter *Liebe* spricht, ist seine Sprache nicht nur fragend, sondern geht durch das Oxymoron *versengt und erquickt* an die äußerste Grenze metaphorischen Sprechens. Dadurch scheint diese Sprache auf sich selbst als metaphorische zu verweisen. Das kann andeuten, daß ‚liebende' Sprache und ‚poetische' Sprache verwandt sind. Dies wird deutlicher, wenn man die *Wege* betrachtet, die das lyrische Ich – ebenfalls eher fragend als aussagend – noch sucht:

Ahnd' ich die Wege noch nicht, durch die ich immer und immer,
Zu ihr und von ihr zu gehn, opfre die köstliche Zeit.

In diesen mittleren Zeilen des Gedichts scheint das *ich* zunächst davon zu sprechen, daß die räumliche Distanz zwischen ihm und *ihr* groß sei und ihre Überwindung ein Opfer an Zeit verlange. Aber diese Gewinn- und Verlustrechnung über das, was Liebe bewirkt, ist nicht die einzige Verständnismöglichkeit dieser Stelle.

Auffällig sind Raum- und Zeitbegriffe aufeinander bezogen. Das Distichon geht aus von dem Raumbegriff *Wege*, dann kommt die temporale Bestimmung *immer und immer* hinzu, die sich inhaltlich auf *zu ihr und von ihr zu gehn* und auf *opfre die köstliche Zeit* beziehen läßt. Es scheint so zu sein, daß die *Zeit*, die am Ende des Distichons steht, zu einer *köstlichen Zeit* wird, wenn das *immer und immer* den Umweg über *zu ihr und von ihr zu gehn* macht. Das ‚Opfern der Zeit' ist dann keine Entbehrung, sondern Erfahrung und Genuß der *Zeit*, die erst durch diese Ausbreitung *köstlich* wird und dadurch wert, *Amor* ‚geopfert' zu werden. So gesehen ist das ‚*immer und immer* wieder Durchgehen der *Wege zwischen den Liebenden' das Ziel*, welches vom *ich* gesucht wird.

Während bei der ersten Betrachtungsweise die Betonung auf *immer und immer [...] opfre die köstliche Zeit* liegt, betont die zweite *immer und immer, Zu ihr und von ihr zu gehn*. Liest man beide Bedeutungen zusammen, dann werden *Zu ihr und von ihr zu gehn* und *opfre die köstliche Zeit* zwei verschränkte, äquivalente Aussagen; diese Äquivalenz spiegelt sich auch darin wider, daß beide Aussagen in e i n e m Pentameter gemacht werden, dessen Hälften überdies metrisch identisch und dadurch spiegelbildlich aufeinander beziehbar sind.

Man kann, um die Äquivalenz der beiden Pentameter-Hälften besser zu verstehen, zunächst von einem linearen Zeitbegriff ausgehen, demzufolge die *Zeit* unendlich in die Zukunft weist. Diese *Zeit* symbolisiert die Freiheit des Menschen, Ziele zu entwerfen und sein gegenwärtiges Leben als zweckmäßiges, schnellstmögliches Handeln ganz der Zukunft unterzuordnen. *Rom* selbst ist ein Beispiel dafür, was ein solcher Zeitbegriff bewirkt: Generationen von Menschen kämpften und starben für die Idee des Römischen Weltreichs, des Imperium Romanum. Auch der Christ ordnet sein irdisches Dasein einem – ewigen – Ziel unter. Und der bürgerliche, an Leistung orientierte Fortschrittsglaube ist auf eine Zeitlinie reduzierbar, die immer aufs Abstrakte, Noch-Unbestimmte, aber Besseres Verheißende gerichtet ist.

Dagegen ist der Weg zwischen *ich* und *ihr*, zwischen liebendem Ich und liebendem Du auf konkrete Menschen bezogen, auf Personen, die sich gegenseitig etwas bedeuten oder bedeuten wollen. Das ‚Fortschreitende', ‚Lineare' der Zeit-Linie wird nicht aufgegeben, aber es wird sozusagen in den Raum einbezogen. Man könnte auch sagen, der Zeit werde Raum für Liebe gegeben. Das *opfre die köstliche Zeit* heißt dann, daß der Liebende die – gewöhnlich dem *Mann* zugeordnete – Zeit für kühn ausgreifende (Gewalt-)Taten modifiziert. Sein Handeln ist, da es auf lebende und liebende Menschen gerichtet und von ihnen beeinflußt wird, human. Zugleich erhält in der Formulierung *opfre die köstliche Zeit* der O p f e r-Begriff einen weiteren Sinn. Während in der durch das *Amor*-lose *Rom* vertretenen christlichen Religion vom Menschen erwartet wird, daß er sein Kreuz auf sich nimmt, um in einer fernen, jenseitigen Zukunft den Lohn dafür zu ernten, sind bei einem Handeln, das dem Liebesgott *Amor* ‚geweiht' ist, Opfer und Erfüllung identisch. Das ist *köstliche Zeit*.

Das *zu ihr und von ihr zu gehn*, das hin- und herwendende Fortschreiten, ist mit dem ‚Verlauf' der Vers-Sprache verwandt, denn der Begriff Vers selbst ist von lat. *vertere* (‚umwenden, umdrehen, umkehren') abgeleitet. Der Vers ist eine Bewegung, die – anders als die Prosazeile – bewußt zurückgewendet wird. Dadurch entsteht ein Gebilde, dessen Gestalt nicht wie bei der Prosa zufällig ist, sondern wesentlich zu dieser Bewegung gehört.

Diese Verssprache, die nach *Liebe* sucht, wird in dieser Elegie jedoch nicht nur erkennbar, indem man über das Erzählte nachsinnt, sondern auch durch andere Momente der Struktur zeigt sich, was *Liebe* ist und wie sich die Verwandlung *Roms* in *Amors Tempel* denken läßt.

Die erste Elegie kann gesehen werden als im verkleinerten Maßstab geschaffenes Modell d e r *Roma* und d e r *Welt*, die das Thema des Gedichts sind. Dieses poetisch geschaffene *Rom* ist gebaut aus sieben Distichen und vierzehn Versen. Sieben und Vierzehn lassen sich auffassen als Anspielungen auf die sieben Hügel, auf die sieben Hauptkirchen und auf die vierzehn Stadtbezirke *Roms*. Das Gedicht hat unter solchem Gesichtspunkt einen deutlichen Bezug zu Wirklichkeit und Geschichte.

Die *Wege*, in denen sich das lyrische Ich be-wegt, sind Hexameter und Pentameter. Als heroischer Vers ist der Hexameter das Medium des Heldenepos und repräsentiert somit die Größe *Roms*, doch wenn er sich mit dem Pentameter ‚paart', entsteht als ‚Liebes-Bund' das Distichon, die Strophenform der Elegie, in der nicht nur Kampf und Größe, sondern auch andere Möglichkeiten menschlichen Daseins dargestellt werden. So gesehen läßt sich in der ersten Elegie das Distichon begreifen als Resultat einer Liebes-Handlung, in der der heroische Hexameter *versengt* wird und sich dabei zu einem Vers erneuert, der auch Klage und Liebe auszudrücken vermag.

Der Hexameter ist ein Vers, dessen Bauart besonders dafür geeignet zu sein scheint, Verhältnisse zu formulieren, die zwar geregelt sind, aber innerhalb dieser Regeln dem Individuellen Spielraum lassen. Er kann zwischen 13 und 17 Silben variieren und erlaubt an mehreren Stellen Zäsuren. In dem in Hexametern geschriebenen Gedicht *Metamorphose der Tiere* bezeichnet Goethe „bewegliche Ordnung" als „schönen Begriff" und als den höchsten Begriff, den der Mensch ‚erringen' könne. Der Bau des Hexameters drückt diese „bewegliche Ordnung" unmittelbar aus. Es ist also möglich, daß in der ersten Elegie die Distichen, die man ja in noch erweitertem Sinn als „bewegliche Ordnung" bezeichnen könnte, den Liebesbund ‚abbilden', den das lyrische Ich in *Rom* sucht.

Betrachtet man das den Distichen dieser Elegie zugrundeliegende Metrum als den ‚Bauplan' *Roms*, dann ergeben sich zwischen den einzelnen Notierungen der Verse ungewöhnliche Beziehungen (in der folgenden Abbildung haben identisch notierte Vershälften dasselbe Muster):

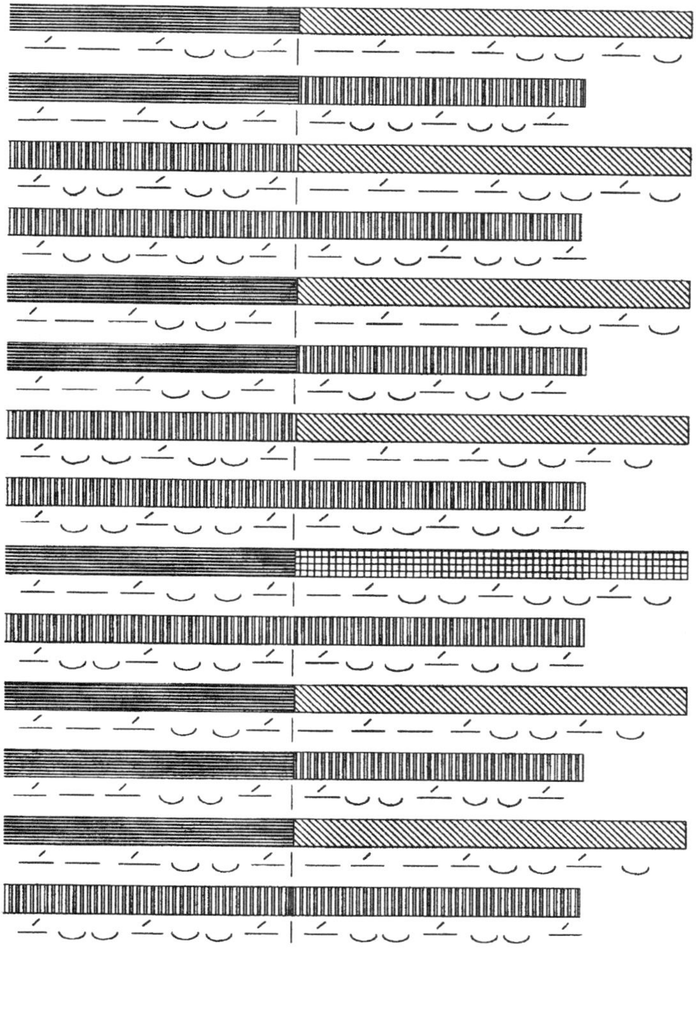

Das Gedicht ist mit einer Strenge gebaut, die das elegische Versmaß nicht verlangt. Beachtlich ist dabei:

- daß alle Hexameter die nur für den Pentameter obligatorische Hauptzäsur Penthemimeres (nach dem fünften halben Versfuß) haben, was dazu führt, daß die ganze Elegie in etwa zwei gleiche Hälften geteilt ist
- daß – trotz der großen Variationsmöglichkeiten des Hexameters – das Metrum von Vers 1 dreimal, von Vers 2 zweimal und von Vers 4 wiederum dreimal wiederholt wird
- daß das erste, das dritte und das sechste Distichon metrisch identisch sind
- daß die zweiten Hälften aller Distichen, mit Ausnahme des fünften Distichons, metrisch identisch sind
- daß die ersten vier Distichen, also die Verse eins bis acht, aus zwei jeweils metrisch identischen Distichon-Paaren gebaut sind.

In dieser Elegie wechseln also nicht nur – wie es das metrische System jeder Elegie vorschreibt – Hexameter und Pentameter ab, sondern innerhalb der ersten acht Verse auch metrisch identische Distichen.

Nun wird vielleicht deutlicher, wie die ‚Verräumlichung der Zeit' zu denken ist. Es handelt sich nicht um ein isoliertes, durch Vers-‚Füße' gekennzeichnetes beliebiges Hin- und Herbewegen, sondern durch die mannigfache Verbindung der einzelnen ‚Zeitläufe' entsteht ein Gewebe, ein Geflecht, ein Text, in welchem die einzelnen, relativ locker gebundenen Verse einen zusätzlichen Zusammenhalt bekommen. Falls das Gedicht den in ihm verborgenen Liebesbegriff abbildet, ist ein solcher Liebesbegriff mit Willkür und Gesetzlosigkeit unvereinbar. Diese *Liebe* braucht, so scheint es, zwar keinen starren, aber doch einen festen Rahmen, die „bewegliche Ordnung", die es dem Individuum ermöglicht, sich angstfrei und gewaltlos, also liebend, zu bewegen.

Sehr ungewöhnlich und damit nachdenkenswert ist, daß die ersten acht Verse der Elegie zwei metrisch identische Vierergruppen bilden. Das wäre nichts Besonderes bei einer anderen Gedichtform, die ebenfalls aus vierzehn Versen gebildet ist, nämlich dem Sonett. Läßt sich die Struktur der ersten Elegie als Anspielung auf das Sonett lesen?

Wie im Sonett üblich, umspielen auch hier die ersten acht Verse ein einziges Thema, das im vierten Distichon seinen Abschluß findet. Diese enge Verflechtung der Thematik spiegelt sich wider in vielen Klangkorrespondenzen, auf die schon die Anfangsassonanzen *Sage*, *Straßen* und *Ja es* hinweisen. Dann folgt mit dem fünften und sechsten Distichon eine neue Reflexionsstufe, die sich auch dadurch als Einheit zeigt, daß die beiden Distichen durch die Anfangsreime *Noch* und *Doch* und die Endassonanzen *-trägt* und *-pfängt* miteinander verschränkt sind. Was als durch die Konjunktionen *Noch* und *Doch* gekennzeichnete Antithesen erscheint, wird durch die Reimwörter *Noch* und *Doch* wieder verbunden. Das scheint anzudeuten, daß beide Distichen als Einheit zu denken sind, daß sich in der hier gemeinten ‚bedächtigen Betrachtung' der Aspekt des *Noch* in den des *Doch* verwandelt.

Liest man die Elegie – zeit- und versuchsweise – so, als ob ihre Aussagen nach den Vorgaben eines Sonetts gegliedert wären, dann hätte sie – etwa vergleichbar den Sonetten Shakespeares – anstelle der ‚Terzette' ein weiteres ‚Quartett' und würde mit einem Verspaar abschließen, das hier auch metrisch gesehen eine Zusammenfassung des Vorangegangenen darstellt. Denn der dreizehnte Vers entspricht metrisch den Versen 1, 5 und 11, und der vierzehnte Vers den Versen 4, 8 und 10.

Diese Gliederung der Aussagen und die Anzahl der Verse legen es nahe, für einen Moment die metrische ‚Bauform' *Roms* nicht auf das antike Bauprinzip, das Silben zu Versfüßen und diese wiederum zu Versen zusammensetzt, zu beziehen, sondern die Silben zu zählen. Das metrische Prinzip, Silben zu zählen und Verse nach der Anzahl der Silben zu bestimmen (ein bezeichnender Vers dieser Art ist der Endecasillabo, der Elfsilbler, der sehr häufig auch der Vers des Sonetts ist), hat sich vor allem in der Romania ausgebildet, also in den Ländern, deren Sprach- und Kulturtradition eng mit dem Alten Rom verknüpft ist. Eine solche Verschränkung von Elegie- und Sonettform könnte verstanden werden als Verbindung von antiker und moderner Kultur, für die *Rom* repräsentativ zu sein vermag. Als ‚Liebesverbindung‘ gedacht, würde das Alte durch das Neue und das Neue durch das Alte *erquickt.* Die Bewegung des *zu ihr und von ihr* wäre – so gesehen – auch eine geschichtliche Bewegung.

Wendet man das silbenzählende Verfahren auf die erste Elegie an, kommt man zu außergewöhnlichen Ergebnissen:

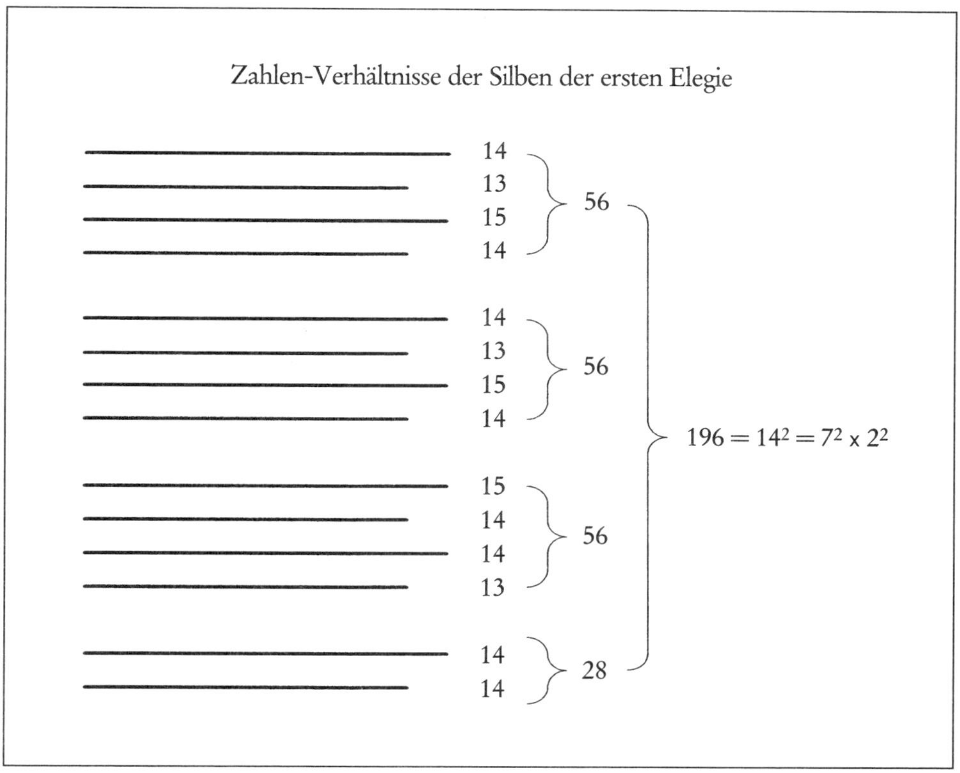

Daß die beiden ersten, im antiken Metrum identischen ‚Quartette‘ auch in der Silbenzahl identisch sind, war zu erwarten. Nicht zu erwarten war dagegen, daß auch das dritte ‚Quartett‘ aus sechsundfünfzig Silben besteht und daß das Schlußdistichon der Silbenzahl nach genau ein halbes ‚Quartett‘ bildet.

Das Silbensystem unterstützt also die bisherigen Beobachtungen. Das geht soweit, daß die das Alte Rom symbolisierenden Zahlen Sieben und Vierzehn, die die Verse der Elegie strukturieren, auch in den Silbenverhältnissen erscheinen. Alle Silben zusammen bilden die

Summe $196 = 14^2 = 7^2 \times 2^2$. Es handelt sich also um eine Potenzierung der Zahlen, die schon in anderem Zusammenhang bedeutend waren. Und die Potenz von Zwei ergibt die Zahl der *Welt*, die nach alter Vorstellung aus vier Elementen, vier Himmelsrichtungen, vier Jahreszeiten usw. gebildet ist.

Sucht man nach einer möglichen ‚Bedeutung' dieser ungewöhnlichen Zahlenstruktur, dann läßt sich vielleicht sagen, daß der in dieser Elegie dargestellte Liebesbegriff sich nicht auf Gefühl und Sinnlichkeit beschränkt, sondern ihm ein modernes, rationales Moment innewohnt. *Liebe* hieße dann nicht, Verstand und Vernunft auszuklammern, sondern durch Denken und Tun Verhältnisse zu schaffen, in denen sich Menschen als ganze Menschen entfalten können.

Das rationale Moment in diesem, einen neuen Liebesbegriff symbolisierenden *Liebe*-Gedicht wird noch stärker betont, als ich bisher gezeigt habe, denn auch die Anzahl der Wörter und Buchstaben scheint dafür signifikant zu sein. Das Gedicht hat 137 Wörter. Diese Zahl ist zusammengesetzt aus der ‚heiligen' Zahl 37 und der Potenz der pythagoreischen Zahl Zehn. Das sind – wie ich in einem früheren Aufsatz gezeigt habe[5] – bedeutende Zahlen des möglicherweise in Rom entstandenen „Hexen-Einmal-Eins" in Goethes *Faust*; darüber hinaus hat es 50 Wörter und 200 Buchstaben. Durch solche Vielfachen von Zehn und Zehnerpotenz scheint diese Elegie mit ihren 599 Buchstaben nicht ausgezeichnet zu sein. Wie die Handschrift Goethes jedoch zeigt, schrieb er, wenn er lateinische Buchstaben benützte, Eszett als Doppellaut:

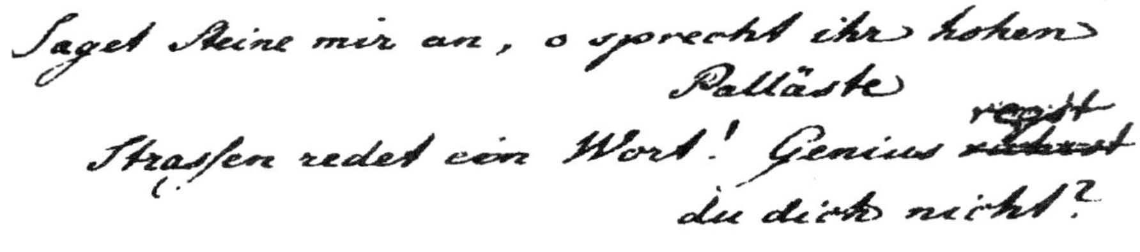
Saget Steine mir an, o sprecht ihr hohen Palläste
Strassen redet ein Wort! Genius regst du dich nicht?

Das heißt, die erste Römische Elegie besteht – zumindest in der Konzeption – aus genau 600 Buchstaben und zeigt sich auch dadurch als ein Gedicht, das nicht spontan hingeschrieben sein kann, sondern hochreflektiert ist und dementsprechend verstanden werden will. Denn es ist kaum möglich, bei einer solchen Häufung rationaler Verhältnisse von Zufall zu sprechen.

Demnach entsprechen *Rom* und die *Welt* dem in der ersten Elegie entworfenen Bauplan dann, wenn die Ratio das liebende Gefühl und das liebende Gefühl die Ratio leitet. Bei der ‚Verwandlung' von *Rom* in eine durch *Amor* beseelte *Roma* verlieren individuelle und gesellschaftliche *Liebe* sowie das dazugehörende Handeln nichts, wenn rationales und vernünftiges Denken sie wesentlich mitbestimmt: *Wird doch nicht immer geküßt, es wird vernünftig gesprochen*, heißt es in der fünften Elegie.

Das lyrische Ich der ersten Elegie begnügt sich nicht damit, selbst zu sprechen, sondern versucht, Sprachfähige, deren Sprache wie versteinert ist, in Sprechende zu verwandeln und so die *Mauern* und Gewalten, die das sprachlose Bewußtsein beherrschen, durchlässig zu machen. Das legt es nahe, im lyrischen Ich zugleich das Subjekt des Dichters schlechthin zu

5 Vgl. Alwin Binder: *Hexenpoesie. Die „Hexenküche" in Goethes „Faust" als Poetologie.* In: GJb 1980, S. 140–197.

sehen. Nicht nur der Anfang dieser Elegie, sondern auch der Vergleich mit dem sich *auf der Reise* bedächtig betragenden *Mann* nimmt Bezug auf d e n Dichter, nämlich auf Homer: „Sage mir, Muse, die Taten des vielgewanderten Mannes". Auch das lyrische Ich der Elegie will inspiriert sein, aber nicht, um zu erzählen, wie Schönheit und Liebe dazu führen, eine Stadt zu zerstören und deren Einwohner zu töten oder zu versklaven, sondern um Taten der Liebe zu vollbringen und zu wecken. Die Muse s e i n e r Poesie ist das *holde Geschöpf*; durch diese Muse sollen der Dichter und durch ihn *Rom* und die *Welt* wiedergeboren werden. *Rom* verwandelt sich, wenn die durch solche Poesie Angesprochenen, Aufgerufenen beginnen, mündig und gewaltfrei, das heißt liebend zu sprechen und zu handeln.

Daß durch poetisches Sprechen Bewegung in verhärtete Strukturen gebracht werden kann, scheint in dieser Elegie durch anagrammatische Beziehungen angedeutet zu sein. Man kann sich durch das Anagramm zwischen *Amor* und *Roma*, auf das *ohne die Liebe [...] wäre denn Rom auch nicht Rom* deutlich anspielt, aufgefordert fühlen, nach weiteren, durch den Textzusammenhang begründeten Beziehungen zu suchen. So ist denkbar, daß das Anagramm *Stein(e) / Einst* in dem Starr-Räumlichen der *Steine* eine zeitliche Dimension aufruft, die ebenfalls repräsentativ wäre für den ‚Zeit-Raum', von dem oben im Zusammenhang mit dem Liebesbegriff die Rede war. Zugleich enthielte das mythische Bewußtsein, für das die *Steine* wohl stehen, eine geschichtliche Komponente, etwa in dem Sinne, daß liebendes Handeln nicht mythisches, sondern selbstverantwortliches Handeln ist.

Wenn man Goethe zugesteht, daß er in außergewöhnlicher Weise für die Sprache sensibilisiert ist und dementsprechend erfindungsreich alle Möglichkeiten ausschöpft, um ‚Bedeutungen' zu generieren, dann läßt sich im zweiten Vers eine weitere beziehungsreiche Verwandlung erkennen. Der Klimax *Steine, Palläste, Straßen, Genius* entspricht die – verkürzte – Klimax *saget, sprecht* und *redet*; eine dem *Genius* zuzuordnende Sprechform scheint zu fehlen. Doch aus Buchstaben des Wortes *Genius* läßt sich ‚singe' bilden, die adäquate Äußerungsform des ‚Dichters und Sängers'. Im Wort *Genius* wäre anagrammatisch enthalten, was mit der Frage *Genius regst du dich nicht?* gemeint ist. Es gehört zum Menschenbild der deutschen Klassik, daß die soziale Liebe – „Lieb' und Freundschaft"[6] – im Menschen ursprünglich, von Natur aus angelegt ist, daß sich aber die humane Natur des Menschen nicht von selbst verwirklicht, sondern immer wieder von neuem an- und aufgeregt, das heißt gebildet und gepflegt werden muß[7]. Wer dies bewirkt, der ist ein vom Genius der Natur begabtes Genie. Erst wenn das lyrische Ich den ‚Gesang' findet, der die *Mauern* in ‚Schwingungen' versetzt, indem er „Lieb' und Freundschaft" weckt, werden diese *Mauern* zu *h e i l i g e n Mauern.*[8]

In den Neunzigerjahren hat sich Goethe bemüht, einen neuen Liebesbegriff zu formulieren. Er sollte Verstehen und Fühlen vereinen, Erkenntnis sollte von einer Liebe geleitet sein,

---

6 Dies ist ein wichtiger Begriff im *Vorspiel auf dem Theater* in Goethes *Faust* (V. 65) (vgl. Alwin Binder: *Das Vorspiel auf dem Theater. Poetologische und geschichtsphilosophische Aspekte in Goethes „Faust"-Vorspiel.* Bonn 1969, S. 20–24), aber auch in dem von Goethe nicht veröffentlichten Gedicht *Abschied*, wo es heißt: *Begünstige die Muse jedes Streben / Und Lieb' und Freundschaft würdige das Leben* (WA I, 15.1, S. 345) (vgl. Alwin Binder: *Faustische Welt. Interpretation von Goethes „Faust" in dialogischer Form. Urfaust – Faust-Fragment – Faust I.* Münster 2002, S. 443 f.).

7 Vgl. Binder (Anm. 5), S. 186–196.

8 Es ist entweder genial gemacht oder ein genialer Zufall, daß in der Formulierung *Wort, Genius* das Wort *Genius* neben der Buchstabenfolge *ort* steht und somit an den besonders in Rom geachteten ‚Genius loci' erinnert ist. In diesem Gedicht wäre freilich der *Genius* der neuen, von *Amor* durchdrungenen *Roma* gemeint.

die Sittlichkeit und Sinnlichkeit umgreift. Genesis und Wesen dieser neuen Liebe sind in dem ebenfalls in Distichen geschriebenen Gedicht *Der neue Amor* gestaltet, das während der Arbeit an den *Römischen Elegien* entstand:

Der neue Amor

Amor, nicht das Kind, der Jüngling, der Psychen verführte,
Sah im Olympus sich um, frech und der Siege gewohnt;
Eine Göttin erblickt er, vor allen die herrlichste Schöne,
Venus Urania war's und er entbrannte für sie.
Ach! die Heilige selbst, sie widerstand nicht dem Werben
Und der Verwegene hielt fest sie im Arme bestrickt.
Da entstand aus ihnen ein neuer lieblicher Amor,
Der dem Vater den Sinn, Sitte der Mutter verdankt.
Immer findest du ihn in holder Musen Gesellschaft
Und sein reizender Pfeil stiftet die Liebe der Kunst.

Venus Urania soll „eigentlich die reine und auf nichts körperliches abzielende Liebe bedeuten"[9]. „Sinn" und „Sitte", körperliche und soziale Liebe sind im „neuen Amor" vereint. Die „Liebe der Kunst", die sein „Pfeil stiftet", ist das Begehren, sowohl „Kunst" zu erzeugen wie von „Kunst" sich beeinflussen zu lassen. Es ist sein *Tempel*, der im neuen *Rom* entstehen soll, der *Tempel* „holder Musen", in deren „Gesellschaft" das gesuchte *holde Geschöpf* zu denken ist.

Wenn sich die einzelnen Menschen in *Rom* und in der *Welt* so verhalten, daß des Dichters Gesang, in welchem sich jeder Teil liebend zum anderen verhält, ein Gleichnis für dieses Verhalten ist, dann ist die Vision des neuen Dichters erfüllt und nicht nur die erste Elegie, sondern die *Welt* in den *Tempel Amors* verwandelt, in einen Tempel poetischer Gesinnung.

Damit ist auch das Programm umrissen, in dessen Rahmen sich die Themen der übrigen *Römischen Elegien* bewegen. Alles Sprechen des lyrischen Subjekts, das zugleich das Ich eines, oder genauer: d e s Dichters ist, ist ein auf Liebe bezogenes Sprechen, das humanes Bewußtsein zu wecken und damit eine humane Gesellschaft zu verwirklichen sucht. In der erstveröffentlichten Fassung der zwölften Elegie wird ausdrücklich darauf verwiesen, daß L i e b e n d e immer zugleich als G e s e l l s c h a f t s m o d e l l zu sehen sind:

Ein versammeltes V o l k, stellen zwey Liebende vor.

Und deshalb ist es unvermeidbar, daß der wahre Liebesdichter, der sich dem neuen *Amor* weiht und von diesem geweiht ist, auch ein p o l i t i s c h e r Dichter ist, dessen Dichtung, einem Aphrodisiakum vergleichbar, die Potenz ‚sittlicher', sozialer Liebe weckt, die als solche nicht ohne Auswirkungen auf das öffentliche Leben bleibt.

Die zwanzigste Elegie enthält Verse, die beschreiben, wie *Amor* als ‚Dichtergott' seinen Dichter dazu bringt, den *Mund* zu öffnen und die *Schande der Könige*, also die politischen Mißstände, nicht zu *verbergen*, sondern öffentlich zu benennen[10]:

---

9 Benjamin Hederich: *Gründliches mythologisches Lexicon.* Leipzig 1770, Sp. 2480.

10 Vgl. dazu auch Alwin Binder: *„Seiner Rede Zauberfluß ...". Uneigentliches Sprechen und Gewalt als Gegenstand der „Faust"-Szene „Wald und Höhle".* In: GJb 1989, S. 211–229.

Welches Schicksal erfahr ich! Es löset scherzend die Muse,
Amor löset, der Schalk! mir den verschlossenen Mund.
Ach! schon wird es so schwer der Könige Schande verbergen!

Vor dem Hintergrund des Verlaufs der Französischen Revolution wird vielleicht verständlicher, warum das in der ersten Elegie dargestellte Liebes- und Gesellschaftsmodell das rationale, durchkalkulierte, Ordnung schaffende Moment ungewöhnlich stark betont. Gegen eine Veränderung der Gesellschaft durch Gewalt, die Goethe verhaßt war, setzt er – wie seine Dichtung zeigt – die Veränderung einer inhumanen Gesellschaft durch Poesie, durch sprechende Liebe. Aber diese Liebe soll bei aller Freiheit, die zu ihr gehört, so gefestigt sein, daß sie gegen eine revolutionäre Auflösung von Form und Ordnung gefeit ist.

Es dürfte wenige Gedichte geben, auf die so genau wie auf die erste der *Römischen Elegien* zutrifft, was Jurij Lotman allgemein über „Kunstwerk“ und „künstlerisches Modell“ sagt: „Das Kunstwerk, das selbst begrenzt ist, stellt ein Modell der unbegrenzten Welt dar“.[11] Und: „Indem [ein künstlerisches Modell] ein einzelnes Ereignis abbildet, bildet es gleichzeitig auch ein ganzes Weltbild ab“.[12]

---

11 Jurij Lotman: *Die Struktur literarischer Texte.* München ^{2}1981, S. 301.

12 Ebd., S. 310.

MARCUS VENTZKE

Der Weimarer Musenhof und seine ungeratenen Kinder – zur Entwicklung eines kulturellen Exportmodells[1]

I.

> Bei der Rückkehr von meiner zweiten Reise nach Italien mit meiner Frau 1821 [richtig: 1820] erforderte es Anstandspflicht und Drang des Herzens, Goethe zu besuchen [...]. Während der kurzen Zeit unseres Aufenthaltes in Weimar hatten wir täglich Gelegenheit, Goethe zu sehen. – Rauch war unlängst dagewesen, um Goethe zu modellieren, und die soeben erst beendete Arbeit stand noch in Goethes Hause auf dem Stativ, um geformt zu werden. Ich sprach den Wunsch aus, das Modell zu sehn, und Goethe beschied mich den andern Morgen zu sich. Mit ihm sein eigenes Bildnis von der Hand eines solchen Künstlers zu betrachten, gehört zu den bedeutendsten Momenten meines Lebens.[2]

Johann Gottlob von Quandt, einer der Mitbegründer des Sächsischen Kunstvereins, beschrieb mit diesen Worten seine Begeisterung, während seiner Hochzeitsreise im Jahr 1820 Goethes in Weimar leibhaftig ansichtig geworden zu sein. 1823 kaufte er von Christian Daniel Rauch, der Goethe modelliert hatte, einen Abguß der Büste und plazierte sie im Zentrum seiner privaten Kunstsammlungen. Diesen Raum seines Dresdner Hauses nannte er „Goethes Ehrensaal".[3] Quandt war, wie allgemein bekannt, keineswegs der einzige Besucher des greisen Dichters. Goethe wurde nach 1800 immer mehr zu einer deutschlandweiten Kultfigur, zu einer nahezu universell nutzbaren Projektionsfläche verschiedenster Absichten und Hoffnungen, für die – und genau das zeichnet sie aus – der universelle Denker Goethe immer mehr in den Hintergrund rückte. Nach Ansicht des Altenburger Superintendenten Gottfried Demme, der Goethe 1807 in Karlsbad kennengelernt hatte, suchte man den „Sultan der Musen".[4]

---

1 Der Beitrag geht auf ein Redemanuskript für die Tagung *Netzwerke. Personelle Verflechtungen um 1800* des Sonderforschungsbereichs 482: *Ereignis Weimar-Jena. Kultur um 1800* zurück. Ich danke Dr. Joachim Berger, Silke Marburg M. A. und Dr. Joseph Matzerath, die mich zu diesen Untersuchungen angeregt haben.

2 Gespräche, Bd. 3.1, S. 224 f.

3 Zit. nach: Walter Schmitz/Jochen Strobel: *„[...] ich bin auch ein ‚Vereiner'". Johann Wolfgang von Goethe, Johann Gottlob von Quandt und der Sächsische Kunstverein.* In: dies. (Hrsg.): *Von den herrlichsten Kunstwerken umgeben [...]. Der Briefwechsel zwischen Johann Wolfgang von Goethe und Johann Gottlob von Quandt.* Dresden 2001, S. XL.

4 Zit. nach Moritz Geyer: *Goethes Beziehungen zu den Altenburgern.* Eisenberg 1914, S. 6. Goethe wurde, beginnend kurz vor den Befreiungskriegen gegen die napoleonische Herrschaft, in beson-

Das künstlerische Schaffen Goethes und der in Weimar wirkenden Dichter diente den Musenhof-Bewunderern neben der ununterbrochenen Befestigung und obstinaten Memorierung eines nie gegenwärtigen, sondern scheinbar stets in der Vergangenheit wurzelnden Ruhmes als kommunikatives Mittel. Sich gegenseitig des ästhetischen Sinnes zu versichern gehörte in der zwischen Ancien Régime und bürgerlicher Zeit stehenden höheren Gesellschaft um 1800 nicht nur zunehmend zum guten Ton, sondern bildete gleichsam eine neue Gemeinsamkeit, in der man sich geborgen, von politischen Umbrüchen separiert und in eine kontaktvermittelnde Wertebene entrückt fühlte.[5] Goethe, Schiller, Wieland, Herder und ihr höfisches Umfeld in Weimar waren der Kern dieses Interesses, der Punkt, von dem alles ausging und auf den sich alles konzentrierte.

Doch die Ausstrahlung der Künstlerkolonie an der Ilm war keineswegs nur außerweimarische Zuschreibung, sie speiste sich zu einem ganz wesentlichen Teil eben auch aus der von Anfang an und notwendigerweise vorhandenen Selbstinszenierung Weimars als Ort der Musenpflege. In den Quellen läßt sich mit dem Eintreffen Goethes und Herders in Weimar 1775/76 eine lange Reihe von Schilderungen und Berichten finden, die den Widerspruch zwischen dem Ruf und der Realität Weimars thematisieren. Herder faßte diesen Widerspruch 1795 mit den Worten zusammen: „Zwei Dinge sind schändlich hier in Weimar. Der falsch erborgte Schimmer, mit dem wir auswärts Gleisnerei treiben, u. die jämmerliche Geistes und Bücherarmuth, in der wir hier schmachten“.[6] Und der 1782 entlassene Kammerpräsident Johann August Alexander von Kalb bemerkte in einem Brief an Bertuch einige Wochen nach seiner Abreise aus Weimar über das besondere Musenhof-Fluidum, das ihm längere Zeit den Blick für die Realität genommen habe: „Das ist nicht der Boden in dem wir gedeyhen konnten. In der Entfernung, wo die Dinge sich freyer, unvermischter darstellen, kommt es mir höchst lächerlich vor, daß wir es einen Augenblick geglaubt haben“.[7]

Schon mit Beginn des ‚Goldenen Zeitalters‘[8] wurde der Weimarer Hof neben bürgerlichen Lebenskünstlern, Dichtern und Weltverbesserern – man denke nur an Christoph Kaufmann, Friedrich Maximilian Klinger oder Michael Reinhold Lenz – auch von Adeligen besucht, die neben der unmittelbaren Partizipation am Weimarer Kunstgeschehen noch ganz andere Interessen verfolgten. Diese Gruppe bestand etwa aus den beiden Grafen Christian und

---

derem Maße mit Attributen nationalkultureller Verehrung (‚Deutschlands gefeierter Dichter‘ etc.) belegt. Vgl. beispielsweise Fr[iedrich] Förster: *Göthes drei und achtzigster Geburtstag am 28. August 1831.* In: Ost und West. Blätter für Kunst, Literatur und geselliges Leben 3 (1837), S. 20–22; hier S. 20.

5 Die Verunsicherung der Adelseliten wird insbesondere in den Aufzeichnungen der Löbichauer Hofangehörigen allenthalben greifbar. Eine der Hofdamen der Herzogin Anna Charlotte Dorothea von Kurland (1761–1821), Dorothea von Knabenau, berichtete Goethe nach ihrer Heirat mit dem Grafen von Chassepot am 18. Januar 1814, sie habe „einen Franzosen vom ancien régime oder jetzt vielmehr vom régime actuel“ geheiratet (zit. nach: Geyer [Anm. 4], S. 13).

6 Überliefert von und zit. nach: Karl August Böttiger: *Literarische Zustände und Zeitgenossen. Begegnungen und Gespräche im klassischen Weimar.* Hrsg. von Klaus Gerlach u. René Sternke. Berlin [2]1998, S. 107.

7 GSA Weimar, 06/933 [unfol.], Brief Nr. 25.

8 Vgl. Goethes Maskenzug *Aufzug der vier Weltalter*, bei dessen Aufführung am 12. Februar 1782 der Herzoginmutter Anna Amalia die Repräsentation des ‚Goldenen Zeitalters‘ zufiel, während die Herzogin Louise das ‚Silberne Alter‘ zu verkörpern hatte, welches sich durch ‚Gaben des Geistes‘, ‚Fruchtbarkeit‘ und ‚gesellige Fröhlichkeit‘ auszeichnete (MA 2.1, S. 511–513 u. S. 739 f.).

Friedrich Stolberg, der Gräfin Charitas Emilie Bernstorff oder Moritz Graf von Brühl und seiner Frau Christine. Die Brühls hielten sich zu Beginn der 1780er Jahre jeweils für einige Wochen in Weimar auf und entwickelten eine naive Begeisterung für das dilettierend-inszenatorische Leben an den Höfen Carl Augusts und Anna Amalias. Was viele Adelige nicht nur im sächsisch-thüringischen Raum auszeichnete, wenn sie die sich anbahnenden Veränderungen gegen Ende des 18. Jahrhunderts reflektierten, war das Bemühen, auf die Bedrohung durch den Werteverlust mit einer radikalen Re-Definition ihrer gesellschaftlichen Stellung zu antworten, den Schritt vom „Stand zur *Erinnerungsgruppe*" zu vollziehen und das neue Elitenbewußtsein auf die Funktion der nationalen Kulturerhaltung aufzubauen.[9] Diese Funktion konnte angemessen, so die vorgebrachte Begründung, nur von einer gesellschaftlichen Gruppe wahrgenommen werden, die über das am weitesten zurückreichende kollektive Gedächtnis verfüge und die politische Kultur der Vergangenheit so entscheidend (mit-)gestaltet habe, daß es ihr auch am ehesten aufgetragen werden könnte, Genese und innere Struktur der gesamtgesellschaftlichen kulturellen Werte zu verstehen und mit Erfolg in die Zukunft zu tragen. Andere Gruppen kämen dafür schon allein deshalb nicht in Frage, weil sie den raschen Wandlungsprozessen der sich anbahnenden modernen Welt viel stärker unterlägen.[10]

Was die „nahezu zweihundert Jahre andauernde kommunikative Präsenz" Weimars[11] jedoch bis heute lebendig erhält, ist ihr schon zeitgenössisch kreierter Wert als kommerzialisierbares Warenzeichen. Wesentlich beteiligt an dieser Entwicklung waren unzweifelhaft die Geschäftsleute, Kunsthandwerker und Verleger, allen voran Friedrich Justin Bertuch und Martin Gottlob Klauer. Beide schufen und nutzten den Ruf Weimars als wunderliche, freie Gelehrtenrepublik, als Ort des Neuen, des Nonkonformismus, des ‚Sturm und Drang'. Bertuch baute auf diesem Image sein Verlagsimperium auf, und Klauer verkaufte Gips- und Ton-Waren mit mehreren hundert verschiedenen Motiven.[12] Indem er die Angehörigen der

---

9 Silke Marburg/Joseph Matzerath: *Vom Stand zur Erinnerungsgruppe. Zur Adelsgeschichte des 18. und 19. Jahrhunderts.* In: *Der Schritt in die Moderne. Sächsischer Adel zwischen 1763 und 1918.* Hrsg. von Silke Marburg u. Joseph Matzerath. Köln, Weimar, Wien 2001, S. 5–15; hier S. 14. Vgl. auch *Geschichte des sächsischen Adels.* Hrsg. von Katrin Keller u. Joseph Matzerath in Zusammenarbeit mit Christine Klecker u. Klaus-Dieter Wintermann. Köln, Weimar, Wien 1997; Volker Press: *Adel im 19. Jahrhundert. Die Führungsschichten Alteuropas im bürgerlich-bürokratischen Zeitalter.* In: *Der Adel an der Schwelle des bürgerlichen Zeitalters 1780–1860.* Hrsg. von Armgard von Reden-Dohna u. Ralph Melville. Stuttgart 1988, S. 1–19; Dieter Langewiesche: *Bürgerliche Adelskritik zwischen Aufklärung und Reichsgründung in Enzyklopädien und Lexika.* In: *Adel und Bürgertum in Deutschland 1770–1848.* Hrsg. von Elisabeth Fehrenbach. München 1994, S. 11–28; Walter Demel: *Der europäische Adel vor der Revolution. Sieben Thesen.* In: *Der europäische Adel im Ancien Régime. Von der Krise der ständischen Monarchien bis zur Revolution (1600–1789).* Hrsg. von Ronald G. Asch. Köln u. a. 2001, S. 409–433; William D. Godsey: *Vom Stiftsadel zum Uradel. Die Legitimationskrise des Adels und die Entstehung eines neuen Adelsbegriffs im Übergang zur Moderne.* In: *Eliten um 1800. Erfahrungshorizonte, Verhaltensweisen, Handlungsmöglichkeiten.* Hrsg. von Anja Victorine Hartmann, Małgorzata Morawiec u. Peter Voss. Mainz 2000, S. 371–408; Heinz Reif: *Adel im 19. und 20 Jahrhundert.* München 1999.

10 Silke Marburg: *Adel und Verein in Dresden.* In: Marburg/Matzerath (Anm. 9), S. 45–61; hier S. 57 bis 61; Mandy Scheffler: *Adel und Medienöffentlichkeit. Publikationstätigkeit des sächsischen Adels 1763–1910.* In: Marburg/Matzerath (Anm. 9), S. 243–257.

11 Georg Bollenbeck: *Normative Höhe und tiefer Fall. Weimar – der deutsche Symbolort.* In: *Weimar – Archäologie eines Ortes.* Hrsg. von Georg Bollenbeck u. a. Weimar 2001, S. 206–215; hier S. 207.

12 Gabriele Oswald: *Martin Gottlob Klauer (1742–1801).* In: *Wiederholte Spiegelungen. Weimarer Klassik 1759–1832* (Ausstellungskatalog). 2 Bde.; hier Bd. 1. Hrsg. von Gerhard Schuster u. Caroline Gille.

Weimarer Hof- und Dichtergesellschaft in Gipsabdrücken und Büsten verewigte, machte er das Ereignis im wahrsten Sinne des Wortes lieferbar.[13] Wer sich in Frankfurt am Main, Leipzig oder Berlin fortan Goethe-, Schiller- und Anna-Amalia-Büsten, Öfen, Vasen, Wandreliefs, Tabakschalen und kleine Obelisken mit Weimar-Symbolik kaufte, der holte sich scheinbar ein Stück jener Freiheit, jenes Ungebundenseins, jener Künstlerwelt ins eigene Heim. Weimar wurde auf diese Weise zu einem transportablen und oberflächlichen Gut. Das Geschehen innerhalb der dilettierenden Hofgesellschaft konnte zunehmend mit Äußerlichkeiten identifiziert werden. Dies entsprach dem popularisierend-kommerziellen Kunstverständnis Bertuchs, der „Massenware" verkaufen wollte und damit am „Anfang einer technisierten Kulturindustrie" steht, wie Andreas Meier und Siegfried Seifert unlängst betont haben.[14]

II.

Wie sehr dieses eher konsumtive Kulturkonzept den Bedürfnissen der nach neuen Wertehorizonten suchenden Adelseliten entsprach, zeigt sich wohl an keinem Beispiel besser als an dem von Hans Moritz Graf von Brühl und seiner Frau Johanna Margareta Christina (Tina). Brühl war ein Sohn des kursächsischen Staatsministers Heinrich Graf von Brühl (1700–1763), dessen Besitz mit seinem Tode, dem gleichzeitigen Ende des Siebenjährigen Krieges sowie dem faktischen Staatsbankrott des politisch wie finanziell zugrundegerichteten kursächsischen Staates 1763 unter Sequester genommen worden war. Aus diesem Besitz hatte der junge Brühl nichts als das in der Nähe Dresdens gelegene Rittergut Seifersdorf retten können. Dort führte er eine notgedrungen bescheidene Existenz und suchte nach neuen Entfaltungsmöglichkeiten, denn die barocke Wertewelt Sachsen-Polens war mit dem Ende des Augusteischen Zeitalters ebenso wie der Reichtum der Familie verschwunden.[15] Brühl begann mit seiner Frau zu reisen, und zu Beginn der 1780er Jahre kamen beide auch nach Weimar, an dem sie sehr bald Geschmack fanden. Besonders Tina von Brühl ergötzte sich am Weimarer Treiben. Die Aufführungen des Liebhaber- und des herzoglichen Hoftheaters, die von künstlerischem Flair umgebenen Redouten, Picknicks und Ausflüge übten

---

München, Wien 1999, S. 418. Vgl. auch den Katalog Klauers: *Verzeichnis der TOREUTICA-WAARE der Klauerschen Kunst-Fabrick in Weimar.* No 1. Mit Kupfern. Weimar 1792. Herzogin Anna Amalia Bibliothek (HAAB) 31, 4: 58^{e}.

13 Zum Begriff Ereignis vgl. die Arbeiten des Sonderforschungsbereichs 482 *Ereignis Weimar-Jena. Kultur um 1800.*

14 Andreas Meier: *Vom „homo industrius" zum „Kulturindustriellen". Friedrich Justin Bertuch und die Rationalisierung literarischer Kultur.* In: *Friedrich Justin Bertuch (1747–1822). Verleger, Schriftsteller und Unternehmer im klassischen Weimar.* Hrsg. von Gerhard R. Kaiser u. Siegfried Seifert. Tübingen 2000, S. 309–329; Siegfried Seifert: *„Verbertuchte Literatur" oder Die unendliche Geschichte vom Autor und vom Verleger am Beispiel Goethes und Friedrich Justin Bertuchs.* In: Leipziger Jb. zur Buchgeschichte 5 (1995), S. 111–134.

15 Zur Brühlschen Familiengeschichte vgl. Hans von Krosigk: *Karl Graf von Brühl und seine Eltern. Lebensbilder auf Grund der Handschriften des Archivs von Seifersdorf.* Berlin 1910; Walter Fellmann: *Heinrich Graf von Brühl. Ein Lebens- und Zeitbild.* Leipzig 1990. Zum Werdegang Hans Moritz von Brühls, der in den 1760er Jahren anscheinend ohne festere Bindungen zwischen mehreren, gleichzeitig wahrgenommenen militärischen Engagements dahintrieb, vgl. auch SHStA Dresden, Genealogica Brühl.

einen großen Reiz auf sie aus. Die Empfindsamkeit nahm sie als neue Lebenshaltung geradezu begierig an und stellte sie sofort auch zur Schau. Allerdings empfand die Weimarer Gesellschaft ihre naive Hingabe und vulgäre Schwärmerei eher als abstoßend. Goethe schrieb am 2. April 1782 an Charlotte von Stein: „Mit der Gräfinn Brühl nimmts ein böses Ende. Gib acht sie prostituirt sich am offnen Tage, daß kein Mensch einen Zweifel über ihre Hirnlosigkeit behält".[16] Wohl ganz wesentlich unter dem Eindruck Weimars beschlossen die Brühls, auf ihrem Landgut ebenfalls einen Musenhof einzurichten.[17] Doch interessierten sie eben die wahren Motive des Schaffens der Weimarer Künstler, das pädagogisch-weltverbessernde Konzept der Theateraufführungen, das ernsthafte philosophische Streben oder die Versuche zu aufklärerischen Gesellschaftsreformen nur mittelbar. Sie griffen vornehmlich die Äußerlichkeiten auf und schufen in ihrem landschaftlich sehr reizvoll gelegenen Flußtal einen Park mit „Obelisken und Hütten, Büsten, Urnen und ‚Tränenkrüglein', Tempel[n] und Laubhütten".[18] In einer Felsennische errichtete man eine „Büste der verwitweten Herzogin Amalia von Weimar".[19] Wieland und Herder wurden ebenso verherrlicht wie Goethe, dessen Büste in einem „Rindenhäuschen" stand, das – auf den Ort des Weimarer ‚Louisenfestes' von 1778 anspielend – als eine Art Gedenkstätte nachgebaut worden war. Die „Seitenwände" dieses Schreins der Empfindsamkeit enthielten „Denkmäler für Werthern und Marien Beaumarchais".[20] Unweit davon wurde 1785 nach dem zweiten Weimar-Besuch der Brühls ein Abguß der im Jahr zuvor von Martin Gottlob Klauer gefertigten Büste Elises von der Recke aufgestellt.[21]

Man versuchte überdies, szenenweise die Landschaften des Weimarer Ilm- oder des Tiefurter Parks mit ihren vielfältigen Bedeutungen und Denkmälern nachzugestalten. Dem ‚Rindenhäuschen' gegenüber führte – die Weimarer Naturbrücke unterhalb des Felsentors zitierend – eine mit Kantholzgeländern versehene Brücke über einen Teich.[22] Nicht weit davon hatte man einen Platz „zu Anlegung eines Badehauses, in Form einer Fischerhütte, bestimmt. Dach und Mauern sollen mit Schilf bekleidet werden, und das Bad selbst wird eine Grotte vorstellen". Die Wände dieser Grotte wurden mit „passenden Gegenständen, als Fischen und Wasservöglen" bemalt.[23] Dilettierende Aufführungen – ähnlich den Etters-

---

16 WA IV, 5, S. 293 f. Zu den Kontakten der Brühls mit Weimar in den 1780er Jahren vgl. den Brief Carl Augusts an Knebel vom 23. 3. 1782 (*Briefe des Herzogs Carl August von Sachsen-Weimar-Eisenach an Knebel und Herder.* Hrsg. von Heinrich Düntzer. Leipzig 1883, S. 36 f.) und die Briefe Herzogin Anna Amalias an Tina und Hans Moritz von Brühl vom 23. 6. 1782, 18. 8. 1786 sowie 3. 4. 1788 (Sächsische Landes- und Universitätsbibliothek Dresden [SLUB], Mscr. Dresd. App. 514 A 29, 37, 30. – Für die Überlassung dieser Briefe danke ich Dr. Joachim Berger in Weimar.).

17 Der Ausbau begann 1781 und dauerte bis 1791. Uwe Ullrich: *Im Banne der Empfindsamkeit – Naturidylle Seifersdorfer Tal.* In: Dresdner Hefte. Beiträge zur Kulturgeschichte 69 (2002), S. 23–33; hier S. 28–30.

18 Günter Jäckel: *Harmoniekonzerte und empfindsame Tränen. Elisa von der Recke in Dresden.* In: Dresdner Hefte. Beiträge zur Kulturgeschichte 66 (2001), S. 47–59; hier S. 52.

19 Wilhelm Gottlieb Becker: *Das Seifersdorfer Thal.* Dresden 1792, S. 44.

20 Becker (Anm. 19), S. 173.

21 Paul Rachel: *Elisa von der Recke.* Bd II: *Tagebücher und Briefe aus ihren Wanderjahren.* Leipzig 1902, S. 184.

22 Vgl. zu den ersten „englischen Anlagen" im Ilm-Park: Wolfgang Huschke: *Die Geschichte des Parkes von Weimar.* Weimar 1951, S. 52–55.

23 Becker (Anm. 19), S. 173.

burger oder Tiefurter Liebhaberinszenierungen der 1770/80er Jahre – hat es in Seifersdorf offenbar aber nicht gegeben.[24] Die auf Goethes Singspiel *Die Fischerin* anspielenden Gestaltungen blieben Kulisse.

Für Konzerte und dichterische Lesungen ließen die Brühls einen Sommerpavillon errichten, in dem sich gelegentlich einige Künstler aus Dresden und Umgebung die Ehre gaben. Insgesamt war der Brühlsche Musenhof ein oberflächliches Schauobjekt, ein Bühnenbild ohne ernsthaften Inhalt und ein grandioser Erfolg des Bertuchschen Kulturkonzepts.[25]

Mit Seifersdorf wurden die in die kulturelle Formation Weimar hineinverwobenen Selbstinszenierungen von ihren Werten und Ideen separiert und als Gebrauchsmuster Musenhof dem Original entgegengespiegelt. Die Schöpfer des musenhöfischen Weimar und dessen Beobachter zeigten sich ob dieser Art von Rezeption, die letztlich auf partielle Reproduktion hinauslief, durchaus ambivalent berührt. Christian Gottfried Körner fand die Gräfin Brühl 1787 gegenüber Friedrich Schiller „höchstens unterhaltend durch eine gewisse Cultur". Das Arrangement ihres Parkes sei handwerklich schlecht ausgeführt und durch die bloße Ansammlung „von Inschriften, Altären, Büsten und mancherlei Hütten" schlicht „zu voll". Andererseits hielt er „viele Einfälle" aber auch für „glücklich".[26] Weimar zeichnete zwar neben dem Bertuchschen die Selbstbehauptung und allmähliche Abgrenzung des pädagogisch-aufklärerischen Kulturkonzepts von Wieland und Goethe aus, allerdings wollten auch sie sich wohl nie von der Weimar-Kommerzialisierung distanzieren, die für einen sicher nicht unerheblichen Teil ihres Ansehens verantwortlich war.[27]

Ob Seifersdorf der Ursprung der weiteren, zumeist ebenfalls von Adeligen betriebenen Musenhöfe des thüringisch-sächsischen Raumes gewesen ist, läßt sich noch nicht abschließend bewerten. Allerdings sahen die in Nöthnitz bei Dresden, Scharfenberg bei Meißen, Löbichau bei Ronneburg oder Dittersbach bei Stolpen entstehenden ‚kulturellen Zirkel'[28] Weimar wohl stets

---

24 Wilhelm Bode: *Amalie. Herzogin von Weimar.* Bd. II: *Der Musenhof der Herzogin Amalie.* Berlin 1908, S. 167–170; *Wiederholte Spiegelungen. Weimarer Klassik 1759–1832* (Ausstellungskatalog). 2 Bde.; hier Bd. 1. Hrsg. von Gerhard Schuster u. Caroline Gille. München 1999, S. 229; Gisela Sichardt: *Das Weimarer Liebhabertheater unter Goethes Leitung. Beiträge zu Bühne, Dekoration und Kostüm unter Berücksichtigung der Entwicklung Goethes zum späteren Theaterdirektor.* Weimar 1957; Leonhard Schrickel: *Geschichte des Weimarer Theaters von seinen Anfängen bis heute.* Weimar 1928.

25 Vgl. dazu jetzt auch Reiner Flik: *Statt Hofpoet Kulturunternehmer. Der Werdegang Friedrich Justin Bertuchs (1747–1822) und sein Beitrag zur Weimarer Klassik.* In: *Hofkultur und aufklärerische Reformen in Thüringen. Die Bedeutung des Hofes im späten 18. Jahrhundert.* Hrsg. von Marcus Ventzke. Köln, Weimar, Wien 2002, S. 199–224; Walter Steiner/Uta Kühn-Stillmark: *Friedrich Justin Bertuch. Ein Leben im klassischen Weimar zwischen Kultur und Kommerz.* Köln, Weimar, Wien 2001. Zu den geistig-politischen Grundlagen dieser Kunstpopularisierung vgl. Bollenbeck (Anm. 11), S. 206–215; hier S. 210–212.

26 Zit. nach Rachel (Anm. 21), S. 180 u. 182.

27 Burkhard Henke: *Goethe®. Advertising, Marketing, and Merchandising the Classical.* In: *Unwrapping Goethe's Weimar. Essays in cultural Studies and local Knowledge.* Hrsg. von Burkhard Henke, Susanne Kord u. Simon Richter. Rochester, Woodbridge 2000, S. 15–35; Daniel Purdy: *Weimar Classicism and the Origins of Consumer Culture.* In: ebd., S. 36–62; Mac Leod: *Floating Heads: Weimar Portrait Busts.* In: ebd., S. 65–96.

28 Vgl. zu diesem Begriff: *Refugium Schloß. Kulturelle Zirkel im Dresdner Umland um 1800* (= Dresdner Hefte. Beiträge zur Kulturgeschichte 69 [2002]); Günter Jäckel: *Provinz als geistige Lebensform.* In: ebd., S. 3–13.

als ihr Referenzobjekt an.[29] In Löbichau und Dittersbach wird dies besonders deutlich. Der in Sachsen-Gotha-Altenburg gelegene Musenhof von Löbichau ging auf die Herzogin Charlotte Dorothea von Kurland (1761–1821) zurück, die – wie ihre gesamte Familie – nach dem Ende des Herzogtums 1794/95 und der Abdankung ihres Vaters nach Deutschland gekommen war. Die Herzogin war finanziell ohne Sorgen, doch nach dem Ende der landesherrschaftlichen Funktionsbindung stellte sich auch für sie die Frage nach einer sinnvollen Aufgabe. Sich in den ohnehin stetig weiter anwachsenden Besitzadel einreihen zu lassen und damit jede Art gesellschaftlicher Präzedenz zu verlieren, die nicht mit Geld erlangt werden konnte, war für sie unvorstellbar. Ihre Reisen in alle politischen und kulturellen Zentren Europas sind wie die Partizipation am gesamtfamiliären Projekt des Aufbaus weitverzweigter Kontaktzentralen oder die Versuche zu diplomatischer Betätigung Ausdruck der Suche nach neuen Werten und Funktionen.[30] Daß sie sich letztlich immer ausschließlicher der Kunstpflege hingab, mag eine resignative Entscheidung gewesen sein, sie war indes die einzige, die sich nicht als undurchführbar erwies. Das von ihrem Bruder erworbene und 1796 in ihre ausschließliche Verwaltung übergegangene Rittergut Löbichau wurde für sie zur zweiten Heimat, zu einem Rückzugsort, den sie zwischen ihren ausgedehnten Reisen immer wieder aufsuchte.[31] Dabei baute sie das in der Nähe Ronneburgs gelegene Anwesen zu einem Musensitz aus, der sich nach den Berichten teilnehmender Literaten, Komponisten oder Maler durch den Verzicht auf höfische Etikette, eine ungezwungene Atmosphäre, mäzenatische Großzügigkeit und vielseitige Kunsterlebnisse auszeichnete.[32] Die Begeisterung für die Weimarer Dichterheroen stand dem eigenen Tun stets Pate. Schon kurz nachdem sie das Gut erworben hatte, schrieb sie an Christian Gottfried Körner:

> Ihr Aufenthalt in Jena in der Gesellschaft von Schiller und Göthe muß Ihnen sehr reizend gewesen seyn – aber auch nur Sie wissen den Werth dieser berühmten Männer g a n z zu schätzen und keiner kann mehr Anspruch auf ihre Achtung und Freundschaft machen als Sie, dessen Geist und Herz sie zu fassen vermag.[33]

Auch wenn die Herzogin nicht behauptete, die Weimarer Geister ganz zu verstehen, so waren sie ihr nicht nur moralische Orientierung, sondern mit ihren Werken auch Teil des alltäglichen,

---

29 Zu Nöthnitz vgl. Ulrike Götz: *Nöthnitzer Köpfe.* In: Dresdner Hefte (Anm. 28), S. 14–22; zu Scharfenberg: Silke Marburg: *Out of Scharfenberg – Heimat als kreisförmige Geschichtskonstruktion.* In: Dresdner Hefte (Anm. 28), S. 59–65; Otto Eduard Schmidt: *Fouqué, Apel, Miltitz. Ein Beitrag zur Geschichte der deutschen Romantik.* Leipzig 1908; zu Löbichau: Moritz Geyer: *Der Musenhof zu Löbichau. Eine literarhistorische Skizze.* Altenburg 1882; Klaus Hofmann: *Der Musenhof Löbichau der Herzogin von Kurland.* In: Altenburger Geschichts- und Hauskalender 11 (2002), S. 173 bis 175; zu Dittersbach: Brunhilde Köhler: *Bildung, Geselligkeit, Kultur – Johann Gottlob von Quandt in Dittersbach.* In: Dresdner Hefte (Anm. 28), S. 34–43.

30 Vgl. zu den Reisen der Herzogin Dorothea von Kurland ihre Tagebücher. Universitätsarchiv (UA) Jena, Nachlaß Biron, Abt. A, Nr. I–IX.

31 UA Jena, Nachlaß Biron, Abt. C, Nr. II, fol. 10.

32 Zu den baulichen Ausstattungen des Ritterguts Löbichau gehörte ein landschaftsgärtnerisch gestalteter Park, von dem ein Teil „der halbe Mond“ genannt wurde, und ein „Comödienhaus“ (ThStA Altenburg, Rittergut Löbichau 30, fol. 1–4). Statuen, Wasserspiele und „tapazierte Lust-Häuser“ sind allerdings auch schon aus der Zeit vor der Inbesitznahme des Guts durch Charlotte Dorothea überliefert (ThStA Altenburg, Rittergut Löbichau 27 [unfol.]).

33 Dorothea von Kurland an Christian Gottfried Körner, 14. 5. 1796 (UA Jena, Nachlaß Biron, Abt. C, Nr. I, fol. 21).

bildsam-unterhaltenden Zeitvertreibs. Der Abendeintrag vom 5. Januar 1809 könnte für viele andere Tage stehen:

> Dann vereinten wir uns um den Tee Tisch; Erhard las uns die Geschwister von Goethe vor, auch die Vorrede von Goethens docktor Faust, die ich dem ganzen Stücke vorziehe.[34]

Wie in Seifersdorf griff man auch in Löbichau bei der Ausstattung von Gutshaus und Park auf Motive mit Weimar-Bezug zurück.[35] Die Herzogin legte besonderen Wert darauf, als Mäzenin zu erscheinen, die hoffnungsvollen Künstlern finanzielle Hilfe, räumliche Rückzugsmöglichkeiten und wohlwollende Aufmerksamkeit bieten könne. Daß sie Patin Theodor Körners war, zeugt von diesem Bemühen. Für kurze Zeit ergab sich in den Jahren 1808 bis 1810 zwischen ihr und dem jungen Körner auch tatsächlich eine die Entwicklung des Dichters beeinflussende Verbindung.[36] Körner reflektierte darüber beispielsweise am 9. Februar 1809 in seinem Dankbrief für die Geburtstagswünsche der Herzogin:

> Ihr Andencken an meinem Lebensfeste war mir um So willkommener, da ich die Ueberzeugung habe, daß Ihre Wünsche für mein Wohl aufrichtig sind.[37]

Und im Gedicht *Zueignung* feierte er Dorothea 1810 als Mäzenin:

> Wie die Knospe in der Dämmrung Stille,
> Von des Thaues PerlenGlanz bethränt,
> Zwischen stolzer BlütenFülle
> Sich dem Licht entgegensehnt,
> [...]
> Ach, so sehnen auch mit heißem Glühen
> Nach dem Sonnenlichte Deiner Gunst
> Sich des Sängers frühe Phantasien,
> Zarte Knospen seiner Kunst. –
> Sind sie nur von Dir bemerkt erklungen,
> Lebten sie des Frühlings schönsten Tag,
> Und das höchste haben sie errungen,
> Was des Jünglings Lied vermag.[38]

---

34 UA Jena, Nachlaß Biron, Abt. A, Nr. X, fol. 5.

35 Luise von Tümpling-Thalstein, die Urenkelin Dorothea von Kurlands, übergab, den Wünschen ihrer Mutter folgend, Schloß und Park 1907 der Deutschen Adelsgenossenschaft, die darin ab 1908 ein Damenstift betrieb. Das gesamte Interieur fiel 1907 der Versteigerung anheim. Der Katalog dieser Versteigerung weist neben Dichterbüsten u. a. auch „zwei Aquarelle von H. Ramberg. Szenen aus Schillers Don Carlos 1791" aus (vgl. Der Kunstmarkt. Wochenschrift für Kenner und Sammler V/5 [1907/08], Kat.-Nr. 64 u. 299).

36 Leopold Brandes: *Theodor Körner und seine Beziehungen zur Herzogin Dorothea von Curland auf Schloß Löbichau (S.-A.)*. Leipzig 1913.

37 UA Jena, Nachlaß Biron, Abt. C, Nr. I, fol. 30.

38 UA Jena, Nachlaß Biron, Abt. C, Nr. I, fol. 49. Vgl. auch Theodor Körners Gedicht *An das Bild* vom 29. 3. 1811 (in: ThStA Altenburg, Rittergut Löbichau, Zeitgeschichtliche Sammlung 26, fol. 73) und

In der bedeutendsten Zeit Löbichaus zwischen 1819 und 1821 hielten sich dort neben Christian Gottfried Körner mitunter auch andere bekannte Persönlichkeiten auf, so Jean Paul, Friedrich Arnold Brockhaus oder Karl August Böttiger. Selbst Johann Wolfgang Goethe beehrte die Herzogin mit einem Besuch.[39] Allerdings prägten den musenhöfischen Alltag zumeist Dichter nachrangigen Formats wie Christoph August Tiedge, August Daniel von Binzer oder Johann Friedrich Schinck. Über einen Zeitraum von 25 Jahren beschränkten sich überdies die musenhöfischen Aktivitäten, denen meist die Geburtstage der Töchter Dorotheas als Anlaß dienten, auf wenige Wochen, etwa die Sommermonate der Jahre 1808 bis 1811 oder 1819 bis 1821. Schon in zeitnahen, aber erst recht in retrospektiven Selbstzeugnissen und Berichten überformten die kurzen Phasen der Regsamkeit das über weite Strecken recht eintönige und einsame Leben im provinziellen Rittergut. Man imaginierte ein scheinbar bruchloses Sinn-Kontinuum.[40] Insofern bestand durchaus eine Parallele zu Tiefurt, wo sich die Herzoginmutter Anna Amalia nach dem Ende ihrer obervormundschaftlichen Regierungspflichten seit 1775 den ‚Freuden und Plagen' des notgedrungen künstlerisch ausgefüllten Landlebens hingeben mußte, das sie für sich und andere immer wieder öffentlich zu rationalisieren suchte.[41] In Anlehnung an das im Kreise Anna Amalias veröffentlichte *Journal von Tiefurt* nutzte man in Löbichau die sog. *Theeblätter* zur Dokumentation, Reflexion und Bestätigung des eigenen Tuns.[42] Außerhalb der besonderen Wochen trieb Herzogin Dorothea durchaus der horror vacui um. Ihrem Tagebuch vertraute sie etwa am 14. Februar 1809 an:

> Den Nachmittag geschrieben, mit Auguste gesprochen, den Abend gearbeitet, Tee getruncken, u. da die andern fort waren, noch mit Auguste die Knabenau u die Tauben mich unterhalten. [...] Ich bin überzeugt, daß ich in Franckreich alles was den Geist befriedigt über meine Erwartung finden werde [...].[43]

Auch wegen der Angst vor geistiger Verkümmerung, Bedeutungslosigkeit und Einsamkeit begab sich die Herzogin immer wieder auf Reisen. Daß die künstlerischen Gehalte des

---

das Gedicht Christian Gottfried Körners *Auf der Insel in Löbichau* vom 31.7.1819 (in: Adolf Mirus: *Das Körner-Museum im Körner-Hause zu Dresden sowie Schloß Löbichau [Sachsen-Altenburg] mit seinen Erinnerungen an Theodor Körner und dessen Pathe Dorothea Herzogin von Curland.* Weimar 1898, S. 37).

39 In ihrem Tagebuch notiert Dorothea von Kurland am 29.9.1810: „[...] den Nachmittag kahm Goethe unerwartet, wir suchten ihn zu amüsiren so viele wir konnten". Und am nächsten Tag fügte sie über das Befinden des Dichters in Löbichau hinzu: „Goethe schien sich zu gefallen und sprach während dem Diner recht viel" (UA Jena, Nachlaß Biron, Abt. C, Nr. I, fol. 45).

40 Dafür stehen sicherlich auch die Schilderungen von Emilie von Binzer: *Drei Sommer in Löbichau 1819–1821.* Stuttgart 1821.

41 Joachim Berger: *Anna Amalia von Sachsen-Weimar-Eisenach (1739–1807). Denk- und Handlungsräume einer „aufgeklärten" Herzogin.* Diss. phil. Jena 2001, S. 489–506; ders.: *„Tieffurth" oder „Tibur"? Herzogin Anna Amalias Rückzug auf ihren „Musensitz".* In: *Der „Musenhof" Anna Amalias. Geselligkeit, Mäzenatentum und Kunstliebhaberei im klassischen Weimar.* Hrsg. von Joachim Berger. Köln u. a. 2001, S. 125–164.

42 Die mindestens seit den Aufenthalten Theodor Körners in Löbichau 1808 ff. nachvollziehbaren „Theeblätter" sind „anfangs schriftlich für die Herzogin, später im Druck bei Buchhändler Eberhardt in Halle" erschienen (Mirus [Anm. 38], S. 29).

43 UA Jena, Nachlaß Biron, Abt. A, Nr. X, fol. 15.

Löbichauer Musenhofs meist nicht sehr tiefgreifend waren, zeigt etwa der lyrische Wettstreit zwischen Schinck und einem Kammerfräulein der Herzogin. Besagte Emilie von Gerschau eignete Schinck folgende Zeilen zu:

Fast athemlos, mit halberschöpfter Lunge
Saß Fräulein, sterbend schier,
Da träufelt ihr auf die verlechste Zunge
Ihr Schutzgeist rettend – Bier.

Und Schinck revanchierte sich mit diesen Zeilen:

Mir würde Bier die Phantasie verkleistern,
Nur wenig begeniet,
Mich kann nur Wein und nur Dein Kuß begeistern,
Ihm dankst Du dieses Lied.[44]

Schink war es auch, den man am 8. September 1819 für die Krönung zum Dichterkönig auserkor. In einer feierlichen, mit mittelalterlichen Reminiszenzen nicht sparenden Zeremonie wurde der fast 70jährige zum ‚ersten Dichter' des Löbichauer Musensitzes erhoben. Er sollte sich „Frauenlob" nennen und erhielt knieend aus den Händen der Herzogin Diplom, Wappenschild und Lorbeerkranz. Schließlich wurde eine Art Hofball mit Illumination gefeiert.[45]

In Dittersbach bot sich eine Löbichau durchaus vergleichbare Ausgangssituation. Johann Gottlob von Quandt hatte 1818 von seinem Vater ein großes Vermögen geerbt, einige Rittergüter im Kursächsischen gekauft und schließlich 1829 das neuerworbene Dittersbach zum Zentrum seiner kulturellen Ambitionen erkoren.[46] Das Rittergut wurde ausgebaut, ein Park angelegt und – wie in Seifersdorf – mit mehreren Statuen und Tempeln verschönt. Auf der Anhöhe hinter dem Schloß ließ Quandt zwischen 1831 und 1833 ein Turmschlößchen in gotischem Stil errichten und mit Fresken zu Goetheschen Dichtungen ausmalen. *Der Erlkönig*, *Der Fischer*, *Der König in Thule* und einige weitere Werke bildeten

---

44 Zit. nach Geyer (Anm. 29), S. 28. Zur Biographie Emilie von Gerschaus vgl. Joachim Graupner: *Emilie von Binzers Kindheit und Jugend.* In: Osterländer Volkszeitung. Heimatkurier für das Osterland 14 (1997), S. 3.

45 Vgl. dazu die Tagebuch-Eintragungen der Herzogin Dorothea, 8.9.1819 (UA Jena, Nachlaß Biron, Abt. A, Nr. XVIII, fol. 84v–85r) und die Schilderung bei Geyer (Anm. 29), S. 28 f. Allerdings gibt die Herzogin in ihrem Tagebuch den Krönungsnamen Schincks nur mit „Frauenlob", nicht mit „Frauenlob II." an, wie Geyer meint. Schinck fügte sich anscheinend in seine Rolle als ‚Hofdichter'. Er ließ keine Gelegenheit aus, seine ‚Wohltäterin' panegyrisch zu verherrlichen, und verfaßte beispielsweise Lob-Gedichte zu besonderen Kirchenbesuchen oder Genesungen von Krankheit, so das *Lob- und Dancklied für die Genesung der Frau Herzogin von Kurland, gesungen in der Kirche zu Groß-Stechau am 24. Junii 1821* (UA Jena, Nachlaß Biron, Abt. B, Paket II, Nr. 2).

46 Walter Schmitz/Jochen Strobel (Anm. 3), S. VII–LXXI; bes. S. XI ff.; Bernd Heinrich: *Johann Gottlob von Quandt in Dittersbach.* In: *Johann Gottlob von Quandt. Eine Sammlung von Beiträgen anläßlich seines 200. Geburtstages am 9. April 1987.* Hrsg. vom Rat der Gemeinde Dürröhrsdorf-Dittersbach. O. O., o. J., S. 26–34.

die Motive.[47] Das Schlößchen „Schöne Höhe“ war von Anfang an als Goethe-Verehrungsstätte und kulturelles Zentrum geplant, zu dem in bestimmten Abständen Künstler und Honoratioren der Umgebung geladen wurden, zumeist um – wie in Löbichau – Teil einer auf die Nachwelt zielenden Aufführung zu sein. Doch geht der Goethe-Turm insofern über Löbichau hinaus, als er musealer und Gedächtnisort für alle Schichten der Gesellschaft sein sollte.[48] Quandt, der Schöpfer dieser Inszenierung, näherte sich dem Adelstyp der Zeit um 1800 im Vergleich zu Dorothea von Kurland gewissermaßen von der anderen sozialen Seite her. Bürgerlicher Herkunft, wurde er erst 1820 nobilitiert und suchte nach einem dauerhaft tragfähigen Wertesystem. Den Sinn des adeligen Lebens fand er in der Verehrung, Popularisierung und Zurschaustellung der in seinen Augen einzigartigen Kunst Weimars – speziell derjenigen Goethes. Dabei verquickte er in letztlich recht simplen, freimaurerisch anmutenden Micro-Macro-Beziehungen Goethesche Individualgenese mit Deutungen gesellschaftlicher Entwicklung und erklärte seinen Heroen zum humanen Idealtyp schlechthin[49]:

> Göthe Kind, Jüngling, Mann u Greis, stellt das Menschenleben in seinem Normalzustande dar. Er war ein vollständiger Mensch, in der vollsten Bedeutung des Worts. Alle Leiden u Freuden der Menschheit fühlte sein großes Herz u schuf aus diesem edelsten Stoffe, unsterbliche Kunstwerke, in welchen die Welt sich spiegelt u im Gewande der Zeit, das Ewige erscheint.[50]

Die quasireligiöse Verehrung seines selbsterkorenen Helden erlaubte es Quandt überdies, den Zeitenwandel um 1800 vereinfacht wahrzunehmen, ihm neue Hoffnungen auf eine elitäre Zukunft abzugewinnen. Er verstand sich und sein Tun als Gründung eines neuen Adelsgeschlechts und glaubte, daß seine Nachkommen zu Selbstgewißheit und Höherentwicklung allein dann gelangen könnten, wenn sie dem von Goethe und Schiller gewiesenen ästhetisch bestimmten Lebensweg folgen würden. Bei Einweihung des Goethe-Turms am 12. September 1833 mahnte er die Zuhörer:

> [...] alle Menschen vereint der Gedanke: „Menschheit“, der in unbeschränkter, unendlich wechselnder Mannigfaltigkeit durch alle Einzelne Daseyn hat, so daß ein Jeder Ergänzung

---

47 Johann Karl Seidemann: *Eschdorf und Dittersbach. Beiträge zur sächsischen Dörfer-, Adels-, Kirchen- und Sittengeschichte*. Dresden 1840, S. 66 u. 73f.

48 Schon bei der Einweihung forderte Quandt alle Menschen, die von diesem Ort hören sollten, auf: „Daher steigt herauf und freut Euch mit mir des Anblicks des Himmels und der Erde“ (Johann Gottlob von Quandt: *Bei Einweihung der Burg auf Schönhöhe unweit Dittersbach, am 12. September 1833*. O. O. SLUB, Hist. Saxon. H. 181, 37). Ferner: Bernhard Maaz: *Die Fresken im Belvedere zu Dittersbach – ein Denkmal für Goethe*. In: Dresdner Hefte. Beiträge zur Kulturgeschichte 13 (1987), S. 30–42.

49 Daß die Kunst- und Wissenschaftsinteressen Quandts nicht sehr tiefgründig waren und er in Weimar deshalb – wie die Brühls – auf Ablehnung stieß, zeigt etwa die Aussage Adele Schopenhauers, die „das Peinliche einer ganz unvollkommen gebliebenen Ausbildung und Richtung seines Wesens“ besonders stark empfand (zit. nach: Schmitz/Strobel [Anm. 3], S. XII). In der Philosophie wollte Quandt „kein Körnlein Nahrung für die Seele entdeckt haben“ (Bernhard Maaz: *Johann Gottlob von Quandt [1787–1839] als Auftraggeber, Mäzen und Kunstsammler*. Dipl.-Arb. Leipzig 1986, S. 12).

50 Johann Gottlob von Quandt an Louise Seidler, 1. 4. 1832 (Schmitz/Strobel [Anm. 3], S. 165). Vgl. auch Johann Gottlob von Quandt: *Meine Berührungen mit Goethe*. In: ebd., S. 230–242.

der Menschheit ist und die kommenden Geschlechter eines gesammten Lebens sind, das unendlich seyn muß, weil es Wirklichkeit einer ewigen Idee ist.[51]

Die Festgesellschaft versenkte in einem die *Wahlverwandtschaften* zu ‚lebenden Bildern'[52] inszenierenden Ritual feierlich einen Brief des verehrten Dichters in die Baugrube.[53] In der Absicht, umfassende Szenengleichheit vorzutäuschen, dienten Quandt in seinen Veröffentlichungen die Handlungsabläufe Goethescher Werke inklusive ihrer landschaftlichen und architektonischen Kontexte als präzise befolgte Choreographien zur Beschreibung solcher Feste und Rituale. Dabei spielte es dann bezeichnenderweise keine Rolle, inwieweit die Nachinszenierung in Dittersbach mit ihrer Beschreibung übereinstimmte. Fehlende oder in ihrer realen Handlung abweichende Vorgänge wurden von Quandt ignoriert oder so adaptiert, daß sie in die Textur der ‚Goethe/Weimar'-Simulation paßten. Analysiert man den Brief Quandts an Goethe vom 6. November 1831, in dem er die Dittersbacher Grundsteinlegung beschreibt, so erscheint kaum glaubwürdig, daß sich dabei zufällig ähnliche Szenen wie zwischen Eduard und Ottilie beim Bau ihres Hauses mit „schöner Aussicht" ereignet haben sollten, nahezu aussagegleiche Reden gehalten wurden und der Goethe-Turm zufällig auch jene „drei Dinge" in idealer Weise in sich vereinigt haben könnte, die der Maurer in den *Wahlverwandtschaften* zur Grundsteinlegung fordert: bestmöglichen Baugrund, sichere Fundamentierung und eine vollkommene Bauausführung.[54] Die Anlehnung Quandts an ein imaginiertes Weimar wird überdies in der Nutzung ‚typischer' Kommunikationsinstrumente deutlich. Auch in Dittersbach kursierten beispielsweise handschriftliche, später auch gedruckte Journale: das *Neustädter Wochenblatt* oder der sog. *Dittersbacher Merkur.* Zur Rechtfertigung der Wahl des Götterboten

51 Quandt: *Einweihung* (Anm. 48).

52 Gerade der Bezug auf die *Wahlverwandtschaften* zeigt deutlich den kulturpolitischen Unterschied zwischen Goethe und Quandt. Während Goethe mit der Beschreibung lebender Bilder den oberflächlichen Kunstkonsum seiner Zeit kritisierte, griff Quandt sie mit voller Überzeugung als Instrumente seiner Bildungsvorstellung auf (Birgit Jooss: *Lebende Bilder. Körperliche Nachahmung von Kunstwerken in der Goethezeit.* Berlin 1999, S. 224–231).

53 Diesen Brief vom 18. 9. 1830 wertete Quandt als Zeichen echter Zuneigung Goethes, weil sich der Dichter darin erkundigt hatte, ob er inmitten der revolutionären Unruhen mit seinen „schönen und werthen Besitzungen unangetastet geblieben" sei (vgl. Schmitz/Strobel, [Anm. 3], S. 242).

54 Quandt an Goethe, 6. 9. 1831 (Schmitz/Strobel, [Anm. 3], S. 141–148). Vgl. auch den Kommentar zu diesem Brief (ebd., S. 316 f.). Zu den Reden vgl. den Text der *Wahlverwandtschaften*: „[W]ir gründen diesen Stein für ewig, zur Sicherung des längsten Genusses der gegenwärtigen und künftigen Besitzer dieses Hauses. Allein indem wir hier gleichsam einen Schatz vergraben, so denken wir zugleich, bei dem gründlichsten aller Geschäfte, an die Vergänglichkeit der menschlichen Dinge: wir denken uns eine Möglichkeit, daß dieser festversiegelte Deckel wieder aufgehoben werden könne, welches nicht anders geschehen dürfte, als wenn das alles wieder zerstört wäre, was wir noch nicht einmal aufgeführt haben" (MA 9, S. 345).

In Dittersbach wurde hingegen folgende Ansprache gehalten: „Indem wir diesen Stein der Erde anvertraun, um zu unsrer Lust ein Haus darauf zu gründen, von dessen Gipfel wir die Wälder, Fluren, Dörfer, Städte umher noch freier überschauen können [...], fühlen wir uns gedrungen, an die zu denken, welche dereinst diesen Stein finden werden, wenn der stattliche Thurm, die festen Zinnen und starken Mauern des Gebäudes, welches wir aufführen wollen, kein Zeugniß von uns mehr geben" (Johann Gottlob von Quandt: *Bei Legung des Grundsteins auf Schönhöhe ohnweit Dittersbach am 12. September 1831.* SLUB: Hist. Saxon. H. 181, 36).

als Zeitschriftenname[55] brachte man in der Ankündigung vor: „[...] so haben wir dieses Blatt den Dittersbacher Merkur genannt und hoffen, daß dieser Titel uns nicht im Olymp viel Verdruß machen wird als weiland Wieland sich zugezogen hatte, indem er dieses Gottes Namen gebrauchte".[56] Indem man bei den griechischen Göttern auf gute Aufnahme hoffte, erbat man Gleiches wohl auch vom Weimarer Olymp.

III.

Es ist auffallend, daß in den Quellen der nachgestellten Musenhöfe fast immer zeremonielle Ereignisse beschrieben werden. In den Auf- und Einzügen, Dichterkrönungen, Einweihungen, Grundsteinlegungen und Gedenkfeiern ging es offenbar viel mehr um die Präsentation eines neuen, aber eben nur imaginierten Gemeinschaftsideals als um die Abbildung eines ernstgemeinten ästhetischen Lebensversuchs. Die Instrumente der Memorialkultur wurden zur Darstellung dieser Inszenierungen bewußt eingesetzt. So wie die Löbichauer Dichterkrönung von 1821 in mehreren Briefen und Lebenserinnerungen ausgiebige Erwähnung fand, so wurde beispielsweise auch die Grundsteinlegung des Dittersbacher Goethe-Turmes umgehend öffentlich gemacht.[57]

Weimar und seine Musenhof-Satelliten bildeten ein System vielgestaltiger Verbindungen und kommunikativer Resonanzen. Diese beschränkten sich keineswegs nur auf bilaterale Kontakte der Musenhof-Imitatoren mit ihrem Weimarer Bezugspunkt, sondern schlossen auch Verbindungen etwa zwischen Seifersdorf, Weimar und Löbichau ein. Derartige Beziehungen wurden beispielsweise durch Elise von der Recke, die Halbschwester Dorotheas von Kurland, ermöglicht. Sie versuchte, eine Art Musenhof-Netzwerk aufzubauen, und sicher ist es kein Zufall, daß sie sowohl mit Seifersdorf als auch mit Löbichau und Dittersbach Verbindungen pflegte. Christina von Brühl stand sie nach ihrem ersten Seifersdorfbesuch 1784/85 genauso nahe wie den Löbichauer Inszenierungen, die sie in den drei Jahren von 1819 bis zum Tode ihrer Schwester 1821 wesentlich mitprägte. Es paßt in dieses Bild, daß Johann Gottlob von Quandt 1819 Bianca von Low heiratete, die unter ihrer Aufsicht im Geiste der Kunstliebhaberei erzogen worden war.[58]

Die Reiseberichte Elise von der Reckes und ihrer Begleiterin Sophie Becker zeigen jenes Verständnis von Kunst, gesellschaftlicher Entwicklung und persönlicher Empfindung, das für die Art und Weise der adeligen Weimar-Rezeption in den Rittergutsschlössern und Landsitzen insgesamt charakteristisch zu sein scheint. Sophie Becker etwa hielt ihre „Empfindung" nach dem ersten Weimar-Besuch für „so einzig in ihrer Art, als ob mir Weimar für

---

Zur Vergleichbarkeit der Versenkung eines Ringes in den Grundstein mit dem Kettenopfer Ottilies vgl. *Wahlverwandtschaften* (MA 9, S. 345) und Quandt: *Legung* (Anm. 54). Zu den Forderungen des Maurers vgl. *Wahlverwandtschaften* (MA 9, S. 342).

55 Hermann Höller: *Der Dittersbacher Merkur.* In: Quandt: *Sammlung* (Anm. 46), S. 35–41; Köhler (Anm. 29), S. 39.

56 Zit. nach: Höller (Anm. 55), S. 37.

57 Schon für Grundsteinlegung und Einweihung ließ Quandt Flugschriften drucken und verteilen. Goethe sandte er den bei der Grundsteinlegung vorgetragenen Text brieflich zu. Vgl. Quandt: *Einweihung* (Anm. 48); ders.: *Legung* (Anm. 54); Schmitz/Strobel, (Anm. 3), S. 146–148.

58 Schmitz/Strobel (Anm. 3), S. XIII; Moritz Geyer: *Vor hundert Jahren: Elise von der Reckes Reisen durch Deutschland 1784–86. Nach dem Tagebuch ihrer Begleiterin Sophie Becker.* Stuttgart 1884.

mein ganzes Leben wichtig geworden wäre".[59] Gleichzeitig aber verwirrten sie beispielsweise die Gespräche zwischen Wieland und Herder, weil sie nicht mit ihren Erwartungen übereinstimmten. Es ist gerade für den hier behandelten Zusammenhang sehr erhellend, daß sie Wielands Verurteilung der Phantasie mit Unverständnis begegnet und voller Zweifel über das nichtbestätigte Weimar-Bild bekennt: „Man ist über sein wahres Ich nie ganz gewiß".[60] Dieses Muster, geprägt durch weitgehende intellektuelle Unebenbürtigkeit mit den Weimarer Geistern und Verwirrung über persönliche Werte bei gleichzeitiger – notgedrungen auf Äußerlichkeiten bezogener – emotionaler Verehrung, konstituierte einen eigenen Rezeptionsstrang der Weimarer Kulturentwicklung um 1800.

Die treibende und steuernde Kraft dieses Musenhof-Netzwerks war Weimar selbst, weil es jene Werte und Sinnangebote generierte, von denen die Umsetzung der Interessen außerweimarischer Rezipienten abhing. Alle beteiligten Glieder dieses Systems zogen aus ihm Nutzen. Weimar erlangte als begierig aufgegriffenes Warenzeichen Image- und kulturellen Machtzuwachs, während die Satelliten die aufgenommenen Sinnangebote beispielsweise zur Wahrung der sozialen Stellung ihrer Träger nutzten. Überdies bildeten sie den Resonanzboden für die unter Weimarer Eliten weitverbreitete Intention, die politische Bedeutungslosigkeit des Herzogtums mittels künstlerisch-kultureller Vorbildwirkung zu kompensieren und auf diese Weise die Existenz des Kleinstaats zu sichern. Festzuhalten aber bleibt, daß nicht die aufklärerischen Überzeugungen Goethes oder Wielands an sich, sondern nur ihre Abbilder die Grundlage dieses Musenhofsystems bildeten. Man täuschte in Dittersbach, Seifersdorf und Löbichau eben ‚Weimar' nur vor. In keinem Fall entstand eine auf Dauer stabile Gemeinschaft wissenschaftlich oder künstlerisch produktiver Geister. Auch lassen die Imitationen eine erfolgreiche Ausstrahlung kulturellen Verbesserungs-Wirkens auf die soziale Umgebung nicht erkennen. Ein Perfektibilitätsdrang der Teilnehmer nach dem Besuch Seifersdorfer oder Löbichauer Lese-Abende ist beispielsweise genauso wenig feststellbar wie die Verwurzelung eines Dilettantismus-Konzepts. Insofern ist auch und gerade die bildungsadelige Variante der Weimar-Rezeption Teil jener Entwicklung, die aus dem umfassenden und zur individuellen Aktivität auffordernden Kulturbegriff der Aufklärung ein epigonales und passives Bildungsmuster formte.[61]

Die Kontakte der Weimarer Künstler zu den Musenhofablegern waren durchaus rege. Goethe kannte Dorothea von Kurland durch gemeinsame Karlsbad-Aufenthalte schon seit ihrer Ankunft in Mitteldeutschland. Besonders in den Jahren 1808 und 1810 pflegte er

---

59 Zit. nach: Rachel (Anm. 21), S. 191.

60 Ebd.

61 Georg Bollenbeck: *Bildung und Kultur. Glanz und Elend eines deutschen Bildungsmusters.* Frankfurt/M., Leipzig 1994; ders.: *Tradition, Avantgarde, Reaktion. Deutsche Kontroversen um die kulturelle Moderne 1880–1945.* Frankfurt/M. 1999. Geschichtsschreibung und Publizistik des Kaiserreichs nahmen sich der von Weimar inspirierten Musenhöfe durchaus an. Sie feierten sie als Beweise für die deutschlandweite Wirkung der von Weimar ausgehenden Nationalkultur. Für differenzierende Untersuchungen der intentionalen Unterschiede zwischen den Weimarer Denkern und ihren zeitgenössischen Verehrern war dabei natürlich kein Raum. Vgl. Ernst Hellmuth: *Der Artushof der Kurländerinnen.* In: Die Gartenlaube 34 (1893), S. 571–574; Bruno Judeich: *Löbichau, ein deutsches Schloß Rambouillet.* In: Wissenschaftliche Beilage der Leipziger Volkszeitung 125 (1898), S. 62–63. Zur Weimar-Rezeption des 19. und frühen 20. Jahrhunderts jetzt auch: *Geheime Gesellschaft. Weimar und die deutsche Freimaurerei* (Ausstellungskatalog). Hrsg. von Joachim Berger u. Klaus-Jürgen Grün. München, Wien 2002.

zudem Kontakte mit Löbichau, das er in diesen Jahren auch besuchte. Wieland ehrte hingegen 1794 Seifersdorf mit einem Besuch.[62] Bereits in der Mitte der 1780er Jahre hatte Goethe begonnen, die Bemühungen der Brühls um Seifersdorf zu reflektieren. Den baulichen, landschaftsarchitektonischen und kunstgewerblichen Umgestaltungen stand er jedoch offener gegenüber als ihren Schöpfern, zu denen er auch in seinen Dichtungen eine deutliche Distanziertheit entwickelt hatte. 1785 widmete er in Karlsbad dem Grafen Moritz von Brühl zu dessen Geburtstag das *Bänkelsängerlied*, in dem es heißt:

> Er gräbt und hacket frisch das Land,
> Wie's Adam einst befehligt worden.
> Und so versorgt er erst das Haus,
> Dann bricht er allerschönste Rosen,
> Er schmückt dem Weibchen Lauben aus
> Und setzt sich drein, sie liebzukosen.[63]

Während er also in diesen Zeilen die Umformung des Seifersdorfer Tals durchaus goutierte, wurde die Gräfin Christine mit einem Gedicht bedacht, das spöttisch prophezeite, ihre Wasserkur werde in einem „Rheumatismus der Freundschaft" enden.[64]

Goethe erkannte gleichwohl das Potential des zum Stil gerinnenden ästhetisierenden Lebensgefühls. In den Diskussionen über die Gründung eines Heilbades im unweit Weimars an der Ilm gelegenen Berka wird dies deutlich.[65] 1812 berichtete er Herzog Carl August über den in seinen Augen ungenügenden Elan des mit der Bad-Gründung beauftragten Erbprinzen Carl Friedrich:

> Es gehört schon etwas dazu sich eine solche Anstalt als wirklich zu denken; denn bloß dadurch kann man sie für möglich halten, wenn man nicht zu dergleichen Dingen, durch Naturell und Leidenschaft getrieben wird. Wohnten diese dem Prinzen bey und hätte er allenfalls einen jungen Mann neben sich wie C a r l B r ü h l war, so würde die Sache rasch angegriffen und das Berkaer Thal schon nächsten Sommer Seyffersdorfisirt seyn.[66]

Für ein Bad, das Kurgäste anziehen und unterhalten sollte, konnte der Seifersdorfer Musenhofstil für Goethe sogar in unmittelbarer Nähe Weimars den Rahmen bilden. Allerdings weist er mit dem Begriff ‚seifersdorfisieren' den anderen ‚Musenhöfen' nicht nur den Platz zu, er definiert auch das Verhältnis Weimars zu ihnen. Als kommerzielles Mittel war Seifersdorf zu gebrauchen, aber es war eben auch nur Seifersdorf. Die Satelliten hatten das Zentralgestirn zu umkreisen, es zu schmücken; keinesfalls sollte ihnen jedoch – wie Dorothea

---

62 Vgl. dazu: Ullrich (Anm. 17), S. 31 f.

63 MA 2.1, S. 104.

64 Ebd., S. 103.

65 Zur Geschichte des Bades in Berka an der Ilm vgl. Ernst August Willrich: *Bad Berka bei Weimar. Seine Geschichte, Einrichtungen und Bedeutung. Eine Festschrift zur Feier des 75jährigen Bestehens des Bades.* Weimar 1888; Hans Gerhard Gräf: *Goethe in Berka an der Ilm.* Weimar 1911; Walther Victor: *Goethes Geist. Ein Mann aus Berka.* Weimar 1964; Günther Prätor: *Bad Berka. Das Goethe-Bad im Grünen.* Leipzig 2001.

66 WA IV, 23, S. 146. Goethes Gutachten in der Frage des ‚kulturellen' Ausbaus von Berka bei: Willrich (Anm. 65), S. 9–18.

von Kurland, Elise von der Recke oder Christina von Brühl wohl insgeheim hofften – das Recht einer Kommunikation mit Weimar auf gleicher Augenhöhe zustehen.

Indes verband Goethe auch hinsichtlich seiner kulturvermittlerischen Pläne mit den ‚Musenhöfen' ganz spezifische Interessen. Das erhellt etwa sein gerade herausgegebener Briefwechsel mit Johann Gottlob von Quandt.[67] Auf die „Schöne Höhe', seinen Tempel, bezugnehmend, von dem ihm Quandt zwei Bilder geschenkt hatte, schrieb er 1831: Bei Betrachtung der Bilder

> erquickt mich die Hoffnung, daß die liebe Natur auch zur Vernunft gekommen sey und alle jene verrückten fieberhaften Erschütterungen für immer aufgegeben habe, damit sowohl die umschauende umsichtige Schönhöhe als das daran sich schließende Wohlhaben für ewige Zeiten gesichert sey und, mitten unter den problematischen Ruinen der Vorzeit, Ihnen und Ihren Nachfahren fest und beruhigt verharren, auch das Reelle, Faßliche, Nützliche, wie es in diesen Bildern vor uns liegt, immerfort unverkümmert zur Freude gedeihen möge.[68]

Und am 27. Februar 1832 wollte er

> nicht unterlassen zu bemerken: daß es doch gar sonderbar seyn müßte, wenn ich nicht um und in Dittersbach manchmal spukte, so oft gehe ich auf Ihren Wegen und Stegen spazieren.[69]

Goethe suchte Orte, an denen er sich dauerhaft für die Nachwelt materialisieren konnte, und er suchte utopische Kolonien: kulturelle Vorbilder, in denen Natur und menschliches Zusammenleben ineinander übergehen, ein unauflösbares, auf Vernunft basierendes Verweisungsverhältnis bilden und so die unvernünftige Welt stets aufs neue an den von Weimar und ihm selbst ausgehenden alternativen Weg gemahnen sollten. Es ist fraglich, ob Brühl und die anderen diese Ziele jemals geteilt haben.

---

67 Schmitz/Strobel (Anm. 3).

68 WA IV, 49, S. 174–175.

69 Ebd., S. 255. Ähnliche Kontakte unterhielt Goethe mit dem Sohn Hans Moritz von Brühls und Berliner Theater-Intendanten Carl Friedrich Moritz Paul von Brühl, der sein Berliner Anwesen ebenfalls ‚seifersdorfisirte'. Goethe schrieb ihm 1825: „Die Art wie Sie Ihrer alten Burg eine anmuthige Würde gegeben verdient alles Lob. Ich bin leider niemals in Seifersdorf gewesen und danke deswegen verbindlichst, daß Sie mir durch die gar hübschen Zeichnungen die Vortheile der Gegenwart ersetzen wollen. Behalten Sie in dem theuren Kreise der Ihrigen meinem Andenken seinen alten Platz" (WA IV, 40, S. 114). Daß Goethe Carl von Brühl gerade auch deshalb schätzte, weil er durch ihn als Markenzeichen popularisiert wurde, zeigt etwa die Debatte um die *Faust*-Aufführung des Fürsten Radziwill 1819, in der man Goethes Gesichtszüge zur Präsentation des Erdgeistes nutzte. Vgl. dazu Beate Gross: *„Wenn der Geist im Schauspiel singt". Zur Musikdramaturgie in Goethes „Faust"*. Vortrag im Kolloquium des SFB 482 *Ereignis Weimar-Jena. Kultur um 1800* vom 29. 10. 2002.

GÜNTER JÄCKEL

Dresden als Erinnerungsort für Goethe[*]

Sieben Aufenthalte

Zwischen seinem 18. und seinem 63. Lebensjahr ist Goethe etwa vierzig Tage in Dresden gewesen. Das ist wenig, gemessen an seinen fast drei Jahren in Leipzig, den sechzehn Monaten in Straßburg, den vierzehn in Rom. Doch sein ganzes Leben wird er in Erinnerungen, Briefgesprächen und Begegnungen der Stadt verbunden bleiben. Gewiß, er hat ihr kein so eindrucksvolles Denkmal gesetzt wie Leipzig im *Urfaust.* Aber es gibt, anders als in vielen Darstellungen seiner Zeitgenossen, auch keine abwertenden oder spöttischen Bemerkungen; sondern stets nur Anerkennendes und Freundlichkeiten.

Der 18jährige Leipziger Jurastudent entschloß sich im März 1768 zu einem spontanen Ausflug von knapp zwei Wochen.[1] Ökonomische Erwägungen hatte er kaum anzustellen. Vom Vater erhielt er monatlich 100 Gulden, etwa das zehnfache Einkommen eines sächsischen Dorfschulmeisters. Die gelbe Kutsche – die ordinäre Post, mit der er reiste – brauchte bis Dresden 36 Stunden. Diese erste Begegnung im März 1768 war wohl in einem besonderen Maße prägend für sein Bild von der Stadt. Zwölf Jahre später kehrte er zurück: 1790, in Zeiten einer politischen Krise zwischen Preußen und Österreich, folgte er seinem Herzog ins schlesische Feldlager und stieg nach einer nächtlichen Fahrt von Nossen über Wilsdruff am 28. Juli, an einem Mittwochmorgen 1/2 8 Uhr, im „Hotel Pologne" auf der Schloßgasse ab. Schon am Sonntagmorgen fuhr er weiter, war aber auf der Rückreise vom 25. September bis 3. Oktober erneut hier. Im Gegensatz zum ersten Besuch war der Umgang mit Christian Gottfried Körner lebhafter und freundlicher, Kants Philosophie Ausgangspunkt anregender Gespräche, sogar einige Römische Elegien wurden zum besten gegeben.[2] Zusammen mit dem sächsischen Hofmarschall Joseph Friedrich von Racknitz holte er vermutlich den Herzog Carl August in Schandau ab; gemeinsam fuhr man auf der Elbe bis Dresden. Es war die Zeit von Goethes naturwissenschaftlichen Studien: der Farbenlehre,

---

[*] Zum Andenken an Hans Mattersdorff, geb. 1886 in Dresden, gest. 1954 in Los Angeles/Californien, vertrieben aus Deutschland 1938. Hans Mattersdorff war von 1928 bis 1935 Schatzmeister der Goethe-Gesellschaft in Dresden.

[1] War es außer einer Kunstreise auch eine Flucht vor Käthchen Schönkopf, wie der Brief an Behrisch vom März 1768 vermuten läßt? Vgl. auch Nicholas Boyle: *Goethe. Der Dichter in seiner Zeit.* Bd. I: *1749–1790.* München 1995, S. 93f.

[2] Körner an Schiller, 6. 10. 1790 (Briefe von und an Schiller stets nach SNA).

der Pflanzen, der Tiere. Im Naturalienkabinett fertigte er Notizen und Zeichnungen zur Anatomie, auch des Zwischenkieferknochens, an. Das Tagebuch ist lapidar:

2 : 16 Antiken
– : 16 Thurn
2 : 10 Porzellan
5 : – Gallerie
– : 16 Thurn
– : 2 Barbier[3].

Ende Juli 1794 begleitete er seinen Herzog bis Dessau und erreichte mit ihm über Wörlitz und Leipzig am 2. August Dresden. Mehrmals besuchte er mit dem Kunsthistoriker Johann Heinrich Meyer Galerie und Skulpturensammlungen; vom Hofgärtner Johann Heinrich Seidel empfing er im „Botanischen Garten"[4] Anregungen zur Metamorphose der Pflanzen. Am 11. August reiste er mit dem Herzog ab. Erst 16 Jahre später, nach einem viermonatigen Kuraufenthalt in Karlsbad und Teplitz, weilte er vom 18. bis 21. September 1810 wieder hier, um erneut Galerie und Rüstkammer aufzusuchen und mit Seidel botanische Studien zu treiben. Auch 1813 sind seine beiden Aufenthalte (vom 20. bis 25. April und vom 10. bis 13. August) Teil einer Reise nach Teplitz – diesmal wohl nicht allein wegen der Kur, sondern zugleich der kriegerischen Unruhen halber. Spätere Legendenbildungen wissen von einem gemeinsamen Aufenthalt Goethes und Schillers, die in Körners Wohnung lachend und stampfend Xenien gedichtet haben sollen.[5] Doch sie sind sich hier nie begegnet.

Diese sieben Aufenthalte hat Woldemar von Biedermann in gültiger Weise vorgestellt. Weiteres findet man bei Robert Steiger: *Goethes Leben von Tag zu Tag* (Bd. I–V).[6] Dies darf als bekannt vorausgesetzt werden und soll, in Anlehnung an die Darstellungen bei François Etienne und Hagen Schulze,[7] auf eine Topographie von Goethes Erinnern bezogen und von daher befragt werden. – Was waren in Dresden die Topoi seiner Wahrnehmung und seines Gedächtnisses, die *loci memoriae*, die nicht allein um ihrer Gegenständlichkeit willen gesehen, sondern durch einen Überschuß an Symbolkraft bestimmt wurden? Was erwies sich für ihn als so bemerkenswert, daß er sich auch später daran erinnerte und es mitteilte? Was hat sein Schaffen geformt, erweitert, bereichert? Auf den ersten Blick scheint das Ergebnis eher enttäuschend, was die Stadt anlangt. Nie hat er sie in ihrer spezifischen Urbanität beschrieben. Seine „kognitive Karte"[8] verzeichnet wenig von dem, was zum Lektüreprogramm der Reisenden gehörte: nicht die berühmte Brücke, die mittelalterliche Wucht des Pirnaischen Tores, den ostasiatischen Charme des Schlosses in Pillnitz. Nur beiläufig wird im Tagebuch vom 24. September 1810 ein Besuch der „Brühlische[n] Terrasse" vermerkt.

---

3 WA III, 2, S. 21 (Briefe und Tagebücher Goethes stets nach WA).
4 Gemeint ist der „Herzogin-Garten" auf der Ostra-Allee. Der botanische Garten wurde erst seit 1818 am Zeughausplatz angelegt.
5 Gustav Parthey: *Jugenderinnerungen. Zweiter Teil.* Berlin 1890, S. 50 ff.
6 Woldemar Freiherr von Biedermann: *Goethe und Dresden.* Berlin 1875; *Goethes Leben von Tag zu Tag.* Eine dokumentarische Chronik von Robert Steiger. Zürich, München 1982 ff.
7 *Deutsche Erinnerungsorte.* Bd. I–III. Hrsg. von Etienne François u. Hagen Schulze. München 2001.
8 Roger M. Downs/David Stea: *Maps in minds [Kognitive Karten. Die Welt in unseren Köpfen].* New York 1982.

Sie war 1758 von den Preußen verwüstet worden und schwer zugänglich, jedoch stets ein faszinierender Aussichtspunkt.[9] Seine Briefe sagen wenig von der Schönheit des Plauenschen Grundes oder Tharandts; sie reflektieren nie jene einzigartige Synthese von Architektur und Natur, die Jean Paul, Heinrich von Kleist oder Carl Gustav Carus so faszinierte.[10] Der Blick von Körners Weinberg auf die Stromlandschaft, der Elisa von der Recke 1790 zu empfindsamen Tränen rührte,[11] wird ebensowenig geschildert wie etwa die renaissanceartige Kulisse des Altmarkts oder später, 1790 und 1794, die neuerbaute Kreuzkirche. Als Schüler Oesers und damit Winckelmanns[12] wird er gleichgültig an dem verwahrlosten Zwinger vorübergegangen sein, und er hat sich nie zur grandiosen Formensprache Pöppelmanns geäußert. Nur zweimal sah er genauer auf die Straßen und fand dort Erscheinungen der Unordnung. 1768 blickte er von der Frauenkirche auf die zerstörte Pirnaische Vorstadt, und im April 1813 faszinierte ihn die Exotik der neuen Besatzungsmacht, der Kosaken und Baschkiren.[13] Nun kaufte er auch einen Stadtplan. Straßburg, Rom, Catania oder die Landschaften der Schweiz hat er weit genauer und eindrucksvoller geschildert.

So ist es vor allem ein Dresden von innen, das sich ihm als Erinnerungsort eingeprägt hat, eine Stadt des Geistes, der Sammlungen und Museen, der Kunst, der wissenschaftlichen und ästhetischen Kommunikation in geselligen Kreisen; ein *locus memoriae*, der weitgehend auf einer Trennung der realen von der idealen Stadt beruhte und sich einfügte in die eigenen Bildungsbestrebungen. Vor allem die direkten Lebenszeugnisse wie Briefe, Tagebücher und Gespräche öffnen hier den Zugang zu seinem ästhetischen Verständnis. Dresden ist ihm kein „deutscher Erinnerungsort“, in dem die Geschichte jener Jahrzehnte eine Sinnzuweisung gefunden hätte, sondern zuletzt eher eine Distanzierung davon.

„Ein Ort, der herrlich ist“

Noch der 63jährige Goethe fand im 9. Buch von *Dichtung und Wahrheit* die Heiterkeit und den kauzigen Scharfsinn des Schusters Johann Friedrich Haucke so bemerkenswert,[14] daß er ihn in *Des Ewigen Juden erster Fetzen* von 1774 als Vorbild zum biblischen Schuster nahm (HA 10, S. 45 f.). Der „gute Humor“, den diese Begegnung erweckte, sollte auch später die Beziehungen zur Stadt bestimmen. Besonders die Briefe des Jahres 1790 sind voll des Lobes. Er habe „viel Guts genossen“, schreibt er am 30. Juli an Herder; vom „geliebte[n] Dresden“ ist am 26. August 1790 an Racknitz die Rede und am 21. Oktober an Körner: „Dresden hat mir mehr gegeben als ich hoffen konnte, Sie mir in Dresden mehr als ich wünschen durfte,

---

9 Erst 1814 wurde dieser Teil der alten Stadtbefestigung auf Befehl des russischen Generalgouverneurs Repnin-Wolkonski durch eine große Freitreppe zugänglich gemacht. Erbaut wurde sie von Friedrich Thormeyer.

10 Tagebuch, 20. 4. 1813: „Köstlicher Weg und herrlicher Anblick der bebauten Hügel des rechten Elbufers“; ferner an Christiane, 27. 4. 1813.

11 Paul Rachel: *Elisa von der Recke. Tagebücher und Briefe aus ihren Wanderjahren.* Bd. II. Leipzig 1902, S. 323 f.

12 „Sein Unterricht wird auf mein ganzes Leben Folgen haben. Er lehrte mich, das Ideal der Schönheit sey Einfalt und Stille“ (an den Leipziger Verleger Philipp Erasmus Reich, 20. 2. 1770).

13 An Christiane, 21. u. 25. 4. 1813.

14 Moritz Stübel: *Goethe, Schuster Haucke und der Ewige Jude. Ein Beitrag zu Goethes Dresdner Aufenthalt im Jahre 1768.* Dresden 1920.

der Gedancke an die schöne und interessante Stadt und an das liebe Ehpaar ist und bleibt unzertrennlich". Carl Ludwig von Knebel erfährt am 17. Oktober, daß ihn besonders „Dresden zuletzt recht glücklich gemacht" habe, und am 1. Januar des folgenden Jahres: „Dresden hat mir große Freude gemacht und meine Lust an Kunst zu dencken wieder belebt. Es ist ein unglaublicher Schatz aller Art an diesem schönen Orte". Noch in einem Briefkonzept an den Dresdner Maler und Direktor der Galerie Johann Friedrich Matthäi heißt es am 2. Juli 1827: „Ihro Königliche Hoheit der Großherzog von Weimar mein gnädigster Herr geben mir die angenehmste Gelegenheit mich bey Ew. Wohlgeboren in Erinnerung zu bringen und der schönen Tage zu gedenken die ich wiederholt in Dresden zugebracht".

1768 war Dresden eine Festung, mit mächtigen Wällen aus dem 16. Jahrhundert, sieben Bastionen in der Alt- und sechs in der Neustadt, und es war trotz aller Verwüstungen eine berühmte Residenz im Schnittpunkt der Kulturen von Katholizismus und Protestantismus, des Slawischen und Romanischen, deren einzigartige Silhouette sich nach venezianischem Vorbild am Strom präsentierte. „Sie ist ohne Vergleich die schönste Stadt, die ich in Deutschland gesehen", schrieb Johann Kaspar Riesbeck 1784.[15] Goethes Großonkel Michael von Loen hatte noch die Festkultur des augusteischen Zeitalters erlebt.[16] Davon war fünf Jahre nach Ende des Siebenjährigen Krieges, in den nüchternen Jahren des „Rétablissements", nur wenig geblieben. Die Vorstädte waren 1758 von den preußischen Verteidigern abgebrannt, das Zentrum der Altstadt im Juli 1760 zwei Tage mit schwerem Geschütz und Brandgranaten bombardiert worden, als sie, nun Belagerer, die Festung zurückerobern wollten. Wilhelm von Archenholz, Freund und Kollege des Historikers Schiller, hat das Unglück beschrieben,[17] Bernardo Bellotto hat es gemalt, Goethe hat von der Kuppel der Frauenkirche auf die Ruinen geblickt und ist durch die Stadt gegangen: „Die Mohrenstraße im Schutt, sowie die Kreuzkirche mit ihrem geborstenen Turm drückten sich mir tief ein und stehen noch wie ein dunkler Fleck in meiner Einbildungskraft" (HA 9, S. 324). Von 63 000 Einwohnern lebten noch gegen 40 000 in der zur Hälfte zerstörten und verwüsteten Stadt. Anders als in Leipzig, diesem merkantilen, verlegerischen und universitären Umschlagplatz von Gütern und Gedanken, wo noch Gottsched und Gellert zu den Honoratioren zählten und das Erbe von Christian Thomasius und Christian Wolff lebendig war, herrschte hier bei aller Tatkraft ein Geist obrigkeitstreuer Enge. Christian Ludwig Liscow war wegen seiner freimütigen Satiren schon 1750 als Sekretär des Grafen von Brühl verhaftet und verwiesen worden. Gottlieb Wilhelm Rabener hatte, wahrscheinlich auf der Kreuzgasse, bei der Beschießung der Stadt sein gesamtes Vermögen und seine Manuskripte eingebüßt, ein Schaden von etwa 3 000 Talern.[18] Nun wohnte er, ein müder und kranker Mann, am Neumarkt Nr. 2. Er hatte noch drei Jahre zu leben. Goethe hat ihn offenbar nicht aufgesucht. Tot war auch eine der größten Komödiantinnen des Zeitalters: Caroline Neuber.

---

15 Zit. nach: *Dresden zur Goethezeit. Die Elbestadt von 1760 bis 1815.* Hrsg. von Günter Jäckel. Berlin ^{2}1990, S. 58.

16 *Des Herrn von Loen gesammlete kleine Schrifften. Besorgt und heraus gegeben von J. G. Schneidern. Erster Theil.* Franckfurt, Leipzig 1750, S. 39 f.

17 Johann Wilhelm von Archenholz: *Geschichte des Siebenjährigen Krieges in Deutschland vom Jahr 1756 bis 1763.* Hamburg 1789, S. 215 f. Schiller am 20. 4. 1786 an Körner: „Hätte mir mein Freund Archenholz nicht [...] seinen Besuch auf übermorgen angekündigt".

18 Adolf Hantzsch: *Hervorragende Persönlichkeiten in Dresden und ihre Wohnungen.* In: Mitteilungen des Vereins für Geschichte Dresdens 23 (1918), S. 98.

Sie war 1750 hierher gezogen und lebte völlig verarmt bis zum 30. November 1760 in Laubegast.

Dresden – die Stadt der Hofbeamten und Handwerker, der Adjunkten, Predigtamtskandidaten, Schreiber und Beischreiber, Büttel, Polizisten, Chaisenträger, Kutscher, Diener. Gegen sechzig Prozent der Einwohner hing direkt oder indirekt vom Hof und von der Regierung ab. Das „gekrümmte Schranzenvolk [...], die nicht schön, nicht edel, nicht lesbegierig, nicht kunstbegierig sind, sondern nur höflich", die „trübseligen, unglücklichen, entmenschten Gesichter":[19] die Publikumsbeschimpfungen der Poeten und Reisenden sind meist sehr entschieden und gern zitiert worden – nicht zuletzt jene Schillers, daß „die Dresdner [...] vollends ein seichtes, zusammengeschrumpftes, unleidliches Volk" seien, „bei dem es einem nie wohl wird".[20] Die Gesellen, Dienstboten und Tagelöhner, die etwa 4 000 Soldaten, für die noch immer Prügelstrafe galt, sahen die Besucher kaum. 1790, als etwa 8 000 Bauern im Raum Nossen und Meißen im Aufstand waren und die Gutsbesitzer sich nach Dresden flüchteten, zitterte man vor möglichen Folgen der französischen Ereignisse.[21] In Goethes Tagebuchaufzeichnungen und Briefen findet man weder davon ein Zeugnis noch von den Unruhen der etwa 3 000 Handwerksgesellen, die sich im Juli 1794, kaum zwei Wochen vor seiner Ankunft, abgespielt hatten. Wenn er davon gewußt hat, so wollte er dies nicht zur Kenntnis nehmen. Denn „Freiheit und Gleichheit" können, hatte er 1788 als ein Fazit seiner italienischen Reise geschrieben und damit seine Einstellung zu allen gewaltsamen Veränderungen bekundet, „nur in dem Taumel des Wahnsinns genossen werden" (HA 11, S. 515). Zusammen mit Schiller vertrat er stets die Auffassung, daß die stille Gewalt von Aufklärung und Humanität tiefer und nachhaltiger zu wirken vermöge als kurze, heftige Empörungen, so berechtigt diese auch seien.

Die Schicht der Gebildeten war schmal, doch bedeutsam. Sie bestimmte die Lebenswelt, in der Goethe, Schiller oder später die Romantiker verkehrten. Stets war das Haus Körner ein Mittelpunkt. Der vielseitig gebildete und interessierte Oberkonsistorialrat war seit 1786 Vorsitzender des Vereins der Griechenfreunde. Zu ihnen gehörten der Oberbibliothekar und Schriftsteller Carl Wilhelm Daßdorf, die Maler Adrian Zingg und Anton Graff und ferner Hans Moritz Graf von Brühl aus Seifersdorf. Zurückgezogener lebte der Oberbibliothekar, Historiker und Sprachforscher Johann Christoph Adelung, der noch einmal das Sächsische zu einer normstiftenden Bedeutsamkeit erheben wollte und in den Xenien von Schiller (dessen Schwäbisch für fremde Ohren bisweilen nahezu unverständlich war) dafür verspottet wurde.[22] Sein *Wörterbuch der Hochdeutschen Mundart* und seine *Vollständige Anweisung zur Deutschen Orthographie* hat Goethe benutzt.[23] Der Dresdner Rittmeister Ferdinand von Funck, von Körner am 9. März 1790 als Mitarbeiter der *Horen* empfohlen, sollte 1813 als Generalmajor und Anhänger der französischen Partei zwar nicht die Freundschaft Goethes, wohl aber die Körners einbüßen. Eine Elite des Dresdner Geisteslebens traf sich

---

19 Jean Paul an Christian Otto, 17. 5. 1798, und Johann Gottfried Seume in *Spaziergang nach Syrakus* (beides zit. nach Jäckel [Anm. 15], S. 101 u. 102).

20 An Charlotte von Lengefeld u. Caroline von Beulwitz, 4. 12. 1788.

21 Percy Stulz/Alfred Opitz: *Volksbewegungen in Kursachsen zur Zeit der Französischen Revolution*, Berlin 1956, S. 70 ff.

22 Vgl. Jäckel (Anm. 15), S. 123. Ferner: Peter von Polenz: *Deutsche Sprachgeschichte*. Bd. II: *17. und 18. Jahrhundert*. Berlin, New York 1994, S. 163 ff.

23 An Göschen, 6. 11. 1788, und an Schiller, 26. 1. 1804.

bei Körner mit Besuchern aus ganz Deutschland in einer Atmosphäre der Toleranz und Gleichberechtigung, die nahezu einzigartig war. Mozart, die Brüder August Wilhelm und Friedrich Schlegel, Wilhelm und Alexander von Humboldt, Friedrich Nicolai, Novalis, Heinrich von Kleist, Carl Friedrich Zelter, die Herzogin Anna Amalia von Sachsen-Weimar und Dorothea von Kurland, Elisa von der Reckes Schwester, gehörten dazu – um nur diese, und nicht die Geistlichen, die Diplomaten, Beamten und Schauspieler, zu nennen. Sie alle kamen in das Haus am Kohlmarkt Nr. 14 (gleich neben dem Garten am Japanischen Palais), ab 1801 in das Haus auf der Moritzstraße. Im Sommer traf man sich im Weinberg in Loschwitz. Goethe kannte die meisten Besucher. Mit manchen ergaben sich während der Kuraufenthalte in Karlsbad und Teplitz engere Beziehungen als in Dresden, so mit dem Grafen Hans Moritz Brühl und dessen Frau Tina, mit Elisa von der Recke[24] oder dem wegen seiner lehrhaften Frömmelei von ihm weniger geschätzten Poeten Christoph August Tiedge.[25]

Galeriegespräche

> [I]ch binn in Dreßden gewesen, auf zwölf Tage, die Gallerie zu sehen, die habe ich gesehen, was man gesehen heisst. Deine Brüder sind wohl, und haben mich wohl bewirthet. Dresden ist ein Ort, der herrlich ist, und wenn mirs erlaubt wäre ein kleines Supplement daran zufügen, so wünschte ich mich nie heraus.

Dies sind Goethes erste bekannte Äußerungen über Dresden.[26] Erst 54 Jahre später, im 8. Buch von *Dichtung und Wahrheit*, hat er die Galerie im ehemaligen Stallgebäude am Jüdenhof beschrieben und dabei Bilder einer religiösen Ergriffenheit und Ehrfurcht gewählt – eine Sehweise, die kennzeichnend ist für die aufklärerische Zeitströmung, die den Glauben durch die Botschaften der Kunst zu ersetzen suchte: „Pracht und Reinlichkeit" herrschten, „Stille" und ein „Gefühl von Feierlichkeit, einzig in seiner Art, das [...] der Empfindung ähnelte, womit man ein Gotteshaus betritt" (HA 9, S. 320). – Der Leser dieser Zeilen wird sich schwer vorstellen können, wie abweichend von modernen Maßstäben die Exponate präsentiert wurden. Die Galerie im ersten Stock des Stallhofs war erst 21 Jahre vor Goethes Besuch bezogen und die Bilder 1754 neu geordnet worden: In zwei Galerien, die um einen Innenhof führten, hingen in der inneren die Gemälde der Italiener und in der äußeren die der Deutschen und der Niederländer. Früher waren sie auf die fürstlichen Zimmer und Paläste verteilt gewesen und damit der Öffentlichkeit unzugänglich. Goethe konnte nun an

---

24 Goethe an Carl August über Elisa von der Recke, 26. 12. 1784: „Denn ob sie gleich ein Muster der Tugend und (ohngeachtet einer manchmal seltsam scheinenden Bekleidung, durch welche selbst Wieland zu viel vom Nackten gewahr wird) ein Muster der Erbarkeit ist; so hat sie doch gestanden daß ihr Herz ihr schon einigemal Streiche gespielt habe".

25 Zu Eckermann, 25. 2. 1824: „Indessen, fuhr Goethe fort, habe ich von Tiedge's Urania nicht wenig auszustehen gehabt; denn es gab eine Zeit, wo nichts gesungen und nichts deklamiert wurde als die Urania. Wo man hinkam, fand man die Urania auf allen Tischen; die Urania und die Unsterblichkeit war der Gegenstand jeder Unterhaltung. Ich möchte keineswegs das Glück entbehren an eine künftige Fortdauer zu glauben; ja ich möchte mit Lorenzo von Medici sagen, daß alle diejenigen auch für *dieses* Leben tot sind, die kein *anderes* hoffen; allein solche unbegreifliche Dinge liegen zu fern" (MA 19, S. 84).

26 An Behrisch, März 1768.

zwei 33 Meter langen Wänden, einer 29 Meter langen Querwand und den Räumen zwischen den Fenstern 715 dicht nebeneinander hängende Exponate betrachten, wobei er die Niederländer stets bevorzugte.[27] Es war ein mühsames Geschäft, jedoch unumgänglich für ein Verständnis der Kunst, und es schuf zugleich eine Faszination, die im „Zeitalter [s]einer technischen Reproduzierbarkeit" (Walter Benjamin) nicht immer nachvollziehbar ist. Bildbände kannte man noch nicht. Es gab nur wenige großformatige und darum teure Sammlungen von Kupferstichen.

Das „Supplement" von der epiphanischen Entdeckung der Gemälde,[28] die Goethe hier, geleitet vom Inspektor Johann Anton Riedel und dem Direktor Christian Ludwig Hagedorn, erfuhr und das er 1768 Behrisch ankündigte, sollte erst etwa 1798 in gelassenerer Weise in *Der Sammler und die Seinigen* folgen, jenen ästhetisch-kunsthistorischen Briefen und Gesprächen, die er unter maßgeblicher Teilnahme Schillers entworfen und formuliert hatte: „Noch vor dem Ende meiner akademischen Laufbahn sollte sich mir eine neue und für mein ganzes Leben entscheidende Aussicht eröffnen, ich fand Gelegenheit Dresden zu sehen. Mit welchem Entzücken, ja mit welchem Taumel durchwandelte ich das Heiligthum der Galerie!" (WA I, 47, S. 144). Schon in Leipzig war er auf die Dresdner Kunstsammlungen aufmerksam gemacht worden, motiviert wohl durch die Lektüre von Lessings *Laokoon* und die Schriften Johann Joachim Winckelmanns. Bei dessen Freund Adam Friedrich Oeser hatte er Zeichenunterricht genommen; bei Besuchen des Kupferstechers Johann Michael Stock sah er Landschaften des Dresdner Hofmalers Johann Alexander Thiele, die Stock reproduzierte. Jeder Aufenthalt wird Goethe nun mehrmals in die Galerie, ins Erdgeschoß zur Sammlung römisch-antiker Gipsabgüsse des Hofmalers Raphael Mengs und zu den Skulpturen führen, die seit 1785 im Japanischen Palais aufgestellt waren.

1808 schreibt er fast gleichzeitig an Caroline Bardua einen Brief („Wir wünschen alle unserer Freundin Glück zu dem Entschlusse sich nach Dresden zu begeben. Sie wird an den großen Mustern, die sie daselbst findet, sich auf eine ausgezeichnete Weise ausbilden und auch den künftigen Winter desto lieber in Weimar zubringen, weil ihr manches ernste Erforderniß der Kunst wird deutlicher geworden seyn".[29]) und „Einer hohen Reisenden", der Tochter Wilhelms II. von Preußen, Erbprinzessin Auguste von Hessen-Kassel, ein Huldigungsgedicht zum Besuch der Galerie (vgl. MA 9, S. 25 f.). Am 17. September 1810 begegnete er in der Galerie und abends bei Körners Henriette Herz,[30] deren Salon in Berlin ein Mittelpunkt der Goetheverehrung war. Während der Besuche zwischen 1790 und 1813 machte er sich anhand des offiziellen Katalogs von 1771 Notizen zu 500 Bildern, vorwiegend von Deutschen und Niederländern,[31] 1794 zusammen mit Johann Heinrich Meyer, seinem Freund und Berater, mit dem er seit seinem ersten römischen Aufenthalt bekannt war. Caspar David Friedrich, Georg Friedrich Kersting, Gerhard von Kügelgen, Louise Seidler, Caroline Bardua, Christian Gottlob Hammer gehörten in Dresden oder in Weimar zu seinen Bekannten oder Freunden. Ende Dezember 1810 erhielt er vom Dresdner Maler

---

27 Gregor J. M. Weber: *1798 in der Königlichen Gemäldegalerie zu Dresden.* In: Dresdner Hefte 58 (1999), S. 8 ff.

28 Theodore Ziolkowski: *Das Amt des Poeten. Die deutsche Romantik und ihre Institutionen.* München 1994, S. 413 u. 453 ff.

29 13. 4. 1808.

30 Gespräche, Bd. 2, Nr. 3282.

31 WA I, 10, S. 368 ff. Ferner: Robert Steiger (Anm. 6), Bd. III, S. 324.

Moritz Retzsch Zeichnungen zum *Faust*, deren Entwürfe er im September gesehen hatte.[32] Bis in die letzten Jahre seines Lebens bestanden freundschaftliche und geschäftliche Beziehungen zu den Vorsitzenden des Sächsischen Kunstvereins Johann Gottlob von Quandt und Carl Gustav Carus.

Gärten und Steine

Das Naturalienkabinett im Zwinger mit seinen mineralogischen und osteologischen Sammlungen und die Gewächshäuser und Pflanzen im Herzogin-Garten auf der Ostra-Allee waren Erinnerungsorte, die Goethe nicht mit Schiller geteilt hat, obwohl auch dieser im Hause des Freiherrn von Racknitz verkehrte. Körner hatte ihn hier eingeführt. Goethe fesselten wohl weniger die vielerlei künstlerischen Exponate,[33] sondern die beachtliche mineralogische Sammlung, die Racknitz später dem Naturalienkabinett vermachte. Schon im Juli 1780 hatte Goethe als Vorsitzender der Bergbaukommission den brieflichen Kontakt zum Freiberger Bergrat Johann Friedrich von Charpentier gesucht.[34] Alle Briefe und Tagebuchaufzeichnungen aus Dresden lassen eine fast rastlose Betriebsamkeit erkennen, die neben Besuchen bei Freunden und Honoratioren den Kunstsammlungen, dem Naturalienkabinett, dem botanischen Garten und den Beobachtungen zur Mineralogie und Naturkunde galt. Goethes Leistungsfähigkeit ist erstaunlich: Am 28. Juli 1790 kam er nach einer nächtlichen Reise „früh halb achte in Dresden" an. „Ich besuchte gleich Racknitz, [...] sah seine schönen und artigen Sachen, ergötzte und erquickte mich an der Gallerie, den Antiken und Gipsen; sah Graf Geßler, Körner's, Titius, Casanova, Adelung pp. und gehe nun heute den 30. Nachts wieder ab, um über die Stolpischen Basalte nach Schlesien zu eilen".[35] Stolpen war ein Umweg auf der Fahrt nach Schlesien.

In diesem Jahr war sein *Versuch, die Metamorphose der Pflanzen zu erklären* erschienen, Ergebnis seiner in Jena begonnenen und in Italien intensivierten naturkundlichen Beschäftigungen, die zugleich eine Wende in seiner künstlerischen Einstellung bedeuteten.[36] In dem „gestaltlose[n] Deutschland" suchte er „die mannigfaltigen, besondern Erscheinungen des herrlichen Weltgartens auf ein allgemeines, einfaches Prinzip zurückzuführen" (HA 13, S. 102 f.). Kunst und Natur treten ihm gleichermaßen als schöpferische Kräfte entgegen; der Natur wird in zunehmendem Maße seine Aufmerksamkeit gelten, weil „wir zuletzt beim Kunstgebrauche nur dann mit der Natur wetteifern können, wenn wir die Art, wie sie bei Bildung ihrer Werke verfährt, ihr wenigstens einigermaßen abgelernt haben", schreibt er in der *Einleitung in die Propyläen* 1798 (HA 12, S. 44).

32 Gespräche, Bd. 2, Nr. 3309.

33 Biedermann (Anm. 6), S. 6 f., nennt folgende Xenien, die sich auf Racknitz beziehen: *Der Kenner*, *Neueste Schule*, *An deutsche Baulustige*.

34 Biedermann (Anm. 6), S. 112 ff.

35 An Johann Gottfried und Caroline Herder, 30. 7. 1790.

36 Helmut Brandt: *Der Autor der „Lehrjahre" im klassischen Jena. – Zur Beziehung von Naturwissenschaft und Dichtung in Goethes nachitalienischem Werk.* In: *Evolution des Geistes. Jena um 1800.* Hrsg. von Friedrich Strack. Stuttgart 1994, S. 598–624. Ferner: *Goethes Anschauen der Welt. Schriften und Maximen zur wissenschaftlichen Methode.* Zusammengestellt u. mit einem Nachwort v. Ekkehart Krippendorff. Frankfurt/M., Leipzig 1994.

Doch sein poetisches, also schöpferisches Verständnis dieser Beziehungen fand wenig Anerkennung: „[…] nirgends wollte man zugeben, daß Wissenschaft und Poesie vereinbar seien. Man vergaß, daß Wissenschaft sich aus Poesie entwickelt habe, man bedachte nicht, daß, nach einem Umschwung von Zeiten, beide sich wieder freundlich, zu beiderseitigem Vorteil, auf höherer Stelle, gar wohl wieder begegnen könnten“ (HA 13, S. 107). Diese Reaktion des Publikums und der Wille, zu objektivieren und sich damit zu distanzieren, mag auch in seinem persönlichen Umgang Folgen gehabt haben. „[S]eine Art sich anzukündigen hat immer etwas kaltes und zurückscheuchendes“, schrieb Körner am 13. August an Schiller, nachdem Goethe am Abend des 28. Juli 1790 bei ihm im Loschwitzer Weinberg gewesen war.

Im August 1794 fühlte er sich vor allem von zwei Männern verstanden: dem Dresdner Hofgärtner Johann Heinrich Seidel und von Friedrich Schiller. An Seidel schätzte er einen wahlverwandten Beobachter der Natur. Die Erinnerung an ihn währte so lange, wie sich Goethe mit dem Projekt der Metamorphose der Pflanzen beschäftigte, also 37 Jahre.

> Indessen der Begriff der Metamorphose in Wissenschaft und Literatur sich langsam entwickelte, hatte ich schon im Jahre 1794 das Vergnügen zufällig einen praktischen Mann völlig eingeweiht in diese offenbaren Naturgeheimnisse zu finden.
>
> Der bejahrte Dresdner Hofgärtner *J. H. Seidel* zeigte mir auf Anfrage und Verlangen verschiedene Pflanzen vor, die mir wegen deutlicher Manifestation der Metamorphose aus Nachbildungen merkwürdig geworden. […] Kaum hatte er mir einige der gewünschten Pflanzen hingestellt, als er mit Lächeln sagte: ich sehe wohl Ihre Absicht ein und kann mehrere dergleichen Beispiele, ja noch auffallendere, vorführen. Dies geschah und erheiterte uns zu fröhlicher Verwunderung; mich, indem ich gewahrte daß er durch eine praktisch aufmerkende lange Lebenserfahrung diese große Maxime in der mannigfaltigen Naturerscheinung überall vor Augen zu schauen sich gewöhnt hatte, ihn, als er einsah daß ich, als Laie in diesem Felde, eifrig und redlich beobachtend, die gleiche Gabe gewonnen hatte. (FA I, 24, S. 755)

Zu Sulpiz Boisserée hatte Goethe am 2. August 1815 gesagt, daß „ein alter Hofgärtner in Dresden […] von selbst die Metamorphose der Pflanzen gefunden, und habe ihm dann mit Freuden davon erzählt, wie er gemerkt, daß er auch etwas davon wisse“ (Gespräche, Bd. 2, Nr. 4166). Am 21. September 1810 vermerkt das Tagebuch: „Bey Dem. Seidler. Im botanischen Garten“ und am 25. September: „Gallerie Abschied Hofgärtner Seidel“. Noch in den Turbulenzen der Augusttage 1813 heißt es am 14. August: „Oster Allee. König v. Neapel Hofg. Seidel. dessen Sohn von Paris zurück. Über die Brücke. Viel Getümmel […] Eisbude. Von Rackniz bey mir“.

Nach einer Sitzung in der „Naturforschenden Gesellschaft“ in Jena ergab sich am 20. Juli 1794 jenes erste freundschaftliche Gespräch mit Schiller über die „Urpflanze“, das Goethe später als *Glückliches Ereignis* beschreiben und 1817 zusammen mit Aufsätzen zur Morphologie veröffentlichen wird (HA 10, S. 538–542). Etwa zwölf Tage nach seiner Rückkehr aus Dresden erhielt er Schillers Brief vom 23. August – den endgültigen Beginn der Freundschaft. Ende 1798 erschien im *Musenalmanach für das Jahr 1799* Goethes Elegie *Die Metamorphose der Pflanzen*, Teil eines ursprünglich geplanten großen philosophischen Lehrgedichts, von dem acht Jahre später nur noch die *Metamorphose der Tiere* geschrieben wurde. Auch dazu trieb er Studien im Dresdner Naturalienkabinett unter dessen Leiter Carl Heinrich Titius.

Bis ins hohe Alter schätzte Goethe die Begegnungen mit der Dresdner Naturwissenschaft und ihren Vertretern. 1820, als er an der vergleichenden Zusammenstellung einiger Tierarten arbeitete, bekannte er dankbar, „daß ihm in Dresden durch die Vorsteher des Naturaliencabinets große Gefälligkeit erzeigt und seine Tabelle zu füllen die bequemste Gelegenheit geboten worden sei".[37] Daß Carus seine „neusten botanischen Bemühungen" erwähnte, erfüllte ihn knapp fünf Wochen vor seinem Tode mit Genugtuung: „Es ist so erfreulich, ein klares Wort über das zu hören was uns im Innersten glücklich macht! Er durchschaut die Natur und wird am besten und reinsten beurtheilen was redlich geschieht, um ihr das Mögliche abzugewinnen. Danken Sie ihm auf's beste, bis ich Raum finde es selbst zu thun".[38]

„Zum Sehen geboren"

Goethe hat viermal von der Laterne der Frauenkirche hinunter auf die Stadt geblickt.[39] Der Turm, nicht das barocke Stadtzeichen George Bährs, wurde ihm Erinnerungsort, fixiert in knappen Notizen des Tagebuchs. – Lynkeus der Türmer, der „zum Schauen bestellt war". Er konnte am Abend jenes 11. August 1813 nicht wissen, daß hinter den fernen Bergen im Süden die Armee des Fürsten von Schwarzenberg mit etwa 240 000 Soldaten zum Angriff auf Dresden bereitstand. Das Grauen der Schlacht zwei Wochen später hat er nicht erlebt, und gewiß hätte er es nicht beschrieben[40] („Vor fremdem Schatten schaudert mir [...]"). Schon 1794 hatte er am 14. August an Fritz von Stein geschrieben: „Ich war dieser Tage in Dresden und habe mit Meyern eine gute Woche verlebt, und vergessen, welche Händel jetzt die Welt verwirren". Nun vermerkt er im Tagebuch unter dem 11. August 1813 – ist es eine Abschirmung vor den Ereignissen der Geschichte durch die Natur? – nur dies: „Auf den Frauen Thurn. Sonnenuntergang, Mondsaufgang [...] (Insecten Schwarm bey untergehender Sonne auf dem Frauenthurn) Herrlicher Tag und Abend".

An Napoleon, der ihn fünf Jahre zuvor in Erfurt ausgezeichnet hatte, wird er zweimal erinnert. Das Tagebuch verzeichnet am 13. August ein unvermitteltes Nebeneinander von alter Kunst und aktuellem Geschehen:

> Antiken Sammlung. Porcellan Raphaelische Tapeten [...] Gallerie Anfang der inneren genauer betrachtet. Brücke, Schwarzes Thor, Verschanzungen. gesessen am gartenhaus. W u. P. Eisbude Am Brühlischen Palais dem Kayser begegnet welcher von einem kleinen Gefolge begleitet die Schanzarbeiten besehen hatte.

Doch schon vier Monate zuvor, auf dem Weg nach Teplitz, hatte er den Ereignissen der Geschichte nicht ausweichen können. Am Ostersamstag, dem 17. April, war er von Weimar

---

37 Biedermann (Anm. 6), S. 11.

38 An Varnhagen, 20. 2. 1832.

39 Karl-Ludwig Hoch: *Goethes Besuche auf der Kuppel der Frauenkirche.* In: Jb. zur Geschichte der Frauenkirche 6 (2000), S. 269 ff., schreibt irrtümlicherweise von nur zwei Besuchen. Goethe hat zwischen dem 28. u. 30. Juli 1790 den Turm zweimal bestiegen (WA III, 2, S. 21). Vgl. auch Steiger (Anm. 6), Bd. III, S. 97.

40 Ekkehart Krippendorff: *Goethe. Politik gegen den Zeitgeist.* Frankfurt/M., Leipzig 1999, S. 74 ff., und Artikel *Krieg/Frieden.* In: Goethe-Handbuch, Bd. 4/1, S. 624 f.

aufgebrochen, grollend wohl, wie er noch sechs Jahre danach in den *Tag- und Jahresheften* vermerkt; denn am Montag zuvor waren Husaren und freiwillige Jäger eingedrungen: „Ein geringes Corps Preussen besetzt Weimar und will uns glauben machen wir seyen unter seinem Schutze sicher. Die Freywilligen betragen sich unartig und nehmen nicht für sich ein" (FA I, 17, S. 256). Am Dienstag, dem 20. April, fuhr er von Meißen nach Dresden, begegnete erneut einer „Freischar der schwarzen Jäger" und mußte ihnen wohl oder übel eine Art Waffensegen erteilen.[41] Im Tagebuch heißt es: „Gegen 4 Uhr in Dresden. Unendliche Promenirende zum 3. Feyertag. Über die wiederhergestellte Brücke. [...] Körner, Tochter und Dem. Stock. Einquartiert bey Hofrath Burgsdorff. [...] Verzeichniß der mit den Majestäten kommenden Personen". Zar Alexander und König Friedrich Wilhelm III. von Preußen wurden für den nächsten Tag erwartet. Was Goethe weder dem Tagebuch noch den ausführlichen Briefen an Christiane anvertraut, werden die patriotischen – um nicht zu sagen chauvinistischen – Kundgebungen gewesen sein, von denen die Stadt gewiß voll war. Seit dem 22. März konnten die Einwohner die exotisch erscheinenden Kosaken und Baschkiren als Befreier bestaunen. Goethe, der am 24. April aus dem Fenster des Hauses „Zum Gottessegen" auf der Hauptstraße den Einzug der Monarchen sehen wollte,[42] schien mißvergnügt, wie Sara Grotthus, seine alte Bekannte, erfahren mußte.[43]

Gereizt war er vor allem bei seinem letzten Besuch im Hause Körners auf der Moritzstraße, drei Tage zuvor. Ernst Moritz Arndt, der mit Leberecht Blücher und dem Freiherrn vom Stein nach Dresden gekommen war (Goethe hatte mit letzteren beiden keine Gespräche geführt), erzählt von dieser Begegnung:

> Goethe kam nach Dresden [...]; sein Anblick und seine Rede waren gleich unerfreulich [...] Da rief er einmal aus, indem Körner über seinen Sohn sprach und auf dessen an der Wand hangenden Säbel wies: ‚O ihr Guten, schüttelt immer an euren Ketten, ihr werdet sie nicht zerbrechen, der Mann ist euch zu groß.'[44]

Nun lockerten sich die Beziehungen zu Körner fast zwangsläufig; ohne Groll freilich, wie der Umgang der nächsten Wochen in Teplitz zeigte.[45] „Goethe sehe ich oft, aber über das, was mich jetzt am meisten interessiert, läßt sich mit ihm nicht sprechen. Er ist zu kalt für den Zweck, um zu hoffen", so Körner am 28. Mai 1813 aus Teplitz an Friedrich Schlegel, mit dem sich jetzt offensichtlich neue, patriotische Gemeinsamkeiten angebahnt hatten.[46] Doch am 22. Juli 1821 schrieb Goethe an Körner, als mit einer Postsendung der Brüder Humboldt sich ihm wieder aufdrang,

---

41 Gespräche, Bd. 2, Nr. 3705 (mit Friedrich Christoph Förster).

42 Der Ablauf des 24. April wird am besten im Brief an Christiane, 27. 4. 1813, wiedergegeben.

43 Wilhelm von Kügelgen: *Jugenderinnerungen eines alten Mannes.* Leipzig 1954, S. 122 f. Die Mutter Maria Helene von Kügelgen erwähnt diesen Vorfall dagegen nicht *(Ein Lebensbild in Briefen*, Leipzig 1900).

44 Ernst Moritz Arndt: *Meine Wanderungen und Wandelungen mit dem Reichsfreiherrn Heinrich Karl Friedrich von Stein.* Berlin 1858, S. 165 f. Ähnlich in Gespräche, Bd. 2, Nr. 3708. Dort wird jedoch fälschlicherweise von der Anwesenheit des Sohnes Theodor berichtet. Dieser hatte Dresden Anfang April verlassen.

45 Tagebuch, 21. u. 29. 5. 1813.

46 *Goethe in vertraulichen Briefen seiner Zeitgenossen.* Zusammengestellt von Wilhelm Bode. Berlin 1999, Nr. 1828.

> was zeither alles geschehen, wie viel gewonnen und verloren worden. [...] Füge ich nun hinzu, daß die Erinnerung an die theuren Ihrigen bis in meine frühsten Jahre hinausreicht, so kann an diesem Faden gar manches Andenken abgesponnen werden. Eine seltsam wilde Zeit hat die Menschen getrennt, auseinander gehalten, wo nicht geschieden; daher sey uns höchst erfreulich, was überzeugt, daß alles Edle, Wohlverknüpfte und Verbundene über die Zeiten hinausreicht und über das Geschick, das, nachdem es lange verwirrt, doch wieder herstellen muß [...].

Ihm, der „keine Lieder des Hasses schreiben" konnte „ohne Haß",[47] mußten *Ergießungen deutschen Gefühls in Gesängen und Liedern bey den Ereignissen dieser Zeit* – um nur eine jener populären Anthologien zu nennen,[48] tief zuwider sein. Napoleon war ihm wohl vor allem der Vertreter einer Ordnung, die das Chaos der Revolution gebändigt hatte.[49] Ein wesentlicher Teil seiner geistigen Heimat lag in der lateinisch-romanischen Kultur, die er jetzt, im Namen eines chauvinistischen Hasses auf alles Französische, bedroht sah. Die Wette am 15. August mit dem Weimarer Regierungsrat Heinrich Karl Peucer zeigt, daß er seine Hoffnungen auf die Verlängerung des Waffenstillstands und damit auf gewaltfreie Lösungen setzte. Hingegen berührten ihn die Spannungen, die sich nach dem Krieg zwischen dem mit Preußen verbündeten Weimar[50] und dem bis zuletzt napoleonhörigen Dresdner Hof auftaten, kaum.

Dresden hat er nicht wiedergesehen. War es nichts als eine höfliche Geste, wenn er an Amalie von Levetzow am 3. Februar 1825 schrieb, daß „eine Ahnung vollkommen richtig" war, ihn am vergangenen 28. August in Dresden zu sehen? „[D]enn der Gedancke, zu Tag und Stunde dort einzutreffen, stand auf dem Punckte in Vorsatz überzugehen und nur die vielfachen Verhältnisse, [...] konnten mich abhalten einen Schritt zu thun von dem ich mir das Allerliebste zu versprechen hatte".

Dresden oder Weimar?

Hätte sich Dresden für ihn je als eine Alternative zu Weimar anbieten können, zu dieser Kleinstadt von etwa 700 Häusern und etwa 6 000 Einwohnern, einem „unseligen Mitteldinge zwischen Hofstadt u. Dorf", wie Herder schrieb?[51] Und für Madame de Staël war es 1803 „nicht eine kleine Stadt, sondern ein großes Schloß".[52] Doch auch dies lag lange in

---

47 Eckermann, 14. 3. 1830.

48 Erschienen 1814 (Repr. Hildesheim 1983). In Dresden erschien ein *Schlachtenruf und Schlachtengesang an die erwachten Teutschen v. F. von der alten Burg*. Leberecht von Blücher schrieb am 1. April 1813 zu diesen Gedichten Friedrich de la Motte Fouqués ein Vorwort. Vgl. dazu auch: Jürgen Schröder: *Deutschland als Gedicht. Über berühmte und berüchtigte Gedichte aus fünf Jahrhunderten in fünfzehn Lektionen*. Freiburg i. Br. 2000; bes. Kap. VIII. Ferner: Krippendorff (Anm. 40).

49 Vgl. Walter Hinck: *Der „große Jupiter"? Zum Wandel in Heinrich Heines Goethe-Bild*. In: GJb 2000, S. 169.

50 Daß Goethe – nicht nur aus diplomatischen Gründen – die Interessen des Herzogs vor seine Sympathie zu Napoleon stellte, weiß J. D. Falk am 9. Mai 1809 zu berichten (Gespräche, Bd. 2, Nr. 2691).

51 An Knebel, 28. u. 29. 8. 1785 (*Herder, Briefe. Gesamtausgabe*. Unter Leitung von Karl-Heinz Hahn hrsg. von den Nationalen Forschungs- und Gedenkstätten der klassischen deutschen Literatur. Bd. 5: *September 1783 bis August 1788*. Bearbeitet von Wilhelm Dobbek† und Günter Arnold. Weimar 1979, S. 135).

52 Germaine de Staël: *Über Deutschland*. Stuttgart 1962, S. 118.

Ruinen, ebenso wie Theater und Kirche. Gleichwohl bot dieses provinzielle Weimar (ohne Poststation, mit schlechten Straßen und dem Geruch von Stall und Pferdemist, denn das Vieh wurde nachts hinter die Stadtmauern gebracht, und Nachtgeschirre durften dann bis 1793 auf die Straße entleert werden) das, was der glänzenden kursächsischen Residenz fehlte: eine hohe literarische Kultur im Umkreis des lutherisch-aufklärerischen Hofes, eine moderate Autokratie, die Goethe mit der Freundschaft des acht Jahre jüngeren Herzogs Carl August zugleich in höchste Staatsämter führte und eine ökonomisch großzügig gestützte und relativ unabhängige Existenz. Jena war in einer knappen Stunde mit Pferd oder Kutsche zu erreichen. Dort befand sich um 1795 die angesehenste deutsche Universität, erfüllt vom Geist der idealistischen Philosophie, der Altertums- und Naturwissenschaften, der Romantik. Auch da ließ das Weimarer Mäzenatentum (jenseits der Politik) eine Vielfalt von Ansichten zu, wie es einzigartig war in Deutschland.[53] So konnte sich die kleine, wirtschaftlich unbedeutende Provinzstadt Weimar in ihrer „ästhetischen Topographie"[54] bald über Metropolen wie Berlin und Wien und nicht zuletzt Dresden erheben.

Denn die kursächsische Residenz mit ihrer berühmten Galerie, der Bibliothek von etwa 170 000 Bänden, den Museen und Sammlungen, der Oper, der italienischen Musik, dem Theater, ihrer imposanten Architektur, die sich den Naturräumen eingefügt hatte, litt stets unter dem Defizit einer offenen Geselligkeit – unbeschadet der auch für Weimar und andere Fürstenhöfe geltenden zeitüblichen Restriktionen der Zensur. „Ein Besucher aus Sachsen [...] fühlte sich [...] zu der Überlegung bemüßigt, warum wohl ‚solche literarische Zirkel' in Dresden ein Ding der Unmöglichkeit seien".[55] Das literarische Klima war in der Kunst- und Musikstadt stets dürftig und regressiv. Daß Gottlieb Wilhelm Rabener als Schriftsteller verstummte, hing gewiß nicht nur mit seiner Beförderung zum Steuerrat zusammen. Er wage es nicht, in „Deutschland [...] einem Dorfschulmeister diejenigen Wahrheiten zu sagen, die in London ein Lord-Erzbischof anhören, und schweigen, oder sich bessern muß", schrieb er unter dem Datum „Dresden, am 20. April 1755" im *Vorbericht* zum vierten Teil seiner Satiren.[56] Der katholische Hof erwies sich der modernen Literatur gegenüber als wenig aufgeschlossen; doch auch der in Dresden besonders strengen lutherischen Orthodoxie mußte ein Text, der den Aufstand des Menschen im Freitod eines Werther verkündete, gleichfalls suspekt sein.[57] Kirchengeleitete Trivialliteratur wie Johann Friedrich Tiedes *Unterhaltungen mit Gott in den Abendstunden* erschien ihr empfehlenswerter. Bezeichnend für ihre engherzige Haltung ist jene Anzeige, die das Dresdner Oberkonsistorium am 29. Oktober 1798 an den Kurfürsten richtete: im *Philosophischen Journal*, das Johann Gottlieb Fichte und Friedrich Immanuel Niethammer in Jena herausgaben, würden atheistische Gedanken vertreten.[58] Der Oberhofprediger Franz Volkmar Reinhard (als Oberkonsistorialrat ein Kollege Körners) war einer der Unterzeichner. Am 12. Januar 1799 hatte August Wilhelm Schlegel an Novalis geschrieben: „Der wackere Fichte streitet eigentlich für uns

53 Gleichwohl kam es 1799 zur Entlassung Fichtes. Die Gründe, die den Herzog dazu veranlaßten und denen Goethe nicht widersprach, sind sehr komplex (Anm. 58).

54 *Deutsche Erinnerungsorte* (Anm. 7), Beitrag von Georg Bollenbeck, Bd. I, S. 213.

55 Boyle (Anm. 1), Bd. II, S. 140. Es ist die Weimarer „Freitagsgesellschaft" gemeint.

56 *Sammlung satyrischer Schriften.* Leipzig 1755, S. *5.

57 *Dresden zur Goethezeit* (Anm. 15), S. 214f.

58 *Appellation an das Publikum [...] Dokumente zum Atheismusstreit. Jena 1798/99.* Hrsg. von Werner Röhr. Leipzig 1987, S. 39ff.

alle, und wenn er unterliegt, so sind die Scheiterhaufen wieder ganz nahe herbeigekommen".[59]

Der König war den überkommenen Kunsttraditionen verbunden. Selbst hoch musikalisch, hatte er Mozart im April 1789 und wahrscheinlich Beethoven im April 1796 empfangen,[60] von allen Weimarer Schriftstellern jedoch nur Herder im August 1803. Hat der Minister Goethe mit dem König gesprochen? Er stand, so berichtet Louise Seidler, am 6. Oktober 1808 auf dem Weimarer Hofball neben Napoleon, als dieser mit Goethe sprach.[61] Am 4. November des folgenden Jahres machte König Friedrich August II. auf der Reise nach Paris in Weimar Station und war, wie Goethe am 4. November an Knebel schrieb, „auf seiner Durchreise sehr heiter und gesprächig".

So wenig belebend wie das literarische Klima waren zwangsläufig die Bedingungen, unter denen zweimal wöchentlich Theater gespielt wurde. „Iphigenia von Goethe ist noch nie gegeben worden; von Schiller's Piccolomini, den man schon überall gesehen hat, weiss man hier noch nichts. Dass es einen Weisse, Klinger, Leisewitz gegeben habe, scheint man ganz vergessen zu haben. Emilia Galotti, Clavigo dienen gleichsam nur als Notbehelfe", heißt es in einer zeitgenössischen kritischen Schrift.[62] Neben dem begrenzten Erwartungshorizont des Publikums und den Leistungen der Schauspieler hielt vor allem eine vorauseilende Zensur, besonders durch Körners Freund, den Oberhofmarschall von Racknitz, das Theater auf einem provinziellen Niveau. „Die Jungfrau von Orleans wird in Dresden gegeben, und noch diesen Winter", schrieb Körner am 25. November 1801 an Schiller. „Ochsenheimer fürchtet sich sehr vor neuen Veränderungen. Racknitz ist ängstlicher als alle seine Vorgänger". Und am 10. Januar 1802 im Zusammenhang mit dem Manuskript der *Turandot*: „Du hast keine Idee von den seltsamen Rücksichten, die man hier nimmt. Ein unglücklicher vertriebener König fürchte ich, wird schon Contrebande seyn. Er erinnert an Frankreich". So waren die Veränderungen, die Racknitz und der Schauspieldirektor Opitz an der *Jungfrau von Orleans* vornahmen, fast grotesk. Körner berichtete am 27. Januar 1802, dem Tag nach der Premiere, davon. Doch auch er und sein Haus waren nicht frei von engen Moralauffassungen, wie ihr Verhältnis zu Caroline Schlegel[63] oder die Einschätzungen von Kleists *Zerbrochnem Krug* und der *Marquise von O.* zeigen.[64] Noch am 27. August 1829, als Ludwig

---

59 *Novalis: Schriften.* Bd. 4. Hrsg. von Richard Samuel. Stuttgart 1975, S. 514.

60 Hans Volkmann: *Beethoven in seinen Beziehungen zu Dresden.* Dresden 1942, S. 24.

61 Biedermann (Anm. 6), S. 50.

62 *Kritik des sämmtlichen Personals der Kurf. Sächs. Hofschauspielergesellschaftt vom Verfasser des klugen Mannes auf dem Theater.* In: Robert Prölß: *Geschichte des Hoftheaters in Dresden.* Dresden 1878, S. 319f.

63 *Caroline. Briefe aus der Frühromantik.* Nach Georg Waitz vermehrt hrsg. von Erich Schmidt. Bd. I. Leipzig 1913, S. 343f.: „Ich fürchte nur noch, zu sehr dort bekant zu seyn, und ich fürchte vorzüglich Ein Haus – das von Körner. Kennst Du den? Diese beurteilen und hassen mich wie Theresen".

64 Dora Stock an Friedrich Weber, 11.4.(1808?): „Herrn von Kleist sehen wir oft in unserm Hause, [...]. Sein Talent ist unverkennbar, aber er läßt sich von den Heroen der neuern Schule auf einen falschen Weg leiten, [...]. Seine Penthesilea ist ein Ungeheuer, welches ich nicht ohne Schaudern habe anhören können. Sein ‚Zerbrochner Krug' ist eine Schenkenszene, die zu lange dauert und die ewig an der Grenze der Dezenz hinschießt. Seine Geschichte der Marquisin von O. kann kein Frauenzimmer ohne Erröten lesen. Wozu soll dieser Ton führen?" (zit. nach Jäckel [Anm. 15], S. 147–149).

Tieck eine Aufführung des *Faust I* aus Anlaß von Goethes 80. Geburtstag veranstaltete,[65] waren die Eingriffe gravierend und nahezu peinlich; ein Umstand, den Goethe eher mit Gelassenheit zur Kenntnis nahm.[66] Tieck hatte seinen *Prolog* zur Aufführung – mit barockartigen Allegorien und Versen wie: „Das hohe Haupt, umspielt von Abendröte: / Es ist der Musen Liebling, Deutschlands Goethe!"[67] – sogleich nach Weimar gesandt: „Ew. Excellenz bin ich so dreist, beikommendes Gedicht zu übersenden, welches nur schwach die Verehrung und Liebe ausdrückt, die seit meiner frühesten Jugend mich durch das Leben begleitet haben".[68] Goethe dankte am 9. September sehr freundlich.

Die Besuche von Carl Gustav Carus oder von Heinrich Ludwig Verlohren, dem weimarischen Geschäftsträger am sächsischen Hof, die Korrespondenz mit Ludwig Tieck und Johann Gottlob von Quandt, dem Vorsitzenden des Sächsischen Kunstvereins[69], verraten ein unvermindert hohes Interesse für Dresden.

> Thue in Dresden die Augen auf so gut du kannst und übereile dich nicht, du möchtest so bald nicht wieder hinkommen und hast dort sehr viel zu gewinnen. […] Um Dresden mußt du die Natur beschaulich genießen, in Dresden die Kunstwerke aller Art, die näher beysammen stehen als irgendwo und auf einem echten Grund und Boden.

Dies schreibt Goethe am 14. Juni 1819 an seinen Sohn. Doch es ist mehr als eine Ermahnung, es ist gewiß auch Nostalgie. Auf unterschiedliche Weise nimmt er die Übersetzungen Dresdner Poeten als Angebote zur Weltliteratur zur Kenntnis; am wenigsten freilich die des Prinzen Johann.[70] Im Gespräch mit Eckermann vom 23. Oktober 1823 „über die Einheit Deutschlands und in welchem Sinne sie möglich und wünschenswert" sei, hebt er die Vorzüge des Föderalismus hervor. Unter den großen, die deutsche Kultur prägenden Städten nennt er auch Dresden.

---

65 Nicht am 28. August, wie fälschlicherweise in *Ludwig Tiecks Schriften*, Bd. 7, Frankfurt 1995, S. 739, steht. Der 28. war ein Freitag und deshalb am katholischen Hof spielfrei.

66 Vgl. H. H. Houben: *Der polizeiwidrige Goethe.* Berlin 1932, S. 156 ff., u. Goethe-Handbuch, Bd. 2, S. 525.

67 *Tiecks Schriften* (Anm. 65), S. 432.

68 Ebd., S. 739.

69 *Von den herrlichsten Kunstwerken umgeben […] Der Briefwechsel zwischen Johann Wolfgang von Goethe und Johann Gottlob von Quandt.* Nach den Handschriften hrsg. von Walter Schmitz u. Jochen Strobel. Dresden 2001.

70 An Kanzler von Müller, 7. 8. u. 1. 9. 1828, und Tagebuch vom 6. 8. 1828. Ferner Gespräch mit Karl August von Lützerode, Anfang Februar 1829: „Goethe konnte sich nicht überwinden, mir zu gestehen, daß er Ihre [des Prinzen Johann von Sachsen] Übersetzung des Dante nicht gelesen habe, sondern nur angefangen. […] Goethe bat sehr dringend um Mitteilung eigener poetischer Schöpfungen von Ew. Königlichen Hoheit. Demnach habe ich begonnen, aus der mir anvertrauten Auswahl Ihrer Gedichte einige ausschreiben zu lassen, und erwarte die gnädige Erlaubnis zur Absendung" (Gespräche, Bd. 3.2, S. 391 f.). – An Ludwig Tieck, 2. 2. 1820 (Konzept): „Den Aufenthalt in Dresden gönne und mißgönne meinen besten Freunden und freue mich, wenn Ihre Gesundheit erlaubt, das dortige Gute völlig zu genießen und zu nutzen. Die reich ausgestatteten Blätter über Shakespeare und seine Zeitgenossen haben mich wieder auf einmal an alles erinnert was mir von jener Epoche nach und nach einzeln bekannt geworden; und so machte dieser mir gegönnte kurze Entwurf freylich den Wunsch rege, jene merkwürdige Zeit vor Sinn und Einbildungskraft umständlich entfaltet zu sehen".

Epilog

Am 29. März 1832 wurde nach der Aufführung der *Iphigenie* Tiecks *Epilog zum Andenken Goethes* von den Schauspielern Carl und Emil Devrient und einer Mad. Mevius gesprochen,[71] und vom 27. bis 30. August 1849 beging die Stadt auf Initiative eines „Comités für die Goethefeier" (dem u. a. Carl Gustav Carus vorstand, nicht aber Johann Gottlob von Quandt[72]), den 100. Geburtstag. Eine Elite des Dresdner Geisteslebens war dafür gewonnen worden; vom Hof nahm an der Festsitzung am 28. August, mittags zwölf Uhr, Prinz Johann teil. Für die Abendveranstaltung im Hoftheater hatte Theodor Winkler-Hell, Tiecks Widersacher in Dresden, einen Prolog in sechzehn Stanzen geschrieben,[73] Karl Gutzkow in zwei Aufzügen den *Raub der Helena* aus *Faust II* eingerichtet – ein erster Versuch, diesen Text auf der Bühne vorzustellen. Zum Abschluß des Festes wurde eine *Darstellung biographischer Momente aus Goethe's Jugendleben unter dem Titel Der Königsleutnant. Lustspiel in fünf Akten von Dr. Gutzkow* gegeben. Der Andrang war so groß, daß die Veranstaltung am folgenden Abend wiederholt werden mußte. Am Nachmittag des 29. August dirigierte Robert Schumann im Palais zu einer „musikalischen Feier im großen Garten" seine Komposition *Fausts Verklärung*, der Hofkapellmeister Carl Gottlieb Reißiger Mendelssohn Bartholdys Kantate *Erste Walpurgisnacht*.[74] Trotz bedrückender äußerer Umstände waren die Festlichkeiten mit öffentlichen Konzerten im Großen Garten sehr populär. Noch waren keine vier Monate vergangen, seit im Mai ein Aufstand niedergeschlagen worden war, von dem Fontane später schrieb, daß man „einer wirklichen revolutionären Macht gegenüber" stand.[75] Ein Rezensent vom süddeutschen *Morgenblatt für gebildete Leser* hatte ein wenig hinter die Kulisse der öffentlichen Feiern geblickt und bemerkt, daß am 29. August eine erwünschte Ablenkung von der Politik „Mittwoch Nachmittags, wo man mit dem Freiconcert im ‚großen Garten' etwas von Volksfest beabsichtigte, [...] diese ‚Wohlthat' [...] nicht ganz unverkürzt genossen" werden konnte.

> Den dazu Wallfahrenden begegneten Reiterpatrouillen, die noch immer den Kriegszustand vergegenwärtigend, in mehrerlei Richtung den Garten durchstreiften. Und bald verlautete, man habe an den tumultvollen Tagen die Befreiung einiger Gefangenen versuchen wollen; nachts zuvor seyen daher die drei bedeutendsten derselben zu gesicherterer Untersuchungshaft eiligst auf den Königstein geschafft worden.[76]

---

71 *Tiecks Schriften* (Anm. 65).

72 Dresdner Anzeiger, 4. 8. 1849, S. 3.

73 „Empfanget denn an des Jahrhunderts Grenze / Den Dichter, dem dies Jubelfest geweiht, / Und wie in dessen Lauf sich Lenz an Lenze / Zu Blüthen für sein Diadem gereiht, / So übergebt dem Kommenden die Kränze / Zu gleicher Frische für die Folgezeit, / Daß durch die ganze reichgeschmückte Erde / Ein Freudenruf der Name Goethe werde!" (In: *Tagebuch des Königl. Sächs. Hof-Theaters vom Jahr 1849*. Dresden 1850, S. 49).

74 Hans John: *Die Dresdner Goethefeierlichkeiten 1849 und ihre musikalischen Aktivitäten. Eine Dokumentation*. In: *Musik und Szene*. Fs. für Werner Braun. Hrsg. von Bernhard W. Appel, Karl W. Geck u. Herbert Schneidt. Saarbrücken 2001, S. 334.

75 Theodor Fontane: *Wanderungen durch die Mark Brandenburg. Erster Teil. Die Grafschaft Ruppin*. Berlin 1976, S. 269 f.

76 *Morgenblatt für gebildete Leser*. Stuttgart, Tübingen 20. 9. 1849, S. 904.

Das entsprach den Tatsachen: „Den 29. Aug. früh nach 1 Uhr wurden Bakunin, Heubner und Röckel in drei Wagen aus der hiesigen Reiterkaserne auf die Festung Königstein geschafft", und im Mai des Folgejahres schritt die Polizei ein, als Versuche unternommen wurden, die „Gräber der im Mai 1849 Gefallenen mit Kränzen und Blumen zu schmücken".[77] Der Geist von Weimar – Ordnung und Mäßigung, mit aufgeklärten, gehorsamen Untertanen und einer sich wohlwollend dünkenden Obrigkeit – schien nützlich, eine in Dresden gedemütigte Bevölkerung abzulenken, zu beruhigen, vielleicht gar zu versöhnen. – Man sollte hier noch lange brauchen, bis man auf unbefangene und ungehinderte Weise Goethes gedenken konnte.

---

[77] *Tagebuch eines Dresdner Bürgers: oder Niederschreibung eines jeden Tages, soweit solche vom Jahre 1806–1851 für Dresden und dessen Bewohner von geschichtlichem, gewerblichem oder örtlichem Interesse waren.* Hrsg. von David August Taggesell. Dresden 1851, S. 981 f. u. 988.

GUSTAV KÖRNER/MICHAEL SIELAFF

Goethe und die Volkswirtschaftslehre

Goethes Verhältnis zu einer neuen Wissenschaft

Zu Goethes Weimarer Zeit entstand und formierte sich in Deutschland eine neue Wissenschaft: die Volkswirtschaftslehre. Unter der Bezeichnung „Staatswirtschaft" nannte Johann Georg Büsch sie 1780, „als Wissenschaft betrachtet, eine gewissermaassen neugeschaffene Kenntnis".[1] Büschs Buch *Abhandlung von dem Geldsumlauf* hat Goethe am 8. Januar 1784 gekauft und ein Jahr später den Titel *Kleine Schriften über die Handlung*. Büsch war ein auch in der Weimarer Gesellschaft anerkannter Fachgelehrter. In Hamburg leitete er eine „Handlungsakademie" als Bildungsinstitut für künftige Finanzbeamte, die u. a. Fritz von Stein zu seiner weiteren Ausbildung (im Herbst 1793) aufsuchte und wofür sich Goethe interessierte. Später, so die Tagebuchnotiz vom 3. Juli 1807 in Karlsbad, führte Goethe ein Gespräch über Büsch und andere Hamburger Schriftsteller; Büsch war dem Dichter gegenwärtig und schätzenswert. In der von Goethe mit ins Leben gerufenen *Jenaischen Allgemeinen Literatur-Zeitung* wurden die Vortrefflichkeit und die breite Anerkennung Büschs als Verfasser staatswirtschaftlicher Werke gerühmt.[2]

Die neue Disziplin erfreute sich „einer so sorgfältigen Pflege, und einer so mannichfachen und eifrigen Bearbeitung"[3]; sie hatte damals „in der neuern und neuesten Zeit vorzügliche Aufmerksamkeit auf sich gezogen" und wurde „mit einer Art von Vorliebe gepflegt"[4], und sie sollte „zum Range einer selbständigen Wissenschaft erhoben" werden – dann könne sie, „in allen ihren Puncten behörig begründet und befestiget", die „vom Menschen- und Bürger-Freunde so sehr gewünschte, Einführung ihrer Lehren in das wirkliche Leben" möglich machen[5]. Kernelement würde dabei die „Auffindung und Aufstellung der natürlichen

---

1 Johann Georg Büsch: *Abhandlung von dem Geldsumlauf in anhaltender Rücksicht auf die Staatswirtschaft und Handlung*. Teil 1. Hamburg, Kiel 1780, Vorrede; ebenso in Hamburg, Kiel ²1800.

2 S. [Georg Sartorius]: Rezension. In: Jenaische Allgemeine Literatur-Zeitung, Nr. 164 vom 13.7. 1808, Sp. 81.

3 Johann Friedrich Eusebius Lotz: *Revision der Grundbegriffe der Nationalwirthschaftslehre, in Beziehung auf Theuerung und Wohlfeilheit, und angemessene Preise und ihre Bedingungen*. Bd. 1. Koburg, Leipzig 1811, S. V.

4 Johann Friedrich Eusebius Lotz: *Handbuch der Staatswirthschaftslehre*. Bd. 1. Erlangen 1821, S. III.

5 OT. [Johann Friedrich Eusebius Lotz]: Rezension. In: Jenaische Allgemeine Literatur-Zeitung, Nr. 50 vom 9. 3. 1812, Sp. 394.

Gesetze des menschlichen Handelsverkehrs"[6] sein. So charakterisierte Johann Friedrich Eusebius Lotz, Wirtschaftstheoretiker und als Coburger Regierungsrat ministerialer Verwaltungspraktiker, zugleich auch der produktivste Rezensent der *Jenaischen Allgemeinen Literatur-Zeitung*, Entwicklungsstand und -richtung der Volkswirtschaftslehre. Ähnlich bestimmt äußerte sich Graf Georg von Buquoy, mit dem Goethe wiederholt in Karlsbad zusammentraf, in seiner Goethe mit handschriftlicher Widmung zugesandten *Theorie der Nationalwirthschaft*: die Nationalwirtschaft sei ein Teil der Staatskunst, „geeignet, eine eigene Lehre auszumachen, da er fähig ist dem Kalkül und den Gesetzen der Naturlehre unterworfen" zu werden.[7] Es ist Goethescher Sinn, wenn Buquoy weiter „die Wichtigkeit der Theorie der Nationalwirthschaft" beschrieb

> für den Menschenfreund, für den Patrioten, den Mann von echtem Gefühle, welchen der Anblick einer reichen kultivirten Nation, wobey das gegenwärtige Glück sowohl, als die Hofnung zu einem sich immerfort verbessernden Zustande, aus dem eigenen Fond des physischen und moralischen Reichthums geschöpft werden, auf das Höchste begeistern muß.[8]

Das sind die Markierungen der Wissenschaftsentwicklung, die Goethe durch ihm nahestehende Ökonomen entgegentraten.

Im Mittelpunkt dieses Prozesses stand die Lehre des schottischen Moralphilosophen Adam Smith. Smith' Hauptwerk *An Inquiry into the Nature and Causes of the Wealth of Nations* erschien 1776, dem Jahr von Goethes Eintritt in den Weimarischen Staatsdienst. Es galt als neues Buch ewiger Wahrheiten und verkörpert den Höhepunkt der klassischen Volkswirtschaftslehre. Smith habe – so Goethes Freund Georg Sartorius – „die Wahrheit gefunden".[9] Er legte, wie es Lotz formulierte, „den Grund zu einer neuen Wissenschaft" und habe sich „unendliche Verdienste um die Menschheit erworben".[10] Sein Werk sei „unsterblich", schlußfolgerte der Jenaer Professor August Ferdinand Lueder.[11] Noch im Jahre 1776 begann die Herausgabe einer ersten, allerdings unzureichenden deutschen Übersetzung. Im März 1777 besprachen die *Göttinger Gelehrten Anzeigen* das Werk und bezeichneten es als „klassisch".

In diesem Jahr, also auch im Zusammenhang mit seiner amtlichen Tätigkeit im Geheimen Consilium, äußerte Goethe gezieltes Interesse an der Volkswirtschaftslehre. Am 16. November 1777 richtete er aus Weimar einen Brief an seine Mutter, in dem er um die Zusendung von „Stuarts Finanzsystem" bat. Gemeint war wohl das noch merkantilistisch geprägte Werk *An Inquiry into the Principles of Political Economy* von James Steuart, das 1767 zweibändig in London erschienen war und das die erste Ausarbeitung eines umfassenden

---

6 Lotz (Anm. 3), S. XIV.

7 Graf Georg von Buquoy: *Die Theorie der Nationalwirthschaft nach einem neuen Plane und nach mehrern eigenen Ansichten dargestellt.* Leipzig 1815, S. 2.

8 Ebd., S. 2–3.

9 Georg Sartorius: *Handbuch der Staatswirthschaft zum Gebrauche bey akademischen Vorlesungen, nach Adam Smith's Grundsätzen ausgearbeitet.* Berlin 1796, S. IV.

10 Lotz (Anm. 4), S. 136.

11 August Ferdinand Lueder: *National-Oekonomie oder Volkswirthschaftslehre. Ein Handbuch zur Beförderung des Selbststudiums dieser Wissenschaft.* Jena 1820, S. 63.

wirtschaftstheoretischen Systems verkörperte. Mit der Herausgabe der deutschen Übersetzung *Untersuchung der Grund-Saeze von der Staats-Wirthschaft als ein Versuch über die Wissenschaft von der Innerlichen Politik bey freyen Nationen* wurde 1769 in Tübingen begonnen. Vergleichen wir die Goethesche Angabe „Finanzsystem" mit den fünf deutschen Steuart-Bänden, so erhärtet das die Annahme, daß dieses Werk gemeint war. Das zweite Buch ist das *von der Handlung und Industrie* (1770), das dritte das *von Geld und Münze* (1770), das vierte das *von Credit und Schulden* (1771) und schließlich das fünfte das *von Anlagen und gehöriger Anwendung ihres Ertrags* (1772). Ob Goethe Steuarts Darstellung dann erhalten und durchgearbeitet hat, kann nicht belegt werden, doch schon sein Anliegen dokumentiert das seinerzeitige Bestreben, wissenschaftliche Theorie für die Verwaltungspraxis nutzbar zu machen.

Eine neue Übersetzung des Smithschen Hauptwerkes erschien 1794/1796 und erfuhr stärkere Verbreitung; weitere Rezensionen und Bearbeitungen schlossen sich in größerer Zahl an. Gerade in Goethes Bekanntenkreis fanden sich bedeutende Smith-Anhänger.[12] Dazu gehörten z. B. Sartorius, Buquoy, Lueder, Gottlieb Hufeland und Ludwig Heinrich von Jakob. Nach Hufelands Worten versprachen die Folgerungen von Smith „die herrlichsten Wirkungen für die Menschheit".[13] Briefzeugnisse und Tagebuchnotizen Goethes berichten allerdings so gut wie nicht über nationalökonomische Sachverhalte in Begegnungen mit diesen Wissenschaftlern. In Goethes Bibliothek befinden sich u. a. die Werke von Buquoy, Hufeland, Jakob und Sartorius, jedoch sind einige (die Nachträge von Buquoy und das Werk von Hufeland) nicht aufgeschnitten worden.

Smith sah die Quelle des Reichtums und Wohlstandes in der menschlichen Arbeit: Die Arbeit begründet ihre Ergiebigkeit vor allem darauf, daß sie als Arbeitsteilung organisiert ist, und die Bedingung für die Entfaltung der Arbeitsteilung ist der Austausch (nach Smith ein angeborener Hang, eine natürliche Neigung des Menschen), letztlich ein freier Markt. Freier Tausch unter Wettbewerbsbedingungen vollkommener Gewerbefreiheit verteilt die Arbeit proportional zur Nachfrage auf die verschiedenen Produktionszweige. Bestimmend dafür ist der von Angebot und Nachfrage abhängige Marktpreis. „Die am Markt angebotene Menge einer Ware paßt sich ganz von selbst der wirksamen Nachfrage an".[14] Auf längere Sicht entspricht der Marktpreis bzw. Tauschwert dem „natürlichen Preis" oder Wert, worunter Smith die Produktionskosten als Summe der natürlichen oder durchschnittlichen Sätze von Arbeitslohn, Kapitalgewinn und Grundrente versteht. Der „natürliche Preis" ist „gleichsam der zentrale, auf den die Preise aller Güter ständig hinstreben", die Marktpreise werden „dauernd in diese Richtung drängen", in die Richtung des „Zentrums".[15] Getrieben wird dieser gesamte Mechanismus durch die Eigenliebe der Menschen, durch die individuellen

---

12 Die nach Quellen und Methodik umfangreichste und detaillierteste Analyse zur gesamten Thematik findet sich bei Bernd Mahl: *Goethes ökonomisches Wissen, Grundlagen zum Verständnis der ökonomischen Passagen im dichterischen Gesamtwerk und in den „Amtlichen Schriften"*. Frankfurt am Main, Bern 1982.

13 Gottlieb Hufeland: *Neue Grundlegung der Staatswirthschaftskunst durch Prüfung und Berichtigung ihrer Hauptbegriffe von Gut, Werth, Preis, Geld und Volksvermögen mit ununterbrochner Rücksicht auf die bisherigen Systeme.* Erster Theil. Giesen, Wetzlar 1807, Vorrede.

14 Adam Smith: *Der Wohlstand der Nationen. Eine Untersuchung seiner Natur und seiner Ursachen.* Hrsg. von Horst Claus Recktenwald. München [4]1988, S. 50.

15 Ebd., S. 51.

ökonomischen Interessen, und der Eigennutz dient auf diese Weise dem Gemeinwohl. Die freie Entfaltung des Strebens nach dem eigenen Vorteil fördert am effektivsten das Wohl aller und bringt dem Land somit den größten Nutzen. So reguliert ein selbsttätiger Mechanismus die Wirtschaft, und Smith versteht diesen Wirtschaftsmechanismus wie ein naturgesetzliches Gefüge. Allerdings funktioniert dies – eben wegen der unterschiedlichen Interessen mit verschiedenem Bezug zum Gemeinwohl – nicht konfliktlos, und es müssen bestimmte Voraussetzungen gewährleistet sein. Vollkommene Gerechtigkeit, uneingeschränkte Freiheit und weitgehende Gleichheit sichern allen sozialen Schichten (Grundeigentümern, Lohnempfängern, Unternehmern) wirksam höchsten Wohlstand.[16] Die Kontrolle des Selbstinteresses erfolge so durch die Konkurrenz selbst, durch die staatliche Rechtsordnung und durch die ethischen Grundsätze einschließlich des von Smith betonten Mitgefühls (Sympathie). Der Sympathie hat Smith ein eigenes großes Werk gewidmet: *The Theorie of Moral Sentiments*, London 1759. In der Vorrede zur deutschen Ausgabe hat der Übersetzer, Ludwig Theobul Kosegarten, seine Thesen so zusammengefaßt: „Die Sympathie ist also das große Triebrad der Geselligkeit, der lautre Quell der Tugend, der Grundpfeiler aller Sittlichkeit, und das ächte Prinzip aller Billigung". Praktisch bedeute das: „Handle so, daß der unpartheyliche Dritte mit der Triebfeder und mit der Tendenz deiner Handlungen sympathisiren könne!"[17] Smith selbst setzte immer voraus, womit er sein moralphilosophisches Werk begann:

> So eigensüchtig wir uns den Menschen auch denken mögen, so müssen wir doch zugeben, daß eine gewisse natürliche Stimmung seines Herzens ihn nöthige, an dem Schicksal seiner Brüder Theil zu nehmen, und ihr Glück als ein unumgängliches Erforderniß zu seinem eigenen Glück zu betrachten [...].[18]

Man hat diesen großen Teil des Smithschen Gesamtwerkes auch seine soziale Philosophie der Wirtschaft genannt.

Goethe kannte das Gedankengebäude Smith' wohl vor allem durch Darlegungen bei Büsch, speziell zum Zusammenhang von Eigennutz und Gemeinwohl sowie den staatlichen Rahmenbedingungen, sowie durch die von Sartorius vorgenommene Bearbeitung. Dessen Werk von 1796, *Handbuch der Staatswirthschaft zum Gebrauche bey akademischen Vorlesungen, nach Adam Smith's Grundsätzen ausgearbeitet*, erschien als zweite Auflage 1806 unter dem Titel *Von den Elementen des National-Reichthums, und von der Staatswirthschaft, nach Adam Smith. Zum Gebrauche bey akademischen Vorlesungen und beym Privat-Studio ausgearbeitet.* Dies war – wie Sartorius selbst vermerkte – „nichts weiter, als ein Auszug aus Smith's Werk", in dem alle „zur Erkennung der Smithischen Theorie" nötigen „Sätze des Originals [...] deutlich, kurz und treu" dargestellt sind.[19] Goethe lag damit also tatsächlich eine weitgehend wortgetreue Kurzfassung des Smithschen Hauptwerkes vor. Die Smithsche Kernthese ist bei Sartorius so formuliert:

---

16 Ebd., S. 17, 58–59, 212–213, 407, 552, 566, 568, 570–571 u. 582.

17 Adam Smith: *Theorie der sittlichen Gefühle.* Übersetzt von Ludwig Theobul Kosegarten. Leipzig 1791, Vorrede.

18 Ebd., S. 3.

19 Georg Sartorius: *Von den Elementen des National-Reichthums, und von der Staatswirthschaft, nach Adam Smith. Zum Gebrauche bey akademischen Vorlesungen und beym Privat-Studio ausgearbeitet.* Göttingen 1806, S. V.

> Der letzte und einzige Grundsatz besteht nun: in der vollkommensten Freyheit für alle und jede, so lange sie nicht die Gesetze der Gerechtigkeit übertreten, ihr Capital und ihren Fleiß auf die ihnen vortheilhafteste Weise anzuwenden, und mit anderen Menschen in Concurrenz zu bringen. Der Vortheil, den die Befolgung dieses Grundsatzes gewährt, ergibt sich aus der Kenntniß von den Elementen des National-Reichthums. Indem jeder seinem eigenen Vortheile nachjagt, befördert er den des Ganzen.[20]

Zugleich legte Sartorius seine eigene Meinung in den *Abhandlungen, die Elemente des National-Reichthums und die Staatswirthschaft betreffend* dar. Hierin wandte er sich gegen eine uneingeschränkte Auslegung der Smithschen Erklärungen über den Wirtschaftsmechanismus. Die Interpretation, wonach die alleinige Jagd nach dem privaten Vorteil zwangsläufig in allen Fällen den allgemeinen Vorteil befördere, sei unhaltbar. Smith habe neben der Auffassung von der Interessenübereinstimmung des einzelnen mit der Gesamtheit bereits auf Interessengegensätze hingewiesen. Die staatliche Gesetzgebung müsse der Bereicherung einzelner auf Kosten aller anderen Gesellschaftsmitglieder entgegentreten.[21] Die beiden Bücher sandte der Verfasser am 5. Dezember 1806 an Goethe, und Goethe bedankte sich drei Wochen später dafür, daß hier über die Elemente des Nationalreichtums von den wissenschaftlichen Quellen her belehrt werde.

Smith hat also durchaus kein Gemälde vollkommener Harmonie entworfen, sondern Konflikte und Gegensätze sehr wohl beachtet. So beschreibt er den Interessengegensatz zwischen Arbeitgebern und Arbeitnehmern bei der Lohnfestsetzung ebenso wie das Interesse der Unternehmer an der Beschränkung der Konkurrenz bis zur Bildung von Monopolen. Der Wirtschaftsmechanismus funktioniert daher nach Smith nur dann effektiv im allgemeinen Interesse, wenn die geregelte Ordnung durch die staatliche Gesetzgebung aufrechterhalten wird. Der Staat muß die freie Wirtschaftstätigkeit gewährleisten, ohne direkt in den Wirtschaftskreislauf einzugreifen. Er muß ein Rechtsstaat sein und als solcher die Grenzen der Freiheit setzen. Auch für bestimmte öffentliche Einrichtungen muß der Staat Sorge tragen, insbesondere für die Infrastruktur und das Bildungssystem.

Auffallend sind den Smithschen Lehren ähnliche Gedanken bei Goethe. Am 1. Mai 1825 formulierte er im Gespräch mit Eckermann: „Es liegt einmal in der menschlichen Natur, daß sie leicht erschlafft, wenn persönliche Vorteile oder Nachteile sie nicht nötigen“ (MA 19, S. 522). In *Wilhelm Meisters Lehrjahren* preist der Kaufmann Werner den freien Handel und den daraus möglichen eigenen Nutzen: „[D]ie natürlichen und künstlichen Produkte aller Weltteile“ werden leicht und schnell beschafft, jeweils entsprechend der Nachfrage, und dabei auch „vorsichtig in Vorrat“ gebracht; diese „angenehme, geistreiche Sorgfalt“ läßt „den Vorteil jedes Augenblicks dieser großen Zirkulation“ genießen (1. Buch, 10. Kap.; MA 5, S. 38). In einem Gespräch am 20. Oktober 1830 meinte Goethe, es widerspreche der Natur, daß jeder bewußt für das Glück der Allgemeinheit arbeitet und so sein eigenes Glück herbeiführt. Vielmehr entspringe das Glück der Allgemeinheit daraus, daß jeder zunächst zielstrebig sein eigenes Glück herbeiführen müsse.

Aber auch schwere soziale Lasten der Wirtschaftsentwicklung hat Goethe gesehen. Zu Steuerfragen notierte er 1779 im Vorfeld einer Consiliums-Sitzung: „Bei denen ohne Frage

---

20 Ebd., S. 120–121.

21 Georg Sartorius: *Abhandlungen, die Elemente des National-Reichthums und die Staatswirthschaft betreffend.* Göttingen 1806, S. 147–148 u. 218.

überspannten Abgaben der Unterthanen ist ihnen die möglichste Nachsicht zu gönnen". Und weiter: „Immer aber muss die alte Betrachtung wieder vor Augen stehen, dass der Unterthan in seinen bekannten Umständen iederzeit Mitleiden und Nachsicht verdient".[22] Im Brief vom 7. September 1780 aus Ilmenau an Charlotte von Stein wünschte Goethe: „Könnten wir nur auch bald den armen Maulwurfen von hier Beschäfftigung und Brod geben". Aus Eisenach schrieb er am 20. Juni 1784 an die Familie Herder: „Das arme Volck muß immer den Sack tragen und es ist ziemlich einerley ob er ihm auf der rechten oder lincken Seite zu schweer wird". Goethe war bekanntlich vom Los der niedrigbezahlten Apoldaer Heimarbeiter („Fabrikanten") sehr berührt. Am 5. März 1779 hat er nach einem Aufenthalt in Apolda in seinem Tagebuch vermerkt, daß dort etwa 100 Strumpfwirkstühle stillagen und die Leute „aus der Hand in Mund" lebten. Am nächsten Tag beklagte er in einem Brief an Charlotte von Stein den Hunger unter den Strumpfwirkern. Mit der 1783 von Goethe durchgeführten Steuerreform war es möglich geworden, im folgenden Jahr die auf den Fabrikanten lastende Gewerbesteuer abzuschaffen. Nach der Steuerreform begann man in Apolda neben Strümpfen auch Röcke, Westen, Schals, Handschuhe und einige andere Erzeugnisse herzustellen. Allerdings ging der auswärtige Absatz infolge der Konkurrenz und der Handelsbeschränkungen anderer Staaten zur Unterbindung der Einfuhr fremder Waren erheblich zurück. In der Folgezeit kamen für das erweiterte Sortiment neue Maschinen in Gebrauch: 1802 der Walzenstuhl, 1803 der Patentstuhl und der Kettenstuhl und 1807 die Deckmaschine. Der technische Fortschritt bedeutete aber zugleich eine reduzierte Zahl der Wirkstühle, denn die neuen Stühle ermöglichten eine höhere Produktivität der Arbeit. 1793 existierten 608 Stühle, 1804 nur noch 400. Dabei konnte sich der Absatz weiterhin nicht entwickeln. Arbeiter wurden brotlos. In *Wilhelm Meisters Wanderjahren* sorgen sich die alten Leute wegen der „drohenden Gefahr" einer Verurteilung der „arbeitsamen Hände" (3. Buch, 5. Kap.; MA 17, S. 571) zur Untätigkeit infolge der Ausbreitung des Maschinenwesens. Das überhandnehmende Maschinenwesen „wälzt sich heran wie ein Gewitter, langsam, langsam; aber es hat seine Richtung genommen, es wird kommen und treffen" (3. Buch, 13. Kap.; MA 17, S. 657). Goethes soziales Gefühl war intensiv angesprochen. Bei Gustav von Gülich fand Goethe 1830 die Forderung nach einer Beschränkung der Maschinenanwendung auf die Fälle, wo durch sie menschliche Arbeitskraft unterstützt werde. Unterbinden müsse der Staat jenen Maschineneinsatz, der menschliche Kräfte lähme und durch verminderte Beschäftigung den Arbeitserwerb schmälere.[23]

Mehrung von Reichtum und Wohlstand als wirtschaftliches Ziel, freie Entfaltung von Handel und Gewerbe als Voraussetzung dafür, staatlich gewährleistete Rechtsordnung und Infrastruktur als Rahmenbedingungen, aber zunehmend auch die Sicht auf soziale Folgen – das waren zentrale Problemkreise, mit denen sich die Ökonomen in Goethes Umfeld auseinandersetzten und die Wirtschaftspolitik der Landesherrschaft und der Unternehmer zu beeinflussen suchten. In Sachsen-Weimar-Eisenach wurde 1792 weitgehende Gewerbefreiheit für Handwerksmeister und Kaufleute eingeführt. Verfügungen in der Folgezeit bestätigten sie und wandten sich gegen jede Wettbewerbsbeschränkung. Wirtschaftstheorie und Wirtschaftspraxis standen so vor der prinzipiell gleichen Aufgabe, ein modernes Wirtschaftssystem einzuführen, das ständiges Wirtschaftswachstum versprach. Goethe hat in

---

22 AS I, S. 77.

23 Gustav von Gülich: *Geschichtliche Darstellung des Handels, der Gewerbe und des Ackerbaus der bedeutendsten handeltreibenden Staaten unserer Zeit.* Bd. 2. Jena 1830, S. 662–663.

dieser Umbruchsituation gestanden. Er kannte die meinungsbildenden Ökonomen und war durch seine Beamtentätigkeit (Geheimes Consilium, Weimarer Kammer, Ilmenauer Bergbau, Landstraßenbau, Kriegskommission, Ilmenauer Steuerwesen) mit vielen wirtschaftspraktischen Fragen und wirtschaftspolitischen Erfordernissen in intensive Berührung gekommen. Auf seinen dienstlichen Reisen im Lande sprach er mit den Leuten am Ort des Geschehens. So bezeugte er es z. B. in einem Brief an Charlotte von Stein vom 4. März 1779, und er verwies auf den Unterschied zu den Berichten, die durch den ‚Filtriertrichter' gelaufen waren.

In einem Brief von Ende November 1809 an Sartorius nannte Goethe die neue Wissenschaft der Volkswirtschaftslehre „die ökonomische Politic oder die politische Ökonomie", verbunden mit der spöttischen Bemerkung, daß dies doch wohl darauf hinauslaufe, „wie man jeden armen Teufel einnehmen läßt soviel wie möglich um ihm soviel wie möglich abnehmen zu können". Von dem Spott abgesehen, erinnert die Formulierung doch sehr an Smith' Definition der Politischen Ökonomie als „Zweig der Wissenschaft", der zwei Ziele verfolge, nämlich zu untersuchen, wie einerseits der einzelne sein notwendiges Einkommen beschaffen und andererseits der Staat die Einnahmen für die öffentlichen Belange erhalten könne.[24] Büsch hat in der Vorrede seines Hauptwerkes geschrieben, der Bürger sei dann „ein nützlicher Mitbürger seiner Gesellschaft", wenn er mehr Geld verdiene, als er zu seinem notwendigen Einkommen benötige und der Staat daher von ihm Geld erheben könne.[25] In *Wilhelm Meisters Lehrjahren* läßt Goethe Lothario die Notwendigkeit einer Abgabe an den Staat als vorrangige Bürgerpflicht erläutern.

Mit der Bezeichnung der Wissenschaftsdisziplin folgte Goethe der französisch-englischen Tradition. In Deutschland waren andere Bezeichnungen üblich, bei denen die Ökonomen aus Goethes Umkreis häufig Erstbenenner waren: Staatswirtschaft (Büsch 1780, Sartorius 1796), Nationalökonomie (Jakob 1805), Staatswirtschaftskunst (Hufeland 1807), Nationalwirtschaftslehre (Lotz 1811), Volkswirtschaftslehre (Lueder 1820) – Begriffe, die in Frankreich und England unbekannt waren. Goethe hat die deutsche Bezeichnung „Politische Ökonomie" früher verwendet als die Fachgelehrten.

Die *Jenaische Allgemeine Literatur-Zeitung* publizierte in diesen Jahren eine Vielzahl von Rezensionen volkswirtschaftlicher Grundlagenwerke, in denen sich die Suche nach adäquater Definition, Systematik und Bezeichnung lebhaft widerspiegelte. Goethe hat das Rezensionsblatt regelmäßig und mit Freude gelesen. Im Brief an Heinrich Carl Abraham Eichstädt vom 15. November 1810 versicherte er: „Ihre Literaturzeitung fährt fort mir angenehme Unterhaltung und Belehrung zu geben". Am 6. April 1821 schrieb er ihm: „Mit sehr vielem Vergnügen betrachte ich die Tüchtigkeit so vieler Recensionen in allen Fächern". Wir können also begründet annehmen, daß Goethe die Entwicklung der Volkswirtschaftslehre an Hand der Rezensionen ihrer Hauptwerke zur Kenntnis genommen hat. An Definitionsfragen war Goethe jedoch im allgemeinen kaum interessiert. In seiner Jugend hatte er „alles Wissenschaftliche nur halb angegriffen und bald wieder [...] fahren lassen", wie er seinem Tagebuch (7. 8. 1779) anvertraute. Goethe hat sich auch nicht systematisch mit der volkswirtschaftlichen Literatur auseinandergesetzt, und er hat beispielsweise keine Bücher dieser Art in Weimar oder Jena ausgeliehen. Eine solche Auseinandersetzung wäre auch nur von einem Fachgelehrten zu erwarten gewesen. Goethes Hauptinteressen lagen auf anderen

---

24 Smith (Anm. 14), S. 347.
25 Büsch (Anm. 1), Vorrede.

Feldern. Auf dem Gebiet der Ökonomie bevorzugte er das praktische Durcharbeiten, wobei er dies mit systematischen Inhaltsbestimmungen organisch verband. So verfuhr Goethe für das Geheime Consilium bei seinen Erörterungen über die Einziehung rückständiger Steuern (1779), in seinen Betrachtungen über die Konkurs-Konstitution (1781) oder in seinem Votum über den Zustand und die Fortführung der Porzellanfabrik in Ilmenau (1785). Markantes Beispiel ist Goethes Beschäftigung mit Steuerfragen in Ruhla 1785. In diesem Zusammenhang definierte Goethe verallgemeinernd Wesen und Notwendigkeit der Steuern als „solche Abgaben die von dem Landesherren zur Erhaltung und Beschützung des Staats, zu Abwendung gemeiner Noth, zu Förderung gemeinsamen Bestens auferlegt worden". Grundsatz müsse es sein, die Steuern soweit wie möglich „mit einer allgemeinen Gleichheit" zu erheben. Bei der Bemessungsgrundlage für die Besteuerung ging Goethe davon aus, daß das Fundament „ein innrer Werth der Güter" sei und die Steuern in einem „Verhältniß zu dem Ertrag derselben" zu bestimmen seien. Steuern sollten nach Goethe veränderlich sein; es steht „dem Landesherren zu sie revidiren zu lassen, nach Beschaffenheit dem einen etwas abzunehmen dem andern zuzulegen [...], und es dient dieses auf's neue durchgängig wieder berichtigte Verhältniß die beste Ordnung auch in Zukunft zu unterhalten".[26] Das sind wissenschaftliche Formulierungen der Volkswirtschaftslehre.

In den *Wanderjahren* definierte Goethe die notwendigen Kenntnisse und Fähigkeiten eines Verwaltungsbeamten als „Calcul zum Tagesgebrauch, die höheren Übersichten nicht ausgeschlossen, aber alles unmittelbar am Leben, wie es gewiß und unausbleiblich zu gebrauchen wäre" (1. Buch, 8. Kap.; MA 17, S. 319). Ein ausgiebiges theoretisches Studium künftiger Staatsbeamter betrachtete Goethe mit Skepsis, ja sogar ablehnend. Eckermann gegenüber mißbilligte er am 12. März 1828, daß „gar zu viele theoretisch-gelehrte Kenntnisse verlangt" werden, die in der beruflichen Tätigkeit nicht angewendet werden können, als unnütz wieder vergessen werden müßten und die jungen Leute sogar geistig wie körperlich ruinierten. In seiner Skepsis wird sich Goethe durch Meinungsäußerungen von Fachvertretern bestärkt gefühlt haben. Schon bei Büsch hat er lesen können, daß „manche Kenntnis durch ein voreiliges Theorisiren zu einer müssigen Speculation" werde, „die sich auf keinen wahren practischen Nutzen wieder zurückbringen läßt". Der Praktiker könne nicht auf eine gesicherte Theorie warten, er müsse ohne System den Umständen entsprechend arbeiten, gegebenenfalls korrigieren, und erreiche so letztlich ohne Hilfe der Theorie das richtige Ergebnis. Diese Situation treffe insbesondere auf die Staatswirtschaft zu.[27] Wiederholt wandte sich Sartorius gegen übermäßige terminologische Debatten, aber zugleich gegen eine Unterschätzung notwendiger definitorischer Klarheit. Eine einseitige Bearbeitung abstrakter Fragen führe zu einer Trennung „zwischen der Schule und dem Leben". Dennoch seien Untersuchungen zum Handeln der Menschen im „natürliche[n] Gang des Verkehrs" und davon ausgehend Ableitungen der Begriffe notwendig, ohne Überladung „mit unnöthigen Distinctionen und Definitionen, mit barbarischen neuen, und unnützen Terminologieen, welche die Jünger nachlallen und die Kenner verwerfen".[28] Das

---

26 AS I, S. 354.

27 Büsch (Anm. 1), Vorrede.

28 art. [Georg Sartorius]: Rezension. In: Jenaische Allgemeine Literatur-Zeitung, Nr. 115 vom 9. 6. 1812, Sp. 393–394. Ähnlich bei S. [Georg Sartorius]: Rezension. In: Jenaische Allgemeine Literatur-Zeitung, Nr. 3 vom 4. 1. 1808, Sp. 22.

war ganz im Sinne Goethes. Übereinstimmung hat Goethe sicher auch mit den Feststellungen Gülichs gefunden, denn er war sehr angetan von Gülichs umfassender wirtschaftsgeschichtlicher Analyse. Goethe hat Gülichs Werk am 28. März 1830 gekauft. In seinem Tagebuch vermerkte er am 17. Juni 1830 anläßlich eines Besuchs von Hofrat Meyer: „Ich rühmte Gustav von Gülich, Geschichte des Handels p. p., theilte daraus manches mit. [...] Ich las in Gülich weiter". Bei Gülich konnte Goethe lesen, daß die Förderung der Wirtschaftsentwicklung „nur durch das Studium der praktischen Verhältnisse, nicht durch das der Theorien der Staatswirthe erlangt werden" könne. Die deutschen Staatsmänner hätten häufig das Studium der praktischen Verhältnisse vernachlässigt. Die Theorie habe das durch Geringschätzung der Praxis bestärkt und sich damit „aller sichern Grundlage" begeben.[29] Gülich kritisierte

> manche Bücher über Staatswirthschaft, in welchen vom Handel, Ackerbau und den Gewerben zwar viel die Rede ist, dieselben aber weniger geschildert werden, wie sie wirklich sind, als wie sie sein müßten, wenn sie so wären, wie die Theorien der Autoren es fordern.[30]

Bei allen kritischen Bemerkungen über Praxisferne in der Wissenschaft, haben die Ökonomen um Goethe doch immer den Nutzen theoretischer Forschung unterstrichen. So schrieb z. B. Jakob, der Goethe auch persönlich bekannt war, daß

> die National-Oekonomie eine praktische oder vielmehr pragmatische Wissenschaft d. h. eine solche ist, welche dem menschlichen Willen und zwar dem öffentlichen oder Staatswillen die Principien oder Grundkenntnisse liefert, wonach er die bürgerliche Ordnung in Beziehung auf den Gewerbfleiß aller Art einzurichten habe, um den Ursachen des National-Reichthums einen freien und ungehinderten Spielraum zu verschaffen.[31]

Jakob räumte ein, „daß viele die Wissenschaft mehr durch Schulkram und eine die Verständlichkeit und den Eintritt ins Leben erschwerende Kunstsprache belästiget, als ihr wirklichen Nutzen geschafft, andere sich in allzuabstracte Speculationen vertieft" haben.[32] Das steht in der dritten Auflage der erstmals 1805 erschienenen *Grundsätze der National-Oekonomie* – dem Buch, das der Verfasser mit einem Brief vom 4. März 1825 an Goethe sandte. Goethes Kenntnisnahme der Jakobschen Arbeit war wohl schon durch die von Sartorius verfaßte Rezension der ersten Auflage 1807 in der *Jenaischen Allgemeinen Literatur-Zeitung* erfolgt.

Goethe und die Fachvertreter zeigten zu volkswirtschaftlichen und sozialen Zusammenhängen oft die gleiche Problemsicht, haben sie aber ihren Anliegen entsprechend unterschiedlich bearbeitet. Sie zeugen von den Wandlungen, die in den letzten Jahrzehnten des alten und den ersten des neuen Jahrhunderts vor sich gingen.

---

29 Gülich (Anm. 23), S. 672.

30 Gülich (Anm. 23), Bd. 1. Jena 1830, S. VII.

31 Ludwig Heinrich von Jakob: *Grundsätze der National-Oekonomie oder Theorie des National-Reichthums*. 1. Abt. Halle ³1825, S. 5.

32 Ebd., S. 23.

Goethe und das Papiergeld als volkswirtschaftliche Erscheinung

Unter den Gesichtspunkten seines volkswirtschaftlichen Wissens, seiner Erfahrungen aus der amtlichen Tätigkeit und seiner persönlichen Interessiertheit in ihrer Zusammenfügung kann Goethe als profunder Sachkenner des Geldwesens seiner Zeit bezeichnet werden.

1793 bestellte das Geheime Consilium ihn als Gutachter über das Münzwesen des Landes. Bei den Studien und bei der Konzeption für das Gutachten ging Goethe davon aus, daß er „die allgemeine Lehre vom Gelde" als bekannt ansehen könne.[33] Was darunter verstanden wurde, können wir exemplarisch an dem Werk *Abhandlung vom Gelde* (1778) feststellen, das sich z. B. in der Eisenacher Kammerbibliothek befand. Danach gehörten zur allgemeinen Lehre vom Gelde: die Rolle des Geldes in Vergangenheit, Gegenwart und Zukunft; die Funktion des Geldes als allgemeiner Wertmaßstab im Austausch von Ergebnissen arbeitsteiliger Produktion; Gold und Silber als allgemeines Äquivalent im Handel und als Beschleuniger des Handelsverkehrs; Geld als Reichtum; Rauh- und Feingewicht der Münzen; Schlagsatz; nominaler Wert der Münzen, realer Wert und effektiver (wirksamer) Wert, d. h. Preis des Geldes oder sein Verhältnis zu den Waren.[34] Goethe setzte also diesbezügliche Kenntnisse voraus und verfügte natürlich auch selbst über sie. Auf dieser Basis bewältigte er ein in der Tat immenses Aktenstudium zur Münzgesetzgebung, zu Münzverschlechterungen, zu den Gepflogenheiten in den einzelnen Landesteilen und zu den vielen umlaufenden Münzsorten verschiedener Staaten und ihren Kursen. Schließlich verfertigte er eine nahezu lehrbuchartige Abhandlung über den Münzfuß. Im Mittelpunkt auch dieser spezifischen volkswirtschaftlichen Studie stand die gründliche empirische Fakten- und Problemanalyse als gedankliche Rekonstruktion der realen Gegebenheiten und Erfordernisse in ihrer Entwicklung.

Goethes Zeit war aber insbesondere auch die Frühzeit des Papiergeldes im alten deutschen Reich. In Österreich gab es seit 1762 die „Wiener-Stadt-Banco-Zettel", in Sachsen seit 1772 „Cassen-Billets" und in Preußen seit 1806 „Tresorscheine". Alle anderen deutschen Staaten begannen mit der Papiergeldemission erst Ende der vierziger Jahre des 19. Jahrhunderts, wobei das Papiergeld zunächst nur einen sehr geringen Anteil am gesamten Geldumlauf einnahm. Goethe war somit Zeitzeuge der Anfänge deutschen Papiergeldes und der damit verbundenen Meinungsverschiedenheiten in der Öffentlichkeit. In den *Wanderjahren* empfand er diese Zeit für das Geschäftsleben als „Durchrauschen des Papiergeld's" (*Betrachtungen im Sinne der Wanderer*; MA 17, S. 808).

Gegenüber dem Papiergeld bestand in ganz Europa ein starkes Mißtrauen. Das war vor allem eine Folge der auch in Weimar verbreiteten Kenntnisse über die inflationäre französische Assignatenwirtschaft. Im Herbst 1790 beriet das Geheime Consilium über Möglichkeiten, von Frankreich die während des Siebenjährigen Krieges an französische Truppen gelieferte Fourage vergütet zu bekommen. Auch eine Begleichung mittels Assignaten wurde ins Kalkül gezogen, wenngleich ein Disagio gegenüber dem Bargeld bestand. Goethe charakterisierte zu diesem Zeitpunkt in seinem Votum dazu die Assignaten noch positiv:

> Die Assignats sind erst vor kurzem creirte, von der Nation garantierte u auf die zu verkaufenden, eingezogenen geistlichen Güter angewießne Staatspapiere, welche anzuneh-

---

[33] AS II, 1, S. 378.

[34] Johann Heinrich Waser: *Abhandlung vom Gelde.* Zürich 1778, S. 3–5 u. 73 ff.

> men wohl kein Bedencken seyn möchte. Daß sie vier pro Cent gegen baar Geld verlieren zeigt von dem großen Mangel des baaren in Franckreich [...].[35]

Sachsen-Weimar-Eisenach konnte seine Forderungen übrigens nicht durchsetzen. Andersartige unmittelbare Erfahrungen entstanden 1792 während des Feldzugs gegen das revolutionäre Frankreich. Der Assignatenkurs gegenüber dem Silbergeld sank rapide. Mit der Ausgabe von Mandaten, einer neuen Papiergeldart, versuchte man – vergeblich – dem entgegenzuwirken. Goethe traf sogar auf eine mobile Fälscherwerkstatt für Assignaten. Für 1795 notierte Goethe in den *Tag- und Jahresheften* rückschauend, „die Assignate waren zu Mandaten, und diese wieder zu nichts geworden" (WA I, 35, S. 44).

In den gesellschaftlichen Kreisen Weimars und in der wissenschaftlichen Literatur wurden anhaltende Diskussionen über Vorzüge und Gefahren des Papiergeldes geführt. Verwaltungsbeamte, Nationalökonomen, Kaufleute, Juristen und Historiker beschäftigten sich intensiv mit dieser Problematik. Mehrere Pläne im Umkreis Carl Augusts zeugen von der praktischen Suche nach einem für die Hof- und Staatsfinanzen effektiven Papiergeldsystem.

Smith hatte in seinem Hauptwerk dem Geld ein eigenes Kapitel gewidmet und Geldfragen an vielen Stellen behandelt. Im Geld sah er „das große Schwungrad im Wirtschaftskreislauf". Edelmetallmünzen und Papiergeld seien hier gleichermaßen funktionsfähig. Dabei werde sogar mit dem Papiergeld „ein kostspieliges Tauschmittel durch ein wesentlich billigeres ersetzt". Trotz belebender Auswirkungen von Papiergeldemissionen seien Handel und Gewerbe „aber insgesamt weniger sicher auf den Dädalusflügeln des Papiergeldes als auf dem soliden Untergrund von Gold und Silber".[36] Das war auch die Grundposition in der Volkswirtschaftslehre der Smith-Anhänger. Büsch schrieb:

> Neben diesen Metallen sind in den polizirten Völkern neuerer Zeit verschiedne andre Hülfsmittel der Circulation erfunden und einige derselben mit so gutem Erfolg in Gang gesetzt worden, daß sie dem Gelde völlig gleich gelten.

Man könne diese „so, wie die edlen Metalle, als Zeichen des Wehrts der verkäuflichen Dinge und des Lohns aller Dienste und Arbeiten benutzen". Zu den dafür allerdings notwendigen Erfordernissen gehöre neben der Unmöglichkeit ihrer einfachen Herstellung durch jedermann und ihres Erwerbs ohne Arbeit und Waren, „daß sie mit gleicher Leichtigkeit in Geld, und Geld wieder in sie verwandelt werden" können. Fehle dies, so würden die Wertzeichen als Äquivalent der verkäuflichen Dinge abgelehnt und das Geld als solches wieder bevorzugt werden. Der Unterschied zwischen dem Wert des Papiergeldes und dem des Metallgeldes nehme in dem Maße zu, wie die Überhäufung mit Papiergeld im Inland und die Notwendigkeit von Metallgeld für den Außenhandel und folglich die Nachfrage nach Metallgeld wachse.[37] Mit Büschs Ansichten beschäftigte sich nicht nur Goethe, sondern auch ein größerer Kreis der Weimarer Gesellschaft. So teilte Christian Gottlob Voigt in einem Brief vom 9. Januar 1796 Goethe mit, daß auf einer Zusammenkunft der „Sozietät" Friedrich Justin Bertuch „einen artigen Aufsatz von Büsch, betitelt *Das papierene Jahrhundert*, (in Beziehung auf das Papiergeld, das seit 1675 sein Jubiläum erlebt hat,) vorlas".[38]

---

35 AS II, 1, S. 185–186.

36 Smith (Anm. 14), S. 240–241 u. 265.

37 Büsch (Anm. 1), Teil 2. Hamburg, Kiel 1780, S. 299–303.

38 *Goethes Briefwechsel mit Christian Gottlob Voigt.* Hrsg. von Hans Tümmler. Bd. 1. Weimar 1949, S. 217.

Über Meinungen zum Papiergeld wurde auch in der *Jenaischen Allgemeinen Literatur-Zeitung* informiert. Goethe selbst hat eine ihm wichtige Rezension von Sartorius über mehrere Tage hinweg ausführlich und gewissenhaft redigiert. Das war, wie Goethe am 31. Januar 1804 im Brief an Eichstädt bekannte, „eine sehr schwere Materie, bey der man immer seine Gedanken ganz zusammen nehmen muß". Gegenstand der Rezension war ein Buch des Londoner Bankers und Parlamentariers Henry Thornton über den *Papier-Credit*. Sartorius – und wir können auch sagen: Goethe, denn Goethe bezeugte besonderes Interesse am Thema, er wandte viel Mühe für die mehrmalige Durchsicht auf und identifizierte sich mit der Rezension – ging davon aus, daß die wachsende Rolle des Papiergeldes das Bedürfnis hervorbringe, die sich darauf beziehenden Theorien ernsthaft zu prüfen. Thorntons Buch selbst war gewissermaßen Auslöser eines Theorienstreits über Wesen und Funktion der Banknote. Es ging um die Frage, ob Banknoten ein Kreditmittel seien (Thornton und die sog. Banking-Schule) oder wirkliches Geld (die sog. Currency-Schule). Die „Theorie des Papiergeldes", so heißt es in der Rezension, könne „nicht ohne praktisches Interesse seyn".[39] Sartorius und Goethe wiesen auf die weltweite Verflechtung des britischen Handels und auf das demzufolge bestehende internationale Interesse am englischen Banken- und Notensystem hin. Nutzen und Gefahren des „Papier-Credits" müßten daher analysiert werden; Allgemeines sei allerdings von den Besonderheiten des hochentwickelten englischen Systems abzuheben. Eines der Hauptprobleme sahen die Rezensenten in der Bestimmung des Verhältnisses zwischen der Erhöhung des Papiergeldumlaufes und der Preissteigerung der Waren, wobei ein einseitiger, alleiniger, linearer Zusammenhang ausgeschlossen wurde. Ferner wurde auf die seinerzeit übliche Unterscheidung des Papiergeldes im allgemeinen – einschließlich der Banknoten – vom „eigentlichen Papiergeld", dem Staatspapiergeld mit Zwangskurs, eingegangen. Letzteres besitze alle Eigenschaften des baren Geldes. Die ganze Rezension ist zugleich eine Auseinandersetzung mit Thorntons ungerechtfertigten Vorwürfen gegenüber Smith im Hinblick auf den Papiergeldumlauf, ein Umstand, der den „großen, gemeinschaftlichen Lehrer und Meister" Smith auch Goethe näherbrachte.

Wie Smith und Büsch war Sartorius (1796) von der „Einführung eines geschickten Papiergeldes" als „Ersparniß an den Kosten des baaren Geldes" ausgegangen. Dabei hatte er die Bedingungen für ein solches „geschicktes Papiergeld" formuliert: die Annahme des Papiergeldes bei öffentlichen Abgaben und seine Einlösbarkeit, die politische Stabilität im Lande, die Übereinstimmung der Papiergeldmenge mit dem Bedarf der Zirkulation.[40] Später wiederholte Sartorius dies in seinem Goethe zugesandten Werk. Dort konnte Goethe u. a. komprimierte Kenntnis nehmen von den allgemeinen Gleichgewichtsbeziehungen zwischen Geldmenge und Gütervolumen, der sog. Tausch- oder Verkehrsgleichung, die besagt, daß „überall die Summe des Papiergeldes das Bedürfniß derer nicht übersteigt, unter welchen es circuliert", daß „die Circulation es bequem einsaugen kann".[41] Eine zu große Vermehrung über das Bedürfnis hinaus führe zum Kursverfall des Papiergeldes.

In Briefen, Gesprächen, Notizen und insbesondere im *Faust* brachte Goethe seine skeptische Haltung gegenüber dem Papiergeld zum Ausdruck. Dem lagen neben den skizzierten Kenntnissen hauptsächlich persönliche Erfahrungen zugrunde, die Goethe im Umgang

39 S. [Georg Sartorius]: Rezension. In: Jenaische Allgemeine Literatur-Zeitung, Nr. 27 vom 1. 2. 1804, Sp. 210.

40 Sartorius (Anm 9), S. 49 u. 64–65.

41 Sartorius (Anm. 19), S. 76.

mit dem österreichischen Papiergeld während seiner Kuraufenthalte in den böhmischen Bädern sammelte. Für ihn gab es hier die Möglichkeit und auch die Notwendigkeit für ausführliche Einblicke und sich wiederholende Einbindungen in die dortigen Verhältnisse. Darunter spielte die Konfrontation mit der Kaufkraft des Geldes eine bedeutende Rolle. Seinem Herzog teilte Goethe einmal mit (24. 5. 1810): „Die erste Überlegung zu der man sich wendet, wenn man nach Carlsbad kommt, ist sodann das Geld".

Analysieren wir Goethes Briefe aus Karlsbad, so stellen wir fest, daß er sich immer wieder mit der Entwicklung des Papiergeldkurses gegenüber dem Silbergeld, mit den Schwierigkeiten beim ständigen Erfassen des Verhältnisses zwischen Papiergeldentwertung und Preissteigerung sowie mit der damit verbundenen allgemeinen Unsicherheit, aber auch der Nutzung der sich aus diesem Verhältnis ergebenden Möglichkeiten günstiger Einkäufe beschäftigte. Goethes Angaben sind so ausführlich und zuverlässig, daß sie als wirtschafts- und sozialgeschichtliche Belege gelten können. Danach entwickelte sich der Kurs der Papiergulden gegenüber 100 Silbergulden beispielsweise wie folgt: 160 (Brief vom 3. 7. 1806), 225 (28. 5. 1807), 206 (2. 6. 1807), 362 (24. 5. 1810), 364 (10. 6. 1810), 400 (31. 7. 1810), 1 000 (8. 6. 1811).

Die Verwirrung im Geldwesen veranlaßte Goethe, sich mit dem Verhältnis zwischen Kurs- und Preisentwicklung ausführlich zu beschäftigen. Dabei interessierte ihn neben den allgemeinen kommerziellen und sozialen Auswirkungen natürlich auch dessen Bedeutung für die eigenen Ausgaben und Kaufwünsche. Für den Sommer 1806 stellte er fest (an Christiane, 3. Juli): Der Kurs der Papiergulden fällt immer mehr, die Preise steigen, aber die Lebenshaltung ist nur wenig teurer als früher. Das bedeutet, daß die Preiserhöhungsrate nur leicht den prozentualen Wertverlust des Papiergeldes überstieg. Wahrscheinlich lag hier die Erfahrung vor, daß sich manche Verkäufer zunächst über die wirklichen Zusammenhänge täuschten, „die Vertheuerung des Metalls für die Ursache der Aenderung" hielten und ihre Waren noch zu alten Preisen, jetzt aber in Papiergeld, anboten. Allmählich wurden die Preise dann erhöht, und es wurde sogar noch mehr gefordert, als es nach dem Kursverfall hätte sein sollen, um einen zusätzlichen Gewinn zu machen.[42] In seinem Brief vom 28. Juli 1806 schilderte Goethe, die Einwohner von Karlsbad befänden sich trotz gegenwärtig leichter Kursverbesserung „in einer Sorge, die ganz nahe an Verzweiflung gränzt". Die Zukunft sei unsicher. Im folgenden Jahr (1807) informierte er Christiane am 28. Mai: „Zwar erhöht man auch die Forderungen, doch, wie es immer geht, nicht in gleicher Proportion. Deshalb dieser für den Einwohner traurige Umstand dem Fremden, der baar Geld mitbringt, zum Vortheil gereicht". Am 29. Mai 1808 schrieb er Christiane, man müsse „im Gleise bleiben", sich willkürlicher Ausgaben enthalten und „besonders der Kauf- und Schencklust widerstehen", aber er komme sogar „auf alle Fälle leidlicher weg als vor einem Jahre".

Goethe konstatierte also gelegentlich ein Zurückbleiben der Preisforderungen hinter dem Wertverfall des Papiergeldes und den daraus entstehenden Nutzen, eine Art Differentialgewinn bzw. einen größeren für Waren und Dienstleistungen verfügbaren Kauffonds, also einen durch den Wechselkurseffekt hervorgerufenen Kaufkraftgewinn. Das war ein Vorteil für die aus dem Ausland kommenden Besitzer von Silbergeld gegenüber den Einwohnern, die nur noch mit Papiergeld umgehen konnten und reale Kaufkraftverluste hinnehmen mußten. Der steigende Kurs des Silbergeldes (in Papiergeld ausgedrückt) bedeutete eine

---

42 Karl Heinrich Rau: *Lehrbuch der politischen Ökonomie. Zweiter Band. Grundsätze der Volkswirtschaftspolitik.* Heidelberg [3]1844, S. 477.

Preiserhöhung des Silbers beim Umtausch bzw. bei der Umrechnung, somit eine Aufwertung des Silbers und eine Abwertung des Papiergeldes. Würden die in Papiergulden ausgedrückten Preise für Waren und Dienste in Böhmen ansonsten konstant bleiben, wäre damit der in Silber umgerechnete Preis allein durch die Kursveränderung gesunken. Da aber in Wirklichkeit die Papiergulden-Preise stiegen, hing der relative Vorteil des Silberbesitzers vom Verhältnis zwischen Kurserhöhung und Preissteigerung ab, d. h., (1.) er wäre praktisch aufgehoben, wenn beide im gleichen Maße zunähmen; würde (2.) größer, wenn der Kurs schneller stiege; (3.) geringer, wenn die Preiszunahme die Kurssteigerung überflügeln würde. All diese Möglichkeiten hatte Goethe stets vor Augen. Er sah voller Zufriedenheit für sich, aber auch mit dem Blick auf die Folgen für Einheimische, die zweite Variante, und er fürchtete die dritte. Sartorius hat genau diese Konstellation in der *Jenaischen Allgemeinen Literatur-Zeitung* (1812) beschrieben. Man müsse unterscheiden,

> ob eine reelle oder bloß eine nominale Theurung vorhanden sey, weßhalb man in Österreich von den Eingeborenen die allgemeinen Klagen über Theurung vernimmt, jeder Fremde aber, der mit baarem Gelde dahin kommt, nicht genug die Wohlfeilheit rühmen kann.[43]

Die von Goethe häufig beschriebene Verschlechterung der materiellen Situation der einheimischen Bevölkerung hat Jakob lehrbuchmäßig so gefaßt:

> Mit jeder Schwankung des Werths des Papiergeldes geht eine neue Vertheilung des Vermögens vor sich, und niemand kann sicher wissen, wie viel er morgen noch haben wird. Ein solcher Zustand des Geldes muß daher die Geschäfte lähmen, die Unternehmer furchtsam machen, und den Vermögenszustand des Volks steten Zerrüttungen aussetzen.[44]

Die Konfusion sei so groß, „daß ein Aufenthalt in Böhmen dießmal unangenehm werden kann“, so schrieb Goethe am 8. Mai 1811 Carl Friedrich von Reinhard. In den Tagebuchnotizen und Briefen bezog sich Goethe wiederholt auf das Patent vom 20. Februar 1811. Zunächst streng geheimgehalten, wurde es am 15. März 1811, frühmorgens um fünf Uhr, unter Trommelschlag bekanntgegeben. Es handelte sich um das Patent, mit dem die Regierung den Ausweg aus der Inflation darin sah, die Bancozettel durch sog. Einlösungsscheine zu einem Fünftel des Nominalwertes bis zum 31. Januar 1812 abzulösen. In der Präambel wurde auf den sprunghaften Kursverfall des Papiergeldes „gegen das Metallgeld schon zu mehr als 1 200“ hingewiesen. Vom „verderblichen, das Privateigentum erschütternden, die Industrie hemmenden, alle Gesellschaftsverhältnisse störenden, Mißtrauen und Unmut erregenden Schwanken“ war die Rede.[45] Doch auch die ungedeckten Einlösungsscheine fielen in ihrem Kurs, stiegen aber später wieder an. Vom 13. Mai 1812 liegt ein Briefkonzept vor, in dem Goethe dem Herzog ganz detailliert die Auswirkungen des Patents und die jetzt gebräuchliche Rechnungsweise schilderte.

---

43 art. [Georg Sartorius]: Rezension. In: Jenaische Allgemeine Literatur-Zeitung, Nr. 116 vom 11. 6. 1812, Sp. 404.

44 Jakob (Anm. 31), S. 525.

45 Paul Stiassny: *Der österreichische Staatsbankerott von 1811. (Nach archivalischen Quellen).* Wien, Leipzig 1912, S. 78.

Goethes Kurbekanntschaft Buquoy hat im schwankenden Papiergeldkurs einen Motor des wirtschaftlichen Wachstums gesehen, denn „wer östreichisches Papiergeld besaß, fühlte in sich eine gewisse Unruhe, eine gewisse Aengstlichkeit, die ihn zwang, in seinem ganzen Horizonte umher zu blicken, um zu erfahren, auf welche Weise er sein schwankendes Kapital zu realisieren, in Dinge von wahrem Werthe umzuwandeln im Stande wäre". Dieses allgemeine Bestreben habe in allen Gewerben eine hohe und nützliche Betriebsamkeit entstehen lassen.[46] In einer Rezension wurde Buquoy dann entgegengehalten, daß die Betriebsamkeit sich nicht wegen, sondern trotz des Papiergeldes entfaltete; ursächlich dafür seien besonders günstige Bedingungen gewesen, die das Papiergeld nicht beseitigen konnten, vornehmlich die große Fruchtbarkeit und der blühende Handel des Landes. Ohne Papiergeld hätte der Wohlstand noch viel höher sein können.[47] Grundsätzlich hatte auch Buquoy die Verkehrsgleichung vorausgesetzt:

> Die Summe des gesammten Papiers, welches in einem Lande sonder Anstoß umlaufen kann, darf nie größer seyn, als der Werth jenes Goldes und Silbers, dessen Stelle sie vertritt; zugleich darf das Papiergeld nur jenes Gold und Silber vertreten, das für den innern Verkehr bestimmt ist.[48]

In Goethes Tagebuch findet sich für den 28. November 1817 abends die Notiz „Buch des Grafen Bouquoy". Die Tagebuchnotiz verweist so auf Goethes Interesse.

Papiergelddiskussionen und -projekte gab es in der Folgezeit auch immer wieder in Weimar. Bei der Eröffnung des dritten Landtages am 9. März 1823 ließ der Großherzog in der Verlesung seiner Rede u. a. auf die Staatsschulden hinweisen, ein Anlaß für den Abgeordneten Burkhardt, Kaufmann aus Apolda, auf der Sitzung am 13. März zwei Pläne zur schnelleren Schuldentilgung mit Hilfe von Papiergeld vorzuschlagen.[49] Der Landtag beschloß den Abdruck der Pläne als Beilage zum Protokoll und eine spätere Beratung, wenn sie genauer geprüft worden seien. Auf der 57. Sitzung am 17. Mai erklärte Heinrich Luden als Vorsitzender des „Einnahme-Etats-Ausschusses", es dürften niemals ohne die äußerste Not Versuche hinsichtlich der Staatsfinanzen gemacht werden, weil die Folgen nicht übersehbar seien und leicht neue Schulden entstehen könnten. Eine Notwendigkeit für Versuche bestehe aber nicht, Stabilität und Wachstum seien gesichert, und von der Ausführung der vorgeschlagenen Pläne sei daher abzuraten. In seinem *Handbuch der Staatsweisheit oder der Politik* hatte Luden geschrieben, keine Regierung solle „leicht zu einem Papiergelde schreiten", so lange mit international gültigem Edelmetallgeld auszukommen wäre. Wenn aber Papiergeld wirklich notwendig würde – bei Mangel an Metallgeld infolge Stockungen im Zahlungsverkehr oder bei Kriegsgefahr –, dann müsse sie mit Bedacht und Umsicht handeln. Dabei müsse Papiergeld jederzeit in Metallgeld umtauschbar sein, und der Staat sei

---

46 Georg von Buquoy: *Erläuterung einiger eigenen Ansichten aus der Theorie der Nationalwirthschaft.* Leipzig 1817, S. 350.

47 Z. [Johann Friedrich Eusebius Lotz]: Rezension. In: Ergänzungsblätter zur Jenaischen Allgemeinen Literatur-Zeitung, 1822, Nr. 7, Sp. 55.

48 Buquoy (Anm. 7), S. 275.

49 *Verhandlungen des zu Weimar am 9. März 1823 eröffneten und am 25. May 1823 geendigten dritten Landtages im Großherzogthume Sachsen-Weimar-Eisenach herausgegeben von den dazu beauftragten Landtags-Mitgliedern.* Weimar 1823, S. 23–24.

verpflichtet, alle Zahlungen an ihn in Papiergeld anzunehmen. Nur dann bleibe Papiergeld wertstabil.[50] Ludens vorsichtige theoretische Haltung schlug sich auch in seiner praktisch-politischen Verfahrensweise im Landtag (der seiner Meinung folgte) nieder. Die „Landtags-Verhandlungen" wurden als Beilagen des „Großherzoglich Sachsen-Weimar-Eisenachischen Regierungs-Blattes" veröffentlicht. Die Persönlichkeiten des öffentlichen Lebens haben sich auf diese Weise aktuell informiert. Goethe z. B. notierte in seinem Tagebuch „Verschiedenes über Landtagssitzungen" (14. 3. 1823), die Durchsicht von Druckbögen über Landtagsverhandlungen (24.3., 26.3.) und am 14. Mai: „Abends Canzler von Müller. Übersicht der landschaftlichen Verhandlungen". Der nach dem Ende des Landtags 1823 erschienene zusammengefaßte Protokollband befindet sich, mit seinem Exlibris versehen, in Goethes Bibliothek.

Als Goethe 1825 für seine *Tag- und Jahreshefte* das Jahr 1811 bearbeitete, erinnerte er sich plastisch an den österreichischen Währungsverfall. Eckermann konstatierte am 14. Februar 1830, Goethe habe „das Gespräch auf andere Erinnerungen seiner früheren Zeit" gelenkt und dabei „über sein geringes Vertrauen zum Papiergelde" und seine „Erfahrungen [...] in dieser Art" gesprochen. Im Juni 1830 las Goethe das Werk von Gülich, und besonders werden ihn jene Passagen interessiert haben, in denen Gülich auf die stark vermehrte „Masse des schon seit längerer Zeit neben den Baarschaften circulirenden Papiergeldes" und dessen Einfluß auf das rasche, in diesem Maße noch nie dagewesene Steigen der Preise in dem gesamten Zeitraum seit der Französischen Revolution, ja auf die fast völlige Verdrängung des Edelmetallgeldes durch das Papiergeld, einging, und in denen Gülich explizit „die größte Unordnung" des österreichischen Geldwesens behandelte.[51]

Im zweiten Teil des *Faust* läßt Goethe Mephistopheles vom „Papiergespenst der Gulden" (V. 6198) sprechen. Um „falschen Reichthum" (V. 10245) handele es sich hierbei, wie es dann später heißt. Vorher hat er im Gespräch des Kaisers mit Mephistopheles dem Papiergeld gegenüber eine Nützlichkeitsüberlegung, ja sogar Euphorie, mit einer guten Portion Skepsis verbunden. Dem Kaiser wird das in der Nacht entworfene und vervielfältigte Papiergeld vorgestellt und damit der Ausweg aus der Finanzmisere eröffnet.

Obwohl auf Betreiben Mephistos in den Umlauf gegeben, ist dieses Geld keine völlig spekulative Erscheinung, kein Zauberding, sondern einzigartiges literarisches Abbild einer realen ökonomischen Kategorie. Alle wesentlichen wirtschaftstheoretischen und -politischen Aspekte des Papiergeldes werden hier berührt: die Funktionen des Geldes, die Stückelung der Geldscheine, Umlaufmenge und -geschwindigkeit. Goethe denkt zudem an die Papiergelddeckung (durch vergrabene Schätze), die Gültigkeitsgarantie (durch kaiserliche Unterschrift) sowie die Einlösbarkeit gegen Gold und Silber.

Dennoch liegt über dem ganzen Geschehen – auch durch die historische Vorverlegung der Papiergeldemission – ein dünner Schleier des Fieberhaften und Unwirklichen. Verschiedene Geldaspekte sind durchaus ironisch konkretisiert: Grenzen für eine weitere „Vervielfältigung" sind nicht gesetzt. Der Zusammenhang zwischen der Papiergeldmenge und dem durch sie ersetzten, für den Wirtschaftsverkehr ansonsten notwendigen Edelmetallgeld ist nicht hergestellt. Die Deckung durch Schätze im Erdinnern ist weder quantifizierbar noch kontrollierbar und kann gegebenenfalls nicht tatsächlich in Anspruch genommen werden. Die Einlösbarkeit gegen Edelmetalle kann letztlich nicht funktionieren. Bei der kaiserlichen Unterschrift steht auch sofort die Fälschungsgefahr im Raum.

---

50 Heinrich Luden: *Handbuch der Staatsweisheit oder der Politik.* Jena 1811, S. 314–321.

51 Gülich (Anm. 30), S. 27 u. 33; (Anm. 23), S. 358, 534 u. 542.

Goethe mag sich an Büsch erinnert haben, der „so zu reden" von der „Zauberkraft des Geldes" sprach, die darin bestehe, daß es die Arbeit und damit den Wohlstand der Gesellschaft in unendlicher Progression vermehre, und der zugleich warnte: „Aber wie würde sich der Staatsmann irren, der von dieser Zauberkraft des Geldes alles allein erwarten wollte!"[52]

Bei der Suche nach den „Quellen" des Faustischen Papiergeldes führt die Analyse deutlich zu den intensiven böhmischen Erfahrungen und den damit verbundenen Überlegungen Goethes. In Goethe-Lexika und *Faust*-Erläuterungen wäre demzufolge in erster Linie auf das österreichische Papiergeld zu verweisen, nicht primär, wie es häufig geschieht, auf die französischen Assignaten, obwohl sie hier natürlich eine Rolle spielen. Kaum heranzuziehen sind die Finanzspekulationen John Laws, wie das mitunter an erster Stelle oder gar ausschließlich getan wird. Zu Laws Papiergeldexperimenten in den Jahren 1716 bis 1720 konnte Goethe keinen persönlichen Bezug haben, höchstens die Erinnerung der Eltern- und Großelterngeneration und Literaturhinweise, wie z. B. die Erläuterungen in dem von Goethe erworbenen Werk von Büsch.

Noch Jahre nach dem Ende der österreichischen Inflation blieb die Papiergeldproblematik aktuell. Goethe hat die Debatten zur Kenntnis genommen. Beispielsweise vermerkte Eckermann für den 27. Dezember 1829, Goethe habe ihm nach Tisch die Papiergeldszene aus dem *Faust* vorgelesen und erläutert, und hielt fest:

> Indem Goethe die herrliche Szene las, freute ich mich über den glücklichen Griff, daß er das Papiergeld von Mephistopheles herleitet und dadurch ein Hauptinteresse des Tages so bedeutend verknüpft und verewigt.

Goethes Sohn war hinzugetreten und erzählte von der Wertschätzung für preußische Tresorscheine. Eckermann notierte:

> Während der junge Goethe so sprach, blickte ich den Vater an mit einigem Lächeln, welches er erwiderte und wodurch wir uns zu verstehen gaben, wie sehr das Dargestellte an der Zeit sei. (MA 19, S. 344)

---

52 Büsch (Anm. 1), S. 78.

DOKUMENTATIONEN UND MISZELLEN

GEORG KURSCHEIDT/NORBERT OELLERS/ELKE RICHTER

Sechs unbekannte Briefe Goethes[*]

Vorbemerkung

1995 wurden im Goethe- und Schiller-Archiv Weimar die Arbeiten zur Vorbereitung einer neuen historisch-kritischen Gesamtausgabe der Goethe-Briefe wieder aufgenommen. Damit konnte ein Unternehmen fortgeführt werden, mit dem am selben Ort bereits etwa drei Jahrzehnte zuvor begonnen worden war und das – nachdem es 1974 abgebrochen werden musste – bis heute ein Desideratum der Goethe-Philologie ist.

Das Projekt einer wissenschaftlichen Edition der Goethe-Briefe ist Teil der bereits in den 1940er Jahren einsetzenden Bemühungen um eine Erneuerung der Weimarer Ausgabe, der nach wie vor einzigen Gesamtausgabe von Goethes Werken, Naturwissenschaftlichen Schriften, Tagebüchern und Briefen.[1]

Eine wichtige Vorarbeit der neuen Ausgabe, das elektronische Repertorium sämtlicher Goethe-Briefe, ist seit August 2000 frei über das Internet zugänglich.[2] In der Datenbank, mit

---

* Dieser Beitrag folgt den redaktionellen Richtlinien der vorgestellten Briefedition.

1 Vgl. Elke Richter: *Zur historisch-kritischen Gesamtausgabe von Goethes Briefen.* In: *Goethe-Philologie im Jubiläumsjahr – Bilanz und Perspektiven.* Kolloquium der Stiftung Weimarer Klassik und der Arbeitsgemeinschaft für germanistische Edition, 26. bis 27. August 1999. Hrsg. von Jochen Golz. Beihefte zu editio 16. Tübingen 2002, S. 123–145.

2 Johann Wolfgang Goethe: *Repertorium sämtlicher Briefe. 1764–1832.* Hrsg. von der Stiftung Weimarer Klassik/Goethe- und Schiller-Archiv. Begründet von Paul Raabe an der Herzog August Bibliothek Wolfenbüttel. Bearbeitet von Elke Richter unter Mitarbeit von Andrea Ehlert, Susanne Fenske, Eike Küstner u. Katharina Mittendorf. Gefördert von der Alfried Krupp von Bohlen und Halbach-Stiftung, mit Unterstützung der Deutschen Forschungsgemeinschaft. http://ora-web.weimar-klassik.de/swk-db/db_goe.html. – Mit dem Repertorium wurde zugleich eine Voraussetzung für eine elektronische Edition geschaffen, die, als Alternative zu einer Ausgabe des Gesamtbriefwechsels in gedruckter Form, allerdings nur schrittweise verwirklicht werden kann. Unmittelbar bevor steht die Internetveröffentlichung der Datenbank der Briefe an Goethe (auf Grundlage der bereits erschienenen Bände der Regestausgabe [RA]), die über die WA-Nummern mit dem Briefrepertorium verknüpft wurde. Für die Zeit bis zum Abschluß der Regestausgabe werden die ermittelten Grunddaten der Briefe bis zum Jahr 1832 elektronisch zur Verfügung stehen. Es ist vorgesehen, diese Datenbank um die digitalisierten Handschriften der Briefe an Goethe zu erweitern. Nach und nach sollen auch die transkribierten Texte ergänzt werden.

deren Aufbau schon 1990 unter Leitung Paul Raabes an der Herzog August Bibliothek Wolfenbüttel begonnen wurde und die auch weiterhin aktualisiert und ergänzt werden soll, sind die Ergebnisse der weltweiten Recherche nach Goethe-Briefautographen zusammengeführt. Sie enthält Angaben zur Überlieferung von mehr als 15 000 Briefen und briefähnlichen Texten Goethes. Etwa 600 dieser Briefe wurden neu aufgefunden, das heißt, sie sind nicht in der Briefabteilung der Weimarer Ausgabe einschließlich des Nachtragsbandes[3] enthalten. Die Texte sind nur zum Teil und meist an entlegener Stelle veröffentlicht oder noch ungedruckt und somit der Forschung unbekannt. Im Repertorium der Goethe-Briefe sind sämtliche Addenda zur Weimarer Ausgabe mit Datum, Adressat und Incipit in die Gesamtchronologie der Briefe eingeordnet.[4]

Die neu aufgefundenen Briefe stammen aus einem Zeitraum von mehr als 50 Jahren: Der früheste – eine Mitteilung an Goethes Diener und Vertrauten Philipp Seidel – wurde am 23. Mai 1778 geschrieben (vgl. Repertorium Nr 703b+). Für den vermutlich am spätesten entstandenen Text, ein fragmentarisches Briefkonzept, dessen Adressat wahrscheinlich der Naturforscher und Direktor des Wiener zoologischen und mineralogischen Museums Carl Franz Anton von Schreibers war, wurde der 25. Februar 1832 als mögliche Datierung ermittelt (vgl. Repertorium Nr 49179a+). Im Rahmen der historisch-kritischen Edition wird die vollständige Publikation und Kommentierung dieser bislang ungedruckten oder verstreut gedruckten Briefe nur in großen zeitlichen Abständen erfolgen können. Daher soll ein Teil der Texte bereits vor ihrem Erscheinen in der Gesamtausgabe der Forschung und einer interessierten Leserschaft zugänglich gemacht werden. Es ist daran gedacht, dieser ersten Publikation von sechs unbekannten Goethe-Briefen in den nächsten Jahrgängen des Goethe-Jahrbuchs weitere Veröffentlichungen folgen zu lassen.

Für die vorliegende Veröffentlichung wurden Texte ausgewählt, deren Handschriften sich in den Beständen des Goethe- und Schiller-Archivs der Stiftung Weimarer Klassik und Kunstsammlungen (SWKK/GSA) befinden und die bisher noch ungedruckt sind. Die Briefe werden chronologisch angeordnet, was allerdings nicht bedeutet, dass damit für den jeweiligen Zeitraum sämtliche neu aufgefundenen Texte mitgeteilt würden. Einen Überblick über das gesamte Material bietet derzeit nur das Repertorium der Goethe-Briefe, die vollständige Veröffentlichung sämtlicher Addenda zur WA IV wird nach und nach in der Gesamtausgabe erfolgen.

Die typographisch-formale Darbietung der Texte, die Textkonstitution und, soweit dies im Rahmen der vorliegenden Publikation möglich ist, auch die Kommentierung erfolgen nach den vorläufigen Editionsgrundsätzen der Gesamtausgabe.[5]

---

3 WA: *Nachträge und Register zur IV. Abteilung: Briefe*. Hrsg. von Paul Raabe. 3 Bde. München 1990 [= Nachtragsbände 51: *Texte*, 52: *Erläuterungen*, 53: *Gesamtregister*].

4 Die Briefzählung des Repertoriums der Goethe-Briefe entspricht derjenigen der WA IV. – Für die elektronische Sortierung wurden die Nummern der Bände 1 bis 30 durch vorangestellte Nullen jeweils zu fünfstelligen Zahlen ergänzt (z. B. 00001, d. i. Brief Nr 1 des Bandes 1). Von Bd 31 bis Bd 49 der WA IV sind die Briefe bandweise gezählt. Um weitere individuelle Briefnummern zu erhalten, wurde die Bandnummer mit der Briefnummer kombiniert (z. B.: 31001, d. i. Brief Nr 1 des Bandes 31). Für alle nicht in der WA IV gedruckten neu aufgefundenen Briefe (Addenda) wurden a+-Nummern vergeben.

5 1999 wurden auf einem Kolloquium zur Goethe-Philologie in Weimar erste Überlegungen zu den Editionsprinzipien zur Diskussion gestellt, die seither wiederholt Änderungen und Präzisierungen erfuhren (vgl. Elke Richter [Anm. 1], bes. S. 131–145; Georg Kurscheidt: *Überlegungen zur Kommentierung von Briefen mit Beispielen aus Goethes Briefen*. In: *Goethe-Philologie im Jubiläumsjahr* [Anm. 1], S. 147–165).

Da bei den im Folgenden mitgeteilten Briefen die Adressaten jeweils nur einmal vertreten sind und die Texte untereinander zeitlich und inhaltlich keine Bezüge aufweisen, war es erforderlich, die übergreifenden Erläuterungen umfangreicher anzulegen, als es in der Gesamtausgabe nötig wäre, wo Verweise möglich sind und sich die Briefe eines Zeitraums zum Teil auch gegenseitig kommentieren. Ebenso werden biographische Informationen mitgeteilt, auf die in der Ausgabe verzichtet werden kann, weil sie in den Registern oder im Adressatenverzeichnis zu finden sind. Andererseits war es in den Erläuterungen aus Platzgründen nicht möglich, z. B. Parallelstellen durch Zitate zu belegen. Auch auf die Wiedergabe zusammenhängender Passagen aus Bezugsbriefen oder Briefen Dritter musste verzichtet werden.

2314A+ AN ELISABETH MARGARETE HÜTTENRAUCH
WEIMAR, DONNERSTAG, 11. MAI 1786

Hier schicke ich etwas in die Küche, meine liebe Frau Hüttenrauchinn, zugleich auch einige fremde Schnecken von verschiedner Art, damit Sie noch mehr Lust kriegen soll die Coffee deuten zu studiren. Ich wünsche recht wohl zu leben.

W. d. 11 May 86.

Goethe

2314a+ An Elisabeth Margarete Hüttenrauch

Weimar, 11. Mai 1786 → Tannroda

ZUM ADRESSATEN

Die Empfängerin, von der durch den Brief nur ihr Familienname und der Wohnort (vgl. zur Überlieferung) belegt sind, war die Ehefrau des herzoglichen Jagd- und Forstbediensteten und späteren Oberförsters Friedrich Wilhelm Hüttenrauch (1742–1799) in Tannroda. Elisabeth Margarete Hüttenrauch, geb. Hörschelmann, in zweiter Ehe verheiratet mit Anton Wilhelm Jossa, Bürgermeister und Ratskellerwirt in Tannroda, starb 1813 in Weimar (vgl. Stammbaum der Familie Hörschelmann, nach einer Kopie im GSA).

ÜBERLIEFERUNG

H: SWKK/GSA Weimar, Bestand: Goethe Ausgegangene Briefe, Sign.: 29/241a,I, Bl. 1f. – Doppelblatt 14 x 18,8 cm, 1/2 S. quer beschr., egh., Tinte; Blatt 2 Kuvertfaltung, S. 4 egh. Adresse: Frau Hüttenrauchinn / Tannroda*; rotes Bildsiegel: Stehende männliche Figur mit Pferd. – Unveröffentlicht.*

ERLÄUTERUNGEN

Der Brief beantwortet keinen Brief Elisabeth Margarete Hüttenrauchs. – Ein Antwortbrief ist nicht bekannt.

Der vorliegende Brief ist der einzige überlieferte Brief Goethes an diese Adressatin. Er befand sich bis 1999 in Privatbesitz. – Elisabeth Margarete Hüttenrauch wird sonst weder in Goethes Tagebüchern noch in seiner Korrespondenz erwähnt. Dennoch deuten die Anrede, vor allem aber der vertrauliche Ton des Briefes auf eine persönliche Bekanntschaft Goethes mit der Adressatin. Der Inhalt legt zudem die Vermutung nahe, dass er kurz nach einer Begegnung geschrieben wurde, scheint Goethe doch an ein unmittelbar vorausgehendes Gespräch oder an ein gemeinsames Erlebnis anzuknüpfen. Für die Annahme eines nicht all zu lange zurückliegenden Kontaktes spricht auch, dass sich Goethe weder nach dem Befinden der Adressatin noch nach dem ihres Mannes erkundigte. Einige Tage, bevor der Brief geschrieben wurde, zwischen dem 6. und 9. Mai 1786, war Goethe von einer Reise nach Ilmenau zurückgekehrt (vgl. Goethe an Charlotte von Stein, 4. Mai 1786; WA IV 7, 211, Nr 2310). Möglicherweise hatte er auf dem Rückweg in dem dicht an seiner Reiseroute zwischen Kranichfeld und Berka gelegenen Tannroda Station gemacht und die Hüttenrauchs besucht. Er könnte bei dieser Gelegenheit eine bereits bestehende Bekanntschaft erneuert haben. Aber auch ein Ritt von Weimar aus in das nur etwa 12 km entfernte Tannroda wäre jederzeit leicht möglich gewesen. Die Bekanntschaft mit Elisabeth Hüttenrauch und ihrem Mann könnte, wenn nicht schon auf früheren Reisen nach Ilmenau, spätestens 1783 zustande gekommen sein, als die Ende Februar desselben Jahres überraschend in Weimar auftauchende Nanette Darsaincourt, eine Geliebte des Prinzen Constantin von Sachsen-Weimar, für einige Monate im Försterhaus in Tannroda untergebracht wurde. Dem Tagebuch des Prinzen Constantin zufolge war seine Geliebte schwanger, möglicherweise hat sie in Tannroda die Geburt des Kindes abgewartet. Allerdings gibt es dafür keinen Beleg, ebenso wenig wie für die auf Düntzer zurückgehende Behauptung, die Tannrodaer Förstersleute hätten einen illegitimen Sohn Constantins aufgezogen und zum Förster ausgebildet (vgl. Heinrich Düntzer: Der Prinz Constantin von Sachsen-Weimar. In: Aus Goethe's Freundeskreise. Braunschweig 1868, S. 467 bis 497). Dass sich Goethe – offenbar vom Herzog Carl August beauftragt – um die Unterbringung Nanette Darsaincourts wie überhaupt um die Regelung der Angelegenheit kümmerte, ist hingegen durch Briefe zu belegen (vgl. Goethe an Carl Wilhelm von Fritsch, Ende Februar 1783; WA IV 6, 130f., Nr 1688, und Goethe an Carl Ludwig von Knebel, 3. März 1783; WA IV 6, 132–134, Nr 1692), ebenso die Tatsache, dass Goethe Nanette Darsaincourt in Tannroda besucht hat. Am 4. Mai 1783 schrieb er an Charlotte von Stein: Ich reite zu der Unglücklichen nach Tannroda, sie schrieb mir gestern beyliegenden Brief. *(WA IV 6, 158,1–3.) Im Sommer desselben Jahres wurde die Französin in Begleitung von Goethes Diener Philipp Seidel über Frankfurt zurück nach Paris gebracht (vgl. Goethe an Johann Jacob Riese, 14. Juli 1783; WA IV 6, 179, Nr 1760, und Goethe an Charlotte von Stein 10. Oktober 1783; WA IV 6, 205, Nr 1798). – Wie der vorliegende Brief zu bestätigen scheint, hat sich vermutlich in den ersten Jahren nach 1783 ein loser freundschaftlicher Kontakt zwischen Goethe und den Hüttenrauchs erhalten.*

etwas in die Küche] *Offenbar wollte sich Goethe mit der Übersendung von Lebensmitteln bedanken, möglicherweise für eine kurz zuvor erwiesene Gastfreundschaft.*

einige fremde Schnecken von verschiedner Art] *Obgleich Schnecken in der Küche des 18. Jahrhunderts keine Seltenheit waren, also auch nicht ganz auszuschließen ist, dass essbare Schnecken mitgeschickt wurden, sind hier wohl eher Schneckengehäuse gemeint. – Das Sammeln von Schneckengehäusen und Muschelschalen (Konchylien) war im 18. Jahrhundert sehr beliebt und beschränkte sich nicht nur auf fürstliche Naturalienkabinette. Goethes Interesse belegt u. a. eine etwa 700 Exemplare umfassende Konchylienkollektion, die in seinen naturwissenschaftlichen Sammlungen überliefert ist, zum Teil zwar aus dem Besitz August von Goethes stammt, in ihren Anfängen aber vermutlich schon auf die Zeit vor der italienischen Reise zurückgeht. Die verbreitete zeitgenössische Konchylienliebhaberei zeigt sich u. a. auch in den damals in größerer Zahl erschienenen, oft prächtig illustrierten Atlanten, in denen einheimische und exotische Muschel- und Schneckenarten systematisiert und beschrieben wurden. Wie z. B. das 1783 erschienene Buch des Weimarer Diakons Johann Samuel Schröter „Ueber den innern Bau der See- und einiger ausländischen Erd- und Flußschnecken" (Frankfurt a. M.), das auf Grundlage der umfangreichen Privatsammlung des Autors entstanden ist, stammten die meisten dieser Werke nicht von Fachgelehrten und bedienten sich oft einer auch dem Laien verständlichen, bildreichen, heute nicht mehr gebräuchlichen Terminologie.*

Coffee deuten] *Kaffeetüten; von oberdt. Deute: Tüte; sonst in dieser Form bei Goethe nur noch einmal belegt (vgl. „Campagne in Frankreich 1792"; WA I 33, 38,7). Eine Tüte oder Düte war im zeitgenössischen Sprachverständnis ein „in Gestalt eines spitzigen Kegels zusammengerolltes, und an der Spitze zugedrehtes Papier" (Adelung 1, 1623). – Wahrscheinlich hier als metaphorische, heute nicht mehr verwendete Bezeichnung für eine bestimmte Schneckenart gebraucht, die ihrer äußeren Form und Färbung nach an eine* Coffee deute *erinnerte. In einem zeitgenössischen Konchylienwerk findet sich z. B. eine Illustration mit der folgenden Beschreibung einer sog. „Rollenschnecke": „Diese Rolle ist die b a n d i r t e b r a u n e D a t t e l, und von einer andern braunen Dattel, welche die C a f f e b o h n e heisset, unterschieden." (Georg Wolfgang Knorr: Vergnügen der Augen und des Gemüths, in Vorstellung einer allgemeinen Sammlung von Muscheln und andern Geschöpfen, welche im Meer gefunden werden. Nürnberg 1757, Bd 1, S. 35.)*

E. R.

5370B+ AN CHARLOTTE VON SCHILLER?

⟨WEIMAR, FREITAG, 15. MAI 1807?⟩

Die unangenehme Empfindung Sie, theuerste Freundinn, neulich nicht bey der Vorlesung zu finden, ist mir dadurch einigermaßen wieder gehoben worden, dass ich Ihnen die Blätter zu Handen kommen ließ. Es freut mich sehr daß Sie den dem Anfang gegönnten Beyfall, auch der Folge nicht entziehen.

Warum ich Sie ersuche beykommendes nach Rudolstadt gelangen zu lassen, erklärt das nächste Blatt. Sie haben ja wohl die Gefälligkeit für den guten Knebel sich dieser kleinen Negotiation zu unterziehen. Leben Sie recht wohl! Ich hoffe Sie noch vor meiner Abreise zu sehen.

G

5370b+ An Charlotte von Schiller?

⟨Weimar, 15. Mai 1807? → Weimar?⟩

DATIERUNG

Der Brief wurde von Friedrich Wilhelm Riemer geschrieben, der von Ende 1804 bis 1832 als Schreiber Goethes tätig war, allerdings regelmäßig und häufig nur in den Jahren bis zu seinem Auszug aus Goethes Haus 1812. Der Brief ist an eine als Freundinn *apostrophierte Adressatin gerichtet, die sich unter den Zuhörerinnen einer* Vorlesung *befand, die sie* neulich *(d. h. nicht ‚gestern', sondern wohl eher ‚vor ein paar Tagen') versäumt, deren* Anfang *sie zuvor aber gehört hatte. Goethe hatte ihr* Blätter *der versäumten Vorlesung zukommen lassen. Diese* Folge *der Vorlesung hatte die Adressatin ebenso mit* Beyfall *bedacht wie deren* Anfang, *wobei sich dieser Begriff nicht auf eine einzige vorhergegangene Vorlesung beziehen muss, sondern allgemeiner die ersten Vorträge einer Vorlesungsreihe über einen bestimmten Gegenstand meinen kann. Goethe bittet um eine Besorgung nach Rudolstadt und steht vor einer* Abreise. *Da er hofft, die Empfängerin zuvor noch zu sehen, ist anzunehmen, dass es sich um eine längere Abwesenheit, offenbar von Weimar, handelte. – Eine Reihe von Vorlesungen und Vorträgen vor Zuhörerinnen hielt Goethe vor allem im Rahmen der sog. ‚Mittwochsgesellschaft'; sie bestand u. a. aus der Herzogin Louise, deren Tochter Caroline und der Erbprinzessin Maria Pawlowna, ferner aus den Damen Charlotte von Stein, Charlotte von Schiller, Sophie von Schardt, Henriette von*

Knebel, Luise von Göchhausen. Vor diesem Publikum referierte Goethe seit Ende September/ Anfang Oktober 1805, sofern es seine Zeit erlaubte, jeweils mittwochs von 10 bis 13 Uhr in seinem Haus am Frauenplan über seine naturwissenschaftlichen Arbeiten. Von Dezember 1807 an erweiterten sich die Themen: Zacharias Werner las aus seinen Werken; im Frühjahr 1808 wurden Calderon, im Winter 1808/09 das Nibelungenlied und andere mittelalterliche Heldensagen gelesen; auch mit Dürer beschäftigte sich die ‚Mittwochsgesellschaft'. Zwischen deren Zusammenkünfte schoben sich im April 1808 Vorlesungen aus „Wilhelm Meisters Wanderjahren" (vgl. die Berichte von Charlotte von Stein und Henriette von Knebel; BG 6, 416, 419 u. 461) sowie am 18. und 28. April 1809 zwei abendliche Gesellschaften bei der Herzogin, bei welchen Goethe seine „Wahlverwandtschaften" vorlas. In den Fällen dieser beiden Vorlesungen fehlen jedoch Anhaltspunkte dafür, dass sie Gelegenheit zum vorliegenden Brief gegeben haben könnten. – Dass Goethe sich über den Beyfall der Zuhörerin sehr erfreut zeigt, könnte dafür sprechen, dass er selbst der Vortragende war und dass der Gegenstand aus dem Bereich seiner eigenen Arbeiten stammte. Dies deutet auf die Mittwochs-Vorträge der Jahre 1806 und 1807. Da Goethe kurz vor einer größeren Reise stand, könnte die versäumte Vorlesung die letzte gewesen sein, bevor er 1806 am 15. Juni und 1807 am 16. Mai (über Jena) nach Karlsbad aufbrach. 1806 hatte am 11. Juni der letzte Vortrag Goethes über die Farbenlehre, 1807 am 13. Mai der letzte Vortrag über Botanik stattgefunden. Es wäre also möglich, dass der vorliegende Brief kurz vor dem 15. Juni 1806 oder kurz vor dem 16. Mai 1807 geschrieben wurde, das heißt im ersten Fall vielleicht am 13. oder 14. Juni, im zweiten Fall vielleicht am 15. Mai, jeweils frühestens zwei Tage nach der letzten Vorlesung. – Wahrscheinlicher ist das letzte Datum: Mit Blick auf die von der Empfängerin versäumte Vorlesung spricht Goethe von Folge (statt von ‚Schluss' o. ä.). Während es in Goethes Tagebuch am 11. Juni 1806 heißt: Vortrag Farbenlehre geendigt (WA III 3, 130,11), ist am 13. Mai 1807 vermerkt: Fortgesetzte botanische Vorträge. (WA III 3, 209,10f.) Begonnen wurde das Thema eine Woche zuvor: Bezügl. auf Pflanzen, besonders aufs Keimen. (WA III 3, 208,4f.) Davor gab es eine vierzehntägige Pause, und davor wiederum hatte Friedrich August Wolf den Damen einen kleinen Abriß von dem Alterthumsstudium gegeben (WA III 3, 205,11f.). Die beiden letzten botanischen Vorträge Goethes bilden also eine thematische Einheit, die vielleicht als Anfang und Folge zu bezeichnen wären. Weitere Anhaltspunkte, die für das Jahr 1807 sprechen, ergeben sich aus den Überlegungen zur Empfängerin des Briefes; vgl. unten.

ZUM ADRESSATEN

Was die Person der Adressatin angeht, so gibt es aufgrund der zweiten Hälfte des Briefes – Goethes Bitte, beykommendes nach Rudolstadt gelangen zu lassen – Anlass zur Annahme, es handle sich um Charlotte von Schiller, die Goethe erst nach 1806 als theuerste Freundinn anzureden pflegte. Sie hatte unter den Zuhörerinnen der ‚Mittwochsgesellschaft' wohl die engsten Kontakte zu Rudolstadt, wo ihre Mutter Louise von Lengefeld und das befreundete Ehepaar Heinrich und Friederike von Gleichen lebten. Sie verbrachte dort sowohl 1806 als auch 1807 einige Sommerwochen; vgl. Charlotte von Schillers Brief an Fritz von Stein vom 21. September ⟨nicht: Dezember⟩ 1806 (Charlotte 1, 499–501 u. Anm. ebd., 502), außerdem ihren Brief an Goethe vom 22. Juni 1807 (GJb IV [1883], 252–255). Frau von Schiller verfolgte die Entstehung von Goethes Werken mit Interesse; das beweisen nicht nur ihre „Aufzeichnungen nach Goethes Vorträgen" vor der ‚Mittwochsgesellschaft' (H: GSA; teilweise gedruckt in: BG 6), sondern dies zeigt z. B. auch der Umstand, dass Goethe ihr Teile der in Arbeit befindlichen „Farbenlehre" zur Lektüre überließ. Am 22. Juni 1807 schrieb sie an Goethe nach Karlsbad: „Ich danke Ihnen herzlich dass ich die Farblehre habe lesen dürfen, ich hoffe Sie haben sie richtig erhalten durch einen frühern Boten, ich hätte damahls gern etwas hinzugefügt, aber es kam mir zu unerwartet. […] Nicht allein dieses Werk bewundere ich, *sondern die ganze Reyhe der Vorträge die Sie uns hören liessen" (GJb IV [1883], 253; vgl. dazu Goethes Antwort vom 28. August; WA IV 19, 394f., Nr 5407). Mit dieser Vortragsreihe dürften Goethes geologisch-botanische Vorlesungen von 1807 gemeint sein (s. o.); eine von ihnen könnte Charlotte versäumt und im Manuskript nachgelesen haben. Während über die Mittwochsvorträge vom 1. und 15. April Aufzeichnungen Charlottes überliefert sind (vgl. BG 6, 241f. u. 248), fehlen solche für die Vorlesungen vom 8. April sowie 6. und 13. Mai. – Dass die Adressatin ein Geschäft für Knebel übernehmen soll, passt ebenfalls zu Charlotte von Schiller. Sie stand mit ihm in langjährigen freundschaftlichen Beziehungen. So bat Knebel Charlotte in einem Brief vom 20. April 1807, sie möge ihre Beziehungen zu Cotta nutzen und diesem den Verlag seiner Übersetzung der englischen Erzählung „The Hermit" von Thomas Parnell anbieten (vgl. Charlotte 3, 315).*

ÜBERLIEFERUNG
H: SWKK/GSA Weimar, Bestand: Goethe Ausgegangene Briefe, Sign.: 29/430,I. – 1 Bl. 12 x 19,3 cm, 1 S. beschr., Schreiberhd (Riemer), egh. Paraphe, Tinte; oben Mitte von fremder Hd, Tinte: „No II."; oben links von fremder Hd, Tinte: „159"; Rs. unten rechts von fremder Hd, Bleistift: „10572". – Unveröffentlicht.

ERLÄUTERUNGEN
Der Brief beantwortet einen nicht überlieferten Brief oder eine mündlich überbrachte Nachricht von Charlotte von Schiller(?). – Ein Antwortbrief ist nicht bekannt.

beykommendes] *Nicht überliefert.*

das nächste Blatt] *Nicht überliefert.*

Knebel] *Carl Ludwig von Knebel (1744–1834), Schriftsteller und Übersetzer in Jena, früherer Erzieher des Prinzen Constantin von Sachsen-Weimar, Goethes* alter Weimarischer Urfreund *(WA I 4, 83,11); als Schiller Ende 1787 Charlotte von Lengefeld kennen lernte, wurde diese von Knebel umworben.*

Negotiation] *franz.: Besorgung, Geschäft. – Näheres ist nicht ermittelt worden.*

G. K.

7145A+ AN FRIEDRICH VON LUCK

WIESBADEN, DIENSTAG, 18. JULI 1815

Im Begriff nach Maynz zu fahren dancke für das werthe Brieflein, welches der theure Freund aus dem Felde senden wollen. Möchten Sie bald, im Gefolg so schöner Siege, auch triumphirend in Landau einziehen.

Meine Lebensweise kennen Sie. Auch diese Wochen her blieb sie dieselbe. Sonntag war groses Fest in Bibrich und im Cursal. Ubrigens vergeht ein Tag wie der andre. Carl ist wieder auf den Beinen und so werde ich der Quaal eines provisorischen Wärters los. Gedencken Sie mein mit Neigung. An jenem Feste ward Ihrer mit wahrer Theilnahme gedacht. Und nun leben Sie recht wohl, geben manchmal ein Lebenszeichen und bleiben meines aufrichtigen Freundschaftlichen Antheils versichert.

Wiesb. d☾. 18. Jul
1815.

Goethe

triumphirend] tr *korr. aus* th Feste] F *korr. aus* f

7145a+ An Friedrich von Luck

Wiesbaden, 18. Juli 1815 → ⟨Landau⟩

ÜBERLIEFERUNG

H: SWKK/GSA Weimar, Bestand: Goethe Ausgegangene Briefe, Sign.: 29/315,I. – 1 Bl. 19,5 (–20) x 23,3 cm, linker Rand beschnitten, 1 S. beschr., egh., Tinte; Papier stockfleckig. – Unveröffentlicht.

ERLÄUTERUNGEN

Der Brief beantwortet Lucks Brief vom 8. Juli 1815 (RA 6, Nr 1611). – Luck antwortete am 28. Juli (vgl. RA 6, Nr 1641).

Friedrich von Luck (1769–1844), nicht zu verwechseln mit dem weimarischen Hauptmann und Major Johann Georg Lebrecht von Luck (1751–1814), war Offizier in preußischen Diensten; am 23. Juni 1813 erhielt er Rang und Funktion eines Kapitäns und Kompaniechefs beim 8. Reserve-Infanterie-Regiment, am 15. Februar 1814 trat er den Dienst eines Adjutanten bei Oberst Wilhelm Johann von Krauseneck in Mainz an. Am 21. November 1815 wurde er mit einer Pension entlassen und lebte in den Jahren danach vorwiegend in Münster. Luck trat als satirischer Schriftsteller hervor, ebenso als Verfasser von Gedichten. Einen Eindruck von seinen poetischen Produkten vermitteln „Einige Blätter der Erinnerung. Gesammelt und hrsg. aus dem Nachlass des Majors F. von Luck“ (Berlin 1845) und die kleine Sammlung „‚Tautropfen.‘ Gedichte von Friedrich Luck“ (Wiesbaden ⟨ca. 1905⟩). – Luck hatte Goethe bei einem Besuch in Weimar am 23. Januar 1814 kennen gelernt (vgl. Tgb.; WA III 5, 93,25) und verkehrte während Goethes Wiesbadener Aufenthalten 1814 und 1815 häufig mit ihm. Danach haben sich beide noch einmal am 2. Dezember 1819 gesehen (vgl. Tgb.; WA III 7, 118,7f.; ebenso „Tag- und Jahres-Hefte 1819“; WA I 36, 151,21–25). Aus Goethes Briefen geht hervor, dass er Luck für einen liebenswürdigen, wenn auch kuriosen Zeitgenossen hielt. Am 12. Januar 1816 schickte er Louise von Knebel einige sehr seltsame Gedichte des wunderlichen Luck *und fügte hinzu:* Es ist doch eine ganz eigene Originalität in dem Manne. *(WA IV 26, 218,2–4.) In Briefen an Luck selbst nennt Goethe diesen einen* wunderlichen Poeten *(8. Februar 1817; WA IV 27, 333,9) und spricht ihn mit* lieber Sonettenmeister *an (26. März 1817; WA IV 28, 35,4f.). – Diese milde Ironie Goethes wich deutlicher Verärgerung, als sich Luck Jahre später mit einem nicht geziemenden Brief an Großherzogin Maria Pawlowna wandte:* Eine solche Dame, denken Sie sich, *schrieb Goethe am 18. März 1831 an Luck,* eröffne einen Brief, der mit den seltsamsten indechiffrablen Hieroglyphen, mißfarbigen Bildern und seltsamen Lettern Ihr entgegen tritt, so werden Sie mir zugestehen, daß ein reines zartes Frauengefühl eine gewisse Apprehension empfinden, und der augenblickliche Eindruck höchst unerfreulich seyn müsse. *(WA IV 48, 148,10–16.) Goethe fügt die dringende Mahnung hinzu,* künftighin Ihro Kaiserliche Hoheit nicht ferner, weder mit solchen Schreiben, so wenig als mit Gedichten und Zueignungen anzugehen *(WA IV 48, 148,21–23).*

Im Begriff nach Maynz zu fahren] *Auf Einladung des österreichischen Erbherzogs Karl, Generalfeldmarschalls und Gouverneurs der Festung Mainz, reiste Goethe noch am 18. Juli nach Mainz und am Tag darauf auf den Johannisberg mit Kirche und Schloss am Südhang des Rheingaugebirges; dort fand am 19. Juli der offizielle Akt statt, durch den nach einer Vereinbarung auf dem Wiener Kongress das Schloss in den Besitz des österreichischen Kaiserhauses überging (vgl. Goethe an Carl August, 20. August; WA IV 26, 48; ferner Fr⟨iedrich⟩ Otto:*

Goethe in Nassau. In: Annalen des Vereins für nassauische Altertumskunde und Geschichtsforschung. Bd 27. Wiesbaden 1895, 148f.). Goethe kehrte am selben Tag, am 19. Juli, nach Wiesbaden zurück.

aus dem Felde] *Luck schrieb aus Edesheim bei Landau; von dort berichtete er über die anstehenden militärischen Schritte der Alliierten gegen Frankreich. Im Auftrag des preußischen Generals von Krauseneck fuhr Luck von Edesheim nach Mainz zu Erzherzog Karl, um dort „Verhaltungsbefehle einzuholen" (RA 6, Nr 1641).*

im Gefolg so schöner Siege] *Am 18. Juni war Napoleon von Wellington und Blücher bei Waterloo entscheidend geschlagen worden. Über Einzelheiten der Schlacht war Goethe von Luck informiert worden (vgl. Tgb., 22. Juni; WA III 5, 167,11f.). Aus Anlass der Schlacht bei Waterloo schrieb Luck ein Sonett über „Blücher, Wellington und Gott", welches Bezug nimmt auf Ernst Moritz Arndts „Lied auf den Sieg beim schönen Bunde". Die erste Strophe teilte Luck in seinem Antwortbrief Goethe mit (vgl. RA 6, Nr 1641). Vgl. über dieses* Spottgedicht [...] gegen die Arndtsche Dreieinigkeit [...] von Wellington Blücher und unserem Herrgott *Goethes Äußerungen im Gespräch mit Sulpiz de Boisserée am 7.? August 1815 (Weitz 1, 238).*

groses Fest in Bibrich] *Biebrich (heute Stadtteil von Wiesbaden) mit seinem Schloss war bis 1866 nassauische Residenz. Dort war am 16. Juli ein – wie es in einem entsprechenden Verordnungsblatt (Nr 19 vom 8. Juli 1815) heißt – „allgemeines Dankfest wegen des von den verbündeten Heeren unter ausgezeichneter Mitwirkung der herzoglichen Truppen ‹des Herzogs Friedrich August von Nassau-Usingen› bei Belle Alliance in den Niederlanden erfochtenen Sieges in allen Kirchen des Herzogtums mit den gewöhnlichen Feierlichkeiten" abgehalten worden (zitiert nach: Otto, Goethe in Nassau, 104). Im Kursaal hatte es abends Illumination gegeben.*

Carl] *Carl Wilhelm Stadelmann (eigentlich: Bind[er]nagel) (1782–1845), gelernter Buchdrucker, 1814/15 und 1817–1824 Diener und Schreiber Goethes; am 11. Juli hatte Goethe an Christiane geschrieben:* [...] leider ist mir aber Carl kranck geworden, wodurch denn freylich manche Unbequemlichkeit entsprang. *(WA IV 26, 34,19f.)*

G. K.

8062C+ AN JOHANN GUSTAV GOTTLIEB BÜSCHING
WEIMAR, MITTWOCH, 22. APRIL 1818

Nach einer so langen Pause von Ew. Wohlgeboren zu vernehmen: daß Sie die Zeit gesund und thätig zugebracht, war mir höchst erfreulich. Der Anfang, die rechtlichen Symbole zur Sprache zu bringen, ist mir sehr willkommen; es wäre zu wünschen daß diese Materie recht durchgearbeitet würde.

Sobald ich Raum finde werde ich Ihre Abhandlung über die achteckigen Kirchen sorgfältig durchdenken. Gegenwärtig bleibt mir nur so viel Zeit zu versichern daß die gemeldeten Zeichnungen glücklich angekommen sind, wofür ich der geschickten Künstlerin und Ihnen meinen schönsten Dank abstatte.

Weimar
d. 22n Aprl.
1818.

ergebenst
Goethe

8062c+ An Johann Gustav Gottlieb Büsching

Weimar, 22. April 1818 → ⟨Breslau⟩

ÜBERLIEFERUNG
H: SWKK/GSA Weimar, Bestand: Goethe Ausgegangene Briefe, Sign.: 29/122,I, Bl. 1. – 1 Bl. ca. 24 x 20 cm, 1 S. beschr., Schreiberhd (Kräuter), egh. Schlussformel und Unterschrift, Tinte; unten links von fremder Hd, Tinte: „Johann Wofg. v. Göthe an J. Gustaf Büsching"; Papier an den Rändern porös, rechter Rand durch rückseitig aufgeklebten Papierstreifen restauriert.
*E (franz. Regest): PIASA […] Lettres et manuscrits autographes […] Paris (Auktion vom 17. Dezember 2001). Nr *159. – Text unveröffentlicht.*

ERLÄUTERUNGEN
Antwort auf Büschings Brief vom 26. Februar 1818 (GJb 15 [1929]. S. 147–149 [Max Hecker]). – Ein Antwortbrief Büschings ist nicht bekannt.

Johann Gustav Gottlieb Büsching, geboren am 19. September 1783 in Berlin, war 1817 Professor der Altertumswissenschaften an der 1811 neugegründeten Universität Breslau geworden; er gehört zu den bedeutendsten Vertretern der sich seit dem Anfang des 19. Jahrhunderts herausbildenden Germanistik, die zunächst im wesentlichen eine Wissenschaft von der altdeutschen Sprache und Literatur war. Büsching starb am 4. Mai 1829 in Breslau. – Zu den Beziehungen zwischen Goethe und Büsching vgl. Max Hecker: Aus der Frühzeit der Germanistik. Die Briefe Johann Gustav Büschings und Friedrich Heinrich von der Hagens an Goethe. In: GJb 15, 100–179.

langen Pause] *Der letzte Brief Büschings an Goethe vor Februar 1818 stammt vom 11. März 1817 (vgl. GJb 15, 143–146). – Diesen Brief hatte Goethe am 10. Juli 1817 beantwortet (vgl. WA IV 28, Nr 7809).*

die rechtlichen Symbole] *Im ersten Heft des dritten Jahrgangs der von Büsching herausgegebenen – teilweise in Goethes Bibliothek vorhandenen (vgl. Ruppert, Nr 321) – Zeitschrift „Wöchentliche Nachrichten für Freunde der Geschichte, Kunst und Gelahrtheit des Mittelalters" (Breslau 1818) erschien dessen Abhandlung „Das Deutsche Recht in Bildern. Nach Zeichnungen mitgetheilt durch Herrn Geheimen Rath von G ö t h e" (S. 1–10); beigegeben sind zwei Steindrucktafeln mit 16 Abbildungen. – In Büschings Brief vom 26. Februar 1818 heißt es: „Endlich ward das erste Heft vollendet, welches Ew. Exzellenz mir anvertraute merkwürdige Zeichnungen auszieren. Da Ew. Exzellenz die Gewogenheit gehabt hatten, mir anfangs einige Zeilen dazu zu versprechen, so habe ich gehofft, es wagen zu dürfen, einige Zeilen Ihres gütigen Briefes mit abdrucken zu lassen, indem ich der Versuchung nicht widerstehen konnte, auch einige Worte von Ihnen in meinem Blatte gedruckt zu haben." (GJb 15, 147f.; das übernommene Goethe-Zitat am Schluss des Beitrags: WA IV 28, 179,3–18.) – Die von Büsching präsentierten, alphabetisch geordneten Bilder, deren Vorlagen ihm von Goethe am 27. September 1816 zugesandt worden waren (vgl. WA IV 27, Nr 7504), sind durch auf sie bezügliche Stellen aus dem um 1230 von Eike von Repkow aus dem Lateinischen ins Niederdeutsche übertragenen „Sachsenspiegel", dem wichtigsten deutschen Rechtsbuch des Mittelalters, erläutert. – Am 11. April 1818 schickte Goethe Büschings Abhandlung an Knebel:* Das deutsche Recht in Bildern wird dir gewiß Vergnügen machen. *(WA IV 29, Nr 8049.) Am 20. Juni 1820 bat Goethe seinen Sekretär Friedrich Theodor Kräuter, ihm aus Weimar* den Band oder das Heft *mit der Abhandlung Büschings nach Jena zu schicken (vgl. WA IV 33, 72,10).*

Abhandlung über die achteckigen Kirchen] *Im April- und im Maiheft des zweiten Jahrgangs der „Wöchentlichen Nachrichten" (Breslau 1817, S. 225–262 u. S. 287–296) war Büschings Aufsatz „Ueber die achteckigte Gestalt der alten Kirchen, mit besonderer Berücksichtigung von Breslau" erschienen. Darin wird die häufig anzutreffende Achteckigkeit als Strukturelement mittelalterlicher Kirchen mit einer besonderen Weise christlicher Heiligkeit und Frömmigkeit in*

Verbindung gebracht. Büsching hatte die Zusendung des Aufsatzes mit einer Bitte begleitet: „Eine aufmerksame, geschichtliche, wissenschaftliche und unbefangene Prüfung meiner Ansicht wünschte ich […] sehr.“ – Goethe, der vermutlich erst am 31. Januar 1822 wieder an Büsching schrieb (vgl. WA IV 35, Nr 216), ist auf Büschings Aufsatz nicht mehr eingegangen.

der geschickten Künstlerin] *Gemeint ist die Breslauer Malerin und Lithographin Julie Mihes (1786–1855), von der zwei Abbildungen zu einem im Januarheft des zweiten Jahrgangs der „Wöchentlichen Nachrichten“ anonym erschienenen Aufsatz „über Christus- und Marien-Bilder“ (Breslau 1817, S. 57–72) stammten. Vorlagen der Abbildungen waren zwei in Breslauer Privatbesitz befindliche Gemälde. Nach diesen Originalen fertigte sie eigens für Goethe Zeichnungen an, die ihm Büsching im März 1817 übersandte (vgl. Büsching an Goethe, 11. März 1817; GJb 15, 144f.). Da sich Goethe im Laufe des Jahres 1817 offenbar nicht zu dieser Sendung geäußert hatte, brachte Büsching sie in seinem Brief vom 26. Februar 1818 wieder in Erinnerung: „Verzeihen mir Ew. Exzellenz die Anfrage: ob sich die beiden von Julie Mihes gezeichneten und mir zur Übersendung anvertrauten Köpfe des Christus und der Maria auch unverletzt auf der am 11. Lenzmond v. J. übermachten Rolle befunden haben?“ (GJb 15, 148f.)*

N. Oe.

40060D+ AN FELIX FERDINAND HEINRICH KÜSTNER
WEIMAR, 〈ETWA DIENSTAG, 20.〉 SEPTEMBER 1825

〈KONZEPT〉

Ew. Hochwohlgeb*l*.

hatten die Gefälligkeit bey neulichem frohen Hierseyn mir zu versichern daß Sie einige Aufträge gern übernehmen und geneigt ausführen würden.

Nun aber komm ich in den Fall dem zu Leipzig angestellten Herrn Bücher Inspector einiges mitzutheilen. Da mir jedoch unbekannt ist so nehme mir die Freyheit dieselben um Anzeige seines Namens und Charakters ergebenst anzugehen.

Ferner werden dieselben bey so weit sich erstreckenden Connexionen mir in einem wissenschaftlichen Falle besonders zu Hülfe kommen wenn Sie Nachstehendes geneigtest beachten wollten. Es ist mir nämlich viel daran gelegen, die Barometerstände des laufenden Jahres von Bremen Hamburg, Lübeck, Stralsund, Greifswald Königsberg Danzig und Memel zu erhalten und ich würde nicht um zuviel zu bitten wagen wenn ich nicht vermuthen dürfte daß dieselben einen Mittelpunct kennten wo dergleichen Beobachtungen zusammenflossen. Verziehen sey mir jedoch wenn ich zuerst mit einem Wunsch hervortrete welcher für dieselben einige Unbequemlichkeit mit sich führt, wogegen ich zusagen kann mich zunächst und künftig in bescheidenern Gränzen zurückzuziehen.

Weimar d.   Septbr 1825.

40060d+ An Felix Ferdinand Heinrich Küstner

Weimar, 〈etwa Dienstag, 20.〉 September 1825 → Leipzig

DATIERUNG

An welchem Tag Goethe den von der Hand Johann August Friedrich Johns geschriebenen Brief diktiert hat, ist nicht mit Gewissheit zu sagen. Seinem Brief an Cotta vom 19. September 1825 legte er die Abschrift des am 11. Juli 1825 durch den sächsischen König erteilten Interims-Privile-

giums gegen den Nachdruck der geplanten Ausgabe letzter Hand bei (vgl. BGC 2, 139–140) und bemerkte dazu: Der Königlich Sächsische Oberkonsistorial Schein ist [...] günstig, und da die Schlußklausul besagt daß dem in Leipzig bestellten Bücher-Inspector derselbe zu insinuiren sey; so versäume nicht solches alsbald zu bewirken [...]. *(BGC 2, 138.) Die Formulierung lässt vermuten, dass der vorliegende Brief am selben Tag, also am 19. September, oder an einem der folgenden Tage geschrieben wurde.*

ÜBERLIEFERUNG
K: SWKK/GSA Weimar, Bestand: Goethe Ausgegangene Briefe, Sign.: 29/287,II, Bl. 1f. – Doppelblatt 20 (–20,4) x 33,2 cm, 2 1/2 S. ein- und zweispaltig beschr. (Text rechts, Adresse, Ort und Datum links), Schreiberhd (John), S. 1 oben Adresse: Des Herrn / General Consul Küstner / Hochwohlgeb ℓ. / Leipzig; *Tinte; Text insgesamt mit Bleistift gestr. – Unveröffentlicht.*

ERLÄUTERUNGEN
Der Brief, für dessen Ausfertigung und Absendung die Streichung des Konzepts spricht, beantwortet keinen Brief Küstners. – Eine Gegenantwort ist nicht bekannt.

Felix Ferdinand Heinrich Küstner, geboren am 27. Februar 1778 in Leipzig, war seit 1819 alleiniger Inhaber eines von seinem Vater übernommenen Handlungshauses („Heinrich Küstner und Compagnie") dortselbst; 1823 war er zum sachsen-weimarischen Generalkonsul ernannt worden. Er starb am 2. April 1832 in seiner Vaterstadt. – Über die Beziehungen, die Goethe zu Küstner unterhielt, vgl. Woldemar Freiherr von Biedermann: Goethe und Leipzig. Zur hundertjährigen Wiederkehr des Tags von Goethe's Aufnahme auf Leipzigs Hochschule. T. 2: Goethe's spätere Beziehungen zu Leipzig. Leipzig 1865. S. 129–160.

bey neulichem frohen Hierseyn] *Küstner hatte sich wahrscheinlich aus Anlass des fünfzigjährigen Regierungsjubiläums des Großherzogs Carl August, das am 3. September mit großem Aufwand gefeiert worden war, in Weimar aufgehalten.*

Bücher Inspector] *Johann Michael Jäger (1787–1862); seit 1814 Bücher-Inspektor in Leipzig. – Im Leipziger „Adreß-Calender" von 1825 ist er unter den „Amtführenden Räthen" des „Stadtmagistrats", und zwar als „Vice-Actuar" und „zugl. Bücher-Inspector" verzeichnet.*

einiges mitzutheilen] *Es ging um das Privilegium des Königs von Sachsen, das Goethe gegen den Nachdruck seiner Werke erbeten hatte (vgl. DATIERUNG sowie Goethes Brief an Hans Ernst von Globig vom 27. August 1825; WA IV 40, Nr 22). Die endgültige Bescheinigung – von 42 Buchhändlern gegengezeichnet und von Jäger auf der Leipziger Herbstmesse unterfertigt – bekam er erst nach Jahresfrist. Vgl. seine Briefe an Küstner und an Jäger vom 12. September 1826 (WA IV 41, Nr 125f.). Die Absicht, in den Besitz eines endgültigen sächsischen Privilegs zu kommen, hat Goethe zwar in zwei Briefentwürfen dokumentiert (vgl. WA IV 41, 335–337), sie dann aber – weil ihm die Bescheinigung genügte? – aufgegeben. – Zur Geschichte der Privilegien, die Goethe von der deutschen Bundesversammlung und einzelnen Bundesstaaten zugestanden wurden, vgl. BGC 2, 137–140 und 3.2, 129–131.*

die Barometerstände *bis* dergleichen Beobachtungen zusammenflossen] *Goethe war seit 1816, zusammen mit Ludwig Heinrich Schrön, dem Direktor der Sternwarte in Jena, an der Errichtung von Wetterstationen im Großherzogtum Weimar beteiligt. Vgl. dazu Schröns im Oktober 1824 geschriebenen Bericht „Die meteorologischen Anstalten des Großherzogtums Sachsen-Weimar-Eisenach" (LA I 8, 421f.) und die Tabelle der Barometerstände verschiedener Orte vom Dezember 1822 (ebd., vor 421). – 1823 veröffentlichte Goethe aus Anlass einer von dem Jenaer Astronomieprofessor Johann Friedrich Posselt stammenden Rezension über Luke Howards „The Climate of London" (London 1818) seine Ansichten über die Ursachen der*

Barometerschwankungen (in: Zur Naturwissenschaft überhaupt, besonders zur Morphologie. Bd 2. 1. H. S. 62–76; vgl. LA I 8, 321–330). Darin äußert er den Wunsch, daß man Nachrichten von Barometerständen sammelte, die gleichzeitig in gleichen Meridianen und Breitengraden angestellt wären, und da würde es alsbald viel Aufklärung verleihen, wenn man die Erfahrungen sogleich in graphischen Darstellungen vor Augen legte. *Und aus den schon gesammelten Daten kommt Goethe zu folgendem Resultat:* Wenn von Boston bis London, von da über Karlsruhe nach Wien, ferner durch Böhmen nach Thüringen, das Steigen und Fallen des Barometers immer analog bleibt; so kann dies unmöglich von einer äußern Ursache abhangen, sondern muß einer innern zugeschrieben werden, welches sich bei übereinstimmenden gleichzeitigen Beobachtungen an vielen Orten noch deutlicher ergeben muß. Das Pulsieren, das Aus- und Einatmen der tellurischen Schwerkraft bleibt in gewissen von der Natur vorgeschriebenen Grenzen, aber im Steigen und Fallen durchaus dasselbe, nur daß in den tiefsten Lagen die Wirkung bedächtiger und gleichmäßiger, auf den Höhen rascher und lebhafter vor sich geht. *(LA I 8, 327 u. 329.) – 1825/26 schließlich unternahm es Goethe, seine meteorologischen Beobachtungen zusammenzufassen; in seinem erst aus dem Nachlass – 1833 in Band 51 der Ausgabe letzter Hand – erschienenen „Versuch einer Witterungslehre 1825" (vgl. LA I 11, 244–268) teilt er seine Erkenntnis mit,* daß gedachtes Steigen und Fallen 〈*des Barometers*〉 an verschiedenen, näher und ferner, nicht weniger in unterschiedenen Längen, Breiten und Höhen gelegenen Beobachtungsorten e i n e n f a s t p a r a l l e l e n G a n g h a b e. *(LA I 11, 247.) Mit dem vorliegenden Brief erbittet sich Goethe also weitere Daten, um das Netz seiner meteorologischen Beobachtungsstellen auszuweiten und zugleich dichter zu machen. – Über Goethes meteorologische Beobachtungen und Arbeiten, von denen vor allem im Tagebuch von Januar und Februar 1825 sowie in verschiedenen Briefen dieses Jahres – an Großherzog Carl August, Christoph Friedrich Ludwig Schultz, Caroline von Egloffstein u. a. – die Rede ist, vgl. im Allgemeinen MA 13.2, 766–773 sowie im Einzelnen ebd., 803–815. (Die Hinweise nach freundlicher Mitteilung von Frau Prof. Dr. Dorothea Kuhn, Marbach a. N.)*

N. Oe.

40237A+ AN CARL FRIEDRICH PHILIPP VON MARTIUS
〈WEIMAR, SAMSTAG, 18. FEBRUAR 1826〉

〈NICHT ZU ENDE GEFÜHRT, NICHT ABGESANDT〉

Ew Hochwohlgeb*ℓ*.

darf ich wohl versichern, daß mir diese geraume Zeit her ein freundliches Wort von Ihrer Seite gefehlt hat. Doch blieb ich überzeugt, daß Sie in Ihren thätig fortschreitenden Leben gewiß auch meiner mit immer gleicher Neigung gedenken würden, so wie ich auch Ihrer bey so vielen Guten, was mir von München hergekommen, dorthin denkend, Ihnen und Ihrer Wirksamkeit immer begegnen mußte.

Wie unangenehm war es mir daher zu vernehmen, daß diese für mich so empfindliche Pause von Ihrer Seite in Trauer und schmerzlichster Theilnahme zugebracht worden; wobey wir immer an das Menschenloos erinnert werden, daß ein Jeder sich am Ende selbst zusammennehmen und suchen müsse, wieder zu thätiger Fassung und belebendem Athem zu gelangen.

Das von Ihro König*ℓ*. Hoheit dem Kronprinzen mir günstig Zugedachte haben Ihro Majestät nunmehr zu bewirken nicht unterlassen, und ich finde mich im Besitz eines Documentes alter Kunst, das mir in meinem beschränkten Daseyn von dem größten Werthe bleibt.

Nun aber wünscht' ich, Sie wären überzeugt, daß mir zur größten Freude und Belehrung die lebhafte Darstellung gereicht, die Sie mir von der Janusgestaltung Ihrer Academie der bildenden Künste verleihen, wovon das eine Antlitz sich nach dem bisher Gebilligten, das andere nach dem zunächst und fortan zu billigenden hinwendet, deshalb sich denn Ihre Kunstanstalt eben so in zwey verschiedenen Thätigkeiten manifestirt.

Es ist der Sache ganz gemäß, daß in der bildenden Kunst sich auch das Jahrhundert darstelle, und so läßt sich, nach Analogie aller Geschichte erwarten, daß beyde Denk- und Handelsweisen sich noch eine Weile balanciren werden, bis die Zeit wieder neue unerwartete Erscheinungen hervorbringt. Denn die Idee kann an und für sich selbst nicht zur Evidenz kommen, sie tritt nur mehr oder weniger hervor, leuchtet, glänzt, blendet und erquickt; sie unterläßt niemals, auch in Wolken gehüllt, zu rechter Zeit die Nacht zu vertreiben und Tag zu machen. Daher hat man von Glück zu sagen, wenn jede Manifestation des Unerforschlichen dem Zeitalter und seinen Bedürfnissen zusagt. Deswegen denn auch schon im Koran steht: Gott hat keinem Volke einen Propheten gegeben, als in seiner S p r a c h e.

Hiernach überzeugen Sie Sich, daß mich die innige Theilnahme, die Sie an der gleichzeitigen, gleichörtlichen Kunstthätigkeit nehmen, außerordentlich erfreut; sie drückt mir das Ziel aus, wohin diese bestrebt ist. Was einem Geist, einem Gemüth wie den Ihrigen zusagt, das hat sich schon ein großes Vorrecht erworben.

Was mich und die Weimarischen Kunstfreunde betrifft, so mögen wir freylich, unsern Jahren nach, zu den rückschauenden gehören. Die Freude am Geschichtlichen ersetzt den Genuß des Augenblicks, der einer frischen und vorwärts schauenden Jugend gegönnt ist. Bedenken Sie, daß in meiner Kindheit und Jugend Malerey und Bildhauerkunst in Deutschland fast null waren und daß über Frankreich die Epoche der Boucher's, Watteau's und Lancret waltete; Sodann vergegenwärtigen Sie Sich, was ich nach und nach bis auf den heutigen theilnehmenden Tag erlebt habe, wo nun die Originale des Phidias nach Europa gebracht und uns zugänglich geworden sind, wo die Schätze griechischer Gemmen und Münzen sich vor meinen Augen hinreichend aufgethan.

Hier mache ich gerne Halt und lasse mit dem billigsten Liberalismus, alles Lebendige nach seiner Weise wirken. Denn ich finde, daß es sich am wenigsten beurtheilen läßt. Das Lebendige zeigt niemals, was es ist, es deutet auf eine Vergangenheit und Zukunft; es erkennt den Richterstuhl der Geschichte nicht an, man muß daran Theil nehmen oder es vorübergehen lassen.

Seit zwanzig Jahren sehe ich der neuen deutschen Kunstentwickelung zu, und wage noch nicht, mich darüber auszusprechen. Lassen Sie mir es an Kenntniß der neusten Thätigkeiten künftig nicht fehlen; die Lithographie erleichtert solche Communicationen. Sollten die Gemälde der Clyptothek nachgebildet werden, so bitte mich damit zu erfreuen.

Herrn Cornelius grüßen Sie schönstens. Ich erinnere mich mit Vergnügen jener Zeit der Weimarischen Ausstellungen, wo derselbe als strebsamer Jüngling vertrauend auftrat. Es sind volle zwanzig Jahre, daß wir unsre Säle geschlossen und einem Gange zusehen, den wir nicht durchaus billigen konnten. Man erfüllt schon seine Weltbürgerpflicht, wenn man dem Zeitgeist nicht widersteht; daß man mit ihm nicht völlig übereinstimmt, darf man wohl merken lassen. Andere Prämissen geben andere Schlußfolgen, das bin ich seit funfzig Jahren gar oft gewahr worden. Jüngere, die sich an meinem Faust bildeten haben schon andere Gesinnungen als ich der ihn schrieb.

lebhafte] *davor gestr.* herrliche *G?* niemals,] *Komma erg. G* innige] *über gestr.* herzliche *G* Was] *davor Absatzzeichen erg. G* freylich,] *Komma erg. G* nach,] *Komma erg. G*

40237a+ An Carl Friedrich Philipp von Martius

⟨Weimar, 18. Februar 1826⟩

DATIERUNG

Nach K: Weimar den 16en Febr. 1826 *(vgl. ÜBERLIEFERUNG); Tag korrigiert nach dem Tgb. vom 18. Februar 1826 (vgl. ERLÄUTERUNGEN).*

ÜBERLIEFERUNG

K: SWKK/GSA Weimar, Bestand: Goethe Ausgegangene Briefe, Sign.: 29/323,II, Bl. 2–5. – 1 Doppelblatt, 2 Bl. 20 x 33 cm, 7½ S. ein- und zweispaltig beschr.: Adresse, Datierung, Korrekturen links, Brieftext rechts, Schreiberhd (Schuchardt), Tinte, egh. Korrekturen mit rotbrauner Tinte und Bleistift; S. 1 oben, linke Spalte Adresse von Schreiberhd: An / des Herrn von Martius / Hochwohlgeb*l*. / nach / München.*; S. 6 unten, linke Spalte Datierung von Schreiberhd:* Weimar den 16en Febr. 1826.*; Text insgesamt mit Bleistift gestrichen; S. 1 oben, linke Spalte von fremder Hd, Bleistift: „Dem Anfang nach ungedruckt (Str. I, 432) / Schlußblatt fehlt"; S. 3 Mitte, linke Spalte von fremder Hd, Bleistift: „(G. an Carlyle 20 Jul. / 1827. Corresp. between G. and C. 18)"; S. 7 oben, linke Spalte egh. Bleistift:* Randbildtafel. *– H: SWKK/GSA Weimar, Bestand: Goethe Ausgegangene Briefe, Sign.: 29/323,II, Bl. 6–8. – 2 Doppelblätter ca. 19,5 x 23,5 cm, 4 ½ S. beschr., Schreiberhd (Schuchardt), Tinte, egh. Korrekturen mit Tinte; S. 1, oben links, mit Bleistift von fremder Hd: „An / von Martius." – Unveröffentlicht.*

VARIANTEN (K)

Auf die Mitteilung der zahlreichen, meist stilistischen Varianten des Konzeptes muss aus Platzgründen verzichtet werden.

ERLÄUTERUNGEN

Tgb.: 16. Februar 1826: Kam ein Brief von Herrn von Martius. Entwurf einer Antwort dagegen. *(WA III 10, 162,5 f.); 18. Februar 1826:* Brief an Martius weiter gefördert. *(WA III 10, 162,20f.)*

Der Brief beantwortet Martius' Brief vom 1. Februar 1826 (H: SWKK/GSA Weimar, Sign.: 28/598; E: Ludwig Geiger: Goethe und Martius. Fünf Briefe Goethes an Martius, zwei Antworten des letzteren mit vier Gedichten Goethes. In: GJb XXVIII (1907), 63–71 [nach einer Abschrift, Datierung: 26. Januar 1826]).

Außer diesem nicht abgesandten Brief sind neun weitere Briefe Goethes an den Münchner Botaniker und Ethnographen Carl Friedrich Philipp von Martius (1794–1868) überliefert. Sie stammen aus der Zeit von Dezember 1823 bis Dezember 1829 und befinden sich mit den Abschriften der Gegenbriefe dieses Zeitraums im Nachlass der Familie Martius in der Bayerischen Staatsbibliothek München (Abt. für Handschriften und Seltene Drucke, Sign.: Martiusiana II, A, 2, Goethe, Depositum der Familie Martius). In der Universitätsbibliothek Amsterdam hat sich außerdem ein Blättchen für Felix Mendelssohn Bartholdy mit einem Gruß Goethes an Martius aus dem Jahr 1830 erhalten (vgl. WA IV 47, Nr 74; Repertorium Nr 47074a). Die Handschriften der Briefe von Martius an Goethe verwahrt das GSA. – Bis auf den vorliegenden Brief sind sämtliche überlieferten Briefe Goethes an Martius in der vierten Abteilung der WA nach Abschriften gedruckt. Teile des Briefwechsels wurden 1874 von Franz Thomas Bratranek in „Goethe's Naturwissenschaftlicher Correspondenz. (1818–1832.)" (Leipzig 1874, Bd 1, S. 335 bis 367) veröffentlicht, eine Ergänzung dazu erschien 1907 im Goethe-Jahrbuch (hrsg. von Ludwig Geiger, Bd XXVIII, S. 59–88). Auch die Ausgabe des Briefwechsels von 1932 basiert auf den im Nachlass der Familie Martius überlieferten Handschriften; vier weitere im GSA überlieferte und nur zum Teil gedruckte Martius-Briefe aus den Jahren 1828 bis 1831 waren dem Herausgeber unbekannt (vgl. Goethe und Martius. [Hrsg. von Alexander von Martius.] Mittenwald [1932], S. 111). – Martius, ursprünglich Mediziner, hatte sich bereits in jungen Jahren durch die Teilnahme an einer österreichisch-bayerischen Forschungsreise nach Brasilien in ganz Europa Ansehen erworben. Nach seiner Rückkehr 1820 zum Mitglied der Bayerischen Akademie der Wissenschaften und zum Konservator des Botanischen Gartens in München berufen, lehrte Martius seit 1826 außerdem als Professor der Botanik an der Münchner Universität. Seine gemeinsam mit dem Zoologen Johann Baptist von Spix (1781–1826) herausgegebene „Reise in Brasilien, auf Befehl Sr. Majestät Maximilian Joseph I. Königs von Baiern in den Jahren 1817 bis 1820 gemacht […]" (3 Bde. München 1823–1831) wurde zu einem geographisch-ethnographischen und naturhistorischen Standardwerk. Am engsten mit Martius' Namen verbunden blieb die dreibändige Naturgeschichte der Palmen „Historia naturalis Palmarum" (1823–1850), deren erste Lieferung Anlass für zwei würdigende Rezensionen Goethes war (vgl. LA I 9, 374 bis 379 und LA I 10, 216–218). – Der früheste direkte Kontakt zu Goethe kam im Oktober 1823 zustande, als Martius das erste Heft seiner Palmenmonographie übersandte (vgl. Martius an Goethe, 23. Oktober 1823; Goethe und Martius [1932], S. 29–54). Bereits im Jahr zuvor hatten Martius und der mit Goethe befreundete Mediziner und Botaniker Christian Gottfried Nees von Esenbeck (1776–1858) zu Ehren des Weimarer Dichters eine brasilianische Malvenart „Goethea" benannt (vgl. Goethe an Nees von Esenbeck, 24. April 1823; WA IV 36, Nr 223). Im September 1824 und im Oktober 1828 besuchte Martius den Dichter in Weimar (vgl. WA III 9, 268,1–18 und WA III 11, 286,9–287,17). Während des zweiten Besuchs wurde Goethe durch Martius mit der „Spiraltendenz der Vegetation" bekannt, fortan eines der Hauptthemen des Briefwechsels, das Goethe auch zu eigenen Studien anregte (vgl. „Über die Spiraltendenz"; LA I 10, 339–342). Goethe schätzte Martius nicht nur als Naturforscher und als Sammler von Volkspoesie, er äußerte sich immer wieder auch anerkennend über die charakterlichen Vorzüge des Botanikers und Brasilianers, *den er z. B. seinem Berliner Altersfreund Carl Friedrich Zelter als den* herzlichsten und trefflichsten Mann *empfahl (Goethe an Zelter, 29. September 1827; WA IV 43, 88,10f.). – Thematisch nehmen der vorliegende Brief und der Bezugsbrief vom 1. Februar 1826 innerhalb der Korrespondenz eine Sonderstellung ein. Weshalb Goethe seinen Brief nicht abschickte, lässt sich nur vermuten. Möglicherweise plante er eine noch ausführlichere Entgegnung, die dann aus Zeitgründen unterblieb. Auch Befürchtungen, missverstanden zu werden oder Martius und dessen engen Freund, den Maler Peter Cornelius, zu verletzen, könnten dazu geführt haben, dass Goethe schließlich ganz davon absah, seine Ansichten zur zeitgenössischen* deutschen Kunstentwicklung *in einem Brief nach München auszuführen. Die fast zwei Monate später an Martius abgegangene auffallend kurze Antwort vom 13. April 1826 spart das Thema gänzlich aus (vgl. WA IV 41, Nr 7).*

diese geraume Zeit her ein freundliches Wort *bis* Seite gefehlt] *Auf Goethes Brief vom 8. Juli 1825 (vgl. WA IV 39, Nr 218), dem der Aufsatz „Serbische Lieder" beilag (vgl. WA I 41.2, 136 bis 153) sowie auf die Übersendung eines Geschenkblättchens zum 50. Jubiläum der Ankunft Goethes in Weimar am 7. November 1825 (vgl. Repertorium 40187a+) hatte Martius erst am 1. Februar 1826 geantwortet. – Im Folgenden wird der Bezugsbrief nach der bislang ungedruckten Ausfertigung zitiert.*

Guten, was mir von München hergekommen] *Vgl. die Erläuterung zu* Documentes alter Kunst.

von Ihrer Seite in Trauer und schmerzlichster Theilnahme zugebracht worden] *In seinem Brief vom 1. Februar entschuldigte sich Martius für sein langes Schweigen mit einer Reihe von Krankheits- und Todesfällen in seiner nächsten Umgebung. So war am 12. Oktober 1825 plötzlich sein Förderer König Maximilian I. Joseph gestorben. Martius erwähnte u. a. auch die Erkrankung eines nahen Freundes und die Sorge um seine Frau und die neugeborene Tochter, um deren Leben er ebenfalls zeitweise fürchten musste.*

Kronprinzen] *Ludwig von Bayern (1786–1868), seit Oktober 1825 als Ludwig I. Carl August König von Bayern. – Der Kronprinz hatte sich bereits 1804 und später wiederholt in Italien aufgehalten, wo sein Interesse an der bildenden Kunst geweckt worden war und er u. a. Kontakte zu dort lebenden deutschen Künstlern knüpfte, darunter zur Malerschule der sog. Nazarener um Peter Cornelius (1783–1867), Friedrich Overbeck (1789–1868) und Julius Schnorr von Carolsfeld (1794–1872), die er für München zu gewinnen suchte.*

Documentes alter Kunst] *Gemeint ist der Gipsabguss der Medusa Rondanini nach der Vorlage in der Münchner Glyptothek, den Goethe am 21. Dezember 1825 als Geschenk König Ludwigs I. erhalten hatte (vgl. Tgb. vom 21. Dezember 1825; WA III 10, 137,25f.; Goethe an Ludwig I. von Bayern, 26. Dezember 1825; WA IV 40, Nr 171). Der Abguss befindet sich heute im Goethe-Nationalmuseum Weimar (Inventar-Nr: GPl/01143; Schuchardt 2, 337, Nr 123). – Das aus der Mitte des 5. Jahrhunderts v. Chr. stammende Kunstwerk, ein maskenartiger überlebensgroßer Marmorkopf der Medusa, eines schlangenhaarigen mythologischen Wesens, deren Anblick versteinert, war erst etwa 1810 nach München gelangt. Im Palazzo Rondanini in Rom, dem früheren Standort, hatte Goethe im Dezember 1786 die* schöne Medusen maske *gesehen (GT I,1, 341,11; vgl. auch „Italiänische Reise"; WA I 30, 238,22–25).*

Janusgestaltung Ihrer Academie] *Doppelgesichtigkeit, nach dem zweigesichtigen römischen Gott des Anfangs und des Endes. – Martius berichtete in seinem Brief vom 1. Februar 1826 über die Aufbruchsstimmung in München nach dem Regierungsantritt Ludwigs I. insbesondere auf den Gebieten der Wissenschaft und Kunst. Ausführlich charakterisierte er die beiden an der Münchner Kunstakademie vorherrschenden Richtungen, nachdem Peter Cornelius als Nachfolger Johann Peter Langers (1756–1824) zum Direktor berufen worden war: „Die Richtung, welche unsere ausgezeichnete junge Maler […] durch den Einfluß ihrer Lehrer, der beiden Langer, des verstorbenen Directors u. seines Sohnes Robert, – erhalten haben, contrastirt gewaltig mit dem, was Cornelius bisher schon in der Glyptothek geleistet hat, und dessen Wesen auf seine Jünger übergeht. Ich wage es nicht ein Urtheil über diese beiden Arten von Kunstbestrebungen auszusprechen, will aber nicht verhehlen, daß mir Cornelius' Genius bei weitem mehr zusagt, als der der Langerschen Schule. Ersterer will […] überall eine I d e e, letzterer ein B i l d […]. Vielleicht wundern sich Ew Excellenz, daß ich so kühn bin, diese beiden Kunstrichtungen einander gegenüberzustellen, ohne zu bekennen, daß das beste in der Mitte liege, ja mich vielmehr ganz für die e i n e zu erklären, aber Cornelius' Arbeiten sprechen mich auf so lebendige und volle Weise an, daß ich wenig Kunstwerke in ihrer Wirkung auf mich mit diesen vergleichen und mich also natürlich nicht zu der Meinung derjenigen bekennen kann, welche auch ihn nicht über eine gewisse Manier erhoben finden. Es scheint mir vielmehr daß die Eigenthümlichkeiten seiner Kunstleistungen von viel allgemeinerer Art sind, und daß sie als Ausdruck unserer dermaligen Richtung auf dem Gebiete der Kunst u. Wissenschaft überhaupt anzusehen seyn dürften."*

zur Evidenz kommen] *Hier im Sinne von: zur Erscheinung kommen (vgl. GWb 3, 482).*

Manifestation] *Hier im Sinne von: Offenbarwerden, von spätlat. manifestatio: Offenlegung, Darlegung.*

Deswegen denn auch schon im Koran *bis* in seiner Sprache.] *14. Sure, 5. Absatz. – In der Koran-Übertragung Joseph von Hammers, eine der möglichen Quellen für Goethes Koran-Kenntnis, lautet diese Stelle: „Wir sandten keinen Propheten als in der Sprache seines Volks, die Wahrheit aufzuklären." (Fundgruben des Orients, bearbeitet durch eine Gesellschaft von Liebhabern. Bd 3. Wien 1813, S. 235) – Mit stärker sprachlichem Bezug und in abgewandelter Form findet sich das Zitat in zwei weiteren Briefen Goethes (vgl. Goethe an Adolph Oswald Blumenthal, 28. Mai 1819; WA IV 31, 160,6f. und an Thomas Carlyle, 20. Juli 1827; WA IV 42, 270,24).*

Was einem Geist *bis* großes Vorrecht erworben.] *Gemeint sind die Werke von Peter Cornelius, insbesondere die Fresken „vom Triumpf des Eros in der jetzt fertigen Halle der Glyptothek", deren Wirkung Martius in seinem Brief vom 1. Februar voller Enthusiasmus beschreibt und mit derjenigen des „Faust" vergleicht. – Goethes Entgegnung zeugt von einem Wandel in seinem Verhältnis zu Cornelius, der schon im November 1825 vorbereitet worden war, als sich der Maler Ernst Förster, ein Schüler Cornelius', einige Tage in Weimar aufhielt (vgl. Gespräche 3.1, 836f.).*

Was mich und die Weimarischen Kunstfreunde *bis* gegönnt ist.] *Unter dem Pseudonym der* Weimarischen Kunstfreunde *(*W. K. F.*) hatte Goethe zusammen mit Johann Heinrich Meyer, zeitweise auch mit Schiller und später mit Carl Ludwig Fernow von 1799 bis 1805 jährliche Preisaufgaben für bildende Künstler ausgeschrieben, Kunstausstellungen veranstaltet und Rezensionen veröffentlicht. Die unter dem Einfluss Meyers stehende klassizistische, normativ an der antiken Kunst und der Winckelmannschen Ästhetik festhaltende Programmatik der* W. K. F. *führte zunehmend zur Entfremdung mit der zeitgenössischen Kunst. Ganz im Sinne dieser klassizistisch-antiromantischen Kunstauffassung wirkte auf die Zeitgenossen noch der 1817 in Goethes Zeitschrift „Ueber Kunst und Alterthum" veröffentlichte Aufsatz „Neu-deutsche religios-patriotische Kunst", der zwar von Meyer stammte, aber mit der Chiffre* W. K. F. *unterzeichnet war und Goethe selbst zugeschrieben wurde. Obgleich darin die 12 Zeichnungen Cornelius' zum ersten Teil des „Faust", 1816 mit einer Widmung für Goethe veröffentlicht, als* das Bedeutendste in solcher Art von Darstellung *(WA I 49.1, 44,26f.) gewürdigt wurden, waren doch Overbeck und Cornelius namentlich als die führenden Vertreter der religios-patriotischen Richtung in der Malerei genannt, gegen die der Aufsatz polemisierte. – Direkt auf diese Kritik bezieht sich Martius am Ende seines langen Plädoyers für die Kunst, insbesondere die Freskenmalerei Cornelius': „Ich wage diesen Punkt gegen Ew Exzellenz zu berühren, weil ich an Cornelius, dem mich herzliche Freundschaft verbindet, bemerkt habe, wie schmerzlich ihm einige Bemerkungen des Weimarer Kunstfreundes gefallen sind, die ihn vielleicht auch von der ferneren Bearbeitung des Faust abgehalten haben."*

Epoche der Boucher's, Watteau's und Lancret] *François Boucher (1703–1770), französischer Maler, Zeichner, Ornamenteur des Rokoko; sein Name war repräsentativ für die Kunstrichtung der Epoche Ludwigs XV. (1710–1774; König seit 1715); Vorläufer Bouchers waren Jean Antoine Watteau (1684–1721) und Nicolas Lancret (1690–1745). – In der „Geschichte des Colorits seit der Wiederherstellung der Kunst" charakterisiert Goethe die Kunst Bouchers und seiner Zeit als* süßliche, lüsterne, fade Manier *(WA II 3, 380,4f.; zu Watteau vgl. auch WA I 49.1, 36,9–13).*

Originale des Phidias nach Europa gebracht] *Phidias war der berühmteste Bildhauer der griechischen Hochklassik (um 500–430 v. Chr.). – Nachbildungen seiner im Original nicht überlieferten Werke lernte Goethe zuerst in Italien kennen (vgl. Tgb. vom 2. Oktober 1786; GT I,1, 257,29–32 und „Italiänische Reise", 23. August 1787; WA I 32, 63,3–9). Mit den* Originalen *sind die durch Thomas Bruce, den Earl of Elgin, nach London gebrachten Giebelfiguren des Athener Parthenons gemeint, des Haupttempels der Akropolis, deren Entwürfe Phidias zugeschrieben wurden. 1816 wurden sie vom Britischen Museum angekauft. Goethe nahm regen Anteil an der Erforschung der Skulpturen und ließ sich 1819 aus London Abbildungen kommen (vgl. „Elgin Marbles"; WA I 49.2, 21f. und „Elginische Marmore"; WA I 49.2, 23f.; Tgb. vom 21. Januar 1819; WA III 7, 8,12f.; vgl. auch Goethe an Benjamin Robert Haydon, 11. März 1819; WA IV 31, Nr 95). Für Goethe verkörperte Phidias wie sonst nur Homer das Ideal der klassischen Kunst (vgl. u. a. „Antike"; WA I 3, 117,1–4).*

griechischer Gemmen und Münzen] *Die Beschäftigung mit antiken Gemmen (vertieft geschnittenen Steinen), Abdrücken von Gemmen (sog. Schwefelpasten) und Münzen ersetzte für Goethe oftmals das Studium originaler Kunstwerke, insbesondere antiker Plastik. Bedeutende antike Stein- und Münzsammlungen lernte Goethe 1786 und 1787 während der italienischen Reise kennen, wo er auch die Grundlagen zu seinen eigenen Sammlungen legte (vgl. dazu: Die Gemmen aus Goethes Sammlungen. Bearbeitet von Gerhard Femmel. Leipzig 1977; zu Goethes antiken Münzen vgl. Schuchardt 2, 241–279).*

mit dem billigsten Liberalismus] *Hier im Sinne von: dem inneren Empfinden gemäße Unvoreingenommenheit, Unparteiischkeit, Freimütigkeit im Kommunizieren. – Der vorliegende Brief enthält den wahrscheinlich frühesten Beleg für Goethes Gebrauch des Wortes Liberalismus; danach verwendete er den Begriff in der zu Beginn des 19. Jahrhunderts aufkommenden Bedeutung als politisches Schlagwort (vgl. Goethe an Meyer, 3. Mai 1825; WA IV 39 Nr 173).*

die Lithographie erleichtert solche Communicationen] *Die Lithographie (Steindruck) war Ende des 18. Jahrhunderts von Alois Senefelder (1771–1834) in München erfunden worden, setzte sich als Reproduktionsverfahren aber erst nach 1815 durch. Goethe begeisterte sich seit etwa 1808 für die neue Technik, in der er ein Mittel erkannte, Kunstwerke in qualitätvollen und finanziell erschwinglichen Reproduktionen zu verbreiten (vgl. Goethe an Eichstädt, 10. März 1808; WA IV 20, 31, Nr 5507; vgl. auch die Rezension „Steindruck"; WA I 49.1, 427 bis 430). Bereits 1809 sollten auf seinen Vorschlag hin zwei Personen nach München geschickt und ausgebildet werden, um die Lithographie in Weimar heimisch zu machen. Aus Kostengründen wurde der Plan nicht verwirklicht. Ein zweiter Versuch, die „Weimarische Pinakothek", scheiterte zu Beginn der 1820er Jahre am ausbleibenden unternehmerischen Erfolg (vgl. „Tag- und Jahres-Hefte. 1820"; WA I 36, 172,8–20). Dennoch blieb Goethe zeitlebens ein Anhänger der* Allhelferin [...] Lithographie *(Goethe an Marianne von Willemer, 10. Juli 1830; WA IV 47, 145,5 f.).*

die Gemälde der Clyptothek] *Die Münchner Glyptothek, deren 1816 begonnener Bau erst 1830 vollendet wurde, beherbergte die antike Skulpturensammlung. – Mit den Gemälden sind die Wandfresken von Cornelius gemeint. Wie gewünscht, erhielt Goethe 1828 u. a. eine Lithographie des „Untergangs von Troja" (vgl. Goethe an Cornelius, 26. September 1828; WA IV 44, Nr 241); in Goethes Sammlungen sind außerdem noch drei weitere Drucke nach den Fresken der Glyptothek überliefert (vgl. Schuchardt 1, 110, Nr 50, 50a, 50d, 50e).*

Cornelius] *Der aus Düsseldorf stammende Peter Cornelius (1825 geadelt) war bereits im Oktober 1819 der Einladung des Kronprinzen nach München gefolgt, wo er mit der Ausmalung der Glyptothek beauftragt wurde. 1824 wurde er Direktor der Münchner Kunstakademie, bis 1825 war er zugleich auch Direktor der Düsseldorfer Akademie.*

jener Zeit der Weimarischen Ausstellungen *bis* vertrauend auftrat] *Cornelius hatte zwischen 1803 und 1805 mehrfach an den Weimarer Preisaufgaben teilgenommen, allerdings ohne einen Preis zu erringen. Dennoch setzte sich Goethe an der Münchner Kunstakademie für den jungen Maler ein, wie u.a. sein Brief an Joseph Peter Langer (1783–1846) vom 21. November 1803 belegt (vgl. WA IV 16, Nr 4758; zu den Preisaufgaben und Cornelius' Teilnahme vgl. Walther Scheidig: Goethes Preisaufgaben für bildende Künstler: 1799–1805. Schriften der Goethe-Gesellschaft 57. Weimar 1958).*

zwanzig Jahre *bis* Säle geschlossen] *Die letzte Weimarer Kunstausstellung hatte 1805 stattgefunden.*

Jüngere *bis* Faust bildeten] *Damit ist vermutlich vor allem Cornelius gemeint.*

E. R.

1. Zeichen und Abkürzungen

egh.	eigenhändig
erg.	ergänzt
G	von Goethes Hand (egh. Korrekturen in einem diktierten Text)
H	Handschrift der Ausfertigung
Hd	Hand
E	Erstdruck
K	Konzept
Tgb.	Goethes Tagebuch
⟨ ⟩	Zusätze des Editors
ℓ	Abbrechungszeichen

2. Siglen und Abkürzungen für Ausgaben und wissenschaftliche Literatur

Adelung	Johann Christoph Adelung: Grammatisch-kritisches Wörterbuch der Hochdeutschen Mundart, mit beständiger Vergleichung der übrigen Mundarten, besonders aber der Oberdeutschen. Zweyte vermehrte und verbesserte Ausgabe. 4 Tle. Leipzig 1793–1801.
BG	Goethe: Begegnungen und Gespräche. Hrsg. von Ernst Grumach und Renate Grumach. Bd 1 ff. Berlin 1965 ff.
Charlotte	Charlotte von Schiller und ihre Freunde. Hrsg. von Ludwig Urlichs. 3 Bde. Stuttgart 1860–1865.
BGC	Goethe und Cotta. Briefwechsel 1797–1832. Textkritische und kommentierte Ausgabe in drei Bänden. Hrsg. von Dorothea Kuhn. Stuttgart 1979–1983.
RA	Briefe an Goethe. Gesamtausgabe in Regestform. [Seit 1995] hrsg. von der Stiftung Weimarer Klassik/Goethe- und Schiller-Archiv. Bde 1–6 und Ergänzungsband. Weimar 1980–2000.
Ruppert	Goethes Bibliothek. Bearbeiter der Ausgabe Hans Ruppert. Weimar 1958.
Schuchardt	Chr⟨istian⟩ Schuchardt: Goethe's Kunstsammlungen ⟨Bd 3: Sammlungen⟩. Bd 1–3. Jena 1848–1849 (Reprint: Hildesheim, New York 1976).
Weitz	Sulpiz Boisserée: Tagebücher 1808–1854. Im Auftrag der Stadt Köln hrsg. von Hans-J. Weitz. 5 Bde. Darmstadt 1978–1995.

MICHAEL STARK

Von Erlangen über Bamberg nach Kronach (16.–18. November 1797)

Kleine Korrekturnote zur historisch-kritischen Ausgabe der Tagebücher Johann Wolfgang Goethes

Auf der Rückkehr von seiner dritten Reise in die Schweiz fuhr Goethe auch durch Oberfranken. Von Nürnberg, wo er sich einige Tage aufgehalten hatte, brach er am 15. November 1797 auf. Ehe man am 20. November über Jena in Weimar eintraf, waren zwei Tagesetappen zu bewältigen, die durch das Gebiet des damaligen Hochstifts Bamberg führten.[1] In einem Notizheft ließ der Dichter von einem seiner Begleiter festhalten, was ihm auf dieser eiligen Kutschfahrt berichtenswert erschien:

Donnerstag, d. 16.
früh 6 Uhr aus Erlangen die Wege von Erlangen bis Baiersdorf sind wegen des Sandigen Bodens sehr Schlecht, durch Beiersdorf und Burgheim mit einem Wall umgeben die strasen der stadt sind schmuzig. Man komt von hier aus auf Chaussee das Feld wird fruchbarer Thon mischt sich unter den sand. Zwetschchenbäume auf Saatfeldern man komt nach Sasselfort gehört zu Anspach
strulndorf von den franzosen verbrant jetz wieder erbaut, durch Tannenwald nach Bamberg im Lamm Mittag die stadt liegt sehr angenehm und heiter gegen Mittag ist sie mit einem Wald eingeschlossen – gen Norden hat man eine der schönsten Plänen vor sich auf welcher Theils freundliche Dörfer theils fruchtbare Felder abwechseln. durch Hallstadt. Rechts sieht man auf etwas entfernten Bergen 2 Schlösser. man komt dem Mainufer nah in Giesbach übernachtet.

freit: den 17 Nov.
früh von hier 5 1/2 weg. durch Zapfendorf. und Staffelstein vor Reichen vorbey man findet Belemiten. durch Lichtenfels, schöne saat Nebel, der Main komt auf der Linken Seite herunter. man steigt bergauf, fichtenwald bergab, fischteiche Kloster rund gebaut links Seilen. Hohstadt, über den Main schöne steinerne Brücke über den Main, komt bey seilen mit der Rodach zusammen durch Zedlitz gutes Feld.
bey Unterlangstadt komt die Rodach herunter man fährt durch guter fruchtbarer Boden durch Oberlangenstadt angenehmes Thal schneidemühlen, an der rechten Seite der Rodach hinauf nach Kronach. Festung

[1] Zur historischen Kartierung vgl. Hans Vollet: *Weltbild und Kartographie im Hochstift Bamberg.* Kulmbach 1988.

Sonabend den 18 Nov.
früh 6 Uhr von Cronach weg

(GT II,1, S. 225)

Die unterstrichenen Lemmata und Eigennamen geben zu erkennen, wie eingehend Kommentar und Register der historisch-kritischen Ausgabe bei der Texterläuterung vorgehen. Nichtsdestoweniger sind hier einige Berichtigungen und Nachträge angebracht, die womöglich auch den ortsunkundigen Benutzer interessieren.

So verortet das Register „Sassanfahrt (Sasselfort)" als ein „Dorf nordöstlich von Bamberg" (GT II,2, S. 931). Die im Text genannte Gemeinde liegt indessen im Südosten der Stadt.

Sodann erläutert der Kommentar: „2 Schlösser] *Giech und Seehof*" (ebd., S. 592). Und das Register ergänzt: „Giech, Schloß nordöstlich von Bamberg, fränkische Feste aus dem frühen 12. Jh, mehrmals zerstört, letzter Neubau 1599–1609" (ebd., S. 868) sowie: „Seehof, Schloß Marquardsburg nordöstlich von Bamberg, 1687–1696 von Antonio Petrini erbaut als fürstbischöflich bambergisches Lustschloß" (ebd., S. 941). Zweifellos ist die Giechburg bei Scheßlitz eines der im Text erwähnten, „auf etwas entfernten Bergen" (GT II,1, S. 225) gelegenen Schlösser. Dagegen kann die auch „Schloß Seehof" genannte Marquardsburg unmöglich das gemeinte andere Bauwerk sein, weil sie nicht exponiert liegt: „Ringsumher zieht sich der Hauptsmoorwald, eine prächtige Wiesenebene und mehrere herrschaftlichen Teiche, unter denen die Breitenau die größte ist".[2]

Zum Registereintrag „Breitengüßbach (Giesbach), Dorf nordwestlich von Bamberg" (GT II,2, S. 844) wäre zu ergänzen, daß Goethe und seine beiden Begleiter dort im Landgasthof „Zur Sonne" übernachteten.[3]

Ferner nennt das Register den Ort „Reichen, Dorf südwestlich von Kronach" (ebd., S. 924). Um diesen aber kann es sich im Text aus zwei Gründen nicht handeln. Denn zum einen waren und sind dort keine „Belemiten" („*Belemniten: Fossilien im Unteren und Mittleren Jura*"; ebd., S. 592) zu finden. Zum anderen hielt sich das Tagebuch recht genau an die Abfolge der in Franken bereisten Stationen. Wenn überhaupt, hat man dem Geheimen Rat die genannten Fossilien unterhalb Banz, also zwischen Staffelstein und Lichtenfels, an den Wagenschlag gebracht: „An Mineralien und Petrefacten ist die Gegend nicht arm [...]. Auch werden fast überall Versteinerungen angetroffen, als: versteinertes Holz, Knochen, Belemniten, Ammoniten"[4]. Zwar ist ein Dorf namens Reichen oder eine gleichlautende Flurbezeichnung dort nicht nachweisbar, aber zur Rechten des Wegs lagen vor Grundfeld die bevorzugten Fundorte der „Donnerkeile oder Teufelsfinger"[5], wie man den mit Kalk gefüllten Schulp jener Kopffüßler des Lias im Volksmund bezeichnete.

Ferner wird der Lauf des Mains kommentiert: „auf der Linken Seite] *Westlich der Chaussee*" (GT II,2, S. 592). Nachzutragen bleibt Genaueres über die Route der Chaussee: „man steigt

---

2 J[ohann] K[aspar] Bundschuh: *Geographisches Statistisch-Topographisches Lexikon von Franken.* Bd. 5. Ulm 1802. Repr. München 1979, Sp. 276.

3 Vgl. Michael Stark: *Fröhlicher Positivismus. Zur Goethe-Gedenktafel in Bamberg.* In: *Buchpersonen, Büchermenschen. Heinz Gockel zum Sechzigsten.* Hrsg. von Gudrun Schury u. Martin Götze unter Mitarbeit von Julia Schöll, Nicole Schumacher u. Rolf-Bernhard Essig. Würzburg 2001, S. 231–237.

4 Johann Baptist Roppelt: *Historisch-topographische Beschreibung des Kaiserlichen Hochstifts und Fürstenthums Bamberg.* Erste und zweite Abteilung. Nürnberg 1801. Repr. München 1978, S. 182.

5 Bernhard Kästle: *Petrefaktensammlung Kloster Banz. Versteinerungen und Orientalische Sammlung.* München, Zürich 1992, S. 84.

bergauf, fichtenwald bergab" (GT II,1, S. 225). Gemeint ist die Anhöhe des Krappenbergs, über den damals die Straße von Lichtenfels nach Hochstadt führte und dem damaligen Flußlauf in der Niederung unterhalb auswich. Beim Bau der Eisenbahnlinie 1844/45 wurde das Altwasser, das heutige Naturschutzgebiet „Gaabsweiher", endgültig vom Main abgetrennt.

Etwas irreführend ist die Angabe: „Kloster rund gebaut] *Das ehemalige, 1692–1693 errichtete Zisterzienserkloster Langheim in Nassanger, bei Lichtenfels; ein dreigeschossiges Ringgebäude um einen elliptischen Hof. ‚Der Bau ist ein Unikum, einer der interessantesten Zweckbauten der deutschen Barockarchitektur: Höchste Funktionalität verbindet sich mit einer möglicherweise von antiken Vorbildern angeregten idealen Form.' (Georg Dehio: Handbuch der Deutschen Kunstdenkmäler. Bayern I: Franken. Zweite, durchgesehene und ergänzte Auflage. München 1999, S. 652) Ort und Kloster sind bei Zastrau (Bd 4, S. 35) nicht identifiziert*" (GT II, 2, S. 592). Das Register ergänzt: „Nassanger, Dorf nördlich von Bamberg - Kloster Langheim (Kloster), 1792–1793 erbaut von Johann Leonhard Dientzenhofer" (ebd., S. 914). Indes handelt es sich um ein Gutsgehöft nordöstlich von Lichtenfels. Der heute zur Gemeinde Trieb gehörende Nassanger war seinerzeit ein Wirtschafts- und Lagergebäude des Klosters Langheim. Die ehemalige Zisterzienserabtei selbst lag knapp zehn Kilometer davon entfernt im Leuchsental. Ein sehenswerter Teil der barocken Anlage ist erhalten und gehört heute zur Gemeinde Klosterlangheim.[6]

Schließlich sollte man vielleicht, um eine letzte Ergänzung zu bringen, nicht unkommentiert lassen, was „schneidemühlen" (GT II,1, S. 225) sind: Sägewerke nämlich, die von Wasserkraft angetrieben werden.

Die richtige Antwort auf die Frage nach dem zweiten Schloß, das Goethe auf dem Weg nach Breitengüßbach in der Ferne erblickte, ist länger schon gegeben. Goethe konnte aus der Gegend hinter Hallstadt und in seiner Perspektive auf dem Höhenzug rechts vom Fahrweg in östlicher Blickrichtung nur zwei Bauten vor Augen gehabt haben: „Die Schlösser jedenfalls Giech und Gügel"[7], wie schon Ende der zwanziger Jahre erkannt und noch heute durch Augenschein leicht zu bestätigen. Auch Georg Hetzeleins Schilderung lag nicht falsch, sondern veranschaulichte die Szenerie ziemlich genau:

> So fuhr an diesem Spätnachmittag [des 16. November 1797; d. Vf.] die Kutsche noch den Main aufwärts. Die große Ebene, die durch den Zusammenfluß von Main, Regnitz, Baunach und Itz entstand, wurde am Rande des Juragebirges von zwei auffallenden Objekten beherrscht. Es waren die Burg Giech und die Wallfahrtskirche Gügel bei Scheßlitz, die allerdings aus der Ferne ebenfalls einer Burg gleichsah.[8]

In der zeitgenössischen Darstellung Bundschuhs liest man:

> Giechschloß, 1/2 Stunde von Schesslitz, ein altes Bergschloß, wozu die auf steilen Felsen erbaute Kirche, der Gügel genannt, gehört. Die ehemaligen Herzoge von Meran trugen das Schloß vom Hochstifte Bamberg zu Lehen. [...] 1248 verleibte es Bischoff Heinrich den bischöfflichen Tafelgütern mit der Verordnung ein, daß es nicht mehr zu Lehen ge-

---

6 Vgl. Tilmann Breuer: *Landkreis Lichtenfels.* München 1962, S. 143–145.

7 Konrad Kupfer: *Goethes Beziehungen zu Bamberg.* In: Bamberger Blätter 7 (1930), Nr. 7, Juli, S. 26 bis 27; hier S. 27.

8 Georg Hetzelein: *Goethe reist durch Franken.* Geschildert und gezeichnet von G. H. Nürnberg 1968, S. 96.

geben werden dürfe. Das Schloß war ehemals der Sitz des Oberamtmannes, der davon dem Nahmen Pfleger zu Giech führte. Jetzt bewohnt es ein Jäger.[9]

Der auch „Altengiech" genannte Gügel war nach der Zerstörung durch die Hussiten im Jahr 1439 eine Burgruine, deren Mauerwerk später auch zum Bau der Kirche verwendet wurde.[10] Als Baumeister der Wallfahrtskirche auf dem Gügel gilt Lazaro Agostino. Doch ist „aus den Vikariatsprotokollen der Jahre 1622 und 1623 [...] zu schließen, daß auch Giovanni Bonalino an den Bauarbeiten beteiligt war".[11]

Die abgebildete, nach 1810 entstandene Federzeichnung mit Sepia stammt von dem Architekturzeichner und Landschaftsmaler Friedrich Carl Rupprecht (geb. 1779 in Obernzenn, gest. 1831 in Bamberg). Sie zeigt das Ensemble im Blick nach Westen.

Abb. 4
Friedrich Carl Rupprecht, *Giech und Gügel*, Federzeichnung mit Sepia

---

9 J[ohann] K[aspar] Bundschuh: *Geographisches Statistisch-Topographisches Lexikon von Franken.* Bd. 2. Ulm 1800. Repr. München 1979, Sp. 320.

10 Curt Tillmann: *Lexikon der deutschen Burgen und Schlösser.* Bd. I. Stuttgart 1958, S. 23.

11 Angela Michel: *St. Pankratius auf dem Gügel.* In: Heimat Bamberger Land 9 (1997), H. 1, S. 3–13; hier S. 3. Für den Hinweis auf Friedrich Carl Rupprechts Federzeichnung mit Sepia *Giech und Gügel* (Abb. 4) danke ich Herrn Professor Dr. Bernhard Schemmel. Eine weitere zeitgenössische Darstellung von Karl Theodori und Johann Gabriel Friedrich Poppel findet sich bei Vollet (Anm. 1): *Burg Giech und St. Pangratz um 1850*, Abb. 172, S. 222.

RENÉ JACQUES BAERLOCHER

*Anmerkungen zur Diskussion um Goethe, Todesstrafe und Kindsmord**

> Mit keinem anderen Nationaldichter wurde, soweit ich sehe, auch nur entfernt in solchem Ausmaß Unfug getrieben.
>
> Terence James Reed[1]

> Bei Goethe fehlen [die] Strategien der Vorsicht. Er fürchtet sich nicht vor dem Mißverstandenwerden. [...] Das muß die Lektüre nicht anstrengender machen, es verlangt nur eine etwas andere, etwas vorsichtigere Einstellung. [...] Was wir bei [Goethe] vernehmen, mutet bald sehr vertraut an, bald erscheint es fremd bis zum Exotischen. [...] Diese Merkwürdigkeit hängt zusammen mit einem weiteren elementaren Charakterzug von Goethes Erzählen, dem vielen Unausgesprochenen.
>
> Peter von Matt[2]

Zwar keineswegs zum ersten, dieses Mal jedoch in sehr bedenklichem Zusammenhang ist der Charakter Goethes ins Zwielicht geraten. Viele Menschen, für die Goethe, aus welchen Gründen auch immer, etwas bedeutet, verspüren Zweifel und Unsicherheit[3] über die

* Vorbemerkung: Eine Studie zur Thematik ist in Arbeit, erfordert aber mehr Zeit und Aufwand als erwartet. Das Zurückgehen auf die Quelle, d. h. das vollständige Reskript Carl Augusts vom 13. Mai 1783, erlaubte es, Goethes Haltung im Kindsmordprozeß Höhn von 1783 anders zu deuten, als es meist geschieht. Darum liegt dem Verfasser daran, hier ein Zwischenergebnis in Form einer Miszelle vorzulegen.

Damit erklärt sich eine gewisse Disproportion von Text und Anmerkungen. Der Text ist so eingerichtet, daß der rasche Leser auf den Apparat verzichten (oder ihn nachträglich und separat zur Kenntnis nehmen) kann.

In der angekündigten Studie sollen u. a. das Reskript Carl Augusts vom 13. Mai 1783 und die Voten von Christian Friedrich Schnauß und Jakob Friedrich Freiherr von Fritsch, Goethes Kollegen im Geheimen Consilium, ungekürzt abgedruckt werden, damit der Leser die Fakten und damit die furchtbare Alternative anschaulich vor Augen hat, vor die Goethe bei der ihm 1783 abgeforderten Entscheidung gestellt war. Ferner sollen die relevante juristische Literatur und Zeugnisse der – meist unwillkürlich positiv und menschenfreundlich konnotierten – Aufklärung, soweit sie Rechtliches betreffen, behandelt werden.

Herrn Dr. Frank Boblenz, wiss. Archivar am Thüringischen Hauptstaatsarchiv Weimar, danke ich für die Ermächtigung zum (hier vorerst teilweisen) Abdruck von Carl Augusts Reskript vom 13. Mai 1783.

1 Terence James Reed: *Humanpraxis Literatur. Essays um Goethe.* Jena, Weimar 2001, S. 13.

2 *Goethe erzählt. Geschichten, Märchen, Schilderungen, Abenteuer und Geständnisse.* Mit Begleittexten hrsg. von Peter von Matt. München, Wien 1996, Nachwort (Auszüge), S. 553/554.

3 Der Verfasser, der sechs Jahre lang die Schweiz in Vorstand und Arbeitsausschuß der Goethe-Gesellschaft in Weimar vertrat und dadurch Kontakte zu deutschen Ortsvereinigungen und ausländischen Goethe-Gesellschaften hat, verfügt über konkrete Beispiele.

Beschaffenheit von Goethes humaner Gesinnung, seit im Jubiläumsjahr 1999 in der deutschen Presse zu lesen war, der damalige Bundespräsident habe „vor der Idealisierung" gewarnt, weil Goethe z. B. als Mitglied des Geheimen Consiliums die Todesstrafe für eine Kindsmörderin befürwortet habe.[4]

Dazu gesellen sich Äußerungen an wissenschaftlich bedeutsamer Stelle. In einer Studie über die Situation der *Faust*-Philologie erwähnt der Präsident der amerikanischen Goethe-Gesellschaft den „Fall der Kindsmörderin Anna Katharina Höhn, die 1783 in Weimar hingerichtet wurde" und fügt hinzu:

> Das Votum des *Faust*-Dichters im Geheimen Consilium gab den Ausschlag zu ihrer Verurteilung. Das Entsetzen darüber hat am einläßlichsten Sigrid Damm artikuliert. Die Frage scheint berechtigt, ob Goethes Votum für die Exekution der Kindsmörderin in irgendeiner Weise relevant ist für eine Lektüre des *Faust* heute.[5]

Damit wird nicht nur Damms Bestseller-Roman[6] zu einem ernstzunehmenden Beitrag zur wissenschaftlichen Faustdiskussion erhoben[7], sondern (mit „Entsetzen") Goethe

---

4 Süddeutsche Zeitung (Feuilleton) Nr. 86 vom 15. 4. 1999, S. 19. – Weitere Nachweise bei Wittkowski (Anm. 26). – Roman Herzog hatte vor allem W. Daniel Wilsons vieldiskutierte Veröffentlichungen im Auge. Klaus Lüderssen bezeichnet Wilsons These, „der Name Goethes habe die Erforschung der unschmackhaften politischen Zustände im Herzogtum Weimar mit einem ‚Tabu' belegt", zutreffend als „absurden Einfall" (Klaus Lüderssen [Hrsg.]: *„Die wahre Liberalität ist Anerkennung". Goethe und die Jurisprudenz.* Baden-Baden 1999, Vorwort, S. 12). – Auf Lüderssens inhaltsreiche Sammlung juristischer Aufsätze sei bei dieser Gelegenheit erneut und nachdrücklich hingewiesen.

5 Hans Rudolf Vaget: *„Wer Vieles bringt, wird manchem etwas bringen". Zur Situation der „Faust"-Philologie im Jubiläumsjahr 1999.* In: *Goethe-Philologie im Jubiläumsjahr – Bilanz und Perspektiven.* Kolloquium der Stiftung Weimarer Klassik und der Arbeitsgemeinschaft für germanistische Edition, 26.–27. 8. 1999. Hrsg. von Jochen Golz. Tübingen 2001, S. 40. (Vaget beruft sich ausdrücklich auch auf Wilson.)

6 Sigrid Damm. *Christiane und Goethe. Eine Recherche.* Frankfurt a. M. u. Leipzig 1998. – Hier wird aus dieser 1. Auflage zitiert.

Im Klappentext wurde das Buch ausdrücklich als Roman bezeichnet. Der – wissenschaftlichen Anspruch suggerierende – Zusatz „Eine Recherche" stammt vom Verleger Siegfried Unseld, wie Damm freimütig bekennt. Sie bezeichnet ihre „Recherche" als „sehr trauriges Buch" und stellt ihre dem Christiane- (in Wahrheit: Goethe-) Buch zugrundeliegende psychische Verfassung und Motivation ebenso offen dar wie die Inkaufnahme ihrer Absicht, „Goethe unsympathisch" erscheinen zu lassen. Dies hänge „mit der Sockelhöhe zusammen", auf der der Dichter bisher für Leser gestanden habe. „Die Nähe, die ich herstelle, ist das Ungewohnte. Für mich wird Goethe aber erst in Augenhöhe spannend". (Zitate aus: *„Ich maße mir nicht an, Leben beschreiben zu können". Sigrid Damm über ihre Arbeit an dem Bestseller „Christiane und Goethe. Eine Recherche".* In: Literaturen. Das Journal für Bücher und Themen. 7/8 [2001] [Doppelheft: *Biografien. Leben & Legenden*]; dort S. 36–38.)

Auch andere Autoren versuchten freilich, „Nähe zu Goethe" herzustellen, kamen dabei aber zu ganz anderen Empfindungen und Ergebnissen. So fand zum Beispiel Karl Jaspers an Goethe so vieles auszusetzen, daß daraus ein notorischer und bis heute nachwirkender Streit entsprang. Gleichwohl kommt er zum Schluß: „Der Mensch [Goethe] steht so leibhaftig vor uns, vom Kinde bis zum Greise, als ob wir ihm in allen seinen Lebensphasen persönlich begegnet wären. Er verträgt es, in nächster Nähe gekannt zu sein; er wächst, je besser wir ihn kennen" (Karl Jaspers: *Unsere Zukunft und Goethe* [1947]. In: Karl Robert Mandelkow: *Goethe im Urteil seiner Kritiker.* Teil IV. München 1984, S. 291). Allerdings beanspruchte Jaspers nicht wie Damm, Goethe auf Augenhöhe zu haben.

7 Es gibt weitere Anhaltspunkte, die Außenstehende und Laien veranlassen konnten, Damms „Recherche" als glaubwürdig anzusehen. So verlieh beispielsweise der damalige Präsident der Goethe-

direkt und kausal als Hauptverantwortlicher für die Hinrichtung einer Kindsmörderin bezeichnet.

In der Tat behauptet Damm (S. 89), Goethe sei das „Zünglein an der Waage" gewesen, als der Herzog Carl August 1783 das Todesurteil der Kindsmörderin Höhn zu bestätigen hatte, weil Goethe „aufklärerischen Positionen" Carl Augusts (Damm, S. 83, auch S. 82, S. 89) nicht gefolgt sei. Worin solche, offenbar von vornherein positiv konnotierten aufklärerischen Positionen bestehen könnten, erfährt der Leser nicht. Damm schreibt: „Carl August schlägt eine lebenslange Zuchthausstrafe vor" (S. 83); später ist die Rede – jedoch in unrichtigem Zusammenhang – von „wiederholten öffentlichen Züchtigungen" (S. 84).[8] Damm geht jedoch noch weiter und wirft die erstaunliche Frage auf, ob Goethe die nach ihrer Darstellung „diametral entgegengesetzten" Voten seiner beiden Kollegen (Fritsch und Schnauß) im Geheimen Consilium „überhaupt gelesen" habe:

> Sein zu den Akten gegebener Satz wirkt wie das Ergebnis zerstreuten Hinschauens, wie ein kleiner Unfall im *Schlendrian der Geschäffte*. Das Schockierende ist die Lässigkeit, mit der er die Übereinstimmung konstatiert und sein Ja zur Todesstrafe gibt. (Damm, S. 89 f.)[9]

Spätestens diese Feststellung hätte selbst Leser, die mit Goethe wenig vertraut sind, stutzig machen und – um Damms eigene Formulierung zu verwenden – „schockieren" und ver-

---

Gesellschaft Damms Verleger 1999 die Goethe-Medaille, wobei in der Laudatio Damms Buch ausdrücklich lobend erwähnt wurde (GJb 1999, S. 445); entsprechend die unkritische, Genauigkeit und Quellentreue suggerierende Rezension in GJb 1998, S. 290 f. – Auf der Rückseite des Umschlags und ebenfalls auf dem Vorsatzblatt der im Zeitpunkt der Drucklegung in den Buchhandlungen aufliegenden 1. Taschenbuchausgabe 2001 (it 2800) von Damms „Recherche" wird Marcel Reich-Ranicki zitiert, der findet, dieses Buch habe „den größten Preis verdient", und die Neue Zürcher Zeitung (Andreas Nentwich) mit dem Urteil: „Spannend wie ein Roman und doch in allen Einzelheiten verbürgt". Was solche „Verbürgung" anbelangt, sei vorerst auf Anm. 9, 11 und vor allem auf Anm. 19 verwiesen.

Damm selber relativiert ihre Rolle in einer „Nachbemerkung": „Ich vertraue ausschließlich dem Verbürgten, dem Dokument. Dieses Buch ist keine wissenschaftliche Monographie. Ich nähere mich meinem Thema erzählerisch" (S. 517). Der Leser wird freilich bei einem in der Insel erschienenen umfangreichen Buch auf den Untertitel „Eine Recherche" vertrauen.

8 Vgl. dazu Anm. 19.

9 Die in der Vorbemerkung angekündigte Arbeit wird sich damit beschäftigen, wie mit der Auswahl von Zitaten eine gewünschte Stimmung erzeugt werden kann, handle es sich nun um „eiserne Reifen", die Goethes Herz eingefaßt haben sollen (Damm, S. 94), um „Exkremente der Weimarischen Armuth" (S. 102) oder gar um „Schlendrian der Geschäffte" – letzteres ohne Nachweis dem Brief an Knebel vom 21. November 1782 entnommen, zu einer Zeit also, als Goethes Zweifel am Erfolg seiner erhofften amtlichen Vorhaben immer stärker wurden. Aus diesem Knebel-Brief hätte sich allerdings anderes zitieren lassen, z. B. dieser Satz: „Nur im innersten meiner Plane und Vorsäze, und Unternehmungen bleib ich mir geheimnißvoll selbst getreu und knüpfe so wieder mein gesellschafftliches, politisches, moralisches und poetisches Leben in einen verborgenen Knoten zusammen" (WA IV, 6, S. 97 f.).

Davon abgesehen, handelt es sich bei der Todesstrafe ohnehin um ein Thema, das in ungewöhnlichem Maße Emotionen bewirkt und stets umstritten war und bleibt. Während der Materialsuche zu dieser Arbeit hatte das oberste Gericht der USA zu entscheiden, ob ein geistig Behinderter hingerichtet werden darf (Neue Zürcher Zeitung vom 22./23. 6. 2002, S. 5). Der Leser wird weitere Beispiele kennen.

anlassen müssen, diese gravierenden Unterstellungen, mit denen Goethes Integrität nachhaltig in Frage gestellt wird, unvoreingenommen zu überprüfen, mit anderen Worten: über diese sogenannte „Recherche" zu recherchieren.

Es wird sich kaum eine Stelle in der Literatur finden lassen, die Goethe Nachlässigkeit (gar nicht zu reden von „Schlendrian") im Umgang mit seinen Amtsgeschäften vorhält oder gar nachweist – noch dazu bei einem Vorgang, bei dem es um ein (damals als schwerwiegend beurteiltes) Delikt und um Leben und Tod geht und erst noch in einem Zusammenhang, den Goethe wie kein anderer vor und nach ihm dichterisch gestaltet und nachempfunden hat.[10] Ebensowenig wird sich in der Literatur ein Nachweis zu Damms Behauptung finden, die Voten von Fritsch und Schnauß hätten einander „diametral widersprochen". Um sich selber vom Gegenteil zu überzeugen, genügt eine genaue und unvoreingenommene Lektüre derselben.[11]

---

10 Aufschlußreich erscheint z. B. die leidenschaftslose Darstellung des Vorgangs von 1783 durch Thomas Mann: „[Goethe] hat, so will man wissen, als Minister der Gesellschaft das Ihre gegeben, indem er das Todesurteil über eine junge Kindsmörderin, die selbst der Herzog zu begnadigen wünschte, durch seine Unterschrift guthieß … Ist das Vorkommnis wahr, so zeugt es von einer strengen Selbstkorrektur der Güte und des Erbarmens, von ihrer Unterdrückung zugunsten des Ordnungsgeistes" (Thomas Mann: *Über Goethes Faust [1938]*. In: *Adel des Geistes. Sechzehn Versuche zum Problem der Humanität.* Stockholm 1945, S. 703). – Wahrscheinlich hatte Mann Kenntnis von der irrtümlichen, ebenfalls zu einem Goethe-Jubiläum (1932) präsentierten und sich lange haltenden Darstellung von K. M. Finkelnburg, Goethe habe unter das Gutachten der Weimarer Räte, die sich für die Beibehaltung der Todesstrafe aussprachen, einfach „Auch ich" geschrieben. Finkelnburg kam zu fast wortgleichen Ergebnissen wie Damm: Goethe habe die Sache „formelhaft, ohne eine Silbe individualisierenden Eingehens auf den Fall" abgetan. Was dazu zu sagen ist, ist bei Willy Flach, dessen Kompetenz und Integrität als Herausgeber von *Goethes Amtlichen Schriften* niemand in Frage stellen wird, nachzulesen: Willy Flach: *Goethe und der Kindsmord.* In: Thüringer Fähnlein 3 (1934) 9, S. 599, Anm. 1.

11 Auf S. 88 schreibt Damm, „Was die Gesetzeslage betrifft, liegt eine weitgehende Übereinstimmung mit Schnauß vor. Dennoch ist Fritschs Grundhaltung eine andere". Eine Seite später sind die Haltungen von Schnauß und Fritsch bereits unvereinbar geworden: „Die von Fritsch und Schnauß im einzelnen diametral entgegengesetzten Haltungen unter einer zu subsumieren, wie Goethe es tut, ist schlechterdings nicht möglich" (S. 89). Diese willkürliche Unterstellung Damms ist freilich unerläßlich, wenn Goethe „das Zünglein an der Waage" sein soll. Flach, den Damm selber als „einzige Quelle, der Einzelheiten zu entnehmen sind", bezeichnet (S. 84), schreibt – mit Recht – das Gegenteil: „In eingehenden Darlegungen und mit stichhaltigen Gründen führten die Geheimen Räte von Fritsch und Schnauß aus, daß nach ihrer Ansicht gerade in den Fällen des Kindesmords die Todesstrafe grundsätzlich beizubehalten sei und daß gewisse Härten im einzelnen immer durch das Begnadigungsrecht des Landesherrn ausgeglichen werden könnten" (Flach [Anm. 10], S. 605). Gleich äußert sich die derzeit gründlichste Arbeit zur Thematik, in der kompetent auch juristisches Material verarbeitet wird: Kirsten Peters: *Der Kindsmord als schöne Kunst betrachtet. Eine motivgeschichtliche Untersuchung der Literatur des 18. Jahrhunderts.* Würzburg 2001, S. 114.

Fritsch und Schnauß raten in ihren Voten übereinstimmend zur Beibehaltung der Todesstrafe. Schnauß kann dem Herzog „nicht anrathen, von der in den bekannten peinlichen Gesetzen verordneten Todes-Strafe, weder im vorliegenden Fall, noch überhaupt beym Kinder-Mord, um der schädlichen Folgen willen, abzugehen" (AS I, S. 250), und begründet das – aus damaliger Sicht – u. a. mit dem Hinweis darauf, daß auch durch die Einrichtung von „Findel-Häußern" Kindermorde nicht unterblieben seien (AS I, S. 249, Z. 13). Fritsch vermag, ebenfalls unter Hinweis auf

Zunächst eine kurze Zusammenfassung des Vorgangs.[12] 1783 hatten sich die Weimarer Behörden mit drei Fällen von Kindsmord auseinanderzusetzen.[13] Das uns beschäftigende Urteil des Jenaer Schöppenstuhls vom 19./25. September 1783 besagt, die aus Tannroda stammende Anna Katharina Höhn habe

---

das fürstliche Begnadigungsrecht, „eigentlich keinen hinreichenden Veranlaßungs-Grund zu einer anderweiten Gesezgebung über diesen Punckt abzusehen" (AS I, S. 246). Fritsch glaubt nicht, daß vom Herzog eine „härtere an die Stelle der vorherigen [Strafe] zu sezen gemeynet seyn" möchte, sondern sie „würcksamer und abschreckender zu machen" (AS I, S. 247). Das ist natürlich eine offensichtliche, fast ironische Beschönigung des Sachverhalts. Da das Reskript des Herzogs genau diese Möglichkeit erwägt, fügt Fritsch – juristisch gesprochen: als Eventualstandpunkt – vorsorglich hinzu, daß er zwar gegen einen Versuch „nichts zu erinnern" hätte: „Nur muß ich dabey bemercken, daß die in dem gnädigsten Rescript vorgezeichnete Strafe, auch ohne die von einigen Membris der Fürstlichen Regierung in ihren Votis angegebene, zu deren noch mehreren Exasperirung dienen sollende Zusäze mir härter als Todes-Strafe düncket". Dies ist der entscheidende Punkt, und darum rät Fritsch eventualiter, d. h. für den Fall, daß der Herzog seinem eigenen, härteren Vorschlag den Vorzug geben sollte, daß „einige Milderung in den Neben-Umständen, besonders auch in Ansehung der Wiederholung der öffentlichen Ausstell- und Züchtigung, anzurathen seyn möchte". Auf alle Fälle müsse dann den Täterinnen billigerweise ein Wahlrecht zugestanden werden (AS I, S. 247).

Die gewundenen Formulierungen machen deutlich, wie peinlich Fritsch der Vorschlag des Herzogs war. Umso mehr muß es erstaunen, daß bisher niemand, soweit ersichtlich, den Text des fürstlichen Reskripts publiziert hat. Liest man das Reskript, werden die Vorbehalte von Fritsch und die Haltung von Goethe sofort verständlich.

12 Damm schildert den Vorgang geradezu blutrünstig, mit allen Einzelheiten, die ihre Phantasie nur immer aufzubieten vermag, obgleich die Sache mit dem Thema des Buches in keinerlei Zusammenhang steht. Der Kindsmord-Fall ereignete sich fünf Jahre, bevor sich Goethe und Christiane kennenlernten, und es gibt m. W. weder ein Zeugnis dafür, daß er zeitlebens zwischen ihnen auch nur andeutungsweise zur Sprache kam, noch dafür, wie Christiane darüber dachte – ob sie sich überhaupt viel dabei gedacht hat (was ich angesichts der damaligen Verhältnisse bezweifle). Damm schildert sogar den Umgang mit der geköpften Leiche – in einer Biographie über Goethes Ehe. – Goethe hat es nicht zu verantworten, daß der Weg des medizinischen Fortschritts bekanntlich und leider mit Leichen – nicht zuletzt von Delinquenten und Unfallopfern – und unendlichem Tierleid gepflastert war und ist.

Gleiches gilt für die von Damm kritisierte Anordnung der Teilnahme der Bevölkerung Weimars an der Exekution und die logistischen Vorbereitungen dazu (S. 91 ff.). Dies war nach damaligem Rechtsverständnis eine Selbstverständlichkeit. Weil Hauptzweck der Strafe damals Abschreckung war, wurden peinliche Strafen öffentlich vorgenommen, um so das Ziel zu erreichen. Damals gab es eben keine Medien wie heute, wo wir eine Hinrichtung auf dem elektrischen Stuhl und andere Formen von Exekutionen, oder einfach militärische Gemetzel, im Fernsehen oder in der Zeitung synchron mitverfolgen können. Das alles hat mit Goethe nichts zu tun.

13 „Der [Jenaer] Schöppenstuhl berät zur gleichen Zeit über zwei weitere Fälle von Kindsmord. In beiden Fällen erfolgt kein Todesurteil" (Damm, S. 84). – Diese beiden Fälle sind jedoch mit jenem der Höhn rechtlich nicht vergleichbar. Im Falle Höhn lag nicht nur „böser Vorsatz" ohne „die geringste Entschuldigung ihrer mit rechten Bedacht verübten Grausamkeit" (Votum Schnauß; AS I, S. 250, Z. 10 u. 41 ff.) vor, sondern vor allem ein nicht erzwungenes Geständnis, was nach der damaligen Gesetzgebung die Todesstrafe zur Folge hatte und eine Begnadigung praktisch verunmöglichte. – Zu den beiden anderen, vom Sachverhalt her anders gelagerten Fällen ist auf die Dokumentation bei Kirsten Peters (Anm. 11) zu verweisen (S. 114, Fn. 376).

> gestanden, daß sie am 11ten April dieses Jahres [1783] mittags zwischen 12 und 1 Uhr, im Bette liegend, ein Kind geboren und solches auf eine Viertelstunde lang an der Nabelschnur hängen lassen, nachher aber es von derselben mittelst eines Messers abgelöset, wobei es geheulet und sich gereget, wie sie deutlich wahrgenommen, als sie, um das Kind zu sehen, das Deckbette zurückgeschlagen gehabt, auch daß sie darauf demselben mit dem nämlichen Messer, womit sie es abgelöset gehabt, drei Stiche in den Hals und zwar vorerst einen und dann noch zwei hinter einander gegeben, wobei sie das Kind mit der einen Hand gehalten, dieses aber ein wenig geschrien und sich mit den Händen gereget, ingleichen, daß sie dasselbe in das Bettstrohe gedrückt, um solchergestalt dasselbe, wenn es etwa noch nicht ganz tot sein sollte, vollends zu ersticken, wie es denn auch daselbst mit drei Stichen im Hals vorgefunden und diese nebst der Quetschung der linken Seite des Kindes vor die Ursachen seines Todes erachtet worden. [...] So ist derowegen Inquisitin [...] des begangenen und gestandenen Kindermords wegen, andern zum abschreckenden Beispiel, ihr selbst aber zur wohlverdienten Strafe, mit dem Schwert vom Leben zum Tode zu richten.[14]

Dieser Fall gab Anlaß zum Reskript Carl Augusts vom 13. Mai 1783[15], mit dem der Herzog zunächst die Mitglieder der Regierung und später des Geheimen Consiliums, und damit auch Goethe, aufforderte, ihm deren Meinung dazu schriftlich mitzuteilen[16], d. h. zu seiner, wie sich der Herzog ausdrückte, „Idee“, daß es

> nicht nur rathsam und nothwendig, sondern auch dem Geist der Gesetze, nach welchem bey deren Strafen die hauptsächlichste Absicht auf die Verhüthung künftiger Verbrechen zu richten, am angemeßensten sey, an statt der auf den Kinder-Mord gesetzten Todes-Strafe eine andere, zur Erreichung des unverwehrten[17] Endzwecks würcksamere, mit deren Motiven und Reitzungen zu diesem Verbrechen in näherer Relation und Analogie

---

14 Flach (Anm. 10), S. 601, 604 f. – Dort finden sich auch die Einwände der Verteidigung, die wegen des nicht erzwungenen Geständnisses der Delinquentin kein Gehör fanden.

15 ThHStAW Akte B 2754. Danach wird nachstehend wortgenau und ohne Änderung von Orthographie oder Zeichensetzung zitiert.
Im Heft 1 der *Beiträge zur Geschichte der deutschen Strafrechtspflege*, betitelt *Die Strafrechtspflege in Sachsen-Weimar-Eisenach unter Carl August*, Berlin u. Leipzig 1929, publizierte Friedrich-Wilhelm Lucht einige Auszüge aus diesem Reskript, jedoch, nach einem unklaren, allgemein gehaltenen Hinweis (S. 38, Anm. 35) zusammenhanglos und höchstens anhand der Signatur in den Fußnoten rekonstruierbar.

16 Bekanntlich schrieb Goethe dem Herzog am 25. Oktober 1783: „Ich getraue mir nämlich nicht meine Gedancken hierüber in Form eines Voti zu fassen, werde aber nicht ermangeln in wenigen Tagen einen kleinen Aufsatz unterthänig einzureichen“. Da aber der Herzog offenbar ein schriftliches Votum bei den Akten haben wollte, reichte Goethe am 4. November 1783 die Bemerkung nach: „Da das Resultat meines unterthänigst eingereichten Aufsatzes mit beyden vorliegenden gründlichen Votis völlig übereinstimmt; so kann ich um so weniger zweifeln selbigen in allen Stücken beyzutreten, und zu erklären daß auch nach meiner Meinung räthlicher seyn mögte die Todtesstrafe beyzubehalten“ (AS I, S. 251). – Goethes Aufsatz ist verloren. Damm (S. 90) unterstellt, Goethe könnte ihn als „eigene, ihn belastende Akten“ verbrannt haben. Die hier vertretene Auffassung des Vorgangs läßt im Gegenteil vermuten, daß Goethes Aufsatz ein Zeugnis von Menschlichkeit war, die sich in einer unmenschlichen Situation zu bewähren hatte.

17 Dieses Wort ist nicht sicher lesbar.

> stehende zu substituiren, und solche dergestalt zu bestimmen, daß dadurch die Furcht vor der Schande und vor denen mit der Ernährung und Erziehung eines Kindes verknüpften Mühseligkeiten, welche den Kinder-Mord gemeiniglich veranlaßet, die Furcht vor einer, bey deßen Entdeckung, unausbleiblich erfolgenden viel größeren und fortdauernden Schande und öffentlichen Beschimpfung wie auch vor viel härtern Beschwerlichkeiten eines immer elenden Lebens entgegengesetzt werde, und der durch deren Vollstreckung auf das Publicum zu machende Eindruck von Zeit zu Zeit erneuert werden könne.

Vor dieser beklemmenden Ankündigung weist der Herzog auf die vielfältigen Gründe hin, mit denen „in den neueren Zeiten die Rechtmäßigkeit, der Nutzen, und die Nothwendigkeit der Todes-Strafen überhaupt in öffentlichen Schriften theils bestritten und theils vertheidiget worden" seien, wobei sich „denen auf beyden Seiten aufgestellten Gründen ein gewißer Grad von Stärke nicht absprechen läßt". Er geht auf die Umstände der Kindstötung ein und daß die „Schwäche und Betäubung [...] einer unehelich schwangeren Weibs-Person", die Furcht vor der unausbleiblichen Schande sie dazu hinreißen könne, „das unglückliche Geschöpf, von deßen Daseyn sie alle diese Übel zu besorgen hat, aus dem Wege zu räumen". So könne sich „unter dem Abscheu, den das Verbrechen selbst macht, einiges Mitleiden gegen die Verbrecherin einmischen, und einen Bewegungs-Grund zu Milderung der Strafe an die Hand geben". Vor allem aber habe sich gezeigt, daß die Hinrichtungen „den Nutzen und die Wirkung nicht gehabt haben, [...] Verbrechen dieser Art abzuwenden, oder auch solche nur seltener zu machen". Der Grund sei wohl darin zu suchen,

> daß, da die eines Kinder-Mordes sich schuldig machende Weibes-Personen gemeiniglich zur niedrigsten Claße des Pöbels gehören, der Eindruck, welchen das Beyspiel einer Hinrichtung auf die zum Nachdencken nicht gewöhnte Gemüther dieser Art von Menschen macht, mit so viel Schrecknißen derselbe auch anfänglich begleitet seyn mag, dennoch nur so lange, als die fürchterliche Scene selbst ihnen in die Sinne fällt, oder doch nicht viel länger, dauert [...].[18]

Dies waren die Überlegungen, die Carl August veranlaßten, der Regierung eine andere Strafe – „die Uns [als] Idee beygegangen", wie er sich ausdrückt – zur Beurteilung vorzuschlagen. Wir werden uns dieser „Idee" gleich zuwenden.[19]

---

[18] Vermutlich relativ kurz vor der Abfassung dieses Reskripts war Goethe mit der unheimlichen Schilderung einer Exekution und ihrer Folgen, die wir aus *Wilhelm Meisters theatralische Sendung* (WA I, 51, S. 150f.) kennen, beschäftigt. Es liegt nahe zu vermuten, daß sich der Herzog und Goethe damals, angesichts der breiten Diskussion des Themas, über solche Gegenstände unterhalten haben. Demjenigen, der Beccaria (aber auch Voltaire) im Original liest, wird die stilistische Verwandtschaft all dieser Texte nicht entgehen.

[19] Damm erwähnt das Reskript, zitiert jedoch daraus nur einen belanglosen Satz (S. 83). Die von Carl August vorgeschlagene Alternative beschreibt sie als „lebenslange Zuchthausstrafe" (a. a. O.). Später schreibt sie: „Aus einer Bemerkung von Fritsch läßt sich entnehmen, daß die Regierungsmitglieder sich ebenfalls gegen die Todesstrafe aussprachen und stattdessen wiederholte öffentliche Züchtigungen forderten" (S. 83f.). In Wahrheit stammte, wie wir sehen werden, die „Idee" und die konkrete Ausgestaltung der Alternativstrafe mit allen Einzelheiten natürlich von Carl August selber. Regierungsmitglieder erwogen in ihren (nicht mehr vorhandenen) Stellungnahmen

Überblickt man die juristische und die germanistische Literatur zum Vorgang von 1783, so wird man feststellen, daß er immer im Kontext „Goethe als Jurist“ behandelt wird. Das führte dazu, daß der Germanist und Literaturhistoriker die Sache in die Kompetenz der Juristen legte. Der Jurist aber war und ist vor diesem Vorgang ratlos. Erfolglos versuchte und versucht er, ihn in Einklang zu bringen mit Goethes Haltung zur Todesstrafe und zu Recht und Staat überhaupt; vor allem zu den immer wieder bemühten Goethe-Zitaten zur Todesstrafe, angefangen von den Straßburger Thesen bis hin zu schwierig zu situierenden Stellen aus den *Wanderjahren*. Goethes Position wird, ganz grob vereinfacht, gedeutet als Ausfluß seines ausgeprägten Ordnungsdenkens und seiner Überzeugung, daß der damalige moralische und politische Zustand der Gesellschaft eine Milderung des Strafrechts oder gar die Abschaffung der Todesstrafe nicht zulasse, soweit dieses, im Verein mit einer vernünftigen Regierung und Administration, die Sicherheit und Ruhe des Staates, der Gesellschaft und der Bürger zu gewährleisten habe.[20] An solchen Kriterien messend, fand sich der Jurist in einiger Verlegenheit[21], den Vorgang einzuordnen: in Goethes Rechts-

---

lediglich eine – fast nicht vorstellbare – zusätzliche Verschärfung („Exasperirung“) der Züchtigungen. Dies ist es, was sich in Wahrheit aus den Akten und dem Votum von Fritsch (AS I, S. 247, Z. 12–16) ergibt. – Flach, den Damm, wie schon erwähnt, selber als einzige Quelle, der Einzelheiten zu entnehmen seien, bezeichnet (Damm, S. 84), redet von einer lebenslänglichen „qualifizierten“ Zuchthausstrafe (Flach [Anm. 10], S. 600).

Diese Beispiele mögen hier genügen, den Umgang mit Quellen in Damms „Recherche“ darzutun.

20 Neben der in diesem Aufsatz zitierten Literatur mag verwiesen sein auf Ekkehart Krippendorff: *„Wie die Großen mit den Menschen spielen“. Versuch über Goethes Politik.* Frankfurt a. M. 1988 (gekürzt und aktualisiert in: Der Deutschunterricht (1999) 1: *Goethe.* Hrsg. von Bernd Leistner, S. 40 ff. *[Goethe – Politik gegen den Zeitgeist]).*

Goethes juristische Position scheint zeitlebens ziemlich kohärent gewesen zu sein. Radbruch wies nach, wie sich schon beim Studenten Goethe die Richtung durch eine kühne Umdeutung anzeigt: „Leitstern für den Gesetzgeber soll das Staatsinteresse sein: Salus rei publicae suprema lex esto (46). Goethe hat diesen Satz aus Ciceros Schrift *de legibus* entnommen, aber er hat die dortigen Worte salus populi hier durch salus rei publicae ersetzt, das Volkswohl durch die Staatsraison“ (Gustav Radbruch: *Goethe. Straßburger Promotions-Thesen.* In: *Gestalten und Gedanken. Zehn Studien.* Stuttgart 1954, S. 75). Eine Diskussion dieser weitführenden Thematik ist hier nicht möglich; sie hätte zudem vom Wissen auszugehen, daß sich Goethe weder als Dichter, Schriftsteller, Staatsmann, Jurist, Naturwissenschaftler noch als Mensch schlechthin auf irgendeine Position festlegen läßt – das eben zeichnet ihn aus. Gerade in unserem Kontext ist Thomas Manns Feststellung von Bedeutung: „Großartige Naivität, naive Großartigkeit der Selbstschau! Sie hat etwas Kindliches und Dämonisches, etwas Entzückendes und Schaudererregendes zugleich. […] Dieser Geist ist bei nichts festzuhalten, auf nichts festzulegen. Man subsumiere ihn irgend einer Denk- und Daseinsform, man tue es mit Recht, und sogleich wird man sich besinnen und finden: nein, er ist auch das Gegenteil. Das reicht hinab in seine moralische Existenz“ (*Phantasie über Goethe.* In: Thomas Mann: *Goethe's Laufbahn als Schriftsteller. Zwölf Essays und Reden zu Goethe.* Frankfurt a. M. 1982, S. 247 u. 273).

21 Die spekulativen Formulierungen, mit denen in der Rechtsliteratur versucht wird, Goethes Haltung von 1783 zu rechtfertigen oder zu kritisieren, sprechen für sich. Beispielsweise sei hingewiesen auf Heinz Müller-Dietz: *Goethe und die Todesstrafe.* In: Lüderssen (Anm. 4), S. 20 f., oder – fast skurril anmutend – der häufig zitierte Prof. Dr. Wieruszowski (Senatspräsident i. R.): *Goethe und die Todesstrafe.* In: Juristische Wochenschrift. Hrsg. vom Deutschen Anwaltsverein 61 (1932) 12, S. 844 (Spalte II); auch Klaus Lüderssen: *„Ich will lieber eine Ungerechtigkeit begehen, als Unordnung ertragen“. Notizen über Goethes Verhältnis zum Recht.* In: Lüderssen (Anm. 4), S. 190 f.

verständnis, in seine Biographie, in sein Werk oder gar in seine von keinem Verständigen in Frage gestellte humane Gesinnung. Und der Germanist und Literaturhistoriker fand sich in der gleichen Lage, meinte, in Unkenntnis der Quellenlage und damit der wahren Ursache von Goethes Not, vor einer Aporie zu stehen: der Jurist votiere anders als der Dramatiker.[22]

Nein – es handelt sich nicht um eine Rechtsfrage, als die sie immer behandelt wird. Damit ich recht verstanden werde: Natürlich geht es um eine Frage des Rechts – fast jeder Lebensvorgang, mit dem wir konfrontiert sind, betrifft zudem eine solche. Beim Problem jedoch, mit dem Goethe 1783 konfrontiert war, geht es weder um seine Einstellung zur Todesstrafe noch ist spezifisch-juristischer Sachverstand gefordert, wohl aber pragmatischer Menschenverstand, Einfühlung und Sinn für das Maß im Unabwendbaren. Goethe war unter dienstlichem Zwang genötigt, zwischen zwei unmenschlichen Übeln zu wählen, und wählte das ihm menschlich vertretbarer erscheinende. Schon die sehr ungewöhnliche Anrede in Goethes Schreiben an den Herzog vom 25. Oktober 1783 muß stutzig machen: „Serenissimus clementissime regens“ (AS I, S. 251, Z. 8). Keines der Rechtsgüter, die Goethe wichtig waren – Staat, Gesellschaft, Sicherheit und Ruhe des Bürgers, optimale Freiheit zur Entfaltung der Persönlichkeit oder gar das Drohen anarchischer Zustände – waren in Frage gestellt, weil eine ledige Frau heimlich ein Kind zur Welt brachte und es, weil sie sich nicht anders zu helfen wußte, beseitigte. Das aber war nach damaligem Rechtsverständnis ein schweres Delikt und forderte entsprechende Strafe, besonders wenn die Tatumstände (Grausamkeit, Vorsatz) und ein Geständnis einem Freispruch oder doch einer Milderung der peinlichen Strafe bzw. einer Begnadigung zu „bloßem“ Zuchthaus entgegenstanden.

Und jetzt wurde das Geheime Consilium aufgefordert, schriftlich zu einer Alternative des Herzogs Stellung zu beziehen, zu einer Alternative, die so furchtbar ist, daß sich der Vorwurf über die angebliche „Ungeheuerlichkeit“ von Goethes Satz[23], seine (im verlorenen Aufsatz enthaltenen) Auffassungen stimmten mit den Voten seiner Kollegen überein, und es sei darum „räthlicher, die Todtesstrafe beyzubehalten“, in sein klares Gegenteil verkehrt. Das Wort „rätlicher“ ist hier vielmehr das einzig angemessene, und ich stehe nicht an zu bekennen, daß ich gleich wie Goethe und seine Kollegen entschieden hätte, wenn ich versuche,

22 „1783 lag dem Weimarer Geheimen Consilium das Todesurteil eines Jenaer Schöffengerichts über eine Kindsmörderin vor. Goethe zögerte, sein Votum abzugeben, erbat sich Bedenkzeit, schrieb einen (verlorengegangenen) Essay. Schließlich bestätigte er – gewiß mit inneren Vorbehalten – wie seine beiden Kollegen zuvor das Urteil. Der Jurist votierte anders als der Dramatiker. Es ist nicht schwer, seine Gründe nachzuvollziehen, doch bedrückend, die Kluft zwischen Literatur und Leben zu akzeptieren“ (Werner Keller: *Goethes Urfaust – historisch betrachtet.* In: *Siebzig Jahre Goethe-Gesellschaft Hannover. 1925–1995,* S. 40 [zuerst erschienen in der Festschrift für Hans Dietrich Irmscher 1994, S. 43, Anm. 1]).

Wer der hier vertretenen Überzeugung folgt, Goethe habe – unter dienstlichem Zwang – zwischen zwei unmenschlichen Übeln das menschlich vertretbarere gewählt, wird keinen Dissens zwischen Dichter und Juristen ausmachen können. Er wäre aber auch sonst zu diskutieren: Gretchen wird hingerichtet; sie akzeptiert (auf eine höchst differenzierte, im „gewagten“ Sprachgebrauch Goethes [HA 13, S. 317, Z. 14 ff.] geradezu ironische Weise) ihre Schuld ebenso wie das weltliche Urteil zugunsten einer höheren Gerichtsbarkeit und schlägt darum das Angebot zur Flucht – bei der übrigens der Teufel die Regie geführt hätte – aus. So betrachtet, könnten sich auch scheinbare Widersprüche zwischen der frühen und späteren Version des *Faust I* auflösen.

23 Damm (S. 82): „Ein ungeheuerlicher Satz. Wie lebt er mit ihm?“

mich in die Umstände des Falles und die zeitbedingten Prämissen – vor allem auch des damaligen Strafvollzugs – hineinzuversetzen und das Profil der Täterschaft, wenn ein solcher Ausdruck hier erlaubt ist, mitbedenke: es handelt sich um ledige Mütter, also meist um junge und jüngere Frauen. Ich sage dies, obgleich ich ein entschiedener Gegner der Todesstrafe (und des Krieges) bin, aber eingedenk der damals unter dem Einfluß Beccarias herrschenden Vorstellung, ein Schrecken ohne Ende diene der Erreichung des Zweckes der Strafe mehr als ein Ende mit Schrecken.[24]

Und noch etwas: Entscheiden, d. h. kraft eines Amtes unter vorgegebenen Alternativen wählen müssen, ist eines; aus der Behaglichkeit des Arbeitszimmers und vom Schreibtisch her, aus der Rückschau, urteilen, ein anderes.

Hier die Alternative, die Carl August seiner Regierung und später dem Geheimen Consilium zur Todesstrafe anbot, als Konklusion seiner vorstehend zitierten Erwägungen im ungekürzten Wortlaut:

> In Ansehung der Modalität dieser auf den Kinder-Mord fürs Künftige zu setzenden Strafe ist Uns die Idee beygegangen, daß selbige am füglichsten darinnen bestehen könne, daß die Verbrecherin, durch Abschneidung des Haupt-Haars, für immer als eine Mißethäterin zur Schande ausgezeichnet, sodann an den Pranger gestellt und öffentlich gegeißelt, auch, wenn dieses geschehen, auf Lebens Zeit in das Zuchthauß gebracht und darinne zu beständiger und, nach Gelegenheit der Umstände, harter Arbeit angehalten, wie nicht weniger die Stellung derselben an den Pranger und deren öffentliche Geißelung, solange sie lebet, oder doch wenigstens binnen einer zu bestimmenden gemäßen Anzahl von Jahren, jährlich ein oder einigemahle, besonders an dem Jahres-Tag, an welchem sie den Kinder-Mord verübet, wiederhohlet werde.

Nun mag der Leser das Urteil, in Kenntnis des Sachverhaltes, selber fällen und werfe dann, mit Johannes zu reden, den ersten Stein.[25] [26]

---

24 Weder Erwägungen der Humanität, der Menschlichkeit noch der Menschenrechte leiteten Beccaria. Dazu vorerst z. B. Wolfgang Naucke: *Die Modernisierung des Strafrechts durch Beccaria* oder Gerhard Deimling: *Cesare Beccaria: Werk und Wirkung*; beide in: Gerhard Deimling (Anm. 25), S. 30 f. u. 47.

25 Verfehlt wäre es, wegen dieses Reskripts nun einfach dem Herzog Carl August die bisher Goethe angelastete Herzenskälte zuzuweisen. Der Herzog handelte vielmehr in völliger Übereinstimmung mit dem „aufgeklärten" „Zeitgeist". Damm ist sich nicht im klaren, worum es geht, wenn sie von „aufgeklärten Positionen" redet. Es muß der in der Vorbemerkung angekündigten Arbeit vorbehalten bleiben, anhand von Originalbelegen aufzuzeigen, daß von der „Aufklärung" für einen Fall, wie er den Weimarer Behörden 1783 vorlag, nicht die entfernteste Lösung zu erhoffen war. Wohl rieten Aufklärer zu Prävention und Vorkehrung für die Zukunft, klagten jedoch selber über das Fehlen von Mitteln, um solche durchzusetzen. Ohne jeden realisierbaren Rat aber ließen sie Gesetzgeber und Richter, die mit einem konkreten Fall konfrontiert waren, wie es in Weimar 1783 der Fall war. Dies gilt in besonderem Maße für Beccaria, nicht weniger für Voltaire, der frühe, unglaublich harte Auffassungen zwar später milderte, aber gerade für den Fall einer „malice" (wie er 1783 vorlag) jede Antwort schuldig bleibt, wie er zu behandeln sei. Aus Platzgründen kann dies hier noch nicht weiter ausgeführt werden. Vorerst sei wenigstens hingewiesen auf die aufschlußreiche Sammlung von Aufsätzen in: *Cesare Beccaria: Die Anfänge moderner Strafrechtspflege in Europa.* Hrsg. von Gerhard Deimling. Heidelberg 1989.

Hier mag es mit zwei willkürlich ausgewählten Belegen zur Todesstrafe sein Bewenden haben: Beccaria: „Sehr viele betrachten den Tod mit gelassenem und festem Blick, mancher aus Fanatismus, mancher aus Eitelkeit [...] Aber weder der Fanatismus noch die Eitelkeit halten stand unter Fesseln und Ketten, unter Schlägen, unterm Joch, im eisernen Käfig; und der Verzweifelte bereitet seinen Übeln kein Ende, sondern beginnt sie. [...] Wer behaupten wollte, daß die lebenslängliche Zwangsarbeit ebenso schmerzlich wie der Tod und deswegen im gleichen Maße grausam sei, dem würde ich antworten, daß, zählt man alle unglücklichen Augenblicke der Sklaverei zusammen, sie vielleicht noch schmerzlicher ist; diese Augenblicke erstrecken sich jedoch auf das ganze Leben, während die Todesstrafe ihren Eindruck in einem Augenblick erschöpft; und gerade darin liegt der Vorteil der Freiheitsstrafe, daß sie mehr denjenigen erschüttert, dem sie zum Anblick wird, als den, der sie erleidet" (*Cesare Beccaria: Über Verbrechen und Strafen.* Nach der Ausgabe von 1766 übers. u. hrsg. von Wilhelm Alff. Frankfurt a. M. u. Leipzig 1998, S. 127f.).

Voltaire (Übersetzung des Verf.): „Vor langer Zeit schon hat man gesagt, daß ein Gehängter zu nichts mehr tauge und daß die peinlichen Strafen, zum Wohle der Gesellschaft geschaffen, dieser Gesellschaft auch nützlich sein sollen. Es ist evident, daß zwanzig kräftige Diebe, für die Dauer ihres ganzen Lebens zur Zwangsarbeit im öffentlichen Interesse verurteilt, dem Staat durch ihre Strafe dienen, ihr Tod jedoch nur dem Henker zugute kommt, den man dafür bezahlt, daß er öffentlich Menschen tötet" („X. De la Peine de Mort. On a dit il y a longtems qu'un homme pendu n'est bon à rien, & que les suplices inventés pour le bien de la société doivent être utiles à cette société. Il est évident que vingt voleurs vigoureux, condamnés à travailler aux ouvrages publics toute leur vie, servent l'état par leur suplice, & que leur mort ne fait de bien qu'au boureau que l'on paye pour tuer les hommes en public" [*Commentaire sur le livre des délits et des peines; de Mr. Le Marquis de Beccaria, par Mr. de Voltaire.* Nouvelle Édition, Augmentée & corrigée par l'Auteur. A Londes, M.D.CCLXXIII, S. 32]). – (Voltaire behandelt den Kindsmord überraschenderweise im Ingress (I) dieser Schrift, freilich – wie eben erwähnt – so, daß die Weimarer Behörden für ihre Problematik keine Hilfe darin gefunden hätten.)

26 Nachtrag: Ich erhielt zufällig Kenntnis davon, daß sich Wolfgang Wittkowski mit der gleichen Thematik beschäftigt. Wir tauschten unsere Manuskripte aus und kamen überein, gegenseitig auf unsere Aufsätze hinzuweisen, da wir grundsätzlich gleich denken, was den rechtlichen Vorgang von 1783 und dessen Beurteilung durch Damm anbelangt. Wittkowski geht auch auf Goethes Verdienste um die Abschaffung der Kirchenbuße ein. Anders als ich versucht Wittkowski aber, auch biographische und Werk-Zusammenhänge zum Kindsmordprozeß von 1783 herzustellen. (Wittkowskis Aufsatz erscheint Ende 2002 in den Oxford German Studies 31, hrsg. von N. F. Palmers und T. J. Reed.)

Eine Andeutung zur fraglichen Humanität der von Carl August vorgeschlagenen Alternative machte schon Jens-F. Dwars in seiner kritischen Damm-Rezension: *Doch ein schönes Stück Fleisch?* In: Palmbaum. Literarisches Journal aus Thüringen 7 (1999) 1, S. 117 (dort freilich ohne Hinweis auf Dwars' früheres abweichendes Urteil im Palmbaum 3 (1995) 1, S. 111ff.).

SAFIA AZZOUNI

Goethes Lektüre im „Archiv für den Thierischen Magnetismus" – zu einigen neu entdeckten Randnotizen

Die Zeitschrift *Archiv für den Thierischen Magnetismus*, herausgegeben von den Ärzten Carl August von Eschenmayer, Dietrich Georg Kieser und Friedrich Nasse, erschien in 12 Bänden von 1817 bis 1824. Die Herausgeber hatten sich zum Ziel gesetzt, „die Materialien zu einer künftigen Theorie des thierischen Magnetismus zu sammeln, und hierdurch den Grund zu einer strengeren wissenschaftlichen Bearbeitung desselben zu legen, als bis jetzt häufig der Fall gewesen ist".[1] Eschenmayer, Kieser und Nasse ging es jedoch nicht allein um Theoriebildung, sondern auch um den ärztlichen Erfahrungsaustausch über „die näheren Verhältnisse [...], unter welchen der thierische Magnetismus als Heilmittel zu betrachten ist".[2] Damit gehört die Zeitschrift zu den zahlreichen Fachpublikationen in den ersten ca. dreißig Jahren des 19. Jahrhunderts, die den von Franz Anton Mesmer in den 80er Jahren des 18. Jahrhunderts entdeckten und mit großem Aufsehen zuerst in Paris propagierten Mesmerismus vom Verdacht der Magie und Scharlatanerie befreien und als praktische Heilmethode, vor allem bei Nervenkrankheiten, etablieren wollten.[3] Als „tierischen Magnetismus" – synonyme Begriffe sind „animalischer Magnetismus" oder „Mesmerismus" – bezeichnete man eine im Organismus angenommene Kraft planetaren Ursprungs, die, analog zum anorganischen Magneten, im menschlichen Körper eine Polarität hervorzubringen imstande sei. Aktiviert wird diese Kraft durch den Einfluß eines Magnetiseurs oder durch Krankheit. Der tierische Magnetismus manifestiert sich dann als allgemein erhöhte Sensibilität, Somnambulismus und in Phänomenen wie Hellsehen oder Erz- und Wasserfühlen.

Daß Goethe dem tierischen Magnetismus ein deutliches, wenn auch distanziertes Interesse entgegenbrachte, ist bekannt.[4] Am 8. Juni 1817 vermerkt Goethe in seinem Tagebuch: „Staats-

---

1 *Plan und Ankündigung.* In: *Archiv für den Thierischen Magnetismus.* In Verbindung mit mehreren Naturforschern hrsg. von Dr. C. A. von Eschenmayer, Dr. D. G. Kieser, Dr. Fr. Nasse. Bd. 1, Heft 1. Altenburg und Leipzig 1817 (im folgenden zit. als: *Archiv*), S. 1–8; zit. S. 3. Verwendet wurde das Exemplar aus Goethes Bibliothek, vgl. Hans Ruppert: *Goethes Bibliothek. Katalog.* Weimar 1958, Nr. 4183.

2 *Plan und Ankündigung.* In: *Archiv* (Anm. 1), S. 5.

3 Zum Mesmerismus vgl. Anneliese Ego: *Animalischer Magnetismus oder Aufklärung. Eine mentalitätsgeschichtliche Studie zum Konflikt um ein Heilkonzept im 18. Jahrhundert.* Würzburg 1991. Einen Überblick über die „Transformationen des Mesmerismus zur romantischen Wissenschaft" gibt das gleichnamige Kapitel bei Jürgen Barkhoff: *Magnetische Fiktionen. Literarisierung des Mesmerismus in der Romantik.* Stuttgart, Weimar 1995, S. 85–136.

4 Vgl. dazu Klaus H. Kiefer: *Goethe und der Magnetismus. Grenzphänomene des naturwissenschaftlichen Verständnisses.* In: Philosophia Naturalis 20 (1983), S. 264–311; Michael Holtermann:

rath Hufeland sendet seine Erläuterungen zum animalischen Magnetismus" (WA III, 6, S. 59). Dabei handelt es sich um die Schrift *Erläuterungen seiner Zusätze zu Stieglitz' Schrift über den animalischen Magnetismus* von Christoph Wilhelm Hufeland.[5] Gleich am nächsten Tag, dem 9. Juni 1817, liest Goethe „Hufelands Erläuterung, sein Glaubensbekenntniß über den animalischen Magnetismus enthaltend" (WA III, 6, S. 59). Goethe hatte sich seit 1813, als er im Dezember intensiv Carl Alexander Ferdinand Kluges *Versuch einer Darstellung des animalischen Magnetismus als Heilmittel* studierte,[6] nur noch sporadisch mit diesem Thema beschäftigt. In Goethes Antwortschreiben an Hufeland vom 5. September 1817 heißt es jedoch: „Ew. Hochwohlgeb. gewogene Sendung findet mich eben in dem Augenblick, da ich durch manche Zufälligkeiten über die wichtige Materie die Sie behandeln nachzudenken veranlaßt bin" (WA IV, 28, S. 242). Tatsächlich hat Hufelands Schrift bei Goethe ein erneutes Interesse für den tierischen Magnetismus geweckt. Er vermerkt am 12. Juni 1817 im Tagebuch zum ersten und einzigen Mal die Lektüre von „Kiesers Archiv für den thierischen Magnetismus" (WA III, 6, S. 60).

In Goethes Besitz befinden sich die ersten beiden Bände des *Archivs*, die jeweils drei Hefte enthalten, sowie das erste Heft des dritten Bandes von 1818. Goethe erhielt alle Hefte vom Mitherausgeber und Redakteur der Zeitschrift Dietrich Georg Kieser, Professor der Medizin in Jena. Goethe hatte von 1812 bis 1818 regelmäßigen Kontakt zu Kieser, der als Brunnenarzt an der Einrichtung eines Schwefelbades in Berka mitwirkte.[7] Zwei Briefe Kiesers und eine Tagebuchnotiz Goethes belegen die Zusendung bzw. Übergabe von vier Heften des *Archivs*.[8] Mit dem Brief vom 11. Oktober 1817 schickt Kieser „von meinem Archiv für den thierischen Magnetismus des 2ten Bandes 2tes Heft"[9]. Einen Monat zuvor, am 4. September 1817, hat Kieser schon „die so eben erschienenen beiden neuesten Hefte meines Archivs für den thierischen Magnetismus" übersandt, „indem ich wünsche, daß Ew. Excellenz sie mit gleicher Nachsicht, wie die früheren Hefte aufzunehmen geruhen wollen".[10] Zum Zeitpunkt der im Tagebuch erwähnten Lektüre vom

„Thierischer Magnetismus" in Goethes Roman „Die Wahlverwandtschaften". In: Jb. der Deutschen Schillergesellschaft 37 (1993), S. 164–197, und zuletzt Jürgen Barkhoff: *Tag- und Nachtseiten des animalischen Magnetismus. Zur Polarität von Wissenschaft und Dichtung bei Goethe.* In: *Goethe und die Verzeitlichung der Natur.* Hrsg. von Peter Matussek. München 1998, S. 75–100 u. 484 f.

5 Christoph Wilhelm Hufeland: *Erläuterungen seiner Zusätze zu Stieglitz' Schrift über den animalischen Magnetismus.* Berlin 1817. Ruppert (Anm. 1), Nr. 4695.

6 Vgl. WA III, 5, S. 87.

7 Vgl. dazu Walter Brednow: *Dietrich Georg Kieser. Sein Leben und Werk.* Wiesbaden 1970 (Sudhoffs Archiv, Beiheft 12), S. 23–55. Ab 1816 wurde das Verhältnis Goethes zu Kieser distanzierter, bis es 1818 schließlich abbricht. Ausschlaggebend dürften dabei sowohl Kiesers politische Haltung, z. B. seine begeisterte Reaktion auf das Wartburgfest, als auch seine zunehmende Begeisterung für den tierischen Magnetismus gewesen sein (vgl. Brednow, S. 54 f.).

8 Die Briefe erwähnt Ruppert (Anm. 1), S. 604. Am 29. Januar 1818 vermerkt Goethe im Tagebuch: „Medicinalrath Kieser ein Heft seiner Zeitschrift übergeben" (WA III, 6, S. 164). Da der Kontakt danach abbricht, dürfte es sich um das letzte Heft der Zeitschrift in Goethes Besitz, also das erste Heft des dritten Bandes handeln.

9 GSA 28/76, Bl. 641.

10 GSA 28/75, Bl. 580. Es dürften dies also das dritte Heft des ersten und das erste Heft des zweiten Bandes gewesen sein.

12. Juni 1817 besaß Goethe demnach mit Sicherheit das erste, möglicherweise schon das zweite Heft der Zeitschrift.[11]

Auf vier Seiten von Goethes Exemplar des *Archivs* finden sich sehr gut erhaltene Anstreichungen und Notizen mit Bleistift von Goethes Hand,[12] die bislang unbemerkt geblieben sind.[13] Da die Hefte der Zeitschrift später in zwei Bände gebunden und dabei beschnitten wurden, ist ein Teil der Anmerkungen Goethes verloren bzw. nicht mehr lesbar. Die Anstreichungen und Notizen befinden sich im ersten Heft des ersten Bandes auf den Seiten 26–29, welche zum das Heft einleitenden Aufsatz, *Allgemeine Reflexionen über den thierischen Magnetismus und den organischen Aether* von Karl August von Eschenmayer,[14] gehören. Darüber hinaus weist Goethes Exemplar des *Archivs* keine Benutzungsspuren auf. Die Anmerkungen und Anstreichungen Goethes beziehen sich allein auf den Abschnitt mit dem Zwischentitel *Die Sinnenversetzung an andere Nervenmittelpuncte*[15]. In diesem Abschnitt erklärt Eschenmayer die bei Somnambulen im magnetischen Zustand beobachtete angebliche Fähigkeit, mit anderen Körperteilen als den dafür vorgesehenen Sinnesorganen zu sehen, zu fühlen und zu hören. Eschenmayer nimmt dabei verkürzt – und deswegen terminologisch teilweise unklar – eine Argumentation wieder auf, die er ein Jahr zuvor in seinem *Versuch die scheinbare Magie des thierischen Magnetismus aus physiologischen und psychischen Gesezen zu erklären* ausgeführt hat.[16] Es gibt jedoch keinen Hinweis darauf, daß Goethe diese Vorgängerschrift kannte.[17]

Laut Eschenmayer wirkt ein organischer Äther als „Mittelglied zwischen dem Natur- und geistigen Element" (*Archiv* [Anm. 1], S. 24) im Gehirn und im Nervensystem des Menschen. Eschenmayer unterscheidet nun zwischen den seiner Ansicht nach unzuverlässigen Sinnesorganen, die im Wahrnehmungsprozeß eine rein mechanische „Sensation (Impression ins Organ)" (ebd., S. 27) erfahren, und einem „Gemeinsinn" (ebd.), der diese Sensationen erst zur eigentlichen Wahrnehmung zusammenfaßt. Für den organischen Äther als Mittlerstoff gilt dabei: „In dem Gemeinsinn wirkt der organische Aether frey, in dem verschiedenen Sinnenapparat ist er gebunden oder vielmehr getrübt" (ebd.). Während beim Menschen im Normalzustand der organische Äther zuerst durch einen Sinneseindruck

---

11 Goethes Tagebuch belegt Kiesers Besuch am 8. Juni 1817, dem Tag, als Hufelands Schrift bei Goethe in Jena eintrifft. Es ist denkbar, daß Kieser Goethe die ersten beiden Hefte des *Archivs* aus diesem Anlaß, sozusagen als ergänzende Lektüre, übergibt.

12 Daß es sich bei diesem Fund tatsächlich um Goethes Handschrift handelt, konnten mir Christina Tezky vom Goethe-Nationalmuseum sowie Dr. Roswitha Wollkopf und Dr. Silke Henke vom Goethe- und Schiller-Archiv bestätigen. Frau Henke gab mir darüber hinaus hilfreiche Hinweise zu dieser Arbeit und zur Transkription der Randnotizen. Allen drei Genannten möchte ich an dieser Stelle für ihre Unterstützung herzlich danken.

13 Ruppert (Anm. 1) verzeichnet sie nicht bei der Beschreibung des Exemplars in seinem Katalog von Goethes Bibliothek.

14 *Allgemeine Reflexionen über den thierischen Magnetismus und den organischen Aether.* Vom Professor C. A. v. Eschenmayer. In: *Archiv* (Anm. 1), S. 11–34.

15 Ebd., S. 27.

16 Vgl. *Versuch die scheinbare Magie des thierischen Magnetismus aus physiologischen und psychischen Gesezen zu erklären.* Von C. A. v. Eschenmayer, Professor in Tübingen. Stuttgart und Tübingen 1816, § 15, S. 55–57.

17 Zwar findet sich in Goethes Bibliothek ein Exemplar von Eschenmayers *Versuch*, jedoch wurde das Buch nicht aufgeschnitten. Vgl. Ruppert (Anm. 1), Nr. 4530.

erregt werden müsse, um den Wahrnehmungsprozeß in Gang zu setzen, sei bei Somnambulen ein solcher Umweg über die Sinne nicht notwendig. Beim Menschen im magnetischen Zustand habe der „Gemeinsinn“ und damit der sich ungehemmt verbreitende „organische Äther“ die Priorität:

> Da der organische Aether überall, wo er frey wirkt, alles durchdringt und zugleich erleuchtet, so bedarf die Seele des besondern Apparats nicht mehr, um zu gleichen Perceptionen zu gelangen. Es ist ein freyes Durchschauen der Seele, was durch kein Medium gehemmt wird. (ebd., S. 29)

Dementsprechend könne der Somnambule nun z. B. mit den Fingerspitzen sehen oder hören. Daß sich der Somnambule an diese Vorgänge im wachen Zustand nicht mehr erinnern könne, bestätigt eine solche Argumentation, denn:

> Unser ganzer peripherischer Sinnapparat scheint weit mehr dazu geeignet, die unzählich viele Sensationen, die ihm eingedrückt werden, in den kleinsten Abdrücken und Ziffern im Gehirn aufzubewahren, damit sie jederzeit als Gedächtnißspuren für die Seele in Bereitschaft stehen, als dazu, die einzigmögliche Bildungsmittel für die Perceptionen darzustellen. (ebd., S. 28)

Während des magnetischen Zustandes, so Eschenmayer, seien diese die Erinnerung bedingenden Sinnesorgane ja gerade außer Kraft gesetzt. Eschenmayers gesamter Aufsatz stellt ein ideelles Konstrukt, den Gemeinsinn in Verbindung mit dem nicht nachweisbaren organischen Äther, über die tatsächliche Erfahrung und propagiert eine solche Vorgehensweise als generell einzig mögliche, spekulative Methode, Naturforschung zu betreiben.

Wie Goethes handschriftliche Anmerkungen zu Eschenmayers Aufsatz zeigen, teilt er die Auffassung des Autors nicht:[18]

S. 26: Am unteren Rand ist zu lesen: „eben deswegen kann ein Sinn die [a]ndern ersetzen, weil jeder das“ (Zeile darunter abgeschnitten).

S. 27: oben rechts mit dickerem Bleistift geschrieben: „bekannt“.
Die Zeilen 6–14 sind auf der linken Seite mit einfachem Strich markiert. Daneben steht: „Nicht gut“.
In diesem Abschnitt hat Goethe in den Zeilen 8–10 folgende Wörter unterstrichen: organische Aether frey (Z. 8 f.); gebunden oder vielmehr getrübt (Z. 9 f.).
Neben Zeile 8 ist rechts noch die abgeschnittene Buchstabenfolge „unb“ (vielleicht: „unbekannt“) zu erkennen, wie die Notiz oben rechts („bekannt“) mit dickerem Bleistift geschrieben.
Auf der Höhe der Zeilen 9/10 steht rechts ein Fragezeichen, ebenfalls mit dickerem Bleistift.
In Zeile 9 ist das Wort „Sinnenapparat“ im Text mit einem halben Doppelkreuz mit dickerem Bleistift kräftig markiert.

---

[18] Zu der nun folgenden Beschreibung und Transkription der Goetheschen Anmerkungen vgl. die Abbildungen der betreffenden Seiten aus seinem Exemplar des *Archivs*.

Hinter dem unterstrichenen Wort „getrübt“ in Zeile 10 steht ein feines Doppelkreuz, das am unteren Rand der Seite wieder auftaucht. Die zugehörige Notiz Goethes lautet: „spezifizirt, und weil jeder“ (Zeile darunter abgeschnitten).
Die Zeilen 15–18 sind auf der rechten Seite mit einfachem Strich markiert. Daneben steht: „Paradoxon“.

S. 28: Die Zeilen 6–9 sind links mit einfachem Strich markiert.
In Zeile 12 und Zeile 13 sind folgende Wörter unterstrichen und davor mit einfachem Kreuz markiert: Abdrücken; Ziffern. Auf der Höhe dieser Zeilen stehen am linken Rand ebenfalls zwei einfache Kreuze, daneben vermerkt Goethe: „garstig“.

S. 29: oben links: (erste Zeile abgeschnitten) „Verlangen des Ganzen“; dahinter ein Platzhalter in Form eines F.
In Zeile 1 unterstreicht Goethe: Gedächtnißspuren; dahinter ein Platzhalter in Form eines E, der am unteren Rand wieder auftaucht. Die zugehörige Notiz lautet: „ein garstig Wort in so hoh“ (Buchstaben abgeschnitten). Darunter sind noch als Reste der abgeschnittenen Zeile zu entziffern: „über die“.
Am rechten Rand steht hinter einem einfachen Kreuz: „gewußten“, hinter einem Platzhalter in Form eines F: „bewußten“.

Für Goethe stehen bekanntlich die unmittelbaren Sinneswahrnehmungen vor allem des Auges und des Ohrs bei jeglicher Naturbetrachtung und -forschung an erster Stelle.[19] Die Abwertung der Sinnesorgane zur mechanischen Gedächtnisstütze bei Eschenmayer, die sich unter anderem in der Rede vom „Sinnenapparat“ und den dort aufbewahrten „Abdrücken“, „Ziffern“ und „Gedächtnißspuren“ manifestiert, kann Goethe deshalb nur mit dem heftigen Wort „garstig“[20] kommentieren. Goethe hält durchaus für denkbar, daß es möglicherweise noch andere als die bekannten Sinne geben könnte. Im Vorwort zum *Didaktischen Teil* seiner *Farbenlehre* heißt es: „So spricht die Natur hinabwärts zu andern Sinnen, zu bekannten, verkannten, unbekannten Sinnen; so spricht sie mit sich selbst und zu uns durch tausend Erscheinungen“ (LA I, 4, S. 3). Die intensive Lektüre der die Wirkungsweise des organischen Äthers und des Gemeinsinns im magnetischen Zustand betreffenden Passagen in Eschenmayers Aufsatz im *Archiv* zeigt das Interesse, das Goethe der Entdeckung eines unbekannten Sinns noch immer entgegenbrachte. Jedoch können die unbekannten Sinne für Goethe auf keinen Fall über den bekannten Sinnen stehen. In seinen Randbemerkungen argumentiert Goethe gegen Eschenmayers Auffassung. Goethe setzt gegen die Ansicht vom in den Sinnesorganen gebundenen oder getrübten organischen Äther die Randnotiz „spezifizirt“ und verweist auf die Möglichkeit, daß „ein Sinn die [a]ndern ersetzen“[21] kann. Diese Bemerkungen Goethes entsprechen dem Gedankengang,

---

19 Vgl. *Zur Farbenlehre. Didaktischer Teil. Vorwort* (LA I, 4, S. 3–10; bes. S. 3).

20 Auch wenn Goethe dieses affektgeladene Wort vor allem in seiner Jugend verwendet hat, greift er bei besonderer Empörung auch im Alter darauf zurück. So schreibt er in einem Brief an Zelter am 16. Dezember 1817 vom „garstigen Wartburger Feuerstank“ (WA IV, 28, S. 335), den er zu ignorieren versuche (vgl. GWb, Bd. 3, Sp. 1098 f.).

21 Dies ist nicht so zu verstehen, daß ein einziger Sinn alle anderen ersetzen könne. Vielmehr könne ein Sinn durch einen anderen ersetzt werden, so wie bei Blinden das Hören das Sehen vertritt. Das letztgenannte Beispiel erwähnt Goethe im Vorwort der *Farbenlehre* (vgl. *Farbenlehre* [Anm. 19], S. 3).

der sich bereits seinen *Physikalischen Vorträgen schematisiert* von 1805 und 1806 entnehmen läßt. Unter der Überschrift *Galvanismus* heißt es dort:

> Die Wirkung welche physisch und chemisch erschien wird organisch.
> Wirkung
> auf Gefühl
> Gesicht
> Gehör
> Geschmack
> Geruch.
> Ein Allgemeines das zu jedem Sinne spricht und sich zu ihm spezifiziert.
> (LA I, 11, S. 88)

Wenig später wird dann in den *Vorträgen* der „Übergang zum organischen Magnetismus" (ebd.) und der „Geschmack des Wassers bei Somnambülen" (ebd., S. 89) erwähnt, doch Goethe führt dieses Thema nicht weiter aus.

Die neu entdeckten Anstreichungen und Randbemerkungen Goethes in seinem Exemplar des *Archivs für den Thierischen Magnetismus* beweisen nicht allein, welchen Text er am 12. Juni 1817 gelesen hat.[22] Sie dokumentieren eine intensive und kritische Auseinandersetzung Goethes auch nach der Epoche der *Wahlverwandtschaften* mit dem zu jener Zeit vieldiskutierten Phänomen des tierischen Magnetismus. Dabei wird deutlich, daß es der Aspekt der Sinneswahrnehmung war, der ihn besonders interessierte und beschäftigte. Die Randbemerkungen geben Auskunft über etwas, was der späte Goethe in seinen naturwissenschaftlichen Schriften sonst eher verschwieg oder höchstens stichpunktartig erwähnte: „Mein Verhältnis zum tierischen Magnetismus".[23]

---

22 Bereits Christian Lepinte vermutete interessanterweise: „En juillet 1817 (?) il [Goethe] emprunte du 10 au 12 le premier volume de l'*Archiv für den thierischen Magnetismus* publié par le Dr Eschenmayer. [...] Le premier volume, consulté par Goethe, comportait un article préliminaire de base où Eschenmayer embrassait dans une étude d'ensemble le phénomène du magnétisme, ses manifestations et ses explications. C'est cet article qui a dû surtout retenir l'attention de Goethe" (Christian Lepinte: *Goethe et l'occultisme*. Paris 1957, S. 125). Die Randbemerkungen bestätigen nachträglich Lepintes Vermutung bezüglich Goethes Interesse an Eschenmayers Aufsatz. Lepinte übersah jedoch die Tagebuchnotiz, die Goethes Lektüre schon im Juni 1817 belegt, und er wußte augenscheinlich nicht, daß Goethe selbst ein Exemplar der Zeitschrift besaß. Als Quelle zog Lepinte allein die unklaren Angaben heran, die bei Elise von Keudell: *Goethe als Benutzer der Weimarer Bibliothek*, Weimar 1931, unter dem Eintrag Nr. 1060 zu finden sind. Keudell gibt als Zeitraum der Ausleihe den 10.–12. Juli 1816 an. Zu diesem Zeitpunkt existierte bekanntlich noch kein Heft des *Archivs*. Lepintes folgerichtige Umdatierung der Ausleihe auf den Juli 1817 läßt sich jedoch anhand von Goethes Aufzeichnungen nicht belegen.

23 Schema zu einem der morphologischen Hefte, datiert 11. April 1821 (nicht von Goethe stammender Titel: *Naturwissenschaftlicher Entwicklungsgang*). In: LA I, 11, S. 218–220; zit. S. 220.

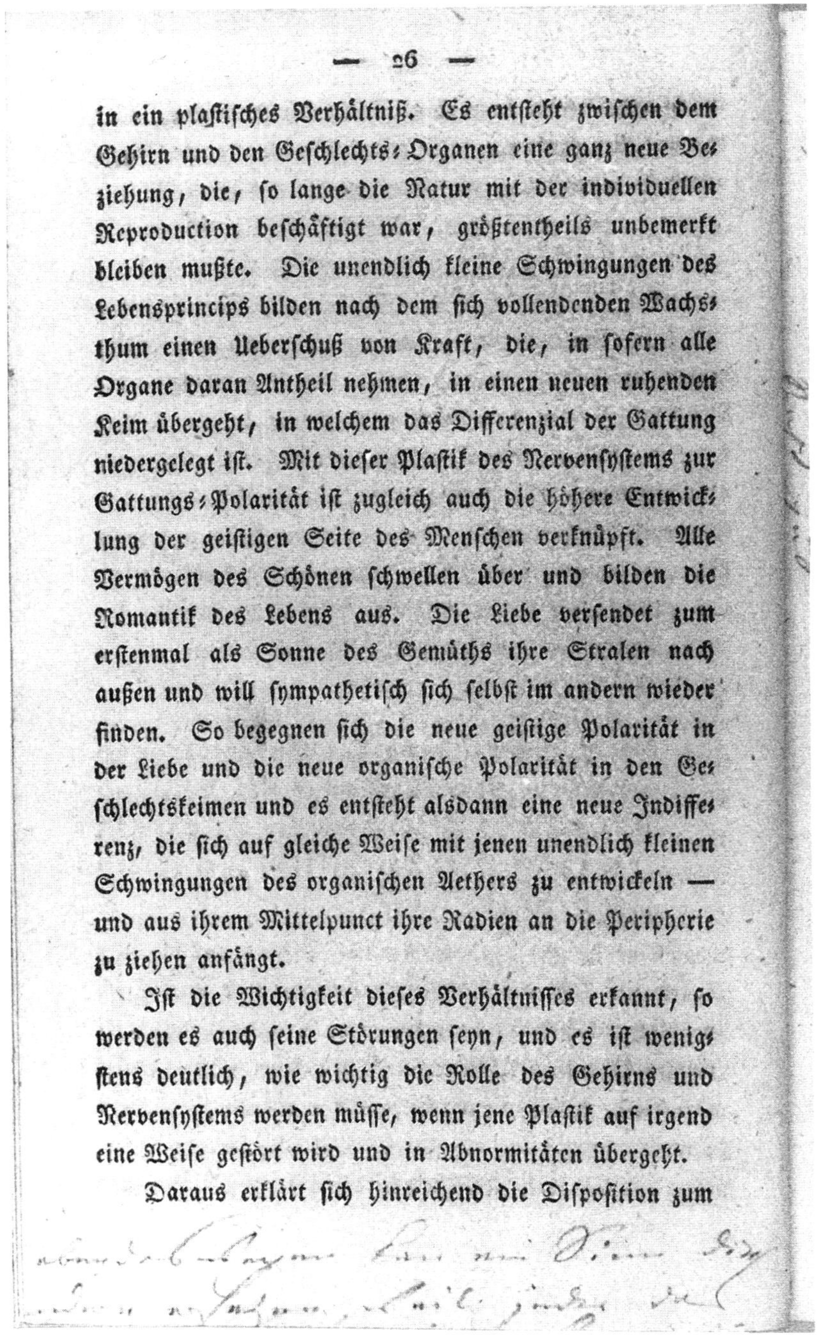

— 26 —

in ein plastisches Verhältniß. Es entsteht zwischen dem Gehirn und den Geschlechts-Organen eine ganz neue Beziehung, die, so lange die Natur mit der individuellen Reproduction beschäftigt war, größtentheils unbemerkt bleiben mußte. Die unendlich kleine Schwingungen des Lebensprincips bilden nach dem sich vollendenden Wachsthum einen Ueberschuß von Kraft, die, in sofern alle Organe daran Antheil nehmen, in einen neuen ruhenden Keim übergeht, in welchem das Differenzial der Gattung niedergelegt ist. Mit dieser Plastik des Nervensystems zur Gattungs-Polarität ist zugleich auch die höhere Entwicklung der geistigen Seite des Menschen verknüpft. Alle Vermögen des Schönen schwellen über und bilden die Romantik des Lebens aus. Die Liebe versendet zum erstenmal als Sonne des Gemüths ihre Stralen nach außen und will sympathetisch sich selbst im andern wieder finden. So begegnen sich die neue geistige Polarität in der Liebe und die neue organische Polarität in den Geschlechtskeimen und es entsteht alsdann eine neue Indifferenz, die sich auf gleiche Weise mit jenen unendlich kleinen Schwingungen des organischen Aethers zu entwickeln — und aus ihrem Mittelpunct ihre Radien an die Peripherie zu ziehen anfängt.

Ist die Wichtigkeit dieses Verhältnisses erkannt, so werden es auch seine Störungen seyn, und es ist wenigstens deutlich, wie wichtig die Rolle des Gehirns und Nervensystems werden müsse, wenn jene Plastik auf irgend eine Weise gestört wird und in Abnormitäten übergeht.

Daraus erklärt sich hinreichend die Disposition zum

Abb. 5
Eigenhändige Randnotizen Goethes auf vier Seiten seines Exemplars der Zeitschrift *Archiv für den Thierischen Magnetismus*

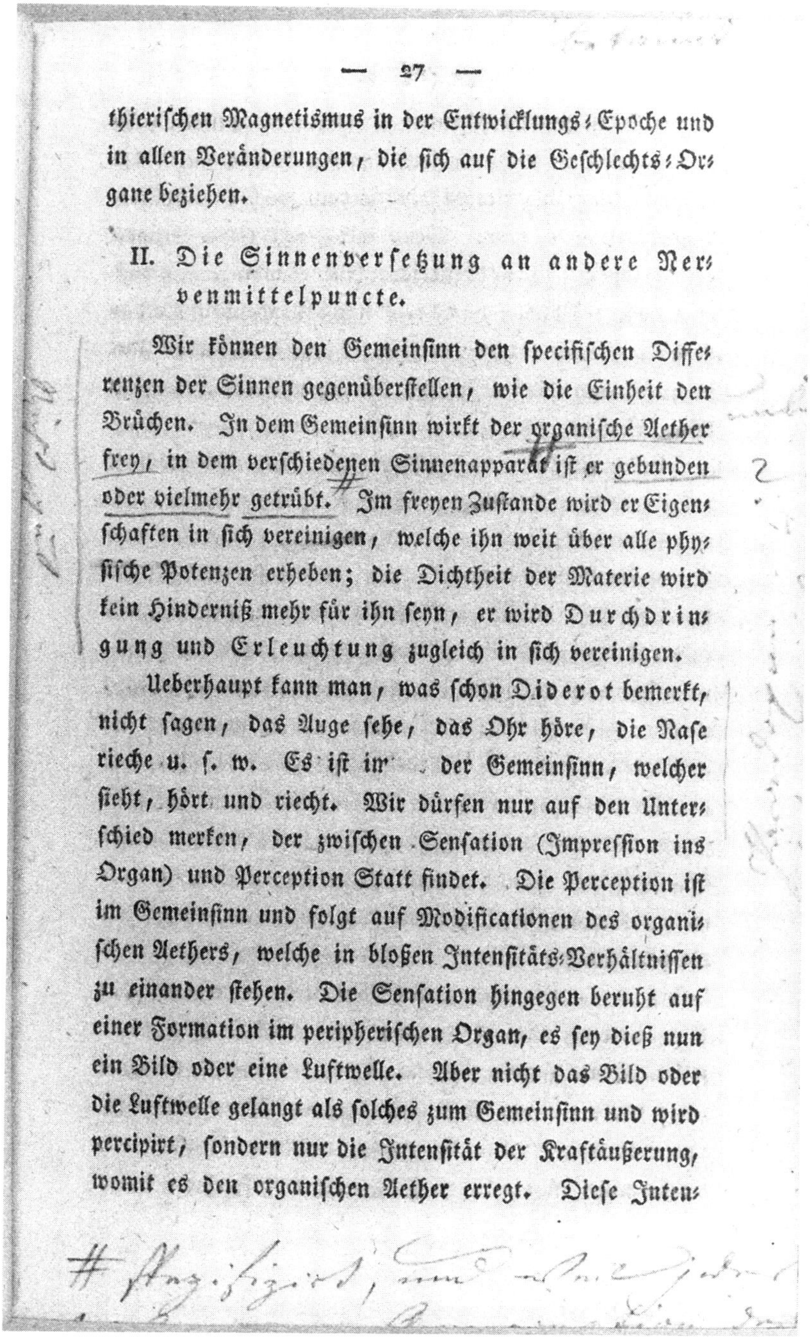

— 27 —

thierischen Magnetismus in der Entwicklungs-Epoche und in allen Veränderungen, die sich auf die Geschlechts-Organe beziehen.

II. Die Sinnenversetzung an andere Nervenmittelpuncte.

Wir können den Gemeinsinn den specifischen Differenzen der Sinnen gegenüberstellen, wie die Einheit den Brüchen. In dem Gemeinsinn wirkt der organische Aether frey, in dem verschiedenen Sinnenapparat ist er gebunden oder vielmehr getrübt. Im freyen Zustande wird er Eigenschaften in sich vereinigen, welche ihn weit über alle physische Potenzen erheben; die Dichtheit der Materie wird kein Hinderniß mehr für ihn seyn, er wird Durchdringung und Erleuchtung zugleich in sich vereinigen.

Ueberhaupt kann man, was schon Diderot bemerkt, nicht sagen, das Auge sehe, das Ohr höre, die Nase rieche u. s. w. Es ist im . der Gemeinsinn, welcher sieht, hört und riecht. Wir dürfen nur auf den Unterschied merken, der zwischen Sensation (Impression ins Organ) und Perception Statt findet. Die Perception ist im Gemeinsinn und folgt auf Modificationen des organischen Aethers, welche in bloßen Intensitäts-Verhältnissen zu einander stehen. Die Sensation hingegen beruht auf einer Formation im peripherischen Organ, es sey dieß nun ein Bild oder eine Luftwelle. Aber nicht das Bild oder die Luftwelle gelangt als solches zum Gemeinsinn und wird percipirt, sondern nur die Intensität der Kraftäußerung, womit es den organischen Aether erregt. Diese Inten-

Abb. 6
Eigenhändige Randnotizen Goethes auf vier Seiten seines Exemplars der Zeitschrift *Archiv für den Thierischen Magnetismus*

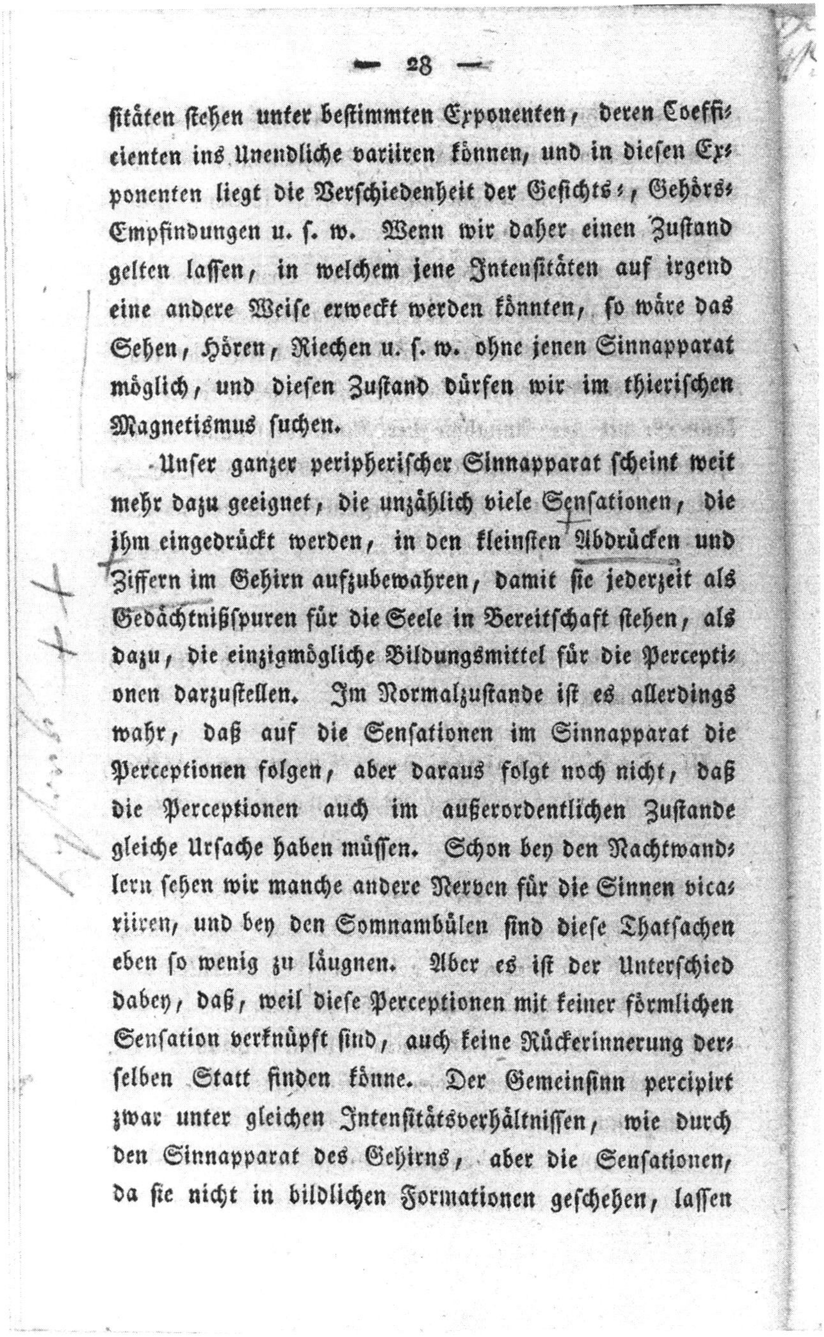

— 28 —

sitäten stehen unter bestimmten Exponenten, deren Coefficienten ins Unendliche variiren können, und in diesen Exponenten liegt die Verschiedenheit der Gesichts-, Gehörs-Empfindungen u. s. w. Wenn wir daher einen Zustand gelten lassen, in welchem jene Intensitäten auf irgend eine andere Weise erweckt werden könnten, so wäre das Sehen, Hören, Riechen u. s. w. ohne jenen Sinnapparat möglich, und diesen Zustand dürfen wir im thierischen Magnetismus suchen.

Unser ganzer peripherischer Sinnapparat scheint weit mehr dazu geeignet, die unzählich viele Sensationen, die ihm eingedrückt werden, in den kleinsten Abdrücken und Ziffern im Gehirn aufzubewahren, damit sie jederzeit als Gedächtnißspuren für die Seele in Bereitschaft stehen, als dazu, die einzigmögliche Bildungsmittel für die Perceptionen darzustellen. Im Normalzustande ist es allerdings wahr, daß auf die Sensationen im Sinnapparat die Perceptionen folgen, aber daraus folgt noch nicht, daß die Perceptionen auch im außerordentlichen Zustande gleiche Ursache haben müssen. Schon bey den Nachtwandlern sehen wir manche andere Nerven für die Sinnen vicariiren, und bey den Somnambülen sind diese Thatsachen eben so wenig zu läugnen. Aber es ist der Unterschied dabey, daß, weil diese Perceptionen mit keiner förmlichen Sensation verknüpft sind, auch keine Rückerinnerung derselben Statt finden könne. Der Gemeinsinn percipirt zwar unter gleichen Intensitätsverhältnissen, wie durch den Sinnapparat des Gehirns, aber die Sensationen, da sie nicht in bildlichen Formationen geschehen, lassen

Abb. 7
Eigenhändige Randnotizen Goethes auf vier Seiten seines Exemplars der Zeitschrift *Archiv für den Thierischen Magnetismus*

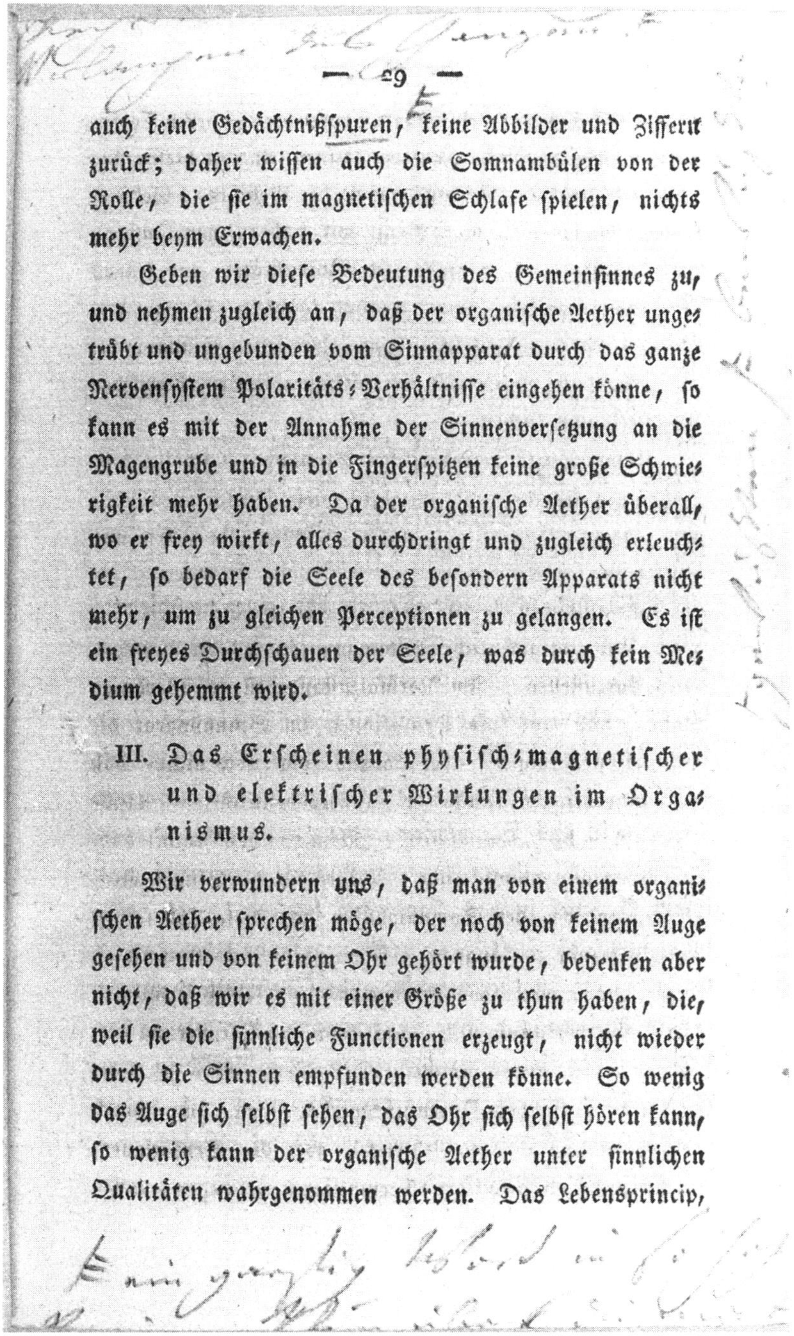

— 29 —

auch keine Gedächtnißspuren, keine Abbilder und Ziffern zurück; daher wissen auch die Somnambülen von der Rolle, die sie im magnetischen Schlafe spielen, nichts mehr beym Erwachen.

Geben wir diese Bedeutung des Gemeinsinnes zu, und nehmen zugleich an, daß der organische Aether ungetrübt und ungebunden vom Sinnapparat durch das ganze Nervensystem Polaritäts-Verhältnisse eingehen könne, so kann es mit der Annahme der Sinnenversetzung an die Magengrube und in die Fingerspitzen keine große Schwierigkeit mehr haben. Da der organische Aether überall, wo er frey wirkt, alles durchdringt und zugleich erleuchtet, so bedarf die Seele des besondern Apparats nicht mehr, um zu gleichen Perceptionen zu gelangen. Es ist ein freyes Durchschauen der Seele, was durch kein Medium gehemmt wird.

III. Das Erscheinen physisch-magnetischer und elektrischer Wirkungen im Organismus.

Wir verwundern uns, daß man von einem organischen Aether sprechen möge, der noch von keinem Auge gesehen und von keinem Ohr gehört wurde, bedenken aber nicht, daß wir es mit einer Größe zu thun haben, die, weil sie die sinnliche Functionen erzeugt, nicht wieder durch die Sinnen empfunden werden könne. So wenig das Auge sich selbst sehen, das Ohr sich selbst hören kann, so wenig kann der organische Aether unter sinnlichen Qualitäten wahrgenommen werden. Das Lebensprincip,

Abb. 8
Eigenhändige Randnotizen Goethes auf vier Seiten seines Exemplars der Zeitschrift *Archiv für den Thierischen Magnetismus*

DOROTHEE VON HELLERMANN

„*Wieland. Ganz wie ich ihn kannte*“

Gerhard von Kügelgens Vorzeichnung zum Wieland-Porträt

Im Kleinen Eßzimmer des Goethe-Hauses in Weimar hängt links neben der Porzellanvitrine das Faksimile einer Kreidezeichnung mit dem Porträt Christoph Martin Wielands. Das Original, das sich in der Stiftung Weimarer Klassik und Kunstsammlungen befindet, galt seit Ende des 19. Jahrhunderts als Arbeit des Hofschauspielers und Stechers Friedrich Lortzing nach Gerhard von Kügelgens Wieland-Porträt aus dem Jahre 1808 (Abb. 9).[1] Durch einen erst kürzlich veröffentlichten Brief, den Kügelgen am 23. September 1814 seiner Schülerin Louise Seidler mit einer Porträtzeichnung Wielands nach Jena schickte, hat sich jetzt erwiesen, daß die Zeichnung eine eigenhändige Arbeit des Malers ist.[2] Darin heißt es:

> Zugleich folget die Zeichnung von Wielands Bild für Goethe, welche ich neulich mitzunehmen vergaß. Ich wünsche, daß unser verehrter Goethe dieselbe gelegentlich aus Ihren Händen empfangen möge. Sie werden ihm besser sagen als ich es schreiben kann, daß ich ihm damit eine Freude hatte machen wollen, da ich unter so vielen Zeichnungen und Büsten in seiner Wohnung keine Abbildung dieses um die deutsche Litteratur so verdienten Mannes gefunden hatte.[3]

Kügelgen sandte Goethe ein Jahr nach Wielands Tod über Louise Seidler die Vorzeichnung[4] zu dem erwähnten Wielandporträt, die nun als Gegenstück zu seinem Entwurf für das ebenfalls 1808 begonnene erste Goetheporträt gelten kann.[5] Die Kreidezeichnungen, die hier zum ersten Mal gemeinsam publiziert werden, zeigen, wie unterschiedlich die beiden Dichter auf Kügelgen gewirkt haben.

---

1 Carl Ruland: *Die Schätze des Goethe-Nationalmuseums.* Leipzig 1887, Nr. 18.

2 Dorothee von Hellermann: *Gerhard von Kügelgen (1772–1820). Das zeichnerische und malerische Werk.* Berlin 2001, Kat.-Nr. P 204.

3 Freies Deutsches Hochstift, Frankfurter Goethemuseum, Sign. Hs–18701, u. Hellermann (Anm. 2), X. 1, Brief Nr. 43, S. 337.

4 Stiftung Weimarer Klassik und Kunstsammlungen/Goethe-Nationalmuseum Weimar, Inv. Nr. Sch. I, 337 Nr. 80. Ich habe die Porträtzeichnung, die ich wegen des Briefdatums zunächst für eine Replik von 1814 hielt (Hellermann [Anm. 2], P 204, Replik Nr. 4), erst während des Drucks meines Werkverzeichnisses im Original gesehen.

5 Norddeutsche Privatsammlung; vgl. Hellermann (Anm. 2), P 202. Kügelgen malte drei Porträts von Goethe, das erste 1808; vgl. Hellermann (Anm. 2), P 203. Das zweite entstand 1810 im Auftrag Goethes für dessen Neffen Fritz Schlosser. Da Kügelgen mit der ersten Fassung des zweiten

Abb. 9
Christoph Martin Wieland, Öl/Lw., 1808

Der in Dresden lebende Maler Gerhard von Kügelgen (1772–1820) hielt sich von Dezember 1808 bis Ende Februar 1809 in Weimar auf. Seitdem er im Februar 1807 die ersten vier Porträts seiner *Galerie berühmter Zeitgenossen* nach Weimar geschickt hatte, die im Salon von Johanna Schopenhauer gezeigt und lebhaft diskutiert wurden, hatte sein Freund, der Kunstschriftsteller Carl Ludwig Fernow, ihn wiederholt aufgefordert, nach Weimar zu kommen, wo er „eine Menge von Liebhabern“[6] seiner Kunst finden würde. Die vier Bildnisse, die Kügelgen für sich gemalt hatte, zeigten Carl Ludwig Fernow, den dänischen Dichter Adam Gottlob Oehlenschläger, den Staatswissenschaftler Adam Heinrich Müller und den Schriftsteller Johann Gottfried Seume.[7] Die Gegenüberstellung der vier unterschiedlichen Individuen, durch die das Charakteristische des einzelnen sich leichter erschloß, erregte das Interesse Goethes, dem das Kolorit der vier Bilder besonders gefiel.[8] In jedem seiner Briefe forderte Fernow, der wußte, daß er unheilbar krank war, Kügelgen dringlicher auf, nach Weimar zu kommen. Die Reise wurde für Herbst 1808 geplant, doch als Kügelgen am 7. Dezember 1808 in Weimar eintraf, war Fernow wenige Tage vor dessen Ankunft gestorben. Kügelgen blieb aber trotzdem in Weimar, da er hoffte, Goethe und Wieland für seine *Galerie berühmter Zeitgenossen* porträtieren zu können. Beide Dichter gaben ihm bereitwillig ihre Erlaubnis.

Goethe hatte Kügelgen erwartungsvoll als „Tischgesellen“ entgegengesehen[9] und lud ihn bereits einen Tag nach der Ankunft zu seiner Mittagstafel ein. Er empfing den Maler am 9., 13., 17. und 30. Dezember in seinem Haus. Wieland, dessen Porträt Kügelgen am 11. Dezember[10] begann, bat ihn außerhalb der Sitzungen zu einem „sokratische[n] Mahl“.[11] Er äußerte sich am 31. Dezember 1808 in einem Brief an die Gräfin Elisabeth zu Solms-Laubach über den Maler:

> Er ist vielleicht der L i e b e n s w ü r d i g s t e aller Menschen, die mir im ganzen Lauf meines Lebens vorgekommen sind. Ich sollte (aus einer Ursache die ich in der Folge berühren werde) wünschen mich nicht mit diesem einzigen Worte s o stark ausgedrückt zu haben: aber das Wort ist nun einmal heraus, und es sagt weder mehr noch weniger, als was ich aus dem Munde aller, die ihn hier kennen gelernt haben, einhellig bestätigt höre.[12]

Auch Goethe scheint von Kügelgens Persönlichkeit angetan gewesen zu sein. In den *Tag- und Jahresheften 1809* bemerkte er über Kügelgens Besuch:

> Von der Mahlerei wurden wir auch gar freundlich theilnehmend heimgesucht; Kügelgen der gute, im Umgang allen so werthe Künstler verweilte mehrere Wochen bei uns [...].

Bildes nicht zufrieden war, behielt er es ebenfalls für sich; vgl. Hellermann (Anm. 2), P 221. Er lieferte an Goethe ein zweites Bild; Freies Deutsches Hochstift, Frankfurter Goethe-Museum, Inv. Nr. IV/1196; vgl. Hellermann (Anm. 2), P 222.

6 *Carl Ludwig Fernow's Leben.* Hrsg. von Johanna Schopenhauer. Tübingen 1810, S. 371.

7 Hellermann (Anm. 2), Kat. Nrn. P 180–183.

8 Schopenhauer (Anm. 6), S. 370.

9 Goethe an Marianne von Eybenberg, 4. 12. 1808 (WA IV, 20, S. 234).

10 Laut Tagebucheintrag von Carl Bertuch, 11. 12. 1808 (Goethe- und Schiller-Archiv, Weimar, Hs. 06/3069); vgl. Thomas C. Starnes: *Christoph Martin Wieland. Leben und Werk.* Bd. 3. Sigmaringen 1987, S. 315.

11 F. Ch. A. Hasse: *Das Leben Gerhards von Kügelgen.* Leipzig 1824, S. 208.

12 Ludwig Wieland (Hrsg.): *Auswahl denkwürdiger Briefe.* Teil II. Wien 1815, S. 162.

> Mensch und Mahler waren eins in ihm, und daher werden jene Bilder immer einen doppelten Werth behalten.[13]

Kügelgen wurde in Weimar schnell bewußt, wie anregend die Begegnungen und Gespräche mit Goethe und Wieland für ihn waren. Ende Januar 1809 schrieb er an seinen Zwillingsbruder Karl:

> Wieland und Göthe erzeigen mir viele Freundschaft. Es ist ein großer Genuß, mit Männern, welche man so lange in ihren Schriften angestaunt hat, in nähere Verbindung zu treten.[14]

Seiner Frau berichtete Kügelgen nach Dresden als Entschuldigung für seine lange Abwesenheit:

> Wie sehr freue ich mich, wenigstens noch zwei von diesen Heroen unsrer Zeit kennen gelernt zu haben, und gerade auf diese Weise, wo ich mehr noch in den lebenden Büchern dieser Genien lese, als man schreiben kann.[15]

Auch gegenüber seinem Freund, dem Dorpater Altphilologen Karl Simon Morgenstern, erwähnte Kügelgen, wie er von den Begegnungen profitierte:

> In der genaueren Bekanntschaft mit Göthe und Wieland fühle ich den bessern Theil meiner Seele gereifter, mich in manchen meiner Ideen bestärkter, fester selbst im Willen meiner Kunst; und klahrer übersehe ich die Menschen und das Leben, daß dies ein reiner Gewinn ist, in welchem man sich bey viel Armuth dennoch reich dünkt, brauche ich dir wohl nicht zu sagen.[16]

Die von Kügelgen beschriebene Wirkung seiner Gespräche mit Goethe und Wieland entspricht der Intention, die er sich von seiner *Galerie berühmter Zeitgenossen* erhoffte. Kügelgen malte die Porträts als Schmuck für seine Wohnräume und sein Atelier, um sich bei Gesprächen und beim Malen durch ihren Anblick inspirieren zu lassen. Seine Porträtgalerie ist das Beispiel eines „produktiven Freundschaftsbundes“[17] – wie der Freundschaftstempel des Dichters Johann Wilhelm Ludwig Gleim (1719–1803) in Halberstadt oder die Porträtsammlung des Verlegers Philipp Erasmus Reich in Leipzig.

Die Anregung zu einer solchen Demonstration von Freundschaft und Verbundenheit zwischen Maler und Dichter hatte Kügelgen zehn Jahre zuvor in Rom bei Angelika Kauffmann bekommen, in deren Atelier die Porträts von Goethe und Herder gegenüber ihrer Staffelei hingen.[18] Es ist bemerkenswert, daß sich unter den rund zwanzig heute nach-

---

13 WA I, 36, S. 50.

14 Aus einem Brief vom 21. 1. 1809; zit. nach Hasse (Anm. 11), S. 207.

15 Zit. nach Hasse (Anm. 11), S. 208.

16 Aus einem Brief vom 21. 2. 1809; zit. nach Hellermann (Anm. 2), S. 305.

17 Frank Büttner: *Bilder als Manifeste der Freundschaft und der Kunstanschauung zwischen Aufklärung und Romantik in Deutschland.* Kulturstiftung der Länder, Patrimonia 224. München 2002, S. 18.

18 Bettina Baumgärtel (Hrsg.): *Angelika Kauffmann.* Düsseldorf 1998, S. 320, u. Hellermann (Anm. 2), S. 60.

weisbaren Porträts aus Kügelgens *Galerie* vorwiegend Literaten und nur zwei Maler belegen lassen: sein Freund Caspar David Friedrich und der Maler selbst.[19] Alle Brustbilder stellen Personen dar, mit denen Kügelgen sich freundschaftlich verbunden fühlte und Gedankenaustausch suchte. Die Auswahl beweist seine Auffassung, daß Kunst der Inbegriff „der aus der Vermählung des Genius mit der Phantasie hervor gehenden Schöpfungen" ist.[20] Sie entspricht Kügelgens Überzeugung, daß Künstler – ob Dichter, Maler oder Komponisten – in ihren Werken Gedanken sinnliche Form geben. Sie brauchen die Freundschaft mit gleichgesinnten Zeitgenossen, um sich über Fragen der Kunst, Philosophie und Wissenschaft auseinanderzusetzen, um Gedanken zu entwickeln und einen eigenen Weg der Darstellung zu finden. Das Bildnis seines Freundes Friedrich und sein Selbstporträt dokumentieren, welche bildenden Künstler Kügelgen in Dresden dafür als fähig ansah.

Kügelgen wollte zunächst in Weimar nur Goethe und Wieland für seine Porträtsammlung malen. Die freundliche Aufnahme, die er überall fand, und das Interesse an seinen Porträts bewog ihn, seinen Aufenthalt auszudehnen und auch postume Porträts von Schiller und Herder zu malen, um sich einen vollständigen Porträtzyklus der Weimarer Geistesgrößen zu schaffen.[21] Die vier Bildnisse wurden 1819 nach weiteren Kreidezeichnungen[22] von Kügelgen im Auftrag der Kunsthandlung Artaria & Fontaine in Mannheim gestochen und fanden so weite Verbreitung.

Der besondere Rang der beiden bildhaften Vorzeichnungen (Abb. 10 u. 11) liegt in Kügelgens Interpretation der Persönlichkeiten der Dargestellten. Die Zeichnungen auf braunem Papier sind in den Maßen fast identisch und geben die Dichter in natürlicher Größe wieder.[23] Goethe blickt den Betrachter mit weit geöffneten Augen frontal an. Seine rechte Schulter ist leicht zurückgezogen. Mit sparsamen Mitteln kennzeichnet Kügelgen die verschiedenen Stoffe seines Anzugs. Obwohl überall das bräunliche Papier durchscheint, unterscheidet man das Tuch des zweireihigen Rocks mit hochstehendem Kragen durch dichte, stellenweise verriebene Schraffuren, die weiß gehöht sind, vom hellen Stoff des Hemdes und der gefältelten Halsbinde mit Jabot.

Zum Zeitpunkt des Porträts war Goethe neunundfünfzig Jahre alt. Sein Antlitz entspricht in der kräftigen Nase, den Tränensäcken, der Lippenlinie, den ausgeprägten Wangenfalten und dem Doppelkinn der im Oktober 1807 für den Phrenologen Franz Joseph Gall abgenommenen Gesichtsmaske.[24] Kügelgen idealisiert die Stirn, die deutlich steiler und höher als im Abdruck ist. Sie entspricht dem antiken Ideal, das ihm durch Carl August Böttigers Dresdner Vorlesungen vertraut war:

---

19 Hellermann (Anm. 2), P 199 u. 191.

20 Otto August Rühle von Lilienstern: *Gelegentliche Gedanken über das Wesen der Kunst in Bezug auf Landschaftsmalerei.* In: *Reise mit der Armee im Jahre 1809.* Rudolstadt 1810, S. 303. Kügelgen hat an Rühles Aufsatz über das Wesen der Kunst mitgearbeitet; vgl. Hellermann (Anm. 2), S. 313.

21 Auch zu den beiden postumen Porträts zeichnete Kügelgen zunächst Skizzen, die heute verschollen sind; vgl. Hellermann (Anm. 2), P 205 u. P 208.

22 Vgl. Hellermann (Anm. 2), P 203 Replik Nr. 2, P 204 Replik Nr. 5, P 207 Replik Nr. 2 u. P 209 Replik Nr. 4.

23 Goethe 56,5 x 42 cm; Wieland 49,7 x 40,8 cm.

24 Vgl. Christoph Michel (Hrsg.): *Goethe. Sein Leben in Bildern und Texten.* Frankfurt a. M. u. Leipzig 1998, S. 305.

Abb. 10
Johann Wolfgang von Goethe, Kreidezeichnung

> Die majestätisch gewölbte Stirn gab den Ausdruck der *Weisheit.* Das menschlichste im menschlichen Haupte ist die hohe Stirn. Kein Thier hat sie. Je menschlicher, desto edler gewölbt ist der Himmel der Menschengestalt, Stirn und Schädel.[25]

Dieselben technischen Mittel benutzte Kügelgen bei der Wieland-Zeichnung. Auch hier ist der Lichteinfall von links oben durch weiße Höhung der Stirn zu erkennen. Die schwarze Kreide des Samtkäppchens ist vorsichtig laviert, um die Beschaffenheit des Materials deutlich zu machen. Obwohl Farben fehlen, ist der Atlas des Bandes der französischen Ehrenlegion am Revers, das ihm wenige Wochen zuvor beim Erfurter Fürstentag verliehen worden war, durch Schraffuren und sparsame Höhung zu erkennen. Die Glanzlichter der Augen und der Brillanten des russischen St. Annenordens, den er als Halsorden trägt, wurden durch stärkere Weißhöhung erreicht. Die beiden Auszeichnungen scheinen Wieland so wichtig gewesen zu sein, daß Kügelgen sie, anders als bei Goethe, bereits in die Kreidezeichnung aufgenommen hat. „Der würdige Vater war munter und heiter – überhaupt scheint ihm die kaiserl[iche] Annensausz[eichnung] neues geistiges Leben eingehaucht zu haben", notierte Carl Bertuch nach einem Mittagessen bei Wieland am 27. Dezember 1808, an dem auch Kügelgen teilnahm.[26]

Ende des Jahres 1808 war Wieland fünfundsiebzig Jahre alt. Die Spuren seines Alters wurden in der Kreidezeichnung wie im Ölbild am Mund, den eingesunkenen Schläfen und Augenhöhlen, den Falten auf der Stirn und um die Augen vorsichtig angedeutet. Spuren einer Pockenerkrankung, die Wielands Gesicht im Alter von drei Jahren gezeichnet hatte, sind nicht zu erkennen.[27] Auch Wieland wird durch seine hohe Stirn als Denker ausgewiesen. Auf dem Kopf trägt er sein charakteristisches Samtkäppchen, unter dem ein silbergrauer Haarkranz hervorkommt. Trotz der Zeichen des Alters wirkt Wieland durch die aufmerksamen, weitgeöffneten Augen nicht greisenhaft, sondern „voll Leben, enthusiastisch und, wie alle Männer von Genie, noch jung im Alter".[28] Johanna Schopenhauer, die die vier Dichterporträts für das *Journal des Luxus und der Moden* ausführlich beschrieb und kommentierte und auch die Kreidezeichnung kannte[29], sah in dem Wieland-Porträt die vollkommene Darstellung des Alters:

---

25 Carl August Böttiger: *Andeutungen zu vier und zwanzig Vorträgen über die Archäologie im Winter 1806.* Dresden 1806, S. 99.

26 Zit. nach Starnes (Anm. 10), S. 318. Die beiden Auszeichnungen, die in der Vorzeichnung des Goetheporträts fehlen, haben dazu beigetragen, daß ich die Kreidezeichnung, bevor ich sie im Original gesehen hatte, für eine Replik hielt; vgl. Anm. 4.

27 Wolfgang Amadeus Mozart hatte Wieland im Dezember 1777 in Mannheim getroffen und beschrieb sein Aussehen in einem Brief an den Vater: „Das Gesicht ist von Herzen häßlich, mit Blattern angefüllt, und eine ziemlich lange Nase"; zit. nach Willi Reich (Hrsg.): *W. A. Mozart. Briefe.* Zürich 1948, S. 58.

28 Abschnitt *Wieland* in: Anne Germaine de Staël: *Über Deutschland.* Frankfurt a. M. 1985, S. 149. Madame de Staël hatte Wieland 1803 in Weimar kennengelernt.

29 Zur Beschreibung und Kommentierung der Porträts siehe Journal des Luxus und der Moden (1809), S. 344–351. – Bevor Kügelgen Weimar verließ, hatte er am 25. Januar 1809 die bildmäßigen Vorzeichnungen und die angefangenen Ölbildnisse vorgestellt. Im April sandte Kügelgen die fertigen Porträts nach Weimar zurück, wo sie im Salon Johanna Schopenhauers ausgestellt wurden; vgl. Hellermann, S. 232 u. P 203, 204, 207 u. 209.

Abb. 11
Christoph Martin Wieland, Kreidezeichnung

So muß das Alter dargestellt werden, wenn wir alle Lust bekommen sollen, alt zu werden, oder uns, was noch mehr sagen will, darüber trösten sollen, daß wir alt sind.[30]

30 Journal des Luxus und der Moden (1809), S. 350.

Goethes Ausdruck in der Kreidezeichnung stimmt mit dem Ölbildnis nicht ganz überein. Im Entwurf erkennt man, daß Goethe bei den Begegnungen mit Kügelgen häufig eindringlich auf ihn eingeredet haben muß, wie es der Maler zwei Wochen nach seiner Rückkehr aus Weimar seinem Freund Gotthilf Heinrich Schubert beschrieb:

> Du kannst Dir denken, wie einem solchen Manne gegenüber, dem die Rede ununterbrochen vom Munde ströhmt, sich auf dergleichen wenig oder gar nichts entgegensetzen läßt, wenn man ihn nicht ganz erzürnen wollte durch eine ihn belehrende oder zurechtweisende Gegenrede.[31]

Das Porträt ist würdevoller und distanzierter als die Zeichnung und zeigt den Dichter mit dem roten Band der französischen Ehrenlegion am linken Rockaufschlag und dem Großkreuz des russischen St. Annenordens auf der Brust, die in der Kreidezeichnung fehlen. Ein weiter Mantel wurde – wie in den postumen Porträts von Schiller und Herder – so um seine Schultern gelegt, daß man an die Draperien antiker Porträtbüsten denken muß und die zeitlose Bedeutung der Dichter erkennt.

Bei Wielands Porträt sind Entwurf und Bildnis identisch. Kügelgen verzichtete auf den drapierten Mantel. Da er sich mit Wieland, der sich mit ihm „seelenverwandt"[32] fühlte, während der Porträtsitzungen anfreundete, hat er vermutlich die Überhöhung durch die Draperie für sein Wieland-Bild als unpassend empfunden.[33]

Kügelgen hält in den Kreidezeichnungen fest, wie er die „lebenden Bücher"[34] gelesen hat und was er in Erinnerung behalten wollte. Bei Goethe erkennt man dessen beeindruckende Redegewalt, aber auch einen leichten Unwillen über die Ansichten des Malers oder den „gerechten Zorn dieses Giganten über das Unwesen unsrer Zeit".[35] Ein gewisses Ressentiment gegenüber dem Dichter ist spürbar, das Kügelgen im Porträt nicht festzuhalten wagte. Wieland erlebte er als freundlichen, leicht amüsierten Zuhörer und Gesprächspartner: „Auch Wieland ist sehr mittheilbar, aber auf eine ganz andre, mehr hingebend liebenswürdige Weise".[36] Die Sympathie zwischen Maler und Dichter, die in der Kreidezeichnung zu spüren ist, konnte im Ölbild wiederholt werden, ohne daß das Renommee, das sich der Maler von den Dichterbildnissen bei Besuchern seines Ateliers erhoffte, darunter leiden würde. Man spürt, wie gern Wieland sich mit dem weltoffenen, wißbegierigen Maler unterhalten hat:

> Nie hab ich in meinem langen Leben, ausser Ihnen selbst, mein Reinhold, einen Menschen gesehen, der mir so schnell Hochachtung Liebe und Zutrauen abgewonnen hätte wie dieser [Kügelgen].[37]

---

31 Aus einem Brief vom 16. 2. 1809; zit. nach Hellermann (Anm. 2), S. 304. Johann Stephan Schütze beschreibt, daß Kügelgen bei einer Abendgesellschaft Johanna Schopenhauers Goethe in einem Gespräch über griechische Malerei widersprochen und damit den Unwillen des Dichters erregt hatte; vgl. Gespräche, Bd. 2, Nr. 2860.

32 Vgl. Starnes (Anm. 10), S. 322.

33 Wieland plante, Kügelgen im Sommer 1809 in Dresden zu besuchen; vgl. Starnes (Anm. 10), S. 321 ff.

34 Zit. nach Hasse (Anm. 11), S. 208.

35 Ebd., S. 209.

36 Ebd.

37 Aus einem Brief Wielands an seinen Schwiegersohn Karl Leonhard Reinhold vom 16. 12. 1808; zit. nach Starnes (Anm. 10), S. 315.

Kügelgens Wieland-Porträt wurde auch von Wielands Kindern Luise und Carl begeistert aufgenommen, da es ihm „überaus ähnlich ist, seinen Geist wie seinen Carakter voll Liebe und Güte so trefflich darin vereinigt hat".[38] Wieland berichtete Carl August Böttiger von der Ausstellung des Zyklus der Dichter-Bildnisse in Weimar[39]:

> Mad. Schopenhauer wird Ihnen ohnezweifel geschrieben haben, in welche Bewegung die ihr von unserem K[ügelgen] zugeschickten Wunderthätigen Bilder unser Städtchen 8 Tage lang gesetzt haben. ... Über das meinige war nur Eine allgemeine Stimme des Beifalls und Jubels – und beinahe hätte ich mich selbst in meine alte Larve verliebt, wie weiland Narcissus in seine junge.[40]

Fünfzehn Jahre später entsprach Kügelgens Darstellung von Wielands Persönlichkeit noch der Erinnerung, die sich Karl Morgenstern an den Dichter bewahrte. Morgenstern hatte sich 1808 gleichzeitig mit Kügelgen in Weimar aufgehalten, sah aber das Porträt zusammen mit dem Goethe- und Herderbildnis erst Ende des Jahres 1822 im Herrenhaus Poll in Estland.[41] Er notierte sich anschließend:

> Wieland. Ganz wie ich ihn kannte und im J. 1808 zuletzt sah: der bewegliche, reizbare, redselige, satirische Alte von Attischer Feinheit.[42]

---

38 Luise Wieland an ihre Schwester Charlotte Geßner; zit. nach Starnes (Anm. 10), S. 321.

39 Vgl. Anm. 29.

40 25. 4. 1809; zit. nach Starnes (Anm. 10), S. 331.

41 Karl Morgenstern erwarb die drei Bildnisse nach langen Verhandlungen Ende 1823 für 1 000 Rubel für die Kunstsammlung der Universität Dorpat; vgl. Inge Kukk: *Die Porträts der Weimarer Klassiker in Tartu – Originale, Repliken oder Kopien?* In: Triangelum. Germanistisches Jb. für Estland, Lettland und Litauen. Tartu 1999, S. 184. Das Schiller-Porträt war 1820 nach Kügelgens Tod von seiner Witwe an den Herzog von Anhalt-Bernburg geschenkt worden.

42 Zit. nach Kukk (Anm. 41), S. 184; Universitätsbibliothek Tartu, Handschriften- und Rara-Abteilung. Sign.: Best. 3, Mrg DXCVII, Bl. 160–163.

Nachtrag zum „Blättchen"

Im Goethe-Jahrbuch 2001 hat Katharina Mommsen ein wiederaufgefundenes „Blättchen", einen kurzen Brief Goethes an Zelter vom 13. November 1815, vorgestellt (S. 323–329). Durch einen bedauerlichen Übermittlungsfehler, den die Verfasserin nicht zu verantworten hat, ist in diesem Beitrag der Auktionskatalog, in dem das Blatt angeboten worden ist, irrtümlich um 100 Jahre älter gemacht worden. Der Katalog stammt nicht von 1876, sondern aus dem Jahr 1976, in dem auch die Auktion stattgefunden hat. Richtig muß es also in Fußnote 5 (S. 325) heißen: „Erstdruck im Auktionskatalog *Hehres & Triviales. Theil 7* von G. Kaldewey (Hamburg 1976), S. 11–12". Dementsprechend ist auf S. 326 der Anfang des dritten Absatzes zu korrigieren in „Nach 25jährigem Verschwinden […]" sowie in der Fußnote 7 die richtige Jahreszahl „1976" einzusetzen. Für das Versehen bitten wir unsere Leser um Entschuldigung.

Bitte um Hinweise für die Kommentierung von Goethes Tagebüchern

Die Bearbeiter der neuen historisch-kritischen Gesamtausgabe der Tagebücher Goethes, von der bereits die Bände I und II vorliegen (erschienen 1998 und 2000), richten an die Leserinnen und Leser dieses Jahrbuchs und an alle anderen Interessierten folgende Bitte um Mithilfe: Zahlreiche sach-, personen- und ortsbezogene Einzelheiten, die Goethe auf seinen Reisen in den Tagebüchern erwähnt oder angedeutet hat, sind in der Weimarer Ausgabe, Abteilung III, in den Kommentarteilen und in den Registerbänden entweder nicht vollständig oder überhaupt nicht geklärt. Für die Kommentierung der Tagebücher ab 1809 werden daher Hinweise jeglicher Art für diesen Bereich der regionalen historischen Forschung erbeten.

Besonders erwünscht sind Angaben zu entlegener, auch älterer informativer Spezialliteratur, Beiträgen zur Heimatforschung usw.; ebenso Auskünfte zu allen regionalen Besonderheiten, die mit Goethes Bade- und sonstigen Reisen zusammenhängen: Identifizierung erwähnter Personen, historische Mitteilungen über besuchte Häuser und Gasthöfe, über Gebräuche, Bau- und Kunstwerke, Geographica wie Wege und Straßen, landschaftliche Besonderheiten, Naturdenkmale usw.

Um diesen Bezugskreis genauer abzustecken, wird im folgenden eine Liste von ausgewählten (meist mittleren und kleinen) Orten gegeben, die Goethe passiert oder besucht und in den Tagebüchern erwähnt hat.

Aich (Doubí; bei Karlsbad; Böhmen)
Altenberg (Sachsen)
Altenburg (Thüringen)
Arbesau (Varvažov; bei Aussig; Böhmen)
Asch (Aš; Böhmen)
Auschowitz (Usovice; bei Marienbad; Böhmen)
Aussig (Ústí n. Lab.; Böhmen)
Bad Berka (Thüringen)
Bad Köstritz (Thüringen)
Bad Schwalbach (Hessen)
Bad Tennstedt (Thüringen)
Berka (Hessen)
Bilin (Bílina; bei Teplitz; Böhmen)
Blessenbach (Hessen)
Brand bei Marktredwitz (Bayern)
Brunnersdorf (Prunéřov; bei Kaaden; Böhmen)
Brüx (Most; Böhmen)
Buchau (Bochov; bei Karlsbad; Böhmen)
Buchen (Odenwald)
Dallwitz (Dalovice; bei Karlsbad; Böhmen)
Dux (Duchcov; bei Teplitz; Böhmen)
Eckartsberga (Sachsen-Anhalt)
Eger (Cheb; Böhmen)
Eisenberg (Jezeři; bei Brüx; Böhmen)
Elbogen (Loket; bei Karlsbad; Böhmen)
Eltville am Rhein (Hessen)

Falkenau (Sokolov; Böhmen)
Fischern (Rybáře; bei Karlsbad; Böhmen)
Flörsheim am Main (Hessen)
Franzensbad (Františkovy Lázně; Böhmen)
Freiberg (Sachsen)
Gebesee (Thüringen)
Gelnhausen (Hessen)
Gefell (Thüringen)
Gossengrün (Krajková; bei Falkenau; Böhmen)
Graupen (Krupka; bei Teplitz; Böhmen)
Hagensdorf (Ahníkov; bei Komotau; Böhmen)
Hammer (bei Karlsbad; Böhmen)
Hanau am Main (Hessen)
Hartenberg (Hřebeny; bei Falkenau; Böhmen)
Hardheim (Baden-Württemberg)
Hassenstein (Hasištejn; Burg bei Kaaden; Böhmen)
Hattersheim am Main (Hessen)
Herbsleben bei Bad Tennstedt (Thüringen)
Hohendorf (Vysóka; bei Karlsbad; Böhmen)
Hof (Bayern)
Hottelstedt (Thüringen)
Hünfeld (Hessen)
Janegg (Jeníkov; bei Teplitz; Böhmen)
Kahla (Thüringen)
Karlsbad (Karlovy Vary; Böhmen)
Kleinrudestedt (Thüringen)
Klostergrab (Hrob; bei Teplitz; Böhmen)
Kötschau (Thüringen)
Kulm (Chlumec; bei Aussig; Böhmen)
Kuttenplan (Chodova Plana; bei Marienbad; Böhmen)
Libkowitz (Libkovice; Böhmen)
Limbach (Sachsen)
Limburg an der Lahn (Hessen)
Löbichau (Thüringen)
Lützen (Sachsen)
Maria Kulm (Chlum Svaté Maří; bei Falkenau; Böhmen)
Mariaschein (Bohosudov; bei Aussig; Böhmen)
Marienbad (Mariánské Lázně; Böhmen)
Markranstädt (Sachsen)
Marktredwitz (Bayern)
Meiningen (Thüringen)
Meißen (Sachsen)
Mellrichstadt (Bayern)
Mitterteich (Bayern)
Mühlbach (Pomezi; bei Eger; Böhmen)
Münnerstadt (Bayern)
Naschhausen bei Orlamünde (Thüringen)
Nassau (Rheinland-Pfalz)
Naumburg (Sachsen-Anhalt)
Neckarelz (Baden-Württemberg)
Neuhausen bei Selb (Bayern)
Niedermendig (Rheinland-Pfalz)
Nossen (Sachsen)
Oberschefflenz (Baden-Württemberg)
Öderan (Sachsen)
Offenbach am Main (Hessen)
Orlamünde (Thüringen)
Oschatz (Sachsen)
Ossegg (Osek; bei Teplitz; Böhmen)
Penig (Sachsen)
Peterswald (Petrovice; bei Aussig; Böhmen)
Pirna (Sachsen)
Podelwitz (Thüringen)
Pograth (Podhrad; bei Eger; Böhmen)
Poppenhausen (Bayern)
Pößneck (Thüringen)
Puschwitz (Buškovice; bei Saaz; Böhmen)
Rehau (Bayern)
Ringleben bei Erfurt (Thüringen)
Rochlitz (Sachsen)
Rüdesheim am Rhein
Salmünster (Hessen)
Saaz (Žatec; Böhmen)
Schlackenwerth (Ostrov; bei Karlsbad; Böhmen)
Schleiz (Thüringen)
Schlüchtern (Hessen)
Schönau (Šanov; bei Teplitz; Böhmen)
Schönbach (Luby; bei Asch; Böhmen)
Schönhof (Krásný Dvůr; bei Saaz, Böhmen)
Schwansee (Thüringen)
Stift Tepl (Klášter Teplá; bei Tepl; Böhmen)
Tauberbischofsheim (Baden-Württemberg)
Tellnitz (Telnice; bei Aussig; Böhmen)
Teplitz (Teplice; Böhmen)
Thalbürgel (Thüringen)

Töpen (Bayern)
Turn (Trnovany; bei Teplitz; Böhmen)
Volkmannsdorf bei Schleiz (Thüringen)
Waldheim (Sachsen)
Waldsassen (Bayern)
Weheditz (bei Karlsbad; Böhmen)
Weißenfels (Sachsen-Anhalt)
Werneck (Bayern)
Wersdorf (Vernerice; bei Teplitz; Böhmen)
Winkel (Hessen)
Wurzen (Sachsen)
Zehista (Sachsen)
Zinnwald (Sachsen)
Zwodau (Svatava; bei Falkenau; Böhmen)

Ihre Hinweise senden Sie bitte an:

Goethe-Gesellschaft in Weimar
Redaktion Goethe-Jahrbuch
Dr. Petra Oberhauser
Burgplatz 4
99423 Weimar
oder per e-mail an: goetheges@aol.com.

Wolfgang Albrecht, Andreas Döhler, Edith Zehm

REZENSIONEN

Siegfried Seifert: ***Goethe-Bibliographie 1950–1990.*** Unter Mitarbeit von Rosel Gutsell und Hans-Jürgen Malles. Hrsg. von der Stiftung Weimarer Klassik. Bd. 1–3. München u. a. 2000.

„Des Wissens wird immer mehr, und Verstand und Vernunft bleiben immer dieselben. Wir können jetzt jenes ebenso wenig gewältigen, als die Früheren das ihrige" (Riemer, 8. 2. 1824). Goethe weist mit dieser Aussage aus einem Gespräch mit Riemer auf ein Phänomen hin, das wir heute als ‚Beschleunigung des Wissenswandels' bezeichnen und das – damals wie heute – für den einzelnen mit einem wachsenden Orientierungsverlust verbunden ist. Goethe selbst ist mittlerweile zu einem Gegenstand geworden, über den „des Wissens immer mehr wird", und dies in einer Dimension wie bei keinem anderen deutschen Dichter. Im Jahr 2000 erschienen mehr als 1500 Veröffentlichungen zu seinem Werk, in den Jahren 1950 bis 1990 waren es täglich mehr als eine. Angesichts dieser Titelmassen werden gerade in Zeiten, in denen Suchmaschinen per Mausklick schier endlose Treffermengen zu einem Thema produzieren, solide Orientierungsmittel gebraucht.

Siegfried Seifert hat mit seiner *Goethe-Bibliographie 1950–1990* ein solches Instrument vorgelegt, das er mit hoher sachlicher Kompetenz und einem kundigen Blick für das Detail erarbeitet hat. Die Bedeutung des Unternehmens für die Goethe-Forschung liegt auf der Hand, war die Goethe-Literatur seit 1950 doch bisher in keiner umfassenden, auf Vollständigkeit angelegten Bibliographie verzeichnet. Das wissenschaftlich interessierte Publikum war für diesen Zeitraum auf Auswahlbibliographien wie die von Hans Pyritz oder Helmut G. Hermann angewiesen, die zwar Schwerpunkte der Goethe-Forschung zu konturieren vermögen, der Vielfalt und Komplexität der Rezeption jedoch schon allein aufgrund ihres engen Fokus kaum gerecht werden können. Der Berichtszeitraum von Seiferts Goethe-Bibliographie markiert die Zeitspanne der Teilung Deutschlands. In den Jahren 1992 bis 1999 erarbeitet, ermöglicht sie retrospektiv auch den Blick auf die Entwicklung der Goethe-Forschung in den zwei deutschen Staaten.

Der Bibliograph setzt sich ein hohes Ziel: die Erschließung der gesamten wissenschaftlichen Primär- und Sekundärliteratur zu Goethe in allen medialen Publikationsformen und allen Sprachen anhand der Originaldokumente, die in vielen Fällen zudem ausführlich annotiert werden. Vollständigkeit der Erfassung, nicht wertende Auswahl, ist somit die Zielsetzung des Vorhabens. Leben und Werk Goethes sollen in einer weitgefaßten kulturgeschichtlichen Perspektive erschlossen werden, die sowohl der Verwurzelung des Autors in der Epoche der Weimarer Klassik als auch seiner universalen Wirkung und weltweiten Rezeption gerecht wird. Entstanden ist ein dreibändiges Werk im Großformat mit mehr als 1500 Seiten, das insgesamt ca. 26.000 Veröffentlichungen verzeichnet.

Die Bibliographie wurde auf der Basis der *Internationalen Bibliographie zur Deutschen Klassik* erarbeitet, die sich wiederum auf die Bestände der heutigen Herzogin Anna Amalia Bibliothek in Weimar – vormals Zentralbibliothek der deutschen Klassik – gründet. Diese Sammlung bildet einen soliden Grundstock für die Verzeichnung, die in der Regel anhand des Originals erfolgte (Autopsie). Das Titelmaterial wurde durch die Auswertung weiterer Bibliotheksbestände und einschlägiger Bibliographien ergänzt. So konnten die Übersetzungen von Goethes Werken in ca. 60 Fremdsprachen dokumentiert werden. Auch die osteuropäische Literatur ist – und dies ist ein Vorteil des Standortes Weimar – in großer Dichte vertreten. Wissenschaftliche Vollständigkeit als Leitprinzip schließt selbstverständlich die Verzeichnung von Schallplatten, Hörbüchern, CDs und CD-ROMs ein. Verfilmungen von Goethes Werken, insbesondere von Bühneninszenierungen, vermißt man allerdings.

Im Bereich der gedruckten Literatur ist die gesamte Bandbreite der Publikationsformen vertreten: von Werkausgaben über Monographien, Zeitschriftenaufsätze und Sammelbände bis hin zu Sonderausgaben und bibliophilen Drucken. Lediglich Tages- und Wochenzeitungen wurden nicht ausgewertet, was angesichts der Fülle des Materials verständlich ist. Den damit einhergehenden Verzicht auf Besprechungen von Bühneninszenierungen und von Publikationen breiteren Interesses mag man verschmerzen. Rezensionen werden ohnehin nur in strenger Auswahl dargeboten, d. h., sie finden nur Aufnahme, wenn sie eine fundierte Auseinandersetzung mit der besprochenen Publikation erkennen lassen. Erfreulicherweise sind sie zusammen mit dem rezensierten Werk verzeichnet. Auch Nachauflagen, Reprints und Lizenzausgaben sind akribisch genau beim jeweiligen Werktitel aufgelistet. Der Verfasser hat hier bisweilen zuviel des Guten getan, ist doch die Information, wann die Reclam-Ausgabe des Werther in den letzten vierzig Jahren nachgedruckt wurde und in welchen Buchclubs Lizenzausgaben von Standardeditionen erschienen sind, selbst für die Rezeptionsforschung nur von eingeschränkter Aussagekraft.

Erschließungsprinzipien

Die Verzeichnung der Titel erfolgt nach der *International Standard Book Description*, dem maßgeblichen Regelwerk für die bibliographische Beschreibung. Aufsätze sind, sofern sie in Sammelbänden, Festschriften und Periodica mit Goethe-Bezug enthalten sind, an zwei Stellen zu finden: zum einen als Einzelaufnahmen unter dem Verfassernamen und zum anderen unter der selbständigen Publikation, in der sie erschienen sind. Dies bedeutet, daß alle goethe-spezifischen Festschriften, Sammelbände und Goethe-Jahrbücher mit vollständigen Inhaltsverzeichnissen aufgenommen sind, was dem Benutzer eine rasche Orientierung in der Fülle einschlägiger Quellen zur Aufsatzliteratur ermöglicht.

Die inhaltliche Aufbereitung der Publikationen erfolgt im wesentlichen nach vier Prinzipien:
- durch eine differenzierte Systematik
- durch gliedernde Zwischenüberschriften und Randbemerkungen innerhalb einer Systemstelle
- durch Anmerkungen inhaltlicher Art bei den jeweiligen Titelaufnahmen
- durch ein kombiniertes Namen- und Sachregister sowie ein Werkregister.

Wichtigstes Erschließungsinstrument einer jeden umfangreicheren gedruckten Bibliographie ist die Systematik, die hier mit insgesamt fast 250 Systemstellen in sehr differenzierter Weise dargeboten wird. Den zehn Hauptgruppen zur Primärliteratur (Werkausgaben, Briefe, Einzelne Werke, Tagebücher, Naturwissenschaftliche Schriften, Amtliche Schriften, Zeichnerisches Werk, Goethe als Übersetzer, Goethe als Herausgeber, Übersetzungen der Werke) stehen acht Hauptgruppen zur Sekundärliteratur gegenüber, die die zentralen Aspekte von Goethes Leben, Werk und Wirkung erfassen. Im Detail dokumentiert sind die einzelnen biographischen Stationen des Autors, seine persönlichen und literarischen Beziehungen, sein amtliches und gesellschaftliches Wirken. Auch dem naturwissenschaftlichen Werk Goethes wird angemessen Rechnung getragen. Die Publikationen zum literarischen Œuvre sind primär nach gattungs- und motivgeschichtlichen Grundsätzen erschlossen, literaturtheoretische Kategorien spielen eine eher untergeordnete Rolle. Die Konzentration auf biographische und gattungsgeschichtliche Aspekte entspricht dem Forschungsinteresse in der Kernzeit des Berichtszeitraums. Aus der Warte der Goethe-Forschung der 80er Jahre hätte man sich zusätzlich jedoch eine stärkere Differenzierung der literatur- und kulturwissenschaftlichen Rezeptionsgeschichte nach einzelnen Forschungsrichtungen gewünscht.

Trotz der Fülle von Einzelaspekten, die die Gliederung abdeckt, fehlen wichtige Themen, die geradezu Topoi in der Goetheforschung darstellen: Goethes Naturverständnis beispielsweise oder sein Verhältnis zur Romantik. Die Literatur zu solchen Aspekten ist unter weniger spezifischen Systemstellen erfaßt, sie hätten jedoch eine explizite Nennung in der Systematik verdient. Goethes Verständnis der Literatur des Mittelalters wiederum verbirgt sich hinter zwei voneinander getrennten Gliederungspunkten, zum einen beim Mittelalter (althochdeutsche Literatur), zum anderen beim Themenkomplex

Literatur (mittelhochdeutsche und frühneuhochdeutsche Literatur). Hier wäre eine einheitliche Zuordnung zu einem der beiden Bereiche wünschenswert gewesen.

Gemildert werden derlei Unschärfen bei umfangreichen Systemstellen durch eine thematische Binnengliederung des Titelmaterials, die durch Marginalien und Zwischenüberschriften angezeigt wird. Grundsätzlich sind die Titel innerhalb einer Systemstelle chronologisch aufsteigend geordnet. Zur Überschaubarkeit bei längeren Titelreihen tragen Jahreszahlen in den Marginalien bei.

Nützliche Hinweise zur dargebotenen Literatur finden sich in den Annotationen, die bei Bedarf nach der formalen Verzeichnung des Titels folgen. Sie beziehen sich auf inhaltliche oder formale Aspekte, auf Fragen der Veröffentlichungsgeschichte, geben Hinweise auf Forschungsdebatten etc. Eine Wertung der Literatur erfolgt nicht. Dies entspricht der Grundkonzeption des Werkes als annotierender und nicht als räsonierender Bibliographie.

Ein weiteres wichtiges Erschließungsinstrument ist das Register, welches hier bedauerlicherweise als kombiniertes Namen- und Sachregister dargeboten wird. Eine Trennung der fast 150 Seiten langen alphabetischen Liste in zwei eigenständige Verzeichnisse wäre dringend geboten gewesen, zumindest jedoch eine unterschiedliche druckgraphische Gestaltung der Registerbegriffe aus den beiden Kategorien. Hilfreich ist ein umfassendes alphabetisches Register der Titel von Goethes Werken, das auch sämtliche Gedichttitel verzeichnet.

Ungeachtet dieser Defizite stellt die Goethe-Bibliographie von Siegfried Seifert ein unschätzbares Instrument zur Erschließung der Goethe-Literatur der zweiten Hälfte des 20. Jahrhunderts dar. Forschungsfragen zur Überlieferungs- und Editionsgeschichte einzelner Werke können damit ebenso beantwortet werden wie Fragen zu Goethes Biographie und seinen vielfältigen Beziehungen zu Zeitgenossen. Entwicklungslinien in der Forschungsliteratur zu einzelnen Werken, insbesondere zur *Faust*-Dichtung, wie auch die Wirkungsgeschichte von Goethes Persönlichkeit und Œuvre in den verschiedenen Kunstgattungen, in Ausstellungen, Gedenkstätten und Museen sind umfassend dokumentiert. Vor allem durch ihre internationale Ausrichtung wird sich die Bibliographie als ein wertvolles Hilfsmittel der Goethe-Forschung etablieren.

An der Herzogin Anna Amalia Bibliothek in Weimar wird die Goethe-Bibliographie derzeit für den Berichtszeitraum 1991 bis 2000 als online recherchierbare Datenbank fortgesetzt. Angesichts der Fülle des Titelmaterials und der komplexen Erschließungsmethode wäre auch eine Aufbereitung des Werkes von Siegfried Seifert in elektronischer Form ein Gewinn.

Monika Braß

Norbert Christian Wolf: *Streitbare Ästhetik.* *Goethes kunst- und literaturtheoretische Schriften 1771–1789.* Tübingen 2001, 566 S.

In einer Epoche, die das Autor-Subjekt problematisiert hat und die durch Strukturalismus und Poststrukturalismus dazu bewogen worden ist, über Kontexte und intertextuelle Muster intensiver nachzudenken als über die private Befindlichkeit eines Dichters und die Individualgenese seines Werkes, war der Verfasser gut beraten, sich dem epistemologischen Umfeld von Goethe zuzuwenden. Auf diesem Schauplatz wird Goethes Einmaligkeit exemplarisch für etwas Allgemeines. Zur Erkundung der Dialektik von Individualität und Allgemeinheit, Souveränität und Determiniertheit, Innovation und Tradition, Subversion und Orthodoxie, Wahl-Entscheidung und Angebot dient dem Verfasser Pierre Bourdieu als methodischer Gewährsmann. Bourdieus Theorie des literarischen Feldes wird umgesetzt in ein Koordinatensystem, das die Ästhetik Goethes nicht nur in der Singularität eines einmaligen „Standpunktes“ (vgl. S. 14), sondern auch in der Nähe oder Ferne zu anderen Autor-Standpunkten bestimmbar macht. Es geht um den „Entscheidungsspielraum, den der Dichter im Rahmen der zuhandenen Theorietradition und der künstlerischen Praxis zu gewissen Zeitpunkten hatte“, und um die „Rekonstruktion einer […] ‚diskurshistorischen‘ Funktionsebene, deren Reichweite über das historische Problembewußtsein Goethes hinausgeht“ (S. 16).

Der erste Teil der Arbeit gilt dem Goethe des Sturm und Drang und hat die Texte *Zum Schäkespears Tag* und *Von deutscher Baukunst* im Zentrum des Blicks. Die meisten Passagen wird man mit Zustimmung lesen, so zum Beispiel die Ausführungen zum Schönheitsbegriff des jungen Goethe, der sich von dem der Aufklärung und dem des überkommenen Klassizismus abwendet, um sich dem bedeutenden Charakteristischen zu nähern, das auch Nichtschönes wie das Erhabene und Häßliche umfaßt (vgl. S. 215 ff.). Die Orientierung auf Goethes Position innerhalb eines Feldes von Ähnlichkeiten und Differenzen erbringt aufschlußreiche Resultate. Von fast dialektischem Witz ist die Behandlung der Genie-Problematik, die ergibt, daß das Originalgenie Goethe so originell gar nicht war, weil es im vorgängigen und zeitgenössischen Genie-Diskurs bereits ausgemachte Erfordernisse des Genialen (wenngleich auf unverwechselbare Weise) verarbeitet hat. Der besondere Punkt, den Goethes Individualität besetzt, wird gleichsam innerhalb eines Quadranten bestimmt. Auf dessen Abszisse, könnte man sagen, sind die „sensualistischen" Genie-Regeln der Kreativität eingetragen, während auf der Ordinate die „rationalistischen" ästhetischen Konventionen und die akademischen Regeln mitsamt dem hierzu gehörigen „Nachahmungs"-Postulat verzeichnet sind. Nicht nur Goethe, auch andere Teilnehmer am Genie-Diskurs, die Enzyklopädisten, Thomas Young, Johann Georg Hamann, Heinrich Wilhelm von Gerstenberg, Johann Gottfried Herder oder Jakob Michael Reinhold Lenz, werden auf diese Weise lokalisierbar; auch die Distanz einschließende Verwandtschaft ihrer Texte zu Goethe und seiner Shakespeare-Rede wird kenntlich. Die unveröffentlichte Rede über Shakespeare, deren Performanz genialisch ist und die in der Darstellung des Sprechers und des Besprochenen zweifach auf die Figur eines Genies verweist, folgt dem allgemeinen Diskurs. Ihre scheinbar unvermittelte Spontaneität und arbiträre Unordnung ist vermittelt und inszeniert die Regeln der Genialität (vgl. S. 31): „Insgesamt erweist sich die Rede [...] weniger als persönliches, individuell motiviertes Bekenntnis, sondern als forcierte, höchst kunstvolle und genau kalkulierte literarische Stilisierung im Kontext des zeitgenössischen Genie-Diskurses" (S. 54). Auch der Aufsatz *Von deutscher Baukunst*, eine der ersten Publikationen Goethes, wird eingebunden, ohne nivelliert zu werden. Als Manifest eines „Propheten" (vgl. S. 129) des Sturm und Drang eignen dem Aufsatz die generellen Strukturmerkmale von Subversion, Bruch und polemischer Distinktion. Häresie und Orthodoxie bilden die konträren Eckpunkte eines Feldes, in dem die einzelnen Texte oder Autoren aufeinandertreffen, um diesen Raum mit innerer Bewegung zu füllen (vgl. S. 74 ff.). Nicht nur strukturell, auch historisch wird das Einmalige zu etwas Gemeinsamem. Der literarische Prophet, so wenig er im eigenen Land auch gelten mochte, war kein absoluter Solitär. Er war Teil einer minoritären Sekte, die den mit kultureller Legitimität und Symbolgewalt ausgestatteten „Priestern" opponierte und sich dabei einer aggressiven Strategie bediente. Goethes Baukunst-Aufsatz mit seinem „sensualistischen Programm" (S. 130) wird innerhalb eines Spannungsbogens situiert, der sich zwischen dem französischen Sensualismus und dem deutschen Rationalismus erstreckt. Die „höchst reflektierte Textkomposition" (S. 135) ziele auf das Fühlbarmachen des Münsters wie des Textes selbst und befinde sich damit nahe bei Herder und dessen Forderung, so zu schreiben, daß das Gefühl des Lesenden angesprochen wird (vgl. 136). Das „sinnliche Erleben des Münsters" (S. 139), das der Text vermittels seiner eigenen inneren Bewegtheit und Lebendigkeit (vgl. S. 142) ermöglichen wolle, sei an das „Gefühl" gerichtet. Wie der Verfasser bemerkt, war dieses Sensorium jedoch nicht so antioptistisch und taktil konzipiert wie das „Gefühl" in Herders *Plastik*. Die Gefühlsemphase des jungen Goethe war vor allem von seiner Aversion gegen den Rationalismus motiviert und akzentuierte mit dem „Fühlen" primär eine ganzheitliche Empfindungsfähigkeit (vgl. S. 168). In dieser erfüllt auch das Auge eine wichtige Funktion – allerdings nicht als der kalte Sinn der Distanz, Klarheit und Distinktion, sondern als ein affektiver Sinn der leib-seelischen Empfindung.

Kontextuell eingebettet wird auch die Autonomie-Konzeption des jungen Goethe. Wenn der Verfasser sie allerdings mit dem Wechsel von der „Wirkungsästhetik" zur „Produktionsästhetik" (S. 188 ff.) verbindet, melden sich leise Zweifel. Denn Goethes vorgeblicher Verzicht auf Wirkung als Bedingung der ästhetischen Autonomie könnte nur dann einleuchten, wenn Wirkung mit dem sittlichen, kognitiven oder didaktischen Nutzen gleichgesetzt würde, der für den Teil der rationalistisch orientierten Aufklärungsästhetik normativ gewesen ist. Doch es gibt noch eine andere, auf das vitale Gefühl eines auserwählten, gleichgesinnten Rezipienten-Kreises gerichtete Wirkung; und diese lag durchaus in der

Absicht des jungen Goethe. Seine Ablehnung außerkünstlerischer Zwecke und die Orientierung auf die innere Vollkommenheit des Kunstwerkes müßten in einem weiterreichenden begrifflichen und theoretischen Zusammenhang gelesen werden. Dann ließen sich auch schon am jungen Goethe Züge finden, die auf „He-Autonomie" vorausweisen, auf jenes Konzept also, das Wirkung mit Autonomie verbindet und für die „Klassik" ausgesprochen oder unausgesprochen maßgeblich war.

Dem „klassischen" Goethe ist der zweite Teil der Arbeit gewidmet, der sich auf den Aufsatz *Einfache Nachahmung der Natur, Manier, Styl* konzentriert. Der Unterschied des „klassischen" zum „subjektivistischen" Goethe des Sturm und Drang wird mit „objektivistisch" markiert; davon wird noch eine „hochklassische" Phase abgehoben (vgl. S. 430 ff.). Während die „klassische" Haltung Goethes durch die „Annihilierung des betrachtenden Subjekts" (S. 464) und die „künstlerische Verleugnung seiner eigenen Subjektivität" (S. 358) charakterisiert sei, trete in der späteren Phase die „Wiederaufwertung des Menschen und seiner subjektiven Kreativität" (S. 436) auf den Plan. Diese Periodisierung ist aber anfechtbar. Denn das, was der „klassische" Goethe unterdrücken wollte, war nur die Kontingenz der ‚individualisierten Individualität', jedoch nicht das Individuell-Allgemeine des Subjekts. Das muß nolens volens auch der Verfasser einräumen, der daher zu nachträglichen Korrekturen genötigt ist, denen zufolge Goethes Stil „keineswegs [...] jeder künstlerischen Individualität entbehrt" (S. 505). Einräumen muß der Verfasser außerdem, daß der auf „reflexivem Objektivismus" basierende Stil-Begriff des „klassischen" Goethe mit Reflexion zugleich auch Subjektivität postuliert (vgl. S. 502). Derartige Inkohärenzen wären vermeidbar gewesen, wenn der Verfasser die für Goethe über den Stil entscheidende Erkenntnis des „Wesens der Dinge" von vornherein als eine subjektive Leistung angesehen hätte. Ruhe, reiner Genuß, Gelassenheit usw., Haltungen also, die dem „klassischen" Stil angehören, erschienen dann als Taten der Selbstveränderung des Subjekts in Richtung des Allgemeinen. Die Arbeit an sich selbst „reinigt" das Subjekt von affektiver Erregung und situativer Borniertheit und „erhöht" es zum Gattungswesen, dem erst in solcher Läuterung das Wesen der Dinge einleuchtet. Die Doppelarbeit an sich selbst und an den Phänomenen ist bereits in Goethes Stil-Aufsatz angelegt – was vom Verfasser übrigens gar nicht geleugnet wird. Dann aber kann das Hinzutreten des Subjekts nicht zum Periodisierungskriterium für die Unterscheidung zwischen „klassischer" und „hochklassischer" Phase von Goethes Ästhetik dienen.

Im zweiten Teil öffnet sich die Schere zwischen philologischer Genauigkeit und pointierter Gedankenarbeit, die schon im ersten Teil zu bemerken ist, noch weiter. Den dialektischen Witz zu erkennen, den die Programmatik ermöglicht, erfordert in zunehmendem Maße ‚aktive Lektüre'. Gedankliches Vergnügen stellt sich dort ein, wo der Verfasser den Übergang vom „Propheten" des Sturm und Drang zum „Priester" der etablierten Avantgarde einer neuen Klassik feldtheoretisch thematisiert (S. 316 ff.). Neu ist jetzt nämlich, gerade nicht mehr neu sein zu wollen. Das „reine Phänomen", in dem das Gesetz zur Erscheinung kommt, wird zum Inbegriff aller positiven ästhetischen Wertbegriffe des „klassischen" Goethe. In seinem Bemühen um die Darstellung des Essentiellen kann er sich nun sowohl mit der Autorität der „Alten" als auch mit Winckelmann oder Wieland assoziieren, da er bei ihnen, wie er über die „Alten" sagte, bereits halbgetane Arbeit findet. So etablierte sich eine ebenso zeitgenössische wie zeitübergreifende Priesterschaft des Schönen.

Der zweite Teil erweckt den Eindruck, als greife er auf eigentümliche Weise zu kurz. Das „klassische" Programm Goethes, dessen Auftakt der Stil-Aufsatz bildet, scheint durch die Charakterisierung mit „naturwissenschaftlicher Objekterfassung" oder „radikalem Objektivismus" (S. 409) nicht hinreichend getroffen zu sein. Die behauptete „Akzentverschiebung" gegenüber dem Subjektivismus der Sturm-und-Drang-Periode hat gewiß stattgefunden. Nur, daß das Neue als „Objektivismus" beschrieben wird (S. 360), der als Empirismus, „Verwissenschaftlichung" (S. 408), „genaue Erforschung der Natur und ihrer immanenten Gesetzlichkeit" (S. 425), „objektivistisches Wahrnehmungsprogramm" (S. 459) usw. paraphrasiert wird, läßt unbefriedigt. Denn damit ist trotz vieler Worte das Entscheidende nicht gesagt. Denn die Besonderheit der im weitesten Sinne phänomenologischen Orientierung des „klassischen" Goethe, dem es um das sinnliche Erscheinen und Darstellen von etwas ‚Logischem' ging oder um eine I d e e, die man v o r A u g e n hat, bleibt damit unterbelichtet. Der Verweis auf das „erkenntnistheoretische Primat sinnlicher Wahrnehmung" und die „sensualistische Grundhaltung" (S. 443) trifft das Spezifische nicht, das Goethe von der sinnlichen Wahrnehmung letztlich erwartete.

Ihm ging es nicht um das dem Empirismus und Sensualismus eigentümliche Sammeln, Induzieren und Abstrahieren aus einer gleich-gültigen Datenmasse, sondern um die vollgültige Repräsentation einer geistigen Entität (Wesen, Gesetz, Idee) in einem prägnanten Phänomen. Überflüssig, zu erwähnen, daß Goethe das Ideelle, das gestalthaft, als Urphänomen, Urpflanze oder als eine andere Urform, erscheinen sollte, im Zeitalter des historischen Denkens nicht mehr statisch und zeitenthoben, sondern dynamisch, als Bewegungs- oder Entwicklungsgesetz, konzipierte.

Die Problemlage des zweiten Teils der Publikation hätte mehr Beachtung des philosophischen Kontextes verlangt. Statt dessen findet der Rückfall in eine „Einfluß"-Forschung statt, die zudem so restriktiv vorgeht, daß nur Kant und Spinoza, nicht aber Schelling oder Hegel hinlänglich bedacht werden. Die verbliebenen Lücken im Umfeld der Philosophie, deren Abwertung zu nutzloser Spekulation die gesamte Publikation imprägniert, sowie die kaum verhohlene Verweigerungshaltung gegenüber der philosophischen Begrifflichkeit verengen den reflexiven Bezugsrahmen empfindlich. Dieser Teil der Arbeit macht eine germanistische Philosophie-Idiosynkrasie besonders spürbar, die den souveränen Einsatz von Begriffen wie Realismus, Idealismus, Platonismus, Neuplatonismus, intellektuelle Anschauung, Intuition usw. behindert und eine philologische Weitschweifigkeit fördert, die durch mehr Gedankenschärfe zu bändigen gewesen wäre.

Waltraud Naumann-Beyer

Gabriele Schwieder: *Goethes „West-östlicher Divan". Eine poetologische Lektüre.* Köln, Weimar, Wien 2001, 242 S.

Gabriele Schwieders Züricher Dissertationsschrift widmet sich auf oftmals erhellende Weise einem offenkundig relevanten Thema und weiß dabei dennoch in einigen Punkten nicht zu überzeugen.

Dem Haupttitel zufolge geht es Schwieder nicht um einen Teil(-Aspekt) von Goethes großem lyrischem Spätwerk – sondern um nicht weniger und nicht mehr als das ganze Buch mit seinen 246 Gedichten und 59 Prosakapiteln (den Nachlaß nicht mitgerechnet). Auch der Untertitel zeigt keine solche Einschränkung des Gegenstandes, sondern charakterisiert zunächst die Art und Weise der Untersuchung: nicht Analyse, Interpretation oder Kontextualisierung, sondern Lektüre als zugleich weite (in bezug auf das methodische Repertoire und die damit verfolgten Ziele) und enge (in bezug auf die Textnähe) Form des Umgangs mit Goethes Gedichtsammlung. Gleichzeitig verdeutlicht das Attribut ‚poetologisch', daß der Interesseschwerpunkt der Verfasserin auf dichtungstheoretischen Aspekten liegt. Machte Monika Lemmel, eine ihrer wichtigsten Vorgängerinnen in der *Divan*-Forschung, in ihrer Arbeit zur *Poetologie in Goethes west-östlichem Divan* (Heidelberg 1987) diese Fokussierung am untersuchten Text selbst fest, so koppelt Gabriele Schwieder die poetologische Orientierung der Arbeit unmittelbar an ihre eigene Lektüre des *Divans.* Diese Relativierung hinsichtlich der Standpunktbezogenheit der Untersuchung unterstreicht der unbestimmte Artikel ‚eine', der (anders als bei Lemmel) keine ausschließliche Gültigkeit des Vorgebrachten behauptet, sondern sogar direkt auf die Möglichkeit gleichberechtigter ‚anderer' (auch poetologischer) Lektüren hinzuweisen scheint.

Haupt- und Untertitel ergeben damit zusammen ein gleichermaßen ambitioniertes wie bescheidenes Programm, das man salopp als ‚poetologische Gesamtdeutung mit beschränkter Haftung' bezeichnen könnte. Spannung verspricht Gabriele Schwieders Untersuchung somit nicht nur wegen des Gegenstands und Interesseschwerpunkts, sondern nicht zuletzt aufgrund des beschriebenen argumentationsstrategischen Spagats allemal.

Die Anlage von Schwieders Arbeit ist dagegen ausgesprochen klar. Bis in die dritte Gliederungsebene des Inhaltsverzeichnisses hinein wird ein Untersuchungsprogramm entfaltet, das zu überzeugen weiß – sowohl in Anbetracht der Modernität der Herangehensweise als auch hinsichtlich der Angemessenheit in bezug auf den untersuchten Text. Ich beschränke mich auf die Kapitelüberschriften der beiden obersten Gliederungsebenen: *Oralität und Literalität* (*Oralität und die Stimmen des Gedichts – Die Magie der Wörter*), *Dialog und Monolog* (*Gesellige Zweisamkeit – Rhetorik der Anrufung: Spiegelung und Widerhall*) sowie *Schreiben und Lesen* (*Die ‚Hand'-Schrift des Dichters – Die Liebe der Leserin*). Auf der letzten, vierten, Gliederungsebene finden sich Überschriften wie *Selbstgefühltes und Selbstgedichtetes*, *Erklingendes Farbenspiel* oder *Der Lustgebrauch des Reims*, die (wohl nicht nur für den *Divan*-Kenner) unverkennbar einen Übergang von der Meta- zur Objektsprache markieren und damit die in Untertitel, Klappentext und Einleitung angekündigte Textnähe der Arbeit unterstreichen. Diese äußert sich freilich vor allem in der Art und Weise der poetologischen Lektüre, zeigt sich jedoch auch in der großen Anzahl der berücksichtigten Texte. Schwieder unterstreicht hierbei ihre intensive Beschäftigung mit dem *West-östlichen Divan* nicht allein quantitativ, sondern auch dadurch, daß sie traditionell wenig beachtete Gedichte, wie *Lesebuch* (*Buch der Liebe*), *So weit bracht es Muley, der Dieb [...]* (*Das Schenkenbuch*) oder gar *Die Wächter sind gebändiget [...]* (*Noten und Abhandlungen*, Kapitel *Blumen- und Zeichenwechsel*) in ihre Untersuchung einbezieht. An dieser Stelle sind allerdings zwei darstellungstechnische Mängel des Buchs zu beklagen: zunächst der völlig unnötige Verzicht der Autorin, bei nicht betitelten Gedichten die erste Zeile anzuführen (teilweise fehlt sogar die Angabe von Gedichttiteln). Ein Großteil der untersuchten, oft nur zeilen- oder strophenweisen Auszüge sind somit nur bei Benutzung der von Schwieder verwendeten Textgrundlage (der von Hendrik Birus besorgten Edition im Rahmen der Frankfurter Goethe-Ausgabe: FA I, 3.1 u. 3.2) einem Gedicht zuzuordnen. Ebenso unverständlich erscheint das Fehlen eines Registers der untersuchten *Divan*-Texte. Schwieders oftmals erhellende Neuinterpretationen einzelner Gedichte werden es so erheblich schwerer haben, in die Forschungsdiskussion Eingang zu finden.

Bei aller Breite des untersuchten Materials kann natürlich keine Rede davon sein, daß der gesamte *Divan* in gleichem Maße berücksichtigt wird. Die meisten angeführten Texte stammen aus dem *Buch des Sängers*, *Buch Hafis*, *Buch der Liebe*, *Buch Suleika* und *Buch des Paradieses*. Auf andere Bücher, die *Noten und Abhandlungen* sowie den Nachlaß wird nur sporadisch zurückgegriffen. Der Deutungsanspruch von Schwieders Lektüre bezieht sich dagegen – durchaus im Sinne des Haupttitels – auf den gesamten *West-östlichen Divan*. Das erste Argument für ihre Neubewertung des Werks als Ganzes ist struktureller Natur: „Den Ausgangspunkt bildet die Annahme, daß der *Divan* als ‚gedichtete Kunsttheorie' eine poetologische Lektüre verlangt und daß die unabgeschlossene Form und die Heterogenität letztlich Ausdruck einer offenen Reflexion über Dichtung und Dichten sind. Entsprechend wird die Sammlung als eine Art ‚Dichtungsraum' durchquert" (S. 4). Hinzu kommen drei Thesen aus den Bereichen Motivik und Sprechsituation: die ‚re-oralisierte' Schrift als „Medium von absoluter Transparenz [...], das verlustlose Verständigung ermöglicht" (S. 232), das fingierte Gespräch in den dialogischen Wechselgedichten als „selbstreflexive Konstitution des Dichters, die [...] über die Adressierung eines Gegenübers läuft" (S. 233), sowie ein auf Selbst- und Fremdlektüre beruhendes „Schöpfungskonzept, in welchem der ‚Fruchtbarkeit' des Dichters die ‚Empfänglichkeit' der Leserin gegenübersteht" (S. 236). Eine wesentliche Grundannahme für diese drei Thesen besteht in der Parallelsetzung von Dichtungs- und Liebesdiskurs: „Im Anspruch, als modernes Individuum seine Eigentümlichkeit zu entdecken, auszudrücken und an einem Gegenüber zu spiegeln, gleicht der Dichter dem Liebenden. Der Ort der Genese neuzeitlicher Liebesvorstellungen ist der literarische Diskurs des 18. Jahrhunderts; entsprechend besteht ein Konnex zwischen Autorschaft und Liebe" (S. 6).

Das erste, strukturelle Argument wird von Schwieder weder theoretisch weitergeführt noch in ihren Einzelanalysen näher berücksichtigt. Und in der Tat erscheint es als ein riskantes Vorhaben, auf der Basis der von der Verfasserin reklamierten Heterogenität und dialogischen Mehrstimmigkeit des *West-östlichen Divans* sowie seinem sowohl kunstvollen als auch beiläufig aleatorischen Arrangement (siehe S. 4) eine durchgehende poetologische Interpretation hinreichend begründen und ertragreich durchführen zu wollen. Nutzbar macht sich Schwieder ihre Annahme lediglich in darstellungstechnischer Hinsicht. Aus der strukturellen Offenheit der Gedichtsammlung leitet sie die Berechtigung ab, die „textnahe Lektüre der Gedichte weitgehend unabhängig von deren [...] Plazierung innerhalb des *Divan* und der einzelnen Bücher" (S. 4) vornehmen zu können. Ja mehr noch: In ihren Einzeluntersuchungen sieht die Verfasserin nicht nur vom Kontext im jeweiligen Gedichtbuch bzw. Prosakapitel, sondern häufig sogar im einzelnen Gedicht ab und beschränkt sich somit auf die Betrachtung von isolierten Strophen bzw. Versgruppen. So wird beispielsweise die zweite Strophe von *Elemente* nicht etwa als solche eingeführt, sondern als selbständiger „Kurztext", in dem „eine Poetologie skizziert

[wird], die Liebeslyrik und Oralität explizit verbindet" (S. 35). Daß es in diesem insgesamt sechsstrophigen Gedicht tatsächlich um den Entwurf einer – freilich vollkommen anderen, nämlich auf notwendigen inhaltlichen Komponenten beruhenden – Poetologie geht, läßt Schwieder völlig außer acht. Bisweilen führt dieses Herauslösen einzelner Zeilen aus dem Kontext Schwieder geradezu auf interpretatorische Irrwege, wie im Fall von *Nur wenig ist's was ich verlange [...]*, von dessen 40 Versen sie im Kapitel *Die Schrift als Ornament* lediglich acht untersucht (siehe S. 95 f.). Bei ihrer Lektüre der isolierten Verse sitzt die Verfasserin falsch verstandenen Reizworten auf: „verschrieb" (hier in der gänzlich unliterarischen Bedeutung als Übertragung eines Handelsguts; siehe FA I, 3.2, S. 1212) und „Divan" (hier gerade nicht als Gedichtsammlung, sondern „in der arab.-pers. Grundbedeutung ‚Versammlung'"; ebd., S. 1215). Das führt dazu, daß sie die Strophe

> Wie Taucherschaar verwegner Männer
> Der Perle Schatz dem Golf entriss,
> Darauf ein Divan scharfer Kenner
> Sie dir zu reihen sich befliss.
> (FA I, 3.1, S. 384)

geradezu absurd deutet: „Die Aufreihung der Perlen ist der Liebesbeweis eines Dichters, der sich selbst als ‚scharfer Kenner des Divan' bezeichnet" (S. 95; vgl. die Wiederholung dieser krassen Fehlinterpretation auf S. 219).

Ihre zweite Grundannahme für die Neulektüre des *Divans* – die Parallelsetzung von Liebes- und Dichtungsdiskurs – führt Gabriele Schwieder dagegen durch die gesamte Untersuchung weiter. Dabei liegt der Schwerpunkt nicht auf der theoretischen Fundierung – hier wird auf einschlägige Arbeiten (von Niklas Luhmann, Roland Barthes, Friedrich A. Kittler, Albrecht Koschorke u. a.) verwiesen –, sondern im Durchexerzieren der daraus abgeleiteten Thesen am konkreten Text. Und hier stellt die Verfasserin wiederholt das Potential ihrer Untersuchungsperspektive unter Beweis – so beispielsweise in ihren poetologischen Lektüren von *Und was im Pend-Nameh steht [...]* (unter dem Vorzeichen eines ‚pneumatologischen Schriftkonzepts', das sich überraschenderweise auch in der Spruchdichtung nachweisen läßt; siehe S. 83 f.), von *Bedenklich* und *Liebchen, ach! im starren Bande [...]* (als Reflexionen über die Grenzen und Möglichkeiten von Oralität und Literalität; siehe S. 113–117) sowie, besonders eindrucksvoll, von *Behramgur, sagt man, hat den Reim erfunden [...]* (S. 177–184). Überzeugend entwickelt Schwieder in ihrer Motiv- und Strukturanalyse, daß die „poetologische Selbstbestimmung des Dichters [...] in einer Struktur [gründet], die sich als ein Sich-Selbst-Vernehmen in der Wiederkehr umschreiben lässt. Diese Selbstvergewisserung über einen dialogischen Wechsel entspricht der Vorstellung einer Selbstbegründung des Ich im liebenden Erkennen des Du" (S. 181).

Leider finden sich neben diesen inspirierenden Deutungen auch Fälle von argumentatorisch nicht hinreichend abgesicherten Lektüren. So interpretiert Schwieder den Zweizeiler

> So weit bracht es Muley, der Dieb,
> Dass er trunken schoene Lettern schrieb.
> (FA I, 3.1, S. 408)

folgendermaßen:

> Dieser kurze Spruch aus dem *Schenkenbuch* bezeichnet eine trunkene Hingabe an die Schönheit der Schrift als das Höchste, zu dem man es im Leben bringen kann. Und Muley, der Dieb, hat es ‚so weit gebracht'. [...] Die Bedingtheiten einer solchen ornamentalen Schrift korrespondieren letztlich mit den Vorstellungen einer paradiesischen Sprache, und so ist es vielleicht deswegen der Dieb, der die göttliche, unübersetzbare Schrift für einmal ins ‚Diesseits' hinüberzustehlen vermag. (S. 92 f.)

Hier ist wohl unübersehbar der interpretatorische Wunsch der Vater des Gedankens. Mir zumindest erscheint Katharina Mommsens lapidarer Kommentar zu diesem Zweizeiler weitaus angemessener, demzufolge „sogar ein Tunichtgut unter dem Einfluß von Alkohol dann und wann unvermutete höhere Fähigkeiten“ entfalten kann (Katharina Mommsen: *Goethe und die arabische Welt.* Frankfurt/M. [2]1989, S. 421). Bedenklicher als solcherart assoziative Interpretationen muß dagegen Schwieders Behandlung des Gedichts *Lass den Weltenspiegel Alexandern [...]* stimmen. Denn hier gelingt die poetologische Lektüre im Sinne ihrer These von den geschlechtsspezifischen Rollen in den lyrischen Liebesdialogen (schöpferische Tätigkeit des männlichen Dichters vs. reproduzierendes Mitempfinden der Leserin) nur auf der Grundlage einer Fehleinschätzung der Sprechsituation des Gedichts. Die von Schwieder angeführte zweite Strophe lautet:

> Du! nicht weiter, nicht zu Fremdem strebe!
> Singe mir, die du dir eigen sangst.
> Dencke dass ich liebe, dass ich lebe,
> Dencke dass du mich bezwangst.
> (FA I, 3.1, S. 404)

Das Relativpronomen im zweiten Vers („Singe mir, d i e du dir eigen sangst“) läßt keinen Zweifel aufkommen, daß dieses Gedicht einer Sprecher i n, nämlich Suleika, zuzuordnen ist (wie auch in den einschlägigen Kommentaren vermerkt, vgl. Hendrik Birus in FA I, 3.2, S. 1643, und Erich Trunz in HA 2, S. 646). Gabriele Schwieder dagegen geht von einem männlichen Sprecher aus: „Der Dichter fordert ein bestimmtes Repertoire ein. Der Vortrag seiner eigenen, der Geliebten zugeeigneten Lieder ist ihm Liebesbekenntnis und zugleich Rückmeldung ihres einsamen Leseerlebnisses“ (S. 219). Zu denken gibt hier nicht allein die Unaufmerksamkeit der Verfasserin, sondern vor allem die Konsequenz für die von ihr aufgestellte, weit über den Rahmen dieses Gedichts hinausreichende These – schließlich liefert sie durch diese Fehlinterpretation selbst ein gewichtiges Argument g e g e n deren globale Gültigkeit.

Freilich ließe sich diese Unstimmigkeit (wie auch manches andere Problem) unter Berufung auf Gabriele Schwieders erste Grundthese von der Heterogenität und strukturellen wie inhaltlichen Unabgeschlossenheit des *West-östlichen Divans* auffangen; auch die eingangs festgestellte Relativierung des Unternehmens durch die Betonung der perspektivischen Gebundenheit ihrer Untersuchung könnte ins Feld geführt werden. Dennoch oder vielleicht gerade deswegen hinterläßt diese Arbeit einen zwiespältigen Eindruck.

Sebastian Donat

Irmgard Egger: *Diätetik und Askese.* *Zur Dialektik der Aufklärung in Goethes Romanen.* München 2001, 284 S.

Der Mentalitätswechsel zur Moderne in der ebenso hellsichtigen wie kritischen und betroffenen Sicht Goethes ist Gegenstand von Irmgard Eggers großer und erhellenden Studie, einer Wiener Habilitationsschrift. Er bestimmt in bisher kaum im Ansatz wahrgenommener Weise die *Wilhelm-Meister*-Romane und die *Wahlverwandtschaften.* Die geheimnisvollen Lebensarten und Todesfälle ihrer Figurenensembles sind, wie hier nachgewiesen wird, von zwei Paradigmen wesentlich geprägt: von philosophisch-religiöser Askese und von laizistischer Diätetik. Beide haben ihren Ursprung in der Antike, haben sich aber seit dem christlichen Mittelalter und der Renaissance kontinuierlich erneuert und gehören zu den Momenten, die die Anthropologie des philosophischen Jahrhunderts und der Goethezeit beeinflussen und bis ins 19. Jahrhundert weiterwirken. Egger versteht sie im Sinne Foucaults als Diskurse, mit denen Goethe nachweislich aufs genaueste vertraut war und deren Geltung und Wirkung er in seinem Werk bestätigte, ohne ihnen zuzustimmen. Der mentalitäts- und diskursgeschichtliche Zugang wird mit Goethes vielzitierter Äußerung gegenüber Frédéric Soret legitimiert: „Mon œuvre est celle d’un être collectif, et elle porte le nom de Goethe“, die im Untersuchungszusammenhang eine präzise und weitreichende Bedeutung erhält.

Beide Diskursformationen sind im Hinblick auf Goethes Werk bislang kaum oder gar nicht in das Blickfeld der Forschung getreten, obwohl sie für die neuerdings vieldiskutierte Geschichte der Körpervorstellungen und Körperdarstellungen grundlegend sind. Die Arbeit ist also methodisch und in der Präsentation des Materials in hohem Maße innovativ. Ausgangspunkt der Überlegungen sind jeweils Textbefunde, die als irritierend ausgewiesen und dann diskursgeschichtlich systematisch begründet werden.

Goethes Mißtrauen gegenüber einer sich durchsetzenden neuen Mentalität wird an seiner Auseinandersetzung mit der experimentierenden Naturwissenschaft im Geiste Newtons, an der methodischen Erzeugung des Phänomens im künstlichen Experiment, festgemacht. Es bestimmt die Struktur der *Wahlverwandtschaften* mit der Konsequenz einer im Experiment begründeten und letztlich todbringenden Lebensregulierung, aber auch die Aktivitäten der Turmgesellschaft, die die Subjekte planvoll zurichten oder sie vernichten, wo sie sich ihrer therapeutisch-diätetischen und pädagogischen Experimentierwut widersetzen. Als ein Sonderfall wird in diesem Kontext die Lebensgeschichte der Schönen Seele verstanden, die als Person von der Turmgesellschaft ausgegrenzt wird, deren Bekenntnisse als eine klassische und literarische Krankengeschichte jedoch nachträglich therapeutisch instrumentalisiert werden. Das ist eine zwar einseitige, im Kontext aber schlüssige Lesart, die die strukturelle Bedeutung für den Übergang vom Theaterroman zum Bildungsroman ausklammert und so der im Argumentationskontext berechtigten Annahme entspricht, daß der Bildungsroman in das diätetische Experiment aufgehoben wird. Zugleich wird aber unterstellt, daß der Versuch einer Lebensregulierung an Wilhelm und Felix vorläufig und im Schluß der *Wanderjahre* endgültig scheitert. Schon die Entscheidung Wilhelms für den Beruf des Wundarztes im Gegensatz zur philosophisch-diätetischen Medizin und seine Rechtfertigung der praktischen Anatomie im Gegensatz zum naturwissenschaftlichen Experiment der Körperzergliederung weist in diese Richtung. Goethes Romane ebenso wie seine naturwissenschaftlichen Schriften, vor allem die *Farbenlehre*, werden in diesem Sinne als eine Auseinandersetzung mit dem Mentalitätswandel verstanden, der als solcher in dem von Goethe mißbilligten Sinne im Roman durchaus präsent ist.

In diesem Zusammenhang wird die Geschichte der Diätetik, die planvolle Gestaltung der Lebensumstände, als eine Geschichte des Experiments verstanden. Goethe war mit diesem Diskurs vertraut: Er kannte das Corpus Hippocraticum, die Schriften der Renaissance-Diätetik (Petrarca, Ficino, Cornaro) und insbesondere die zeitgenössische Diätetik der philosophischen Ärzte und Anthropologen des 18. Jahrhunderts (Platner, Tissot, Zückert, Zimmermann, Hufeland und Garve, Maimon, Moritz, Abel usw.). Auch Spuren der populären Medizinpublizistik, vor allem von Hufelands *Journal der practischen Arzneykunde und Wundarzneykunst*, sind in den Romanen nachweisbar, wie überhaupt Goethes fiktionale Texte den diätetischen Diskurs durchgängig aufnehmen, zumal im Hinblick auf die tödlichen Konsequenzen der Lehre. In einer Art Exkurs wird auf das Weiterwirken der Diätetik in der österreichischen Literatur (Grillparzer, Raimund, Stifter) hingewiesen, aber auch auf seine Sonderformen und Grenzbereiche (Mesmerismus) in der Romantik.

Grundsätzlich wird im weiteren Zusammenhang festgestellt, daß die Geschichte der Diätetik wie auch der Askese eine Geschichte des Verschwindens des lebenden Körpers ist. Insofern gehört der Themenkomplex zu einer Literaturgeschichte des Körpers, der im Zeichen des Leib-Seele-Dualismus der Antike sowie der neuplatonischen und christlichen Tradition durch konsequente Disziplinierung aus dem Bewußtsein, dem Text und sogar aus der Literatur verschwindet. Es sind die philosophischen Ärzte des Turms, die Mignons Körper zugrunde richten, und es sind diätetische Regulierungen, die eine Entkörperlichung der Stiftsdame und Ottilies bewirken. Hier ergibt sich zugleich eine intensive Beziehung zur christlichen Hagiographie, ein Interdiskurs hagiographischer und medizinischer Formationen, deren Konsequenz Verschriftlichung und Semiotisierung ist. Die Verdrängung der Körperlichkeit in gesellschaftlichen, wissenschaftlichen und ästhetischen Konzepten hat Goethe zutiefst beunruhigt, eine Art Widerspruch ist die Apotheose des lebendigen Körpers in der Schlußszene der *Wanderjahre*. Erosionen der Vorstellung vom mündigen Bürger als dem Meister ausgewogener Lebensführung werden in der Pathologisierung von Einsamkeit, Hypochondrie und Melancholie sowie im religiösen Wahn vor allem im Anschluß an Zimmermann nachgewiesen. Die Kuren der medizinischen Ärzte und der Geistlichen scheitern an Mignon, dem Harfner und Sperata. Egger versteht diesen Sachverhalt als ein Kapitel der Dialektik der Aufklärung. Als kulturgeschichtlich bedeutsame Chiffre wird der Magnetismus verstanden, der den Wendepunkt von Ottilies Existenz bestimmt, und im Anschluß an Hannelore Schlaffer wird hier auch die Wiederkehr des Mythos beobachtet und eine mythische Verfassung der Gesellschaft festgestellt, die allerdings zu wenig erläutert ist.

Ein großes und in seiner Beweisführung umfassend angelegtes Kapitel behandelt die Geschichte der Askese von den Orphikern und Pythagoräern zu Plotin und zur christlichen Askese im Geiste der Kirchenväter. Für den untersuchten Zusammenhang ist dabei entscheidend, daß das Begriffssystem der antiken Askese zur Fachsprache wird und als solches in die Literaturgeschichte eingeht. Goethe war mit diesem Diskurs im Detail vertraut, und er hat als die für ihn wichtigsten Konzepte *sophrosyne* (Mäßigkeit, Besonnenheit) und *anachóresis* (Einkehr in sich selbst) in ihrem Verständnis bei Plato, Marc Aurel, Plotin und Augustin thematisiert. Einen Sonderkomplex stellt die innerweltliche Askese des Protestantismus als Grundlage des Kapitalismus dar, die in der Gestalt Werners eine prägnante Ausprägung findet.

Die Verbreitung des Askese-Gedankens erfolgt besonders durch den hagiographischen Diskurs, der im 18. Jahrhundert noch geläufig war. Goethe hat sich in diesem Zusammenhang mit den Kirchenvätern, den Ordensregeln und der katholischen Bilder- und Legendenwelt intensiv beschäftigt, was bislang viel zu wenig untersucht wurde, wobei sein Interesse vor allem ästhetisch motiviert war. Dabei wirken Askese und Diätetik zusammen, so daß sie in ihrer wechselseitigen Durchdringung ununterscheidbar werden. Auch für diesen Bereich leistet die Arbeit Grundlagenforschung mit höchstem Anspruch.

Die abschließenden Interpretationen zur Archäologie der *áskesis* in Goethes Romanen sind ein wenig knapp und apodiktisch, auch wenn sie auf schon zuvor entwickelte Deutungsansätze zurückgreifen. Die Schöne Seele wird abermals als ein warnendes Beispiel für die deformierende Gewalt der Diätetik und Askese verstanden, indem das Epitaph des Hieronymus über die Heilige Paula, die Warnung vor der Maßlosigkeit der Askese, aus dem hagiographischen Diskurs hypothetisch auf sie übertragen und eine solche Deutung in Goethes Sicht vorstellbar gemacht wird. Hingegen läßt sich der Tod Aurelies und Mignons auf Konzepte der antiken Askese und ihrer diätetischen Fortschreibung zurückführen. Christlich-katholische Askese-Zitate in Verbindung mit Thesen des philosophischen Arztes Zimmermann (*Über die Einsamkeit*) sind in der Schilderung des Harfners und Speratas nachweisbar, wobei die Darstellung des Marchese und ihre Niederschrift durch den Abbé nicht von ungefähr zum hagiographischen Diskurs tendiert. Für die *Wanderjahre* wird Entsagung als eine Transformation der asketisch-diätetischen Lebensregulierung mit einer Tendenz zur totalitären Ideologie verstanden, im gesellschaftlichen Kontext bezeichnenderweise in einer Relation zur protestantischen innerweltlichen Askese. Die stärkste Ausprägung der Dialektik von Diätetik und Askese sieht Egger in der Figur der Ottilie: Ihre zur Mäßigkeit regulierte Lebensführung zerbricht am Einbruch der Leidenschaften und vernichtet in deren asketischer Abtötung dann auch die Lebenskräfte – gerade damit wird sie aber zum verklärten Bild fragwürdiger Heiligkeit. In ihrer Apotheose ist zugleich ein bestimmendes Muster bezeichnet, das ständig wiederkehrt: die Verwandlung des Lebens in Bilder und vergangener Bilder ins Leben.

Diese Hinweise sind allerdings zu knapp, um die Tragfähigkeit des Deutungsangebots in letzter Konsequenz zu erweisen. Das gilt insbesondere für die zu beiläufige, aber gleichwohl folgenreiche Inanspruchnahme des diätetisch-asketischen Diskurses für das Entsagungskonzept. Verwunderlich ist auch der stillschweigende Verzicht auf den Makarie-Komplex, der ja für alle thematischen Diskursformationen einschlägig sein dürfte.

Die Arbeit hat der Goetheforschung neue und weitreichende Perspektiven eröffnet. Sie hat die Wirksamkeit in der Antike und im Mittelalter begründeter und bis ins 18. Jahrhundert kontinuierlich erneuerter und sich wechselseitig durchdringender Diskurse konkret nachgewiesen und damit die Denk- und Arbeitsweise des ‚Kollektivwesens' Goethe und den Palimpsestcharakter seiner Texte objektivierbar gemacht. Dabei zeigt sich aber, daß Goethe nicht nur in und mit diesen Diskursen, deren bestimmende Kraft die Romane bezeugen, schreibt, sondern sich zugleich zu ihnen verhält und sie kritisch reflektiert, gerade indem er ihre vernichtende Kraft an jenen Gestalten demonstriert, die aus eigenem Antrieb oder von anderen durch sie zugerichtet und zum Teil auf fragwürdige Weise verklärt werden. In diesem Sinne wird vor allem die selbstgewisse Diätetik der philosophischen Ärzte und

Anthropologen als ein eindrucksvolles Zeugnis für die Dialektik der Aufklärung deutlich, obwohl und gerade weil Egger dieses Erklärungsmodell, wie auch die gelegentlich im Bewußtsein einer ahistorischen Rückprojektion angesprochene Wiederkehr des Verdrängten, äußerst zurückhaltend verwendet.

Klaus-Detlef Müller

Burkhard Moennighoff: ***Goethes Gedichttitel.*** Berlin und New York 2000, 207 S.

Die Ziele der Göttinger Habilitationsschrift werden im Einleitungskapitel präzise benannt: Zuerst soll historisch und systematisch „der Gebrauch, den Goethe in seiner Lyrik von Titeln macht, beschrieben werden" (S. 10); zweitens soll die „Auswertung der Beschreibung" die aus Goethes Gedichten ablesbare „Titelkunst" in Zusammenhänge einordnen, die „über das Gedichtwerk Goethes hinausgehen" (S. 12). Vorab wird die Terminologie „offengelegt", auf die die Analyse sich gründen soll. Das ist begrüßenswert. Jedoch: Das umfangreiche, kritisch an Gérard Genettes „offenem Strukturalismus" orientierte Kapitel zum „Begriff des Titels" (II, S. 13–47) kommt mit lediglich beiläufigen Bezügen auf Goethe und auf Lyrik überhaupt aus, so daß der Leser ziemlich lange mit der Diskussion über die Textsorte um den eigentlichen Gegenstand herumgeführt wird, auch in den Abschnitten zum „medialen Status des Titels" und zur „Titeltypologie". Und in den anschließenden Kapiteln findet die angekündigte Zusammenführung von Theorie und Goethes „Titelpraxis"/„Titelkunst" nur partiell statt. So hinterläßt die Arbeit einen zwiespältigen Eindruck. Ausgeprägtes Problembewußtsein und methodische Entschiedenheit, wie sie der Verfasser in seinem Artikel *Paratexte* konsequent demonstriert hat (in: *Grundzüge der Literaturwissenschaft.* Hrsg. von Heinz Ludwig Arnold u. Heinrich Detering. München [2]1997, S. 349–356), scheinen sich in der vorliegenden Untersuchung nur ansatzweise mit den konkreten Arbeitszielen vermittelt zu haben.

Die Kapitel III-VII heißen sachlich-nüchtern *Der junge Goethe*, *Weimar/Italien*, *Werke (1815)*, *West-östlicher Divan* und *Das Spätwerk*; in den Binnengliederungen sind Chronologie, Genrebezeichnungen, Sammlungstitel und Sachfragen (u. a. Titellosigkeit, Ordnung/Unordnung) gemischt. Jedes Kapitel schließt mit einer knappen „Bilanz".

In das Kapitel über den jungen Goethe ist die sog. *Erste Weimarer Gedichtsammlung* einbezogen. Datierung (1778 dürfte zu bevorzugen sein) und Provenienz (Charlotte von Stein) hält der Verfasser hier für irrelevant, da man den „Titelgebrauch" dieser Sammlung „unabhängig von all diesen Fragen [...] beschreiben" könne. Weniger „geschichtsneutral" wirken demgegenüber zumindest Feststellungen wie die, daß der junge Goethe „viele Titel in Abhängigkeit von literarischen Usancen der Zeit" oder mit Rücksicht auf die (zum Teil erst durch jene Sammlung strukturierten!) Ensembles gewählt habe.

Das Kapitel *Weimar/Italien* beginnt mit den 1789 (also nach Goethes Rückkehr aus Italien) erschienenen *Vermischten Gedichten.* Daraus ergeben sich weitere Unschärfen, die auch durch die behutsame Unterscheidung von „Titelersetzung" und „Titelsubstitut" (S. 91) nicht ausgeglichen werden. Goethes in der Sammlung von 1789 deutlich hervortretende Entscheidung für die adressierte „Schriftlichkeit" auch seiner Lyrik gegenüber der zuvor dominierenden intentionellen „Mündlichkeit" ist überzeugend herausgearbeitet, im Zusammenhang mit der durchgehend berücksichtigten „Publikationsstrategie" Goethes.

Im Kapitel *Werke (1815)* wird der 1800 erschienene Gedichtband der *Neuen Schriften* kurz abgetan, obwohl als „eine Zwischensumme von Goethes lyrischer Produktion" (S. 116) erkannt, die überwiegend Erstveröffentlichungen enthielt. Die Gedichtbände der zweiten Cotta-Ausgabe erschienen 1816 mit der Jahreszahl 1815. Zur Charakteristik der darin erweiterten Rubriken und ihrer Anordnung findet sich das Bekannte zusammengefaßt, auch zum Beleg für das nur knapp beschriebene Mitwirken der Gedichttitel an der Mischung von Homogenität und Inhomogenität innerhalb der Ensembles, das als „spezifisches Attribut der Titelpraxis in der Ausgabe von 1815" bewertet wird (S. 125).

Im ausführlichen Kapitel zum *West-östlichen Divan* beschreibt der Verfasser außer den Befunden in den einzelnen Büchern die große Nähe der „Titelpraxis“ der Ausgaben von 1819 und 1827. (Die 1999 erschienene, auch für die Genese der Überschriften aufschlußreiche Edition des *Divan*-Nachlasses durch Anke Bosse konnte noch nicht herangezogen werden.) Bilanzierend wird für den *Divan* als „neu und überdies singulär in Goethes Gedichtœuvre“ die „Vielfalt an Formen und Funktionen des Titels“, „Buntheit“ mit beträchtlichem Anteil von „Rätselhaftigkeit“ festgestellt; mit diesen Eigenschaften repräsentiere der *Divan* zugleich auf seine Weise „Goethes Altersstil“ (S. 160). Die Terminologie dieser Bilanz bleibt hinter den differenzierten Darlegungen des *Divan*-Kapitels weiter zurück, als es zusammenfassende Knappheit notwendig verlangt.

Die Beschreibung der „Titelpraxis“ in Goethes lyrischem „Spätwerk“ gründet der Verfasser vorwiegend auf den dritten Band der Ausgabe letzter Hand. Abermals wird „Vielfalt“ konstatiert, die Funktion der teils mit unterschiedlichen Titeln versehenen Dubletten unter Berufung auf die diesbezüglichen Aussagen des Dichters einbezogen. Für die letzten, in spätere Bände der Ausgabe letzter Hand eingegangenen Gedichte hat der Verfasser inhaltliche und thematische Aspekte stärker berücksichtigt – ein Verfahren, das auch die vorangegangenen Teile der Arbeit hätte anreichern können.

Kapitel VIII *Goethes Titelpraxis, schematisiert* kann kaum halten, was es versprechen will, da fraglich bleibt, ob eine solche Schematisierung überhaupt möglich oder nützlich wäre. Das zweite in der Einleitung benannte Ziel der Arbeit – die „Auswertung der Beschreibung“ im Hinblick auf andere Bereiche des Goetheschen Schaffens – bleibt übrigens weitgehend unerledigt. Der im Schlußkapitel angelegte Versuch, die in Goethes Lyrik von frühen bis zu späten Gedichten feststellbare „Suggestion von Mündlichkeit im Medium der Schriftlichkeit“ etwa auch in der Prosa aufzufinden, muß zumindest an den hier gewählten Beispielen (S. 169 f.) scheitern: Für die Interpunktion in *Dichtung und Wahrheit* als Aufforderung zu mündlicher Mitteilung des Textes kann die Autorität des Autors nur mit großen Vorbehalten in Rechnung gestellt werden, da Goethe den mitarbeitenden Redakteuren gelegentlich „die völlige Gewalt“ übertrug, bei der Herstellung der Druckvorlagen nach ihren eigenen „grammatischen, syntaktischen und rhetorischen Überzeugungen zu verfahren“ (an Riemer, 20. 6. 1813); und für das Briefwerk oder den *Werther* gilt denn doch eine jeweils spezifische „Rhetorik“.

Zusammenfassend bleibt zu sagen: Die Übereinstimmungen und Unterschiede zwischen den verschiedenen autorisierten Lyrik-Sammlungen Goethes hätten noch detaillierter beschrieben werden sollen, da sie vielfach mit Titel-Wechseln zu tun haben und damit, daß veränderte Anordnung der Gedichte auch für beibehaltene Titel Bedeutungsvarianten zur Folge haben kann. (Durch ein Titelregister wären die Beziehungen ohne großen Aufwand sichtbar zu machen gewesen.) Die weitgehend Bekanntes referierenden Darlegungen zur Änderung von Titeln im Verlauf der Entstehungs-, Bearbeitungs- und Druckgeschichte der einzelnen Gedichte verzichten mit allzu großer Vorsicht auf neue Vorschläge zur Begründung oder Interpretation des jeweiligen Wechsels. Zur Mischung von konkreter Schriftlichkeit und fingierter Mündlichkeit im Verhältnis zwischen Titelgebung und Sprecher-Gestus in der Lyrik – einem interessanten und bisher nur wenig untersuchten Problem – hätte man sich ebenfalls ausführlichere Erörterung und mehr Beispiele gewünscht.

Traditionelle Informationen, angewandt auf die Titel-Frage, überwiegen in allen Kapiteln. Solche Anknüpfungen sind durchaus legitim. An wenigen Stellen bleiben sie leider in allzu allgemeinen Feststellungen stecken. So wird der Leser stutzig, wenn ihm gleich zu Beginn die wohl kaum zu leugnende Tatsache mitgeteilt wird: „Der Titel eines Gedichts geht diesem voran, er stellt den ersten Kontakt zwischen Leser und Gedicht her“. Als so selbstverständlich kann die daran anschließende, den Titel gleichsam als „paratextuelle Gattung“ isolierende Behauptung wiederum nicht genommen werden: „Der Gedichttitel setzt einen Anfang, bevor das Gedicht überhaupt beginnt“ (S. 1). Auch an anderen Stellen finden sich Aussagen, in denen Gemeinplätze mit nicht ausreichend berücksichtigten speziellen Fragestellungen zusammentreffen – so wenn es beispielsweise zum *Vermächtnis* heißt, der Titel besage, „daß das Gedicht über ein Vermächtnis spricht“, und ziele eventuell zugleich darauf, „daß das Gedicht selbst Vermächtnis ist“ (S. 168). Die prinzipiell sympathische Scheu vor „abschließenden“ Festlegungen verhindert in solchen Fällen leider die Erörterung interessanter Hypothesen. (So bleibt u. a. auch die Frage nach der Funktion des nachgestellten Adjektivs in *Urworte. Orphisch* in der kurzschlüssigen Gleichstellung mit den – aus Herders Volksliedersammlungen hergeleiteten – Bezeichnungen nationalliterarischer Observanz wie in *Klaggesang. Irisch* stecken; S. 165.)

Hervorzuheben ist die sachlich-unprätentiöse, auch in den theoretischen Kapiteln nicht dem Jargon verfallende Sprache der Untersuchung. Als hauptsächlicher Gewinn sind die sehr zahlreichen Einzelbeobachtungen anzusehen, die den der Goethephilologie insgesamt zu verdankenden und durch die extensiv und intensiv kommentierten Studienausgaben der letzten Jahrzehnte auch im Hinblick auf Goethes Lyrik noch einmal wesentlich qualifizierten Forschungsstand widerspiegeln. Dem Thema auf dieser Grundlage weiter nachzugehen wäre gewiß lohnend. Außer der Aufarbeitung der erwähnten Defizite könnte vielleicht auch eine stärker vergleichende Konzentration auf Titel-Sorten dazu beitragen, die „Titelkunst" des Lyrikers Goethe noch besser einsehbar zu machen.

Regine Otto

Marlene Lohner: ***Goethes Caravanen.*** *Verkörperungen der Phantasie im Spätwerk.* Frankfurt am Main u. a., 118 S.

Der Band umfaßt vier Beiträge mit unterschiedlichen Themen. Einer gilt dem *Divan*, weitere sind der *Marienbader Elegie*, dem *Faust*, schließlich dem Verhältnis von Gottfried Benn zu Goethe gewidmet. Und doch gibt es Verbindendes. Gemeinsam ist den Beiträgen, daß es, trotz mancher Rückblicke, in allen Fällen vorzugsweise um Goethes Spätwerk geht. Verbunden sind sie aber auch in einem gemeinsamen Anliegen: dem Nachweis, daß in Auseinandersetzung mit sich verschärfenden geschichtlichen Erfahrungen die Phantasie, und mit ihr die Selbstthematik der Poesie, eine neue und herausgehobene Funktion gewinnt. So kündigt es sich bereits im Untertitel des Buches an: *Verkörperungen der Phantasie im Spätwerk.* Und so wird es auch in einer Einführung herausgearbeitet, die den vier Beiträgen vorangeht. Sie greift auf frühe Bekenntnisse Goethes zur Phantasie zurück. Das Thema hat – so gesehen – seine Kontinuität, und im Lichte der poetologischen Auseinandersetzungen seit der Aufklärung, die Poesie und ‚Einbildungskraft' aufs engste verklammern, verwundert das nicht weiter. Aber es wird nun vom Spätwerk Goethes aus auf einen veränderten Kontext bezogen. Er betrifft die veränderten, Goethe beengenden und bedrängenden geschichtlichen Erfahrungen ebenso wie die ästhetische Auseinandersetzung mit einer Unbegrenztheit, die ihn in der literarischen Überlieferung des Orients ansprach, die gegenläufig aber auch Kräfte der Bändigung und Formung auf den Plan rief. Es sind Bilder, ‚Vermummungen', in denen die Phantasie beides vermittelt und sich zugleich zum Thema wird.

Der erste, vielleicht der überraschendste Beitrag von allen, macht den gewählten Titel des Buches – *Goethes Caravanen* – verständlich. Interpreten des *West-östlichen Divan* ist bekannt, daß mehrere Gedichte dieses lyrischen Zyklus in auffälliger Weise von Karawanen handeln. Die Forschung hat das einfach als Bestandteil einer Orientthematik aufgenommen, die zum *Divan* gehört. Daß der *Divan* in weiten Teilen des Werks Dichtung zum Thema des Dichtens macht, ist besonders seit den Arbeiten von Ingeborg Hillmann (*Dichtung als Gegenstand der Dichtung. Untersuchungen zum Problem der Einheit des „West-östlichen Divan".* Bonn 1965) und Monika Lemmel (*Poetologie in Goethes „West-östlichem Divan".* Heidelberg 1987) bekannt. Neu ist, wie die Verf. nun glaubhaft machen kann, daß auch das Bild der Karawane in zentraler Weise diesem Themenkreis zugehört. Die Karawane erscheint nicht lediglich als Gegenstandsbereich einer *Divan*-gemäßen Orientalisierung, sondern darüber hinaus als bildliche Verkörperung der Phantasie. Entsprechend wird das „Hin- und Widerschweifen, Hin- und Herwogen, Hin- und Widerziehen" (S. 14) auf Phantasietätigkeit bezogen, in ihr wiederum auf die Reflexion eines Poesiebegriffs, der Unbegrenztheit und literarische Formung in neuer Weise zusammenbringt.

Einem verwandten Ansatz folgt auch der zweite Beitrag: *„Mit Poesie umsponnen". Neues zur „Marienbader Elegie".* Das für Goethe Bedrohliche des biographischen Hintergrunds wird vergegenwärtigt. Phantasie- und Kunsttätigkeit erscheinen dem gegenüber als Kräfte einer Metamorphose, die Pein allmählich überwinden hilft. Das alles wird auch hier feinfühlig und differenziert herausgearbeitet. In allem ganz neu ist es nicht, wenn man bedenkt, daß die Interpreten immer wieder die Umwandlung eines verlorenen Schönen in das Schöne der Kunst gesehen haben und daß Elisabeth M. Wilkinson der Selbstthematik der Kunst in der *Trilogie der Leidenschaft* bereits vor Jahrzehnten einen eigenen Beitrag gewidmet hat (*Goethes „Trilogie der Leidenschaft" als Beitrag zur Frage der Katharsis.* Frankfurt a. M. 1957).

Größer schien mir wieder das Gewicht des Neuen im nächsten Beitrag: *Der enge Durchgang. Sprachbilder von Geburt, Tod und Erneuerung im „Faust".* Er nimmt die Redeweise vom Theater als Stätte einer Wiedergeburt in überraschender Weise ernst. Er spürt in *Faust I* und noch mehr in *Faust II* Bildbereiche auf, in denen Erneuerung und Wiedergeburt zum Thema werden. Über die Nennung des Wortes „Schoß" hinaus habe Goethe „Gebärmuttern in Form von Sprachbildern, Umrissen oder Sprachbewegungen seinem Text eingeprägt" (S. 70). Unter anderem werden Delphine, Phiolen, Buchten und Höhlen als Elemente eines solchen Bildbereichs gesehen. Man mag sich beim Lesen da oder dort zunächst fragen, ob nicht gelegentlich eine Bereitschaft zur Überinterpretation vorliegt. Doch je länger man liest, desto besser stützen sich die Beobachtungen wechselseitig und beglaubigen, daß hier Richtiges und Wichtiges gesehen und herausgearbeitet wird.

Der letzte Beitrag (er wurde in einer früheren Fassung bereits 1992 im Goethe-Jahrbuch publiziert) gilt dem Verhältnis Benns zu Goethe, insbesondere den Wirkungen des *West-östlichen Divan* auf Benn. Auf Benns ambivalentes Verhältnis zu Goethe wird hingewiesen, in dem freilich die Zustimmung mit der Entdeckung wahlverwandter Orientierungen letztlich weit überwiegt. Benn findet in Goethe eine wichtige Stütze im Kampf gegen Mechanismus und Rationalismus. Die *Divan*-Wendung vom „Blau [...] erlogner Meere" in *Wo hast du das genommen? [...]*, dem früher *Caravane* betitelten Gedicht, wird aber auch in Richtung einer literarischen Modernität gedeutet, in der sich Benn mit Goethe treffen konnte: Fata morgana als Schein, aber auch als höhere Realität einer poetischen Auffassungsweise.

Über das anfänglich Gesagte hinaus entdeckt man bei der Lektüre immer neue Gemeinsamkeiten, die die Beiträge verbinden. Alle haben sie in Ausblicken auf den *Divan* ein einigendes Zentrum, selbst wo sie von anderen Werken handeln. Gemeinsam ist ihnen weiter auch das Interesse an naturwissenschaftlichen Implikationen, das zu Goethes Dichtungsverständnis hinzugehört. Etwas Verbindendes signalisiert wohl auch jene Zeile, die dem letzten Beitrag ohne näheren Kommentar voransteht: „Edgar Lohner in memoriam".

Karl Richter

Stefan Grosche: ***„Zarten Seelen ist gar viel gegönnt".*** *Naturwissenschaft und Kunst im Briefwechsel zwischen C. G. Carus und Goethe.* Mit einem kunsthistorischen Beitrag von Jutta Müller-Tamm. Göttingen 2001, 308 S.

Goethes Verhältnis zu dem Dresdner Arzt, Naturforscher und Maler Carl Gustav Carus (1789–1869) ist insbesondere für denjenigen von Interesse, der sich den naturwissenschaftlichen Auffassungen des späten Dichters zuwendet. Goethe schätzte Carus als gleichgesinnten Naturforscher, erwähnte den Künstler, als den dieser sich selbst auch verstand, dagegen kaum einmal.

Die Themen, die in den Briefen behandelt werden, betreffen vor allem naturwissenschaftliche Fragen aus den Gebieten der Osteologie und „Chroagenesie". Carus' neue Schriften werden besprochen; daneben bietet seine Mitarbeit an Goethes Zeitschrift *Zur Naturwissenschaft überhaupt* Gelegenheit zum Gedankenaustausch. Der vierzig Jahre jüngere Wissenschaftler erfährt dabei das ungeteilte Lob Goethes (vgl. dazu die Briefe 43, 46 u. 48). Das zweite große Thema wird durch Carus' Gemäldesendungen in den Briefwechsel eingeführt. Seine Reflexionen über Landschaftsmalerei gehen aus der praktischen Arbeit hervor und schließen sich in den Briefen an Erörterungen zu seinen Bildern an. Carus, so Grosches und Müller-Tamms These, die sich an den Briefen belegen läßt, reichte die Anerkennung

Goethes für seine wissenschaftlichen Forschungen und Publikationen nicht. Er wollte bei Goethe vor allem auch als bildender Künstler und Kunstschriftsteller Anerkennung finden: „In diesen wechselseitigen, asymmetrischen Erwartungen liegt sowohl eine Dissonanz, wie auch eine auf Seiten von Carus bewußt aufgesuchte, spiegelbildliche Symmetrie mit dem Dichter begründet" (S. 244).

Der Briefwechsel reicht von 1818 bis 1831 und umfaßt in der vorliegenden Edition 52 Nummern (bei Nr. 52 handelt es sich um ein Konzept zu einem nicht abgesandten Brief an Carus vom November 1831); er wird von Goethe schließlich abgebrochen. Carus schreibt noch drei Briefe nach Weimar, bevor er resigniert – nicht ohne sich sein weiteres Leben mit Goethe zu beschäftigen und zu einem der frühen Interpreten zu werden[1]. Der Grund für Goethe war wohl eine andere Sicht auf die Psychologie, die Carus in seinem Goethe zugesandten Werk *Versuch einer genetischen Psychologie* von 1831 von der „Nachtseite" (Tagebuch, 3. 1. 1832) aus dargestellt hatte.

Unter dem etwas blumigen Haupttitel „*Zarten Seelen ist gar viel gegönnt*" (der als Zitat nicht nachgewiesen wird)[2] vereinigt das Werk von Stefan Grosche Dokumentation und Darstellung zu einem umfassenden Gesamtbild der Beziehungen zwischen Goethe und Carus im Spannungsfeld von Naturwissenschaft und Kunst[3]. Es setzt dabei zwei Schwerpunkte: Zum einen enthält es den Briefwechsel der beiden, der bisher nicht vollständig ediert war, und eine Sammlung von Materialien aus dessen Umkreis: Aufsätze von Carus, die Goethe in seiner Zeitschrift *Zur Morphologie* erscheinen ließ (nicht aber umgekehrt Goethes Besprechungen der Carus-Gemälde in *Ueber Kunst und Alterthum*), Kataloge der an Goethe übersandten Gemälde und Tafeln sowie Tabellen zur vergleichenden Anatomie. Die hier enthaltenen Texte sind kommentiert. Der Kommentar bietet gründliche Sacherläuterungen: die naturwissenschaftlichen Begriffe werden im Kontext ihrer Zeit erklärt, Werktitel und Beilagen nachgewiesen (die Beilagen zusätzlich in einer übersichtlichen Tabelle am Schluß des Bandes). Im Anschluß an die Zeilenkommentierungen folgt häufig ein Text des Herausgebers, der über die Aufnahme des jeweiligen Briefes informiert, die Lektüre des überschickten Werkes belegt und eine weitere Beschäftigung mit dem Thema nachweist. Im Dokumentationsteil fehlt allerdings ein Verzeichnis der erschlossenen Briefe[4] . Auch bei dicht überlieferten Briefwechseln sollte der Frage nachgegangen werden, ob sich Nachweise weiterer, heute verlorener Briefe angeben lassen[5]. Des weiteren vermißt man eine Dokumentation von Varianten zwischen Briefkonzepten und Ausfertigungen[6].

Ergänzt wird diese Dokumentation durch eine sehr ausführliche Darstellung der Biographie von Carl Gustav Carus und eine Deutung des gegenseitigen Verhältnisses der beiden Briefpartner. Grosches Carus-Biographie folgt dessen 1865/66 erschienenen *Lebenserinnerungen und Denkwürdigkeiten*. Literarisierungen und Gestaltungsabsichten des Autobiographen hätten dabei kritischer berücksichtigt werden können (vgl. z. B. S. 177 f.). Demgegenüber zeigt Jutta Müller-Tamm in ihrem Beitrag

---

1 *Briefe über Goethes „Faust"*. Leipzig 1835; *Goethe. Zu dessen näherem Verständnis*. Leipzig 1843; *Goethe und seine Bedeutung für diese und die künftige Zeit*. Dresden 1849.

2 Der Titel hat noch den Nachteil, daß man die Edition des Briefwechsels zwischen Goethe und Carus nicht unbedingt hier suchen wird; auch der Untertitel gibt da keinen näheren Aufschluß: *Naturwissenschaft und Kunst im Briefwechsel zwischen C. G. Carus und Goethe*.

3 Stefan Grosches medizinhistorische Dissertation ist 1993 unter dem Titel: *Lebenskunst und Heilkunde bei Carl Gustav Carus (1789–1869). Anthropologische Medizin in Goethescher Weltanschauung. Mit einer Bibliographie der Sekundärliteratur zu C. G. Carus 1900–1992* in Göttingen erschienen.

4 Vgl. dazu Winfried Woesler: *Vorschläge für eine Normierung von Briefeditionen*. In: editio 2 (1988), S. 8–18.

5 Zwischen den Briefen 12 und 13 könnte z. B. ein weiterer, heute verlorener Brief gelegen haben (Nachweis: Carus bedankt sich bei Goethe für eine Sendung, die „den Abdruck der Zeichnung von den Urwirbeln" enthalten habe, S. 23).

6 Einige Flüchtigkeiten des Herausgebers sollen zumindest am Rande Erwähnung finden. Wenn Goethes Briefkonzept „an Herder" vom 7. Juli 1831 angeführt wird (S. 100), ist natürlich der Sohn, Siegmund August Wolfgang (1776–1838), gemeint; Herder ist 1803 gestorben. – Bei der Darstellung der Befreiungskriege spricht Grosche von den „Soldaten des sächsischen Kurfürsten Friedrich August". Sachsen ist aber seit der Aufnahme in den Rheinbund 1806 Königreich. Mit der Auflösung des „Alten Reiches" im gleichen Jahr gibt es ohnehin keine Kurfürsten mehr.

deutlicher, wie sehr in Carus' Äußerungen seine Ausrichtung an Goethe (und wohl auch die Rezeption von *Dichtung und Wahrheit*) mitzubedenken ist. Auf die Biographie Carus' folgt unter der Überschrift *Geistige Begegnungen und persönliche Distanz* eine umfassende Darstellung des Verhältnisses der beiden Briefpartner, in der der Briefwechsel ebenso wie die spätere Goetherezeption des Dresdners behandelt wird. Grosche zeigt deutlich Gemeinsamkeiten, aber auch Differenzen in den naturwissenschaftlichen Studien der beiden Korrespondenten. So sei beispielsweise charakteristisch für Carus' Verfahren bei abweichenden Ansichten, daß Goethes *Farbenlehre* im Briefwechsel keine Rolle spiele.

Das zweite große Thema des Briefwechsels, die bildende Kunst, hier vor allem die Landschaftsmalerei und ihre Theorie, beleuchtet Jutta Müller-Tamm in ihrem Beitrag *Die Kunst im Briefwechsel zwischen Carus und Goethe. Dilettantismus und Kunstförderung. Korrespondenzen zwischen Carus und Goethe* (S. 263–273)[7]. Dreimal hat Carus eigene Gemälde an Goethe geschickt: Die ersten zwei Sendungen sind Geschenke; bei der dritten handelt es sich um den gescheiterten Versuch, mit seinen Bildern in die großherzogliche Gemäldesammlung aufgenommen zu werden. Nach diesem Scheitern kommt die Kunst nur noch einmal im Briefwechsel zur Sprache, als Carus seine *Briefe über Landschaftsmalerei* übersendet. Müller-Tamm interpretiert die Sendungen als letztlich mißglücktes Bemühen Carus', sich aus dem Dilettanten-Status zur Anerkennung als selbständig schaffender Künstler aufzuschwingen. Sie stellt einen Zusammenhang mit dem Schema über den Dilettantismus von 1799 (MA 6.2, S. 151 ff.) her, in dem negative Züge des Dilettanten überwiegen. Wenn aber Goethes Rezensionen in *Ueber Kunst und Alterthum* auf Carus' Dilettantismus hinweisen, ist zu bedenken, daß der Begriff für Goethe nicht einseitig negativ konnotiert ist. Carus' Ambitionen, im großherzoglichen Museum ausgestellt zu werden, gehen ihm aber eindeutig zu weit und zeugen von mangelnder Selbsterkenntnis des Dilettanten. Die Verfasserin weist überzeugend nach, daß Carus bekannte Bilder „entromantisiert" (z. B. Gemälde Caspar David Friedrichs), um Goethes ästhetischen Prinzipien genügen zu können. Geschickt versuche Carus zudem in seinen Briefen, sein eigenes Streben in der Kunst mit dessen Bemühungen in den Naturwissenschaften gleichzusetzen; hier finde eine bewußte Selbststilisierung in Anlehnung an Goethe statt, der in den Naturwissenschaften auch lange nicht die gebotene Anerkennung erfahren habe (S. 267).

Mit diesem Band legen Stefan Grosche und Jutta Müller-Tamm eine umfassende Dokumentation und Darstellung der verschiedenen Aspekte und gegenseitigen Erwartungen vor, die den Briefwechsel zwischen Goethe und Carus bestimmen. Die zahlreichen Abbildungen von Handschriften, naturwissenschaftlichen Illustrationen und Gemälden dienen nicht nur der Dokumentation, sondern tragen darüber hinaus dazu bei, daß ein schönes Buch entstanden ist.

Thomas Richter

J. F. Reichardt – J. W. Goethe: Briefwechsel. Hrsg. von Volkmar Braunbehrens, Gabriele Busch-Salmen und Walter Salmen. Weimar 2002, X, 239 S.

Rechtzeitig zum 250. Geburtstag des Komponisten, Musik- und Reiseschriftstellers Johann Friedrich Reichardt (1752–1814) haben Volkmar Braunbehrens, Gabriele Busch-Salmen und Walter Salmen eine verdienstvolle Neuedition seines Briefwechsels mit Goethe vorgelegt. Mußte man die Korrespondenz bislang aus der Weimarer Ausgabe und aus Max Heckers Erstveröffentlichung der Briefe Reichardts an Goethe (GJb 1925, S. 197–252) zusammenstellen, so wird der Briefwechsel jetzt erstmals als geschlossenes Corpus präsentiert und durch einen neu aufgefundenen Brief Goethes ergänzt. Daß der Goethe-Reichardt-Briefwechsel mit seinen lediglich 62 erhaltenen Briefen nun ein respektables Buch ausmacht, verdankt sich mehr den einleitenden Essays und den eingehenden Kommentaren als

---

[7] Jutta Müller-Tamms philosophische Dissertation (Frankfurt a. M. 1993) ist 1995 unter dem Titel *Kunst als Gipfel der Wissenschaft. Ästhetische und wissenschaftliche Weltaneignung bei Carl Gustav Carus* in Berlin erschienen.

der Korrespondenz selbst, die nach Umfang und Bedeutung Goethes Briefwechseln etwa mit Schiller und Zelter weit nachsteht. Denn die erhaltene Korrespondenz zwischen Goethe und Reichardt – Spiegel eines zwar langwährenden, aber oft getrübten und schließlich durch Goethe beendeten Verhältnisses – erreicht nur phasenweise die Qualität eines wirklichen ‚Briefgesprächs': so etwa um 1793/94 und im Jahre 1801, als der von schwerer Krankheit genesene Goethe in seinem anrührenden Schreiben vom 5. Februar 1801 die herzliche Wiederannäherung des durch Französische Revolution und *Xenien*-Streit entfremdeten Reichardt angenommen hatte. Vielfach aber wollen es die menschlich-politischen Verwerfungen und die ungleiche Quellenlage, daß einer der beiden Briefpartner über ganze Strecken schweigt: aus den Jahren 1789 bis 1792 sind überhaupt nur Briefe Goethes überliefert, von 1802 bis zum Enddatum 1810 stehen dreißig Briefen Reichardts ganze drei Repliken Goethes gegenüber. Welche Briefe darüber hinaus erschlossen werden können, zeigt das Register der erhaltenen und verschollenen Briefe (S. 228–230).

Diese lückenhafte Überlieferung macht verständlich, daß die Herausgeber in zwei einleitenden Essays weit über ihr Ziel hinausgehen und nicht nur *Die Briefe Reichardts an Goethe* (S. 3–49) bzw. *Die Briefe Goethes an Reichardt* (S. 51–102) vorstellen, sondern jeweils kenntnisreiche, einander ergänzende und gelegentlich auch überschneidende Würdigungen der Briefschreiber, ihrer Lebensumstände und ihrer wechselvollen Beziehung bieten.

Genauer zu besprechen sind der Kern der Ausgabe, die eigentliche Briefedition (S. 103–166), und der Stellenkommentar (S. 167–225). Die Herausgeber verzichten auf einen Editionsbericht, erläutern ihr Vorgehen aber im Vorwort: Goethes Briefe werden nach der Weimarer Ausgabe mitgeteilt, „jedoch – soweit vorhanden – nach den Handschriften überprüft"; und die „Briefe Reichardts werden nach den im Goethe- und Schiller-Archiv in Weimar befindlichen Handschriften wiedergegeben, die teilweise erheblich von der Ausgabe durch Max Hecker [...] abweichen" (S. IX). Befinden sich die Herausgeber bei ihrem Rückgriff auf die Weimarer Ausgabe in guter Gesellschaft mit den Brief- und Tagebucheditoren der Frankfurter Ausgabe, so erreichen sie durch die Benutzung von Reichardts Handschriften tatsächlich mehr Authentizität als Hecker, der die Texte sprachlich geglättet hatte. Mag man verschmerzen, daß der philologische Ehrgeiz der Neuedition nicht so weit reicht, gestrichene Stellen zu verzeichnen und Einfügungen kenntlich zu machen, so wäre doch mehr Sorgfalt bei der Textwiedergabe zu wünschen. Offenkundige Fehler wie „*Conte die Rostro*" (S. 105), „Theil de Naturlehre" (S. 114) und „behanden" (S. 126)[1] fallen ebenso ins Auge wie Abweichungen zwischen ediertem Text und Handschriften: Reichardts Wunsch vom 22. Dezember 1801, eine beigefügte „Hymne" Goethe „doch zum ersten Mahl selbst vordeclamiren" zu können, mangelt in der Edition gerade das entscheidende „selbst" (S. 133; vgl. das Faksimile S. 134[2])!

Zum gleichen Urteil – im ganzen zuverlässig, im Detail verbesserungsbedürftig – veranlaßt der Kommentar, der schon quantitativ über die Pionierarbeit Heckers, der sämtliche Briefe Reichardts erstmals annotierte, und über die Frankfurter Ausgabe, die gut die Hälfte der Gegenbriefe enthält, entschieden hinausgeht. Das spannungsreiche Zusammenwirken zwischen Dichter und Komponist, oftmals ein Stiefkind rein germanistischer Kommentare, wird hier so akribisch vorgeführt, wie man es von langjährigen Kennern der Materie erhoffen durfte. Dünn gesät sind daher wirkliche Lücken und Fehler: Wo die Frankfurter Ausgabe ein „Beiliegendes Blättchen" bereits als „Anzeige des Goethe-Stichs von Lips" in einem zeitgenössischen Periodikum bestimmt hatte (FA II, 3, S. 971), vermerkt der neue Kommentar: „unbekannt" (S. 184); wo hingegen die Frankfurter Ausgabe schwierigere Hürden unterläuft – bei Goethes Bericht, er habe „in Gedancken Fingaln, Ossianen, Schwawen und

1 Richtig sind: „*Conte di Rostro*" (die sicher korrekte Schreibung im Kommentar [S. 171], wohingegen die Lemmata „*Erhalt von Claudine*" und „*neues Quartier*" nicht mit dem Brieftext kongruieren); „Theil der Naturlehre" (WA IV, 9, S. 290; FA II, 3, S. 593; im gleichen Brief der hübsche Trennfehler: „unter vielen Nacht-heilen"); „behandeln" (WA IV, 15, S. 177; FA II, 5, S. 120).

2 Neben kleineren Differenzen in Schreibung und Zeichensetzung wäre zum gleichen Brief noch anzumerken, daß ein nicht erwähnter Nachtrag (wohl von Goethe) die angesprochene Hymne „zum Alarkos" Friedrich Schlegels (statt richtig zum *Ion* seines Bruders August Wilhelm Schlegel) zuordnet.

einigen nordischen Heldinnen und Zauberinnen die Opern Stelzen untergebunden" (S. 110), bleibt offen, wen oder was „Schwawen" bezeichnet (FA II, 3, S. 965) –, dort spekuliert vorliegender Kommentar: „vielleicht sind hier die Völker des westlichen Skanidinavien [sic!] gemeint, deren Königssagen um Odin und die Asen kreisen, oder die schon bei Ptolemaios erwähnte Insel Thule mit ihrem Sagenkreis" (S. 181). Tatsächlich kann Goethe doch, wie der Kontext nahelegt, auch mit „Schwawen" nur einen Helden aus Macphersons Sammlung meinen, nämlich Swaran, den König von Lochlin und prominenten Dauerrivalen des Fingal. Reizen solche Leerstellen den Leser zu eigenen Recherchen, so verdrießen ihn hingegen Indizien flüchtiger Schlußredaktion: zu zwei benachbarten Briefen vom Dezember 1801 werden nicht allein viele Fakten doppelt mitgeteilt, sondern manche auch in abweichenden Versionen – heißt es zunächst, August Wilhelm Schlegel habe sein Schauspiel *Ion* „Goethe am 20. Oktober in Jena vorgelesen", erfährt man gleich danach, Goethe habe „das Schauspiel [...] am 20. Oktober 1801 gelesen" (S. 202 f.; Hervorhebungen vom Verf.).

Solche Einschränkungen, die dem Termindruck des Reichardt-Jubiläums geschuldet sein mögen,[3] ändern nichts am Gesamturteil: Man darf erfreut festhalten, daß die Neuedition Goethes Briefwechsel mit einem der bedeutenden Komponisten seiner Zeit in angemessener Weise erschließt.

Dieter Martin

Denise Blondeau/Gilles Buscot/Christine Maillard (Hrsg.): ***Jeux et fêtes dans l'œuvre de J. W. Goethe – Fest und Spiel im Werk Goethes.*** Strasbourg 2000, 312 S.

Seit 1996 erscheint an der Universität Straßburg die germanistische Reihe FAUSTUS/Études germaniques. Im besten Sinne dem *genius loci* verpflichtet, hat sie sich darum verdient gemacht, die deutschen und französischen Kultur- und Wissenschaftstraditionen sowie grenzüberschreitende Kontakte zu vermitteln, indem sie im Wechsel mit monographischen Veröffentlichungen immer wieder zweisprachige Sammelbände zu einem Schwerpunktthema publiziert,[1] denen deutsch-französische Symposien vorausgingen. Neuestes Beispiel ist der vorliegende Band zum Thema *Jeux et fêtes – Fest und Spiel im Werk Goethes.* In ihrem Vorwort betonen die Herausgeber zu Recht, daß dieses Thema noch nicht quer durch Goethes Werk verfolgt wurde und daß es sich, angesiedelt am Kreuzpunkt historischer, soziologischer, anthropologischer, kultureller und literarischer Fragestellungen, für den Brückenschlag zwischen Kultur- und Literaturwissenschaft eignet. Schade, daß das Vorwort dazu nur magere 1½ Seiten bietet, sich ansonsten mit Hinweisen auf Publikationen zu Fest und Spiel in der Literatur begnügt und so die Chance vergibt, die – zwangsläufig heterogenen – zwanzig zweisprachigen Beiträge in einem übergreifenden Kontext zu verklammern. Zu oberflächlich bleibt der (an Pierre Bourdieu orientierte) Hinweis, die in den ersten Beiträgen analysierten Gelegenheits- und Auftrags-

3 Vgl. Walter Salmen: *Johann Friedrich Reichardt. Komponist, Schriftsteller, Kapellmeister und Verwaltungsbeamter der Goethezeit.* 2. erw. u. erg. Aufl. mit einer neuen Bibliographie. Hildesheim 2002; *Der Tonkünstler Johann Friedrich Reichardt und Goethe. „... von der musikalischen Seite unser Freund, von der politischen unser Widersacher ...".* Ausstellung u. Katalog von Walter Salmen u. Regine Zeller. Düsseldorf 2002, und Johann Friedrich Reichardt: *Der lustige Passagier. Erinnerungen eines Musikers und Literaten.* Hrsg. von Walter Salmen. Berlin 2002.

1 Da die Reihe fortgesetzt wird, sei der – ohne großen Aufwand – optisch gelungene Einband gelobt, aber auch um mehr Professionalität beim Satz gebeten: Bei den Endnoten sind Tabulator und gleichbleibender Einzug, beim Inhaltsverzeichnis ein Tabulator für die Seitenzahlen vonnöten (statt des jetzigen Durcheinanders: S. 62 f., 75, 132 f., 223 f. u. ö. bzw. S. 311 f.); im Anschluß an Zitatblöcke wäre mit oder ohne Einzug zu operieren (nicht mal so, mal so: S. 68 f., 80 f., 267–270 u. ö.); auch die deutschsprachigen Texte müßten ein Trennprogramm durchlaufen (Wortabstände von 4–6 mm stören das Satzbild: S. 51 f., 154, 178 u. ö.).

arbeiten Goethes als Teil eines höfischen Festes schrieben sich ein in das ‚Macht-Feld' des aufgeklärten Absolutismus, während sich in dem Maße, wie die Beiträge vom Fokus ‚Fest' zum Fokus ‚Spiel' wechselten, die grundlegende, immer autonomere Schöpfungsmacht des ‚literarischen Feldes' durchsetze (dabei konvergieren die ersten beiden Beiträge ausgerechnet in der Feststellung, gerade die Behauptung dieser Macht mache das Spezifische der Auftragsarbeiten Goethes aus). Schade auch, daß der Ansatz einer Strukturierung im Vorwort, das unter den Titeln *Das Fest*, *Anlaß zur Gelegenheitsdichtung*, *Das Fest schreiben und beschreiben* und *Homo ludens goetheanus* Kurzeinblicke in die Beiträge bietet, nicht auf den Gesamtaufbau des Bandes übertragen wurde, der die Beiträge lediglich aufreiht. Erkennbar aber ist dank des Strukturierungsansatzes, daß diese einen Bogen schlagen von (1) Goethes Festspieldichtungen – Auftragsarbeiten, die selbst integraler Teil von Festen sind – und seinen das Theater als Fest reflektierenden *Theaterreden* und dramatisierten Prologen und Epilogen zur (2) Darstellung und Rolle des Festes erst in autobiographischen, dann in poetischen Texten bis (3) zur Fokussierung auf die diversen Funktionen des Spiels in ausschließlich fiktiven Werken Goethes bis hin zur Bedeutung des *Faust II* für die Salzburger Festspiele.

Am Beispiel des Festgedichts *Zur Logenfeier des 3. September 1825*, aufgeführt zum 50. Regierungsjubiläum Carl Augusts von Sachsen-Weimar, erläutert Volkmar Hansen, wie Goethes Text die anlaßgebundene Konvention zu überschreiten weiß durch ein der Aufklärung verpflichtetes Geselligkeitsideal, das die „reine Bildungslust" jedes Menschen und seine Fähigkeit zum sozialen Ausgleich zu verbinden strebt. Emanzipation vom Anlaß vollzieht auch das „Generische" (die nach Goethe zur Gattung verdichtete und verallgemeinerte Individualität), das Uwe Japp anschaulich an Goethes Festspielen herausarbeitet. Am Beispiel der *Pandora* zeigt Japp, wie sich die generische Form in Diktion, Fiktion und Figuren manifestiert, etwa im gnomischen Stil, in der Konzentriertheit der Fiktion und den Figuren als Zeichenträgern generalisierter Einstellungen (Liebe, Hoffnung etc.). Spezifisch für Goethes Festspiele sei, daß das Generische im Verein mit eklatanter Stilisierung und Abstraktheit beim Zuschauer oder Leser das illusionsbrechende Bewußtsein wachhält, der Darbietung eines Spiels beizuwohnen. Hier ergibt sich eine Verbindung zu Roland Krebs' Beitrag über Goethes metatheatrale Reflexionen in den *Theaterreden* und in dramatisierten Prologen und Epilogen. Gegen gesellschaftliche oder moralistische Indienstnahme feiern sie auf dem Theater das Theater selbst und erneuern gegen das zeitgenössische totale Illusionstheater ein Genre, das in direkter Kommunikation über die Rampe hinweg einen theatralen Metadiskurs kreiert, der etwa um die Aufgaben des Schauspielers, das Ensemblespiel oder die festliche Dimension des Theaters und deren therapeutische Wirkung auf den Zuschauer kreist.

Mit dem Beitrag von Benedikt Jeßing beginnt eine Reihe von Beiträgen, die sich den Darstellungen von Festen, zunächst in autobiographischen Texten, widmen. An der Beschreibung der Krönung Josephs II. und des Geburtstagsfestes Lilis in *Dichtung und Wahrheit* erläutert Jeßing überzeugend, wie sich gegen autobiographische „Wahrheit" die höchst artifizielle Inszeniertheit durchsetzt in der erzählerischen Theatralisierung des Festes und im Positionswechsel des erzählten Ich: Im Dienst der eigenen künstlerischen Entwicklung konstruiert Goethe es erst als Zuschauer, der den theatralischen Akt des Krönungstheaters mit seinem Liebesroman verschränkt (Gretchen-Episode), dann als Regisseur des Geburtstagsfestes und damit als Träger einer höheren Stufe souveräner künstlerischer Ermächtigung. Komplementär hierzu konfrontiert Gilles Buscot die offizielle Chronik der Krönungsfeier mit Goethes Darstellung, die von der Beschreibung der Krönungsfeier über deren Vergleich mit dem theatralen Kunstwerk zum Genre des literarischen Festes vorstoße. Christine Hedinger-Jouanneau und Fabrice Malkani zeigen, wie Goethe in der *Italienischen Reise* analog zu seinem morphologischen Denken den Bruch zwischen Alltagsleben und festlichem Ausnahmezustand (Karneval) in Italien aufgehoben sieht; das öffentliche Leben nähere sich dem Theater, und der Übergang zum Karneval als theatralem Fest, das sich das Volk selbst gibt, sei fließend. Allerdings hebe Goethe auf dem Hintergrund der Französischen Revolution die Gefahren der transgressiven Verabsolutierung des Karnevals, des Umkippens der kollektiven Feier von Freiheit und Gleichheit in Gewalttätigkeit hervor – worin Malkani eine präfreudianische Verbindung von Lust- und Todestrieb zu sehen glaubt (eine fragwürdige Rückprojizierung). Moritz Baßler und Claude Roëls nehmen das *Sankt-Rochus-Fest zu Bingen* in den Blick, wobei Baßler einleitend jenen auf Goethe bezogenen Kurzüberblick über Festtheorien bietet, der in ähnlicher Form dem Vorwort gut angestanden hätte. Hedinger-Jouanneau und Malkani ergänzend, sieht Baßler im *Römischen Karneval* eine ,dichte Beschreibung' (Clifford Geertz), über die Goethe entdecke, wie in den wiederholbaren syntagmatischen Strukturen das scheinbar Chaotische des Karnevals einer symbolischen, kultursemiotischen Lektüre zugänglich wird. Im Bewußtsein, daß letztlich doch der e i g e n e Text diese Strukturen stiftet, lasse Goethe demgegenüber im *Sankt-Rochus-Fest zu Bingen* diese Lektüre scheitern, indem er das offensichtliche Syntagma des kirchlich-offiziellen Festverlaufs supplementiere durch den eigenen Text, der zwanglos einem als kontingent erlebten Reiseverlauf folgt und in lokale Fremdtexte digrediert. Dem hat Roëls in seinem pointillistischen Essay, der Referenzen auf andere Autoren, Philosophen, Künstler anhäuft, nur hinzuzufügen, das *Sankt-Rochus-Fest* reihe sich ein in die Tradition des den Wein feiernden „bacchischen Schreibens", und der Text sei statt der Beschreibung einer erlebten Erfahrung die Übersetzung einer poetischen und feiere die Sprache. Anschließend meint Helmut Koopmann, mittels der (zu vagen) Definition des Festes als seelischem Ausnahmezustand die Beziehung zwischen Charlotte von Stein und Goethe zu einem „Liebes-Fest" hochstilisieren zu können, das sich in der Sprache von Goethes Briefen manifestiere. Daß dabei Schreiben zum Liebesersatz wird und daß es versucht, die Flüchtigkeit und Kontingenz des Erlebten in Schrift zu verewigen, sind richtige, aber keine neuen Erkenntnisse.

Die zweite Hälfte der Beiträge konzentriert sich auf fiktive Texte. Eindrücklich analysiert Ortrud Gutjahr in *Wilhelm Meisters Lehrjahre* die Premierenfeier, die der *Hamlet*-Aufführung folgt und die strukturell den ,Liebes- und Theaterroman' der ersten Hälfte der *Lehrjahre* beschließt. Vor allem übersteigere diese theater-konstitutive Elemente (Kostüm, Rollenspiel u. a.) beibehaltende Feier in theatraler Selbstermächtigung das Bühnengeschehen und inszeniere das fortwährende Spiel mit sich selbst. Die Exzentrik der Feier exponiere das Strukturelement des Romans, die zentrifugale Narration mit semantisch sich überlagernden Deutungsmodellen. Jean-Marie Paul arbeitet die Ambiguität der Geburtstagsfeste Charlottes und Ottilies in den *Wahlverwandtschaften* heraus, die als bloße Vorwände erst der ordnenden Vernunft Charlottes und des Hauptmanns, dann des erotischen Begehrens Eduards fungierten. Das solchermaßen manipulierte Fest enthülle allerdings die Ohnmacht von Ordnung, Vernunft und Aufklärung angesichts der unbewußten Eigensinnigkeit des Begehrens – womit eine bekannte Grunderkenntnis der *Wahlverwandtschaften*-Forschung auf das Fest angewandt wird.

Gemäß Vorwort beginnt die Fokusverschiebung vom Fest zum Spiel mit Hans-Jörg Knoblochs Beitrag. Dessen vollmundigem Titel *Maske und Spiel im Werk Goethes* kann ein zehnseitiger Aufsatz natürlich nicht gerecht werden, doch auch sonst sind die Ergebnisse mager: autobiographische Schilderungen etwa der Trennung von Friederike Brion seien Maskierungen eigener Probleme (nachlassendes Begehren), Goethes Weimarer Maskenzüge hätten eine systemerhaltende und gegenüber den früheren Weimarer Maskenbällen domestizierende Funktion, doch könne die Maske (siehe Mephisto) auch eine anarchische Komponente haben ... Positiv sticht dagegen der Beitrag Christine Maillards ab. Sie zeigt, wie sich im Kontrast zu Theorien des Spiels von den Enzyklopädisten über Kant und Schiller bis zu Huizinga und Novalis beim theorieskeptischen Goethe eine Konzeption des Spiels aus der Konstruktion diverser Spielsituationen und Spieler-Profile ergibt – z. B. bei den Spieler-Figuren Luciane, Mittler und Lord in den *Wahlverwandtschaften*, deren am Zufall scheiternde Vermittlungsspiele insbesondere Schillers einflußreiche Vorstellung in Frage stellt, nach der im Spieltrieb die Aufspaltung menschlicher Fähigkeiten synergetisch versöhnt werden könne. Manfred Titzmann erläutert, wie nach der Französischen Revolution entstandene Bildungsromane die Bedeutung des kollektiven Phantasmas der Geheimbünde für die implizite Anthropologie der Spätaufklärung hervortreiben, indem sie es kombinieren mit den aufklärerischen und anti-aufklärerischen Phänomenen des Okkultismus und der manipulatorischen Machtausübung. Titzmann zeigt, inwiefern die Turmgesellschaft in *Wilhelm Meisters Lehrjahre* diese subjektgefährdenden Aspekte zurücknimmt und auf ein bloßes Spiel mit dem Zeichensystem des Geheimbundmodells reduziert ist (so daß das Thema ,Spiel' erst am Schluß des Beitrags in den Blick kommt). In Anlehnung an Goethes Formel vom „ernsten Spiel" sieht Wolfram Malte Fues den Erzähler der *Wanderjahre* als *homo ludens*, der allen Ernst der Identität, der Einheit aufwende, um sie ins Spiel der gegenpoligen Zufalls- und strategischen Spiele im Roman zu bringen, das sie zur Differenz, Vielfalt und Vergänglichkeit verwirklichten; Kunst entstehe aus diesem Doppelspiel und beruhe auf einer Regel, deren äußerster Ernst darin liegt, sich einer endgültigen Bestimmung zu entziehen. Bestens schließt hier Andreas Anglets brillanter Beitrag über die Formel des „ernsten Spiels" der Kunst an, mit der Goethe sich gegen Schillers starre Entgegensetzung vom „Ernst im Gehalte" und „Spiel in der Form" wendet (worauf sich auch Maillard beruft, weshalb ihr Beitrag besser direkt mit Fues und Anglet kombiniert worden wäre). Anglet führt aus, wie in Goethes Formel der Ernst, der begrenzende systolische Realitätsbezug der Kunst, und das Spiel, der entgrenzende diastolische Selbstlauf von ästhetischer Entfaltung und subjektiver Einbildungskraft, in gegenseitiger Steigerung zusammenwirken und auf das Hervorbringen eines Unvorhergesehenen zielen. Die daraus abgeleitetete poetologische Strategie, auf den Ernst der zunehmend komplexeren Realität mit spielerischem Umreisen der Problemzonen durch „wechselseitige" oder „wiederholte" Spiegelung zu reagieren, zeigt Anglet u. a. an der (überaus modernen) dezentrierten Perspektivik und Polyphonie in den *Wanderjahren*, *Faust* und den späten lyrischen Zyklen, die durch Aufhebung der Autorfunktion bzw. des lyrischen Ich (im Rollenspiel) den Leser in die Verantwortung für sein eigenes Urteil setzen. Im Kontrast zur dynamischen Formel des „ernsten Spiels" erläutert Denise Blondeau, wie Goethe in seiner klassischen Ästhetik Spiel und Kunst, Instinkt und symbolische Ordnung, Natur und Kultur einander gegenüberstellt und in seinem Mißtrauen gegenüber dem Spiel Autor, Schauspieler, Regisseur und Zuschauer im Theater Askese abfordert; hier werde das Spiel nur in Form eines künstlerischen Verhaltens akzeptiert, das sich des Produzierens von Illusion bewußt ist. Fragwürdig in seinem Erkenntnisgewinn ist beim Beitrag Béatrice Dumiches das Operieren mit psychoanalytischer Begrifflichkeit: Goethe habe seine ödipale Versuchung in den *Leiden des jungen Werthers* verarbeitet durch ihre Objektivierung in künstlerische Kreativität. Werthers Dilettantismus (bis in die Inszenierung seines Suizids) sei eine stumme Rebellion; sie zeige die Unmöglichkeit, die Symbolik des mütterlichen Körpers, welche das Spiel des Kindes und die schöpferische Autonomie des Erwachsenen strukturiere, in eine patriarchale Gesellschaft zu transponieren, die sich ihrerseits exklusiv des Spiels (auch der Sprache) bemächtige. Daß hier der Übergang zu einer Moderne gestaltet wird, die die symbolische Autonomie der Sprache anerkenne, läßt sich auch ohne psychoanalytische Operationen erarbeiten.

Der Band schließt mit einem komparatistischen Beitrag Christoph Perels' zur katalytischen Funktion von Hofmannsthals *Faust II*-Konzept für die Salzburger Festspiele. Dabei wirkten zusammen Hofmannsthals emphatischer Lebensbegriff und der des Theaters als Fest, sein Blick für barockopernhafte Formelemente in *Faust II* und dessen hohe theatergeschichtliche Verweisungskraft. Dies kam dem fundamental integrativen Ansatz der Festspiele zugute, der ab 1928 verlorenging, als sich der „höhere Tourismus" der Festspiele bemächtigte.

Daß sich in Sammelbänden Beiträge unterschiedlichsten Niveaus finden, ist zu erwarten. Hier glänzen diejenigen, die sich auf Erarbeiten eines theoretischen und/oder kulturellen Hintergrunds oder prägnante Textanalyse einlassen.

Anke Bosse

Ortrud Gutjahr/Harro Segeberg (Hrsg.): ***Klassik und Anti-Klassik?*** *Goethe und seine Epoche.* Würzburg 2001, 310 S.

Die Überschrift und mehr noch die Lektüre des Vorworts zu dem umfänglichen Sammelband wecken große Erwartungen – wird doch der Leserschaft nicht weniger versprochen als die Absicht, „anhand einer Reihe von Beispielen die historische Besonderheit eines in der Regel sehr überzeitlich gefaßten Konzepts der Weimarer Klassik sowie ihrer oft nicht minder normativen Gegenentwürfe herauszuarbeiten". Und weiter heißt es da: „Die kanonisierte Literatur der Klassik wird unter der Perspektive der sie begleitenden, nachahmenden, konterkarierenden, ironisierenden oder sie in Frage stellenden Literatur untersucht" (S. 3). Das sind wahrlich anspruchsvolle Zielsetzungen. Leider erweisen sie sich bei genauem Durchlesen als reichlich überzogen. Denn daß Goethe sich keinesfalls auf die Deutungsschablone der ‚Klassik' festlegen läßt – und das nicht einmal in der Phase zwischen 1790 und 1805 –, gehört längst zum Gemeingut der Goethe-Philologie. Wenn die Herausgeber des Buches gegen die „autoritativen Normen" (S. 11) und gegen die „normative Ganzheitsvorstellung" (S. 4) des herkömmlichen Klassik-Begriffs angehen wollen, richten sie einen künstlichen Popanz auf, zumal sie dabei mit der wenig brauchbaren Kategorie der „Anti-Klassik" liebäugeln, ja diese gar zu rehabilitieren versprechen. In den zurückliegenden Jahrzehnten sind die viel weiter reichenden Dimensionen des Goetheschen Werkes bis ins Detail hinein erforscht und von den verschiedensten Seiten her analytisch aufgearbeitet worden. Ein Blick in die Kommentare der einschlägigen Goethe-Ausgaben (AA, BA, FA, HA, LA, MA) sowie in die Bände des *Goethe-Handbuchs* belegt das hinreichend – ganz zu schweigen von den thematisch vergleichbaren, grundlegenden Untersuchungen in dem 1983 erschienenen Sammelband *Klassik und Moderne. Die Weimarer Klassik als historisches Ereignis und Herausforderung im kulturgeschichtlichen Prozeß* (hrsg. von Karl Richter und Jörg Schönert), wie überhaupt in einer Fülle von Büchern und Artikeln aus den letzten Jahrzehnten (darunter übrigens auch einläßliche Untersuchungen von Beiträgern zum Hamburger Sammelwerk). Richtiger und ehrlicher wäre es deshalb gewesen, einfach punktuelle Schlaglichter auf bestimmte Werke Goethes und den Weimarer Kontext anzukündigen. Denn mit Ausnahme der kontrastierenden Darstellungen zu Kleist und Klinger geht es durchweg um Goethe und sein persönliches Umfeld.

Doch folgen wir nach dieser generell wertenden Einschätzung erst einmal den einzelnen Beiträgen des Buches. Den Auftakt bilden die aktualisierten Überlegungen des Altmeisters Karl Robert Mandelkow zur Goethe-Rezeption (*Weimarer Klassik. Gegenwart und Vergangenheit eines deutschen Mythos*). Im Grunde faßt er dabei die sorgfältig dokumentierten Darlegungen kurz und bündig zusammen, die wir von seinen früheren Veröffentlichungen her kennen und schätzen (*Goethe im Urteil seiner Kritiker*, 1975 ff.; *Goethe in Deutschland*, 1980–1989). Die Weiterführung bis zur gegenwärtigen Diskussion reduziert sich allerdings fast ausschließlich auf die polemischen Positionen von Georg Bollenbeck, Martin Walser und W. Daniel Wilson, so daß in dieser Hinsicht von einer ausgewogenen oder gar systematischen Information nicht die Rede sein kann. Daran zeigt sich nebenbei die nur relative Brauchbarkeit einer rein ideologiekritisch angelegten Rezeptionsanalyse.

Der Artikel von Waltraud Wende *Zur Wirkungsgeschichte eines Klassikers* schließt direkt daran an. Unter Verwendung ihres informativen Buches über Goethe-Parodien versucht sie, gleichsam von ‚unten' kommend, den angeblichen „Goethe-Rummel" (S. 20) ironisch zu beleuchten. Leider beschränkt sie ihre Beispiele fast ausschließlich auf das 19. Jahrhundert. Das einzige Exempel aus der Gegenwart ist Resultat ziemlich abwegig erscheinender „schulpraktischer Studien", die von der unfruchtbaren Frage ausgehen, „ob der Vexierspiegel parodistischer Textverarbeitung nicht vielleicht auch dazu beitragen kann, die vom Denkmalsockel gestoßenen Klassiker ‚neu' zu lesen". Jedenfalls mutet es den Leser bedenklich an, wenn von der Autorin ernsthaft erwogen wird, ob damit „ein ‚anderer' – auch kreativer – Umgang mit literarischer Tradition in die Wege" geleitet werden könne (S. 31). Parodien in Ehren – doch kommt man einem literarischen Werk, insbesondere demjenigen Goethes, über sie niemals wirklich bei. Waltraud Wende sei empfohlen, einmal darüber nachzudenken, ob ihr Fazit „Und selbst etwas mit Literatur zu tun, ist allemal besser als totes Literaturwissen" (ebd.) nicht besser anders herum lauten sollte: „Totes Literaturwissen" gilt es so zu verlebendigen, daß es als Anregung zur „Wirklichkeitsorientierung und Ich-Findung" der Schüler dienen kann. Die Pisa-Studie läßt grüßen!

In jeder Weise anregend und aufschlußreich sind hingegen die beiden folgenden Aufsätze. Angelika Jacobs' *Torquato Tasso: Goethes Antwort auf Rousseau* stellt den Zusammenhang her zwischen Goethes Titelfigur und dem historischen Tasso und deutet sodann den Text als zeitgenössische Reaktion auf das Naturbild Rousseaus. Von diesem Ansatz her gelingt es ihr, das „vielschichtige Mit- und Gegeneinander klassischer, romantischer und selbst noch empfindsamer Tendenzen um 1800" (S. 36) konkret zu belegen. Besonders erhellend im Hinblick auf die Zeitlage ist ebenso ihre These von der Notwendigkeit „ästhetischer Erziehung inmitten politischer Machtlosigkeit" (S. 35). Dieser Beitrag erfüllt auf knappstem Raum die von den Herausgebern mit dem Buch insgesamt angestrebte, aber kaum erreichte Historisierung des zweifelhaften Schubfachs ‚Klassik'. Gleiches gilt für die Ausführungen

Reiner Wilds: *Die moderne Form. Goethes Balladen von 1797 als Teil des „Projekts Klassik"*. Fußend auf seinen gründlichen Untersuchungen zur klassischen Lyrik Goethes, kommt Wild zu dem einleuchtenden Ergebnis, daß zur Klassik „von Beginn an das Spannungsverhältnis von ästhetischer Utopie und literarischer Reflexion der Wirklichkeit" gehört und die Balladen hierbei „als Ausdruck von Kritik und als Reflexion auf Negativität [...] die eigentlich ‚moderne' Form in der klassischen Lyrik darstellen" (S. 87). Modellanalysen zu den Balladen *Der Zauberlehrling*, *Die Braut von Corinth* und *Der Gott und die Bajadere* untermauern diese interessante Deutung.

Hinsichtlich des wenig stringenten Beitrags von Bernhard J. Dotzler *Goethe und sein angebliches Ende: Das Medium „Welt-Literatur"* stellt sich die Frage, inwieweit es sich hierbei um eine literaturwissenschaftlich ernstzunehmende These oder lediglich um die provokativ-literaturfeindliche Position eines Medienexperten handelt. Was der Verfasser herabstimmt auf das Niveau der unrühmlichen Berliner Rektoratsrede Emil Du Bois-Reymonds von 1882, erlaubt ihm in der Folge, Goethes Begriff der „Welt-Literatur" von den prekären Befunden der Telekommunikation her abzutun. Insofern mag damit zwar der Stellenwert der Kultur in der technisierten Welt zutreffend beschrieben sein, als Germanist sägt der Autor dieses Beitrags allerdings gründlich an dem Ast, auf dem auch er zu sitzen vorgibt. Indes können die Liebhaber und Sachwalter Goethes eine solche Totsagung getrost über sich ergehen lassen. Der Kommunikationswissenschaftler erreicht bestenfalls die thematische Oberfläche ästhetischer Phänomene, nicht aber ihre Tiefendimension. Freilich sollte er schleunigst das Epitheton „kulturell" aus seinem Forschungsbereich streichen und sich in Zukunft ausschließlich den „Papiermaschinen" (so der Titel eines seiner Bücher) widmen.

Gänzlich in den Bereich des Wissenschaftsunfugs gehört alsdann der Artikel Alexander Mehlmanns: *Keine Faustregel für Mephisto. Spieltheoretische Fingerzeige zu Goethes „Faust"*. Gleich einleitend kommt der Verfasser dieser spieltheoretischen Interpretation der Teufelswette selbst zu der vielsagenden Feststellung: „Ob tatsächlich auf diese Weise der wesentliche Charakter eines literarischen Werkes erfasst wird, scheint zumindest zweifelhaft". Dennoch unternimmt er den Versuch einer „dynamischen Beschreibung des zentralen, dem literarischen Werk zugrundeliegenden Konfliktes" (S. 110). Er erstellt hierzu ein sogenanntes „Phasendiagramm zu Goethes ‚Faust'" (S. 115) und kommt im Zuge seiner Auswertung zu dem umwerfenden Ergebnis: „Da der Disnutzen aus der übertriebenen Verführung doppelt so stark ins Gewicht fällt, hat Faust selbst ein großes Interesse, die Wette durch Überreagieren abzukürzen. Dies mag auch der Grund sein, weshalb es in Faust II zu einem für Mephisto überraschenden Ausgang kommt. Er erkennt, dass seine Sicht des Spiels falsch war" (S. 116). Dem braucht nichts hinzugefügt zu werden. Inwieweit der vermutlich höchst sympathische Wirtschafts- und Planungsmathematiker sich damit einen „provisorischen Passierschein ins Niemandsland zwischen Mathematik und Literatur" (S. 309) erworben hat, mag jeder Leser für sich entscheiden. Dem Rezensenten erscheint das auf jeden Fall mehr als zweifelhaft.

Demgegenüber erbringt der Artikel von Peter Brandes *Entstellte Klassik. Goethes „barbarische Komposition" des „Faust"* in schlüssiger gedanklicher Entwicklung von der *Zueignung* als Ausgangspunkt zur generellen Auswertung der Erkenntnis „entstellter Klassik" (S. 119) die scharfsichtige Erkenntnis: „Die barbarische Komposition des ‚Faust' ist somit die zur Ähnlichkeit entstellte Klassik, denn sie läßt die Klassik als Klassik sein. An ihr erweist sich, daß das Barbarische das eigentliche Wesen der Klassik ins Offene bringt: das alte Wort" (S. 134). Brandes leistet damit etwas Entscheidendes, nämlich eine „freie Lektüre der Klassik" (S. 120). Mit seiner dialektischen Volte hat der junge Wissenschaftler exakt das Ziel umrissen, das ein produktiver Umgang mit der Klassik heutzutage erbringen sollte.

Äußerst lesenswert sind auch die Überlegungen von Wolfram Malte Fues zu den *„Wanderjahren" im Hypertext*. Unter Berücksichtigung der „expandierenden Bewegung" des Erzählens beschreibt er die „epische Diskursivität" des Romans als ein „Panorama allseitiger Kontingenz" (S. 138 f.). Er folgert daraus die „konzeptionelle Selbst-Transformation" (S. 144) als gezielte Übereinstimmung von „Totalität und Individualität" mit dem für die Bestimmung des Bildungsromans wesentlichen kommunikationsästhetischen Ergebnis: „So gelesen nehmen die ‚Wanderjahre' nicht nur die Hypertextform als Desiderat und Option vorweg, sondern deuten darin auch schon das Projekt eines Hypertextes an, der seine Leserin und seinen Leser mit der Frage ‚Do you want to hear about it?' in simultane Paralleltexte führt, um ihm zu gleicher Zeit die Gegenfrage freizustellen: ‚Do you want to hear what I want to hear?" (S. 154 f.). – Abermals also die offene Denkform der Dialektik; mit dem Titel eines Buches von Fues: *Text als Intertext*.

Der Beitrag von Stefan Blessin *Todesbilder in Goethes Romanen und einigen Erzählungen von Jean Paul* profitiert von den Büchern des Autors zu Goethes Romanen. Auch im schmalen Rahmen eines Artikels erlaubt es ihm sein breiter Horizont, für Goethes Verhältnis zum Tod rasch die treffenden Beispiele zur Hand zu haben. Mit *Werther* beginnend, zeigt er dann vor allem an der Figurenkonstellation des *Meister*-Romans und der *Wahlverwandtschaften* – Tod Marianes, des alten Meister, Mignons und des Harfners, Amelies und Ottilies – das große Gewicht der Todesproblematik im erzählerischen Werk. Danach lenkt der fruchtbare Vergleich Makaries mit der apokalyptischen „Rede des toten Christus vom Weltgebäude herab, daß kein Gott sei" über zu den Todesvisionen Jean Pauls mit der von Blessin ausgemachten Höchststufe des Lebens, wo es für den einzelnen darum geht, „sich dem Leben ein[zu]schreiben" (S. 177). Allerdings kann man sich fragen, ob das gleiche Resultat bei Goethe nicht den Gedanken nahelegt, auf den schroffen Gegensatz von ‚Klassik' und ‚Anti-Klassik' zu verzichten und eher von einer dialektisch begründeten Gemeinsamkeit zu sprechen.

Einen besonderen Aspekt, der eigentlich nichts mit der Themenstellung des Bandes zu tun hat, stellt Péter Varga vor. Sein kurzer, zu kurzer Beitrag *Goethes Judenbild und das Goethebild der Juden* deutet einleitend Goethes Judenbild in vagen Umrissen an. Deswegen kann er dem komplexen Anspruch dieses Themas nur sehr bedingt gerecht werden. Die Ankündigung des Untertitels, *Aktuelles und Historisches* zu *Goethes Verhältnis zum Judentum* zu bieten (S. 185), bleibt uneingelöst. Denn die Ausführungen zum Goethebild der Juden beschränken sich auf kurze Hinweise zur Situation bis zu Goethes Tod sowie einige Bemerkungen zur Goetherezeption in der ostjüdisch-jiddischen Literatur. Leserinnen und Leser bleiben demzufolge weithin auf ihren Erwartungen sitzen. Immerhin löst Vargas Ansatz den Wunsch nach einer gründlichen Darstellung gerade dieser wichtigen Frage aus.

Voll auf ihre Kosten kommt hingegen die Leserschaft beim nächsten Aufsatz. Malte Stein, ein junger Doktorand, entwickelt hier überzeugende *Ansichten zum Bildungstrieb bei Winckelmann, Wilhelm von Humboldt und Goethe*. Sie ergänzen die bestehenden bildungsphilosophischen Definitionen des Leitprogramms der Klassik durch den Nachweis der Bedeutung von Sinnlichkeit für die Entwicklung „strebender Energie" (S. 200) des Menschen. Am Beispiel der Weltreisen Fausts bringt er unter dem Gesichtspunkt „erotischer Attraktivitäten" (S. 206) plausible Deutungsmuster für seine Konzeption „bildungsnotwendiger Energie" (S. 201) bei. Ob indes Steins Grundthese von der „Faszinationskraft des Androgynen" (S. 207) durchgängig den Intentionen Goethes entspricht und somit „Anti-Klassik im ‚Faust'" (S. 213) zu konstatieren wäre, erscheint ziemlich fraglich. Noch stärkere Skepsis verdienen die Andeutungen des Autors am Ende seines Beitrags über mögliche „psychoanalytisch fundierte Deutungshypothesen" mit der Konsequenz eines „Bildungsideals der mannweiblichen Ganzheit als präödipales Ich-Ideal" (S. 214). Hier hat er im Eifer entdeckerischer Begeisterung über das Ziel hinausgeschossen. Gerne und zustimmend liest man dagegen, daß „dem Dichter des ‚Faust' [...] eine anhaltende Provokation nachgesagt" wird (S. 215).

Ziemlich schwach wirkt demgegenüber Ortrud Gutjahrs Aufsatz zur Frage: *Charlotte von Steins ‚Dido' – eine Anti-Iphigenie?"*. Vermutlich macht ihre „kulturwissenschaftliche Perspektive" (S. 224) die Autorin blind für ästhetische Wertkategorien. Sonst wäre sie schwerlich auf die Idee gekommen, die künstlerisch völlig belanglose *Dido* aus rein thematischen Gründen hoffnungslos zu überschätzen und Charlotte von Stein in umständlicher Herleitung den „Status als Autorin" (S. 223) zuzubilligen. Selbst wenn man annehmen kann, das dilettantische Stück greife „zentrale Epochendiskurse" (S. 225) auf und stelle „eine Antwort auf Goethe" dar (S. 231), sollte man sich hüten, das ästhetisch nicht Vergleichbare dergestalt in Beziehung zueinander zu setzen. Was „private Abrechnung" Charlotte von Steins „mit Goethe" (S. 222) gewesen sein mag, gehört zwar zum ‚inneren Kreis' des Weimarer Musenhofs, hat jedoch nichts zu suchen im literaturhistorischen Zusammenhang. Sowenig bestritten werden kann, daß Charlotte von Stein einen äußerst wichtigen Platz im kulturellen Gedächtnis einnimmt, so unannehmbar ist es, ihr *Dido*-Drama in den „Rang kultureller Texte" (S. 242) erhoben zu sehen. Bildlich gesprochen: Man kann nicht ein einfaches Hausfrauengericht auf gleiche Augenhöhe mit einem Galamenü rücken.

Zu ähnlichen, ästhetisch kontraproduktiven Erkenntnissen führt leider ebenso der ansonsten aspektreiche Artikel von Klaus Bartels mit dem weitläufig gefaßten Titel *Die Erhabenheit des Krieges, der Technik und des Mordes. Eine neue Ordnung der Dinge bei Heinrich von Kleist.* Zwar liefert er brauchbare Einsichten zum Zusammenhang von Technik und Morden wie auch zur „Umpolung des Erhabenen" (S. 261) in Kleists *Penthesilea* und besonders zum „Paradigma der Marionette" (S. 254). Am Ende leidet indes die Überzeugungskraft seiner durchaus interessanten Argumentation unter dem nicht akzeptablen Verfahren, den „Krieg als Bild-, Ton- und Medienereignis" (S. 255) über das ganz vom dichterisch gestalteten Wort her lebende Drama Kleists zu stülpen und weiterhin dem Autor „intuitives Verständnis für das technisch Erhabene" zu unterstellen, ja heutiges Cyborg als „organomechanisches System" kurzerhand mit Penthesilea gleichzusetzen (S. 265). Bartels raubt mit dieser erzwungenen Gleichsetzung seiner richtigen These von Kleists Erkundung der „Grenzen des Darstellbaren" (S. 273) die sachgerechte historische Bestimmung.

Nur bedingt zum Rahmenthema gehörig ist der Aufsatz Harro Segebergs über den Schriftsteller Friedrich Maximilian Klinger. Im Untertitel definiert er seine Absicht als *Beitrag zur Geschichte der Gegen-Klassik.* Die übersichtlich zusammengestellte, informative Darstellungsskizze zu Leben und Werk dieses immer noch verkannten Mannes soll dazu dienen, den „aufgeklärt-universalistischen Diskurstyp" (S. 285) in Klingers Werken als anti-klassisches Muster auszuweisen. Segeberg übersieht dabei nur, daß sich der „Aufklärungsrealismus" Klingers (S. 286) durch die politische Restauration der nachnapoleonischen Epoche historisch erledigt hatte und insofern schwerlich als ‚Anti-Klassik' instrumentalisiert werden kann, zumal sich Klingers Denken durchaus in skeptischer Nähe zu Klassik und Idealismus bewegte. Daß er dennoch eine „antiidealistische Anthropologie" und sogar „zivilisatorische Selbstkritik" an der „scheinvernünftigen Selbstfesselung" (Hermann Schweppenhäuser) zustande brachte, hätte differenzierter in die Betrachtung einbezogen werden sollen.

Der letzte Beitrag schließlich, mit der kurzen Darstellung von Leben und Wirksamkeit Friedrich Justin Bertuchs durch Gerhard R. Kaiser, fällt ziemlich aus dem Rahmen des Sammelbands. Für sich genommen ist er als skizzenhaftes Resumé des vor zwei Jahren von Kaiser publizierten Buches über Bertuch, hier mit dem Schwerpunkt seiner verlegerischen Aktivitäten – insbesondere dem *Journal des Luxus und der Moden* und der Zeitschrift *London und Paris* –, durchaus interessant. Freilich vermag er wenig beizutragen zu den Zielsetzungen, die den Herausgebern vorschwebten.

Alles in allem hinterläßt die Lektüre des Sammelwerks einen eher zwiespältigen Eindruck. Wie oft bei derartigen Unternehmungen ist das literaturwissenschaftliche Niveau der Artikel sehr unterschiedlich ausgefallen. Vorzügliches und Anregendes steht neben ‚Aufgewärmtem', weniger Belangvollem oder auch Abwegigem. Das hochgesteckte Ziel, Goethe und seine Epoche unter dem Gegensatz von Klassik und Anti-Klassik vorzuführen, wurde jedenfalls nicht einmal annähernd erreicht.

Theo Buck

Goethe at 250. London symposium [Goethe zum 250. Ein Londoner Symposium]. Ed. by T. J. Reed, Martin Swales, Jeremy Adler. München 2000, 305 S.

Die zweiundzwanzig Aufsätze in diesem Band sind das Ergebnis eines Londoner Symposiums zum 250. Geburtstag Goethes. „Goethe's continuing centrality" – so der Leitgedanke der kurzen Einführung von Terence James Reed, Präsident der English Goethe Society. Alle Beiträger sind an Universitäten in England und Schottland tätig oder stehen in enger Verbindung mit diesen Hochschulen. Der Band gewährt einen Einblick in die gegenwärtige Goetheforschung des Landes und bietet eine reiche Auswahl aus den Themen und Fragestellungen, die dort fesseln. Junge und auch namhafte etablierte Forscher haben gleichermaßen zum Symposium beigetragen. Das Resultat ist ein eindrucksvoller Band, der ein lebendiges akademisches Interesse an Goethe in England und Schottland dokumentiert. Mit zwei Ausnahmen sind die Aufsätze englischsprachig.

Die Arbeiten verbindet kein einheitliches Thema. Den Schwerpunkt bilden literarische Texte und Interpretationen, wobei Gedichte und Romane eine zentrale Stellung einnehmen. Die Dramen finden weit weniger Aufmerksamkeit. Die Rolle von Goethes Texten im Theater, in der Musik und in der Oper oder auch Goethes Bedeutung für die englische Literatur stehen nicht zur Diskussion. „Goethe's continuing centrality" ist letzten Endes ein wissenschaftliches Phänomen.

Die Herausgeber – Terence James Reed, Martin Swales und Jeremy Adler – bieten in den eigenen Beiträgen Substantielles und Anregendes. Unter dem Leitwort „Moderne" eröffnet Swales den Band mit einer Diskussion zur Bedeutung der neuen bürgerlichen Kultur für Goethe. Die *Wilhelm-Meister*-Romane, besonders die *Wanderjahre*, erweisen sich thematisch und stilistisch als exemplarisch moderne europäische Romane. In *Faust* sieht Swales die Frage der Moderne als eine des Verlusts dargestellt: die prämoderne Welt, die nicht weiterexistieren wird einerseits, der Triumph des modernen Nihilismus in der Figur des Mephistopheles andererseits. Adler lenkt die Diskussion auf die Lyrik und besonders auf die philosophische Lyrik. Er gibt einen Überblick über die Bedeutung von Synthesen für das lyrische Werk: die von Denken und Fühlen, von Persönlichem und Überpersönlichem. Reed betont in seinem eleganten Schlußaufsatz *G-Force: A poet and the earth* Goethes Grundüberzeugung, daß nicht nur die eigene dichterische Existenz, sondern auch das menschliche Leben überhaupt notwendig im Materiellen (d. h. Objektiven, Irdischen) verwurzelt sein müsse. Der Titel ist eine Doppel-anspielung auf Goethe und „Gravity" (weniger im Sinne von ‚Schwerkraft' als im Sinne von ‚die gesunde Kraft der Erde') – gleichsam die „Grenzen der Menschheit" im Gedicht und in Goethes Gedanken. Und was macht man aus der Schlußszene des *Faust II* ob dieser notwendigen Erdgebundenheit? Reed läßt die Frage bewußt offen, als Einladung zu weiterem Gespräch.

Die Bedeutung der Originalität für Goethes poetische Identität wird von Katrin Kohl (*From Apprentice to Master: Goethe as National Poet*) und von Duncan Large (*Goethe, Sterne and the Question of Plagiarism*) untersucht, wobei nicht nur Goethes Verhältnis zu seinen Vorgängern (Klopstock bzw. Sterne) zur Diskussion steht, sondern auch Goethes spätere Versuche, die eigene Leistung zu bewerten. Kohls Goethe, bewußt messianisch, stiftet in einer streitbaren Verdrängung von Klopstock die Fiktion des naiven, zeitlosen Naturdichters. Larges Goethe, ebenso selbstbewußt wie dankbereit, ist ironischer und nuancierter, ein Freund von Sternes „Eigenheiten" und souverän auf andere Art.

Weitere Untersuchungen widmen sich am Beispiel von Goethes Werken Themen wie: die Wechselwirkung von Krankheit und Gesundheit (Hans Hahn), die Liebe (Mathew Bell), der Haß (Ouida Taaffe), der Sinn der Wiederholung (Rüdiger Görner), die Bedeutung des Übersetzens (Leonard Olschner) und die Symbiose als Grundprinzip (Alan Menhenet).

Eher werkspezifisch sind die Aufsätze von David Hill (*Die innere Form der Werkreihe „Aus Goethes Brieftasche"*), Hilda Brown (*Die thematische Bedeutung der Landschaftsänderungen in den „Wahlverwandtschaften"*), Kevin Hilliard (*Elegische Form und offenbares Geheimnis in der Römischen Elegie XX*), Raymond C. Ockenden (*Vorzeitiger Tod und das Elegische in „Euphrosyne"*), Roger Stephenson (*„Reineke Fuchs" als ethisches Werk*) und John Williams (*Ein mögliches Porträt von Arthur Schopenhauer in der Baccalaureusfigur in „Faust II"*). Laura Martin fragt am Beispiel der *Wanderjahre*, ob eine feministische Würdigung von Goethes Werk möglich sei, eine Frage, die sie letzten Endes bejaht, wobei sie kritisch gegenüber jenen bleibt, die voreilig und kategorisch das Weibliche in Goethe verehren oder verdammen.

Weniger mit Goethe als mit seiner Wirkung beschäftigt, verteidigt Sarah Colvin Charlotte von Steins Lustspiel *Neues Freiheitssystem oder die Verschwörung gegen die Liebe* als ernste Komödie. Rezeption ist das Hauptthema in W. Edgar Yates informativem Aufsatz zu Goethe und den Wiener Dramatikern Grillparzer, Nestroy, Schnitzler und Hofmannsthal, die sich als unersättliche Goetheleser erweisen, besonders im Briefwechsel und in den autobiographischen Schriften. Paul Bishop beleuchtet Freuds Beschäftigung mit Goethes Werk, sein Interesse an *Faust* und dem Faustischen. Henk de Berg mahnt am Beispiel der Goetherezeption Heinrich Heines zu einer vorsichtigen Bewertung der kommunikativen Absicht des Textes in Rezeptionsstudien.

Obwohl sich die Aufsätze hauptsächlich an Kenner und Spezialisten richten (z. B. werden deutsche Zitate nicht übersetzt), sind sie stilistisch leicht zugänglich. Die Herausgeber haben an mehreren Stellen – und wohl mit Absicht – den mündlichen Gestus des Vortragstextes belassen, was eher einladend als störend wirkt. Und wenn zum Schluß Reed schreibt, „I leave you with those questions, to which I don't know the answers", dann heißt das auch, daß das Gespräch über Goethe sich fortsetzt.

Meredith Lee

Goethe in German-Jewish Culture. Ed. by Klaus L. Berghahn and Jost Hermand. Rochester, NY 2001, 190 S.

Das Thema „Die Juden und Goethe" ist ebenso wie die umgekehrte Beziehungsgeschichte – so scheint es auf den ersten Blick – im wesentlichen erforscht und bewertet. Entscheidenden Anteil daran hatten seit Beginn der 80er Jahre vor allem die Arbeiten Wilfried Barners. Doch auch er äußerte berechtigte Zweifel an der Themenstellung, hatte Bedenken gegen das Isolieren des Integrierten und zugleich Scheu vor dem Mißverstandenwerden. Wenn Barner am Ende seiner Studie *Von Rahel Varnhagen bis Friedrich Gundolf. Juden als deutsche Goethe-Verehrer* (Wolfenbüttel 1992) die prinzipiellen Ausprägungen der Goethe-Rezeption deutscher Juden zusammenfaßte, dann tat er das im Bewußtsein der Identitätsproblematik mit spürbarer Vorsicht: „Gibt es", so seine Frage, „in dieser wechselvollen, oft verzweifelt widersprüchlichen Geschichte identifizierbar Jüdisches?" Ganz offenkundig gebe es nicht nur „den sozusagen ‚proportionalen' Anteil der Juden an der Goethe-Verehrung in Deutschland", mit den charakteristischen Grundmotiven wie dem Seelenfreund, dem Dichterfürsten, dem Zusammenschließenden, dem Antipoden zu Schiller, dem nach und nach kanonisierten Nationalautor, dem Dichter des Faustischen etc., sondern in all dem „auch Momente spezifisch jüdischer Betroffenheit".

Von dieser „Betroffenheit" beeinflußt waren auch die Diskussionen einer Konferenz an der University of Wisconsin-Madison im Jubiläumsjahr 1999, deren Ergebnisse in einem Sammelband unter dem Titel *Goethe in German-Jewish Culture* vorliegen. Das Ziel dieser Essaysammlung sei, so heißt es im Vorwort der Herausgeber, die Auseinandersetzung mit der These vom universalen Antisemitismus in Deutschland auf Goethe und seine Wirkungsgeschichte zu „focussieren". Vor dem Hintergrund der Merkwürdigkeit, daß der größte Dichter Deutschlands sowohl von Hitler als auch von dem jüdischen Historiker Léon Poliakov zum Judenfeind erklärt worden sei, müsse die „Goethe-Problematik" in einen größeren historischen Kontext eingeordnet werden. Die Anstrengungen zur Systematisierung dokumentieren sich in folgendem Gliederungsversuch: I. *Goethe und die Juden* (Klaus L. Berghahn, Ehrhard Bahr), II. *Goethe-Kult und Kritik während des 19. Jahrhunderts* (Barbara Hahn, Jost Hermand), III. *Goethe-Philologie und jüdische Identität* (Christoph König, Robert C. Holub u. a.), IV. *Goethe im Exil und seine Rückkehr* (W. Daniel Wilson, Karla L. Schultz u. a.).

Wie häufig bei Sammelbänden ist auch hier das Problem, daß Chronologie und Systematik nicht immer zusammenpassen. So reicht der Spannungsbogen vom wohlwollenden Versuch Klaus L. Berghahns, den *Faust*-Dichter im Kontext der Toleranzdiskussion des 18. Jahrhunderts zu begreifen, bis zur radikalen Kritik W. Daniel Wilsons am „modernen" antijüdischen „Ordnungsdenken" des Weimarer Ministers. Breiten Raum in Berghahns Darstellung nimmt seine Auseinandersetzung mit Poliakovs *Geschichte des Antisemitismus* ein, in der das Goethe-Bild einseitig negativ formuliert ist. Berghahn empfindet es an sich schon mißlich, Literatur und Leben zu vermischen – wie es am Beispiel der Deutung bestimmter Passagen von *Wilhelm Meisters Wanderjahren* geschehen sei. Von der Fiktion schließe Poliakov auf die gelebte Wirklichkeit: „Er macht sich gar nicht erst die Mühe, es durch weitere Nachforschungen zu beweisen. Eine Stelle aus Goethes Werken genügt ihm; denn er meint genau zu wissen, wer ein Antisemit ist. Goethe war einer". Wie im Fall von Herder, Kant oder Fichte lasse sich auch bei Goethe der unfruchtbare Streit, ob er pro- oder antijüdisch eingestellt sei, nicht dadurch entscheiden, daß man sich eine Anzahl passender Zitate zusammensuche, um dieses oder jenes Urteil zu stützen. Goethes Verhältnis zu den Juden sei, so Berghahn, authentischer durch die Analyse autobiographischer „Kindheitsmuster" zu erklären. Es gehöre zum Stil von Goethes Autobiographie, daß er vor allem beobachte, beschreibe und schildere, kaum jedoch analysiere oder psychologisiere. Das sich erinnernde Ich begegne der Welt, sehe und höre seine Umgebung und setze sich beschreibend mit ihr auseinander – so auch an der bekannten Stelle über das Frankfurter Ghetto, die auf den ersten Blick keineswegs judenfeindlich wirke. Das jüdische Ghetto sei für Goethe aus der Erinnerung in erster Linie ein ästhetisches Erlebnis. Er nehme es mit allen Sinnen wahr und sei entsetzt über so viel Schmutz, Gewimmel, Unverständlichkeit, die seinem Harmoniebedürfnis widersprächen. Goethes Scheu vor dem Fremden und Rätselhaften schlage um in Abscheu vor den Juden, ohne sie zu verurteilen. Die anschließende Selbstreflexion korrigiere die Erinnerung und die judenfeindlichen Regungen. Goethes „Kunststück" bestehe in der Annäherung an das Fremde, ohne es assimilieren oder integrieren zu müssen. Deshalb könne man weder von „Antisemitismus" noch von „Rassismus" sprechen, sondern lediglich von einer „Indifferenz", die typisch für viele seiner Zeitgenossen gewesen sei.

Für W. Daniel Wilson, der sich mit Goethes Haltung zur Judenemanzipation und entsprechenden jüdischen Reaktionen auseinandersetzt, ist die Bezeichnung „Indifferenz" zu wohlwollend. Goethes spöttischer Begriff „Humanitätssalbader" sei zum Beispiel ein bemerkenswerter Hinweis auf die Grenzen der gepriesenen Humanitätsidee des Dichters, wenn es um menschenrechtliche Fragen ging. Wichtig sei jedoch auch der politische Aspekt – denn dadurch, daß Goethe Israel Jacobsohn witzig den „Jacobinischen Israels Sohn" nenne, mache er mit einem Schlag deutlich, daß er die Emanzipationsbestrebungen der Söhne Israels als „Politikum" sehe, als Ergebnis der von den Jakobinern vorangetriebenen Französischen Revolution, deren Verpflanzung nach Deutschland er kategorisch abgelehnt habe: „Goethe assozierte die jüdische Emanzipation offensichtlich mit Radikalismus". Vor diesem Hintergrund sei es erstaunlich, daß auch bei den jüdischen Goethe-Biographen des späten 19. und des frühen 20. Jahrhunderts (mit relativer Ausnahme Ludwig Geigers) in der Regel keine nennenswerte Erwähnung der „Judenproblematik" und nur eine skizzenhafte Darstellung der amtlichen Tätigkeit Goethes zu finden sei. Erst in späteren, von Exilerfahrungen und dem Holocaust-Erlebnis geprägten Arbeiten (so bei Richard Friedenthal oder Hans Mayer) seien Kritik deutlich artikuliert und Widersprüche betont worden. Goethes Haltung zur Judenemanzipation, schlußfolgert Wilson, zeige ihn nicht von seiner besten Seite, sie repräsentiere aber wichtige, wenngleich rückständige und eher veraltete Tendenzen der Zeit. Zudem entstamme sie nicht nur einer Verachtung der Juden als Gruppe, sondern auch dem politischen Prinzip der Abwehr gegen die neuen demokratischen Strömungen. In diesen Fragen sei Goethe im 19. Jahrhundert kein Vorbild für liberal und aufklärerisch gesinnte Menschen gewesen und könne es noch weniger in der heutigen Zeit sein.

Innerhalb des Spannungsbogens der im Sammelband dokumentierten Thesen bleibt mit Ausnahme von einigen Beiträgen über Goethe-Kult und -Kritik im 19. Jahrhundert (so Jost Hermand über das Verhältnis von Heine zu Goethe oder Robert C. Holub über Goethe, Freud und jüdische Assimilation) das im Titel angesprochene Beziehungsfeld einer „deutsch-jüdischen Kultur" weitgehend ohne Konturen. Immerhin kann Jost Hermand folgendes verdeutlichen: Vielleicht war das Goethe-Jahr 1999 besser als manches andere, frühere deutsche Jubiläum geeignet, Heines literarische Beziehung zum Weimarer Olympier von akademischen Routine-Zuschreibungen zu befreien. Die traditionellen ästhetischen und psychologischen Formeln können durchaus, wenn auch auf ausgetretenen Pfaden die eine oder andere vergleichende Neulektüre beider Autoren anregen – sie werfen jedoch mehr Fragen auf, als sie zu beantworten vermögen. Der Standard des Problemwissens, das für alle Betrachtungen auch älterer deutsch-jüdischer Kulturbeziehungen abrufbar ist, scheint für die erschöpfende Behandlung in einem Sammelband einfach zu hoch.

Aber läßt sich überhaupt Substantielles aussagen über „Jüdisches" in der deutschen Bildungsgeschichte, ohne genaue Unterscheidung nach den „Frommen der alten Schule" (Gershom Scholem), nach Reformjuden und „Revisionisten", nach solchen, die sich (wie Rahel Levin oder Ludwig Börne) taufen ließen – und jenen, die in ihrer Kindheit nicht einmal mehr wußten, daß sie jüdischer Herkunft waren? Allerdings macht die Essaysammlung deutlich, daß Goethes Begegnung mit Juden und Judentum heute nicht mehr interpretiert werden kann ohne die Einbeziehung der jüngeren Geschichte, wie sie sich zwischen Juden und Deutschen ereignet hat. Auch wenn sie nicht in jedem Beitrag explizit angesprochen wird, ist sie doch auf unterschiedliche Weise immer präsent.

Willi Jasper

Hans Blumenberg: ***Goethe zum Beispiel.*** In Verbindung mit Manfred Sommer hrsg. vom Hans Blumenberg-Archiv. Frankfurt am Main und Leipzig 1999, 245 S.

Hans Blumenbergs umfangreiches Werk gibt nicht immer leicht zu erkennen, wo der Autor steht. Dennoch ist kaum strittig, daß der 1996 verstorbene Blumenberg seit seinen *Paradigmen zu einer Metaphorologie* und der *Legitimität der Neuzeit* nicht nur Wissenschaftshistoriker war, sondern auch eine eigene Philosophie entwickelte, besser gesagt: die philosophische Überzeugung vertrat, daß „humane Selbstbehauptung" trotz geschichtlicher Hypotheken wie Mythos, theologische Absolutismen und philosophische „Wahrheitsmetaphorik" möglich ist. Das Philosophieren zielt nach Blumenberg weniger auf die Ausarbeitung eines „Systems" als vielmehr auf eine Praxis humaner Selbstbehauptung des Autors. Dieser personenzentrierte, praktische Philosophiebegriff versteht sich als „phänomenologische" Orientierung nach Nietzsche, Husserl und Cassirer. Blumenbergs weite, die neuzeitliche Philosophie- und Wissenschaftsgeschichte zusammenführende Sichtweise resultiert aus der – heute philosophisch wenig selbstverständlichen – Einsicht, daß sich ein individueller Lebenssinn nur metaphysikgeschichtlich situieren läßt. Blumenberg entfaltet seine Metaphysik radikal traditionskritisch als „Metaphorologie"; er schwächt die überlieferten Wahrheitsansprüche philosophischer Metaphysik, Denken und Dichten annähernd, ab, ohne die Überzeugung, daß philosophische Gesamtdeutungen für die Praxis unverzichtbar sind, preiszugeben.

Ein letztes, eindrückliches Mal erfolgt dies in seinen nachgelassenen Aufzeichnungen zu einem Goethe-Buch, das im Goethe-Jahr 1999 veröffentlicht wurde. Die editorische Notiz ist knapp. Man erfährt wenig über den Gesamtplan und Ausarbeitungsstand des Werkes. Es kennzeichnet jedoch Blumenbergs aphoristisch-anekdotisches Philosophieren, das Gesamtvorhaben im Detail anzudeuten, ohne etwas direkt auszusprechen. Wer diesen Stil schätzt, jene philosophische Reserve gegen begriffliche Festlegungen respektiert, die Begriffe erneut Entstehungskontexten zurückgibt (vgl. dazu Blumenberg: *Begriffe in Geschichten.* Frankfurt a. M. 1998), wird kaum etwas vermissen. Der fragmentarische Charakter gehört zur Form, die nicht auf Vollendung im Sinne definitiver Beantwortung einer einfachen Frage angelegt ist. Die Reihenfolge der über 50 – teils in den 80er Jahren schon publizierten – mit Überschriften versehenen Texte wurde noch vom Autor selbst festgelegt. Die zentrale Aussage und der Gedankengang des Ganzen sind deutlich. Ein Passus formuliert die Absicht besonders prägnant:

> Der Rückblick auf Goethe über anderthalb Jahrhunderte hinweg sucht, was dieser den Generationen seither bedeutet haben kann, an der Gewißheit von einer Existenz, die unter Bedingungen der Welt den Anspruch von jedermann auf Lebenssinn verwirklicht, dessen Möglichkeit dem zögernden Vertrauen jederzeit dargestellt hätte. Keinen Helden also, keine Figur mit Aureole, keinen Führer und kein Leitbild, keinen Bildungsheros und keine Ikone, sondern einen Namen für eine „Fallstudie", in der der Frage nachgegangen werden kann, was wir mit dem Zweifel meinen, ob Leben und Sinn aufeinander beziehbare Begriffe überhaupt sein können. (S. 224)

Der Zweifel an der möglichen Deckung von Leben und Sinn geschieht im Rückblick. Blumenberg bestimmt den wirkungsgeschichtlichen Abstand einerseits direkt über Goethes Suche nach Sinn, andererseits über die spätere Rezeption. Glücklich gewählt ist die Form aphoristischer Auslegung anekdotischer Aussprachen des Verhältnisses von „Leben" und „Sinn". Dieses unvollendete Werk ist ein gelungener Beitrag zu einem Goethe-Jubiläum, das den Abstand zu Goethe ermißt, ohne einen Helden stürzen zu wollen. Blumenberg beginnt mit Goethes Abstand zum Christentum (Werther – ein Opfertod?; Eckermann liest in der Bibel) und diskutiert dann den Abstand zum „Goethejahr 1932" beispielsweise im Verhältnis zu Valéry (*Mon Faust* in Erfurt). Er durchsetzt seine Notate mit theoretischen Exkursen, die Philologie gegen Hermeneutik ausspielen, den „Primat der Wirkungsgeschichte vor der Bewirkungsgeschichte" (S. 43) anzweifeln und die „Metapherngeschichte" als einen Zugang zur Erkundung des hermeneutischen Abstands empfehlen. Charakteristisch ist etwa das Kapitel *Die Schneebrücke.* Darin heißt es zunächst: „Goethe vermutet einen Leser, der zur Wahrnehmung von Bedeutsamkeit nicht gezwungen sein will" (S. 39). Blumenberg zitiert nun Goethes autobiographische Erinnerung des Passierens einer „Schneebrücke beim Aufstieg am Gotthard" und merkt an: „Der junge Goethe konnte noch nicht wissen, welche Bedeutung im Lauf seines Lebens Unterhöhlung und Unsicherheit des Bodens als Bild unheimlicher Gefährdung der Existenz annehmen sollte". Weiter zitiert er Goethes Ahnung der Bedeutsamkeit und schließt: „Das Bild hat ihn getroffen. Aber er weiß noch nicht, was es ihm bedeuten wird. Und der Greis, der dies schreibt, zwingt seinen Leser nicht, die ominöse Bedeutsamkeit des Bildes aufzufassen" (S. 40).

Auch Blumenberg tut dies wenig direkt. An Heine, Fontane und Thomas Mann spiegelt er den Abstand. Dabei ist ihm Manns „Selbstentmystifizierung" (S. 92), die ironische Distanz zur eigenen Goethe-Imitatio, ein Vorbild, wie er überhaupt Manns Methodik von *Lotte in Weimar* zu folgen scheint, die Annäherung an die inkommensurable Individualität über deren Wirkung auf die Mitwelt zu suchen. An „Goethes Sterblichkeit" (S. 102), seinem „Auraverlust" schon bei den jüngeren Zeitgenossen, entwickelt Blumenberg das Scheitern von Goethes pädagogischen Versuchen, ein „Menschenbildner" zu sein. Blumenberg zeigt dies vor allem in einem längeren Beitrag (S. 112 ff.) zu Schopenhauers philosophischer Aneignung und „physiologischer Zuspitzung" der Farbenlehre, aber auch am Verhältnis zu Lili Schönemann (S. 139 ff.) und – immer wieder – Ulrike von Levetzow (S. 109, 196 ff., 210 f.). Er endet mit Notaten zu Goethes Gegenbewegung wider die „Erniedrigung des Sinnanspruchs an die Welt" (S. 164): mit der „Lesbarmachung" (S. 189) noch des Vulkanischen und der Vollendung des eigenen Lebens im Schreiben (S. 177 ff.). Den Zumutungen des „Zeitgeistes" entsagend, wählte Goethe den „finalen Gestus" der „Vollendungen und Abschlüsse" (S. 229 f.) eigener Werke. Blumenberg diskutiert dies in mehreren Anläufen am *Faust* als Verkörperung der „Legitimität der Neuzeit" (S. 182). Ähnlich wie Thomas Mann sieht er im Menschenbildner den „großen Menschenverbraucher" (S. 236), der „gerade noch im Angesicht des Todes zurechtkam". Er stimmt Nietzsche zu (S. 221), den „Zugang zu Goethe" über Eckermanns *Gespräche* zu suchen. Von Nietzsche stammt auch der Titel (S. 83): Nietzsche nannte Goethe ein Beispiel für Selbstdistanz als „Hauptmittel" der Lebenskunst. Blumenberg exemplifiziert Goethes stetes Bemühen um eine Annäherung von „Leben und Sinn" in vielen anekdotischen Anläufen. Seine Notate sind ein philosophisches Brevier, kein „PocketHomer" für Suizidenten, wie ihn Friedrich August Wolf der Werther-Generation empfahl (S. 44). Goethe ist hier kein Held, Führer oder Leitbild, aber erneut ein Klassiker, ein Beispiel für individuelle Lebenskunst. Wem dies zu Goethe nichts Neues sagt, der kann damit immer noch seinen Zugang zu Blumenbergs Philosophie finden. – Auch das ist nicht wenig.

Reinhard Mehring

Sylke Kaufmann/Dieter Kaufmann: ***Goethe, der Thüringisch-Sächsische Verein und die Entwicklung der Altertumskunde in den Jahrzehnten nach 1800.*** Langenweißbach 2001, 341 S. u. 16 Tafeln.

Ausgangspunkt der Studie ist die Entwicklung der Altertumskunde in den Jahrzehnten nach 1800, wobei sich die Verfasser auf das Wirken des „Thüringisch-Sächsischen Vereins für Erforschung des vaterländischen Alterthums und Erhaltung seiner Denkmale" konzentrieren. Als einem der ältesten und bedeutendsten deutschen Altertumsvereine kommt diesem 1819 gegründeten Verein bei der Konstituierung der Altertumskunde als Wissenschaft im Verlauf des 19. Jahrhunderts eine Schlüsselstellung zu. Anliegen der Verfasser ist es, entgegen der bisher vertretenen Auffassungen z. B. von Herbert Kühn (*Geschichte der Vorgeschichtsforschung in Deutschland*, Berlin/New York 1976) und Ernst Wahle (*Der Prähistoriker*, in: Mitteilungen der Anthropologischen Gesellschaft in Wien, Bd. C, 1970, S. 129–137) nachzuweisen, daß die Altertumskunde nicht erst um 1850, sondern bereits „in den Jahrzehnten nach 1800 eine neue Qualität" erreichte, sie sich zur „selbständigen und anerkannten Wissenschaft" entwickelte, indem „die Grundlagen für eine sich in der zweiten Hälfte des 19. Jahrhunderts vollziehende Institutionalisierung und universitäre Anbindung gelegt" wurden (S. 36). In dieser ersten Phase ging es vor allem darum, altertumskundliche Objekte aufzufinden, effektive Grabungs- und Bewertungsmethoden zu entwickeln sowie die

Fundstücke zu sammeln und möglichst übersichtlich zu präsentieren. So konzentrieren sich die Verfasser darauf, das „Beziehungsgeflecht altertumskundlich Interessierter" zu untersuchen und „Indizien für das Eindringen archäologischer Probleme und Aspekte in das öffentliche Bewußtsein" (S. 5) zu finden.

In den ersten beiden Kapiteln werden Grundzüge der Entwicklung der Altertumskunde von den Anfängen bis ins ausgehende 19. Jahrhundert (S. 1–79) dargelegt, die es ermöglichen, die im dritten Kapitel behandelten Fragen der Geschichte des Thüringisch-Sächsischen Vereins (S. 80–105) historisch zu orten. Dabei legen die Verfasser einen der Frühphase entsprechenden „erweiterten Altertumsbegriff" zugrunde, der jegliche „Beschäftigung mit Fakten und Zeugnissen der ‚nationalen Vergangenheit'" bis hin zu prähistorischen Fundstücken einschließt (vgl. S. 7). Im Untersuchungszeitraum erweist sich die Sensibilisierung des öffentlichen Bewußtseins für altertumskundliche Fragen als besonders relevant, da sich die Beschäftigung mit den Zeugnissen nationaler Geschichte gegenüber der bis dahin verabsolutierten Klassischen Archäologie und Philologie emanzipieren mußte (vgl. S. 7). Politisch befördert wurde dieser Prozeß von der sich nach 1806 formierenden antinapoleonischen Befreiungsbewegung, der sich auf künstlerischem Gebiet vor allem die Romantiker verpflichtet fühlten (vgl. S. 15 ff.).

Vor diesem Hintergrund wird Goethes kulturpolitisches, wissenschaftliches und schriftstellerisches Wirken auf altertumskundlichem Gebiet erstmals einer systematischen und interdisziplinären Untersuchung unterzogen (archäologischer, germanistischer sowie kunst- und kulturgeschichtlicher Aspekt). Anders als Leonhard Franz in *Goethe und die Urzeit* (Innsbruck 1949) bestätigen die Verfasser Goethe ein eigenständiges, und nicht nur von außen an ihn herangetragenes Interesse an altertumskundlichen Fragen sowie eigenständige wissenschaftliche Forschungstätigkeit (vgl. S. 277 ff.). Auf kulturpolitischem Gebiet erweist er sich deutschlandweit als wichtige Integrationsfigur. Hinsichtlich nationaler und nationalistischer Verzerrungen altertumskundlicher Forschungsergebnisse wirkten die in Sachsen-Weimar vertretenen aufklärerisch-humanistischen Positionen nachdrücklich relativierend (vgl. S. 303 ff). Dementsprechend wird Goethes Ernennung zum Ehrenmitglied des Thüringisch-Sächsischen Vereins am 18. Oktober 1828 nicht als eine Inanspruchnahme seiner herausragenden gesellschaftlichen Stellung zu Repräsentationszwecken dieses Vereins gewertet, sondern ausdrücklich als tatsächliche Würdigung seines breiten Engagements für altertumskundliche Belange (S. 303).

Goethes Interesse an mittelalterlichen Kunst- und Kulturdenkmälern setzte nach 1810 unter dem Einfluß des Kölner Kunstsammlers Sulpiz Boisserée ein. Allmählich weicht die jahrzehntelang geübte Fixierung auf aus antiken Werken gewonnene ästhetische Normen einer historisierenden Sichtweise, in deren Gefolge jedes Kunstwerk als Ausdruck seiner Entstehungsepoche betrachtet wird (vgl. S. 211). Goethe läßt mittelalterliches und vorzeitliches Kulturgut zunehmend als Dokumente nationaler Geschichte gelten. Obgleich sein Verhältnis zu solch frühen Kulturdokumenten letztlich ambivalent bleibt – nach seiner Auffassung bedarf der ohnehin durch Leidenschaften und Schicksale verdüsterte Mensch der Aufhellung durch lichte Epochen (vgl. S. 211) –, setzte um 1810 bis in die 20er Jahre eine viel stärkere Beschäftigung mit altertumskundlichen Fragen ein als gemeinhin vermutet wird. So machte Goethe in seiner Zeitschrift *Ueber Kunst und Alterthum* auf relevantes Sammlungsgut aufmerksam und propagierte deutschlandweit wichtige Grundsätze zur Sammlung einheimischen Kulturgutes (Zentralisation, Zusammenhalten privater Sammlungen nach dem Tod des Besitzers, Befürwortung staatlicher Maßnahmen usw.; vgl. S. 227 ff.). Dabei stützte er sich nicht nur auf die Erfahrungen der Gebrüder Boisserée, sondern vor allem auf seinen eigenen reichen Erfahrungsschatz als Verantwortlicher für die naturwissenschaftlichen und kulturgeschichtlichen Sammlungen Carl Augusts in Weimar und an der Jenaer Universität. Hier verfolgte Goethe im Rahmen begrenzter finanzieller Mittel das Konzept einer zielstrebigen, planmäßigen und das Vorhandene komplettierenden Sammlungspolitik, wobei die Exzeptionalität der einzelnen Exponate hinter der Gesamtaussage zurücktrat. Auf diese Weise gelang es ihm, Objekte der Altertumskunde in die vorhandenen, staatlich getragenen Sammlungen zu integrieren und im Rahmen eines humanistisch-aufklärerischen Konzeptes nutzbar zu machen (vgl. S. 249 f.). Mit diesen kulturpolitischen Aktivitäten etablierte sich Goethe als Ansprechpartner für altertumskundliche Fragen und gab Anregungen für Sammlungstätigkeit sowie Museumsgründungen in ganz Deutschland (z. B. 1820 im Umfeld der Gründung des Berliner Museums; vgl. S. 229).

Schon 1809 setzte mit dem Köstritzer Bronzefund Goethes intensive Beschäftigung mit der Ur- und Frühgeschichte ein, die sich später unter dem Einfluß der mediävistischen Veröffentlichungen von

Johann Gustav Gottlieb Büsching und Karl Ernst von der Hagen auch auf mittelalterliche Sprachkunstwerke (z. B. das *Hildebrandslied*; vgl. S. 232) erstreckte. Nachdem Goethe 1819 zum Ehrenmitglied der Gesellschaft für ältere deutsche Geschichtskunde ernannt und um Mitarbeit an deren Edition *Monumenta Germaniae Historica* gebeten wurde, publizierte er – obgleich im Bewußtsein, kein Fachmann zu sein – Artikel und kommentierte Übersetzungen der wichtigsten mittelalterlichen Handschriften aus den Weimarer und Jenaer Archiven (z. B. der Jenaer Liederhandschrift; vgl. S. 234), um sie Fachkreisen und einem breiteren interessierten Publikum zugänglich zu machen.

Goethes anatomische und geologisch-mineralogische Studien führten fast zwangsläufig zu näherer Kenntnisnahme altertumskundlicher Fragen, dies insbesondere im Zusammenhang mit praktischer Ausgrabungstätigkeit in Sachsen-Weimar-Eisenach etwa beim Romstädter Grabhügel u. a. In einer Zeit, in der die Grundlagen einer neuen chronologischen Einordnung des Menschengeschlechts gelegt wurden, vertrat Goethe die Vorstellung von einer Kälteperiode und der Existenz des eiszeitlichen Menschen. Er zeigte sich damit auf der Höhe des wissenschaftlichen Erkenntnisstandes und vertrat fortschrittliche Positionen (vgl. S. 239). Mit seinen Aufsätzen über fossile Knochenfunde hat Goethe zur Entwicklung der methodischen Grundlagen der prähistorischen Archäologie beigetragen (vgl. S. 247). Seine genaue Kenntnis des altertumskundlichen Forschungsstandes verdankte er nicht zuletzt seinen intensiven Briefkontakten zu den führenden Altertumsforschern Büsching und Wilhelm Dorow. Daß die Altertumskunde letztlich doch nicht zu den von Goethe bevorzugten Wissenschaften avancierte, lag an der geringen Zuverlässigkeit der Resultate, zu der sie in ihrer von Goethe erlebten Frühphase gelangen konnte (vgl. S. 273 ff.).

Von besonderem Interesse für die Goetheforschung ist darüber hinaus das Kapitel zu den personellen Strukturen und inhaltlichen Prämissen altertumskundlicher Aktivitäten im Herzogtum/Großherzogtum Sachsen-Weimar-Eisenach (S. 106–207). Auch hier gelingen den Verfassern auf außerordentlich breiter Materialgrundlage eine Reihe wichtiger Neubewertungen. So kann – wiederum im Unterschied zu Leonhard Franz – gezeigt werden, daß Goethes Schwager Christian August Vulpius und nicht Goethe als „Wegbereiter und Motor der Altertumskunde in Sachsen-Weimar-Eisenach“ (S. 118) gelten darf. Vulpius war eine bekannte und anerkannte Größe unter den führenden Altertumsforschern, zu denen er vielfältige Kontakte unterhielt (vgl. S. 139 ff.). In drei von ihm herausgegebenen periodischen Publikationen veröffentlichte er über Jahrzehnte altertumskundliche Artikel, die sich durch ein hohes fachliches Niveau und eine aufgeklärte Grundhaltung auszeichneten (wissenschaftliche Wertungen werden religiösen Positionen nicht mehr untergeordnet, die Christianisierung wird kritischer Prüfung unterzogen usw.; vgl. S. 121 ff.). Vulpius machte seine Zeitschriften zum Medium öffentlicher Fachdiskussion. Vor Ort leitete er zahlreiche Ausgrabungen im gesamten Herzogtum. Auf Dienstreisen im Auftrag Herzog Carl Augusts und Carl Friedrichs durchsuchte er das Land nach altertumskundlich relevanten Objekten und leitete oftmals deren Sicherstellung und Erhaltung ein. Er erwies sich als weitsichtiger Denkmalspfleger, der z. B. das zeitgenössische Verdikt gegen barocke Kulturschätze nicht mittrug (vgl. S. 193 ff.) und der übereinstimmend mit Goethe die Verantwortung des Staates für nationale Kulturdenkmäler propagierte. So forderte er den Landeskonservator – zwanzig Jahre bevor in Preußen erstmals eine solche Stelle geschaffen wurde (vgl. S. 193).

Darüber hinaus konnten die Verfasser durch breite Auswertung unveröffentlichten Quellenmaterials bei Carl August, mehr noch bei Carl Friedrich, ein ausgeprägtes Interesse an und Verständnis für altertumskundliche Belange nachweisen. Besonders letzterer arbeitete vielfach mit Vulpius zusammen und finanzierte immer wieder Ausgrabungen und Sicherungen alten Kulturgutes aus seiner Privatschatulle. Sein ausgeprägtes altertumskundliches Interesse gibt Carl Friedrich individuelle Kontur und trägt dazu bei, ihn aus der Umklammerung durch Vater und Gattin zu befreien (vgl. S. 158). Auch Vulpius tritt aus Goethes Schatten heraus, der ihn – wie überzeugend belegt wird – keineswegs als Subalternen abgetan, sondern als wissenschaftlichen Gesprächspartner und erfahrenen Praktiker geschätzt hat. Insgesamt legt die ausgewertete Vulpius-Korrespondenz nahe, daß in Sachsen-Weimar-Eisenach die Sicherung alter Sachzeugen eher als in anderen Fürstentümern erfolgte, da hier alle Regierungs- und Verwaltungsebenen vom Landesherren über Goethes Oberaufsicht bis hin zu Vulpius höchst produktiv zusammenwirkten (vgl. S. 191 f.).

Insgesamt belegt die gründliche und gut geschriebene Studie, wie das scheinbar entlegene Gebiet der Weimarer Altertumskunde mit dem „Betonen reiner Wissenschaftlichkeit vom Geist der Klassik geprägt und einem aufgeklärt-humanistischen, kosmopolitischen Ethos verpflichtet" (S. 303) war. Das Herzogtum Sachsen-Weimar-Eisenach erweist sich als Kleinstaat, in dem trotz beschränkter Mittel eine bewußte und weitsichtige Kulturpolitik betrieben wurde.

Angelika Reimann

Angelika Reimann: *„Zwischen Pflicht und Neigung". Johann Wolfgang von Goethe im Herzogtum Sachsen-Weimar.* Bucha bei Jena 1999, 446 S.

Es handelt sich bei dem Buch von Angelika Reimann *„Zwischen Pflicht und Neigung". Johann Wolfgang von Goethe im Herzogtum Sachsen-Weimar* um ein biographisches Werk im strengen Sinne des Wortes, d. h., es ist vom Leben des Menschen Goethe die Rede, vom beruflichen Alltag mit seinen Pflichten, Arbeiten, Erfolgen und Enttäuschungen, von der Beziehung zu seinem Fürsten, seinen Kollegen und Mitarbeitern und zu jenen Frauen, die er liebte. Von seinen Dichtungen ist fast gar nicht die Rede. Geht das? Kann man ein biographisches Werk über Goethe schreiben, ohne über seine Dichtung zu reden? Man kann. Voraussetzung allerdings ist, daß man den Dichter Goethe, das heißt seine Werke, gründlich kennt. Und Angelika Reimann kennt die Werke Goethes. Aber sie kennt diese Werke nicht nur, sie hat in diesen Werken die Menschlichkeit Goethes auf eine schöne und tiefe Weise erfahren. Und diese Menschlichkeit nun entdeckt sie im Berufs- und im Privatleben Goethes wieder.

Poesie ist, wenn nicht Ausdruck der Wahrheit, so doch ganz gewiß Ausdruck der Wahrhaftigkeit. Wenn man die Menschlichkeit Goethes nicht in seinen Werken erkennt, verhelfen auch die sorgfältigsten Archivstudien nicht dazu, zum Kern dieser Person vorzudringen. Angelika Reimanns Buch zeigt uns nun, wie sich die Menschlichkeit Goethes, wie sie sie in seinem literarischen Werk erfahren hat, in seinem Leben ausprägt. Das schöne Ergebnis dieser Bemühungen ist die Erkenntnis der Einheit von Leben und Werk dieses Menschen und Dichters.

Von Kapitel zu Kapitel wächst das Staunen und die Freude an dem Leben einer Person, die sich gleichermaßen der Wahrheit wie jedem konkreten Menschen in seiner Lebenssphäre mit höchster Gewissenhaftigkeit und Sorgfalt widmet. Das gilt nicht zuletzt für den Beamten Goethe, der auf all den vielfältigen Feldern seiner Tätigkeit, gegen hunderterlei Widerstände verkrusteter Traditionen, korrupter Personen, der Verschwendungssucht des Fürsten, der prekären Finanzlage des kleinen Herzogtums auf seinem Sinne beharrt, ohne je von dem Ziel – nämlich der Verbesserung der Lage des Landes und seiner Bewohner – abzuweichen.

Am Ende des Kapitels über die Beamtenlaufbahn Goethes von 1776 bis 1786 stellt man sich unwillkürlich die Frage: Wann in der uns bekannten Geistesgeschichte hat je ein Dichter dieses Ranges sein Werk zehn Jahre lang dem Dienst an der Gemeinschaft aufgeopfert? Wenn es denn einer Begründung bedürfte, vor dem Menschen Goethe Achtung zu haben, so reicht die Lektüre dieses Kapitels vollkommen aus.

Wir kommen in diesem Buch dem Menschen Goethe nicht nur wegen seines Strebens, Gutes zu tun, näher, sondern auch deshalb, weil es uns den leidenden Goethe nahebringt, der mit Enttäuschungen, Fehlern, Fehlentwicklungen, ja Verzweiflungen sein Leben lang zu kämpfen hatte, die für diesen übersensiblen Menschen sehr viel schwerer zu ertragen waren, als der gröber Gebaute es sich vorzustellen vermag. Und da ist es beeindruckend zu sehen, wie sich Goethe immer wieder aufrafft, sich sammelt und der „Forderung des Tages" Genüge tut. Auch seine Freundschaften, wie die mit Carl August, seine Lieben, wie die mit Charlotte von Stein und Christiane, sind durchsetzt mit Leiden und schmerzlichen Verzichten. Auch sie gelingen diesem Menschen, der stets das Vollkommene erstrebte, nur bruchstückhaft. Und ebendies macht ihn leiden.

Wie im Leben, so erstrebte er in der Kunst das Vollkommene. Angelika Reimann zeigt das an der Theaterarbeit Goethes, die sich in die Perioden des Liebhabertheaters und des Hoftheaters aufteilt. Diese Arbeit hat Theatergeschichte gemacht und fand gleichwohl für Goethe ein demütigendes Ende.

Selbst die Freundschaft mit Schiller hob seine Einsamkeit nicht auf. Hat ihn in seiner Zeit wirklich irgend jemand in seinem menschlichen und künstlerischen Streben verstanden? Und steht diese Frage nicht auch noch in unserer Zeit im Raum? Sicher scheint mir, daß das Verständnis der Werke Goethes durch das Verständnis seines Strebens und Leidens vertieft wird. Und dazu leistet dieses Buch einen schönen und wichtigen Beitrag.

Michael Engelhard

Ekkehart Krippendorff: *Jefferson und Goethe.* Hamburg 2001, 212 S.

Angeregt durch die Doppelbiographien Plutarchs gibt die Europäische Verlagsanstalt eine Reihe von „Duographien" heraus, in denen sich Leben und Leistung zweier bedeutender Persönlichkeiten, die einen historischen oder biographischen Bezug zueinander haben, ineinander spiegeln. Ekkehart Krippendorffs *Jefferson und Goethe* fällt aus dieser Reihe. Der eine ist der Welt als Staatsmann, der andere als Dichter bekannt. Warum also dieser Vergleich?

Krippendorff ist Politikwissenschaftler. So vergleicht er die Politik des Staatsmanns Jefferson mit der Politik des „Geheimderats" Goethe im Herzogtum Sachsen-Weimar. Schon da ergeben sich, wie Krippendorff nachweist, eine Fülle von Parallelen. Die Vergleichbarkeit ihres politischen Wirkens geht auf einen Politik-Begriff zurück, der in einer ihre ganze Weltsicht bestimmenden Humanität gründet.

Aus diesen Gemeinsamkeiten ergeben sich nun weitere Parallelen, die zuweilen bis in Einzelheiten selbst ihrer privaten Biographie hineinreichen. Beide sind Zeitgenossen – Jefferson ist nur sechs Jahre älter als Goethe –, beide werden 82 Jahre alt, beide entstammen begüterten, angesehenen Familien, beide studieren Jura, beide übernehmen mit 26 Jahren politische Verantwortung. Dabei fühlen sich beide dem Ideal der griechischen Polis verpflichtet: Eigenverantwortlichkeit jedes Bürgers für sich und die Gemeinschaft, die sich nur dann voll entfalten kann, wenn die „Polis" eine bestimmte Größe nicht überschreitet, so daß die politischen Verhältnisse überschaubar und damit für den einzelnen mitbestimmbar bleiben. Es geht ihnen um die „freie Entfaltung der Persönlichkeit", die das Wirken für die Gemeinschaft einschließt. Mit anderen Worten: Es geht ihnen um eine humane politische Kultur.

Goethe wählte für sein politisches Wirken das kleine Weimar nicht zuletzt wegen dessen Kleinheit, weil er hier – im Sinne Justus Mösers – die Chance erkannte, wahren Bürgersinn zu wecken. Auch Thomas Jefferson hat stets in kleinen autonomen Gemeinschaften die Grundlage aller demokratischen Politik gesehen. Bis zu seinem Tode hat er gegen den Zentralstaat gekämpft, dessen Kompetenzen er auf die bloße „Administration" beschränken wollte.

Aber hier werden zugleich Unterschiede sichtbar: Goethe wirkte für die Gemeinschaft, weil er sich selbst als „zoon politikon" begriff, das, um zur umfassenden Entfaltung seiner Person zu gelangen, seine Kräfte notwendigerweise auch auf dem Feld der Politik üben und ausbilden mußte. Für Jefferson dagegen war sein welthistorisches politisches Wirken nur eine sittliche Pflicht, die er gegen seinen Willen, ja gegen seine Natur immer wieder und in den verschiedensten Staatsämtern auf sich nahm. Er selbst begriff sich als Gelehrten, als Staatsdenker, als Philosoph, als Farmer. Sein Lebensideal war, seinen Mitmenschen gesunde Nahrungsmittel zur Verfügung zu stellen und mit den klügsten Menschen seiner Zeit lebendigen Gedankenaustausch in allen Fragen, die den Menschen angehen, zu pflegen.

Und hier stehen wir vor einer weiteren und sehr bezeichnenden Gemeinsamkeit: Beide Männer gehören zu den großen Briefschreibern der Weltliteratur, wobei das Briefwerk Jeffersons das umfassende Briefwerk Goethes noch um viele tausend Briefe übertrifft. Die Korrespondenzen beider sind wahre Enzyklopädien ihrer Zeit. Das „zoon politikon" ist auf das Gespräch angewiesen, ja i s t – nach der grandiosen Formulierung Hölderlins – dieses Gespräch. Es gibt keine Frage der Zeit über das, „was der Mensch bedarf", die in diesen Korrespondenzen nicht bedacht, erörtert und beantwortet wird. Die exemplarische Humanität beider, die alles auf eine würdige Existenz des Menschen bezieht, erweist sich in diesen Korrespondenzen als die eigentliche Wurzel ihres politischen Wirkens. Und die Universalität beider, die in ihren Korrespondenzen zum Signum ihrer Größe wird, erweist sich als umfassender Ausdruck ihrer Verantwortung vor sich selbst und vor dem Menschen und allem, was ihn angeht, d. h. des Politischen im höchsten Sinne.

So ist z. B. für beide die Architektur nicht nur ein ästhetisches Phänomen, sondern das Gehäuse des Menschen, das seiner Würde zu entsprechen hat. Goethe hat einen entscheidenden Einfluß auf die klassizistische Architektur Weimars gehabt; Jefferson hat der gesamten klassizistischen Architektur Amerikas den Weg gewiesen. Es zeugt von der geistigen Brüderschaft beider, daß sie ein nahezu identisches Architektur-Ideal erstrebten, das Goethe vor dem Minerva-Tempel in Assisi und Jefferson vor der „maison quarrée" in Nîmes bewußt wurde. Wie sehr die Gedanken beider dabei in die gleiche Richtung gingen, wird an der Tatsache deutlich, daß sie darüber hinaus überzeugte Verehrer Palladios waren. Das Römische Haus in Weimar und das (ursprüngliche) Kapitol in Richmond sind, obwohl in der Dimension verschieden, aus gleichem Geiste geboren.

Ein humanes Verhältnis der Menschen zueinander aber setzt nach der Überzeugung beider ein richtiges Verhältnis zur Natur voraus, die sie als Offenbarung Gottes empfanden und verehrten. So ehrte ihre Seele die Natur – und ihr Geist versuchte, verstehend in diese einzudringen, um, „was sie uns offenbaren mag", zu erkennen. So sind die Briefe beider u. a. auch Lehrbücher und Musterbeispiele für den richtigen Umgang des Menschen mit der Natur, einer der vielen Aspekte der Modernität und Aktualität ihres Denkens. Und so sagt Krippendorff: „Von Jeffersons Wissenschaft führt kein Weg zur genmanipulierten Nahrungsmittelproduktion".

Ein besonderes Kapitel ist dem Jahre 1789 und der Französischen Revolution gewidmet, deren Notwendigkeit von keinem der beiden geleugnet, deren blutige Exzesse aber von ihnen verurteilt wurden. Denn beide hatten eine tief in ihrer Natur begründete Abneigung gegen jede Art von Gewalt, wenngleich Jefferson die Unausweichlichkeit periodisch auftretender Kriege nicht in Abrede stellen wollte.

Diese Haltung zur Gewalt bestimmt demgemäß ihre Haltung zu Krieg und Militär. Goethe ist bekanntlich der erste Kriegsminister, der das Militär seines Staates radikal reduziert hat. Er hat seinem Fürsten immer wieder von jeder Art Kriegsbeteiligung Weimars dringend abgeraten, leider mit wenig Erfolg. Jefferson seinerseits hat stets vor einem stehenden Heer gewarnt, von dem er eine Militarisierung des politischen Denkens und Handelns befürchtete.

Faßt man alle Aspekte ihres politischen Denkens zusammen, so ergibt sich: Die Kultur ist für beide sowohl Voraussetzung als auch Ziel der Politik. Bei Jefferson findet diese Auffassung ihren deutlichsten Ausdruck in der Konzeption und der Architektur der Universität von Virginia in Charlottesville, bei Goethe in seinem lebenslangen Engagement für die Universität Jena, die großen Bibliotheken des Herzogtums, sein Theater und seine wissenschaftlichen Institutionen.

Krippendorff versteht und verteidigt auch – im Gegensatz zu anderen – das Privatleben Goethes und Jeffersons. Die fast 20jährige nichteheliche Verbindung Goethes mit Christiane – für die Zeitgenossen ein gesellschaftlicher und sittlicher Skandal – wird von ihm als Ausdruck der souveränen Menschlichkeit Goethes gedeutet. Jefferson jedoch konnte es in dem puritanistischen Amerika nicht wagen, sein Verhältnis zu Sally Hemings so offen darzulegen.

Wir stoßen hier auf eine Besonderheit von Krippendorffs Buch: Er mißt diese beiden Männer nicht mit den Maßstäben unserer Zeit, sondern er mißt unsere Zeit mit den Maßstäben dieser Männer. Und da ergibt sich, daß es mit unserer Zeit recht häufig nicht zum besten bestellt ist. Er vergleicht z. B. den gegenwärtigen Zustand von Jeffersons geliebter „natural bridge" mit dem ursprünglichen; er verurteilt die Verschandelung des Kapitols in Richmond durch die umgebende Architektur und Anbauten, die Jeffersons Ideen verdunkeln; er verurteilt im Namen Jeffersons die Machtpolitik der Vereinigten Staaten und die immer mächtiger werdende Machtposition der Zentralregierung in Washington, die die Grundprinzipien des großen Staatsdenkers praktisch in ihr Gegenteil verkehren.

Das Buch Krippendorffs ist von spürbarem Respekt vor diesen beiden Männern geprägt, deren Fehler er nicht verschweigt, deren Leistungen und Erkenntnisse er jedoch für weitaus wichtiger hält.

Der Verfasser der *Declaration of Independence*, die die Weltgeschichte zum Besseren gewandelt hat, und der Verfasser des *Faust* – eines Stückes, das man zugleich als eines der bedeutendsten politischen Dramen der Weltliteratur betrachten kann – können durch ihr Wort und Wirken, durch ihre tiefe Einsicht in die humane Substanz aller Politik auch unserer zunehmend verwirrten Zeit Wege in eine humane Zukunft weisen.

Es wäre diesem Buch zu wünschen, daß es in die Hände vieler Menschen auf beiden Seiten des Atlantik käme. Deutsche würden in der Person Jeffersons einen Geist vom Range Goethes, Amerikaner in Goethe einen Geist vom Range Jeffersons kennenlernen. Und das könnte den deutsch-amerikanischen Kulturbeziehungen durchaus von Nutzen sein.

Michael Engelhard

Sigrid Krines: *Das häusliche Umfeld Goethes.* Frankfurt am Main u. a. 2000, 285 S.

Das vorliegende Buch, die Dissertation der Autorin, erschien als 26. Band der Schriftenreihe *Helicon. Beiträge zur deutschen Literatur*, herausgegeben von Wulf Segebrecht.

Der Titel weckt große Erwartungen, wenn man bedenkt, in welch hohem Maße Goethes häusliches Umfeld – dem er zu allen Zeiten besondere Aufmerksamkeit schenkte – zur Basis seiner außergewöhnlichen Lebensleistung gehörte. Allerdings werden diese Erwartungen bereits durch die Bestimmung des Titelbegriffs erheblich gemindert, denn „häusliches Umfeld" steht lediglich für Wohnung, deren Gestaltung und Einrichtung. Ausgeklammert bleibt hingegen Alltägliches im weitesten Sinne: Haushalt, Finanzen, Organisation von Alltag, Tätigkeit und Geselligkeit, Gäste, Mitarbeiter und vieles mehr. Keinerlei Beachtung erfahren die durch politische und soziale Strukturen der Gesellschaft sowie die Bedingungen des vorindustriellen Zeitalters bestimmten allgemeinen Lebens- und Wohnverhältnisse um 1800. Im eigentlichen geht es überhaupt weniger um die Beschreibung des häuslichen Umfelds im obengenannten Sinne als vielmehr um dessen Interpretation aus subjektiver Sicht. Für Sigrid Krines liegt die Konzentration „auf den Lebens- und Schaffensmöglichkeiten Goethes als Dichter, Künstler, Kunstliebhaber, Wissenschaftler und Politiker" (S. 11), durchgängig fokussiert auf die Leitbegriffe Einfachheit, Einsamkeit und einfache Gestaltung, was auch immer das bedeuten mag. Diese eingeschränkte, bezüglich biografischer und historischer Zusammenhänge unbekümmerte Art der Betrachtung verstellt – gewollt oder ungewollt – den Blick auf Wesentliches und erklärt die Schwierigkeiten, in welche die Autorin von Beginn an geraten muß.

Gegliedert ist das Buch in zwei Hauptkapitel: *Das häusliche Umfeld Goethes in Weimar und Jena unter besonderer Berücksichtigung der Einfachheit, der Einsamkeit und der räumlichen Gestaltung* (S. 13 bis 176) und *Das häusliche Umfeld Goethes in seinem Werk* (S. 188–231). Im ersten Kapitel werden „die wichtigsten Wohnungen in Weimar und Jena in ihrer Gestalt und mit ihren Möglichkeiten zusammengestellt und betrachtet" (S. 9), im zweiten „die gefundenen Spuren in einigen exemplarischen Werken verfolgt" (S. 11).

„Einen wichtigen Raum nehmen die Informationen über die Gestaltung der Häuser oder der Wohnung und ihre einzelnen Räumlichkeiten ein, insoweit Material dazu zur Verfügung steht" (S. 10). Letzteres ist zumeist der Fülle themenbezogener Sekundärliteratur entnommen, welche – im 19. Jahrhundert beginnend – bis 1999 im Druck erschien. Demzufolge gleicht der Text in weiten Teilen einer der Chronologie folgenden Zusammenstellung darin „gefundener Spuren". Als Vorzug eines solchen Herangehens kann der Versuch gelten, Unterschiedlichstes zum heutigen Zustand von Goethes Wohnungen zu vereinen: Informationen zur Baudenkmalpflege, Farbgestaltung, Restaurierung, Informationen aus älteren und aktuellen Schriften für Besucher des Goethe-Nationalmuseums sowie aus Studien zu dessen Geschichte. Freilich beschreibt Sigrid Krines nicht den originalen Zustand von Goethes Wohnungen, sondern versammelt Ergebnisse der Mühen Nachlebender um die Erforschung der Authentizität des Goetheschen Wohnumfeldes, welche durch individuelle Auffassungen und die Zeit ihrer Entstehung geprägt sind. Weil letztlich nur Reste ehemaliger Wohnungseinrichtungen über die Zeit kamen und der Museumsfunktion geschuldete Zwänge nicht selten zu erheblichen Eingriffen in einstige Zustände führten, konnten alle nach 1885 vorgenommenen Einrichtungen, wie Sigrid Krines zusammenfassend feststellt, nur „ein Gemisch aus gewonnener Authentizität und musealer Darstellung bei unterschiedlicher Zeitzugehörigkeit“ sein (S. 124). Auf Publikationen zu derartigen musealen Inszenierungen basieren die Ausführungen der Autorin, die sich deshalb – viele Seiten des Buches füllend – wie ein Museumsführer lesen und ausführliche Aufzählungen und Beschreibungen ehemals oder heute ausgestellter Exponate enthalten. Hauptanliegen von Sigrid Krines bleibt indes, anhand der verwendeten „Quellen“ den Nachweis für Goethes angeblich in allen Lebensepochen vorhandenes Bedürfnis nach bewußt einfacher Gestaltung seines Wohnumfeldes zu erbringen. Beispielsweise dient ihr als Beleg für die bescheidene, ländlich-einfache Einrichtung des Gartenhauses in den ersten Weimarer Jahren eine in Auszügen publizierte Liste von Möbeln und Gegenständen, welche 1996 – im Vorfeld seiner umstrittenen Neuinszenierung – als Arbeitsmaterial erstellt wurde. Problemlos ließe sich diese Liste gegenteilig interpretieren – wie viele andere „Quellen“ übrigens auch. Weder Fülle noch Art des darin erwähnten Hausrats (S. 23–25) verweisen auf „das anspruchslose Haus mit seiner anspruchslosen Einrichtung“ (S. 52). Von Hoftischlern gefertigte Möbel, ein Tafelservice aus Markenporzellan für zwölf Personen, Silberbesteck, Büsten, Bilder, Sammlungsschränke, Bücher-Reposituren und vieles mehr deuten eher auf ein recht komfortables, an den Bedürfnissen des Hausherrn orientiertes häusliches Umfeld. Immerhin wandte Herzog Carl August für das Anwesen nebst Erstausstattung laut Schatullrechnung ca.1 300 thlr auf. Goethe selbst gab für seinen Junggesellenhaushalt, in dem fünf Bediente beschäftigt waren, in diesen Jahren bereits zwischen 1 400 bis 3 000 thlr. aus. Sigrid Krines kommt zu dem Schluß: „Mit der Existenz innerhalb bescheidenster Wohn- und Arbeitsbedingungen im Gartenhaus hat Goethes Neigung zum Einfachen und Ländlichen noch nicht seinen Schlußpunkt gefunden“ (S. 28 f.). Denn: „Es steht [...] der angeborene, nicht der zeitbedingte Hang zur Einfachheit und zur Natur dahinter“ (S. 29). Der Intention, dies nachzuweisen, folgt die Autorin unbeirrt, selbst wenn sich ihre auf ein paar Zentralbegriffe festgelegte Sicht in so hohem Maße als untauglich erweist wie im Falle des Anwesens am Frauenplan. Verständlicherweise dient ihr das Klischee von der einfachen, den Luxus bewußt ausschließenden Einrichtung der Goetheschen Privaträume als Beleg. Inwieweit gerade dieser nahezu original eingerichtete Teil des Hauses weniger von anspruchsloser Einfachheit als vielmehr von durchdachter, dem Hausherrn für vielfältiges Tätigsein unverzichtbarer Zweckmäßigkeit zeugt, war keiner Überlegung wert. Ansonsten paßt das weitläufige, in Goethes späten Jahren in großem Stil mit hohem Finanzaufwand geführte weltoffene Haus des Staatsmanns, Dichters, Wissenschaftlers, Sammlers und Kunstfreundes, in dem zahlreiche Gäste verkehrten, schwerlich ins Bild – vor allem nicht, weil Goethe es zweifelsfrei in seiner Gesamtheit mit all seinen Annehmlichkeiten nutzte und es bis ins Detail auf seine den Luxus keinesfalls ausschließende Lebensart abgestimmt war.

Ist die Erklärungsnot der Autorin bei der Beschreibung von Goethes Wohnungen – oder genauer ihres heutigen Zustands – schon offensichtlich, gerät sie vollends in Bedrängnis, wenn es um das eigentliche Anliegen ihrer Arbeit geht: die Möglichkeiten des häuslichen Umfelds sowie dessen Bedeutung für Goethes Lebens- und Schaffensweise. Sekundärliteratur zu Goethes Biografie, Briefe von Zeitgenossen, Gesprächsaufzeichnungen, hauptsächlich aber Goethes Briefe und Tagebücher, nutzt Sigrid Krines, um Spuren für Goethes angeblich lebenslang vorhandenes Bedürfnis nach Einfachheit und Einsamkeit zu finden. Angesichts ihrer Intention sind jene Begriffe allzeit als Bewertungskriterien präsent – auch als Bestandteil von Überschriften: *Hinwendung zur Einfachheit und zunehmender Rückzug. Einfachheit und Natur, Einsamkeit und Geselligkeit, Einsamkeit und Dichtung* (S. 25–44), *Einfachheit und Einsamkeit im neuen Wohnumfeld* (S. 59). In bezug auf die Jahre nach 1788 liest man: „Die vermehrte Hinwendung zur Dichtung, zur Kunst und zur Wissenschaft und damit zur ‚Haus Existenz‘, der vermehrte Rückzug aus der Öffentlichkeit, aus Amt und Gesellschaft soll die persönliche Entwicklung [...] mehr und mehr ermöglichen“ (S. 75). „Hinter [...] schützenden Mauern wächst ein intensives Eigenleben“ (S. 94). So gesehen brachten der Weltenrolle geschuldete Verpflichtungen zu allen Zeiten „schaffensfeindliche Situationen“, ebenso Weltereignisse wie die Französische Revolution oder die Ereignisse vom Oktober 1806. Beeinträchtigt wird Goethes Leben und die dem Dichter nötige „Stimmung“ auch durch mißliche Situationen innerhalb des Hauses und der Familie: Wohnungswechsel, Bauarbeiten, der Tod seiner Frau, die Heirat des Sohnes, Gäste, Lärm und vieles mehr. „Die Störungsfaktoren für eine reine Stimmung sind sehr vielfältig. Diese können zu einer verflachten Arbeitsweise bis hin zur vollkommenen Niederlegung der Arbeit führen“ (S. 92). In der halbseitigen Zusammenfassung ihrer Arbeit (S. 232) bemerkt Sigrid Krines schließlich: „Die Betrachtung von Goethes Streben nach Einfachheit und Einsamkeit führt immer wieder zu ‚Gedanken der Flucht' in Goethes Leben". Geflüchtet sei er aus „der Reichsstadt Frankfurt nach dem ländlichen Weimar, nach Italien, nach Jena", auch „von Wohnung zu Wohnung". Im Haus am Frauenplan „‚flüchtet' Goethe von den offiziellen Räumen des Vorderhauses in den abgetrennten privaten Wohnbereich des Hinterhauses. Und er ‚flüchtet', um wirken zu können, aus übermäßigen Fremderwartungen, wie Dienst und Geselligkeit, in ein interessenbezogenes Dasein und Schaffen". Solchermaßen verselbständigt, ergeben die „Erkenntnisse" von Sigrid Krines ein Bild von Goethes Lebens- und Schaffensweise im häuslichen Umfeld, welches sich ohne Mühe widerlegen läßt. Die in die Arbeit eingeflossenen Selbstzeugnisse Goethes sprechen keinesfalls von Weltexistenz ausschließender Sehnsucht nach Einsamkeit und anspruchslos-einfacher Lebensart. Vielmehr lassen diese Anstrengung und Selbstbeherrschung ahnen, welche ihm der freiwillig und bewußt unternommene Versuch abverlangte, Welt- und Künstlerexistenz zu vereinen. Schildern sie nicht in beeindruckendster Weise, welch unentbehrliche Basis ihm sein Lebensumfeld in all seiner Vielschichtigkeit und im weitesten Sinne dafür war?

Im wesentlich knapper gefaßten, eher aufgesetzt wirkenden zweiten Hauptkapitel sollen ausgewählte Werke Goethes „exemplarisch zeigen, wie die Ergebnisse des biografischen Teils, wie das häusliche Umfeld Goethes, die Neigung zu Einsamkeit und Einfachheit, wie die Sammlungen, wie also das Motiv der ‚Häuslichkeit' ins Werk eingeflossen ist und welche Funktion es darin hat" (S. 188).

Im ganzen gesehen ist die Lektüre des Buches wenig vergnüglich. Ungern nur läßt man sich auf die zum Teil abwegig erscheinende Beweisführung ein, in der an Vereinfachungen und Vermutungen kein Mangel herrscht. Das Durcheinander von zeitgenössischen Aussagen und solchen aus späteren Zeiten ist verwirrend. Überdies wechseln dabei Ausführungen der Autorin mit aus verschiedenen Arbeiten aneinandergereihten Zitaten und mit Texten, welche den Vorlagen folgen und deren Intentionen und Sprache oft bis ins Detail übernehmen. Häufig ist eine Trennung nur schwer auszumachen. Längere Textpassagen lassen sich kaum von der zugrundeliegenden Sekundärliteratur unterscheiden. Hinzu kommen Begriffsinterpretationen und unentschuldbare Sachfehler, die an der wissenschaftlichen Qualität des Buches ernsthaft zweifeln lassen. In dieser Hinsicht wird dem Leser einiges zugemutet. Beispielsweise ist für Sigrid Krines Goethes Übersiedlung nach Weimar der „Beginn eines einsetzenden Simplifikationsprozesses" (S. 15). Allein die Erläuterung dieses Begriffs spricht Bände: Schlichtweg für ‚einfach' im Sinne von ‚anspruchslos' wird das zu Goethes Zeiten programmatisch für ‚einfach-schöne Form', für ‚Gestaltung im antiken Geschmack' stehende Wort „simpel" genommen (S. 22f.), in gleicher Bedeutung steht der Begriff „Simplizität" (S. 26). Zu den Auswirkungen der Französischen Revolution auf Thüringen zählt Sigrid Krines die Doppelschlacht von Jena und Auerstedt im Oktober 1806 (S. 99). Die Höhle am Hermannstein wird Goethes Wohnquartieren zugeordnet (S. 29). Nach der Italienreise verlieh der Herzog Goethe eine Stellung im „Rang eines Staatskanzlers" (S. 75). Jena sei zeitweise Goethes „Hauptsitz" gewesen (S. 76). Der zweite Romaufenthalt avanciert kurzerhand zum zweiten Italienerlebnis (S. 157). Die Reihe ließe sich fortsetzen. Angesichts derartiger Mißlichkeiten ist man fast geneigt, die Art und Weise des Zitierens und der Zitatbelege als gegeben hinzunehmen, auch die beträchtliche Anzahl grammatischer Schnitzer und Interpunktionsfehler. – Indes stellt man sich nach der Lektüre des Buches ratlos die Frage, wem ein solches Buch zu empfehlen sei.

Carola Sedlacek

Gabriella Schubert/Friedhilde Krause (Hrsg.): ***Talvj. Therese Albertine Luise von Jakob-Robinson (1797–1870).*** *Aus Liebe zu Goethe: Mittlerin der Balkanslawen.* Weimar 2001, 357 S.

Der Sammelband enthält die Vorträge eines vom 12. bis 14. Juni 1997 veranstalteten Symposiums an der Friedrich-Schiller-Universität Jena, außerdem weitere Studien zu Talvj sowie einen Anhang mit der Korrespondenz der Talvj und einem Verzeichnis der Veröffentlichungen von ihr und über sie. Ein

Abbildungsverzeichnis und ein Bildnachweis schließen den Band ab. Die Teilnehmer des Symposiums, Slawisten und Germanisten aus Deutschland, Österreich, Serbien und Montenegro, hatten zum ersten Mal die Gelegenheit, aufgrund der über Jahrzehnte verstreut publizierten wissenschaftlichen Literatur Epoche, Werk und Wirkung der Talvj zu überprüfen, alte Standpunkte zu bekräftigen oder zu revidieren und neue Akzente zu setzen. Den Anlaß dazu bot die zweihundertste Wiederkehr des Geburtsjahres der Talvj, die im Kulturleben ihrer Zeit in Deutschland nicht unbekannt war, die aber, wie Angela Richter in ihrem Beitrag feststellt, „im deutschen Kulturkontext bisher zu wenig beachtet wurde".

Bei diesem Forschungsstand verwundert es nicht, daß selbst in den Beiträgen, die Biographisches zum Thema haben, wenn schon keine spektakulären Entdeckungen, so doch manche Details zu finden sind, die selbst den mit der Problematik Vertrauten überraschen. Erheblich mehr noch bietet der Beitrag von Angela Richter, in dem an Talvjs frühe Aufsätze erinnert wird, in denen die Zeitverhältnisse, die Stellung der Frau und die deutlich von Voreingenommenheit gegenüber weiblichem Schreiben geprägten Auffassungen unter die Lupe genommen werden. Diese führen vor Augen, wie lang der Weg war, den ein junges Mädchen zurückzulegen hatte, „um als reife, selbstbewußte, gelehrte Frau" einen Aufsatz wie *Deutschlands Schriftstellerinnen bis vor hundert Jahren* schreiben zu können, in dem sie eine „Geschichte der Frauenwürde" entwarf und den kein Geringerer als Friedrich von Raumer in sein *Historisches Taschenbuch* (Leipzig 1861) aufnahm. Man kann nur bedauern, daß dieser Teil des schriftstellerischen Œuvres einer zweifellos imposanten Persönlichkeit in dem Beitrag nur skizzenhaft dargestellt wurde. – Ebenso ergiebig für die biographische Talvj-Forschung ist der Beitrag von Erhard Hexelschneider über die Zusammenarbeit der Talvj mit dem seit 1817 in Leipzig ansässigen Verlag F. A. Brockhaus, in dessen Teilnachlaß Briefe von Talvj an den Verlag aus den Jahren 1832 bis 1869 aufbewahrt werden, die viele Lebensmomente aus dieser Zeitspanne ans Licht bringen. Man erfährt von Talvjs Leben in den Vereinigten Staaten, von ihrer Einstellung zur amerikanischen Geschichte und Gegenwart, ihrer Zusammenarbeit als Autorin und Herausgeberin mit dem Brockhaus-Verlag, von der Entstehungsgeschichte ihrer literarischen Werke wie auch von ihren Beziehungen zu Friedrich von Raumer. Der Band *Gesammelte Novellen*, der 1874, vier Jahre nach Talvjs Tod, im Brockhaus-Verlag „gewissermaßen als postume Ehrung" der namhaften Hausautorin erschien und ihre Erzählungen aus den 20er Jahren enthielt, war kein literarisches Ereignis: Talvjs literarische Werke waren nicht ganz zu Unrecht der Vergessenheit anheimgefallen. Ihre wirklichen, bis heute wirkenden Leistungen sind die „einer sehr bedeutenden Mittlerin slawischer Folklore und Kultur in Deutschland und die kulturelle Vermittlung zwischen Europa und der Neuen Welt".

Die meisten Beiträge des Sammelbandes sind dem übersetzerischen Werk von Talvj gewidmet, das, wie die Herausgeber im Vorwort schreiben – so erstaunlich das klingen mag –, am wenigsten untersucht wurde. Dabei fanden Talvjs unter dem Titel *Volkslieder der Serben, metrisch übersetzt und historisch eingeleitet* mit einer Widmung an Goethe in zwei Bänden in Halle (1825/26) erschienene Nachschöpfungen der serbischen Poesie in Deutschland ein so außergewöhnliches Echo, daß sie 1835 und – umgearbeitet und vermehrt – 1853 wieder aufgelegt wurden. Diese Nachschöpfungen sind ein übersetzerisches Werk, an dem Goethe und Jacob Grimm, Vuk Karadžić und Jernej Kopitar Anteil nahmen, das als „klassische Übersetzung" gilt, zu den „bedeutenden Beispielen der Einbürgerung fremder Literaturen in die deutsche Literatur"[1] gehört und schließlich als Vorlage für die englische und die französische Übersetzung diente. Talvjs Übersetzung des serbischen Liedgutes hatte entscheidenden Anteil an der Wiedereingliederung des serbischen Volkes in die europäische Gemeinschaft, aus der es jahrhundertelang ausgeschlossen war.

In welchem geistig-literarischen Umfeld diese Übersetzungen entstanden sind und welche Probleme die junge Übersetzerin zu lösen hatte, wird im Beitrag von Manfred Jähnichen beschrieben. Bei den serbischen Volksliedern, die in einer strengen metrischen Form in der Sprache der ersten Hälfte

---

1 Hans-Bernd Harder: *Zur Überlieferung der Serbischen Heldenlieder.* In: *Serbische Heldenlieder.* Übersetzt von Stefan Schlotzer. Mit einem Kommentar von Erika Beermann. München 1996, S. III.

des 19. Jahrhunderts aufgezeichnet waren, handelte es sich um mündlich überlieferte Texte, die es in der Sprache wiederzugeben galt, die von den Dichtern und Gelehrten der Weimarer Klassik geprägt wurde. Die dominanten spätromantischen Übersetzungsprinzipien für Volkspoesie, die auf der Auffassung der Sprache als „Manifestation des Geistes einer Nation“ (Wilhelm von Humboldt) gründeten, forderten zudem die höchstmögliche Treue gegenüber dem Original, d. h., alle seine Charakteristika, Wortklang und Wortstellung, die absolute „Fremdheit des Originals“ sollten in der Zielsprache eingefangen werden. Jacob Grimms Versuche, diesen Grundsatz bei der Übertragung serbischer Volkspoesie konsequent zu demonstrieren, galten als verpflichtendes Vorbild. Im krassen Gegensatz dazu stand Talvjs übersetzerisches Credo, das für ihre Zeit schöpferisch und zukunftsweisend war: „Ich habe mich“, formuliert sie in der Vorrede zur ersten Auflage der *Volkslieder der Serben*, „vor Allem der größten geistigen Treue befleißigt und, wo ich nur konnte, ohne dem Genius meiner eigenen Sprache zu nahe zu treten, die wörtliche beobachtet“. Es ist nicht unbekannt, daß Talvj bei der Verteidigung ihrer Übersetzungsstrategie gegen die Einwände der prominenten Philologen Jacob Grimm und Jernej Kopitar an Goethe einen festen Rückhalt fand. Der Dichter, dessen Literaturauffassung zu jener Zeit im Zeichen seiner Weltliteratur-Konzeption stand, äußerte sich 1827 in seinem Aufsatz *Serbische Gedichte* unmißverständlich zu dieser Polemik:

> Über die sonst gewöhnliche Accomodation, wie sie vor funfzig Jahren noch nöthig war, wo man seinem Volke alles Mitzutheilende so nach Geschmack und Gaumen zurichten und anrichten mußte, um einigermaßen dem Fremden Eingang zu verschaffen, hat uns eine höhere Cultur hinausgehoben, und wir sehen nun neben der ernst und streng an das Original sich haltenden Übersetzung des Herrn Grimm einen bei aller Hochachtung für das Original mit freier Heiterkeit überliefernden Vortrag der Fräulein von Jacob. (WA I, 41.2, S. 281 f.)

Die eindeutige Stellungnahme einer solchen Autorität bedeutete das Ende der alleinherrschenden Historizität, und gleichzeitig wurde das Prinzip der Poetizität legitimiert. Auf die Reaktion der breiten Leserschaft auf Talvjs Übertragung brauchte man nicht lange zu warten: In einer Notiz in der *Leipziger Literaturzeitung* aus dem Jahr 1826 wurde vermerkt, daß man es endlich mit „einer literarischen Übersetzung“ zu tun habe. – Seinen lesenswerten Beitrag beschließt Jähnichen mit einer Stelle aus den *Blättern für literarische Unterhaltung für das Jahr 1839*:

> Durch diese Poesien (hier ist Vuk Karadžić gemeint) ist uns vor kurzem ein Volk, an dessen Existenz wir trotz seiner Heldentaten kaum glaubten, zur Erscheinung gebracht: die Serben. Ja, gewiß, ihre Volkslieder haben ebenso mächtig wie ihr kriegerischer Muth die europäische Aufmerksamkeit und ihre Anerkennung bewirkt.

Jähnichens aktualisierende Bemerkung dazu verdient ebenfalls, zitiert zu werden: „weit mächtiger, weil sich letztendlich nur in Kultur und Zivilisation der Grad der Reife eines Volkes und der Respekt davor in der Welt reflektiert“.

Mit Gewinn liest man zu diesem Thema den Beitrag von Helmut Schaller über die Wiedergabe der serbischen Kasussyntax oder den von Dimitrije Kalezić, der Talvjs Rezeption und Übersetzung biblischer Motive behandelt, wie auch den Aufsatz von Miloš Okuka, der die Wiedergabe der Turzismen in der Übersetzung von Talvj untersucht, die für die Übersetzer immer ein höchst schwieriges Problem sind, das die junge Übersetzerin jedoch geradezu vorbildlich gemeistert habe. – Woran es der Talvj-Forschung mangelt, wird aus dem Beitrag von Vesna Cidilko ersichtlich, in dem im Lichte übersetzungstheoretischer Überlegungen Talvjs Übertragung des Gedichts über den Königssohn Marko und den Wegelagerer Musa mit Stefan Schlotzers Neuübersetzung aus dem Jahre 1996 verglichen wird. Die minuziöse sprachliche und stilistische Analyse dieses repräsentativen Beispiels ergibt, daß die Neuübersetzung, im Vorwort als alte Lieder in modernem Gewand, als „Dichtung“ angekündigt, Talvjs klassischer Version keineswegs überlegen ist. – Weniger überzeugend wirkt Jovan Delić, der die Bedeutung des Talvjschen Werks im Rahmen der deutsch-serbischen Literatur- und Kulturbeziehungen und die Rezeption Talvjs durch die deutsche Literaturkritik erörtert und zu einem überraschenden Fazit kommt: Obwohl Talvjs Volksliedübersetzungen ein enormer Erfolg waren, konnten sie einer kritischen Bewertung von Anfang an nicht standhalten. Schon Jacob Grimm, Vuk Karadžić und Jernej Kopitar hätten unmißverständlich auf „ernste Schwächen" hingewiesen, die, so Delić, „um so gefährlicher und weitreichender waren", als Talvjs deutsche Fassung zunächst in der nichtslawischen Welt das Original ersetzte. Der Leser wundert sich nur, daß diese gravierenden Mängel, die seit über hundert Jahren in der Sekundärliteratur immer wieder auftauchen, bisher weder Sprach- noch Literaturwissenschaftler zu einem so harschen Urteil bewogen haben.

Einen bislang aus der Talvj-Forschung ausgeklammerten Fragenkomplex behandeln die Beiträge, die anhand konkreten Textmaterials Talvjs Methode der Kulturvermittlung zum Thema haben. Zoran Konstantinović geht auf das in der bisherigen Forschung kaum beachtete umfangreiche Vorwort ein, worin Talvj auf Goethes Rat ihre „rhythmische Übersetzung" der Serbischen Lieder mit „gehörigen topographisch-geographischen, mythologischen und historischen Einleitungen" versah. Überzeugend wird gezeigt, wie Talvj auch bei der Abfassung der historischen Einleitung ihrer Übersetzungsstrategie treu blieb. Aus einer quasihistorischen Vorlage – der einzigen, die ihr zur Verfügung stand, die in Wahrheit Legendäres mit Historischem vermischte – schuf Talvj, ohne die Angaben der Quellen zu verändern, einen literarischen Text, mit dem sie den Zeitgeschmack vollendet traf. Das Prinzip der Historizität wurde auch hier zugunsten der Poetizität zurückgedrängt. Die glückliche Einheit von Text und Einleitung, die nicht wenig zum Publikumserfolg beitrug, hinterließ sichtbare Spuren in späteren Beschäftigungen mit diesem Thema. – Auch bei Gabriella Schubert geht es nicht um Talvjs Übersetzungswerk, sondern um zahlreiche „ethnographisch-volkskundliche Erläuterungen, Essays und Anmerkungsteile", in denen nicht selten der Schlüssel zum Verständnis der Lieder lag. An mehreren Beispielen wird vorgeführt, wie die junge Therese von Jacob die etwas leichtsinnig übernommene Aufgabe, Dichtung und Kultur des serbischen Volkes den deutschen Lesern näherzubringen, wofür ihr eigentlich alle Voraussetzungen fehlten, durch einen „immensen Fleiß, akribisches Arbeiten und ein überaus hohes Maß an Einfühlungsvermögen" meisterte und „eine geradezu gigantische Leistung" vollbrachte.

Im Kontext der Wirkungsgeschichte der Talvjschen Übersetzungen macht Olga Ellermeyer-Životić auf den Dichter Heinrich Stieglitz aufmerksam, der sich nach der Begegnung mit der Talvjschen Übersetzung intensiv mit den Südslawen zu beschäftigen beginnt, während Vera Bojić auf den Komponisten Carl Loewe eingeht, dessen Vertonungen serbischer Lieder zahlreiche Komponisten wie Johannes Brahms, Max Reger, Antonin Dvořák, Leoš Janaček, Petr Čajkovskij und Anton Rubinstein zu eigenen Vertonungen anregten. – Zur Rezeption des Talvjschen Werks finden sich im schon erwähnten Beitrag von Jovan Delić theoretische Erwägungen, die – obwohl nicht neu – Beachtung verdienen. Mit Recht betont Delić, daß die Rezeption der Werke einer nationalen Literatur in einer anderen nur in einem weiteren diachronischen Rahmen zu erklären ist. Versuche, die große Publizität, die das Talvjsche Werk in Deutschland erlangte, auf Sympathie für die Serben, ihre Sprache und ihre Dichtung oder auf Details aus der Biographie der Mittler zurückzuführen, verfehlen das Wesentliche. Nur die Erfassung der „sozialhistorischen bzw. polithistorischen Zustände", die in beiden Ländern zu jener Zeit herrschten, hat Aussicht, den vielschichtigen literarhistorischen Prozeß erkennbar zu machen. Miljan Mojašević, der prominenteste Kenner der deutsch-serbischen Kulturbeziehungen, hat vor über fünf Jahrzehnten als erster die Unzulänglichkeit solcher Versuche, die Rezeption der serbischen Volkslieder in Deutschland ohne Berücksichtigung eines umfassenden historischen wie literarhistorischen Kontextes zu verstehen, nachgewiesen. Mit zwei illustrativen Beispielen belegt er seine These, daß der überwältigende Erfolg nicht unmittelbar durch den ohne Zweifel hohen literarischen Wert der serbischen Volkslieder bedingt war: Jacob Grimms besonderes Interesse an diesen Liedern erklärt sich für Mojašević aus deren Entstehungsgeschichte. In jahrhundertelanger Abgeschiedenheit von der europäischen Zivilisation entwickelte sich die Liedtradition, in der sich die authentische Nationalkultur der Serben ausprägte. Von der Beobachtung dieses Prozesses versprach sich Grimm Erkenntnisse für seine Literaturauffassung, in der der epischen Dichtung, die auf mythischen Vorstellungen beruht und von Entstehungsumständen geprägt wird, eine Vorrangstellung zukam. Das zweite entscheidende Moment für die Rezeption sieht Mojašević in der politischen Aktualität, die der serbische Aufstand gegen die Türken in der Zeit der Napoleonischen Kriege und der Gründung ihres eigenen Nationalstaates für die Deutschen besaß.[2] – Der Sammelband zeigt, daß die Erforschung der Rezeptionsgeschichte der serbischen Volkslieder in Deutschland noch in den Anfängen steckt. Über den nicht eben geradlinigen Verlauf der Rezeption von Talvjs Werk bei den Südslawen und in der deutschsprachigen Forschung berichten informativ Miljan Mojašević und Friedhilde Krause. Nicht gering an Zahl, bieten die Veröffentlichungen jedoch wenig mehr als biographische Daten. Studien mit gewichtigen Erkenntnissen zum Werk wird der Leser vergeblich suchen.

Das vorliegende Buch über Talvj bringt nicht nur bedeutende Forschungsergebnisse, die Talvj als Mittlerin der Balkanslawen und ihr übersetzerisches Werk in einem neuen Licht erscheinen lassen; es zwingt uns auch, unser Bild von einem kurzen Abschnitt der deutsch-serbischen Kulturbeziehungen, der in der serbischen Kulturgeschichte von unermeßlicher Bedeutung war, zu revidieren. Ohne die Verdienste von Jacob Grimm und Goethe um die Entdeckung der serbischen Volkspoesie und ihre Verbreitung im deutschen Kulturraum mindern zu wollen, wird man in Zukunft neben diesen großen Namen der deutschen Kultur- und Wissenschaftsgeschichte den zu Unrecht vergessenen oder vernachlässigten Namen Talvj nennen müssen. Zu danken ist dies Gabriella Schubert und Friedhilde Krause, den Herausgeberinnen dieses verdienstvollen Sammelbandes.

Mirko Krivokapić

Gete v russkoj kulture XX. veka [Goethe in der russischen Kultur des 20. Jahrhunderts]. Hrsg. von Galina V. Jakuševa, Akademie der Wissenschaften von Rußland. Wissenschaftlicher Rat für die Geschichte der Weltliteratur, Goethe-Kommission. Moskau 2001, 383 S. [mit 32 S. Illustrationen]*

Der vorzüglich ausgestattete Band enthält 24 Aufsätze über Goethes starke Nachwirkung im Raum der russischen Kultur, im wesentlichen Beiträge zweier Jubiläumskonferenzen der Moskauer Goethe-Kommission aus Anlaß des 250. Geburtstages. Die gebotene Kürze der vorliegenden Besprechung gestattet nur eine Reihe überwiegend formaler Hinweise, die dem Reichtum dieser Publikation nicht ganz gerecht werden.

Der Sammelband verdankt seine Entstehung vor allem den Bemühungen von Galina V. Jakuševa, bekannt durch ihre Abhandlung *Goethe in der sovjetischen Literatur (1940–1980)* im Goethe-Jahrbuch 2000 (S. 201–216). Seit seiner Begründung ist sie Mitglied des Redaktionskollegiums der Reihe *Goethe-Studien*, in der die Forschungsergebnisse der Goethe-Kommission periodisch erscheinen. Dankenswerterweise gibt sie uns hier u. a. einen Abriß der Geschichte dieses wichtigen, bislang zu wenig bekannten Gremiums (S. 345–348). Die Goethe-Kommission feierte 1999 ihr 20jähriges Bestehen; sie geht auf die Initiative von Alexander Abramovič Anikst und Sergej Vasilevič Turaev zurück. Sie bestand von Anfang an aus einer Vielzahl bedeutender Gelehrter, bereichert durch Goethe-Freunde aller Fachrichtungen, die jeweils als Gast teilnehmen. Der Kreis ist Mitwirkenden aus allen Teilen Rußlands geöffnet, zudem auch dem wissenschaftlichen Nachwuchs.

Der Jubiläumsband enthält programmgemäß nicht das Goethe-Bild der heutigen russischen Germanistik, sondern fast ausschließlich Arbeiten, die Goethes Einfluß auf die produktiven Geister des

---

2 Miljan Mojašević: *Srpska narodna pripovetka u nemačkim prevodima. Od Grima i Vuka do Leskina (1815–1915).* Beograd 1950, S. 15.

* Nach der Niederschrift dieser Besprechung, noch vor dem abschließenden Korrekturgang, wurde Professor Dr. Fritz Schlawe am 30. April 2002 durch einen plötzlichen Herztod seiner Frau, seinen Verwandten und Freunden genommen. Diese danken dem Leben und ihm für die Vornehmheit seines Charakters und das Vorbildhafte seines Daseins. Um Professor Schlawe trauern auch georgische Studenten: seine begeisternde Lehrtätigkeit im Jahre 2001 sollte im Herbst 2002 fortgesetzt werden.

20. Jahrhunderts belegen. Er umfaßt die verschiedenen Dimensionen der Nachwirkung Goethes, gegliedert in die Abschnitte: *Goethe in der russischen Literatur* (naturgemäß der Hauptteil: 160 S.); *in der russischen Kunst* (70 S.), *der Naturwissenschaft* (35 S.) sowie über *Forscher, Verehrer und Lesepublikum im 20. Jahrhundert.* Ferner erhalten wir als kostbare Zugabe ein Corpus von Kunstreproduktionen, außerordentlichen Beispielen von Buchillustrationen aus den Jahren 1932 bis 1999, die eine fachliche Würdigung verdienen.

Der Band erscheint, wie die Herausgeberin eingangs erläutert, als selbständige Fortsetzung des Standardwerkes von V. M. Žirmunskij *Goethe in der russischen Literatur* von 1937 ([2]1981), ohne Anspruch auf dessen Systematik und Vollständigkeit zu erheben. Während Rußland in dem von Žirmunskij behandelten 19. und frühen 20. Jahrhundert Goethe als Symbolfigur der sich selbst begrenzenden Freiheit der menschlichen Seele rezipierte, trat – nach Galina Jakuševa – für das letzte Jahrhundert das Problem von Goethes Universalismus in den Vordergrund: als allseitiges Verständnis der Welt, auch mit Hilfe der Naturwissenschaften, und unter Anerkennung der Polarität, der alles Lebendige untersteht. Das Fazit:

> Goethes Einfluß – und nicht nur seiner Gestalten und Ideen, sondern auch seiner Persönlichkeit auf die russische Kultur des 20. Jahrhunderts – war mächtiger und tiefer, als man ihn sich vorstellen kann. Charakteristisch ist dabei die Akzentuierung von Goethes Wertesystem und das Interesse an seiner Weltsicht und an seiner Faustfigur. Prädestination und Unbestimmtheit, Genuß und Resignation, Altruismus und ‚Olympiertum', das Streben nach Versöhnung, der demiurgische Komplex und die Idee der Sobornost [religionsnaher Gemeingeist; d. Vf.], sinnliche Freude des Daseins und Aufforderung zur Selbstbeschränkung, das ‚Ewig-Weibliche' und das ‚Baccantische', das Offenbare und das Geheimnisvolle, das göttliche und teuflische Prinzip der Schöpfung – alles das fand ein lebendiges Echo bei russischen Dichtern, Denkern, Naturforschern, Künstlern und Musikern – bis hin zum einfachen Leser. (S. 7)

Neben der Neuland erschließenden Abhandlung von Dmitrij V. Fomin über Goethe-Motive in der russischen Buchgraphik (hierzu die Reproduktion) gibt Galina Jakuševa im umfangreichsten Beitrag (S. 11–45) einen kenntnisreichen Überblick über die Entwicklung des Goethe-Bilds in der Literatur des letzten Jahrhunderts, und zwar im zaristischen Rußland, in der Sovjetunion wie in der gleichzeitigen russischen Exilliteratur. Für alle Epochen stand offensichtlich Faust als Gestalt und Problem im Mittelpunkt. Rußland folgte „Faust auf dem Wege der umgestaltenden Tat", während noch Sergej Solovjev im Geist der slavophilen Mystik Faust als rein deutsch empfand und in Gretchen – Inbild des Gemüthaften, Gläubigen und Friedlichen – Rußland verkörpert sah. Hier ist, nach den Worten von Erochin (s. u.), erstmals in der russischen Literaturwissenschaft die Entheroisierung der Faust-Gestalt dargestellt, zudem die Transformation Mephistos ins Menschliche, die Gretchens in die robuste Margarita.

Für die Exilliteratur bedeutete Goethe „Stütze, Orientierung, Warnung". Am Anfang war V. I. Ivanov, realistischer Symbolist, der wichtigste Träger der Goetheschen Anregungen; später treten besonders D. S. Samojlov, M. P. Arcybašev und N. S. Arsen'ev hervor. Auch im Exil ist dann die Deheroisierung, ja Satanisierung Fausts zu spüren – merkwürdigerweise erscheint Goethe, so Jakuševa, als eine Art Indikator der nationalen Einheit. Folgerichtig kam der ‚negative' Faust bei den Emigranten als Radikalsozialist daher, bei den Sovjets als Bourgeois. Wichtig jedenfalls ist Fausts Ablehnung des Stillstands, des „verweilenden" Augenblicks. Doch zeigt sich in der Emigration die abstraktere Fassung der Probleme, eine gesteigerte Reizbarkeit, die Tendenz zum Pessimismus und Vorwegnahme der (im Inland: spätsovjetischen) Resignation im Hinblick auf irgendeinen Nutzen von Fausts Hyperaktivität. Auf einem wüsten Schlachtfeld belehrt in Samojlovs *Faust II*-Periphrase der ‚Lehrer' seinen ‚Schüler', daß auch Kriege Folgen des „Faustischen" sind: „Im sinnlosen Streben / Seht Ihr die Größe des Geistes, / Aber ich nur die Unerzogenheit der Seele". Im letzten Abschnitt, *Kultur und Kontrakultur*, erfahren wir sogar von Tendenzen in der postsovjetischen Dichtung, Goethe als bequemes Modell zu benutzen, nicht um Kultur zu schaffen, sondern um sie zu demontieren (Prigov). Sogar darin ist die Aktualität Goethes kenntlich: als eines symbolischen Richtpunkts bei der Suche nach dem angemessenen Weg.

Der literaturbezogene Teil des Sammelbands enthält ferner Aufsätze über die Einflüsse Goethes auf die russische Lyrik des 20. Jahrhunderts, insbesondere des Symbolismus: auf Valerij Brjusov, Marina Cvetajeva, Josif Brodskij, Marietta Šaginjan und Ivan Tchorževckij; ferner auf die Werke von Anatolij Lunačarskij, Jevgenij Zamjatin, Boris Pasternak und Michail Prišvin. Daß damit nicht alle Bereiche erschlossen werden konnten und eine Reihe wichtiger Themen noch fehlt, bedauerte die Herausgeberin selbst. Vor allem vermißt man: Goethe in der russischen Philosophie und im religiösen Bewußtsein; Goethe im russischen Theater, Kino, Fernsehen, Radio; Goethe in der Literaturwissenschaft, in der Schule, bei den Übersetzern. Manches dazu ist in den Bänden der *Goethe-Studien* gesagt; einzelnes enthält die Aufsatzsammlung im letzten Kapitel in Skizzenform – so den bewegenden Bericht, wie der junge I. I. Šafranovskij im belagerten Leningrad anfing, *Faust II* zu übersetzen (hier: die Erstveröffentlichung). Überdies sind aufschlußreiche Briefe zum Goethe-Jubiläum 1932 beigegeben.

Als Information über das Goethe-Bild der russischen Literaturwissenschaft wird den Forscher besonders die große Sammelrezension *Ergebnisse und Etappen* interessieren (S. 349–370), in der Alexander V. Erochin auf engem Raum erstaunlich detailreich den Gehalt der fünf Sammelbände der bereits erwähnten *Goethe-Studien* (1984–1999) mustert. Es wäre wünschenswert, ja nötig, genauer über die hier gewürdigten Leistungen – über Probleme und Resultate – zu berichten. Doch einen Gesamtüberblick wird man erst nach der Publikation der Bibliographie von N. I. Lopatina zur russischen Goetheforschung der letzten dreißig Jahre erhalten.

Den Damen und Herren, die an diesem eindrucksvollen Band mitarbeiteten, gilt unsere dankbare Anerkennung: Mark Bent, Margarita Čerepennikova, Tatjana Davydova, Aleksandr Erochin, Lev Feldman, Dmitrij Fomin, Galina Išimbaeva, Vladimir Konnov, Georgij Ljubarskij, Natalja Lopatina, Ljudmila Michajlova, Vladimir Mikuševič, Vladislav Pronin, Grejnem Ratgaus, Jelena Sinkievič, Sergej Turaev, Tatjana Zdornik, Konstantin Zenkin und Galina Jakuševa.

Fritz Schlawe

Gyu Chang Kim: *Vermittlungs- und Übersetzungsgeschichte Goethes in Korea.* Frankfurt am Main u. a. 2001, 207 S.

Die Verehrung, die Goethe in Japan und Korea nach wie vor genießt, hat etwas Merkwürdiges an sich, wenn man sie mit deutschen Augen betrachtet: Was mag eine so andersartige Kultur gerade an den Weimarer Olympier binden? Warum fixiert sich das ostasiatische Interesse an Deutschland und der deutschen Literatur so sehr auf den Autor des *Werther* und des *Faust*? Die von Gotthart Wunberg (Tübingen) betreute Dissertation nennt jetzt durchaus einleuchtende Gründe für das, was von außen so unbegreiflich anmutet. Indem sie die koreanische Auseinandersetzung mit Goethe „eingebettet in ihre ‚ostasiatischen' und europäischen Kontexte" (S. 11) reflektiert, richtet die Studie ihr Erkenntnisinteresse vorrangig auf die ‚Vermittlungs- und Übersetzungsgeschichte' von Goethes Persönlichkeit und Werk in Korea, einem zwischen 1905 und 1945 wieder einmal unter japanischer Herrschaft stehenden Land: „Mit ‚Wirkung' soll nicht einfach nur das Vorhandensein von Übersetzungen oder die Bezugnahme auf Goethe in der koreanischen Literatur gefaßt werden, sondern vor allem Reaktionsmuster koreanischer Goethe-Rezipienten, woraus sich erst eine gesellschaftliche Relevanz von Goethes ‚Wirkung' ergibt" (S. 11).

Unter Berufung auf Karl Robert Mandelkows Formel ‚falsche Nähe' (vgl. S. 11) unterzieht Gyu Chang Kim die ‚Erfolgsgeschichte' Goethes in Korea einer ideologiekritischen Reflexion, um „sowohl die Eigentümlichkeit als auch die Einseitigkeit der koreanischen Rezeption als eine Konkretisierung der Goetheschen Deutungs- und Wirkungspotentiale" herauszuarbeiten (S. 12): „Statt sich mit dem Aufzeigen eines Goetheruhms zu begnügen, gilt es, die ‚Wirkungsgeschichte' Goethes in Korea als geistige Beziehungen zwischen Deutschland und Korea zu erkennen und verstehen, indem man ihre historischen Zusammenhänge als interkulturelle Diffusion aufdeckt" (S. 13). Die hierzu erforderliche Periodisierung wird „aus wichtigen politischen, historischen und literaturgeschichtlichen Vorkommnissen" (S. 13) abgeleitet und stützt sich auf drei ‚Eckdaten':

(1) Die 1927 gegründete Zeitschrift *Haeoe munhak (Überseeliteratur)* bewirkt, daß in Japan ausgebildete Koreaner u. a. „einen neuen, philologischen Maßstab an die Goethe-Vermittlung" anlegen.

(2) Nach 1945, d. h. im Zuge der nationalen Souveränität, wird das „auf die Faustfigur zentrierte Goethebild (‚faustische Humanität')" kanonisiert, das unter national-patriotischem und fortschrittsoptimistischem Vorzeichen dem „Willen zur Modernisierung und Verwestlichung" dient.

(3) Mit der Gründung der Koreanischen Goethe-Gesellschaft 1982, die „in die Zeit der Demokratisierung und Internationalisierung des inzwischen selbstbewußt gewordenen Korea" fällt, löst sich das „bisher unangefochtene, mit ‚faustischer Humanität' assoziierte Goethebild [...] zugunsten einer offenen und kommunikativen Goetheforschung" auf (S. 14).

Die erste koreanische Erwähnung Goethes findet sich 1907 in einem Schulbuch zur Weltgeschichte, wo er gemeinsam mit Schiller – freilich nur *en passant* – der europäischen Romantik zugeschlagen wird: „Man kann davon ausgehen, daß Goethe unter dem Aspekt der ‚romantischen' Idee hauptsächlich durch angelsächsische Schriften über Japan nach Korea gekommen ist" (S. 20). Goethe-Übersetzungen gibt es ab 1911 (zuerst Auszüge aus *Maximen und Reflexionen*). Daß man sich ab 1920 auch an Übersetzungen des *Faust* versucht hat (vgl. S. 37), dürfte nicht zuletzt damit zusammenhängen, daß Deutschland während dieser Zeit für das politisch-kulturell unfreie Korea als „geistiges Leitbild" immer mehr an Bedeutung gewann: „Der gebrochene koreanische Nationalstolz unter der japanischen Annexion fand Ausdruck in einem Wunschbild von Deutschland, und verinnerlichte die Forderungen des Tages in humanistischen Träumen" (S. 25).

Noch während der 20er Jahre haben sich vor allem Dichter mit Goethe befaßt. Zu einer Art Verwissenschaftlichung kommt es erst ab 1926/27, als die Schriftsteller-Gruppe „Überseeliteratur" die Internationalisierung Koreas mit patriotischem Selbstbewußtsein zu vereinen sucht. Es gemahnt geradezu an das Pathos Winckelmanns, der sich 1755 von einer Nachahmung der klassischen Griechen die Unnachahmlichkeit der Deutschen versprach, wenn die Gruppe „Überseeliteratur" ihre respektvolle Erforschung westlicher Autoren damit rechtfertigt, auf diese Weise „eine eigene große und gehaltvolle Literatur schaffen und ihr Glanz geben" zu wollen (vgl. S. 43). Während der 30er Jahre vollzieht sich dann ein markanter ‚Traditionswechsel': „Der als überholt geltende sinozentrische Konfuzianismus wurde ersetzt durch einen westlichen universal gültigen Humanismus, den Goethe mit ‚großer Gegenwärtigkeit' zu verkörpern vermochte" (S. 48 f.). Die japanische Okkupationsmacht konnte dieses koreanische Bemühen um nationale Erneuerung tolerieren, weil es dabei um kulturelle statt um politische Veränderungen ging (vgl. S. 59); insofern hat Goethe den Koreanern vor dem Zweiten Weltkrieg primär als Quietivum gedient: „Nicht als Optimisten voller Nationalstolz näherten sich die Koreaner Goethe, sondern als Heimatlose in der eigenen Heimat, die ihre koloniale Wirklichkeit hinnahmen und irgendwie bewältigen mußten. In Goethe fanden sie nicht den von der ‚Überseeliteratur'-Gruppe propagierten, humanistischen Retter oder Friedensstifter, sondern einen von ihr übersetzten poetischen Begleiter durchs über den Zweiten Weltkrieg hinaus andauernde nationale Trauerspiel" (S. 59). In diesem Zusammenhang ist auch die angelsächsische Goethe-Interpretation als dominierende Vermittlungsinstanz allmählich durch die Orientierung an der aktuellen deutschen Germanistik abgelöst worden (vgl. S. 67). Wenn Goethe seit dem Gedenkjahr 1932 eine beachtliche Popularisierung als allgemeines Bildungsgut erfährt (vgl. S. 100), dann hat das vor allem mit einer gesteigerten Aufmerksamkeit für die *Leiden des jungen Werthers* zu tun: Der empfindsame Brief-Roman konnte jetzt als „Protest gegen die Feudalmoral" gelesen werden, „die die neue Jugend als ‚Einschränkung' der freien Liebe und Sexualität empfunden hat" (S. 106).

Für die zweite Hälfte des 20. Jahrhunderts reduziert sich die Analyse zwangsläufig auf ein halbiertes Korea (offenbar hat sich nicht ermitteln lassen, ob es in Nordkorea überhaupt noch eine Goethe-Rezeption gibt – als notdürftiger Ersatz für diesen wahrhaft beklemmenden blinden Fleck dient ein Exkurs über die Volksrepublik China). Die Studie rekonstruiert die Rahmenbedingungen der großen koreanischen Goethe-Gedenkfeier 1949, erläutert die Ausdifferenzierung einer genuin koreanischen Germanistik im Zeichen eines nachdrücklichen ‚Goethe-Kultes', hinterfragt die ‚idealistisch-humanistische Verklärung des Faust-Goethe' und bringt das Problem der gar zu theorielos entstandenen Goethe-Übersetzungen zur Sprache. Das Schlußkapitel *Goethe im Korea der Gegenwart* setzt sich unter dem Stichwort ‚Krise' sowohl mit den Defiziten der südkoreanischen Germanistik während der

60er und 70er Jahre (speziell der Fixierung auf Goethe, die zu Lasten der anderen deutschen Autoren ging und eine erhebliche Blickverengung zur Folge haben mußte) als auch mit dem aktuellen Problem des nachlassenden Interesses der Jugend am Studienfach Germanistik auseinander. Das Fazit ist ebenso skeptisch wie plausibel und will vielleicht sogar als hoffnungsträchtig verstanden werden: „Es scheint aber eins sicher zu sein, daß die Koreaner sich häufiger und nachdrücklicher die Frage stellen werden: ‚Warum Goethe?'" (S. 191).

Alles in allem macht die ausgesprochen solide, methodologisch bewußte und doch sympathisch knappe Untersuchung deutlich, daß Goethes ‚kometenhafter Aufstieg' in Korea eng „mit seiner bürgerlich-patriotischen Funktionalisierung" (S. 66) verbunden war und in dieser Hinsicht zuallererst aus ideologischen Interessen heraus zu begreifen ist. Die Argumentation bleibt dabei behutsam und verzichtet auf vorschnelle Schuldzuweisungen oder allzu grobe Vereinfachungen (vgl. z.B.: „Daß die koreanische Goethefeier 1932 eine das bestehende verbrecherische Kolonialsystem stabilisierende Funktion hatte, kann man kaum bezweifeln, darf sie aber auch nicht pauschal mit projapanischer Anbiederung gleichsetzen"; S. 73). Gyu Chang Kim bietet eine überall nachvollziehbare, weil prägnant begründete Skizze der wichtigsten Wechselfälle im Verlauf einer mittlerweile beinahe hundertjährigen Wirkung von Leben und Werk Goethes auf ein fernes Land. Daß er sich dabei fast ausschließlich auf die politisch-historischen Rahmenbedingungen konzentriert, um die beschriebenen Phänomene hieraus zu motivieren, ist zweifellos legitim. Freilich bleibt damit eine weitere Seite derselben Problematik noch im Dunkeln: die kulturellen Voraussetzungen nämlich, die es Koreanern anscheinend so leicht machen, sich immer wieder primär an ausländischen Vorbildern zu orientieren und das eigene Selbstverständnis von fremden Mustern abzuleiten. Es steht zu vermuten, daß diese Neigung ganz wesentlich vom Konfuzianismus bedingt ist, der sich als ethisches Paradigma derzeit überall in Ostasien in einer elementaren Krise zu befinden scheint. Weil die vorliegende Arbeit auf solche Dimensionen nur gelegentlich eingeht (vgl. etwa S. 73 f. oder S. 159), wird es einer anderen Arbeit eines anderen Forschers obliegen, sich künftig auch dieser Fragestellung zu widmen.

Albert Meier

Karsten Hein: *Ottilie von Goethe (1796–1872). Biographie und literarische Beziehungen der Schwiegertochter Goethes.* Frankfurt am Main u. a. 2001, 698 S.

Über Ottilie von Goethe, die „ideelle Tochter" Goethes, ist viel geschrieben worden. Die Biographen beschränkten sich nahezu ausschließlich auf ihre Rolle als Schwiegertochter, da sie von 1817 bis 1832 im Haus am Frauenplan wohnte und eine der vertrautesten Kontaktpersonen Goethes gewesen ist. Es existieren zahlreiche Berichte und Erinnerungen von Zeitgenossen[1], populärwissenschaftliche Untersuchungen[2] sowie triviale[3] und ernsthafte Romane[4], die im Gefolge der Edition von Ottilies Teilnachlaß aus den Beständen des Goethe- und Schiller-Archivs (1912/13)[5] und Wilhelm Bodes Biographie über *Goethes Sohn* (1918) entstanden sind. Erst mit Heinz Bluhms Veröffentlichung von Ottilies

---

[1] Am 18. Januar 1873 erschien mit Gustav Kühnes Nekrolog *Ottilie von Goethe* in der *Allgemeinen Zeitung* die erste zeitgenössische Darstellung über Ottilies Leben.

[2] Jenny von Gerstenbergk hat den Reigen der Ottilie-Biographien 1901 mit *Ottilie von Goethe und ihre Söhne Walther und Wolf. In Briefen und persönlichen Erinnerungen* eröffnet, der mit Ruth Rahmeyers *Ottilie von Goethe. Das Leben einer ungewöhnlichen Frau.* Stuttgart 1988, zunächst sein Ende fand.

[3] z.B. Otto Rießler: *Ottilie von Goethe, ein Schmetterling der Liebe.* Heidenau 1926.

[4] z.B. Thomas Mann: *Lotte in Weimar.* Stockholm 1939.

[5] Wolfgang von Oettingen (Hrsg.): *Aus Ottilie von Goethes Nachlaß. Briefe von ihr und an sie 1806–1822 [Bd. 1], bis 1832 [Bd. 2].* Nach den Handschriften des Goethe- und Schiller-Archivs. Weimar 1912 f. (= SchrGG, Bd. 27 u. 28).

Tagebüchern bis zu ihrem Tode 1872[6] begann sich das Interesse auf ihr gesamtes Leben und Wirken auszubreiten. Bis heute hat man es mit der Darstellung historischer Fakten allerdings nicht immer genau genommen, zudem lud das Fehlen wichtiger Quellen ein zur Legendenbildung insbesondere um Ottilies Liebesaffären. Karsten Hein legt nun mit seiner Dissertation *Ottilie von Goethe* – 129 Jahre nach ihrem Tode – die erste wissenschaftliche Biographie vor, die den Anspruch erheben darf, alle Lebensabschnitte gleichermaßen zu berücksichtigen. Aus der Fülle der Dokumente, zu denen nicht nur Briefe und Tagebucheinträge der Goethes gehören, sondern auch zeitgenössische Berichte Außenstehender sowie historische Zeitungsartikel, hat Hein Ottilie von Goethes Leben detailliert rekonstruiert: die Beziehungen zu ihrem Ehegatten August, zum Schwiegervater und zu anderen Männern, zu den Kindern und zu Adele Schopenhauer, die familiären und öffentlichen Verpflichtungen, die kulturellen Interessen und musischen Begabungen sowie ihre literarischen Fähigkeiten. Um seine Aussagen auf eine breite Basis zu stützen, hat sich Hein nicht nur, wie es zumeist geschehen ist, auf die zahlreichen bereits veröffentlichten Aufzeichnungen beschränkt, sondern auch unveröffentlichte und entlegene Quellen konsultiert und für seine Studie ausgewertet. So sind nicht nur die leicht erreichbaren Bestände des Goethe- und Schiller-Archivs in Weimar, des Freien Deutschen Hochstifts in Frankfurt am Main sowie des Goethe-Museums in Düsseldorf genutzt worden, sondern auch der umfangreiche und noch ungeordnet gebliebene Teilnachlaß Ottilie von Goethes in der Newberry Library in Chicago. Obwohl Bluhm mit Ottilies Tagebüchern, August und Ottilies Briefen[7] und Henriette von Pogwischs *Briefen an Adele Schopenhauer*[8] nur eine Auswahl davon veröffentlichte, hat man sich nicht mehr um die übrigen Handschriften gekümmert.[9] Heins Studie verdient schon deshalb Anerkennung, weil ihr auch der bis heute noch nicht beachtete Teil des Autographenbestandes zugrunde liegt. Der für eine Dissertation ungewöhnliche archivalische Arbeitsaufwand der Sichtung, Systematisierung, Zuordnung und Transkription hat sich gelohnt: Durch die neu hinzugezogenen Handschriften konnten nicht nur zahlreiche Daten bereits veröffentlichter Briefe und Tagebucheinträge ermittelt und biographische Lücken geschlossen werden, sondern auch die bisher zusammengestellten Informationen über Ottilies vielfältige literarische Tätigkeiten um wesentliche Details bereichert werden.

Die chronologisch aufgebaute Studie gliedert sich grob in drei Abschnitte, die mit einem entsprechenden biographischen Einschnitt korrespondieren: *Ottilies Herkunft – Der Weg nach Weimar*, *Ottilies Leben in Goethes Kreis* und *Ottilies zweite Lebenshälfte*. Eine besondere Hervorhebung verdienen zwei Bereiche, die zeigen, wie Ottilie ihre literarischen Interessen verwirklicht hat: die Arbeit für die Zeitschrift *Chaos* und ihre schriftstellerischen Versuche nach Goethes Tod. Durch Autopsie aller *Chaos*-Manuskriptblätter und der in den Archiven aufbewahrten *Chaos*-Exemplare, in denen sich zahlreiche handschriftliche Bemerkungen der damaligen Besitzer befinden, hat Hein nun die von Reinhard Fink besorgte Rekonstruktion der Entstehung der Zeitschrift und die Übersicht über Autoren und ihre Beiträge[10] um wichtige Informationen ergänzt. So ist es nicht nur gelungen, die Erscheinungsdaten der einzelnen *Chaos*-Hefte lückenlos ausfindig zu machen, sondern auch die schwierige Frage der Zuordnung und Zuschreibung zu lösen.

---

6 Ottilie von Goethe: *Tagebücher und Briefe von und an Ottilie von Goethe*. 5 Bände. Hrsg. von Heinz Bluhm. Wien (Bd. 1–4) u. Bern (Bd. 5) 1962–1979.

7 August von Goethe und Ottilie von Pogwisch: *Briefe aus der Verlobungszeit*. Hrsg. von Heinz Bluhm. Mit einem Kommentar von Dorothea Lohmeyer-Hölscher. Weimar 1962, und August und Ottilie von Goethe: *Neue Briefe*. Weimar 1964.

8 Henriette von Pogwisch: *Weimar im Jahr 1832. Briefe an Adele Schopenhauer*. Hrsg. von Heinz Bluhm. Wien 1964.

9 Eine Ausnahme bilden Nancy und Peter Boerner, die erst vor kurzem eine erste grobe Übersicht über den Handschriftenbestand aus Ottilies Nachlaß zusammengestellt haben. Vgl. Nancy und Peter Boerner: *Auch ein „Glückliches Ereignis": Funde zu Ottilie von Goethe in der Newberry Library*. In: Alo Allkemper/Norbert Otto Eke (Hrsg.): *Literatur und Demokratie*. Fs. für Hartmut Steinecke zum 60. Geburtstag. Berlin 2000.

10 Vgl. Reinhard Fink: *Das „Chaos" und seine Mitarbeiter*. In: Heinrich Schreiber (Hrsg.): *Otto Glauning zum 60. Geburtstag. Festgabe aus Wissenschaft und Bibliothek*. Bd. 1. Leipzig 1936, S. 43–53, und in: Ottilie von Goethe (Hrsg.): *„Chaos" unter Einschluß der Fortsetzungen „Création" und „Creation"*. Bern 1968. (Repr. der Originalzeitschrift 1829–1832), S. 43–53.

Im weiteren Verlauf von Ottilies Leben wird deutlich, daß sie trotz finanzieller Schwierigkeiten und persönlicher Schicksalsschläge die poetischen Interessen aus ihrer Weimarer Zeit weiter pflegte und ihre schriftstellerische Tätigkeit wieder aufnahm. Zahlreiche Begegnungen mit prominenten Schriftstellern, ihre Beziehung zu Gustav Kühne und der durch ihn vermittelte Kontakt zu den „Jungdeutschen" sowie der literarische Austausch mit ihrer Freundin Anna Jameson zeigen, wie sehr sie für die Förderung von Literatur lebte. Sie beteiligte sich unter anderem an der Korrektur von Eckermanns *Gesprächen mit Goethe* sowie an der zweiten Auflage der englischen *Tasso*-Übersetzung von Charles DesVoeux, beschäftigte sich mit dem politischen Verbot des „Jungen Deutschland" und verfaßte verschiedene, bis heute allerdings nicht veröffentlichte Literaturkritiken, die neben der Auseinandersetzung mit den Werken auch emanzipatorische Bemerkungen über die Stellung der Frau enthalten. Wiederum ist es Hein gelungen, auf der Grundlage der Newberry-Handschriftensammlung eine Lücke zu schließen: Nach der gescheiterten Beziehung mit Kühne begann Ottilie im Januar 1839, eine Sammlung eigener Schriften anzulegen, die sie selbst als „Gedankensarg" bezeichnete. In dem Quartband finden sich kurze tagebuchartige Einträge, flüchtige Textskizzen, persönliche Reflexionen, Anmerkungen über verschiedene Personen sowie Briefabschriften, eigene Rezensionen, Gedichte und poetische Texte. Die Textsammlung enthält auch das Originalmanuskript der Erzählung *Indianisches Märchen*, das – wie andere Aufzeichnungen Ottilie von Goethes – erst viele Jahre nach seiner Entstehung von Anna Jameson ins Englische übertragen und veröffentlicht worden ist. Über den „Gedankensarg" ist nur wenig bekannt, weil zum einen die Notizen, Entwürfe und Manuskriptblätter größtenteils nicht veröffentlicht worden sind und zum anderen Ottilie sich nur gelegentlich in ihrem Tagebuch darauf bezogen hat.

Ottilie von Goethes enge Beziehung zu den Familien Pogwisch und Goethe, ihre Einbindung in das öffentliche und kulturelle Geschehen, ihr langes Leben und schließlich die umfangreiche und unüberschaubare Quellenüberlieferung stellen an den Biographen höchste Anforderungen. Einerseits erwartet der Leser eine möglichst ausführliche Lebensgeschichte im allgemeinhistorischen Kontext, andererseits aber sollten sich die Ausführungen auf die wesentlichen Aspekte beschränken, da sonst Übersichtlichkeit und Klarheit durch eine Anhäufung von Informationen und Zitaten leiden. Die ausgiebige Nutzung der Quellen und die gründliche Literaturrecherche belegen, daß Hein ein glänzender Kenner seiner Materie ist und jede Spur akribisch verfolgt hat. Die Ausbreitung von Detailwissen führt jedoch dazu, daß die Perspektive auf Ottilie sich an manchen Stellen verliert. Das mag zunächst an dem anspruchsvollen Ziel gelegen haben, nicht nur eine Biographie, sondern eine breitgestreute „Familiengeschichte der Goethes bis zu ihrem letzten Vertreter, Walther von Goethe," (S. 13) zu schreiben. Auch das strikte Festhalten an der Chronologie und die zahlreichen Untergliederungspunkte der drei großen Abschnitte haben zur Folge, daß die Informationsfülle von den entscheidenden Themen ablenkt. Hier wäre eine Durchbrechung des chronologischen Prinzips zugunsten einer thematischen Struktur sinnvoller gewesen, die sich an Ottilies unterschiedlichen Wirkungsfeldern hätte orientieren können. Zudem fällt auf, daß an zahlreichen Stellen biographische Anmerkungen wiederholt formuliert werden, wie zum Beispiel Augusts Freundschaft mit dem Ehepaar Christiane und Johann Friedrich Gille (S. 191 f./S. 284 f.) und die Vormundschaftsfrage für August und Ottilies Kinder (S. 306/ S. 338). Schließlich wird der auf Ottilie von Goethe gerichtete Blick gestört durch zu viele abschweifende biographische Exkurse über ihr nahestehende Personen, was keine neuen Erkenntnisse bringt und in dieser Ausführlichkeit für die Argumentation belanglos ist.

Neben der Konzentration auf wesentliche Aspekte hätte sich der Leser ein Personen-, Werk- und Quellenregister gewünscht, das die Benutzung dieser quellenkundlichen Arbeit erheblich erleichtert hätte. Ein kommentiertes Personenregister, das knapp über die einzelnen Biographien informiert, hätte darüber hinaus auch einen erfreulichen Nebeneffekt gehabt: die Entlastung des über 600 Seiten starken Textteils. Auch eine Auflistung der verwendeten unveröffentlichten Briefe und Dokumente, besonders aber eine Übersicht über die von Ottilie von Goethe verfaßten literarischen Texte, Rezensionen und autobiographischen Notizen aus der Newberry Library, wäre hilfreich gewesen.

Trotz dieser kritischen Bemerkungen soll die Leistung von Heins Arbeit insgesamt nicht in Frage gestellt werden. Seine Studie über Ottilie von Goethe bietet eine materialreiche Rekonstruktion des langen, von Krankheit und Schicksalsschlägen gezeichneten Lebens einer vielbegabten Frau, die es verdient, nicht nur als Schwiegertochter Goethes wahrgenommen zu werden. Gerade die hier erstmals vorgestellten Materialien aus der Newberry Library enthalten eine Fülle von Informationen, die es erlauben, genauere Aussagen über Ottilie von Goethes vielseitige Betätigung im zeitgenössischen Literaturbetrieb zu formulieren. Zu wünschen bleibt, daß die Handschriften der Familie Goethe in der Newberry Library möglichst rasch systematisch erschlossen und gegebenenfalls veröffentlicht werden, damit auch europäische Interessenten sie ohne Umstände nutzen können.

Gabriele Radecke

Katja Dmitrieva/Viola Klein (Hrsg.): ***Maria Pavlovna.*** *Die frühen Tagebücher der Erbherzogin von Sachsen-Weimar-Eisenach.* Köln, Weimar, Wien 2000, 399 S.

Die von der Moskauer Germanistin Katja Dmitrieva und der deutschen Kunstwissenschaftlerin und Romanistin Viola Klein herausgegebenen frühen Tagebücher der Erbherzogin von Sachsen-Weimar-Eisenach, Maria Pavlovna, sind Ergebnis einer außerordentlich hoch zu schätzenden, immensen Archiv-, Editions- und Forschungsarbeit. Die Archive in Weimar, und nicht nur diese, bergen zahlreiche, immer noch unerschlossene handschriftliche Nachlässe von Frauen, die für die regionale neuzeitliche Kulturgeschichte und deren Verflechtung mit Europa von Bedeutung sind. Dabei haben die Nachlässe der an exponierter Stelle stehenden Fürstinnen seit einiger Zeit das Interesse der Forschung auf sich gezogen. Deren Aufarbeitung ermöglicht unter Einbeziehung theoretischer Fragestellungen der historischen Geschlechterforschung neue Perspektiven auf vertraut erscheinende Konstellationen der sogenannten Hochkultur. So legen auch die frühen Tagebücher Maria Pavlovnas, die durch ihre Heirat mit dem Erbherzog Carl Friedrich aus der russischen Zarenfamilie in den inneren Kern der politischen und kulturellen Elite des Herzogtums Sachsen-Weimar gelangte, bisher nicht bekannte Facetten Weimars im europäischen Kontext zwischen 1805 und 1813 frei.

Die beiden frühen Tagebücher, das von 1805 bis 1808 und das von April bis September 1813, wurden von den Editorinnen diplomatisch transkribiert und erscheinen unter Angabe der Originalpaginierung in integraler Form. Sie umfassen 40 bzw. 45 Druckseiten. Allerdings müßte gerade bei solch verdienstvollen Erstdrucken handschriftlicher Quellen mehr Sorgfalt bei der technischen Herstellung, insbesondere bei der Beachtung von Regeln der Silbentrennung walten.

Beide Tagebuchtexte sind fragmentarisch und in weiten Teilen sehr lakonisch. Das ist einerseits an die Darstellungskapazität der Verfasserin gebunden, ist jedoch andererseits ein Genrespezifikum autobiographischer Dokumente der europäischen Hocharistokratie, die an die klassischen französischen Genres *journal* oder *mémoires* anknüpften. Beides macht die fortlaufende Lektüre nicht einfach und im Interesse des Lesers erforderlich, Lücken im Tagebuch entweder durch eine umfangreiche Einleitung oder durch intensive Kommentierung zu schließen. Die Herausgeberinnen haben sich für eine knappe Einleitung und umfangreiche Kommentare entschieden. Auf beides soll an dieser Stelle eingegangen werden.

Die Einleitung konzentriert sich auf vier thematische Schwerpunkte. Sie hätte gewonnen, wenn ein kurzer Überblick zur wenig bekannten Biographie Maria Pavlovnas eingearbeitet worden wäre, die – wie andere deutsche Fürstinnen der Neuzeit auch – außerhalb der geographischen Region ihres Wirkens meist unbekannt geblieben ist. Im ersten thematischen Schwerpunkt werden zunächst in konziser Form, anknüpfend an den neuesten Forschungsstand zur höfischen Tagebuchforschung, die Beweggründe Maria Pavlovnas, Tagebuch zu führen, und die unterschiedlichen Funktionen, die diese literarische Betätigung für sie in den jeweiligen Lebensabschnitten hatte, dargelegt (S. 3–6). Entwicklung und Reifung der Persönlichkeit Maria Pavlovnas werden nachgezeichnet. Beim Führen ihres Tagebuchs ließ sie sich gleichermaßen von der Intention leiten, persönlich Rechenschaft abzulegen, wie von dem Ziel, ihrem Sohn Carl Alexander eine Art mütterlichen Fürstenspiegel zu hinterlassen. Weitere Schwerpunkte der Einleitung bilden eine Einführung in das kulturelle bzw. politische Umfeld, in dem die beiden Tagebücher verankert sind: die kulturelle Hochburg Weimar zu Beginn des 19. Jahrhunderts

(S. 11–19) und die Napoleonische Ära bis 1813 (S. 19–31). Dabei widerlegen die Editorinnen durch Einbeziehung weiterer Nachlaßteile Maria Pavlovnas überzeugend die Legende von einer sofortigen Harmonie zwischen der Erbherzogin und dem intellektuellen Weimar und stellen das Verhältnis Maria Pavlovnas zu den dort versammelten Schriftstellern – nicht nur zu Goethe – differenziert dar. Außerordentlich aufschlußreich ist der Abschnitt zum politischen Hintergrund der Tagebücher. Am Beispiel Maria Pavlovnas – und durchaus verallgemeinerbar – arbeiten Klein und Dmitrieva prägnant heraus, wie komplex europäische politische Ereignisse in das Leben von Fürstinnen eingreifen konnten. Die Erbherzogin von Weimar war Spielball im politischen Machtkampf zwischen Rußland, Frankreich und Preußen, in den Sachsen-Weimar-Eisenach involviert war. Zugleich war sie in inoffizieller Mission politisch aktiv, strebte während der nicht immer freiwilligen Reisen Kontakte zur politischen und intellektuellen Elite in Berlin, Prag und Wien an. Der vierte thematische Schwerpunkt der Einleitung ist als konstitutiv für die Gesamtanlage der Ausgabe anzusehen. Die Editorinnen gehen hier auf die Notwendigkeit und Ergiebigkeit einer Zusammenschau zweier zentraler autobiographischer Quellen, der Tagebücher und Korrespondenzen, ein (S. 2, S. 6–11). Die Analyse des subtilen Wechselverhältnisses zwischen beiden Genres ergänzt tatsächlich das Lückenhafte und Lakonische der frühen Tagebücher, relativiert manche darin gefällte Aussagen Maria Pavlovnas.

In diesem Sinne haben sich beide Herausgeberinnen dafür entschieden, aus den bis dato ebenfalls nicht edierten Briefen Maria Pavlovnas an Mitglieder der Zarenfamilie umfangreiche Auszüge in den beiden Kommentarteilen zu präsentieren. Sehr präzise ausgewählte, auf entsprechende Tagebuchpassagen bezogene Briefstellen ermöglichen das Auflösen und Erläutern von Anspielungen, Zusammenhängen und Hintergründen in den Journalen. Auf diese Weise wurde quasi eine zweite Edition in den vorliegenden Band integriert. Dieses Verfahren verdeckt eher die große Arbeitsleistung der Editorinnen und weckt die Frage, ob nicht eine separate Edition der Briefe angemessener und verdienstvoller gewesen wäre. Darüber hinaus integrieren beide Herausgeberinnen in den Kommentarteil ein immenses kulturhistorisches Wissen, das in zahlreichen, detaillierten Erläuterungen zur Geschichte von Literatur, Malerei, Plastik, Architektur, Medaillen, Münzen und Gartenkunst seinen Niederschlag gefunden hat. Sie verdeutlichen, daß man sich nur auf interdisziplinäre Weise historischen biographischen Quellen der vorliegenden Arbeit nähern kann.

Dieser Anlage entsprechend, sind die sorgfältigen und ausführlichen Kommentarteile im Vergleich zu den Tagebuchtexten mit 105 zu 40 bzw. 108 zu 45 Druckseiten sehr umfangreich. Das Bedürfnis, möglichst viel unerschlossenes Material zu veröffentlichen, hat zu exzessivem Beibringen von Belegstellen aus den Briefen Maria Pavlovnas geführt (z. B. S. 156–158, S. 297–299). Straffungen oder Querverweise in den Kommentarteilen wären an mehreren Stellen durchaus denkbar gewesen. Durch den Verzicht auf den traditionellen Zeilenkommentar wird zudem die Korrespondenz zwischen Tagebuch- und Kommentartext unnötig erschwert; so kann es geschehen, daß man nach der Erläuterung einer Textstelle auf sechs in Frage kommenden Seiten suchen muß.

Das Monierte sind hingegen Kleinigkeiten angesichts eines generellen Problems der Edition schriftlicher Nachlaßteile von Fürstinnen der Neuzeit, das sich auch in der vorliegenden Edition manifestiert. Diese Nachlässe aus dem 18. und frühen 19. Jahrhundert sind meist französischsprachig. Obwohl die französischsprachige Literatur im Deutschland des Aufklärungszeitalters wesentlicher Bestandteil der europäischen und deutschen Kultur dieser Zeit war, ist sie generell Stiefkind sowohl der Romanisten als auch der Germanisten geblieben. Die vorliegende Ausgabe macht das für einen Editor entstehende Dilemma sichtbar. Die Tagebuch- und Brieftexte werden im französischen Original wiedergegeben. Der Sachkommentar erscheint auf deutsch. So wird beim Rezipienten stillschweigend die Beherrschung beider Sprachen vorausgesetzt, de facto aber die Zahl der Nutzer und Leser erheblich eingegrenzt.

Verdienstvoll ist die Entscheidung, im Mittelteil der Ausgabe en bloc Schwarz-weiß-Abbildungen einzufügen. Sie illustrieren einige der in Maria Pavlovnas Tagebüchern erwähnten Fakten, sind jedoch von geringer Qualität und zudem nur unvollständig verzeichnet. Man vermißt Faksimiles aus den Tagebüchern der Erbherzogin.

Insgesamt bieten die frühen Tagebücher und Briefe Maria Pavlovnas reiches Material zur Erforschung der Kulturgeschichte Weimars in der europäischen Umbruchsituation zwischen 1805 und

1813. Die Herausgeberinnen haben mit ihrer Edition außerdem auch wertvolle Quellentexte für die vielgestaltigen neueren Forschungen zur Stellung der Fürstinnen an europäischen Höfen der Neuzeit, zu den Möglichkeiten und Grenzen ihrer Teilnahme am politischen und geistig-kulturellen Geschehen der Zeit bereitgestellt. Die Verknüpfung beider Ebenen erhellt schlaglichtartig der Schlußsatz Maria Pavlovnas im zweiten Tagebuch: Sie schreibt während der vom Zaren Alexander I. befohlenen Flucht aus Weimar 1813, die über Prag und Wien nach Baden führte und zu einer intensiven Bildungsreise voller Begegnungen mit politisch und geistig bedeutenden Personen wurde:

> [...] en éxaminant l'état de mon âme, je ne me suis pas trouvée contente de moi-même, car je sens que la vie uniforme que j'ai mené à Weymar m'a rendû comme incapable jusqu'à cette heure d'aller avec grâce dignité et la gaité. (S. 129) – Ich war nicht zufrieden mit mir, als ich meinen Seelenzustand bedachte, denn ich fühle, daß das eintönige Leben, das ich in Weimar führte, mich bis zu diesem Augenblick quasi unfähig macht, mit Anmut, Würde und Heiterkeit aufzutreten. (Übersetzung B. R.)

Bärbel Raschke

Thomas Neumann (Hrsg.): *Anton Kippenberg. Der Briefwechsel mit Julius Petersen 1907 bis 1941.* Norderstedt 2000, 596 S.

Briefe sind Fundgruben für die Erhellung menschlicher Erfahrungen wie historischer und gesellschaftlicher Bedingungen. Anton Kippenberg, der 24jährige Buchhändler aus Bremen, und Julius Petersen, der um vier Jahre jüngere Philologiestudent, lernten einander 1899 im Germanistischen Seminar der Leipziger Universität bei „ernsten Sitzungen und fröhlichen Nachsitzungen" kennen. Die beiden Freunde korrespondierten bis zum Tode Petersens im August 1941.

Thomas Neumann, der Herausgeber der Briefe, hat im Rahmen eines Forschungsprogramms der Deutschen Schillergesellschaft und des Deutschen Literaturarchivs in Marbach die im Goethe- und Schiller-Archiv in Weimar und vereinzelt in Marbach verwahrten Briefe erstmals zusammengeführt, aufbereitet und veröffentlicht. Zu Recht spricht er sich in seiner Einführung gegen eine „eindimensionale Adaption abgehängter Interpretationsmuster" aus heutiger Sicht aus. In seiner Kommentierung wie im umfassenden Literaturverzeichnis, ergänzt durch ein sorgfältiges Namens- und Institutionenregister, verweist der Herausgeber auf eine Fülle weiterführender Quellen.

Bedauerlich sind jedoch angesichts der insgesamt fundierten Arbeit die vielen Flüchtigkeitsfehler; sie werden auch mit dem Errata-Verzeichnis im Internet (www.online-texte.de/kippenberg) nicht geheilt. So geraten schon mal Jahreszahlen, Briefe und Institutionen durcheinander: Die Beurlaubung Petersens von seinem Berliner Lehrstuhl während seiner Zeit als Präsident der Goethe-Gesellschaft für eine Gastprofessur in den USA erfolgte nicht 1931/32, sondern lief bis zum Wintersemester 1933/34; da zeigt sich auch Unkenntnis über die Johns-Hopkins-Universität in Baltimore; da wird schon mal ein Brief Petersens (Nr. 366) versehentlich Kippenberg zugeschrieben. Unverständlich ist, daß eine für das Verständnis der Goethe-Gesellschaft in der Zeit zwischen 1933 und 1945 unverzichtbare Arbeit (Lothar Ehrlich u. a.: *Das dritte Weimar.* Köln u. a. 1999) im Literaturverzeichnis fehlt.

Der jetzt vorliegende aufschlußreiche Briefwechsel setzt 1907 ein, kurz nachdem Kippenberg den jungen Leipziger Insel-Verlag alleinverantwortlich übernommen hatte und ein ebenso randscharfes wie erfolgreiches Verlagsprogramm umzusetzen begann: „Der Weltliteratur im Goetheschen Sinne zu dienen", schreibt er damals an Hugo von Hofmannsthal, „dem Gehalt des Buches die Form anzupassen, den Sinn für Buchkunst und auch Buchluxus immer mehr zu heben und von der zeitgenössischen Literatur wenig, aber dafür nach Möglichkeit das Dauer versprechende zu bringen". Goethe und Rilke sind zunächst seine verlegerischen Fixsterne. Rilkes todesverliebte *Weise von Liebe und Tod des Cornets Christoph Rilke* wird von Kippenberg als Nr. 1 der Insel-Bücherei aufgelegt; sie zählt unter den deutschen Soldaten des Ersten Weltkrieges zum meistgelesenen Buch. Bei Goethe erinnert sich

Kippenberg an seinen ehemaligen Kommilitonen Petersen. Dem jungen Germanisten, damals Herausgeber der wissenschaftlichen Beilage der Münchner *Allgemeinen Zeitung*, überträgt er anfangs die noch heute gültige Edition der Briefe Goethes an Charlotte von Stein, die 1907 erscheint.

Von den 429 Briefen entfallen mehr als die Hälfte auf die ersten sieben Jahre bis 1914. Es geht vor allem um Vertragsklauseln, Honorarzahlungen, Drucktermine. Der Schriftwechsel zeigt in dieser Phase den verlegerischen Weitblick und die unternehmerische Dynamik Kippenbergs und zugleich die wissenschaftliche Akribie und Werkbegeisterung Petersens. Nach den Goethe-Briefen an Charlotte von Stein folgt die Zusammenarbeit bei der Ausgabe einer Auswahledition von Lessing-Briefen (1911), bei einem Band über Gespräche mit Schiller (1911) und einer Heine-Ausgabe (1910–1915). Deutlich wird das sensible Verständnis sowohl für einen neuen, modernen Zugang zur Zeit der Klassik als auch zur aktuellen Literatur. Daneben wird zugleich der wissenschaftliche Weg Petersens sichtbar: Habilitation und Professur in München, dann die Stationen Yale, Basel und Frankfurt, später die Nachfolge von Erich Schmidt, dem dritten Präsidenten der Goethe-Gesellschaft seit ihrer Gründung 1885, auf dessen Berliner Lehrstuhl.

Der gemeinsame rote Faden bleibt unbeirrbar Goethe. An seinem Werk orientieren Kippenberg und Petersen die historische Vermessung kultureller und politischer Problemfelder der ersten Hälfte des 20. Jahrhunderts. Der Briefwechsel überspannt drei Staatssysteme und reicht bis in den Zweiten Weltkrieg, er reflektiert auch die vielen kulturellen Brüche dieser Epochen: Kaiserzeit, Weimarer Republik, totalitäres Regime der Nationalsozialisten. Eine andere Tonlage der Korrespondenz setzt ein, als am Ende des Ersten Weltkrieges das Engagement in der Goethe-Gesellschaft für beide immer mehr Gewicht erhält. Kritische Distanz zur Weimarer Republik mehr aus monarchischer als deutschnationaler Haltung ist gekoppelt mit dem Unmut über Strukturprobleme der Goethe-Gesellschaft: „Ich kann mich nicht entschließen", schreibt Kippenberg im August 1919, „an der diesjährigen Versammlung der Goethe-Gesellschaft teilzunehmen, einmal, weil ich eine gründliche Abrechnung mit der Leitung der Gesellschaft und eine Reform an Haupt und Gliedern für nötig halte, aus inneren und äußeren Gründen aber mich nicht daran beteiligen mag, dann aber auch, weil Weimar mir durch die National-Versammlung – ich war neulich da, als der Frieden ratifiziert wurde – so verleidet ist, daß ich es für lange Zeit nicht wiedersehen kann".

Dennoch wird er im selben Jahr in den Vorstand gewählt, stellt aber wenige Monate später resignierend fest: „Aus der ganzen Goethe-Gesellschaft wird nie wieder etwas; davon bin ich überzeugt". Petersen wiederum faßt ihn mahnend am Portepee: „Laß die Weimarer Goethe-Gesellschaft, die von Dir neuen Aufschwung erhofft, nicht im Stich". Das findet Kippenberg zwar „höchst schmeichelhaft", zweifelt aber an seinen Möglichkeiten, denn dazu müßte der Vorstand „ganz anders zusammengesetzt sein".

Dann ist es wieder Kippenberg, der Petersen zur Teilnahme an der Jahresversammlung ermutigt: „Wenn Leute wie Du [...] ausbleiben, was soll dann aus der Goethe-Gesellschaft werden?" Beide reiben sich an der Weimarer Gesellschaft, beide richten sich gegenseitig immer wieder auf. Sie riechen „Moder der achtziger Jahre", sie sind angewidert von der Atmosphäre der Tagungen, die für sie auf ein „Schützenfest" hinauslaufen, wenden sich gegen ein Vereinsleben, in dem Goethe bloß wie eine Zimmerpflanze, die städtische Liedertafel zur Erbauung flankierend, gehegt wird: „Wir sind doch kein Gesangsverein oder Militärverein".

Die wichtigsten Briefe der beiden Freunde datieren aus der Zeit nach dem Beginn der NS-Herrschaft. Petersen, von 1927 an Präsident der Goethe-Gesellschaft, war seit Anfang 1933 an der Johns Hopkins und an der Stanford University. Erst im Oktober kehrt er auf dem Schiffsweg zurück. Noch von Bord schreibt er seinem Vizepräsidenten Kippenberg, daß es in den USA angesichts des Umsturzes in Deutschland schwierig war, „über den Geist der deutschen Humanitätsperiode und über Nathan den Weisen" zu sprechen. Er vermutet, daß es daheim für den Verleger von Stefan Zweig gewiß nicht einfacher war. Jetzt werde er sich wohl erstaunt die Augen reiben: „Des Epimenides Erwachen!". Er dankt Kippenberg, daß er die Goethe-Gesellschaft in seiner Abwesenheit „sehr geschickt zwischen Scylla und Charybdis hindurchgesteuert" habe: „Nun wollen wir sehen, wie wir weiterkommen". Kippenbergs Antwort: „Wie es mit dem Schicksal der Goethe-Gesellschaft wird, wissen wir nicht, aber Du wirst das Gefühl haben, daß wir Dich nach besten Kräften vertreten und Dir immer noch eine intakte Goethe-Gesellschaft hinübergerettet haben".

Die Rettung einer intakten Gesellschaft – das heißt zunächst Verteidigung der seit Ende der 20er Jahre sich stärker regenden republikanischen Gesinnung, Verteidigung auch einer demokratischen Satzung gegen Gleichschaltung und Führerprinzip in allen gesellschaftlichen und kulturellen Institutionen, Widerstand gegen den amtlich verordneten Antisemitismus. Zerreißproben bleiben nicht aus. Es gibt Proteste und Austritte. Aber die Mitgliedschaft der jüdischen Mitbürger bleibt gewahrt. Der Präsident der Kleist-Gesellschaft macht sofort von seinem „Führerrecht" Gebrauch: „Ich will es nicht machen wie die Goethe-Gesellschaft, die die Juden behält". Petersen stemmt sich dagegen. Den Weg der Kleist-Gesellschaft, so schreibt er an seinen Vorstandskollegen Martin Donndorf, „werden wir schwerlich gehen können". Auch an seinem Lehrstuhl hält er – trotz übler Pressionen – an seiner jüdischen Assistentin Charlotte Jolles fest. Als die Mitarbeiterin gegen Petersens Widerstand aus dem akademischen Dienst entfernt wird, bezahlt er sie bis zu ihrer Flucht nach England aus eigener Tasche. Die hochgeachtete Germanistin und heutige Ehrenpräsidentin der Fontane-Gesellschaft erinnert sich dankbar an den Mut ihres akademischen Lehrers.

Deutlich wird im Briefwechsel die Standhaftigkeit beider Freunde in grundsätzlichen Fragen – auch wenn diese mit einem persönlichen Scheitern verbunden sein sollten. Petersen hatte noch in den USA erfahren, daß die Nationalsozialisten den Vorstand der Goethe-Gesellschaft im Zuge der Gleichschaltung zu Fall bringen wollen. Seine entschiedene Haltung formulierte er dazu noch auf dem Schiff in einem Schreiben an Donndorf: „Sollte sich das Mißtrauensvotum nur gegen den Präsidenten richten, so bin ich gern bereit, in den Abgrund zu springen. Aber ich halte es für ebenso selbstverständlich, daß wir uns gegen alle Politisierungsversuche, wie bisher, zur Wehr setzen".

Kippenberg und Petersen verweigern den Eintritt in die Reichskulturkammer. Im Vorfeld der Hauptversammlung von 1934 beschließt der Arbeitsausschuß zudem: „Von allen Änderungen der Satzung, einer Umbenennung der Gesellschaft und der Einführung des Führerprinzips wird abgesehen". Kippenberg und Petersen sehen sich heftigen öffentlichen Angriffen ausgesetzt. Die *Allgemeine Thüringische Landeszeitung* versucht noch bis zuletzt, die Mitglieder für Satzungsänderungen umzustimmen, „die hoffentlich dazu dienen, der in den letzten Jahren immer mehr zunehmenden Verjudung in der Goethe-Gesellschaft zu steuern und wieder deutschen Geist hineinzubringen". Vergeblich.

Beide widersetzen sich auch der kurz danach aus Berlin eintreffenden Aufforderung des Amtes Rosenberg, die Mitgliederliste vorzulegen, um auf diesem Weg die Durchsetzung des „Arierparagraphen" zu erzwingen. Nach dieser Weigerung kam zum Jahresende 1934 prompt eine Weisung des „Führerbeauftragten für die gesamte geistige und weltanschauliche Erziehung der NSDAP", „fortlaufend" über sämtliche Tagungen, Vorträge, Sonderveranstaltungen zu berichten, „aus denen wir die Behandlung geistiger und weltanschaulicher Probleme innerhalb ihrer Gesellschaft entnehmen können". Der Fortbestand der Gesellschaft hängt jetzt an einem seidenen Faden. Petersen reagiert auf den „Windhauch von Norden, der Übles bringt", mit Anzeichen von Resignation. Die permanente Drangsal kostet Kraft, hinterläßt auch gesundheitlich ihre Spuren.

Dem „lieben Antonio" berichtet Petersen Anfang Januar 1935 von dem jüngsten politischen Pressionsversuch. Er ist erschöpft, er will aufgeben: „Ich will ja gern im Vorstand bleiben, aber von der Leitung mich zurückziehen. Von der Politik zur Wissenschaft".

Noch einmal ermutigt Kippenberg den „lieben Giulio" in seiner Antwort, noch einmal setzt er auf die spärliche Hoffnung, durch Hinhaltetaktik und ein politisches Hase-und-Igel-Spiel die rivalisierenden Machtbereiche der NS-Herrschaft gegeneinander auszuspielen: „Ruhe, nichts als Ruhe, Präsident bleiben wie bisher, nicht schnell antworten, sorgen, daß um Gottes Willen von Weimar aus nicht selbständig Dummheiten gemacht werden, sondern diese Sache selbst in der Hand behalten! Und nicht vergessen, daß die lange Bank ein schönes Möbel ist". Die geforderte Unterrichtung nach Berlin unterbleibt.

Im fünfzigsten Jubiläumsjahr der Gesellschaft – 1935 – wird die für ihr weiteres Bestehen angestrebte und durchgesetzte Wagnisstrategie, aber auch die dafür von ihrem Präsidenten bewußt in Kauf genommene Beschädigung seiner persönlichen Integrität am deutlichsten erkennbar. Die heute unhistorisch immer wieder zitierten Gesten der Anpassung nach außen sind zwar für die vorschnelle Beurteilung der Person Petersen desaströs, aber sie sind gewiß nicht die Anbiederungsversuche, als die sie Jahrzehnte später angeprangert wurden. Vielmehr sind sie verzweifelte Versuche, der Gleichschaltung durch mehr oder minder geschicktes Taktieren zu entgehen – letztlich tragische Versuche, eine integre Kultur-Arche zu retten in einer Sintflut von Menschenrechtsverletzungen und Terror.

In den letzten Jahren nimmt das schriftliche Mitteilungsbedürfnis der beiden Freunde immer stärker ab. Der Ton bleibt freundschaftlich, wird aber geschäftsmäßig. Sicher fürchten die Korrespondenten das dichter geknüpfte Netz des diktatorischen Überwachungsstaates. Sie verständigen sich jetzt am liebsten „über alles weitere mündlich". Zwei Jahre vor der Übernahme des Präsidentenamtes aus den Händen seines Freundes Petersen zweifelt Kippenberg am Sinn des Fortbestands der Gesellschaft in schrecklicher Zeit: „Vielleicht wäre es besser, die Goethe-Gesellschaft überhaupt aufzulösen". Eine dekorative Folie von ehrenwerter Bedeutungslosigkeit, gezogen über eine Welt totalitärer Verhältnisse, entspricht nicht seiner Vorstellung von einer Gesellschaft, die Goethes Namen trägt.

Und dennoch versuchen beide bis zuletzt, die Goethe-Gesellschaft in dieser Notzeit vor Vereinnahmung zu retten, indem sie die marginal verbliebenen Möglichkeiten nutzen. Die freie Wahl des Vorstands, die mit Zähnen und Klauen und geschickter Diplomatie verteidigte Entscheidungsfreiheit der Arbeit von mehrheitlich Gleichgesinnten und der Schutz jüdischer Mitglieder bis zur Pogromnacht im November 1938 – für die Restgröße konstituierender demokratischer Elemente war das bewußt in Kauf genommene Opfer, nämlich die Beschädigung der eigenen persönlichen Integrität, nicht gering.

Die Erkenntnis aus diesem umfangreichen Briefwechsel: Eine Tätigkeit, die sich darin erschöpfen muß, jeden Anstoß zum Handeln oder Unterlassen aus den Aktionen des totalitären Gegners zu empfangen, ist zwangsläufig unfrei. Für Widerstand und öffentlichen Protest war es zu spät. In einem Leben unter den Bedingungen von Menschenrechtsverletzungen und Terror kann nicht mehr gutgemacht werden, was in vorangegangenen Zeiten von einer ganzen Nation versäumt worden war.

Am Ende war unter diesen totalitären Verhältnissen humanes Wirken im Sinne Goethes nur noch im kleinsten Zirkel, im persönlichen Bereich möglich.

Die nationalsozialistischen Machthaber wollten, so ein interner Vermerk der NSDAP-Reichsleitung vom Dezember 1938, die widerspenstige Goethe-Gesellschaft „aussterben lassen". Petersen starb im August 1941 an einer schweren Herzkrankheit. Kippenberg folgte ihm neun Jahre später. Hauptversammlung und Vorstandssitzung konnten von 1939 bis zum Kriegsende nicht mehr stattfinden. Die Goethe-Gesellschaft eignete sich – im Gegensatz zu anderen Literaturgesellschaften, die weiter tagen durften – nicht für die NS-Kulturpropaganda und ihr Kriegsgeschrei. Das überraschende, die beiden Präsidenten überzeugend bestätigende Resultat: Ihre Mitgliederzahl wuchs in den Kriegsjahren stark an.

Sepp Binder

AUS DEM LEBEN DER GOETHE-GESELLSCHAFT

In memoriam

Dr. Jutta Hecker
13. Oktober 1904 – 26. Juli 2002

Am 26. Juli 2002 starb im Weimarer Marie-Seebach-Stift Dr. Jutta Hecker. Geboren am 13. Oktober 1904, war sie der Goethe-Gesellschaft und dem Goethe- und Schiller-Archiv ein Leben lang verbunden. Die Vertrautheit mit dem klassischen Weimar war ihr gewissermaßen in die Wiege gelegt worden. Ihr

Vater Max Hecker war von 1900 bis in sein Todesjahr 1948 im Goethe- und Schiller-Archiv als Editor und Archivar tätig, er gab von 1924 bis 1939 das Jahrbuch der Goethe-Gesellschaft heraus und gehörte lange deren Vorstand an. Unter den Gelehrtenporträts, die sich in Jutta Heckers Buch *Wunder des Worts* mit dem so treffenden Untertitel *Leben im Banne Goethes* finden, ist das des Vaters gewiß das schönste und liebevollste. Unsere Gesellschaft hat Jutta Hecker 1995 durch die Verleihung ihrer Goethe-Medaille geehrt.

Aufgewachsen ist Jutta Hecker in einem kulturvollen Elternhaus. Sie legte das Abitur ab, studierte Germanistik und Anglistik und wurde 1930 mit einer Arbeit über die *Blaue Blume der Romantik* promoviert. Eine wissenschaftliche Laufbahn einzuschlagen war ihr verwehrt. So absolvierte sie zusätzlich ein Pädagogikstudium, war bis zum Ende des Zweiten Weltkriegs als Lehrerin, zuletzt als Leiterin einer Lehrerinnenbildungsanstalt in Honnef tätig.

Nach 1945 kehrte sie in ihre Vaterstadt zurück, wo sie zunächst mit handwerklichen Arbeiten ihr Auskommen fand, dann als freie Schriftstellerin. Unter das Leitwort des Erinnerns hat Jutta Hecker die zweite Hälfte ihres Lebens gestellt. Mit ihrem Buch *Die Altenburg*, dem eine Reihe von kulturhistorischen Biographien und Romanen folgten, wurde sie zur Chronistin des klassischen und nachklassischen Weimar. In der Altenburg, dem ersten Weimarer Wohnsitz Franz Liszts und der Fürstin Caroline Sayn-Wittgenstein, hat sie selbst Jahrzehnte lang gelebt. In ihren Büchern entwarf sie Bilder aus der deutschen Vergangenheit, künstlerisch die Balance findend zwischen der Wahrheit des historischen Details und der Kraft der Phantasie.

Es mutet fast unglaublich an, daß Jutta Hecker im Gespräch noch eine lebendige Erinnerung besaß an den 1913 verstorbenen Erich Schmidt, einstmals Präsident unserer Gesellschaft. So wurde sie im höchsten Alter zu einer Zeitzeugin des hinter uns liegenden 20. Jahrhunderts. Ihr letzter Beitrag im Goethe-Jahrbuch 1997, eine Studie über einen Kollegen ihres Vaters, den jüdischen Archivar Julius Wahle, beginnt mit dem Satz: „Ja, ich erinnere mich". Jutta Hecker wußte, daß ihre biographische Skizze nicht mehr als ein Anfang sein konnte, doch sie hat sich dieser Aufgabe gestellt mit dem Bewußtsein der redlichen Chronistin, mit dem Bewußtsein auch, sich von persönlicher Bedrückung freischreiben zu wollen.

Am Schluß der Studie über Julius Wahle findet sich der Satz: „Jahrzehnte sind vergangen, Weimar hat Wahle vergessen". Jutta Hecker mag ihn für sich selbst in banger Erwartung niedergeschrieben haben, doch er ist, auf sie bezogen, dem Sinne nach schon heute widerlegt durch die dankbare Erinnerung der Mitlebenden und durch die Zuneigung ihrer Leser, die bleiben wird.

Jochen Golz

Prof. Dr. Dr. h. c. Siegfried Unseld
28. September 1924 – 26. Oktober 2002

Die Erfahrung von Leid, von Not und Schuld prägte verantwortungsbewußte Angehörige jener jungen Generation, die Hitlers Krieg entkommen waren, und verpflichtete sie als Person, in ihren Lebensentwurf überpersönliche Ziele aufzunehmen. Davon sprachen in kargen Andeutungen die Heimgekehrten mit uns Jüngeren in den späten vierziger Jahren auf den Fluren der Alten Aula in Tübingen. Zu ihnen gehörte der Doktorand Siegfried Unseld, der 1951 als Maxime die Forderung formulierte, „das Alte verehrend zu bewahren, für das Neue aber da zu sein". Seine Dissertation galt Hermann Hesse, der ihn Peter Suhrkamp empfahl. Aus der Zusammenarbeit ging seit 1952 eine bewundernswerte Aufbauleistung hervor. Nach Peter Suhrkamps Tod übernahm Siegfried Unseld 1959 den Verlag – von der bücherhungrigen Zeit begünstigt, die ihn formte und die er mitgestaltete. Der „Suhrkamp-Kultur", die sich von Jahrfünft zu Jahrfünft präziser konturierte, verdanken die Westdeutschen die Einbürgerung eines beträchtlichen Teils der weltliterarischen Moderne und den Anschluß an die westeuropäische und nordamerikanische Theoriediskussion, die eine spätere Mitsprache ermöglichte. Die durch die Emigration der produktivsten Schriftsteller fast verkümmerte deutsche Literatur überwand das Provinzielle, das ihr in der unmittelbaren Nachkriegszeit noch anhaftete, und die intellektuellen

Debatten legten den Grund für eine demokratische Kultur, die trotz der großen Philosophen der Aufklärung in unseren politischen Institutionen defizitär geblieben war. Die *edition suhrkamp*, Forum für eine systemkritische Wissenschaft, publizierte jene Bücher, deren bloße Titel schon die jeweilige geistige Situation der Zeit seismographisch wiedergaben. Wer vom weltoffenen, weithin liberalen Geist des Aufbruchs in diesen Texten spricht, charakterisiert zugleich Siegfried Unseld und dessen Weitblick für das Konkretisierbare der damals gängigen Utopien.

Er war ein passionierter Leser ungezählter Manuskripte und für viele seiner Autoren Mentor und Freund und oft genug auch der „Nothelfer". Beeindruckend ist sein bei Friedrich Beißner in Tübingen geschultes Sensorium für stilistische Valeurs, respekteischend die Energie, mit der der Verlag als Gemeinschaftsunternehmen von Individualisten manche Krisen meisterte, verehrungswürdig der Enthusiasmus für das Gedichtete alter und neuer Zeit, dem eine fast religiöse Würde zuerkannt wurde. Der verpflichtenden Tradition bewußt, führte Siegfried Unseld die „Insel" weiter.

Im Goethe-Jahr 1999 ehrte die Goethe-Gesellschaft in Weimar Professor Unseld, den Autor und Verleger, mit der Goldenen Goethe-Medaille: den Autor, dem 1991 nach zwölfjähriger Fron einer „Nebenbeschäftigung" das Standardwerk über *Goethe und seine Verleger* geglückt war, ein Opus magnum über Göschen, Unger, Vieweg und Cotta, auf fast 800 Seiten randvoll gefüllt mit Daten und Fakten – auch über Raub- und Nachdrucke und über Goethes Gesamtausgaben – und doch ein spannendes, aus den Quellen erarbeitetes Fach- und Sachbuch, das den Leser mit Ein- und Überblicken in seinen Bann zieht und mit der Darstellung des literarischen Lebens zwischen 1770 und 1830 fesselt. Siegfried Unseld besaß die nötige Doppelerfahrung als Autor und als Verleger, um dem anspruchsvollen, so komplizierten wie heiklen Thema gewachsen zu sein. Mit guten Gründen wurde gesagt, daß in Johann Friedrich Cottas Wortporträt auch der „Cotta unserer Gegenwart" zu finden sei. Die Goethe-Medaille zeichnete überdies den Verleger aus, der als legitimer Nachfolger Anton Kippenbergs uns Leser im Gang der Jahre mit einer stattlichen Goethe-Bibliothek versah, die mit ihren Insel-Bändchen und -Taschenbüchern, den Faksimiles und der inzwischen unentbehrlichen Frankfurter Goethe-Ausgabe das Herz der Kenner wie der Liebhaber höher schlagen läßt. Es war der Verleger als Autor, der Goethes Ginkgo-Strophen ins allgemeine Bewußtsein brachte und mit der „Lektüre zwischen den Jahren" Goethe als „Zeitgenossen" – auch künftiger Zeiten – präsentierte.

Beeindruckt von unserem Stipendiatenprogramm, ermöglichte Siegfried Unseld während der letzten Jahre Goethe-Forschern aus Israel einen Aufenthalt an der Ilm – mehrfach gleichzeitig mit arabischen Studenten, um im Zeichen Goethes der Versöhnung zu dienen. Auch dafür unseren Dank über die Lebensgrenze hinaus.

„Wahre" Poesie, hohe Dichtung verstand Goethe als „weltliches Evangelium". Am 50. Geburtstag des Suhrkamp-Verlags 2002 zitierte Siegfried Unseld als letztes Ziel des Büchermachens, „den Menschen mit Mut auszurüsten, um die Kämpfe des Lebens zu bestehen". Dies ist gut goethisch gedacht, und in Goethes Sinn hat er gehandelt – allerdings den Begriff erweitert: Literatur nach 1950 war zunächst Aufklärung über die Vergangenheit und kritische Klärung der Gegenwart.

Indem er auf Goethes Definition verwies, sprach Adolf Muschg von seinem Verlegerfreund als einer „dämonischen" Natur. Siegfried Unseld war eine bedeutende Entelechie: „geprägte Form", die sich zielsicher entwickelte. Daß dieser kräftige Mann auch kräftige Schatten warf, ist nur folgerichtig; daß er – wie andere tüchtige Menschen – die Nachteile seiner Vorzüge zu tragen hatte, gehört zu dem „Gesetz", nach dem wir angetreten sind.

In einem gelehrten Gespräch mit Ernst Bloch *Über Tod, Unsterblichkeit, Fortdauer* sagte Siegfried Unseld, der Lebenstüchtige und Lebensfrohe, der Tatkräftige, der sowenig wie Goethe den Tod „statuieren" mochte, „wir sollten den immerwährenden Versuch machen, den Tod als die andere Seite des Lebens zu begreifen". Vier Jahrzehnte später und angesichts eines Lebenswerks, das uns zum Staunen, zu Dank und Verehrung anhält, sei – im Gedenken an den Toten – an Goethes Bekenntnis vom 4. Februar 1829 Eckermann gegenüber erinnert: „Die Überzeugung unserer Fortdauer entspringt mir aus dem Begriff der Tätigkeit [...]".

Werner Keller

Chronik für das Jahr 2002

Januar

5. Januar: In Dakar gründet sich eine Goethe-Gesellschaft Senegal – und damit die erste Goethe-Gesellschaft auf afrikanischem Boden. Den Vorsitz übernimmt Herr Prof. Dr. Amadou Booker Sadji.

Bereits bei der konstituierenden Sitzung versammeln sich etwa 40 Goethefreunde. Den Auftakt bildet eine theatralische Darstellung des Goethe-Gedichts *Das Göttliche* durch Studenten der Universität Dakar. Danach werden Vorhaben für eine Goethe-Gesellschaft Senegal erörtert, die Statuten diskutiert und verabschiedet, Vorstand und Beirat gewählt sowie die Rechnungsprüfer ernannt. Die Goethe-Gesellschaft möchte u. a. auf folgenden Gebieten tätig werden: Symposien und Seminare z. B. zur Geschichte des Deutschunterrichts im Senegal, Zusammenkünfte mit Deutschschülern aus den Sekundarschulen, Buchgeschenke für die besten Deutschschüler, Einrichtung einer öffentlichen Bibliothek und eines Mitglieder-Begegnungszentrums, Einrichtung einer Videothek mit Kopien deutscher Filme, Übersetzungen von Goethe-Texten in die Nationalsprache und Herausgabe einer Halbjahresschrift.

Ein Höhepunkt der für das laufende Jahr geplanten Aktivitäten ist die Konferenz über Senghor und Goethe vom 1. bis 3. Juni 2002 in Dakar (siehe *Grußwort des Präsidenten Dr. Golz*, S. 308 f.).

17. Januar: Die Goethe-Gesellschaft lädt zu einem Neujahrsempfang ein. Mehr als 60 Goethefreunde und Mitglieder kommen in die Geschäftsstelle im Stadtschloß Weimar. Herr Dr. Golz stellt die Vorhaben der Goethe-Gesellschaft für 2002 vor und spricht über das im Vorjahr Geleistete. Der Herzogin Anna Amalia Bibliothek wird die 14bändige chinesische Goethe-Ausgabe unseres Mitglieds Prof. Dr. Yang Wuneng als Büchergabe überreicht. Herr Professor Yang übermittelt uns aus diesem Anlaß eine Grußadresse, in der es u. a. heißt:

„Ich fühlte und fühle mich geehrt, als ich erfuhr, daß meine Ausgabe dem Direktor der Herzogin Anna Amalia Bibliothek der Stiftung Weimarer Klassik überreicht wird, damit sie noch mehr Menschen zum Lesen und Betrachten zur Verfügung steht. Ich danke Ihnen dafür von ganzem Herzen! Denn die berühmte Herzogin Anna Amalia Bibliothek stellt nicht nur das Weltzentrum der Goethe-Literatur dar, sondern ist mir, einem chinesischen Goethe-Forscher und -Übersetzer, auch eine heilige Stätte. Unter ihrem Obdach kann meine Goethe-Ausgabe, die mit 14 Bänden die umfassendste im chinesischen Kulturkreis ist, sicherlich noch mehr zum internationalen Kulturaustausch beitragen".

23. Januar: Die anläßlich des 75jährigen Bestehens der Ortsvereinigung Chemnitz herausgegebene Jubiläumsschrift *„Augenblick und Ewigkeit". Goethe, die Chemnitzer und die Weltliteratur* trifft in der Geschäftsstelle in Weimar ein – ein Band, für den wir seinen Herausgebern, Frau Dr. Helga Bonitz und Herrn Siegfried Arlt, herzlich danken und der zeigt, daß Goethe in Chemnitz eine würdige Heimstatt gefunden hat.

24. Januar: Goethe-Gesellschaft und Goethe-Institut laden in Weimar zu einer Gemeinschaftsveranstaltung ein: Prof. Dr. Walter E. Ehrhardt, bis zu seiner Emeritierung 1997 Ordinarius für Philosophie in Hannover, spricht zum Thema *Goethe und Auguste Böhmer. War sie vielleicht Goethes natürliche Tochter?*. Der Referent verzichtet auf ein Honorar und bittet statt dessen, am 27. April, dem Geburtstag der Auguste Böhmer, einen Kranz an ihrem Grab in Bad Bocklet niederzulegen. Goethe-Gesellschaft und Goethe-Institut haben diese Würdigung gern veranlaßt.

Februar

1.–3. Februar: Anläßlich ihres 35jährigen Bestehens veranstaltet die Goethe-Gesellschaft Heidelberg ein interdisziplinäres Symposium unter Leitung der Ortsvorsitzenden Frau Dr. Letizia Mancino-Cremer zum Thema *Homunculus: „Das Was bedenke, mehr bedenke Wie"* (siehe *Bericht über das Symposium „Homunculus"*, S. 309 f.).

14. Februar: Auf ihrer Vortragsreise durch Deutschland ist Frau Prof. Dr. Katharina Mommsen (Palo Alto/USA) auf Einladung der Goethe-Gesellschaft und des Freundeskreises des Goe-

the-Nationalmuseums zu Gast in Weimar. Sie spricht vor einem zahlreichen, sehr interessierten Publikum über *„Herrlich ist der Orient übers Mittelmeer gedrungen". Zu den Inschriften des Weimarer Hafis-Goethe-Denkmals* (siehe *Bericht über Frau Prof. Dr. Katharina Mommsens Vortragsreise zu den Ortsvereinigungen der Goethe-Gesellschaft*, S. 310f.).

März

13. März: Goethe-Gesellschaft, Goethe-Institut und Weimarer Schillerverein laden in Weimar zu einer Gemeinschaftsveranstaltung ein: Herr Dr. Karlheinz Wagner (Holzkirchen), Historiker und Literaturwissenschaftler, stellt seine Biographie *„Herzog Karl Eugen von Württemberg. Modernisierer zwischen Absolutismus und Aufklärung"* vor.

21.–24. März: In Kooperation mit der Stiftung Weimarer Klassik veranstaltet die Goethe-Gesellschaft ein Kolloquium *Goethe in Gesellschaft. Die Geschichte der Goethe-Gesellschaft von den Anfängen bis zur Gegenwart.* Die wissenschaftliche Leitung oblag Herrn Dr. Jochen Golz als Präsident und Herrn Justus H. Ulbricht, Historiker und Germanist. Am Kolloquium, das im Goethe-Nationalmuseum in Weimar stattfand, nahmen etwa einhundert Interessenten teil, unter ihnen Vorsitzende und Vertreter der Ortsvereinigungen aus Auerbach, Berlin, Bonn, Chemnitz, Darmstadt, Dresden, Eisenach, Erfurt, Frankfurt/M., Ilmenau, Jena, Kassel, Kronach, Leipzig, Magdeburg, Siegburg, Vest-Recklinghausen und Weimar (siehe *Goethe in Gesellschaft. Eine literarische Gesellschaft erinnert sich ihrer Geschichte*, S. 311f.).

Hier das Vortragsprogramm im Überblick: Prof. Dr. Jost Hermand (Madison/USA): *Die Goethe-Gesellschaft im Umfeld der anderen literarischen Gesellschaften.* – Prof. Dr. Georg Bollenbeck (Siegen): *Goethe als kulturkritische Projektionsformel.* – Prof. Dr. Jan Rohls (München): *„Goethedienst ist Gottesdienst". Theologische Anmerkungen zur Goethe-Verehrung.* – Prof. Dr. Stefan Breuer (Hamburg): *Goethe-Kult. Eine Form des „ästhetischen Fundamentalismus"?* – Dr. habil. Jochen Golz (Weimar): *Gesellschaften vor der Gesellschaft – frühe Formen der Goethe-Pflege.* – PD Dr. Angelika Pöthe (Jena): *Die Gründung der Goethe-Gesellschaft im Zusammenhang großherzoglicher „Erbe"-Politik.* – Prof. Dr. Norbert Oellers (Bonn): *Die Sophienausgabe als nationales Projekt.* – Dr. Ulrike Müller-Harang (Weimar): *Dichtergesellschaft und Nationalmuseum.* – Prof. Dr. Lothar Ehrlich (Weimar): *Verweigerte Gleichschaltung und schleichende Anpassung. Die Goethe-Gesellschaft 1930–1945.* – Prof. Dr. Ruth von Ledebur (Hannover): *Shakespeare: der dritte deutsche Klassiker in Weimar.* – Prof. Dr. Willi Jasper (Potsdam): *Deutsche Juden als Goethe-Verehrer.* – Prof. Dr. Ehrhard Bahr (Los Angeles/USA): *Julius Petersen und die Goethe-Gesellschaft zwischen 1926 und 1938.* – Justus H. Ulbricht (Weimar): *„Minister im Reich des Geistes" – Hans Wahl.* – Prof. Dr. Ekkehart Krippendorff (Berlin): *1945: Goethe als „Heilung"?* – Prof. Dr. John McCarthy (Nashville/USA): *Die „Goethe-Gemeinde" in Amerika.*

Ergänzt wurde das Vortragsprogramm durch eine Podiumsdiskussion *„[…] und ihr könnt sagen, ihr seid dabei gewesen". Zeitzeugen zur Geschichte der Goethe-Gesellschaft* – Senatsdirektor a.D. Sepp Binder (Bonn) im Gespräch mit Anneliese Hartleb (Kassel), Prof. Dr. Helmut Brandt (Jena), Dr. Fritz Ebner (Darmstadt), Prof. Dr. Günter Jäckel (Dresden) und Prof. Dr. Bernhard Zeller (Marbach) – sowie durch ein Abschlußgespräch *Die Goethe-Gesellschaft in der Nachkriegszeit. Ein Gespräch über ein noch zu bestellendes Forschungsfeld* unter Beteiligung von Sepp Binder (Bonn), Dr. Ingeborg Cleve (Saarbrücken), Prof. Dr. Lothar Ehrlich (Weimar), Dr. Jochen Golz (Weimar) und Justus H. Ulbricht (Weimar).

April

6. April: In Baku wird eine aserbaidschanische Goethe-Gesellschaft ins Leben gerufen. Die Vorsitzenden der georgischen Goethe-Gesellschaften in Kutaissi und Poti, Frau Prof. Dr. Nanuli Kakauridse und Herr Dr. Irakli Schurgulaia, die wichtige Vorbereitungsgespräche geführt haben, nehmen an der konstituierenden Sitzung teil. Als Vertreter der Goethe-Gesellschaft in Weimar nimmt Herr Prof. Dr. Dr. h.c. mult. Volkmar Hansen an der Gründungsversammlung teil. Zum Vorsitzenden wird Herr Dr. Tscherkes Gurbanly gewählt (siehe Herrn Prof. Hansens *Bericht über die Gründung einer aserbaidschanischen Goethe-Gesellschaft*, S. 312f.).

Mai

4. Mai: Die Ortsvereinigung Stuttgart der Goethe-Gesellschaft unter Leitung ihres Vorsitzenden Dr. Bernd Mahl begeht ihr 40jähriges Gründungsjubiläum. Teil der Feierlichkeiten ist ein Konzert in der Stuttgarter Liederhalle mit der Aufführung von Robert Schumanns *Szenen aus Goethes „Faust“* (siehe *Grußwort des Präsidenten*, S. 313).

9.–12. Mai: In Erfurt findet die Jahrestagung der Vorstände der deutschen Ortsvereinigungen statt. Der Ortsvereinigung Erfurt um ihren Vorsitzenden, Herrn Prof. Dr. Dietrich Grohnert, ist für eine vorzüglich organisierte Tagung zu danken (siehe *Bericht über die Jahrestagung der Ortsvereinigungen*, S. 314 ff.).

15. Mai: Am Institut für Philologie und Journalistik der Tambower Dershawin-Universität findet ein Treffen der Institutsleitung, Herr Prof. Dr. A. L. Scharandin (Direktor des Instituts), Frau Prof. Dr. N. L. Potanina (stellvertretende Direktorin) und Frau Prof. Dr. E. W. Milosserdowa (Leiterin des Lehrstuhls), der Vorsitzenden der Goethe-Gesellschaft Tambow, Frau Prof. Dr. Lili S. Kaufmann, sowie Mitgliedern der Wetzlarer Goethe-Gesellschaft, Frau Angelika Kunkel, Frau Cornelia Kühn-Leitz sowie Herr Gert Kallenbach, statt.

Zuerst dankt der Direktor des Instituts den Goethe-Gesellschaften Wetzlar und Weimar „für den besonderen Einsatz und die Hilfe, die zur Verbesserung der deutsch-russischen Beziehungen geführt haben“ (Protokoll des Treffens).

Nach der erfolgreichen Bilanz der Zusammenarbeit in den zurückliegenden sieben Jahren werden künftige Projekte erörtert, z. B. der Austausch von Lehrern und Schülern, gemeinsame Konferenzen, Seminare und Ausstellungen, die Hilfe bei der Erstellung von wissenschaftlichen Publikationen sowie die Unterstützung der Goethe-Gesellschaft Tambow durch das Institut und die Wetzlarer Goethe-Gesellschaft.

25./26. Mai: In Weimar findet die jährliche Sitzung des Vorstands der Goethe-Gesellschaft statt.

Juni

Als Beispiele gelebter Gastfreundschaft seien unsere Mitglieder Herta und Dieter Nitezki aus Erfurt genannt. Das Ehepaar Nitezki hat unseren estnischen Stipendiaten, Herrn Vahur Aabrams, zunächst für ein Wochenende, dann nochmals für vierzehn Tage zu sich eingeladen. Gemeinsam spazierte man durch die Landeshauptstadt, sprach über Lenz und Estland, und Herr Aabrams nutzte die Zeit intensiv zum Studium in der Erfurter Uni-Bibliothek. „Es gab erfrischende, erkenntnisreiche Gespräche“, so schreibt das Ehepaar Nitezki an die Geschäftsstelle, „auch wurde meine Verbundenheit zu Estland auf schöne Art und Weise bekräftigt“. Danke, Familie Nitezki!

24. Juni: Die Darmstädter Viktoriaschule lädt zu einer Lesung ein, bei der jeder vor großem Auditorium seinen Lieblingstext vortragen kann. Der Erlös soll dem Bau einer Caféteria zugute kommen. Ein solcher Aufruf erreicht auch die Goethe-Gesellschaft in Weimar. Wir bitten unseren Darmstädter Ortsvorsitzender, Herrn Dr. Fritz Ebner, dort einen Text unseres Namenspatrons zu Gehör zu bringen. Herr Dr. Ebner kommt dieser Bitte gern nach, liest aus Goethes *Dichtung und Wahrheit* und sieht darin „eine willkommene Gelegenheit, erneut zu erproben, wie man Goethe den Schülern von heute nahebringen kann. Ich habe es gewagt, und es ist wieder einmal gelungen“. „Und so fortan“, Herr Ebner!

Juli

Mit dem iranischen Germanisten und Übersetzer Herrn Mahmud Haddadi begrüßt Herr Dr. Golz den 150. Stipendiaten der Goethe-Gesellschaft in Weimar. Mit dem 1993 von Herrn Prof. Dr. Werner Keller ins Leben gerufenen Stipendiatenprogramm, das zu einem großen Teil aus Spenden der Mitglieder finanziert wurde sowie aus Mitteln der Deutschen Bank und der Peter-Suhrkamp-Stiftung, konnte bislang Germanisten aus 31 Ländern – vorwiegend aus Ost- und Südosteuropa – ein zumeist dreimonatiger Forschungsaufenthalt in Weimar gewährt werden. Herr Haddadi, der den *West-östlichen Divan* ins Persische (Farsi) übersetzt hat, wird drei Monate in Weimarer Archiven und Bibliotheken arbeiten können und will in seinem Heimatland demnächst eine Goethe-Anthologie herausgeben. Die *Thüringer Allgemeine* berichtet darüber in ihrem Beitrag *Auflösende Nebel. Mahmud Haddadi: Germanist, Übersetzer, Goethe-Stipendiat* (siehe S. 317).

August

3. August: Die Verbindung zwischen der Weimarer Goethe-Gesellschaft und den georgischen Goethe-Gesellschaften in Tbilissi, Poti und Kutaissi ist eng und herzlich. Doch heute wird ein neues Kapitel aufgeschlagen: Nahmen bislang Bücher und an Festtagen kleine Geschenke den Weg nach Georgien und retour, sind es heute ganz besondere „Güter". Man tauscht seine Kinder – und das gleich für ein halbes Jahr. Die Familie von Cornelia Jahn, Buchhalterin in der Geschäftsstelle der Goethe-Gesellschaft, empfängt heute die 17jährige Gwanza Mkheidze, im Gegenzug wird der 15jährige Martin Jahn am 18. August ins georgische Poti reisen, dort bei Familie Mkheidze leben, die Schule besuchen, Georgisch lernen, neue Freunde finden ... [Gwanza und Martin hatten sich zu Redaktionsschluß in ihren Gastfamilien ausgezeichnet eingelebt.]

27. August: Die Geschäftsführerin der Goethe-Gesellschaft Kassel, Frau Anneliese Hartleb, wird mit 28 Rosen und einer Dankesrede des Vorsitzenden, Herrn Prof. Dr. Ludolf von Mackensen, feierlich verabschiedet. Wenige Tage zuvor, am 6. August 2002, durfte Frau Hartleb ihren 81. Geburtstag mit der Enthüllung einer Goethebüste im Kasseler Stadthallengarten begehen. Herzlich gedankt sei an dieser Stelle dem Sponsor der Goethebüste, Frau Lieselotte und Herrn Gerhard Fenge, Inhaber der Fa. Hermanns AG, Kassel. Herr Prof. von Mackensen würdigte Frau Hartlebs Verdienste auch in der Jahresgabe 2002 der Kasseler Goethe-Gesellschaft: „Zum Schluß möchte ich nicht versäumen, auch an dieser Stelle meinen besonders herzlichen Dank unserer im August 2002 scheidenden Geschäftsführerin, Frau Anneliese Hartleb, für 28 Jahre ebenso erfolgreicher wie hingebungsvoller Tätigkeit in steter Verbundenheit auszusprechen". Dem Präsidenten der Goethe-Gesellschaft in Weimar war es ebenfalls ein Bedürfnis, Frau Hartleb für ihr einzigartiges Wirken im Sinne Goethes von Herzen zu danken. Frau Hartlebs verdienstvolle Tätigkeit findet sich auch unter www.goethe-gesellschaft-kassel.de.

September

16.–18. September: Unsere Stipendiatin Frau Dr. Mihaela Zaharia (Bukarest) übersetzt Goethes Farbenlehre ins Rumänische. Dieses Werk wird im Rahmen der von Herrn Prof. Dr. George Guţu geplanten 18bändigen rumänischen Goethe-Ausgabe erscheinen. In diesen Tagen können wir einen Kontakt zu Herrn Dr. Manfred Wenzel (Gießen) herstellen, der Goethes *Schriften zur Farbenlehre* in der Frankfurter Ausgabe herausgegeben hat und überdies Vorsitzender der Wetzlarer Goethe-Gesellschaft ist. Er empfängt Frau Dr. Zaharia in Gießen, und beide erörtern Möglichkeiten einer Zusammenarbeit bei der rumänischen Ausgabe der Farbenlehre (siehe *Eintauchen in die Farbenlehre. Dr. Mihaela Zaharia übersetzt Goethes Text für erste große rumänische Ausgabe*, S. 316f.).

18. September: Goethe-Gesellschaft und Goethe-Institut laden in Weimar zu einer Gemeinschaftsveranstaltung ein. Klaus Seehafer, seit 1947 Leiter der Stadtbibliothek in Diepholz/Niedersachsen und Autor der Goethe-Biographie *„Mein Leben ein einzig Abenteuer"*, stellt sein Buch *Goethe für Eilige* vor.

Oktober

12./13. Oktober: In Weimar findet die jährliche Sitzung des Arbeitsausschusses statt.

17. Oktober: Die Geschichte der Goethe-Gesellschaft soll systematisch erforscht werden. Herr Dr. Golz führt dazu in Berlin Gespräche mit Herrn Prof. Dr. Heinrich August Winkler (Humboldt-Universität Berlin) sowie mit Herrn Dr. Jochen Staadt (Forschungsverbund SED-Staat an der Freien Universität Berlin). Im Ergebnis dieser Gespräche werden zwei Projekte zur Erforschung der Geschichte der Goethe-Gesellschaft zwischen 1945 und 1990 auf den Weg gebracht.

26. Oktober: Das Kuratorium der Goethe-Gesellschaft trifft in Weimar zu seiner zweiten Beratung zusammen. Es nehmen teil: Frau Traudl Herrhausen (Bad Homburg) sowie Herr Dr. Michael Albert (München), Herr Dr. Volkhardt Germer (Oberbürgermeister der Stadt Weimar), Herr Dr. Jochen Golz, Herr Prof. Dr. Werner Keller, Herr Dr. Hans Peter Linss, Herr Edzard Reuter (Stuttgart) und Herr Hellmut Seemann (Präsident der Stiftung Weimarer Klassik). Folgenden Kuratoriumsmitgliedern war eine Teilnahme leider nicht möglich: Frau Prof. Dr. Gertrud Höhler (Berlin) sowie den Herren Professoren Dr. Władysław Bartoszewski (War-

schau), Dr. h. c. Hilmar Hoffmann (München), Dr. Dr. h. c. Werner Weidenfeld (München) und Dr. Michael Wolffsohn (München). Herr Dr. Golz referierte über die Geschichte und die Aufgaben der Goethe-Gesellschaft, anschließend berichtete Herr Prof. Keller über die bestehenden ausländischen Goethe-Gesellschaften und deren Bedeutung für die Vermittlung der deutschen Sprache und Kultur in ihren Heimatländern sowie über das Stipendiatenprogramm der Goethe-Gesellschaft. Der Schatzmeister, Herr Dr. Linss, erörterte die finanzielle Situation der Goethe-Gesellschaft und Möglichkeiten zur Schaffung einer soliden finanziellen Basis, wie z. B. den Aufbau einer Stiftung der Goethe-Gesellschaft.

31. Oktober: Die Deutsche Bank wird das Stipendiatenprogramm der Goethe-Gesellschaft 2003 und 2004 mit je 25.000 Euro unterstützen. Damit soll jährlich vier Stipendiaten aus Israel und dem islamischen Raum ein dreimonatiger Stipendiatenaufenthalt in Weimar gewährt werden. Für die Vorbereitung des Gesprächs, das Herr Dr. Golz als Präsident und Herr Prof. Keller als Ehrenpräsident gemeinsam mit der Deutschen Bank führten, sei herzlich unserem Kuratoriumsmitglied Frau Traudl Herrhausen gedankt.

November

22.–24. November: Aus Anlaß des 250. Geburtstages von Johann Friedrich Reichardt veranstaltet die Goethe-Gesellschaft im Goethe-Nationalmuseum in Weimar das Symposium *Johann Friedrich Reichardt und die Literatur.*

Reichardt und Goethe verband über mehr als 25 Jahre eine fruchtbare, wenngleich ambivalente Freundschaft. Er unterhielt nicht nur ebenbürtig mit vielen namhaften Persönlichkeiten seiner Zeit rege Kontakte, sondern war auch einer der meinungsbildenden Autoren der zweiten Hälfte des 18. Jahrhunderts. Im Mittelpunkt des dreitägigen Symposiums stand Reichardts bislang unterschätzte literarische Bedeutung. Dabei hat sich in den letzten Jahren der Quellenbestand erheblich erweitert, neue Erkenntnisse sind möglich. Reichardt wurde als politischer und musikjournalistischer Schriftsteller, Romanautor und Briefschreiber beleuchtet und in den Kontext der Dichtergenerationen von der Anakreontik bis zur Romantik eingeordnet (siehe *Bericht über das Symposium „Johann Friedrich Reichardt und die Literatur“*, S. 317 f.).

Für die wissenschaftliche Konzeption des Symposiums ist Herrn Prof. Dr. Walter Salmen (Freiburg/Kirchzarten) zu danken.

Hier das Vortragsprogramm im Überblick: PD Dr. Andreas Anglet (Köln): *„Leben des berühmten Tonkünstlers Heinrich Wilhelm Gulden“ – Reichardts Roman eines musikalischen „Wunderthieres“.* – Dr. Christoph Henzel (Berlin): *Aus dem amtlichen Briefwechsel des Hofkapellmeisters Reichardt.* – Prof. Dr. Gabriele Busch-Salmen (Freiburg/Kirchzarten): *Der private Briefschreiber – Reichardts Briefwechsel mit Goethe.* – Dr. Gerda Heinrich (Berlin): *Reichardt, der politische Schriftsteller.* – Dr. Gudrun Busch (Mönchengladbach): *Reichardt, Heinrich Campe und die Französische Revolution.* – Dr. Volkmar Braunbehrens (Freiburg): *Reichardts „Arminius von der Eiche“ und „Der Rheingraf“.* – Prof. Dr. Achim Aurnhammer (Freiburg): *Reichardts Teilhabe am zweiten Petrarkismus.* – PD Dr. Reinhart Meyer (Regensburg): *Texte Metastasios im Werk Reichardts.* – Prof. Dr. Walter Salmen (Freiburg/Kirchzarten): *Herder und Reichardt.* – Dr. Hermann Patsch (München): *Matthias Claudius und Reichardt.* – Dr. Markus Fahlbusch (Frankfurt/M.): *Kant und Reichardt. Perspektiven und Grenzen einer Einwirkung.* – Dr. Christoph Michel (Freiburg): *„Kunstbrüder“ – Reichardt und Lavater im Dialog.* – Prof. Dr. Bodo Plachta (Amsterdam): *„da er uns auf unserem legitimen Boden den Krieg machte“. Schillers „Guerre ouverte“ gegen Reichardt.* – PD Dr. Hans-Joachim Kertscher (Halle): *Halles literarisches Leben um 1800.* – Prof. Dr. Gudrun Loster-Schneider (Mannheim): *„Laß mir noch [...] / Manch kleines Liedchen glücken, / Das weiche Schwesterseelen einst / An ihren Busen drücken“. Zur Lyrik der „Erzieherin“ Caroline Rudolphi.* – PD Dr. Ursula Kramer (Mainz; in Abwesenheit der Referentin verlesen): *Shakespeare und Reichardt. Eine Annäherung.* – Prof. Dr. Achim Hölter (Münster): *Reichardt und Tieck.* – Dr. Renate Moering (Frankfurt/M.): *„Castor und Pollux“. Achim von Arnim und Clemens Brentano.* – Dr. habil. Jochen Golz/Prof. Dr. Walter Salmen: *Zusammenfassung/Schlußdiskussion.*

Ergänzt wurde das Vortragsprogramm durch eine Podiumsdiskussion *Weimarer Geselligkeitskultur im Zeichen des Paradigmenwechsels der Französischen Revolution* – Prof. Dr. Walter Salmen im Gespräch mit Dr. Gerda Heinrich (*Geselligkeitskultur in Berlin*), Dr. Jochen Golz (*Geselligkeitskultur in Weimar*) und Dr. Hans-Joachim Kertscher (*Geselligkeitskultur in Halle*) sowie einen anschließenden Empfang durch den Verlag J. B. Metzler, Stuttgart, im Foyer des Goethe-Nationalmuseums. Den musikalischen Höhepunkt bildete ein *Jubiläumskonzert im Wittumspalais zum 250. Geburtstag Johann Friedrich Reichardts* mit Goethe- und Schiller-Vertonungen sowie Instrumentalwerken Reichardts. Unser Dank gilt folgenden Mitwirkenden: Dorothee Mields (Bremen), Sopran, Prof. Dr. Gabriele Busch-Salmen, Traversflöte, Prof. Bernhard Klapprott (Weimar), Clavichord; Einführung: Prof. Dr. Walter Salmen/Prof. Dr. Gabriele Busch-Salmen.

Das Projekt wurde aus Bundesmitteln finanziert, so daß wir an dieser Stelle dem Beauftragten der Bundesregierung für die Angelegenheiten der Kultur und der Medien für die Ermöglichung dieses Symposiums danken.

Ein Symposiumsband, der die Referate enthält, ist in Vorbereitung.

26. November: In Wrocław gründet sich die erste polnische Goethe-Gesellschaft – gemeinsam vorbereitet durch Herrn Prof. Dr. Norbert Honsza (Universität Wrocław) und Herrn Dr. Bodo Heimann, den Vorsitzenden der Goethe-Gesellschaft Kiel. An der konstituierenden Sitzung nahm das gesamte Kollegium des Germanistischen Instituts teil. Herr Prof. Dr. Norbert Honsza wurde zum Vorsitzenden gewählt, zu seinem Stellvertreter Herr Prof. Dr. Wojciech Kunicki. Der deutsche Generalkonsul in Wrocław, Herr Dr. Peter Ohr, hat seine Bereitschaft zur Mitarbeit bekundet und größtmögliche Unterstützung signalisiert. Herr Dr. Golz sendet ein Grußwort an die polnischen Goethefreunde, in dem es u. a. heißt: „Im Spektrum der Auslandsgermanistik nimmt die polnische germanistische Literaturwissenschaft eine ausgezeichnete Position ein, und dies ist nicht zuletzt der leistungsstarken Germanistik in Wrocław zu danken. [...] Daß sich nunmehr in Wrocław Goethe-Freunde organisiert zusammenfinden, nehme ich als gutes Zeichen auch für die weitere Entwicklung deutsch-polnischer Kulturbeziehungen, zu deren Perspektiven wir einen bescheidenen Beitrag leisten möchten. [...] Schon heute kann ich sagen, daß eine privat gewährte Spende uns in die Lage versetzen wird, im nächsten Jahr einen Stipendiaten aus Wrocław nach Weimar einzuladen".

28. November: Unsere Homepage www.goethe-gesellschaft.de, die vor zwei Jahren mit etwa 200 Textseiten Informationen über die Goethe-Gesellschaft erarbeitet wurde und ständig aktualisiert wird, hat sich vorzüglich bewährt. Die Hälfte aller neuen Mitglieder gewinnen wir über dieses Medium. Heute dürfen wir uns über eine Mail aus Keratsini in Griechenland freuen: „Als ich zufällig auf die Goethe-Gesellschaft im Internet traf, fand ich endlich einen Verband, in dem ich mich für das größere Verständnis von Goethes Leben und Werk im Ausland engagieren kann. [...] Hoffe auf eine gute Zusammenarbeit. [...]". Willkommen, Herr Ioannis Botsas, in der Goethe-Gesellschaft!

Dezember

16. Dezember: Heute dürfen wir das 150. neue Mitglied der Goethe-Gesellschaft in diesem Jahr begrüßen, Frau Maximiliane Loebel aus Bochum. Die Mitgliedschaft in der Goethe-Gesellschaft wird das Weihnachtsgeschenk ihres Ehemannes sein. – Eine schöne Idee und zudem eine nachahmenswerte! Ein kleines Buchpräsent geht an unser 150. Mitglied auf die Reise. Damit hat unsere Gesellschaft 3887 Mitglieder – Tendenz steigend. Wir danken all jenen, die ein neues Mitglied geworben haben! Und: Wir freuen uns auf das Jahr 2003 – das Jahr, in dem wir hoffentlich das 4000. Mitglied werden begrüßen dürfen.

Grußwort des Präsidenten Dr. Golz anläßlich der Gründung der Goethe-Gesellschaft Senegal

Sehr geehrter Herr Sadji,

es ist mir eine große und aufrichtige Freude, Ihnen herzliche Grüße und Glückwünsche zur Gründung einer senegalesischen Goethe-Gesellschaft, der ersten auf afrikanischem Boden, senden zu können. Gemeinsam mit Ihnen und all Ihren Helfern freuen wir uns darüber, dieses schöne Ziel erreicht zu haben.

Seitdem Sie zu einer Hauptversammlung unser Gast waren, ist dieser Gedanke sowohl von unserem damaligen Präsidenten und jetzigen Ehrenpräsidenten Professor Keller wie von Ihrer

Seite mit großer Ausdauer und selbstlosem Engagement verfolgt worden. In einer Zeit, da die Welt von Konflikten zerrissen ist, an vielen Orten Krieg herrscht, ist die Gründung einer Goethe-Gesellschaft ein gutes Zeichen für gemeinsames Handeln im Geiste von Humanität, Toleranz und Weltoffenheit. Möge sich Ihre junge Gesellschaft erfolgreich entwickeln.

Seien Sie versichert, daß wir gern bereit sind, junge Germanisten Ihres Landes zu uns einzuladen – mit Herrn Diagne hatten wir bereits einen begabten Repräsentanten des wissenschaftlichen Nachwuchses bei uns. Ihre Entwicklung möchten wir mit Rat und Tat, aber auch mit direkter Hilfe unterstützen. Nehmen Sie die Übersendung einer Hamburger Goethe-Ausgabe als erstes Zeichen unserer Hilfsbereitschaft.

Mit allen guten Wünschen und herzlichen Grüßen

Dr. phil. habil. Jochen Golz

Bericht über das Symposium „Homunculus"

Aus Anlaß ihres 35jährigen Bestehens hat die Ortsvereinigung Heidelberg der Goethe-Gesellschaft in Weimar zusammen mit dem Kulturamt der Stadt Heidelberg und der Literarischen Gesellschaft *Palais Boisserée* ein Symposium veranstaltet, das sich interdisziplinär mit dem Thema der humangenetischen Forschung und ihren Anwendungen am menschlichen Genom befaßte.

Die Tagung trug den Titel *Homunculus.* Bekanntlich ist Homunculus die Gestalt in Goethes *Faust II,* die künstlich in einer Phiole durch Wagners mühsame Versuche entsteht. Homunculus mahnt gleich nach der Erschaffung sein „Väterchen" Wagner mit den Worten: „Das Was bedenke, mehr bedenke Wie". Dies wurde als Motto der Tagung verwendet, um die entscheidende Bedeutung des „Wie" als Rahmenbedingung für das Machbare zu unterstreichen.

Den Kern der dreitägigen Homunculus-Tagung bildeten die natur- und geisteswissenschaftlichen Vorträge, gehalten in der Heidelberger Akademie der Wissenschaften.

Tanz, Musik und literarische Texte wurden angeboten. Sie hatten die Aufgabe, den theoretischen Teil der Tagung zu ergänzen, das komplexe Thema für den Teilnehmer zu veranschaulichen und die psychologisch-emotionale Ebene zu erreichen. Damit wurde versucht, den ganzen Menschen einzubeziehen und den Stoff stets zwischen Polaritäten zu behandeln – mit Hilfe von Dichtung und Satire, Naturwissenschaft und Geisteswissenschaft, Wirklichkeit und Paradox.

Ziel der Ortsvereinigung Heidelberg war es, aus einer ganzheitlichen Perspektive heraus Antworten auf die relevanten Fragen der humangenetischen Forschung zu suchen.

So schilderten die von Prof. Dr. Dieter Borchmeyer ausgewählten Texte *Homunculus und andere künstliche Menschen in der Literatur* den Traum und Alptraum der Erschaffung künstlicher Wesen für die Menschheit vor, während und nach der Goethezeit. Dr. Manfred Ostens Festvortrag *Goethes künstlicher Mensch. Zur Modernität des Goetheschen Homunculus* bot eine ausführliche meditative Interpretation des Goetheschen Themas und einen Blick in künftig mögliche Gefahren.

Vier naturwissenschaftliche Vorträge waren vorgesehen, um den Teilnehmern eine nüchterne und sachliche Information über die neuen Entdeckungen, Errungenschaften, Entwicklungen und Anwendungen der Genforschung zu vermitteln. Sie leiteten den Zuhörer von den Chromosomen im Zellkern bis zu therapeutischen Anwendungen der Stammzellen. Die Wissenschaftler erklärten ihre Beiträge mit Hilfe von Modellen und Bildern; es waren dies: Prof. Dr. Renato Paro (*Die Genetik der Epigenetik*), Prof. Dr. Christoph Cremer (*Die Geometrie des Lebens: Zellkernstruktur und Genaktivität*), Prof. Dr. Anthony Ho (*Stammzellen – der Stoff, aus dem die Hoffnung wächst*) und Prof. Dr. Friedrich Vogel (*Der Wirbel um die Sequenzierung des menschlichen Genoms*).

Die Anwendungen solcher Forschungen eröffnen neue Möglichkeiten für die Zukunft, die zugleich auch undurchschaubare Konsequenzen haben. Dazu äußerten die Geisteswissenschaftler ihre Meinungen und Erfahrungen. Sie zeigten Verständnis und Bedenken bezüglich des Machbaren; sie suchten in den Vorträgen ein Bild von den Auswirkungen solcher Forschung zu vermitteln, die in unserer Gesellschaft und Kultur auftreten können.

Der Rechtsphilosoph Prof. Dr. Waldemar Schreckenberger verknüpfte in seinem Referat *Grenzen der Wissenschaft* das Prinzip der Freiheit der Forschung mit dem Prinzip der Menschenwürde. Dieses kennt keine nationale Grenze; daher soll es den menschlichen Embryo, ungeachtet seiner Herkunft, in gleicher Weise schützen. Dr. Ludwig Janus wies in seinen Ausführungen *Der psychologische Einfluß auf die Werdensbedingungen des Kindes* auf die pränatale Bildung des menschlichen Bewußtseins hin. Prof. Dr. Uta Gerhardt weitete in ihrem Referat *Metapher Homunculus. Das gesellschaftliche und soziologische Bedeutungsfeld der Humangenetik* die vielschichtige Problematik auf die Gesellschaft aus. Mit dem Thema *Menschenzüchtung? Psychologische und anthropologische Aspekte* kehrte Prof. Dr. Robert Weimar zur Analyse im Fall der Züchtung eines Menschen und deren Folgen zurück.

In der anschließenden Diskussion betonte Dr. Letizia Mancino-Cremer, daß neben der Goetheschen Frage nach dem „Wie" auch die Frage *Ist es an der Zeit?* in unserer hastigen Kultur ernsthaft gestellt werden sollte.

Mit der Eröffnung der Ausstellung *Homunculus* in der Galerie Melnikow in Heidelberg wurden für drei Wochen Arbeiten von Künstlern der Öffentlichkeit präsentiert. Die Werke beeindruckten durch beängstigende Motive zum künstlichen Eingriff in das Lebendige. Bei der anschließenden Lesung stellte Franziska Polanski mit ihren satirischen Texten *Menschen, bald so klug wie Affen?*; *Müllkontrolle*; *Biofernsehen 1: Gene* ein Menschenbild dar, das in der Zukunft auf uns warten könnte.

Der Dialog unter Naturwissenschaftlern, Geisteswissenschaftlern und Künstlern ist eine Bedingung für das sorgfältige Prüfen von Lebensbedingungen wie für den gemeinsamen verantwortungsvollen Fortschritt.

Würde Johann Wolfgang von Goethe in unseren Tagen leben, würde er sich an dieser entscheidenden Debatte sicherlich lebhaft beteiligen.

Letizia Mancino-Cremer

Bericht über Frau Prof. Katharina Mommsens Vortragsreise zu den Ortsvereinigungen der Goethe-Gesellschaft

Frau Prof. Mommsens Vortragsreise zu den Ortsvereinigungen der Goethe-Gesellschaft würdigte ausführlich der *Fachdienst Germanistik* (4/2002). Er schreibt:

In elf deutschen Städten hat Katharina Mommsen im Februar 2002 Vorträge gehalten. Ihr Motto lautete „Herrlich ist der Orient übers Mittelmeer gedrungen ...", wobei es um „‚Weltliterarisches' im ‚West-östlichen Divan'" in der Perspektive des Dialogs der Kulturen ging, wie ihn das Weimarer Denkmal zu Ehren von Hafis und Goethe einfordert. Sowohl das große Interesse an diesen Vorträgen als auch die Verkaufszahlen von Mommsens Insel-Taschenbuch „Goethe und der Islam" deuteten darauf hin, dass Goethes Einstellung zum Islam nicht zuletzt in der Folge des 11. September 2001 auf neue Weise Neugier auslöst. Mommsen sprach in Saarbrücken, Ludwigsburg, Siegburg, Frankfurt am Main, Karlsruhe, Bonn, Ilmenau, Erfurt, Jena, Eisenach und Weimar – und wird nun mit weiteren Einladungen aus Deutschland, England und den USA überhäuft. Dass Goethes seit dem „Mahomet"-Drama lebendiges Interesse am Islam im „West-östlichen Divan" am produktivsten geworden sei, bemerkt Wolfgang Schneider, der vom Siegburger Vortrag berichtet („Frankfurter Allgemeine", 9.2.). Der „Divan" sei lange das verkannteste unter Goethes Hauptwerken gewesen, und die Germanisten vor Katharina Mommsen hätten sich gegenüber dem Thema „Goethe und der Islam" reserviert verhalten. Mommsens Werke, vor allem „Goethe und die arabische Welt" sowie „Goethe und 1001 Nacht", hätten verdeutlicht, dass der „Divan" viel mehr sei als bloß exotisches Spiel mit den Formen einer fremden Kultur. Im Mittelpunkt ihres Vortrags hätten die Verse „Herrlich ist der Orient / Übers Mittelmeer gedrungen / Nur wer Hafis liebt und kennt / Weiß was Calderón gesungen" gestanden – wobei Mommsen Calderóns Drama „Der standhafte Prinz" gegen den Strich des barocken Märtyrerdramas interpretiert und freigelegt habe, *„was Goethe neben dem technischen und dramatischen Können fasziniert haben mag"*. In jenem Hauptwerk christlicher Dramatik sei Goethes west-östliche Synthese angelegt gewesen, und nicht zufällig habe Goethe die vierhebigen Trochäen Calderóns zum dominierenden Versmaß des „Divan" gemacht. Dass in „Goethe und die arabische Welt" der Name Calderón nicht auftauche, schreibt Claudia Schülke in ihrem Bericht vom Frankfurter Mommsen-Vortrag („Rhein-Main-Zeitung", 7.2.). *„Nun hat die First Lady der amerikanischen Germanistik das Versäumnis wettgemacht"*. Vieles von dem, was Goethe an Hafis faszinierte, habe er schon gut ein Jahrzehnt zuvor bei Calderón entdeckt, und vor allem habe Goethe die Friedensbotschaft im „Standhaften Prinzen" überzeugt. Es sei Mommsen zuvörderst um *„einen geistigen Brückenschlag zwischen Abend- und Morgenland"* gegangen. Dies betont auch Mirko Krüger, der das Vortragsthema Katharina Mommsens im Detail vorstellt und ein Gespräch mit der Germanistin führt („Thüringer Allgemeine", 16.2.). Im „Divan", so Mommsen, plädiere Goethe vor allem dafür, *„das Andersartige als Bereicherung zu begreifen. Darin war er seiner Zeit weit voraus. Da war er bereits ein Bürger des 21. Jahrhunderts".* Der „West-östliche Divan" ist nun erstmals in die persische Sprache (Farsi) übersetzt worden [durch Mahmud Haddadi, siehe Monat Juli dieser Chronik; P. O.].

(Aus: Fachdienst Germanistik 4/2002, S. 6)

Goethe in Gesellschaft

Eine literarische Gesellschaft erinnert sich ihrer Geschichte

Die Goethe-Gesellschaft ist eine der ältesten und traditionsreichsten literarischen Gesellschaften Deutschlands – nur die Shakespeare-Gesellschaft ist ihr im Gründungsdatum vorangegangen. Im kulturellen Leben Weimars und weit darüber hinaus hat sie stets eine besondere Rolle gespielt. Ihre Bedeutung aber gewinnt die Geschichte dieser literarischen Gesellschaft aus dem Umstand, daß der Gegenstand ihrer Beschäftigung Goethe ist. So hätte die Erforschung der Gesellschaftsgeschichte längst in den Blick des Historikers treten können, doch ist sie bislang über Ansätze nicht hinausgekommen. Erste Antworten sollte eine Tagung geben, die – von der Goethe-Gesellschaft und der Stiftung Weimarer Klassik veranstaltet, von Justus H. Ulbricht und vom Unterzeichneten geleitet und von der Deutschen Forschungsgemeinschaft finanziert – vom 21. bis 24. März 2002 im Goethe-Nationalmuseum stattfand.

Parallele oder kontrastierende Entwicklungen in anderen Dichtergesellschaften rückten zunächst in den Blickpunkt. So beschrieb Jost Hermand (Madison/USA) die Goethe-Gesellschaft im Umfeld der anderen literarischen Gesellschaften, John McCarthy (Nashville/USA) widmete sich den „Goethe-Gemeinden" in Amerika, und Ruth von Ledebur (Hannover) beschäftigte sich mit Shakespeare als dem dritten deutschen Klassiker in Weimar.

Am Beispiel der Goethe-Rezeption bei Chamberlain, Simmel und Gundolf konnte Georg Bollenbeck (Siegen) nachweisen, wie am Beginn des 20. Jahrhunderts Goethe den Anlaß lieferte für eine vehemente Kritik an kulturellen Erscheinungen der Gegenwart. Ähnlich argumentierte Stefan Breuer (Hamburg), der den Goethe-Kult im George-Kreis als eine Form des an Zeitablehnung gekoppelten ästhetischen Fundamentalismus analysierte. Formen der Goethe-Verehrung wie der Goethe-Kritik vornehmlich in der protestantischen Theologie des 20. Jahrhunderts behandelte Jan Rohls (München). In all diesen Fällen stellte Goethe Sympathie- oder Kritikformeln zur Verfügung, die, aus ihrem ursprünglichen geistigen Kontext herausgerissen, denkbar verschiedenen geistigen Zielen dienstbar gemacht werden konnten.

Unvermittelter, eindeutiger auch spiegelt sich der Umgang mit Goethe in der Geschichte seiner Gesellschaft selbst wider. Als nach dem Tod des letzten Goetheenkels Walther von Goethe 1885 das materielle Erbe des Klassikers öffentlich zugänglich wurde, konstituierte sich im gleichen Jahr die Goethe-Gesellschaft unter der Schirmherrschaft von Großherzog Carl Alexander als eine Vereinigung zur Bewahrung und Erschließung der Weimarer Schätze und zur Förderung Goethes allgemein und weltweit. Die Goethe-Gesellschaft gehörte von Anbeginn zu den wichtigsten Förderern des Goethe-Nationalmuseums und des Goethe- und Schiller-Archivs. Als größte und imponierendste wissenschaftliche Leistung dieses Archivs erwies sich die Weimarer oder Sophien-Ausgabe von Goethes Werken, deren Dimension als nationales Projekt gleichwohl, wie Norbert Oellers (Bonn) darlegte, kritisch reflektiert werden muß.

Nach dem Ersten Weltkrieg setzte die Goethe-Gesellschaft ihren Kurs der vor allem auf Weimar bezogenen Pflege und Förderung von Erinnerungsstätten und Goethe-Forschung fort, sah sich zugleich aber mit gänzlich veränderten politischen Verhältnissen konfrontiert. Im Verhalten ihrer Repräsentanten – die Präsidenten Gustav Roethe und Julius Petersen sowie Hans Wahl seien stellvertretend genannt – spiegelte sich ein ambivalentes Verhältnis zur historischen Realität wider; über Petersen sprach Ehrhard Bahr (Los Angeles/USA), über Hans Wahl, den verdienstvollen Direktor von Goethe-Nationalmuseum und Goethe- und Schiller-Archiv, Justus H. Ulbricht (Weimar). Während Roethe den Weimarer Klassiker als einen „Führer" im Reiche des Geistes anrief, aus seiner eigenen offen ablehnenden Haltung zur Weimarer Republik aber keinen Hehl machte, suchten Petersen und Wahl – bei allen Unterschieden im einzelnen – den Kompromiß zum Wohle der Gesellschaft mit den politisch Herrschenden, den Persönlichkeiten der Weimarer Republik ebenso wie den „Größen" des Nazireiches. Damit verband sich, wie in der Diskussion zu Recht angemerkt wurde, eine Furcht vor der ästhetischen Moderne, die insbesondere Hans Wahl schon 1928 Kontakt zur politischen Rechten finden ließ, von der er sich, so darf man annehmen, gegenüber einem drohenden „Kulturbolschewismus" Rettung und Bewahrung humaner Werte erhoffte.

Daß solche Hoffnungen sich bald als trügerische Illusion erwiesen, lehrt die Geschichte der Goethe-Gesellschaft zwischen 1933 und 1945, die Lothar Ehrlich (Weimar) in seinem Referat unter die Überschrift *Verweigerte Gleichschaltung und schleichende Anpassung* stellte. Auf der einen Seite ließen es die Repräsentanten der Gesellschaft nicht an Ergebenheitsadressen gegenüber den neuen Machthabern fehlen. Wie viel echte Überzeugung, wie viel Taktieren im Interesse der Gesellschaft hier im Spiel war, ist für die Nachgeborenen schwer zu entscheiden. Andererseits aber verweigerte man sich dem Führerprinzip in der Gesellschaft und trennte sich erst offiziell von den jüdischen Mitgliedern, als die Reichspogromnacht die Unausweichlichkeit einer solchen Maßnahme um den Preis der Existenz der Gesellschaft schrecklich vor Augen führte. Gerade das jüdische Bürgertum, dies kam auch im Beitrag von Willi Jasper (Potsdam) zum Ausdruck, hatte stets in nicht geringem Maße zu den Goethe-Verehrern gehört.

Die Hinwendung zu Goethe blieb für Mitglieder der Gesellschaft Trost und humaner Fluchtpunkt auch in barbarischer Zeit, zumal die Nazis mit Goethe im Grunde nicht viel anzufangen wußten und insgeheim zynisch auf das „Aussterben" der Gesellschaft hofften. Dies alles machte es Hans Wahl leichter, nach dem Zweiten Weltkrieg sich gegenüber der sowjetischen Besatzungsmacht auf den Geist eines politikfernen Humanismus in der Goethe-Gesellschaft zu berufen. Daß er dabei die schlimmen Seiten der Geschichte verdrängte, muß allerdings hinzugefügt werden.

Wiederum, wie stets an Wendepunkten deutscher Geschichte, erwies sich Goethe nach 1945 als häufig berufene geistige Instanz. Den Vorschlag des Historikers Friedrich Meinecke, „Goethe-Gemeinden" in Deutschland zu bilden, stellte Ekkehart Krippendorff (Berlin) ins Zentrum seiner Betrachtungen zum Thema *1945: Goethe als „Heilung"?*. Das im Titel markierte Fragezeichen wurde dann in einer kontroversen Diskussion kräftig herausgehoben, gegenüber einer vordergründig aktualisierenden Heilsbringerrolle Goethes auf die humanisierende Wirkung intensiver Lektüre des Werkes verwiesen – damals wie heute.

So fand das Vortragsprogramm ein offenes Ende. Infolge einiger Absagen kam die geschichtliche Entwicklung nach 1945 leider nicht zur Sprache, zumindest nicht in Form von Referaten. In einer abendlichen Podiumsdiskussion übermittelten Zeitzeugen ihre Erfahrungen mit der Goethe-Gesellschaft aus nahezu fünf Jahrzehnten. Sosehr das dort Gesagte ernst zu nehmen und angemessen zu bewerten ist, mehr als ein Anfang konnte es nicht sein. Denn die „oral history" bedarf des Korrektivs einer sorgfältig rekonstruierenden Forschung auf der Basis intensiver Auswertung zeitgeschichtlicher Archivquellen. Hier aber steht die Forschung zur Geschichte der Goethe-Gesellschaft erst recht am Anfang. Im Kontext kulturgeschichtlicher Projekte an der Stiftung Weimarer Klassik sollte auch die Erforschung der Gesellschaftsgeschichte ihren Ort finden. Dies ist wohl die wichtigste Erkenntnis, die aus einem Kolloquium zu gewinnen ist, das in Referaten und lebendigen Debatten, an denen sich nicht wenige interessierte Mitglieder der Gesellschaft beteiligten, verheißungsvolle Ansätze zu einer angemessenen Rekonstruktion geschichtlicher Zusammenhänge erkennen ließ, gleichwohl auch Aufgaben künftiger zeitgeschichtlicher Forschung deutlich machte.

Jochen Golz
(Aus: ALG Umschau, Nr. 29/ September 2002, S. 15–17)

Bericht über die Gründung einer aserbaidschanischen Goethe-Gesellschaft

Im gut besetzten Kongreßsaal der 1948 gegründeten Sprachenuniversität in der Landeshauptstadt Baku fand am 6. April 2002 die konstituierende Sitzung der aserbaidschanischen Goethe-Gesellschaft statt, unter Beteiligung der Medien mit Einschluß des Fernsehprogramms *Lider*, das über den Festakt in den Nachrichtenblöcken wiederholt ausführlich berichtete. Von der Seite der Goethe-Gesellschaft nahmen auch die georgischen Ortsvorsitzenden Frau Prof. Dr. Nanuli Kakauridse (Kutaissi) und Dr. Irakli Schurgulaia (Poti) teil. Die Aserbaidschanische Universität für Sprachen bildet als einzige staatliche Institution in den Studiengängen Lehramt, Magister und Übersetzen ca. 4000 Studenten aus, von denen sich etwa 400 auf Deutschprüfungen vorbereiten. Es dominiert der Sprachunterricht.

Nach der Vorstellung der ins Aserbaidschanische übersetzten Satzung wurde als Vorsitzender gewählt Dr. Tscherkes Gurbanly, Lehrstuhlinhaber für Lexikologie und Stilistik der deutschen Sprache, als Stellvertreter Vilajet Hadshijev, Dekan der Fakultät für Übersetzung, als Schatzmeisterin Tamilla Mamedova, als Schriftführerin Latifa Gurbanova, Dozentin für Übersetzung, sowie Uldus Asslanova, Afssana Allahverdijeva und Günel Hassanova. Die enge Verbindung zur Sprachenuniversität machte sich in der Zahl der eingetragenen Mitglieder bemerkbar, es sind stolze 123. Unter den Mitgliedern sind Parlamentsabgeordnete wie Anar, der zugleich Vorsitzender des Schriftstellerverbandes ist.

In seiner Begrüßung sprach der Rektor Prof. Dr. Ssamed Ssejidov, der im Parlament den auswärtigen Ausschuß leitet und mit der europäischen Kommission zusammenarbeitet, die Hoffnung aus, die neugegründete Goethe-Gesellschaft bereite die Etablierung eines Goethe-Instituts in Baku vor. Deutschland sei die wichtigste Brücke, um mit Europa assoziierend verbunden zu sein. Er kündigte die Bereitstellung und technische Ausstattung eines Raumes für die Geschäftsstelle an. Goethes Begegnung mit dem Werk Nizamis, so wird aus begleitenden Gesprächen deutlich, ist in Aserbaidschan der zentrale Anknüpfungspunkt für einen west-östlichen Dialog der Kulturen. Der Prorektor, Prof. Dr. Aladdin Alijev, unterstrich die bis in die Zeit nach dem Zweiten Weltkrieg führende Rolle des Deutschen, als 100 von 170 Studenten das Fach studierten. Der Wunsch nach einer politischen Verstärkung deutscher kultureller Präsenz kam wiederholt zum Ausdruck. Der Goethesche Geist von Freiheit und Verantwortung, religiöser Toleranz und Frieden nimmt für die Wirkung deutscher Literatur dabei eine Schlüsselrolle ein.

Volkmar Hansen

Grußwort des Präsidenten anläßlich des 40-jährigen Gründungsjubiläums der Stuttgarter Ortsvereinigung

Robert Schumanns selten zu hörende *Szenen aus Goethes „Faust"* zählen zu den schönsten und charakteristischsten Vertonungen dieser größten Dichtung der Deutschen. Doch um sie aufführen zu können, müssen sich ein großer, begeisterungsfähiger Chor, ein leistungsstarkes Orchester sowie nicht wenige profilierte Solisten in intensiver Probenarbeit zu einem homogenen Ensemble zusammenfinden. Und es braucht einen Spiritus rector, der eine künstlerische Gemeinschaft für seine Idee gewinnen kann.

Es spricht ebenso für den Gestaltungswillen wie für das Ansehen der Stuttgarter Goethe-Gesellschaft, daß sie ihr 40jähriges Bestehen in der Liederhalle begeht. Damit knüpft sie an eine starke Tradition ihrer Tätigkeit an, die stets darauf gerichtet war, die Goethesche Poesie im Ensemble der Schwesterkünste lebendig zu erhalten. Nicht zuletzt aber wird sich mit einem solchen Konzert Dr. Bernd Mahl einen Lieblingswunsch erfüllen, der seit 25 Jahren der Ortsvereinigung Stuttgart vorsteht und dem an dieser Stelle für sein engagiertes, ideenreiches Wirken herzlich gedankt sei. Einen Gutteil seiner weitgespannten wissenschaftlichen Arbeit hat Bernd Mahl der Wirkung des *Faust* auf dem Theater und in der bildenden Kunst gewidmet. So fügt sich auch das Festkonzert in eine kontinuierliche Auseinandersetzung mit der *Faust*-Dichtung ein, die stets auf die Stuttgarter Programmgestaltung ausgestrahlt hat.

Musik als Kunst setzt eine Gemeinschaft voraus. Gleiches darf für die Tätigkeit einer Goethe-Gesellschaft gelten. Das Konzert bietet eine schöne Gelegenheit, aus festlichem Anlaß die Gemeinschaft der Stuttgarter Goethe-Freunde zusammenzuführen und ihr neue Mitglieder zu gewinnen. Ihrer Tätigkeit seien auch künftig fruchtbare Ergebnisse, fördernde Teilnahme vieler und festliche Ereignisse gewünscht.

Jochen Golz

Bericht über die Jahrestagung der Ortsvereinigungen

Zu ihrer Jahresarbeitstagung trafen sich die VertreterInnen der Ortsvorstände der Goethe-Gesellschaft in der Zeit vom 9. bis zum 12. Mai 2002 in der thüringischen Landeshauptstadt Erfurt. Die thüringische Metropole stand – wie ganz Deutschland und Teile der Welt – noch unter dem Einfluß der schrecklichen Ereignisse jenes wenige Tage zuvor erfolgten Amoklaufs eines Jugendlichen, der 16 Menschen in unfaßbar willkürlicher Roheit in den Tod geschickt hatte.

Auf das vor diesem Unfaßbaren von Mitgliedern der Erfurter Goethe-Gesellschaft und besonders deren Vorstand gestaltete Programm mußten diese Ereignisse natürlich auch Auswirkungen haben. Es ist wohl der hervorragenden Organisation zu verdanken, daß dieser Tribut an die Umstände nicht negativ oder allzu belastend für die Veranstaltungen wahrgenommen wurde.

Nachdem die Teilnehmer am Donnerstag bis 16 Uhr ihre Unterlagen im Hotel *ibis* gegenüber der schönen Ruinen-Anlage der Barfüßerkirche in Empfang genommen und ihre Unterkünfte bezogen hatten, trafen sie sich am frühen Abend zu einem ersten Empfang im Festsaal des Erfurter Rathauses. Hier begrüßte der Vorsitzende der heimischen Gesellschaft, Herr Prof. Dr. Dietrich Grohnert, die Anwesenden und eröffnete die Jahresarbeitstagung. Die Grußworte der Stadt konnte wegen der tragischen Ereignisse nicht, wie vorgesehen, Herr Oberbürgermeister Manfred O. Ruge an die Teilnehmer richten, weil dieser in trauriger Mission anderweitig verpflichtet war. Ohne Gruß blieb die Gesellschaft aber nicht: So hat ein Beigeordneter der Stadt, Herr Manfred Wohlgefarth, die Grüße übermittelt. Sehr ansprechend waren dabei auch und vor allem die Ausführungen, die er anhand der schönen und übergroßen Bilder im Festsaal des Rathauses zur Stadtgeschichte gemacht hat. Das Programm bei dieser ersten Zusammenkunft wurde durch die Interludien eines jungen Pianisten zu einem unvergeßlichen Hörgenuß. Herr Romualdas Urba spielte Werke von Franck und Prokofjev. Die begeisterte Zuhörerschaft konnte ihn zu einer Zugabe veranlassen; geradezu meisterhaft ließ Herr Urba Schuberts *Erlkönig* in der Bearbeitung von Franz Liszt in den Festsaal Einzug halten.

Der Auftakt-Abend wurde mit einem Büfett im Hotel *ibis* beschlossen, das Herr Prof. Dr. Grohnert eröffnete.

Den folgenden Tag begannen die VertreterInnen der Ortsvereinigungen mit einer ersten Arbeitssitzung. Dazu versammelten sie sich in dem beeindruckenden Sitzungssaal des Rathauses. Ein wunderschöner, in dunklem Holz getäfelter Raum mit hörsaalartig im Halbrund angeordneter Bestuhlung nahm die Goethefreunde hier auf und verwandelte jeden in einen Ratsherren oder eine Ratsfrau. Diese Atmosphäre konnte sich nur positiv auf Diskussion und Beratung auswirken. Für die Begrüßung durch den Ministerpräsidenten des Freistaates Thüringen, Herrn Dr. Bernhard Vogel, der bekennender Goethe-Freund ist, bot dies zugleich einen würdigen Rahmen.

Ein Einführungsvortrag von Herrn Prof. Grohnert eröffnete dann den ersten Teil der Arbeitstagung. Von den derzeit 59 existierenden deutschen Ortsvereinigungen waren 48 vertreten, immerhin 37 auch mit ihrem Vorsitzenden. Das 94köpfige Auditorium näherte sich also dem Arbeitsthema der Tagung *Zur Veranstaltungsarbeit der Ortsvereinigungen: Themen, Erfahrungen, Erfolge und Mißerfolge sowie finanzielle Aspekte der Öffentlichkeitsarbeit.*

Vor der Mittagspause kam Goethe durch den Dia-Ton-Vortrag von Herrn Dr. Wolfgang Strack (Buseck) „*Die Leiden des jungen Werthers*" selbst zu Wort.

Nach der Mittagspause machten sich die Teilnehmer in zwei Gruppen auf zu einem Rundgang zu Goethe-Stätten in Erfurt. Die Führung geleitete die Gruppen zunächst zur Kurmainzischen Statthalterei, die u.a. das Audienzzimmer beherbergt, in dem am 2. Oktober 1808 die Begegnung zwischen Goethe und Napoleon stattfand: „Vous êtes un homme!" In unmittelbarer Nähe liegt das Sächsische Geleitshaus, das Goethe als Habitat diente, wenn er in Staatsangelegenheiten in Erfurt weilte. Nur von außen besichtigten die Gruppen dann das Haus Dacheröden, ein kulturelles Zentrum der Goethezeit. Im Anschluß daran versammelten sich beide Gruppen zu einer verabredeten Zeit vor dem Bartholomäusturm, auf dessen Glockenspiel, einem Carillon, Herr Franz Ludwig anläßlich der Jahresarbeitstagung ein kleines Konzert mit Werken von Zelter, Werner, Blum, Kayser und Beethoven gab. Daß die gesamte Tagung aus himmlischen Sphären wohlwollend begleitet wurde, läßt sich auch, aber nicht nur an dem Umstand ablesen, daß erst pünktlich zum Schluß des Konzerts ein heftiger Regen einsetzte, der die Ankunft im Kaisersaal, dem Ort der Aufführungen der Weimarer Hoftheatergesellschaft und Tagungsort des Fürstenkongresses von 1808, noch glücklicher machte. Das Glück wurde zusätzlich verstärkt durch eine Kaffeetafel im Salon Goethe, die die mehr oder minder durchnäßte Gesellschaft erwartete. Eine reizende szenische Aufführung (theatralische Szene des Frauenmonologs von Christine Brückner *„Ich wär Goethes dickere Hälfte". Christiane von Goethe im Vorzimmer der verwitweten Oberstallmeisterin Charlotte von Stein*) machte allen mittlerweile Getrockneten ein unerwartetes Faktum deutlich: Christiane von Goethe lebt noch heute und ist Mitglied der Erfurter Goethe-Gesellschaft! Einige sagen, es sei nicht Christiane gewesen, die der Kaffeetafel ihre Gedanken offenbarte, sondern eine gewisse Ingrid Weber aus der Goethe-Gesellschaft Erfurt. Das konnte von den Berichterstattern bis zum Abschluß des Rapports leider weder bestätigt noch dementiert werden. Bei diesem Rätsel sollte es auch nicht bleiben: Von der Geschäftsstellenleiterin der Goethe-Gesellschaft in Weimar, Frau Dr. Petra Oberhauser, die auch Mitglied der Erfurter Gesellschaft ist, wurde in gewohnt herzlicher und humorvoller Art ein kleines Quiz moderiert, an dem wohl alle teilgenommen haben. Diejenigen, die nicht zu den Gewinnern der schönen Sachpreise zählten, haben aber auch einen großen, sozusagen kulturwissenschaftlichen Gewinn ziehen können. Weiß man doch seit eben diesem Quiz, daß das höchste Erfurter Qualitätsmerkmal mit dem Etikett „Puffbohne" bezeichnet wird und sich – man staune! – auf Menschen bezieht. Als Puffbohne (lat. vicia faba) bezeichnet man nämlich nicht nur in der Botanik eine uralte Kulturbohne, sondern auch die „Eingeborenen" Erfurts, quasi seine Aborigines.

Dieser erlebnisreiche Tag wurde mit einem Konzert an der Schuke-Orgel der Predigerkirche beschlossen. Mit Werken von Bach, Pachelbel, Buxtehude und Mendelssohn Bartholdy gestaltete Herr KMD Matthias Dreißig einen gloriosen Ausklang.

Am darauffolgenden Sonnabend wurde zunächst die Arbeit vom Vortag fortgesetzt. Es war unter anderem Gelegenheit für die 2001/2002 gegründeten neuen Ortsvereinigungen, sich und ihre Arbeit vorzustellen und Fragen oder Bitten an das Plenum zu richten. Ferner wurde Raum geschaffen, um noch einmal in großer Runde über die Vorträge des Vortages zu reflektieren. Nach einer Kaffeepause lieferten zwei Mitglieder des Podiums spannende und erhellende Berichte über die jeweiligen Wirkungsstätten. Zum einen berichtete Herr Dr. habil. Jochen Golz, der Präsident der Goethe-Gesellschaft in Weimar, von den neuesten Entwicklungen, Ereignissen und Projekten der „Muttergesellschaft". Zum anderen verschaffte Herr Prof. Dr. Dr. h. c. mult. Volkmar Hansen einen weiteren Einblick in „Leben und Werk" des Goethe-Museums in Düsseldorf/Anton-und-Katharina-Kippenberg-Stiftung.

Es bleibt noch zu erwähnen, daß von den Organisatoren auch für die Begleitpersonen, die an den Arbeitsblöcken nicht teilnahmen, ein sehr attraktives Programm erstellt und angeboten worden ist. So machten sich die Begleiter auf zu einem Spaziergang durch die historische Altstadt, zur Luthergedenkstätte Augustinerkloster, besuchten die *ega* als thüringische Gartenschau, die Stiftung Deutsches Gartenbaumuseum und hörten dort einen Vortrag von Herrn Dr. Joachim Schaier zm Thema *Christian Reicharts „Land und Gartenschatz", Goethes oftmalige Lektüre.*

Nach einer Mittagspause gingen alle Teilnehmer wieder auf Entdeckungsreise, um noch mehr von der reizenden Stadt in Thüringen kennenzulernen. Diese zweite Exkursion führte zunächst in die zentral gelegene Kinder- und Jugendbibliothek, die die Ausstellung *„Die Natur hat immer recht!" Goethes Farbenlehre – eine sichtbare Entdeckungsreise ins Reich der Sinne* beherbergt. Die Farbenlehre wolle getan, nicht nur gelesen und studiert sein. Diese erläuternde Aufforderung richtete Goethe an Eckermann, und die Tagungsteilnehmer konnten sich nun eindrucksvoll davon überzeugen, daß gerade dieser aktive Nach- und Mitvollzug der in der Farbenlehre protokollierten naturwissenschaftlichen Erkenntnisse das Faszinosum ist oder sein kann. Dem Physiker, Herrn Dr. Stefan Bleecken, der Diplombibliothekarin, Frau Christine Klauke, und dem Mitglied der Erfurter Ortsvereinigung, Frau Sybille Glaubrecht, sei an dieser Stelle ein herzlicher Dank für die gelungene Präsentation der Ausstellung ausgesprochen.

Der Erkenntniszuwachs auf dem Gebiet der Optik mag für den ein oder anderen von Vorteil gewesen sein für die sich nun anschließenden Besichtigungen der beiden großen Kirchen auf dem einmaligen Domberg, der sich im Zentrum der Stadt erhebt. Der Verlauf der Geschichte hat es vorgesehen, daß hier auf einem Berg in der Stadt gleich zwei große Kirchen zu stehen kommen: ein steiler Aufstieg über viele Stufen führt hinauf auf den Kirch(en)platz; auf hohem Niveau wurde dann sowohl der Dom zu Erfurt als auch die – im Wortsinne! – in unmittelbarer Nachbarschaft gelegene Severikirche besichtigt.

Dieser Samstag und auch die Jahrestagung fand am Abend einen offiziellen und rundherum köstlichen Ausklang in den Räumlichkeiten des Augustinerklosters zu Erfurt. Erfurter und regionale Köstlichkeiten bildeten ein Büffet, das wohl keinen Wunsch unbefriedigt ließ. Bei so herrlicher Verköstigung und guten Gesprächen wurden schöne Stunden in (der) Gesellschaft verbracht. Ein musisches Programm steigerte die kurzweilige Stimmung noch. So brachte der Pianist und Landtagsvizepräsident a. D., Herr Peter Backhaus, der auch Mitglied der Erfurter Gesellschaft ist, ein Klavierkonzert zu Gehör, und Herr Marc Penchenat unterhielt mit Liedern nach Texten von Goethe. Ein Höhepunkt des Abends war die Ansprache von Anneliese Hartleb, die Ehrenmitglied der Weimarer Goethe-Gesellschaft ist und wohl zurecht als die „Grande Dame“ im Kreise der Goethe-Freunde verehrt wird.

Auch für den Tag der allgemeinen Abreise, den Sonntag, hatten die Erfurter noch einen Programmpunkt verzeichnet. So brach die Gruppe nach dem Frühstück auf und besuchte das Angermuseum in der Innenstadt. Herr Dr. Wolfram Morath, der Direktor des Angermuseums, führte die Gruppe durch die Sonderausstellung von Gunther Vogel mit dem Titel *Figur: mehrseitig bedroht*. Die Arbeiten dieses Künstlers wurden von Herrn Dr. Morath so brillant vorgestellt, daß man den Eindruck gewinnen konnte, es sei doch möglich, in wenigen Stunden umfassend in Leben und Werk eines Künstlers eingeführt zu werden. Daß dieser Eindruck täuscht, liegt wohl auf der Hand. Er wird aber möglich durch die sprachliche Kraft, die unseren Kunstführer auszeichnete. Selten wird Kunst und das Leben eines Künstlers in so fesselnder sprachlicher Brillanz den Betrachtern nahegebracht worden sein. Man war fast versucht, die Ausführungen über die Kunst als eigene Kunst zu erkennen.

Im Innenhof des Museums klang die Jahresarbeitstagung 2002 in Erfurt dann bei einem Imbiß aus. Man kann den Organisatoren nur danken und ein großes Lob aussprechen für das, was sie geleistet haben: Danke!

„Es kommt nicht darauf an, daß die Freunde zusammenkommen, sondern darauf, daß sie übereinstimmen“. Diese Worte Goethes an Friedrich von Müller (24. 4. 1830; WA IV, 23, S. 689) stellte der Erfurter Vorstand einem freundlichen Brief an die Berichterstatter voran. Wie gut und schön, daß Freunde auch übereinstimmend zusammenkommen (können).

Die nächste Jahresarbeitstagung der Ortsvorstände findet planmäßig in der Zeit vom 24. bis zum 27. April 2003 bei unseren Freunden in Nordenham statt. Auf Wiedersehen!

Andreas und Paul Remmel

Eintauchen in die Farbenlehre

Dr. Mihaela Zaharia übersetzt Goethes Text für erste große rumänische Ausgabe

Ein schwieriges Unterfangen für die Germanistin, schließlich steckt auch viel Naturwissenschaft in dem Text. Doch es sollte unbedingt Goethes Farbenlehre sein, die Dr. Mihaela Zaharia während ihres dreimonatigen Stipendiats der Goethe-Gesellschaft in Weimar übersetzen will.

Die Farbenlehre sei für sie ganz besonders wichtig, „weil ich auch male“, begründete die Rumänin die Auswahl. Doch über dem persönlichen steht natürlich das wissenschaftliche Interesse. Die Übersetzung der Hamburger Ausgabe von „Zur Farbenlehre, Anzeige und Übersicht“ wird der elfte Band der insgesamt 18-bändigen Publikation von ausgewählten Werken Goethes – die erste repräsentative Ausgabe in rumänischer Sprache überhaupt. Neben der Übersetzung der 387 Seiten ergründet die 44-Jährige noch unerforschte Facetten des Werkes. So interessieren sie auch dessen philosophische Dimensionen. „In Weimar finde ich dazu sehr viel Literatur“, freute sich die Wissenschaftlerin. In Rumänien gebe es dazu kaum Quellen. „Das muß ich nutzen, ich arbeite wie verrückt.“

Begeistert ist Dr. Zaharia, Gründungsmitglied der rumänischen Goethe-Gesellschaft, auch von den Arbeitsbedingungen in Weimar. „Das Allerbeste, was ich bei meinen Aufenthalten in

Deutschland erlebt habe", schwärmt sie. Auch ihrem 15-jährigen Sohn Vieru Mihail gefällt es gut. Während Mutter die Bibliotheken durchforstet, sucht er Computer-Literatur. Das Resultat stimmte ihn sehr zufrieden. Goethe ist ihm allerdings auch kein Unbekannter. Er gehört zu den Schwerpunkten im Literaturunterricht.

(Aus: Thüringer Allgemeine, Weimar, 7. 8. 2002)

Auflösende Nebel

Mahmud Haddadi: Germanist, Übersetzer, Goethe-Stipendiat

„Dass aber der Wein von Ewigkeit sei, / Daran zweifl' ich nicht. / Oder dass er vor den Engeln geschaffen sei, / Ist vielleicht auch kein Gedicht. / Der Trinkende wie es auch immer sei, / Blickt Gott frischer ins Angesicht."

Wenn zum 253. Geburtstag des Dichters in Goethes Häusern am Weimarer Frauenplan und im Park an der Ilm heute Abend die Lichter angehen und man mit dem Glas funkelnden Roten in der Hand durch die Räume und Gärten flaniert, dann wird unter den Gästen auch ein Goethe-Liebhaber aus dem Iran sein: der Germanist und Übersetzer Mahmud Haddadi. Die Möglichkeit dazu verdankt er dem seit fast zehn Jahren laufenden und größtenteils mit Spenden finanzierten Stipendiatenprogramm der Goethe-Gesellschaft. Der 54-jährige Haddadi ist der nunmehr 150. Stipendiat. Die Möglichkeit, drei Monate lang in Weimar kostenlos leben und arbeiten zu können, hat er sich mit einer Leistung erarbeitet, die für seine persische Heimat einzigartig ist und hier hoch geschätzt wird.

Haddadi selbst umschreibt sie so: Die Nebel der deutschen Literatur lösen sich auf im Lande von Hafis, aus dessen lyrischem Werk der alternde Goethe neuen dichterischen Schwung zu gewinnen wusste. Die deutsche Literatur hat es schwer im Iran. Wenn überhaupt vertreten, dann fand sie ihren Weg in die Landessprache Farsi bisher allein durch Übersetzungen aus dem Englischen oder aus anderen Vermittlersprachen. Seit Anfang der 1980-er Jahre das Goethe-Institut geschlossen wurde, gibt es keine einzige deutsche Bibliothek mehr im Lande. Das beidseitige kulturelle Interesse ist – zumindest auf der Ebene von diversen Institutionen – von Hürden und Bürokratie umgeben und praktisch lahmgelegt. Das Internet mit seinen weltweiten Lesemöglichkeiten zieht an den Universitäten nur zögerlich ein.

Was für ein Segen, wenn ein Mann wie Mahmud Haddadi, der 1978 das Germanistik-Studium in Berlin-West abschloss und heute an der Universität Teheran lehrt, vor alledem nicht kapituliert. Wissend, dass es eine Arbeit für umsonst sein könnte, machte er sich daran, die Werke deutscher Dichter – zum Beispiel Heinrich und Klaus Mann – ins Farsi zu übertragen. Seine Sache ist es, auch dafür zu sorgen, dass die Bücher wenigstens in kleinen Auflagen erscheinen können. Goethe, mit seinem west-östlichen Divan für seine Aufnahme ins Persische geradezu prädestiniert, hat diese Hürden jetzt überwunden und das gleich in einer Prachtausgabe von 1000 limitierten Exemplaren. Nummer 1 der vom deutschen Botschafter angeregten und vom Daimler-Konzern finanzierten Edition wurde dem Präsidenten des Iran übergeben. Nummer 26 trägt der Übersetzer bei sich und zeigt sie mit allem berechtigten Stolz. In einem Land mit 17 Millionen Gymnasiasten und Studenten, in einer Alltagswelt, in welcher der Name Goethe und dessen „Divan" klingen wie etwas von einem anderen Stern, ist das märchenhaft persisch anmutende Buch freilich vor allem ein symbolischer Akt.

Jetzt muß eine Volksausgabe her, eine mit Kommentar als Schlüssel zum Verstehen, lautet deswegen Haddadis Ziel. Während er zu Hause bereits begonnen hat, dafür Partner zu suchen (im Fernsehen beispielsweise wird er Lesungen machen können), forscht er auch dafür in Weimars Archiven. Uns allen, die wir heute Abend Goethe weithin auf die erprobte Weise huldigen werden, möchte er noch eine Empfehlung geben: Nehmen Sie sich die Zeit und lesen den „Divan" – es lohnt sich.

Heinz Stade
(Aus: Thüringer Allgemeine, Weimar, 28. 8. 2002)

Bericht über das Symposium „Johann Friedrich Reichardt und die Literatur"

Das Symposium zum Anlaß von Reichardts 250. Geburtstag (25. 11. 1752) stellte einmal nicht den zu seiner Zeit weltberühmten Komponisten Reichardt und seine Musik, sondern vor allem den vielseitigen und umtriebigen Schriftsteller (Liedtexte, Romane, Satiren, journalistische Arbeiten) sowie seine Beziehung zu den literarischen Strömungen seiner Zeit (Rezeption Shakespeares und Metastasios, „Zweiter Petrarkismus"), zur öffentlichen Meinungsbildung (amtlicher Briefwechsel, Zeitschriftenprojekte) und zu zahlreichen Persönlichkeiten aus Politik, Literatur und Philosophie (Cramer, Claudius, Klopstock, Voß, Rudolphi, Lavater, Herder, Kant, Goethe, Schiller, Tieck, Arnim, Brentano, Brüder Grimm) ins Zentrum der Aufmerksamkeit. Es handelte sich hier um eine jener seltenen Tagungen, die aus der Quellen-Forschung, der intensiven Archiv-Arbeit, der ungeschützten Formulierung bestehender Probleme bei Datierungen oder divergierenden Zeugnissen und ihrer Wertung leben. Entsprechend galt die offene Aussprache bei allen Verschiedenheiten einzelner Auffassungen auch dem Austausch von Wissen und Hinweisen und weniger der Konfrontation von vorentschiedenen Positionen. Trotz des dichtgedrängten Programms kam es immer wieder zu engagierten Diskussionen und aufschlußreichen Kontroversen nicht nur über Forschungspositionen und Wertungsfragen. Zur Diskussion standen die Ergebnisse der einzelnen Beiträge ebenso wie die Zugänge. Der heuristische und hypothetische Status der jeweiligen Methodik wurde nicht verschleiert und sollte wie oft im Zirkelschluß den eigenen Wahrheitsanspruch legitimieren, sondern die Methodik stand in gleicher Weise zur Disposition. Forschungsdesiderate zu vergessenen Zeitgenossen Reichardts wie der damals berühmten Erzieherin und angesehenen Dichterin Caroline Rudolphi wurden angesprochen, Unklarheiten etwa in Reichardts politischen und religiösen Äußerungen offengelegt.

Immer wieder ergaben sich neue, überraschende Querverweise und bisher nicht gesehene Verbindungslinien, die die eingefahrenen kulturgeschichtlichen Raster aufbrechen. Der Kulturraum Mitteleuropas mit seinen Anbindungen an Italien, England, Frankreich, Polen und ans Baltikum wurde am konkreten Beispiel von Reichardts Leben als Ort eines regen ‚geistigen Handelsverkehrs' sichtbar. In diesem Zusammenhang richtete sich das besondere Augenmerk auf die geselligen und die zeitgenössischen lokalen Organisationsformen der Kultur: Salon, kulturelle Veranstaltungsformen von Zünften, Freimaurern, Studentenvereinigungen, Formen der Multiplikation von Literatur, Musik und politischen Meinungen, Beschränkungen durch Zensur etc. Zum zentralen Thema wurde dieses Feld in einer Podiumsdiskussion, die dem Vergleich der Situation an Reichardts Wirkungsorten Berlin, Halle und Weimar vor dem zeitgeschichtlichen Hintergrund der Französischen Revolution bzw. der Napoleonischen Kriege und deren lokalen Auswirkungen galt. Ein hervorragendes Konzert mit Schiller- und Goethe-Vertonungen Reichardts aus verschiedenen Werk-Perioden sowie Instrumentalwerken Reichardts und seines Schwiegervaters Franz Benda rundeten das Programm ab. Die durchgängig positive Resonanz der Teilnehmer unterstrich das Gelingen einer interessanten und spannenden Konferenz.

Andreas Anglet

Stipendiatenprogramm im Jahr 2002

Folgenden Damen und Herren konnte die Goethe-Gesellschaft im Jahr 2002 ein – zumeist dreimonatiges – Stipendium gewähren:

Vahur Aabrams (Estland): *Die Kultur des Baltikums im Schaffen von Jakob Michael Reinhold Lenz*

Galina Adamova (Bulgarien): *Goethe in Bulgarien*

Mónika Cseresznyák (Ungarn): *Die Weimarer Klassik und der englische Klassizismus am Beispiel von Johann Wolfgang von Goethe und John Flaxman*

Anat David (Israel): *Die theoretische und praktische Verknüpfung des Organischen und des Anorganischen am Beispiel der Architektur – mit Blick auf Goethe und Cassirer*

Prof. Dr. Alexander Erochin (Rußland): *Goethe und der russische Symbolismus*

Chatuna Goroziani (Georgien): *Das Goethebild Thomas Manns*

Mahmud Haddadi (Iran): *Die Wirkung der iranischen Klassiker auf Goethes „West-östlichen Divan"*

Dr. Mahmure Kahraman (Türkei): *Materialsammlung zur Übersetzung „Gespräche mit Eckermann in den letzten Jahren seines Lebens". Erste Übersetzung ins Türkische*

Prof. Dr. Nanuli Kakauridse (Georgien): *Die Rezeption der ästhetischen Schriften des jungen Goethe in der jüngsten Literaturwissenschaft*

Alexander Markin (Rußland): *Bettina von Arnim: „Goethes Briefwechsel mit einem Kinde". Arbeit an einer historisch-kritischen russischen Ausgabe*

Nato Natmeladse (Georgien): *Shakespeare und das Theater in Goethes „Wilhelm Meister"*

Prof. Dr. Kwang-Ja Park (Südkorea): *Idealisierte Weiblichkeit. Gretchen in Goethes „Faust"*

Anna Rykounova (Rußland): *Der Einfluß der deutschen mittelalterlichen Literatur auf das Schaffen Goethes*

Dr. Mihaela Zaharia (Rumänien): *Übersetzung von Goethes „Zur Farbenlehre" ins Rumänische*

Dank für Spenden im Jahr 2002

All jenen, die im Jahr 2002 durch eine kleinere oder größere Spende die Tätigkeit der Goethe-Gesellschaft unterstützt haben, sei an dieser Stelle sehr herzlich gedankt.

Ein besonderes Wort des Dankes gilt unserem Ehrenpräsidenten, Herrn Prof. Dr. Werner Keller, Köln. In diesen Dank schließen wir Persönlichkeiten ein, die das Stipendiatenprogramm unserer Gesellschaft großzügig gefördert haben, jedoch nicht genannt sein wollen.

Nachfolgend möchten wir namentlich Persönlichkeiten und Institutionen danken, die der Goethe-Gesellschaft eine Spende ab 50 Euro zuteil werden ließen:

Klaus-Dieter Affeldt, Berlin
Ingeborg Ahrend, Bremen
Karin Ammer, Hamburg
Helga Andreas, Köln
Dr. Eberhard Auras, Essen
Dr. René Jacques Baerlocher, Basel
Tilla Baerwolff, Hamburg
Gudrun Balogh-Flier, Much
Renate Banke-Röbbelen, Rullstorf
Dr. Ulrich Baur, Neuss
Klaus Bellin, Grünheide
Dr. Roland Bellstedt, Bremen
Dr. Hartmut Berwald, Ostbevern-Brock
Dr. Walther Betz, München
Prof. Effi Biedrzynski, Stuttgart
Paula Bilweiss, Wetzlar
Sepp Binder, Königswinter
Hans-Joachim Birkholz, Neustadt
Gabriele Bloess, Kerpen
Dr. Frank Bode, St. Ingbert
Elfriede Böhm, Glindow
Heinz-Peter Bovier-Bolle, Wolfenbüttel
Bernd Bräuer, Leipzig
Marianne Braun, Arnstadt
Dr. Angela Braunschweig-Rüter, Köln
Jörg Brena, Bad Krozingen
Jörg Bruckmann, Sulzbach
Annelore Brückmann, Remagen-Oberwinter
Prof. Dr. Karl-Dieter Bünting, Essen
Gudrun Burgemeister, Neustadt
Hans-Dieter Croseck, Berlin
Prof. Dr. Günther Debon, Neckargemünd
Peter Deppermann, Castrop-Rauxel
Deutsche Kreditbank AG, Berlin
Gisela Dobbelstein-Krings, Herzogenrath
Dr. Hannelore Dunker-Rothhahn, Frankfurt am Main
Dr. Fritz Ebner, Darmstadt
Dr. Manfred Eckstein, Schleiz
Gisela Einem-Siebers, Kleve
Erna Eisenhut, Kassel
Kurt Emmerich, Aachen
Friedrich Engelke, Hannover
Dr. Sieglinde Fechner, Altenberge
Ulrich Felchner, Gütersloh
Dr. Florian Fischer, Jena
Dr. Hans Ulrich Foertsch, Marl
Dr. Joachim Franke, Wiederitzsch
Günter Frettlöhr, Ratingen
Ruth Frey, Frankfurt am Main
Bernd Frilling, Vechta
Prof. Dr. Helmut Fuhrmann, Guxhagen
Dr. Ingrid Garske, Köln
Herbert Gerhards, Geilenkirchen
Hannelore Götte, Kassel
Dr. Karina Gómez-Montero, Kiel
Dr. Renate Grumach, Berlin
Dr. Volker Güldener, Oberursel
Ingeborg Hahnemann, Vilbel
Dr. Heinrich Halm, Bonn
Prof. Dr. Alfred Hardewig, Marburg
Sigrun Hein, Essen
Jürgen Heinrich, Cottbus
Ulrich von Heinz, Berlin
Prof. Dr. Walter Henze, Isernhagen
Dr. Fritz Heuer, Heidelberg
Alfried Holle, Düsseldorf
Dr. Sybille Hubach, Heidelberg
Dr. Rainer Hultzsch, Jena
Dr. Annerose Iber-Schade, Plettenberg
Dr. Dirk Ippen, Gräfelfing
Telse Jacobsen, Kiel
Dr. Michael Jaeger, Berlin
Martin Jensen, Lübeck

Dr. Benedikt Jeßing, Essen
Dr. Andreas John, Weimar
Prof. Dr. Klaus Joseph, Marburg
Gerda Jursch, Berlin
Wilhelm Kaltenborn, Berlin
Ursula Kamm, Karlsruhe
Klaus Kamphues, Waldfischbach
Siegfried Karnath, Hamburg
Prof. Dr. Rudolf Kassel, Köln
Gisela Katscher, Andernach
Angelika Kawecki, Dessau
Margot Kellinghusen, Hamburg
Dr. Ursula Kempa, Weimar
Dr. Wolf-Dieter Kempf, Iphofen
Herbert Keppler, Marktoberdorf
Reinhard Kittel, Zepernick
Eva Klare, Münster
Marie-Luise Klepp, Erfurt
Peter Klima, Bassum
Eckart Knop, Essen
Peter Koch, Weimar
Günther Kohl, Mainz-Kostheim
Maria Kohler, Tettnang
Werner Kornmann, Winterbach
Consuela Kothe, Düsseldorf
Marga Krackhardt, Bamberg
Ralf Krämer, Delitzsch
Gabriele Kralinski, Weimar
Dr. Wolf-Dieter Krause, Elmshorn
Rainer Krautheim, Cottbus
Ulrich Kübler, Schnaitsee
Andreas Kühnel, Schwabach
Cornelia Kühn-Leitz, Hannover
Prof. Dr. Dorothea Kuhn, Marbach a. N.
Landesbank Hessen-Thüringen, Erfurt
Irmgard Lange, Kornwestheim
Dr. Rudolf Lange, Ronnenberg
Hans Jakob Lenzen, Köln
Peter Linss, Bischofswerda
Manfred Liphardt, Steinheim
Eva Lohse, Hamburg
Dr. Gertrude Lückerath, Köln
Prof. Dr. Heinz Maisenbacher, Stephanskirchen
Christina Mansfeld, Neuss
Dr. Arnold Maurer, Bonn
Wilhelm Mayer, Kronach
Christoph Mertens, Pulheim
Dr. Marie Luise Meuer, Heidenheim
Peter Meuer, Hannover
Dieter Mlynek, Hannover
Helmut Moers, Bocholt
Ursula Niedergesäß, Bagenz
Friedrich Wilhelm Niemann, Darmstadt
Herta Nitezki, Erfurt
Dr. Hans-Curt von Pannwitz, Seevetal
Holger Paul, Mannheim
Dr. Alfons Pausch, Nürnberg
Manfred Pecha, Hannover
Friedrich Peperkorn, Göttingen
Hilde Pinckernelle, Hamburg
Lothar Popp, Leipzig
Prof. Dr. Jürgen Potel, Hannover
Gerda Pottberg, Bremen
Anneliese Quint, Köln
Ingrid Rathgeber, Staufenberg-Speele
Jürgen Reichart, Köln
Dr. Alexander Reitelmann, Meckenheim
Prof. Dr. Karl Richter, St. Ingbert
Margot Richter, Dortmund
Heinrich van de Sandt, Düsseldorf
Ricarda van de Sandt, Ahrweiler
Jürgen Santori, Essen
Vera Sasse, Waldkraiburg
Dr. Hans Joachim Schaefer, Kassel
Dr. Ulrich Schaefer, Berlin
Lieselotte Scheulen, Mönchengladbach
Franz Josef Scheuren, Köln
Emil Schill, Syke
Prof. Dr. Jost Schillemeit, Braunschweig
Franz Schmidt, Edenkoben
Dr. Ingo Schmidt, Arnstadt
Prof. Dr. Jochen Schmidt, Freiburg
Dr. Vera Schöne, Münster
Gisela Schröder, Fischbek
Charlotte Schröter, Weimar
Prof. Dr. Klaus Schröter, Hamburg
Beate Schubert, Berlin
Prof. Dr. Ernst Schulz, Würzburg
Susanne Schunck, Marburg
Hans-Günther Seibel, Gießen
Johannes Seiler, Minden
Helma Siegel, Essen
Cornelia Siemers, Gießen
Ralf Simson, Kleinfurra
Dr. Kurt Steenbuck, Recklinghausen
Dr. Hans-Peter Stöckmann, Wernigerode
Klaus-Dieter Stoll, Bornheim
Dr. Hermann Stürcke, Ahnatal
Ursula Stutzki, Münster
Peter Suhrkamp Stiftung, Frankfurt am Main

Elisabeth Theisen, München
Joachim Toepffer, Bielefeld
Klaus Tschanter, Künzelsau
Birk Uhlmann, Berlin
Anne-Luise Wagner, Bad Salzuflen
Eberhard Wagner, Reinbek
Günther Weinhart, Stuttgart
Prof. Dr. Wolfgang Weise, Magdeburg
Prof. Dr. Gottfried Willems, Jena
Dr. Barthold Witte, Bonn
Prof. Dr. Jürgen Manfred Wolfrum, Rosdorf
Ruth Wünsche, Bad Breisig
Dr. Regina Wuthe-Klinkenstein, Dedeleben

Tätigkeitsberichte der Ortsvereinigungen für das Jahr 2001

Aachen

Vorsitzende: Renate Schmidt, Dorfstr. 5, 54597 Merlscheid; stellv. Vorsitzender: Dieter Jansen, Neustr. 2, 52066 Aachen. – Bernt Hahn, Peter Lieck (beide: Köln), Prof. Dr. Hans-Dietrich Dahnke (Weimar): *Das klassische Weimar in Erwartung des neuen Jahrhunderts. Die Jahrhundertwende 1799/1800/1801. Rückblicke und Aussichten* (moderierte Lesung). – Prof. Dr. Dieter Breuer (Aachen): *Goethes Reisebilder. Das „Sankt-Rochus-Fest zu Bingen": die Legende, das Fest, der Gast.* – Prof. Dr. Monika Fick (Aachen): *Aufklärer und Melancholiker, Polemiker und Menschenfreund. Lessing mit seinem Widerspruch* (Vorstellung des Lessing-Handbuchs). – Prof. Dr. Hans Otto Horch (Aachen): *Goethe und die Juden. Beiträge zur jüdischen Goethe-Rezeption.* – *Szenische Lesung des Schauspiels „Münchhausen"* (gemeinsame Veranstaltung mit der Hasenclever-Gesellschaft und dem Theater K). – Dr. Nikola Roßbach (Kassel): *Goethe und die Gartenkunst.* – Dr. Werner Haubrich (Aachen): *Gedichte von Goethe als „Bruchstücke einer großen Konfession"* (Rezitation und Erläuterung). – Prof. Dr. Axel Gellhaus (Aachen), Prof. Dr. Norbert Oellers (Bonn): *„Schiller. Texte und Bilder"* (Buchpräsentation). – Dr. habil. Jochen Golz (Weimar): *Das Goethe- und Schiller-Archiv in Weimar* (Dia-Vortrag). – Prof. Dr. Andreas Beyer (Aachen): *Goethe und Michelangelo.*

Altenburg

Vorsitzende: Adelheid Friedrich, Zeitzer Str. 68 a, 04600 Altenburg; stellv. Vorsitzender: Friedrich Krause, Friedrich-Ebert-Str. 28 a, 04600 Altenburg. – Erika Albiro (Altenburg): *„Du bist mit Freude reich bedacht"* (Lesung). – Dr. Erhard Naake (Weimar): *Goethefeierlichkeiten in Weimar im Jahre 1932. Politische und kulturpolitische Entwicklung Thüringens in den Jahren der Weimarer Republik.* – Prof. Dr. Heinz Gockel (Bamberg): *Goethes „Faust". Konzeption und Verwirklichung* (Dia-Vortrag). – *Auf Nietzsches Spuren* (Exkursion; Leitung: Dr. Jens-Fietje Dwars, Jena). – Dr. Angelika Reimann (Jena): *„Leben Sie recht wohl und lassen Ihren ‚Taucher' je eher je lieber ersaufen". Die Zusammenarbeit Goethes und Schillers am Beispiel des Balladenschaffens.* – Hilmar Dreßler (Leipzig): *Goethes Studien zum Verhältnis von Farbe und Ton mit einem vergleichenden Blick auf Novalis.* – Dr. Christa Grimm: *Das Spätwerk von Friedrich Dürrenmatt. Ein neuer Blick auf einen bekannten Autor.* – Peter Friedrich (Altenburg): *Goethe als Jurist.* – *Schüler musizieren und lesen Goethe.* – Adelheid Friedrich (Altenburg): *Jahresausklang.*

Aue

Vorsitzender: Dr. Karl Peter Gregori, Auer Str. 79, 08301 Schlema. – Dr. Klaus Walther (Zwönitz) : *Auf den Spuren des Nobelpreisträgers (1946) Hermann Hesse.* – Dr. Angelika Reimann (Jena): *„Wie herrlich leuchtet mir die Natur!" Goethe als Naturlyriker.* – OStR Erhard Schlame, StR Irene Schlame (Stollberg): *Goethe und Schiller im Spiegel des Werkes von Thomas Mann* (Lesung). – Lieselotte Grabaum, Tabea Grabaum (Fraureuth): *Goethe und die Musik in seiner Biographie, in seinen Werken, in seinem Wirken.* – Siegfried Arlt (Chemnitz): *Goethe und die Schönheit der deutschen Sprache.* – Dr. habil. Günter Adler (Zwickau): *Selbstverwirklichung und Anpassung. Goethes Drama „Torquato Tasso".* – PD Dr. habil. Manfred Jähne (Aue): *Zur Erblindung von Johann Sebastian Bach und Georg Friedrich Händel* (Dia-Vortrag). – PD Dr. habil. Dietmar Schubert (Zwickau): *„Schönheit im Schatten der Vergänglichkeit". Das lyrische Werk des Christian Hoffmann von Hoffmannswaldau.*

Auerbach

Vorsitzender: Ekkehard Taubner, Falkensteiner Str. 6, 08239 Bergen. – Hilmar Dreßler (Leipzig): *Goethes Studien zum Verhältnis von Farbe und Ton mit einem vergleichenden Blick auf Novalis.* – Marga Koch (Plauen): *George Sand. Leben und Werk.* – Erich Reyer (Falkenstein): *Goethe und die Familie Kotzebue.* – Günter Gerstmann (Jena):

„Ich lernte Goethe lieben". Zum Goethebild Albert Schweitzers. – Dr. Bernd Mahl (Stuttgart): *Goethe und das Geldwesen.* – Dr. Karl-Peter Gregori (Aue/Schlema): *Carl Gustav Carus. Ein großer Arzt und Freund Goethes.* – Dr. Angelika Reimann (Jena): *„Schon zuckt nach jedem Nacken die Schärfe, die nach meinem zückt". Die Gretchen-Tragödie und die realgeschichtliche Debatte um den Kindsmord im ausgehenden 18. Jahrhundert.* – Siegfried Arlt (Chemnitz): *„Vom Mütterchen die Frohnatur". Heiteres und Besinnliches über die Frau Rath Goethe.* – Mitglieder der OV Auerbach: *Vermischtes zur Weihnachtszeit.*

Bad Harzburg

Vorsitzender: StD Eberhard Völker, Eichendorffstr. 46, 38667 Bad Harzburg; Geschäftsführerin: Sabine Kuckuck, Herzog-Wilhelm-Str. 8, 38667 Bad Harzburg; Geschäftsführerin seit Dezember 2001: Annette Rühm, Herzog-Wilhelm-Str. 8, 38667 Bad Harzburg. – Prof. Dr. Paul Raabe (Wolfenbüttel): *Die Franckeschen Stiftungen. Geschichte und Gegenwart.* – Prof. Dr. Peter André Alt (Bochum): *„Schiller. Leben, Werk, Zeit"* (Buchpräsentation). – Dr. Wolfgang Strack (Buseck): *Der Lebensweg des Johann Sebastian Bach* (Ton-Dia-Schau, Teil II). – Dr. Klaus Baumann (Hamburg): *Jochen Klepper. Christliche Dichtung im Dritten Reich.* – Christian Juranek (Wernigerode): *Grimmelshausen und die moderne Kunst* (Dia-Vortrag). – Prof. Dr. Heinz Gockel (Bamberg): *Iphigenie und der Mythos.* – Dr. Angelika Reimann (Jena): *„‚Zwischen Pflicht und Neigung'. Johann Wolfgang von Goethe im Herzogtum Sachsen-Weimar"* (Buchpräsentation). – Ralph Beims (Bariton), Martin Bujara (Klavier): *Franz Schubert: „Die Winterreise".* – Pfarrerin Ingrid Drost (Braunschweig): *Schleiermacher: ein Theologe der Goethezeit.* – Lese- und Gesprächsabende zu: Roberto Zapperi: *„Das Inkognito. Goethes ganz andere Existenz in Rom"* (6 Abende) und Helga Schütz: *„Grenze zum gestrigen Tag"* (Roman). – Exkursion nach Halberstadt mit Besuch des Gleimhauses.

Bamberg

Vorsitzender: Dr. Michael Stark, Postfach 11 02 40, 96030 Bamberg; stellv. Vorsitzender: Prof. Dr. Heinz Gockel, Wildensorger Str. 42, 96049 Bamberg. – Prof. Dr. Heinz Gockel (Bamberg): *Liebesgedichte Goethes* (Lesung). – Dr. Ariane Martin (Marburg): *„Kranker Lenz, gesunder Goethe". Zu den Folgen der „Werther"-Darstellung in „Dichtung und Wahrheit".* – Eckhart Neuberg liest Goethe-Parodien. – *Coburg: eine thüringische Residenz in Franken* (Exkursion mit dem neuen Palais e. V.; Leitung: Dr. Stefan Jacob). – Prof. Dr. Norbert Oellers (Bonn): *Goethe und Schiller. Zur Geschichte einer Freundschaft.* – *Auf Goethes Spuren in Böhmen: Eger, Karlsbad, Kloster Tepl, Marienbad und Franzensbad* (Studienreise gemeinsam mit der Goethe-Gesellschaft Nürnberg). – Dr. habil. Jochen Golz (Weimar): *Geschichte und Aufgaben des Goethe- und Schiller-Archivs* (Dia-Vortrag).

Bergisch Gladbach

Vorsitzende: Juliette Eckel, Genkeler Str. 53, 58540 Meinerzhagen; stellv. Vorsitzende: Renate Arnold, Eschenbroichstr. 38, 51469 Bergisch Gladbach. – Dr. Inge Schäfer (Vortrag), Anne Brahms (Gesang), Christoph Krügemann (Klavier): *Ein Abend über Angelika Kauffmann.* – Prof. Dr. Christoph Cremer (Heidelberg): *Der Irrweg. Goethes Farbenlehre.* – Dr. Edith Zehm (München): *Wieviel Goethe braucht der Mensch? Zur Münchner Ausgabe von Goethes Werken.* – *Goethe in Wetzlar* (Exkursion). – Kabarettensemble „Liederschlag": *Mein Gott […] Goethe!* (literarisch-musikalisches Programm zum einjährigen Gründungsjubiläum der OV Bergisch Gladbach). – *Auf den Spuren Goethes in der Flora* (Exkursion). – *Goethes Geburtstag. Ein Abendessen mit Überraschung.* – Dr. Hans-Joachim Simm (Frankfurt): *Goethe im Insel-Verlag* (Musik: Birgit Suchowsky, Querflöte). – Prof. Dr. Irmgard Müller (Bochum), Dr. Burkhard Notter (Bergisch Gladbach): *Der Zwischenkieferknochen.* – *Besuch beim WDR* (Hausführung und Besuch einer Sendung). – Gerd Ellenbeck (Vortrag), Sheila Arnold (Klavier): *Späte Liebe 1823. Über Ulrike von Levetzow und Maria Szymanowska.*

Berlin

Vorsitzende: Beate Schubert, Fischottersteig 7, 14195 Berlin; stellv. Vorsitzender: Prof. Dr. Ekkehart Krippendorff, Schulenburgring 5, 12101

Berlin; stellv. Vorsitzender seit März 2003: Hans-Hellmut Allers, Beethovenstr. 6, 16548 Glienicke. – Prof. Dr. Hendrik Birus (München): *„Im Gegenwärtigen Vergangnes". Die Wiederbegegnung des alten mit dem jungen Goethe.* – *Leseabende zu Goethes „Werther"* (Leitung: Dr. Renate Grötzebach). – *Was geht uns heute Goethe an? Schüler der Goethe-Oberschule Steglitz diskutieren über Werthers Leiden* (Leitung: Irene Sauer). – *„Die neuen Leiden des jungen W." (1976) von Ulrich Plenzdorf* (Filmvorführung). – Ulrich Plenzdorf (Berlin): *Rückblick auf „Die neuen Leiden des jungen W." nach 30 Jahren.* – Prof. Dr. Joachim Wohlleben (Berlin): *Goethes Werther im Kontext seiner Zeit.* – Exkursion nach Wetzlar mit Besuch des Lottehauses. – *Goethes Geburtstag in Beate Schuberts Garten.* – Joachim Lamont: *„Der Mann von 50 Jahren"* (Lesung). – Dr. Hanna-Renate Laurien: *Leidenschaft im Alter? Goethe und wir.* – Prof. Dr. Volker Hesse (Berlin): *Goethes Beziehung zu Kindern und Heranwachsenden* (Dia-Vortrag). – *Fünf Leseabende zu „Faust"* (Leitung: Hans Wolfgang Kendzia). – Prof. Dr. Ekkehart Krippendorff (Berlin): *Peter Steins „Faust"-Inszenierung* (Gespräch). – Dr. Klaus-Michael Koeppen (Berlin): *Goethe als geriatrischer Patient* (Dia-Vortrag).

Bonn

Vorsitzender: Prof. Dr. Harald Steinhagen, Weilbergstr. 29, 53639 Königswinter; stellv. Vorsitzende: Cornelia Kothe, Dellweg 23, 53117 Bonn; stellv. Vorsitzender: Prof. Dr. Norbert Oellers, Rüngsdorfer Str. 11, 53173 Bonn. – PD Dr. Andreas Anglet (Köln): *Konfession und Distanz. Goethes Dichtung der Individualität und die Freiheit des Lesers.* – Marianne Neumann (Bonn): *Erfurt* (Dia-Vortrag). – Prof. Dr. Norbert Oellers (Bonn): *Goethe und Schiller. Zur Geschichte einer Freundschaft.* – Beate Hochbahn (Bonn): *Goethes „Wahlverwandtschaften"* (4 Lese- und Diskussionsabende). – Prof. Dr. Jutta Osinski (Marburg): *Goethe und Eichendorff.* – Besuch im Frankfurter Goethe-Museum. – Dr. Manfred Osten (Bonn): *Alexander von Humboldt und Goethe oder „Wir Europäer, von Dämonen geplagte Geister".* – Dr. Letizia Mancino-Cremer (Heidelberg): *Rom, mit Goethes Augen gesehen* (Dia-Vortrag). – Prof. Dr. Terence J. Reed (Oxford): *Existenz oder Transzendenz: Leben, Schreiben, Lebensbeschreibung.* – *Friedrich Schiller: „Kabale und Liebe"* (Theaterbesuch im Euro Theater Central in Bonn). – Dr. Volker Dörr (Bonn): *„Lauter Brandraketen". Zeitgenössische (Fehl-)Lektüren von Goethes „Werther".* – Jürgen Jäger (Weimar): *Parkanlagen und Gärten in und um Weimar aus Goethes Zeit* (Dia-Vortrag). – Prof. Dr. Dr. Annemarie Schimmel (Bonn): *Muhammed Iqbal und seine Goethe-Rezeption.*

Bremen

Vorsitzender: OStR Klaus Ehlert, Dimhausen 7, 27211 Bassum; Vorsitzender seit März 2001: Prof. Dr. Gert Sautermeister, Hans-Thoma-Str. 22, 28209 Bremen; stellv. Vorsitzender: OStD Herbert von der Heide, Buchenstr. 11, 28844 Weyhe; stellv. Vorsitzender seit März 2001: StR Paul Schmidt, Wildesauer Str. 20 B, 27801 Dötlingen. – Dr. Hans Joachim Schaefer (Kassel): *Goethe und Zelter.* – Horst Meyer (Bremen): *„[...] und konnten uns nicht enthalten, die Taschen vollzustecken, von Granit, Porphyr und Marmortäfelchen". Goethe als früher Mineraloge und Geologe* (Dia-Vortrag). – Christof Eschenröder (Bremen): *„Seelenleiden" und „psychische Kuren" bei Goethe.* – Dr. Wolfgang Braune-Steininger (Ehringshausen): *Antike und Aufklärung. Zur Ästhetik der Weimarer Klassik.* – Margrit Straßburger, Rezitation, Alla Jung, Klavier (beide: Hamburg): *„Willst du dein Herz mir schenken". Anna Magdalena Bach, die Frau an seiner Seite.* – Dr. Ulrich Stoll (Kassel): *„Michelangelos Farben leuchten". Die Deckengemälde der Sixtinischen Kapelle und Texte aus Goethes „Italienischer Reise".*

Chemnitz

Vorsitzender: Siegfried Arlt, Hüttenberg 13, 09120 Chemnitz; Geschäftsführerin: Dr. Helga Bonitz, Heinrich-Beck-Str. 47, 09112 Chemnitz. – Dr. habil. Jochen Golz (Weimar): *Die Geschichte des Goethe- und Schiller-Archivs in Weimar.* – Dr. Christian Rhode (Gunzenhausen): *Das Goethe- und Schiller-Denkmal in Weimar und sein Schöpfer, der Bildhauer Ernst Rietschel.* – *Feier zum 75. Geburtstag der Goethe-Gesellschaft Chemnitz e. V.* – Dr. Manfred Wenzel (Gießen): *Goethe und die Medizin.* – Dr. Karl

Peter Gregori (Schlema): *Das Verhältnis des Arztes Carl Gustav Carus zu Goethe.* – Dr. Angelika Reimann (Jena): *Goethes spannungsvolles Verhältnis zu Herder.* – *Feier zu Goethes Geburtstag.* – *Auf Goethes Spuren in Thüringen: Pößneck, Ilmenau, Gabelbach* (Exkursion). – Volkmar Schumann (Eisenach): *Julie von Bechtolsheim. Wielands „Psyche" und Goethes Seelenfreundin.* – Prof. Dr. Dietrich Grohnert (Erfurt): *Goethe und die Weltliteratur.* – Dr. Letizia Mancino-Cremer (Heidelberg): *Rom, mit Goethes Augen gesehen* (Dia-Vortrag).

Darmstadt

Vorsitzender: Dr. Fritz Ebner, Frankfurter Landstr. 18, 64291 Darmstadt; stellv. Vorsitzender: Werner Wegmann, Liebigstr. 9, 64293 Darmstadt; stellv. Vorsitzender seit August 2001: Prof. Dr. Matthias Luserke-Jaqui, Heidenreichstr. 1, 64287 Darmstadt. – Eberhard Schmidt (Dessau): *Die Verdienste des Ernst Wolfgang Behrisch an seinem Jugendfreund Goethe.* – Sabine Schäfer (Weimar): *Goethe als Briefempfänger. Überraschendes und Unbekanntes.* – Dagmar von Gersdorff (Berlin): *„Goethes Mutter"* (Lesung). – Prof. Dr. Matthias Luserke-Jaqui (Darmstadt): *Jakob Michael Reinhold Lenz und Goethe.* – Karl Günther (Heidelberg): *Goethes Schwester Cornelia.* – Exkursion nach Emmendingen. – Prof. Dr. Gerhard Sauder (Saarbrücken): *Netzwerk der Aufklärung: Mercks Briefe* (mit Verleihung der Merck-Medaille). – Dr. Fritz Ebner (Darmstadt): *Ärzte um Goethe* (Dia-Vortrag).

Dessau

Vorsitzender: Eberhard Schmidt, Lindenstr. 129, 06847 Dessau. – Eberhard Schmidt (Dessau): *Wilhelm Müller. Der Dessauer Dichter der spätromantischen Zyklen.* – Ders.: *Anhalt-Dessaus ältester Naturpark: der Beckerbruch* (Exkursion). – Ders.: *Wilhelm Müller. Der Dessauer Dichter der liberalen Spätromantik.* – Ders.: *Die Hauptgrundzüge des deutschen Geistes in der Klassik.* – Ders.: *Wilhelm Müller. Sänger der griechischen Freiheit.* – Ders.: *Der 250. Geburtstag von August Rode mit Lesung aus „Amor und Psyche" nach Apuleius.* – Brunhilde von Moisy (Dessau): *Goethes erste Harzreise im Winter 1777.* – Hilmar Dreßler (Leipzig): *Goethes Studien zu Farbe und Ton mit einem vergleichenden Blick auf Novalis.* – Werner Berghoff (Dessau): *Friedrich Schiller, einer der bedeutendsten Repräsentanten der klassischen deutschen Literatur.* – *Das Wilhelm-Müller-Archiv in Dessau* (Führung: Martina Kreißler, Dessau). – Ingmar Knop (Dessau): *„Natur und Kunst, sie scheinen sich zu fliehen". Die anhaltinischen Parklandschaften.*

Dresden

Vorsitzender: Dr. Jürgen Klose, Döbraer Str. 46, 01189 Dresden; stellv. Vorsitzender: Dr. Wolfgang Bunzel, Ermelstr. 15, 01277 Dresden. – Andreas Greiner, Dr. Sabine Schetelich (beide: Freiberg): *„Die blaue Blume sehn' ich mich zu erblicken". Der bekannte unbekannte Novalis. Zum 200. Todestag* (kommentierte Lesung). – Werner Kohlert (Dresden): *„In der Ferne gegenwärtig"* (Präsentation des Filmessays zum 250. Geburtstag Goethes durch den Regisseur und Drehbuchautor). – Dr. Ute Baum (Dresden): *Russische Literatur in Dresden zwischen 1813 und 1830* (kommentierte Lesung). – Dr. Bärbel Kovalevski (Berlin): *„Dahin! Dahin geht unser Weg! O Vater, laß uns ziehn!" Deutsche Malerinnen der Goethezeit in Italien* (Dia-Vortrag). – Dr. Marlene Lohner (Wiesbaden): *„Der enge Durchgang". Sprachbilder von Geburt, Tod und Erneuerung in Goethes „Faust".* – Dr. Angelika Reimann (Jena): *„‚Zwischen Pflicht und Neigung'. Johann Wolfgang von Goethe im Herzogtum Sachsen-Weimar"* (Lesung). – Werner Kohlert (Dresden): *„Keinen Gott als nur die Menschheit"* (Präsentation des Filmessays durch den Regisseur und Drehbuchautor). – C. J. Andreas Klein (Freiburg i. Br.): *Goethe und der Wein* (mit Verkostung und Musik). – Dr. Günter Klieme (Dresden): *Philalethes und sein Dante-Komitee. Zum 200. Geburtstag König Johanns von Sachsen.*

Eisenach

Vorsitzender: Volkmar Schumann, Am Wartenberg 28, 99817 Eisenach; stellv. Vorsitzender: Gerhard Lorenz, Am Hängetal 5, 99817 Eisenach. – Prof. Dr. Klaus-Peter Hertzsch (Jena): *Die erste Eisenacher „Ortsvereinigung" 1944–1947.* – Dr. Ulrich Kaufmann (Jena): *Der*

„Affe" Goethes? Jakob Michael Reinhold Lenz zum 250. Geburtstag. – Dr. Wolfgang Strack (Buseck): *Reichsstraße 1. Von Aachen bis Braunschweig* (Dia-Ton-Vortrag). – Dr. Egon Freitag (Weimar): *Herder, einer der vier Klassiker in Weimar.* – Gruppenreise zur *Faust*-Aufführung von Peter Stein in Berlin. – Jugendliche des Ernst-Abbe-Gymnasiums: *„Die neuen Leiden des jungen W."* (Performance frei nach Goethe und Ulrich Plenzdorf). – Dr. Angelika Reimann (Jena): *„Leben Sie recht wohl und lassen Ihren ‚Taucher' je eher je lieber ersaufen". Zum Balladenschaffen Goethes und Schillers.* – Lutz Schwarze (Eisenach): *Traditionelle „Faust"-Matinee am Ostermontag.* – *Auf Goethes Spuren in der Schweiz* (einwöchige Exkursion). – Dr. Wolfram Klante, Ernst-Volker Schwarz, Bariton (beide: Eisenach): *Die Gleichzeitigkeit des Ungleichzeitigen. E. T. A. Hoffmann, Dichter, Schriftsteller, Komponist und Maler.* – Teilnahme an der Eisenacher Kulturnacht mit Vortrag von Rosemarie Domagala: *Maria Pawlowna, Großfürstin, Großherzogin, Inspiratorin der Wartburg-Erneuerung* und Lesung von Volkmar Schumann: *„Hans Sachsens poetische Sendung".* – *„Goethe und die Frauen"* (Theaterfahrt nach Großkochberg). – Volkmar Schumann (in Wilhelmsglücksbrunn bei Creuzburg): *Goethe in Eisenach.* – Gartenfest im Kartausgarten zum Geburtstag Goethes gemeinsam mit dem Reuter-Wagner-Museum: Volkmar Schumann: *Goethes „unrunde" Geburtstage* (Lesung); musikalische Umrahmung: Hildrun Scheit (Flöte), Bruno Ritzmann (Cembalo); Dr. Ulrike Müller (Rezitation/Klavier; alle: Weimar): *Die Schriftstellerin Amalie Winter und Carl Alexanders Bemühungen um die Literatur in Weimar.* – Prof. Dr. Alfred Erck (Meiningen): *Goethe und das Theater in Meiningen.* – *Weimar total. Drei Nächte im „Russischen Hof"* (Exkursion). – Helga Timmler (Eisenach): *Frauenpersönlichkeiten der Goethezeit in Weimar.* – Dr. Hans Joachim Schaefer (Kassel): *Goethes Freundschaft mit Carl Friedrich Zelter.* – Volkmar Schumann (Eisenach): Goethe, sein Leben und Wirken (Dia-Vortrag). – Monatliche Zusammenkünfte des Lesekreises. – Zwei Stadtführungen *Auf Goethes Spuren in Eisenach.* – Sieben *Lesestunden im Teezimmer*, gemeinsam mit dem Reuter-Wagner-Museum: *Viktor von Scheffel, Großherzog Carl Alexander und die Goethe-Enkel, Heinrich von Kleist, Leo Tolstoi, Landgräfin Elisabeth, Ulrich Bräker, Friedrich Lienhard.*

Erfurt

Vorsitzender: Prof. Dr. Dietrich Grohnert, Puschkinstr. 16, 99084 Erfurt; Geschäftsführer: Volkmar Birkholz, Goethestr. 2, 99096 Erfurt. – Dr. Egon Freitag (Weimar): *„Wielands Seele ist von Natur aus ein Schatz". Wieland und die Liebe.* – Dr. Siegfried Seifert (Weimar): *„Italien in Germanien". Zu den Italienbeziehungen im klassischen Weimar.* – Dr. Angelika Reimann (Jena): *„Wie herrlich leuchtet mir die Natur!" Goethes Schaffensweg als Naturlyriker.* – Gisela Kraft (Weimar): *Prolog zu Novalis. Im Gedenken an seinen 200. Todestag.* – Dr. Wolfgang Strack (Buseck): *Orient im Okzident* (Dia-Ton-Vortrag). – Dr. Hans Joachim Schaefer (Kassel): *Goethes Freundschaft mit Zelter.* – Klavierabend mit Anne Folger (Weimar): *Werke von Brahms, Debussy, Beethoven, Bach und Liszt.* – Exkursion von Schloß Tiefurt auf dem „Maria-Pawlowna-Promenadenweg" nach Schloß und Park Kromsdorf (Vorführung von Kurzfilmen im Filmbüro Kromsdorf). – Prof. Dr. Dietrich Grohnert (Erfurt): *Chaos oder neue Weltordnung? Zu Novalis' Fin-de-siècle-Visionen. Aus Anlaß des 200. Todestages Friedrich von Hardenbergs.* – Prof. Dr. Günter Hartung (Halle): *Linke Opposition gegen Goethe von Börne bis Brecht.* – Volkmar Schumann (Eisenach): Julie von Bechtolsheim. Wielands „Psyche" und Goethes Seelenfreundin. – Prof. Dr. Lothar Ehrlich (Weimar): *Vom „Urfaust" zu „Faust. Der Tragödie zweiter Teil". Die Wandlungen eines großen Werkes.*

Erlangen

Vorsitzender: Prof. Dr. Peter Horst Neumann, Ligusterweg 39, 90480 Nürnberg; Geschäftsführer: OStD Siegfried Ziegler, Im Herrengarten 6, 91054 Buckenhof. – Prof. Dr. Christoph Perels (Frankfurt/M.): *Der Klassiker an der Schwelle der Moderne. Goethes Gegenwärtigkeit nach 250 Jahren.* – Prof. Dr. Peter Horst Neumann (Erlangen): *Goethes Mittagsschlaf auf dem Papstthron zu Rom.* – Prof. Dr. Christoph Bürgel (Bern): *Wie Goethe den Orient entdeckte.* – Renate Kaschmieder (Mezzosopran), Manfred Mayer (Klavier): *Goethe-Lyrik in verschiedenen Vertonungen* (Sommerfest). – Dr. Anika Davidson (Erlangen): *Stilisierte Selbst-Gewißheit? „Ur-*

worte. Orphisch" und „Dichtung und Wahrheit" (1. Buch) im Textvergleich (Seminar). – Studienfahrt zum Goethehaus und zum Goethemuseum in Frankfurt/M. – Dr. Holger Helbig (Erlangen): *Goethe und der Stein der Weisen. Zu Goethes Farbenlehre.*

Essen

Vorsitzender: Prof. Dr. Klaus Hufeland, Eibergweg 9, 45279 Essen; stellv. Vorsitzender: Dr. Hans-J. Gaffron, Haraldstr. 13, 45133 Essen. – Prof. Dr. Michael Hutter (Witten/Herdecke): *Geld in Goethes „Faust".* – Walter Gröll (Winsen/Luhe): *Johann Peter Eckermann als Lyriker im Biedermeier.* – Prof. Dr. Christa Lichtenstern (Saarbrücken): *Goethes Präsenz in der Kunst des 20. Jahrhunderts.* – Exkursion. – Dr. habil. Jochen Golz (Weimar): *Der Tagebuch-Autor Goethe.* – Ulrich Ritter (Berlin): *„Goethes Geliebte". Ein „Spiel vom Blatt"* (Rezitationen). – Prof. Dr. Joachim Dyck (Oldenburg): *Benn und Goethe.*

Freiburg i. Br.

Vorsitzender: Senator h. c. Dr. Konrad Huber, Schreiberstr. 10, 79098 Freiburg; Vorsitzende seit April 2002: Prof. Dr. Gabriele Busch-Salmen, Markenhofstr. 14, 79199 Kirchzarten; Vorsitzender seit Oktober 2002: Prof. Dr. Heinrich Witschel, Erlenweg 9 d, 79115; Geschäftsführerin: Irene Hildenbrand, Basler Str. 62, 79100 Freiburg; Geschäftsführer seit April 2002: Clemens Kleijn, Terra Wohnpark 7, 78052 Villingen. – Frieder Simon (Halle): *Puppentheateraufführung: „Faust's Leben, Thaten und Höllenfahrt".* – Ausstellung (gemeinsam mit der Stadt Emmendingen und Dr. Ulrich Kaufmann, Jena) über Jakob Michael Reinhold Lenz: *„Ich aber werde dunkel sein". Zum 200. Lenz-Jubiläum.* – Dr. Christoph Weiß (Mannheim): *„Das Schicksal stellt mich auf eine Nagelspitze". Die literarische Laufbahn von Lenz.* – Hilmar Dreßler (Leipzig): *Goethes Studien zum Verhältnis von Farbe und Ton mit einem vergleichenden Blick auf Novalis.* – Studiobühne an der Universität Freiburg: *„Schaut, wie voll es lebt und webt". Zum 250. Geburtstag von Johann Heinrich Voß* (Rezitations-Matinee). – Prof. Dr. Ludger Lütkehaus (Freiburg): *„Im Anfang war das Wort! Sprachkritik bei Goethe und Fritz Mauthner.* – Konzert des Gewandhaus-Quartetts Leipzig mit Werken von Mozart, Schubert und Mendelssohn Bartholdy. – Führung durch die Sammlung des Archäologischen Instituts der Universität Freiburg. – Studiobühne an der Universität Freiburg: *„Faust. Der Tragödie erster Theil".* – Prof. Dr. Gabriele Busch-Salmen, Prof. Dr. Walter Salmen (beide: Kirchzarten), PD Dr. Reinhart Meyer (Regensburg): *Goethe: „Rameaus Neffe"* (szenischer Dialog, musikalisch umrahmt). – Enno Kastens (Hammerflügel), Silke Burth (Sopran), Hans Jörg Mammel (Tenor), Markus Müller (Bariton), Christa Siebert-Freund (Rezitation): *Goethes Singspiel: „Scherz, List und Rache" in der Vertonung von Philipp Christoph Kayser.* Frau Prof. Dr. Busch-Salmen gab anhand des Briefwechsels zwischen Kayser und Goethe eine Einführung. – Prof. Dr. Friedrich Strack (Heidelberg): *Von Goethe gegängelt? Hölderlins Protest gegen die Weimarer Klassik.* – Prof. Dr. Jochen Schmidt (Freiburg): *Metamorphosen der Antike in Goethes Werk.* – Dr. Hans-Georg Schwarz (Halifax): *J. W. Goethes „West-östlicher Divan" und der europäische Symbolismus.*

Gotha

Vorsitzender: Dr. habil. Christoph Köhler, Waltershäuser Str. 17, 99867 Gotha; stellv. Vorsitzende: Marion Merrbach, Mönchelsstr. 3, 99867 Gotha. – Hilmar Dreßler (Leipzig): *Goethes Analogie von Farbe und Ton mit einem vergleichenden Blick auf Novalis.* – Dr. Wolfgang Strack (Buseck): *Barock* (Dia-Ton-Vortrag). – Dr. Jens-Fietje Dwars (Jena): *Goethe und Becher.* – Dr. Egon Freitag (Weimar): *Wieland und die Liebe.* – Ein historisch-botanischer Spaziergang durch den Mönchpark und Siebleben (Leitung: Dr. Wolfgang Klug und Dr. habil. Christoph Köhler). – Exkursion ins Grabfeld: Ostheim, Waltershausen, Münnerstadt (Leitung: Dr. habil. Christoph Köhler). – StD Eberhard Völker (Bad Harzburg): *Goethe in Schlesien.* – Dr. Angelika Reimann (Jena): *Goethes und Schillers Balladenschaffen.* – Helga Timmler (Eisenach): *Anna Amalia. Herzogin von Sachsen-Weimar-Eisenach. Porträt einer außergewöhnlichen Persönlichkeit.* – Dr. habil. Christoph Köhler (Gotha): *Adolf Müllner. Ein Dramatiker und Theaterkritiker des 19. Jahrhunderts.*

Güstrow

Vorsitzende: Dr. Elisabeth Prüß, Seidelstr. 5, 18273 Güstrow; stellv. Vorsitzender: Dr. Dr. Dieter Pocher, Grüner Winkel 36, 18273 Güstrow; stellv. Vorsitzende seit Januar 2002: Anneliese Erdtmann, Prahmstr. 28, 18273 Güstrow. – Prof. em. Dr. Anneliese Claus-Schulze (Güstrow): *Johann Heinrich Voß' Streit mit den Heidelberger Romantikern. Zum 250. Geburtstag von Voß.* – Dr. Gerda Heinrich (Berlin): *Friedrich von Hardenberg: Romantiker, Poet und Philosoph. Zum 200. Todestag von Novalis.* – *Klassizistische Architektur auf Rügen* (Busexkursion; Leitung: Dr. Dr. Dieter Pocher). – Dr. Jens-Fietje Dwars (Jena): *„Abgrund des Widerspruchs". Das Leben des Johannes R. Becher* (Lesung und Gespräch). – *Renaissance in Güstrow* (Schloßführung mit Dr. Regina Erbentraut, Güstrow). – Dr. habil. Erwin Neumann: *Thomas Manns „Buddenbrooks". Ein nobelpreisgekrönter Roman. Zum 100. Jahrestag seiner Erstauflage.* – PD Dr. habil. Hannelore Scholz (Berlin): *Von der Vielfalt weiblicher Stimmen. Über die neueste deutsche Frauenliteratur.* – Dr. Renate Löschner (Berlin): *Die Reise des Prinzen Maximilian zu Wied 1815–1817 in Brasilien.* – Dr. Christa Naumann (Warin): *Johann Wilhelm Ludwig Gleim (1719–1803): ein preußischer Aufklärer. Über die Pflege seines Erbes in Vergangenheit und Gegenwart durch das Gleim-Haus Halberstadt.*

Gunzenhausen

Vorsitzender: Dr. Johann Schrenk, Weißenburger Str. 22, 91710 Gunzenhausen; stellv. Vorsitzende: Bärbel Ernst, Steinweg 20, 91741 Theilenhofen. – Bruno Buff (Ellingen): *Charlotte Kestner geb. Buff. Ihr Leben in Bildern, Berichten und Briefen.* – Heike Spies (Düsseldorf): *Goethe und seine Schwiegertochter Ottilie von Goethe.* – *Auf den Spuren Goethes* (Studienfahrt in den Harz, Leitung: Bärbel Ernst). – Prof. Dr. Werner Keller (Köln): *Goethes Religiosität und seine Beziehung zu den Weltreligionen.* – Dr. Werner Ritter von Stransky-Stranka-Greifenfels: *Friedrich Schillers „Räuber" und deren Entstehung vor dem Hintergrund topographischer und historischer Aspekte bezüglich der Schlösser Altenmuhr und Julienberg.* – Feierlichkeiten zum Goethe-Geburtstag in Wachstein. – Almut Binkert (Weißenburg): *Goethe und die Pflanzen.* – Siegfried Arlt (Chemnitz): *Goethe und die Freimaurer.* – Prof. Dr. Dieter Görne (Dresden): *Goethes „Faust" aus der Sicht des Theaters.* – Dr. Johann Schrenk/Frauenhofer Saitenmusik: *Weihnachten – klassisch und fränkisch* (musikalisch-literarischer Abend).

Halle

Vorsitzender: Prof. Dr. Thomas Höhle, Schleiermacherstr. 28, 06114 Halle; Geschäftsführer: Günther Kühne, Hegelstr. 11, 06114 Halle. – Prof. Dr. Hans-Joachim Becker (Heidelberg): *Goethe und die zwei Kulturen.* – Frieder Simon (Halle): *„Don Ranudo" von Karl von Stein. Ein Puppenspiel.* – Dr. Jens-Fietje Dwars (Jena): *Nietzsche und Goethe. „Die Geburt der Tragödie": eine Umkehrung des Helena-Aktes aus „Faust II".* – Dr. Ilse Jahn (Berlin): *„Gleichsam mit neuen Organen ausgerüstet". Goethe und Alexander von Humboldt.* – Dr. Heidi Ritter (Halle): *Wie die „Luise" durchs 19. Jahrhundert kommt. Johann Heinrich Voß zum 250. Geburtstag.* – Prof. Dr. Thomas Höhle (Halle): *Grabbe und Goethe. Zum 200. Geburtstag Christian Dietrich Grabbes.* – *Auf den Spuren Goethes und Schillers in Leipzig* (Exkursion). – PD Dr. Hans Joachim Kertscher (Halle): *Goethe und das Singspiel „Jery und Bätely".* – Dr. Ute Bredemeyer (Berlin): *„Wahlverwandtschaften, umständehalber". Wilhelm Müllers Gedichtzyklus „Die Winterreise" in der Vertonung von Reiner Bredemeyer.* – Dr. Dieter Bähtz (Halle): *„Noblesse als Maske". Die Freunde Max Frisch und Uwe Johnson.* – Prof. Dr. Thomas Höhle (Halle): *Plaudereien um Goethe vor 200 Jahren.*

Hamburg

Vorsitzender: Dr. Klaus Baumann, Haidbrook 53, 22880 Wedel/Holstein; Vorsitzende seit Februar 2002: Ragnhild Flechsig, Gustav-Falke-Str. 4, 20144 Hamburg; Geschäftsführer: Holger Dobat, Sinstorfer Kirchweg 50, 21077 Hamburg. – Prof. Dr. Stefan Blessin (Hamburg): *Goethes „West-östlicher Divan" und die Idee der Weltliteratur.* – Volker Braun (Berlin): *„Das Wirklichgewollte" – neue Erzählungen* (Lesung). – Dr. habil. Jochen Golz: *Goethe als politischer Gestalter.* – Prof. Dr. Hermann Kurzke

(Mainz): *Thomas Mann als Lyriker.* – Prof. Dr. Peter Boerner (Bloomington/USA): *„Sie lassen sich mit Pflanzen, ihren Blüten und Früchten vergleichen". Goethe blickt auf die Nationen der Welt.* – Dr. Shu Ching Ho (Freiburg/Taipeh): *Goethes Begegnung mit China. „Die Chinesisch-Deutschen Jahres- und Tageszeiten".* – Peter Striebeck (Hamburg): *Wolfgang Borcherts Kurzgeschichten. Zum 80. Geburtstag des Dichters* (Rezitation). – *Schwäbische Literatur-Reise mit Goethe, Schiller u. a.* (Exkursion). – *Goethe-Spaziergänge im Umkreis Weimars* (Exkursion). – Wolfgang Stendar (Schauspielhaus Zürich/Burgtheater Wien): *„Hermann und Dorothea"* (Rezitation). – *Eutin historisch, musikalisch und literarisch* (Exkursion). – Dr. Roberto Zapperi (Rom): *Goethe in Rom: Spiele und Liebe.* – Gerhard Nöthlich (Hamburg): *Goethe und der Kreis von Münster.* – Besuch von Rudolstädter Goethefreunden bei der Hamburger Goethe-Gesellschaft. – Prof. Dr. Peter Sprengel (Berlin): *Wiener Moderne und Wiener Antike. Über Antike-Rezeption in der Wiener Moderne.* – *Mit Goethe am Golf von Neapel* (Studienreise). – Dr. Jochen Klauß (Weimar): *„Er hat eine himmlische Klarheit der Begriffe und eine englische Güte des Herzens". Johann Heinrich Meyer, Freund und Orakel Goethes.* – Prof. Dr. Dieter Borchmeyer (Heidelberg): *„Laß mich hören, laß mich fühlen". Goethe, die Musik und Johann Sebastian Bach.* – – Viertes Klassik-Seminar in Zusammenarbeit mit der Evangelischen Akademie: *Friedrich Schiller – Goethes großer Freund. Wie gehen wir mit dem Dichter um?* Vorträge: Prof. Dr. Peter André Alt (Bochum): *„Zeitgenosse aller Zeiten". Staat, Politik und Nation in Schillers klassischem Kulturprogramm.* – Prof. Dr. Ernst Osterkamp (Berlin): *Schiller als Historiker.* – Dr. habil. Michael Hofmann (Lüttich-Liège): *Schillers Dramatik und die Poetik des Erhabenen.* – Prof. Dr. Norbert Oellers (Bonn): *Goethe und Schiller. Zur Geschichte einer Freundschaft.* – – *Meine schönste Geschichte* (Mitglieder lesen für Mitglieder klassische Erzählungen).

Hannover

Vorsitzender: StR Peter Meuer, Kolbeweg 43, 30655 Hannover; Geschäftsführerin: Barbara Gerth, c/o St. Ursula-Schule, Simrockstr. 20, 30171 Hannover; Geschäftsführerin seit Mai 2001: Heide Tongers, Thüringer Str. 15, 30179 Hannover. – Dr. Peter Hofmann (Hannover): *„Die Frömmler habe ich von jeher verwünscht". Goethe und die Kirche(n).* – Dr. Rudolf Lange (Hannover): *Malen, kleben, schreiben. Kurt Schwitters und seine Merz-Kunst.* – Heidemarie Stegmann-Meißner, Christa Irmscher (beide: Darmstadt): *Bettine von Arnim (1785–1859). Eine Sozialbiographie aus dem 19. Jahrhundert* (Vortrag und Rezitation). – Prof. Dr. Klaus Gerth (Hannover): *Symbolische Landschaftsgärtnerei in den „Wahlverwandtschaften"* (Dia-Vortrag). – Prof. Dr. Gudrun Schröfel (Hannover): *Der Mädchenchor Hannover* (Vortrag und Gesang). – Prof. Dr. Werner Wunderlich (Hannover/St. Gallen): *Figaros Schicksal oder dieses Theater mit dem Friseur.* – Prof. Dr. Katharina Mommsen (Palo Alto/USA): *„Nur wer Hafis liebt und kennt, weiß, was Calderon gesungen". Weltliterarisches im „West-östlichen Divan".* – Cornelia Kühn-Leitz (Hannover) u. a.: *Gedichte und Lieder von und für Goethe zum 252. Geburtstag.* – Ulrike Sárkány (Hannover): *„Im Häuschen will ich auch sterben". Lou Andreas Salomé in Göttingen 1903–1937.* – *Das Jahrhundertbuch: 100 Jahre „Buddenbrooks"* (Ausstellung der Sammlung Erich W. Hartmann in der Stadtbibliothek Hannover). – Bernd M. Kraske (Reinbek): *Das Jahrhundertbuch „Buddenbrooks". Geschichte(n) eines Romans.* – Nathalie Brüggen (Lübeck): *Thomas Manns „Buddenbrooks" und das Theater.* – Dieter Hufschmidt (Hannover): *„Firmenjubiläum"* (Lesung). – Prof. Dr. Klaus Gerth (Rezitation), Peter Meuer (Rezitation), Paul Kern (Klavier): *„Ferien in Travemünde" und „Weihnachten bei den Buddenbrooks".* – *Auf den Spuren Thomas Manns und der Familie Buddenbrook in Lübeck* (Exkursion). – Sabine Chmielewski (Hohnhorst): *Die Rolle der Frau in der amerikanischen Künstlererzählung.*

Heidelberg

Vorsitzende: Dr. Letizia Mancino-Cremer, Mombertplatz 23, 69126 Heidelberg; stellv. Vorsitzender: Prof. Dr. Dieter Borchmeyer, Germanistisches Seminar der Universität, Hauptstr. 207–209, 69117 Heidelberg. – Neujahrsempfang. – Prof. Dr. Hans Joachim Becker (Heidelberg): *Die Evolution der menschlichen Sprache.* – Fasching mit und bei der Galerie Melnikow. –

Prof. Dr. Albrecht Betz (Aachen/ Paris): *Gegen die Weltverwirrer Goethe und Voltaire.* – *Das Gold der Barbarenfürsten* (Führung durch die Ausstellung). – *Auf Goethes Spuren* (Studienreise nach Rom; Leitung: Dr. Letizia Mancino-Cremer). – PD Dr. Jörg Krämer (Nürnberg/ München): *„Die wahre musikalische Tragödie", „La Traviata" und „Don Carlos" als Entwürfe eines neuen Musiktheaters.* Einführung: Prof. Dr. Dieter Borchmeyer: *Verdi und Schiller, mit einem Seitenblick auf seine Beziehung zu Goethe.* – Tagesfahrt nach Mainz, Bingen, Rüdesheim und Kiedrich. – PD Dr. Karl-Norbert Ihmig (Bielefeld): *Zur wissenschaftlichen Methodologie in Newtons Optik.* – Dr. habil. Jochen Golz (Weimar): *Goethe als Tagebuchautor.* – Prof. Dr. Friedrich Strack (Heidelberg): *Goethe und Novalis.*

Hildburghausen

Vorsitzender: Dieter Schrimpf, Am Kümmelhag 10, 98646 Hildburghausen. – Erhard Meyer (Berlin): *Auf den Spuren der Königin Luise* (Dia-Vortrag). – Lesung mit dem Schriftsteller Hans Cibulka und Sommerfest im Caritas-Heim Hildburghausen. – Dr. Angelika Reimann: *„Zwischen Pflicht und Neigung'. Johann Wolfgang von Goethe im Herzogtum Sachsen-Weimar"* (Buchpräsentation). – Richard Henn (Hildburghausen): *„Kathederblüten und Gedankensplitter"* (Lesung). – Arnim Reinert (Aschaffenburg): *„Verbrannte Dichter". Über Tucholsky.* – Teilnahme an einer Veranstaltung über den Heimat- und Sagendichter Ludwig Bechstein im Kloster Vessra mit Präsentation des Buches von Dr. Andreas Seifert (Meiningen): *„Unterwegs mit Ludwig Bechstein".* – Harald Sandner (Coburg): *Das Herzogtum Sachsen-Coburg und Gotha* (Lesung). – Dr. Jens-Fietje Dwars (Jena): *Johannes R. Becher* (Lesung). – Schülerinnen des Gymnasiums Hildburghausen: *Das Tanztheater der Pina Bausch* (Tanztheateraufführung).

Hildesheim

Vorsitzender: Rolf Wagenknecht, Von-Emmich-Str. 40, 31135 Hildesheim.

Leider wurde der Redaktion kein Jahresbericht vorgelegt.

Ilmenau

Vorsitzender: Prof. Dr. Heinrich Arnold, Prof.-Stamm-Str. 3, 98693 Ilmenau. – Dr. Angelika Reimann (Jena): *„Leben Sie recht wohl und lassen Ihren ‚Taucher' je eher je lieber ersaufen". Das Balladenschaffen Goethes und Schillers* (Vortrag und Rezitation). – Burkhard Wolk (Köln): *24 Caprichos de Goya, op. 195 von Mario Castelnuovo-Tedesco* (klassische Gitarrenmusik, verbunden mit einem berühmten Bilderzyklus). – Theaterscheune Teutleben: *„nest im all", frei nach „Der kleine Prinz" von Saint-Exupéry.* – Robin Huw Bowen (Wales): *The unique sound of the Welsh Triple Harp* (Harfenkonzert und Vortrag). – *Auf Goethes Spuren in Erfurt* (Exkursion mit Vortrag von Volkmar Birkholz, Erfurt). – Dr. Wolfgang Strack (Buseck): *Orient im Okzident* (Dia-Ton-Schau). – Solisten der Hochschule für Musik „Franz Liszt" Weimar: *Weihnachtliches Konzert.*

Jena

Vorsitzender: Prof. Dr. Klaus Manger, Friedrich-Schiller-Universität Jena, Institut für Germanistische Literaturwissenschaft, Fürstengraben 18, 07743 Jena; Vorsitzender seit Juni 2002: Dr. Florian Fischer, Marderweg 39, 07749 Jena; Geschäftsführerin: Dr. Andrea Heinz, dito; stellv. Vorsitzende seit Juni 2002: Dr. Brigitte Hartung, Johannes-R.-Becher-Str. 26, 07745 Jena; stellv. Vorsitzender seit Juni 2002: Prof. Dr. Klaus Manger. – Dr. Anne Bohnenkamp (München): *Von der „Rose des Feldes" zur „Herbstzeitlose von Scharon". Das „Hohe Lied Salomos" in deutschen Übersetzungen.* – Prof. Dr. Helmut Brandt (Jena): *Goethes „Hermann und Dorothea" zwischen einstiger Bewunderung und neuzeitlicher Kritik.* – Prof. Dr. Klaus-Peter Hertzsch (Jena): *Neuanfang mit Goethe nach 1945.* – Geselliges Beisammensein zum Jahresausklang.

Karlsruhe

Vorsitzende: Gertrud Staffhorst, Bismarckstr. 15, 76133 Karlsruhe; stellv. Vorsitzender: Dr. Gerhard Kaller, Richard-Wagner-Str. 2, 76185 Karlsruhe; stellv. Vorsitzende seit Januar 2002:

Christa Sütterlin, Silcherstr. 26, 76185 Karlsruhe. – Gertrud Staffhorst: *Goethe und Ulrike von Levetzow* (Lesung). – Dr. habil. Jochen Golz (Weimar): *Geschichte und Aufgaben des Goethe- und Schiller-Archivs* (Dia-Vortrag). – Prof. Dr. Bernd Leistner (Chemnitz): *Goethe in den böhmischen Bädern.* – Dr. Irmtraut Schmid (Weimar): *Der Dichter in amtlicher Verantwortung. Einblicke in Dokumente aus Goethes administrativer Tätigkeit nach der Italienreise.* – Dr. Egon Freitag (Weimar): *Wieland und die Liebe.* – *Mit Goethe in den böhmischen Bädern: Eger, Franzensbad, Marienbad, Karlsbad, Teplitz und Umgebungen* (Studienfahrt; Leitung: Gertrud Staffhorst). – *Schloß Warthausen und die Wielandstätten in Biberach an der Riß* (Exkursion; Leitung: Gertrud Staffhorst). – Prof. Dr. Klaus Manger (Jena): *Goethes Welttheater.* – Dr. Andrea Heinz (Jena): *Wieland in Weimar. Ein Philosoph und Kosmopolit in der Provinz.* – *Spätmittelalter am Oberrhein. Maler und Werkstätten 1450–1525* (Führung durch die Landesausstellung in der Staatlichen Kunsthalle Karlsruhe).

Kassel

Vorsitzender: Prof. Dr. Ludolf von Mackensen, Leiter des Museums für Astronomie und Technikgeschichte mit Planetarium, Hugo-Preuß-Str. 3, 34131 Kassel; Geschäftsführerin: Anneliese Hartleb, Eckenstücker Weg 24, 34130 Kassel; Geschäftsführerin seit September 2002: Margot Leiding, Brasselsbergstr. 3 a, 34132 Kassel; Geschäftsführer seit November 2002: Peter Schimkat, Postfach 10 35 25, 34035 Kassel. – Prof. Dr. Dr. h. c. mult. Volkmar Hansen (Düsseldorf): *Goethe und das öffentliche Fest.* – Dr. Angelika Jacobs (Hamburg): *„Torquato Tasso". Goethes Antwort auf Rousseau.* – Elga Fornoff (Kassel): *„Ich bin keine Heldin und halte das Leben für eine gar hübsche Sache". Zum 270. Geburtstag von Goethes Mutter Aja.* – Dr. Siegfried Seifert (Weimar): *„Goethes schöne Freundin". Die Weimarer Primadonna Caroline Jagemann* (Dia-Vortrag). – Besichtigung der Stadtbibliothek. – Dr. habil. Jochen Golz (Weimar): *Das Goethe- und Schiller-Archiv in Weimar* (Dia-Vortrag). – Ernst Schmidt (Weimar): *„Faust". Goethes „Osterspaziergang" u. a. m.* (Rezitation). – Exkursion nach Rom (Leitung: Gerhard Franke). – Prof. Dr. Hans-Jürgen Schings (Berlin): *Goethes Wilhelm Meister und die Illuminaten.* – Dr. Hans Joachim Schaefer (Kassel): *„Dem lieben jungen Freunde F. M. B." Goethes Begegnungen mit Felix Mendelssohn.* – Exkursion nach Weimar und Tiefurt (Leitung: Anneliese Hartleb). – Prof. Dr. Georg-Michael Schulz (Kassel): *„Im Sitzen gibt es kein Pathos". Das Pathetische und das Theater.* – Prof. Karl I. Fink (USA): *Goethe. Ein visueller Denker und seine multi-mediale Vermittlung* (Dia-Vortrag mit CD-ROM). – Berlin und die Bundesgartenschau in Potsdam (Exkursion; Leitung: Anneliese Hartleb). – Kloster Haina „Tischbeinhaus" (Exkursion; Leitung: Anneliese Hartleb). – Dr. Michael Botor (Gießen): *„Der Goethe der Engländer und sein Eckermann". Dr. Samuel Johnson und James Boswell.* – *„Iphigenie auf Tauris". Goethe in der Inszenierung von Kurt-Josef Schildknecht* (Exkursion zu den Bad Hersfelder Festspielen; Leitung: Anneliese Hartleb). – Besuch der Goethefreunde der Ortsvereinigung Leipzig in Kassel. – Das wiedereröffnete Marmorbad in der Karlsaue (Exkursion; Führung: Dr. Roswitha Rothlach). – Prof. Dr. Theo Buck (Aachen): *Goethes Gedicht „Gingo biloba". Ein Liebesgedicht für Marianne von Willemer.* – Universität Kassel: Außenstelle Hessische Staatsdomäne Frankenhausen (Exkursion; Leitung: Anneliese Hartleb). – Prof. Dr. Helmut Fuhrmann (Kassel): *„Feindlich ist des Mannes Streben"? Bild und Gestalt des Mannes im Werk Schillers.* – Universität Kassel: Außenstelle Witzenhausen (Exkursion; Leitung: Anneliese Hartleb). – Gudrun Sander (Kassel): *August von Goethe: die Reise in den Süden ohne Wiederkehr* (Lesung aus dem Reisetagebuch von 1830). – Hilmar Dreßler (Leipzig): *Goethes Studien zu Farbe und Ton mit einem vergleichenden Blick auf Novalis.* – Universität Kassel (Exkursion). – Prof. Dr. Dr. h. c. Albrecht Schöne (Göttingen): *Schillers Schädel.* – Dr. Max Kunze (Stendal): *Winckelmann, ein Zeitgenosse Goethes.* – *Vorweihnachtliches Beisammensein mit Musik und Rezitation.* – – Lesungen: Hans-Rudolf Löbbermann: *Goethes „Dichtung und Wahrheit".* – Martin Hausmann (Bremen): *Begegnung mit der Natur, mit Menschen, mit Gott* (Lesung aus den Werken seines Vaters Manfred Hausmann). – *Goethes „Campagne in Frankreich" und „Belagerung von Mainz".*

Kiel

Vorsitzender: Dr. Bodo Heimann, Holtenauer Str. 69, 24105 Kiel; Geschäftsführer: Thiel J. Martenson, c/o Universitätsbuchhandlung Walter G. Mühlau, Holtenauer Str. 116, 24100 Kiel. – Dr. Jürgen Miethke (Kiel): *Mein Goethe.* – Dr. Wolfgang Butzlaff (Kiel): *„Der Sieg des Natürlichen erfüllt mich immer mit Behagen". Fontanes Verlobungen: Leben und Literatur.* – Dr. Gisela Beissenhirtz (Kiel): *Mit Goethe im Exil. Zur Goethe-Rezeption deutscher Emigranten nach 1933.* – Prof. Dr. Heinrich Detering (Kiel): *Das Drama der Liebe. Goethes „Stella".* – Dr. Bodo Heimann (Kiel): *„Pandoras Wiederkunft" bei Wieland, Goethe und Peter Hacks. Neue Deutungen eines sehr alten Stoffes.* – Goethes Geburtstag: *Die Anthologie „Poetische Landschaften"* (Gruppenlesung). – Prof. Dr. Wladimir Gilmanow (Kaliningrad): *Goethe und Rußland. – Eutin. Auf den Spuren von Johann Heinrich Voß* (Exkursion). – Ursula Bongaerts (Rom): *Goethe und Italien.* – Kay Bichel (Kiel): *Mit den Brüdern Humboldt durch Goethes Jahrhundert* (Dia-Vortrag). – Klaus Langenfeld (Kiel): *Johann Heinrich Voß als Lyriker.*

Köln

Vorsitzender: Franz Josef Scheuren, Grünewaldstr. 19, 50933 Köln; Geschäftsführerin: Marlene Encke, Friedenstr. 68, 50226 Frechen. – Bernt Hahn, Peter Lieck (beide: Köln; Lesung), Prof. Dr. Hans-Dietrich Dahnke (Weimar; Moderation): *Das klassische Weimar in Erwartung des neuen Jahrhunderts.* – Wolfgang Oelsner (Köln): *„Löblich ist ein tolles Streben". Goethe und der Kölner Karneval.* – Markus Wallenborn (Köln): *Marianne von Willemer, eine vergessene Lyrikerin.* – Prof. Dr. Klaus Gerth (Hannover): *Symbolische Landschaftsgärtnerei in Goethes Roman „Die Wahlverwandtschaften"* (Dia-Vortrag). – Prof. Dr. Hans Dietrich Irmscher (Köln): *Physik und Liebe. Ein Versuch über Gottfried Kellers „Das Sinngedicht".* – Dr. Markus Schwering (Köln): *Goethe und der Journalismus.* – Prof. Dr. Terence J. Reed (Oxford): *Existenz oder Transzendenz? Leben, Schreiben, Lebensbeschreibung* (Festvortrag zu Goethes Geburtstag). – Prof. Dr. Bernhard Sowinski (Köln): *Goethes und Heines Harzreisen* (Dia-Vortrag). – Exkursion in den Harz. – PD Dr. Bettina Plett (Köln): *Goethe in der Schule.* – Dr. Werner Ockels (Köln): *Die Chemie in Goethes naturwissenschaftlichem Denken.* – Dagmar von Gersdorff: *„Goethes Mutter"* (Lesung).

Kronach

Vorsitzender: Hans-Jürgen Schmitt, Fehnstr. 51, 96317 Kronach; stellv. Vorsitzender: Herbert Schwarz, Gießübel 38, 96317 Kronach. – Vorträge: Dr. Wolfgang Brunsch (Kronach): *Grundsatzprobleme bei literarischen Übersetzungen.* – Martin Rohde (Lichtenfels/Kronach): *Hugo von Trimbergs „Renner".* – Franz Kluge (Tettau/Kronach): *Die Dramentheorie von Jakob Michael Reinhold Lenz.* – Claudia Jungkunz (Teuschnitz/Kronach): *Jean Pauls „Schulmeisterlein Wutz".* – Hans-Jürgen Schmitt (Kronach): *Novalis. Leben und Werk.* – Wilhelm Mayer (Kronach): *Der Monat Mai in der Literatur.* – Hans-Jürgen Schmitt (Kronach): *Der Harz literarisch.* – Eckbert Arneth (Kronach): *Hugo von Hofmannsthal. Leben und Erzählwerk.* – Hans-Jürgen Schmitt (Kronach): *Jakob Michael Reinhold Lenz und seine Beziehung zu Goethe.* – Prof. Dr. Bernhard Schemmel (Bamberg): *Die „Bamberger Apokalypse".* – Dr. Friedrich Leitz (Redwitz/Kronach): *Der Bergbau im Harz.* – Ders.: *Historische Wasserwirtschaft im Harz.* – Ders.: *Goethes Vorstellungen vom Granit.* – Hans-Jürgen Schmitt (Kronach): *Literaturgeschichte des Raums Weißenfels/Saale.* – Ders.: *Gottfried August Bürger. Leben, Werk und sein Verhältnis zu Goethe.* – – Seminar mit Dr. Wolfgang Brunsch (Kronach): *Einführung in die ägyptischen Hieroglyphen.* – – Studienreise in den Harz und sein Vorland. – Tagesexkursionen nach Weißenfels, Bamberg, Schwarzenberg, Pommersfelden, Schweinfurt, Bettenburg, Halle, Lauchstädt, Merseburg und Magdeburg. – – Lesung mit Hans-Jürgen Schatz (Berlin): *E. T. A. Hoffmann: „Abenteuer in der Sylvesternacht".* – – Theaterbesuche in Bad Lauchstädt: *„Die Zauberflöte"* und Coburg: *„Der Biberpelz".* – – Jugendarbeit: Theaterfahrt für Oberstufenschüler. – Vergabe des Kronacher Jugend-Goethepreises. – Teilnahme von Abiturienten am Kolloquium der Stiftung Weimarer Klassik und der Goethe-Gesellschaft

Weimar zum Thema *Lenz.* – Teilnahme von Kollegiaten am *Symposium junger Goetheforscher* in Weimar.

Leipzig

Vorsitzender: Dr. Josef Mattausch, Beethovenstr. 1, 04416 Markkleeberg; Geschäftsführer: Hilmar Dreßler, Plaußiger Str. 4, 04318 Leipzig. – Dr. Manfred Osten (Bonn): *Goethe und Bach. Zur Modernität von Goethes Bach-Verständnis.* – Prof. Dr. Georg Schwedt (Clausthal-Zellerfeld): *Goethe als Chemiker. Von den „Wahlverwandtschaften" bis zur Farbenlehre* (Dia-Vortrag). – Dr. habil. Christiane Schulz (Leipzig): *Goethe und Schiller in der russischen Literatur.* – Dr. Letizia Mancino-Cremer (Heidelberg): *Rom, mit Goethes Augen gesehen* (Dia-Vortrag). – Exkursion nach Molmerswende und Ballenstedt: Besuch im Geburtshaus und Museum Gottfried August Bürger (Führung: Prof. Dr. Thomas Höhle, Halle); Besichtigung des ehemaligen anhalt-bernburgischen Residenzstädtchens Ballenstedt: Schloß, Schloßtheater, Museum (Leitung: Museumsdirektor Heinz Nier). – Dr. habil. Gabriele Rommel (Wiederstedt): *Novalis – „Der Bergmann in der Seele Schacht". Zum 200. Todestag von Friedrich von Hardenberg.* – Prof. Dr. Katharina Mommsen (Palo Alto/USA): *„Nur wer Hafis liebt und kennt, weiß, was Calderon gesungen". Weltliterarisches im „West-östlichen Divan".* – Herbstexkursion nach Kassel und Umgebung: Schloß Wilhelmsthal, Wilhelmshöhe, Museen, Stadtführung, Karlsaue; Teilnahme am Theaterfest; Abstecher nach Hann und Münden (Vorbereitung und Leitung: Anneliese Hartleb und Dr. Josef Mattausch). – Dr. Stefan Voerkel (Leipzig): *Goethe im Denkmal* (Dia-Vortrag). – Dr. Michael Botor (Gießen): *Gespräche mit Goethe. Zu Funktion und Geschichte eines biographischen Genres.* – Dr. Ingeborg von Lips (Halle): *Goethes Perspektiven auf Frankfurt. Topographisches, Historisches, Literarisches* (Dia-Vortrag). – Prof. Dr. Horst Nalewski (Leipzig): *Thomas Manns Gedicht.*

Ludwigsburg

Vorsitzende: Monika Schopf-Beige, Alt-Württemberg-Allee 9, 71638 Ludwigsburg; stellv. Vorsitzender: Hans Krüger, 71522 Backnang. – Werner Dürrson: *„Skizzen einer Begegnung"* sowie weitere Prosa und Lyrik (Lesung). Laurens Patzlaff spielt Chopin, Mozart und Debussy. – Dr. Letizia Mancino-Cremer (Heidelberg): *Rom, mit Goethes Augen gesehen* (Dia-Vortrag). – Prof. Dr. Claus Canisius (Karlsruhe): *Goethes Tonlehre.* – Peter Schiefer (Stuttgart): *Goethes Farbenlehre in bezug auf zeitgenössische Sichtweisen.* – Dr. Jochen Klauß (Weimar): *„Ich war heut glücklich im Zeichnen". Goethes Thüringer Ansichten.* – *Auf Goethes Spuren in Thüringen* (Exkursion; Leitung: Monika Schopf-Beige und Hans-Jürgen Bader). – *Auf Goethes Spuren in Stuttgart.* – Prof. Dr. Volker Hesse (Berlin): *Goethe und die Kinder.* – Prof. Dr. Anton Härle (Ludwigsburg): *Goethe und Schiller: zwei Geistesantipoden. Herkunft und Prägung* (Teil 1). – Sieglinde Goebel-Gehring, Christel Rabe (beide: Ludwigsburg) u. a.: *Zum 200. Todestag von Novalis.*

Magdeburg

Vorsitzende: Dr. Charlotte Köppe, Bernhard-Kellermann-Str. 32; stellv. Vorsitzende: Dr. Heike Steinhorst, Kiefernweg 2, 39326 Wolmirstedt. – Dr. Holger Dainat (Magdeburg): *„Auch in Asien schreibt und druckt man Bücher". Die Entdeckung der Weltliteratur in der Goethezeit.* – Prof. Dr. Katharina Mommsen (Palo Alto/USA): *„Nur wer Hafis liebt und kennt, weiß, was Calderon gesungen". Weltliterarisches im „West-östlichen Divan".* – Prof. Dr. Wolfgang Adam (Magdeburg): *„Kleine Begebenheiten" aus Italien: Ludwig Tiecks „Reisegedichte".* – Dr. Heike Steinhorst (Magdeburg): *Lenz und Goethe. Jakob Michael Reinhold Lenz, eine Alternative zur Weimarer Klassik? Zum Gedenken an den 250. Geburtstag von Lenz.*

München

Vorsitzender: Prof. Dr. Günter Häntzschel, Von-Erckert-Str. 40, 81827 München; Geschäftsführer: Hans Brendel, Savitsstr. 14, 81929 München. – Prof. Dr. Günter Häntzschel (München): *„Überschriften" und „Kapitel". Die „Welt" der „Venetianischen Epigramme" Goethes.* – Dr. Gabriele Radecke (München): *„Auf einer Reise nach Süden". Zu August von Goethes Italienfahrt.* –

Prof. Dr. Albert Meier (Kiel): *„Wenn Peter stirbt, erwache Zeus nicht wieder". Johann Gottfried Seumes „Spaziergang nach Syrakus".* – Prof. Dr. Otto Krätz (München): *Die Reise Alexander von Humboldts nach Südamerika und Goethe.* – Prof. Dr. Volker Hoffmann (München): *Adelbert von Chamissos Tagebuch seiner Weltreise 1815 bis 1818.* – Dr. habil. Jochen Golz (Weimar): *„Erhabenes verehrend, Schönes genießend, Gutes wirkend". Anna Amalia von Sachsen-Weimar.* – Prof. Dr. Ulrike Prokop (Marburg): *Die Einsamkeit der Imagination. Die unbekannte Catharina Elisabeth Goethe.* – Prof. Dr. Erich Kleinschmidt (Köln): *Sympathetisches Schreiben. Charlotte von Kalb als Romanautorin.* – Katharina Giesbertz (Karlsruhe): *Frauenbriefe* (Lesung). – Dr. Adrian Hummel (München): *„Erde du meine Mutter, Und du mein Ernährer, Der Lufthauch". Leben und Werk der Karoline von Günderrode.*

Naumburg

Vorsitzender: Dr. Bernd Niemann, Käthe-Kollwitz-Siedlung 6, 06618 Naumburg; stellv. Vorsitzende: Erika Seidel, Buchholzstr. 46, 06618 Naumburg. – Dr. Bernd Niemann (Naumburg): *„Die Welt wird Traum und der Traum wird Welt". Zum 200. Todestag des Dichters Novalis.* – Dr. Angelika Reimann (Jena): *„Leben Sie recht wohl und lassen Ihren ‚Taucher' je eher je lieber ersaufen". Ein Blick in die Dichterwerkstatt Goethes und Schillers.* – *Die Hildebrandorgel in St. Wenzel. Orgelmusik der Goethezeit* (Orgel: Irene Greulich, Naumburg). – *Die Welt des Dichters Novalis: Bad Tennstedt, Grüningen und Bad Langensalza* (Exkursion; Leitung: Dr. Bernd Niemann und Rolf Schneider). – *Johann Wolfgang von Goethe: „Faust I" und „Faust II"* (Besuch einer Aufführung im Schauspielhaus Leipzig). – *Großkochberg und Rudolstadt: Lebensräume der Familien von Stein, Goethe, von Lengefeld und Schiller* (Exkursion; Leitung: Dr. Bernd Niemann und Horst Fleischer). – PROcontraMETHEUS: *Szenische Collage mit Texten von Aischylos bis Heiner Müller* (Sprechbühne der Martin-Luther-Universität Halle-Wittenberg). – Dr. Bernd Niemann (Naumburg) sowie Schülerinnen und Schüler der Landesschule Pforta: *„Gönn dir eine Nacht, ehe du bleibst". Zum 80. Geburtstag von Ilse Aichinger.* – *Adventsfeier.*

Nordenham

Vorsitzender: Burkhard Leimbach, Im Sonnenwinkel 4, 26954 Nordenham; stellv. Vorsitzender: Stefan Tönjes Goethestr. 5, 26954 Nordenham. – Trio Fontenay: *Haydn, Schumann, Mendelssohn.* – Justus Grimm (Cello), Florian Wiek (Klavier): *Debussy, Mendelssohn, Beethoven, Grieg.* – Dr. Marron Fort (Leer): *Denglisch oder Deutsch. Wohin entwickeln wir unsere Sprache?* – *Romantisches Norddeutschland* (Lieder, Violinwerke, Texte und Briefe). – Christof T. Eschenröder (Bremen): *Über Seelenleiden und psychische Kuren. Goethe, Vorläufer der modernen Psychotherapie.* – Judith und Hans Kumfert (Bremen): *Homenaje a Federicio Garcia Lorca* (Gedichte, Lieder, Plaudereien, Monologe und Aufsätze). – Joachim Gröger (Bremen): *Menschen für Menschen. Hilfsprojekte in Äthiopien* (Dia-Vortrag). – Helga Ziaja (Schauspielerin/Weimar): *„Ein Gespräch im Hause Stein über den abwesenden Herrn von Goethe".* – Singer pur (Vokalsextett): *Geistliche Werke aus verschiedenen Jahrhunderten.* – Junge Europa Philharmonie: *Charpentier, Dvořák. Schostakowitsch* (Sinfoniekonzert; Leitung: Reinhard Seehafer; Solist: Emil Klein). – Jörg Schade (Bad Pyrmont): *Wilhelm Busch.* – esBRASSo (Bläserquintett): *Von Bach bis Bernstein.* – Yannick Monot & Nouvelle France: *Cajun und Zydeco Musik.*

Nürnberg

Vorsitzende: Dr. Claudia Leuser, Maxplatz 30, 90403 Nürnberg; stellv. Vorsitzender: Dr. Wolfgang Eckart, Torwartstr. 37, 90480 Nürnberg; stellv. Vorsitzende seit Januar 2002: Ingrid Biberacher, Egidienplatz 7, 90403 Nürnberg. – *„Liebe gibt der Liebe Kraft". Kleines literarisch-musikalisches Abendvergnügen.* – Dr. Angelika Reimann (Jena): *Goethe als Naturlyriker.* – Dr. Rüdiger Safranski (Berlin): *Goethe und Schopenhauer. Die Geschichte eines spannungsreichen Verhältnisses.* – *Rund um Goethe und den Kickelhahn: Ilmenau, Gabelbach, Stützerbach* (Exkursion). – Dr. Claudia Leuser (Nürnberg): *Goethe als Naturforscher* (Lektüreseminar zu den naturwissenschaftlichen Schriften Goethes). – *Auf Goethes Spuren nach Böhmen* (Exkursion). – *Goethe-Projekt. Ein Theaterprojekt des Hans-Sachs-Gymnasiums Nürnberg.*

Oldenburg

Vorsitzender: Prof. Dr. Joachim Dyck, Schloßplatz 21–22, 26037 Oldenburg; Vorsitzende: Gina Klatte, Adlerstr. 16, 26121 Oldenburg; stellv. Vorsitzender seit Februar 2002: Dieter Löhmann, Heinrich-Brockmann-Str. 75, 26131 Oldenburg. – Prof. Dr. Wilhelm Kühlmann (Heidelberg): *Der antike Mythos in Goethes früher Lyrik.* – Prof. Dr. Gert Sautermeister (Bremen): *Über Gottfried Keller.* – Prof. Dr. Hans-Gert Winter (Hamburg): *Zur Konkurrenz zwischen Goethe und Lenz.* – Klaus Ehlert (Bremen): *Hölderlins Gedicht „Saturn und Jupiter".* – Exkursion nach Dresden und Marienbad. – Prof. Dr. Klaus Peter (Amherst/USA): *Deutschland in Not. Fichtes und Arnims Appelle zur Rettung des Vaterlands.* – Prof. Dr. Rolf Schäfer (Oldenburg): *Goethe, Schleiermacher und die Modernisierung der christlichen Theologie.* – Prof. Dr. Carsten Zelle (Bochum): *Fremde Mädchen bei Stifter.* – Prof. Dr. Joachim Dyck (Oldenburg): *Herder und die Ästhetik des Sturm und Drang.* – Prof. Dr. Albrecht Schöne (Göttingen): *Schillers Schädel* (Festvortrag).

Plauen

Vorsitzende: Gertraud Markert, Julius-Fučik-Str. 5 a, 08523 Plauen; stellv. Vorsitzende: Sabine Michaelis, Jenaer Str. 20, 08525 Plauen. – Axel Reitel (Plauen), Udo Scheer (Bad Klosterlausnitz): *„Ohne anzuklopfen"* (Lesung). – Dr. habil. Gisela Horn (Jena): *Frauen der Frühromantik.* – Erhard Schlame (Schneeberg): *Shakespeare-Rezeption in der Goethezeit.* – Dr. Jens-Fietje Dwars (Jena): *Johannes R. Becher und das Goethebild in der DDR.* – Sybille Berthold (Steinhardt): *„Mir geht's mit Goethen wunderbar"* (Lesung). – Dr. Dieter Bähtz (Halle): *Anna Seghers' Frühwerk.* – Hilmar Dreßler (Leipzig): *Goethes Studien zum Verhältnis von Farbe und Ton mit einem vergleichenden Blick auf Novalis.* – *Hommage an den Schriftsteller Martin Kessel, Sohn der Stadt Plauen.* – Günter Gerstmann (Jena): *Gedanken zum Werk Hanns Cibulkas.* – Marga Koch (Plauen): *Lesung aus neuen Werken und weihnachtlichen Geschichten.*

Pößneck

Vorsitzender: Karl-Hermann Röser, Obere Grabenstraße 25, 07381 Pößneck; stellv. Vorsitzende: Dr. Rosemarie Reichmann, Altenburgring 12, 07381 Pößneck. – *Literarisch-musikalische Reise durch die vier Jahreszeiten* (Schüler der Klasse 6c des Gymnasiums Pößneck unter Leitung von Frau Monika Thau). – Prof. Dr. Manfred Heuser (München): *Farben, die Seele des Lichts.* – Prof. Dr. Christoph Perels (Frankfurt/M.): *Freies Deutsches Hochstift: Goethe-Museum, Memorialstätte, Kultureinrichtung und Forschungsstätte.* – Prof. Dr. Klaus Manger (Jena): *Die „Sternenstunde" von Schillers Wallenstein.* – 7. Pößnecker Osterspaziergang. – Exkursion nach Weimar mit Führung durch das Goethe- und Schiller-Archiv. – Prof. Dr. Ilse Nagelschmidt (Leipzig): *Die Permanenz weiblicher Bedrohung in Friedenszeiten. Näherung an Ingeborg Bachmann.* – Prof. Dr. Klaus Gerth (Hannover): *Faust als literarische Symbolfigur.* – Dr. Angelika Reimann (Jena): *„Schon zuckt nach jedem Nacken die Schärfe, die nach meinem zückt". Die Gretchentragödie vor dem Hintergrund realgeschichtlicher und literarischer Debatten über den Kindsmord im ausgehenden 18. Jahrhundert.* – Dr. Maria Verena Leistner (Leipzig): *„Der Hut flog mir vom Kopfe". Auskünfte über Wilhelm Müller.* – Eberhard Hetzer (Triptis): *Die Bedeutung der Familie von der Gabelentz als Sprachwissenschaftler, Politiker, Kunstwissenschaftler und Schriftsteller.* – Karl-Hermann Röser (Pößneck): *„Und zum guten Ende wieder Goethe gesellig". Ein unterhaltsamer Jahresausklang.*

Rosenheim

Vorsitzender: Prof. Bernd Westermann, Sepp-Zehentner-Str. 25, 83071 Schlossberg; stellv. Vorsitzender: Willi Schmid, Goethestr. 35, 83024 Rosenheim. – Dr. habil. Jochen Golz (Weimar): *Goethe als politischer Gestalter.* – Prof. Bernd Westermann (Rosenheim): *Herder und Goethe in Straßburg.* – Dr. Carla Straach (Rosenheim): *Goethe und seine Religion.* – Dorothee Fremerey (Rosenheim): *Goethe im Elsaß.* – Hilmar Dreßler (Leipzig): *Goethes Gedanken zur Analogie von Farbe und Ton mit einem vergleichenden Blick auf Novalis.* – Pfingstexkursion nach Straßburg. – Dr. Hans-Georg Stohrer (Rosenheim): *Kinder in Asien.* – Willi Schmid, Karl Gleis (beide: Rosenheim): *Gedichte von Hesse und Heine.* – Goethes Geburtstag *(ein Festessen beim Höhensteiger mit Beiträgen verschiedener Mitglieder).* – Joachim Hofmann (Rosenheim): *Zur Philosophie Hegels und Schopenhauers.* – Friedhelm Kemp (Rosenheim): *Goethe lesen: Was? Wie? Wo?* – Karl-Heinz Brauner, Rainer Janka (beide: Rosenheim): *Goethe einmal anders. Parodien zum Werk eines Dichters.* – Ralf Siegel (Rosenheim): *Thomas Mann und Goethe.*

Rothenburg ob der Tauber

Vorsitzender: Dr. Georg Heuser, Judengasse 1 a, 91541 Rothenburg o. d. T.; stellv. Vorsitzender: Erich Landgraf, Wilhelm-Schacht-Str. 5, 91541 Rothenburg o. d. T. – Jürgen Wolfram (Insingen): *Texte der Insinger Autoren Andreas Schulz und Fritz Klingler.* – Forstoberrat Bernhard Mall (Rothenburg): *Goethe und der Wald.* – Georg Förster (Bad Windsheim): *Gedichte in fränkischer Mundart* (Lesung). – Ulrich Pyczak (Rothenburg): *Thomas Mann. Leben und Werk.* – Dr. habil. Karl Borchardt (Rothenburg): *Die Goldene Bulle und „Faust II".* – Dr. Georg Heuser (Rothenburg): *Goethe und Iffland. Zur Geschichte des Weimarer Hoftheaters* (Festvortrag zum fünfjährigen Bestehen der Rothenburger Goethe-Gesellschaft). – Margarete Möckel (Pommersfelden): *Märchen-Lesung.* – Bürgermeister Hans-Rainer Hofmann (Schopfloch): *Die lachoudische Sprache, Geheim- und Handelssprache der ehemals in Schopfloch ansässigen Juden.* – Theaterfahrt zu einer Aufführung von Goethes „Götz von Berlichingen" nach Jagsthausen mit Besichtigung der ehemaligen Zisterzienserabtei (Leitung: Hans Richard Schley). – *Fontane-Abend* (Mitglieder und Freunde der Goethe-Gesellschaft Rothenburg lesen Gedichte von Fontane). – Dr. Peter Andersch, Sylvie Tyralle-Noel (beide: Bonn): *Was halten Sie eigentlich von Frankreich, Herr Geheimrat?* (szenisches Interview). – Dr. Helmut Möhring (Rothenburg): *Goethe als Kunstkenner.* – Prof. Dr. Arno Herzog (Hamburg): *Die Emanzipation der Juden in Franken zur Zeit Goethes.*

Rudolstadt

Vorsitzender: Hans-Günther Otto, Ahornweg 55, 07407 Rudolstadt; stellv. Vorsitzender: Wolfgang Werner, Schloßstr. 31, 07407 Rudolstadt. – Gerd Pfannstiel (Bad Blankenburg): *Zur Geschichte der Kurstadt* (Dia-Vortrag). – Prof. Dr. Manfred Heuser (München): *Farben, die Seele des Lichts. Polarität und Steigerung. Goethe grüßt Newton.* – Prof. Dr. Christoph Perels (Frankfurt/M.): *Stefan George. Ein neues Goethe-Bild um 1900.* – Dr. Egon Freitag (Weimar): *Wieland und die Liebe.* – Dr. Joachim Bauer (Jena): *„Des Maurers Wandeln / es gleicht dem Leben". Freimaurerei, Aufklärung und Politik im klassischen Weimar.* – Eberhard Völker (Bad Harzburg): *„Eine Reise in den Harz / das reinste Vergnügen"* (Einführungsvortrag zur Exkursion in den Harz). – *Auf den Spuren von Goethe, Heine und Lessing in den Harz* (Mehrtages-Exkursion). – Gastspiel der Kammeroper Ulm in Schloß Kochberg: *Mozarts „Bastien und Bastienne".* – Dr. Hans Joachim Schaefer (Kassel): *„Freud und Leid haben wir einzeln und zusammen genugsam erlebt und erfahren". Goethes Freundschaft mit Carl Friedrich Zelter.* – Mehrtagesexkursion in die norddeutsche Kulturlandschaft Hamburg, Lübeck, Winsen, Lüneburg u. a. – Prof. Dr. Dietrich Grohnert (Erfurt): *„[...] und streckt verlangend seine Hände einer neuen Welt entgegen". Visionen eines „Goldenen Zeitalters" im dichterischen Werk von Friedrich von Hardenberg (Novalis).* – Dr. Wolfgang Strack (Buseck): *Barock, Teil 1. Die Anfänge in Rom, der 30jährige Krieg* (Dia-Ton-Vortrag). – Klaus Tudyka: *„Christiane Vulpius"* (Lesung). – – Mittwochslesungen: *Johann Wolfgang von Goethe: „Egmont"* (Elisabeth Schrodetzky). – *Detlef Jena: „Maria Pawlowna – Großherzogin am Weimarer Hof"* (Jutta Oeler). – *Goethes und Heines „Harzreise". Literarische Zeugnisse und Briefe* (Dr. Ursula Steinhaußen). – *Johann Peter Eckermann: „Gespräche mit Goethe in den letzten Jahren seines Lebens"* (Dr. Ursula Steinhaußen). – *Goethes frühe Lyrik* (Klaus Steinhaußen).

Saalfeld

Vorsitzende: Doris Helmerich, Wielandstr. 19, 07318 Saalfeld; Vorsitzende seit Dezember 2001: Sabine Bujack-Biedermann, Hirschengasse 11,

07318 Saalfeld; stellv. Vorsitzende: Christel Ozimek, Zum Eckardtsanger 3, 07318 Saalfeld. – Reinhard Dürbusch (Hennef/Sieg): *Goethe und die Freimaurer.* – Prof. Dr. Manfred Heuser (München): *Farben, die Seele des Lichts. Ist die Newton-Kritik eine paranoide Psychose Goethes?* – Prof. Dr. Christoph Perels (Frankfurt/M.): *Der Dichter als Dienstherr. Bedienstete in Goethes Weimarer Haushalt.* – Prof. Dr. Horst Nalewski (Leipzig): *Rainer Maria Rilke (1875–1926). Ein Dichter von gestern für heute und morgen?* – *Auf den Spuren Goethes an Rhein und Neckar* (Exkursion nach Lorsch, Worms und Neustadt an der Weinstraße). – Dietmar Grieser (Wien): *Wien, Wahlheimat der Genies* (Lesung). – *Historische Kuranlagen* (Exkursion nach Bad Lauchstädt mit Aufführung des *Egmont* im Goethe-Theater). – Dr. Hans Joachim Schäfer (Kassel): *Goethes Iphigenie und deren Aktualität.* – Dr. Wolfgang Strack (Buseck): *Die Reichsstraße* (Dia- Ton-Schau).

Siegburg

Vorsitzender: Paul Remmel jr., Endenicher Str. 97, 53115 Bonn; Geschäftsführer: Markus Arnold, Hermannstr. 64, 53225 Bonn. – Prof. Dr. Sante David (Florenz): *Goethe und seine italienischen Frauenbekanntschaften.* – Prof. Dr. Meinhard Heinze (Bonn): *Goethe als Advokat.* – Franz-Josef Wiegelmann (Siegburg): *J. W. von Goethe in der zeitgenössischen Presse.* – Führung durch das Goethe-Museum in Düsseldorf durch Herrn Prof. Dr. Dr. h. c. mult. Volkmar Hansen. – Ursula Homann (Arnsberg): *Goethe und die Juden.* – Monatliche *Goethe-Abende* im Biedermeierzimmer des Torhaus-Museums.

Sondershausen

Vorsitzender: Helmut Köhler, Possenallee 23, 99706 Sondershausen; Geschäftsführerin: Heide Schödl, Güntherstr. 37, 99706 Sondershausen. – Dr. habil. Jochen Golz (Weimar): *Goethes „West-östlicher Divan“.* – Waldemar Kämmer (Sondershausen): *Novalis in Grüningen.* – Detlef Heintze (Weimar): *„Faust“ ein Alleingang („Faust I“).* – Frank Albrecht Linnert, Helmut Pfeuffer (beide: Erfurt): *Europäische Liederreise Deutschland* (Klubkonzert). – Dr. Hans Joachim Schaefer (Kassel): *Goethes Freundschaft mit Carl Friedrich Zelter.* – Hartmut Heinze (Berlin): *Goethes „sehr ernste Scherze“ im „Faust II“.* – Hilmar Dreßler (Leipzig): *Goethe über das Verhältnis von Farbe und Ton mit einem vergleichenden Blick auf Novalis.* – Dr. Jochen Klauß (Weimar): *Goethe als Medaillensammler* (Dia-Vortrag). – Dr. Wolfgang Strack (Buseck): *Orient im Okzident. Andalusien* (Dia-Vortrag). – Dr. Angelika Reimann (Jena): *Vom Buch „Annette“ zu den Suleika-Strophen. Kontinuität und Wandlung in Goethes Liebeslyrik.* – Schüler des Staatlichen Gymnasiums „Geschwister Scholl“, Sondershausen: *Wissenschaft und ethische Verantwortung in der Literatur.* – Sigrid Diez (Sondershausen): *Ein Wanderer unter den Dichtern: Johann Gottfried Seume.*

Stuttgart

Vorsitzender: Dr. Bernd Mahl, Hainbuchenweg 23, 72076 Tübingen; stellv. Vorsitzende: Hannelore Jouly, Stadtbücherei, Konrad-Adenauer-Str. 2, 70173 Stuttgart; stellv. Vorsitzende seit Juli 2002: Ingrid Bussmann, Stadtbücherei, Konrad-Adenauer-Str. 2, 70173 Stuttgart. – Dr. Sophia Kaempf-Dimitriadou (Tübingen): *„Die Nebel zerreißen, der Himmel ist helle“. Das Licht der Kykladen* (Dia-Vortrag). – Dr. Sophia Kaempf-Dimitriadou, Tübingen (Leitung), Dr. Bernd Mahl, Tübingen (Lesungen): *Kykladeninseln. Eine Kulturreise zu den Inseln des Lichts: Andros, Tinos, Delos, Naxos, Paros, Thera (Santorini) sowie Insel Aigina.* – Wolfgang Höper (Stuttgart): Gert Hoffmann: *„Die Rückkehr des verlorenen J. M. R. Lenz nach Riga“* (Lesung der Novelle). – Dr. Bernd Mahl (Tübingen): *Die Brechtspur in der Bühnengeschichte von Goethes „Faust“* (Dia-Vortrag und Videodemonstration). – Dr. Erwin Seitz (Berlin): *Kunst, Wein und Franken und was Goethe davon hielt* (literarische Weinprobe mit Dia-Vortrag). – Dr. Edith Zehm (München): *„Mir war seine Gegenwart besonders wohlthätig“. Begegnungen zwischen Goethe und Felix Mendelssohn Bartholdy* (Dia-Vortrag mit Liedeinspielungen). – *Henri Rousseau (1844–1919). Der Zöllner – Grenzgänger zur Moderne* (Ausstellungsbesuch; Führung: Dr. Dagmar Waizenegger, Tübingen). – Dr. Ulrich Stoll (Kassel): *„Michelangelos Farben leuchten“. Die Deckengemälde der Sixtinischen Kapelle* (Dia-Vortrag). – Dr. Siegfried Seifert (Weimar): *Goethes Freund? Friedrich Justin Bertuch: Schriftsteller,*

Verleger und Unternehmer im klassischen Weimar. – Ursula Heldmann (Ulm): *Eduard Mörike. Annäherung an einen Unbekannten.* – Dr. Bernd Mahl (Tübingen): Peter Steins Traum: der ganze „Faust" (Dia-Vortrag mit Videosequenzen). – Prof. Dr. Theo Buck (Aachen): *Goethes Gedicht „Gingo biloba". Modellanalyse des Gedichts im Kontext seiner Entstehung.*

Ulm und Neu-Ulm

Vorsitzende: StD Ursula Heldmann, Albecker Steige 32, 89075 Ulm; stellv. Vorsitzender: OStD Dr. Hans-Ulrich Schäfer, Gleißelstetten 91, 89081 Ulm. – Dr. Joachim Mantel (Ulm): *Goethe als Epiker: „Hermann und Dorothea".* – Adelbert Schloz-Dürr (Ulm): *„Sag, wie hast du's mit der Religion?" Goethes Dichtung als Anfrage an unseren Umgang mit Religion.* – *Goethe-Haus und Goethe-Museum in Frankfurt* (Exkursion). – Dr. Maria-Verena Leistner (Leipzig): *„Der Hut flog mir vom Kopfe". Auskünfte über Wilhelm Müller.* – Manfred Capell (Bariton), Wolfgang Weller (Klavier): *Liederabend mit Balladen.* – *Tafelfreuden an Goethes Geburtstag.* – Prof. Dr. Christian Lauritzen (Ulm): *Wer war der „bessere" Goethe: Gerhart Hauptmann oder Thomas Mann?* – Heike Spies (Düsseldorf): *Annette von Droste-Hülshoff als Briefschreiberin. Eigenbild und Fremdbild der Dichterin in ihren Briefen.* – Prof. Dr. Ludwig Wassermann (Neu-Ulm): *Leben in Weimar. Gesellschaft und Wirtschaft zur Zeit Goethes.*

Vest Recklinghausen, Sitz in Marl

Vorsitzender: Dr. Hans Ulrich Foertsch, Römerstr. 38, 45772 Marl; stellv. Vorsitzender: Prof. Dr. Werner Kunert, Hellweg 5, 45768 Marl. – Hedda Buckendahl (Recklinghausen): *Charlotte von Stein und Faustina.* – Prof. Dr. Werner Keller (Köln): *Lebens- und Weltfrömmigkeit. Stadien der religiösen Entwicklung Goethes.* – Prof. Dr. Werner Kunert (Marl): *Heidelberg. Marianne von Willemer.* – Prof. Dr. Sebastian Lange (Recklinghausen): *Zu Goethes Farbenlehre.* – Dr. Matthias Kunert (Marl): *Goethes italienische Reise. Daten, Fakten und Gedanken.* – Prof. Dr. Werner Rübe (Recklinghausen): *„Die Marienbader Elegie". Goethes Triumph und Tragödie des Meistertums.*

Waldshut-Tiengen

Vorsitzender: Dr. Horst Lickert, Bildungszentrum Waldshut, Eisenbahnstr. 29, 79761 Waldshut-Tiengen; stellv. Vorsitzender: Dr. Thomas Kaiser, Im Stalter 2, 79790 Küssaberg-Rheinheim. – Eberhard Wendler (Lauchringen): *Das Bauhaus zu Weimar. Geschichte und Geschichten.* – Prof. Dr. Hans-Christoph Binswanger (St. Gallen): *Geld und Magie. Eine aktuelle Deutung von Goethes „Faust".* – Prof. Dr. Werner Schwan (Freiburg i. Br.): *Novalis. Zum 200 Todestag.* – *Kirchen im Elsaß* (kunstgeschichtliche Exkursion; Leitung: Judith Neumann, Freiburg i. Br.). – *Martin Luther, Johann Sebastian Bach, Johann Wolfgang Goethe* (Exkursion nach Thüringen; Leitung: Hans Walter Mark, Bad Säckingen, und Dr. Horst Lickert, Waldshut). – *Historische Musikinstrumente* (Ausstellungsbesuch im Reiss-Museum, Mannheim) und Besichtigung des Doms zu Speyer. – Dr. Mechthild Oberle-Ermler (Bruchsal): *Hilde Domin. Das Gedicht als Augenblick von Freiheit.* – *Auf klassischen Wegen* (Studienreise nach Thüringen mit Seminaren über Goethe und Schiller; Leitung: Prof. Dr. Werner Schwan, Freiburg i. Br.). – *Chormusik der Renaissance* (A-Capella-Chor Zürich; Leitung: Piergiuseppe Snozzi). – *Auf Goethes Spuren* (Exkursion nach Leipzig). – *Die Buchmesse in Frankfurt* (Exkursion). – Prof. Dr. Hans-Dietrich Altendorf (Zürich): *Lessing und die Wahrheit.* – *Geistliche Gesänge aus drei Jahrhunderten* (Christophorus-Kantorei Altensteig; Leitung: Michael Nonnenmann). – Prof. Dr. Brigitte Boothe (Zürich): *Kurzgeschichten. Geschichten lesen, analysieren, schreiben.* – *Die Mitte Europas um 100 n. Chr.* (Ausstellungsbesuch im Reiss-Museum, Mannheim), anschließend *Spätmittelalter am Oberrhein* (Ausstellungsbesuch im Badischen Landesmuseum, Karlsruhe). – Prof. Dr. Pierre Bühler (Zürich): *Die Legende vom vierten König: Henry van Dyke, Edzard Schaper, Michel Tournier.*

Wetzlar

Vorsitzender: Dr. Manfred Wenzel, Hedwig-Burgheim-Ring 38, 35396 Gießen; stellv. Vorsitzender: Friedrich Petry, Atzbacher Straße 12, 35576 Wetzlar. – Neujahrskonzert mit Rezitationen von Justine Seewald (Wetzlar). – Evelyn

Teubner (Weimar): *Gefunden – ein Memoryspiel. Goethes italienische Reise 1786/87 und 1999* (Dia-Vortrag). – Leser diskutieren mit Prof. Dr. Christian Emmrich (Schöffengrund): *Johann Wolfgang von Goethe: „Egmont“* (zwei Abende). – Dr. Letizia Mancino-Cremer (Heidelberg): *Rom, mit Goethes Augen gesehen* (Dia-Vortrag). – Frank Günther (Berlin): *Shakespeare für unsere Zeit* (Lesung, Übersetzungsworkshop, One-Man-Performance). – Gesprächskreis mit Stephan Scholz (Wetzlar): *Die Gestalt des Teufels in Goethes „Faust I“.* – *Auf Goethes Spuren in Schlesien* (Exkursion). – Monika Schopf-Beige (Stuttgart/Ludwigsburg): *Goethe in Böhmen.* – Dr. Hans Joachim Schaefer (Kassel): *Goethes Freundschaft mit Carl Friedrich Zelter.* – *„Werther“-Gartenfest in Volpertshausen* (Feier zu Goethes 252. Geburtstag; Gestaltung: Schülerinnen und Schüler der Goethe-Schule Wetzlar unter der Leitung von Dr. Gertraud Wagner; Musik: Christine Theiß und Hartmut Reyl). – Heike Spies (Düsseldorf): *Ottilie von Goethe.* – *Auf Goethes Spuren in Darmstadt* (Exkursion; Führung: Dr. Fritz Ebner) *und das Büchnerhaus in Riedstadt-Goddelau* (Führung: Rotraud Pöllmann) – Dr. Fritz Ebner (Darmstadt): *August von Goethe.* – Leser diskutieren mit Prof. Dr. Christian Emmrich (Schöffengrund): *Friedrich Schiller: „Die Bürgschaft“.* – Volkmar Schumann (Eisenach): *Julie von Bechtolsheim. Wielands „Psyche“ und Goethes Seelenfreundin.* – Anneliese Schliephake (Leun): *Gäste lesen für Gäste. Vorweihnachtliche Lesungen.*

Wuppertal

Vorsitzender: Dr. Stephan Berning, Postfach 210554, 42355 Wuppertal; stellv. Vorsitzender: Martin Griesemer, Hofaue 54, 42103 Wuppertal. – Dr. Antje Birthälmer (Wuppertal): *Zwischen Romantik und Realismus. Johann Martin von Rohden und die lyrische Landschaftsmalerei um 1800* (Dia-Vortrag mit anschließender Führung durch die Ausstellung des Von der Heydt-Museums). – Prof. Dr. Jürgen Gidion (Göttingen): *Goethe und die Juden. Bewunderung und Distanz.* – *William Shakespeare: „Hamlet“* (Theaterfahrt zum Düsseldorfer Schauspielhaus). – Besuch des Goethe-Hauses in Frankfurt und der Handschriftenabteilung des Freien Deutschen Hochstifts (Leitung: Prof. Dr. Heinz Rölleke, Wuppertal). – *„Romeo und Julia“* (Matinee, gemeinsam mit dem Schauspielhaus Wuppertal). – *Richard Wagner: „Eine Pilgerfahrt zu Beethoven“* (Lesung mit Musik). – *Heinrich von Kleist/Heiner Müller: „Prinz Friedrich von Homburg“/„Leben Gundlings Friedrich von Preußen Lessings Schlaf Traum Schrei“* (Theaterfahrt zum Schauspiel Köln). – *Thomas Mann: „Buddenbrooks“. Romanlesung in zehn Folgen* (Gerd Mayen und Jörg Reimers, Rezitation; Simon Rekers, Klavier; eingerichtet von Martin Griesemer).

Zittau

Vorsitzender: Klaus Günzel, Marschnerstr. 1, 02763 Zittau. – Klaus Günzel: *Graf Brühl. Ein sächsischer Staatsmann und Mäzen des 18. Jahrhunderts.* – Ders.: *„Nach innen geht der geheimnisvolle Weg“. Zum 200. Todestag des romantischen Dichters und Universalisten Novalis.* – Ders.: *Der Traum vom neuen Weimar. Harry Graf Keßlers Utopie einer deutschen Elite.* – Ders.: *Goethe und Napoleon.* – Ders.: *Vom „Wilhelm Meister“ zum „Zauberberg“. Goethes und Thomas Manns „Pädagogische Provinzen“.* – Ders.: *„Das Weimarer Fürstenhaus. Eine Dynastie schreibt Kulturgeschichte“* (Lesung).

Freundeskreis des Goethe-Nationalmuseums e. V. (Weimar)

Vorsitzender: Dieter Höhnl, Friedensgasse 3 a, 99423 Weimar; 2. Vorsitzender: Peter Doderer, Weggenrode 2, 49196 Bad Laer; 3. Vorsitzender: Dr. Jochen Klauß, Leibnizallee 15, 99425 Weimar. – Prof. Dr. Jürgen Gidion (Göttingen): *Goethe und die Juden.* – Henning Karl Freiherr von Vogelsang (Liechtenstein): *Überraschendes Liechtenstein.* – Christian Meyer-Landrut (Weimar): *Spurensuche, Buchvorstellung und Gespräch über die Ergebnisse einer künstlerischen Auseinandersetzung mit Goethes Gartenhaus und dessen Kopie.* – Dr. Johannes Demandt (Dietzhölztal-Ewersbach): *Johann Daniel Falk. Vom Rationalismus zur Erweckung.* – Dr. Jochen Klauß (Weimar): *Johann Heinrich Meyer, Freund und Orakel Goethes* (Vortrag und Buchpräsentation). – Prof. Dr. Jörg Drews (Bielefeld): *Johann Gottfried Seume in Weimar.* – Dr. Bettina Werche (Weimar): *Über das Verhältnis Goethes zu Peter Paul Rubens.* – Veranstaltungen am Goethe-Geburtstag: Geburtstagsfeierlichkeiten im Garten und Goethehaus am Frauenplan. Verleihung des Dr.-Heinrich-Weber-Preises. – Prof. Dr. Jan Philipp Reemtsma (Hamburg), Prof. Dr. Klaus Manger (Jena): *Christoph Martin Wieland* (Vorträge, anschließend Feierlichkeiten zum Wieland-Geburtstag im Wielandgut Oßmannstedt). – Prof. Dr. Joachim Dyck (Bremen): *Gottfried Benns Verhältnis zu Goethe.* – Dr. Karl Peter Gregori (Aue): *Über die Beziehungen Goethes zu Carl Gustav Carus.* – Buchvorstellung mit Karl Hugo Pruys (Bonn). – Kranzniederlegung anläßlich des 200. Todestages von Anna Dorothea Wieland. – Dr. Angelika Jacobs (Hamburg): *Torquato Tasso, Goethes Antwort auf Rousseau.* – Hilmar Dreßler (Leipzig): *Goethe-Lieder in Vertonungen von Reichardt und Zelter.*

Freies Deutsches Hochstift
Frankfurter Goethe-Mueum

Direktor: Prof. Dr. Christoph Perels, Goethe-Haus, Großer Hirschgraben 23–25, 60311 Frankfurt/M. – Elisabeth Trissenaar: *Johann Wolfgang Goethe: „Das Märchen"* (Lesung). – Christian Hommel (Oboe), Florian Hölscher (Klavier): Kompositionen für Oboe und Klavier (Konzert). – Jürgen Becker liest aus seinen Werken. – Prof. Dr. Walter Hinderer (Princeton): *Goethe und Amerika.* – Prof. Dr. Peter Boerner (Bloomington): *Goethe blickt auf die Nationen der Welt.* – *Sur la trace de tes mains. Auf der Spur deiner Hände. Gisèle Celan-Lestrange und Paul Celan* (Ausstellung). – Gisela Zoch-Westphal, Gert Westphal: *„Bleib doch mein". Aus dem Briefwechsel Emilie und Theodor Fontanes* (Lesung). – Daniel Sans (Tenor), Charles Spencer (Klavier): Liederabend. – Prof. Dr. Barbara Wiedemann (Tübingen): *Zur Entstehung der Gedichte und der Radierung von „Schwarzmaut". Paul Celan und Gisèle Celan-Lestrange.* – Christian Nickel: Paul Celan: Gedichte (Lesung). – Doris Runge liest aus ihren Werken. – *Die Büchersammlung Johann Caspar Goethes* (Ausstellung). – Susanna Henkel (Violine), Milkana Chernyavska (Klavier): Konzert zur Feier von Goethes Geburtstag. – Johannes Martin Kränzle (Bariton), Hilko Dumno (Klavier): Romantische Balladen (Liederabend). – Rolf Vollmann liest aus seinen Werken. – Thomas Holtzmann: Heinrich von Kleist als Erzähler (Lesung). – Prof. Dr. Ulrike Landfester (Frankfurt/M.): Familienporträt mit Autorin. – „Leuchtendes Zauberschloß aus unvergänglichem Material". Hofmannsthal und Goethe (Ausstellung). – Gelius Trio München: Kammermusik von Joseph Haydn, Édouard Lalo und Maurice Ravel (Konzert). – Prof. Dr. Hendrik Birus (München): Bedeutende Situationen in einer künstlichen Folge. Goethes und Hofmannsthals Singspiele und Opern.

Goethe-Museum
Anton-und-Katharina-Kippenberg-Stiftung

Direktor: Prof. Dr. Dr. h. c. mult. Volkmar Hansen, Schloß Jägerhof, Jacobistr. 2, 40211 Düsseldorf. – Pater Dr. Willehard Paul Eckert: *Antlitze zwischen Leben und Tod. Eine Meditation.* – HD Dr. Christoph Weiß (Mannheim): *Jakob Michael Reinhold Lenz (1751–1792).* – Prof. Dr. Mauro Ponzi (Rom): *Die Kraft der Natur im Eingangsmonolog des „Urfaust".* – *Johann Georg Jacobi (1740–1814). Freiburg und sein oberrheinischer Dichterkreis* (Eröffnung der Ausstellung mit gleichnamigem Vortrag von Prof. Dr. Achim Aurnhammer, Freiburg; musikalische Umrahmung mit Liedern nach Texten von Johann Georg Jacobi: Andreas Frese, Klavier; Simone Stock, Sopran). – Generalmajor a. D. Hans Hoster (Mönchengladbach): *Goethe und die Generäle.* – *Goethes „West-östlicher Divan"* (Matinee mit Alfons Höckmann und Heike Spies). – Dr. Margrit Wyder (Zürich): *Goethe und die Stufenleiter der Wesen* (Dia-Vortrag). – *Johann Georg Jacobi (1740–1814). Freiburg und sein oberrheinischer Dichterkreis* (Finissage der Ausstellung mit Vortrag von Prof. Dr. Walter Salmen, Freiburg: *Johann Georg Jacobi und die Musik*). – Prof. Dr. Hans-Wolf Jäger (Bremen): *Goethes Italienreise.* – *Goethes Griechenland. Kunst, Humanität, Politik* (Eröffnung der Ausstellung mit Grußworten von Generalkonsul Karl Gadis und Oberbürgermeister Joachim Erwin und gleichnamigem Vortrag von Prof. Dr. Ekaterina Zachou, Thessaloniki; musikalische Begleitung: Aris Radiopoulos, Piano, und Dimitris Mandrinos, Violine: Werke von Nikos Skalkotas). – Prof. Dr. Arnd Bohm (Ottawa): *Gretchen am Spinnrad.* – Konstitution der Jury: Lesewettbewerb für weiterführende

Schulen Düsseldorfs und der Umgebung. – Prof. Dr. Andreas Beyer (Aachen): *Goethe und Michelangelo.* – Goethe-Sommerfest (Kinder und Jugendliche lesen Goethe; musikalische Gestaltung von Frank Norden). – Prof. Dr. Henriette Herwig (Freiburg i. Br.): *Goethe, die Frau und das (getötete) Kind.* – *Johann Josef Couven (1701–1763). Die Lustbauten* (Eröffnung der Ausstellung mit Vortrag von Anke Kappler M. A.: *Lustschloßentwürfe als Baukunst im Kleinformat*). – Prof. Dr. Ulrich Karthaus (Gießen): *Das Genie als Innovator: Goethe.* – *Johann Joseph Couven (1701–1763). Die Lustbauten* (Finissage der Ausstellung: Klaus-Peter Riemer, Flöte, Xavier de Maistre, Harfe, und Michael Albert, Hammerflügel, mit Werken von Donizetti, Schubert, Massenet, Bach und des Komponisten Jürg Baur Incontri für Flöte und Harfe als Uraufführung in Anwesenheit von Jürg Baur). – PD Dr. Anke Bohnenkamp (München): *Landschaften in Goethes „Faust“.* – Sigrid Damm: *„Christiane und Goethe“* (Lesung). – *Johann Georg Hamann (1730–1788)* (Eröffnung der Ausstellung mit Vortrag von Prof. Dr. Jörg Ulrich Fechner: *Hamanniana aus dem Vorbesitz Friedrich Roths*). – Prof. Dr. Herbert Anton (Düsseldorf): *Hamanns „hyroglyphischer Adam [...] im symbolischen Rade“.*

AUS DEM LEBEN AUSLÄNDISCHER GOETHE-GESELLSCHAFTEN

Januar – Dezember 2001

Armenien

Eriwan

Vorsitzende: Dr. Evelina Piradova, wissenschaftliche Mitarbeiterin am Matenadaran, Mashtoz-Str. 53, 375009 Eriwan. – Dr. Evelina Piradova: *Goethes Weimar* und *Goethe als Minister.* – Dr. Tiratjan Akop: *Schubert und Goethe.* – Luisa Chalatjan: *Goethe in den Beschreibungen der Schriftstellerin Marietta Schaginjan*; Ella Melik-Gusjan (Klavier), Nune Badaljan und Tanja Konrad (Gesang und Rezitation). Gespielt wurden Werke von Schubert und Beethoven. – Dr. Evelina Piradova und Studentin Helena Nersesjan: *Eindrücke und Berichte von der 77. Hauptversammlung der Goethe-Gesellschaft in Weimar.* Dr. Evelina Piradova: *Vortrag ihres Korreferats „Mephisto als Aufklärer".* – *Goethe und Armenien* (Ausstellung).

Estland

Tartu

Vorsitzende: Liina Lukas, University of Tartu, Faculty of Philosophy, Ülikooli 17, 51014 Tartu. – Teilnahme von Mitgliedern der Goethe-Gesellschaft Tartu an der 77. Hauptversammlung der Goethe-Gesellschaft in Weimar. – Internationales Lenz-Symposion *Der Sturm und Drang in Livland. Rebellionsmuster im Leben und in der Dichtung* (siehe Chronik im GJb 2001, S. 486–487). – Vahur Aabrams: *Der „Lenz"-Film von Egon Günther* (Filmvorführung mit Diskussion).

Georgien

Kutaissi

Vorsitzende: Prof. Dr. Nanuli Kakauridse, Lomonossow ul. 8, 384000 Kutaissi. – Vortragsreihe: Prof. Dr. Nanuli Kakauridse: *„Da ich mir alles bin". Zum Problem des Ich in der literarischen Theorie des jungen Goethe.* – Prof. Dr. Giorgi Gwasawa: *Die Schlußszene in Goethes „Faust II". Eine Interpretation.* – Dr. Nugescha Gagnidse: *Die Einheit von Inhalt und Form in Goethes „Werther".* – Dr. Irina Schischinaschwili: *Die aufklärerischen Positionen in Goethes „Egmont".* – Dr. Maia Tscholadse: *Die Transformation aufklärerischer Ideen Goethes in der Gestalt des Settembrini aus Thomas Manns „Zauberberg".* – Dr. Eliso Koridse: *Die lexikalisch-grammatische Bedeutung des Wortes als stilistisches Ausdrucksmittel in Goethes Jugendwerken.* – – Vorlesungsreihe deutscher Literatur-, Musik-, Kultur- und Sprachwissenschaftler zu verschiedenen Themen: Prof. Dr. F. Strack, F. Wassermann, Dr. U. Kohlmann, Dr. Leusing, E. Magnusson (alle Ruprecht-Karls-Universität Heidelberg). – – 4. Georgisch-Deutsches Symposion: *Georgien und Europa*, organisiert von der Goethe-Gesellschaft Kutaissi, der Zereteli-Universität Kutaissi, dem „Deutschen Klub", dem Internationalen Zentrum für georgisch-deutsche Beziehungen in Kutaissi und der Berliner deutsch-georgischen Gesellschaft. – – Konferenz der Germanistikstudenten: Natia Nassaridse: *Goethe-Rezeption in Thomas Manns Essay „Goethe und Tolstoi";* Shana Tschelidse: *Der junge Goethe und die deutsche Denkweise des 18. Jahrhunderts*; Nino Meburischwili: *Goethes „Trilogie der Leidenschaft" (Motive, Poetik);* Nino Tabatadse: *Die Balladen des jungen Goethe;* Ketewan Dshaparidse: *Goethes*

Sesenheimer Lieder; Nato Natmeladse: *Shakespeare-Rezeption in Goethes „Wilhelm Meister“.* – – Lesungen (unter der Leitung von Dr. Nino Gagnidse, Dr. Irina Schischinaschwili, Manana Papawa und Nana Epremaschwili): *Lebenslauf und Poesie von Nietzsche; Das Göttliche in der Kunst* (nach Werken von Rainer Maria Rilke); *Kafkas Novellen; Sterne der deutschen klassischen Literatur: Johann Wolfgang Goethe, Friedrich Schiller, Heinrich Heine* (Auszüge aus ihren Werken, Inszenierung des *„Erlkönigs“*). – – Veranstaltungen (unter der Leitung von Dr. Leila Tandilaschwili, Dr. Maia Kutschuchidse und Dr. Angelo Berodse): Präsentation des Lehrbuchs von Prof. Msia Gwenzadse *„Lerngrammatik für Deutsch als Fremdsprache“.* – Zusammenkunft mit dem Leiter für Spracharbeit des Goethe-Instituts Tbilissi, Dr. W. Bündgens. – Veranstaltung mit der Heidelberger Schauspielerin Ingrid Lamej: *Die Welt des Kurfürsten Carl Theodor und seine Sommerresidenz in Schwetzingen.* – – Ausstellungen und musikalische Abende (unter der Leitung von Dr. Irina Saruchanowa): *Die Komponisten der Wiener Klassik. – Die Komponisten der „Neuen Wiener Schule“. – Neoklassizismus in der deutschen Musik.* – – Veranstaltungen in den Schulen von Kutaissi: Lesungen, Vorträge, Wettbewerbe, unter anderem ein Treffen mit der Vorsitzenden der deutsch-georgischen Gesellschaft Saarbücken, Frau Gisela Heil. – – Traditionelle Sprach-olympiade, durchgeführt vom „Deutschen Klub“ unter der Leitung von Dr. Angelo Berodse: *Deutsch, warum nicht?*

Poti

Vorsitzender: Dr. Irakli Schurgulaia, Dshordshadse ul., kw. 9, 384690 Poti. – Traditionelle Goethe-Tage in Poti: Dr. Irakli Schurgulaia: *Eröffnung.* – Dr. Sch. Gudjabidse: *Dawid Laschkaradse als vergleichender Literaturwissenschaftler.* – Wissenschaftliche Konferenz zum Thema *Die Welt- und Kunstauffassung der Weimarer Klassik:* Irma Tavadse: *Das Problem der Bildung in Goethes „Wilhelm-Meister“-Romanen.* – Dr. Dodo Khukhia: *Der Symbolbegriff in Goethes Kunstanschauung.* – Dr. Irakli Schurgulaia: *Schillers theoretische Schriften.* – – Studentenkonferenz an der Universität Poti: M. Assanidse: *Goethe und Schiller auf der modernen georgischen Bühne.* – N. Alasania: *Die Entstehungsgeschichte von Goethes „Iphigenie auf Tauris“.* – N. Gabunia: *Werther als Goethes alter ego.* – N. Kuzia: *Der Bruch mit der Vater-Welt in Schillers Drama „Die Räuber“.* – – Musikabende im Beethovensaal des Musikgymnasiums Poti.

Tbilissi

Präsident: Prof. Dr. Nodar Kakabadse, Sakariadse ul. 8, kw. 81, 380007 Tbilissi. – Dr. Nana Gogolaschwili: *Zur Erkenntnis des intellektuellen Textes aus der Sicht der Transliteration anhand der georgischen Übersetzung der „Logik der Dichtung“ von Käthe Hamburger durch R. Gwinepadse.* – Dr. Tamar Tschamburidse, Dr. Nelly Amaschukeli, Dr. Natella Chuzischwili: *Georgische Prosa in deutschen Übersetzungen und deutsche Poesie in georgischen Übersetzungen.* – – Goethe-Tage 2001 in Tbilissi: Wissenschaftliche Konferenz: Dr. Nino Bakanidse: *Motive aus Goethes Gedicht „Euphrosyne“ in Rilkes Gedichtzyklus „Sonette an Orpheus“.* – Prof. Dr. Nana Purzeladse: *Zum „West-östlichen Divan“ von Goethe aus der Sicht einer Orientalistin.* – Dr. Nato Tschilawa: *Zur georgischen Übersetzung des Essays von Thomas E. Schmidt „Geschichte und Granitzeit“.* – Natella Chuzischwili: *Lesung eigener Nachdichtungen von Goethe-Gedichten sowie des Gedichtes von Johannes R. Becher „Goethes Tod“.* – Literarisch-musikalische Soiree mit Sängern und Musikern des Staatlichen Opernhauses Tbilissi sowie des Chores und Kammerorchesters der Staatlichen Universität Tbilissi (Leitung und Moderation: Prof. Dr. Manana Paitschadse). – – Dr. Nana Gogolaschwili: *Lesung der eigenen Übersetzung der Dankrede von Günter Grass anläßlich des ihm 1999 verliehenen Nobelpreises.* – Prof. Dr. Dali Pandschikidse, Dr. Nana Gogolaschwili, Nino Gogelia und Nino Tkeschelaschwili: *Informationen über ihre Stipendiatenaufenthalte in Weimar.* – Liederabend mit vertonten Goethe-Texten in der Residenz des deutschen Botschafters. Interpreten: Prof. Dr. Manana Paitschadse (Gesang) und Irine Gorgadse (Klavier). – Dr. Nata Dschanelidse: *Farbensymbolik in der deutschen Prosa nach Hermann Hesses „Klingsors letzter Sommer“.* – Dr. Natella Chuzischwili und Dr. Nelly Amaschukeli: *Bericht über die 77. Hauptversammlung der Goethe-Gesellschaft in Weimar.* – Dr. Mariam

Nanobaschwili: *West-östliche Motive (die Deutschen in Beirut).* – Prof. Dr. Dali Pandschikidse: *Moderne deutsche Literatur: ein Überblick.* – Traditionelles Weihnachtstreffen des Vorstands und der Mitglieder der Goethe-Gesellschaft Tbilissi: *Aufführung des Märchens von Andersen „Die Schneekönigin" in deutscher Sprache durch das Jugendtheater Tbilissi.*

Großbritannien

English Goethe Society

Präsident: Prof. Dr. Terence James Reed, c/o The Queen's College, Oxford, OX1 4AW. – James Simpson (Liverpool): *Canny Allusions „Der Sandmann" as Kontrafaktur.* – Carol Tully (Bangor): *How German Romanticism travelled to Spain: the intellectual Journey of Johann Nikolaus Boehl von Faber.* – Daniel Steuer (Sussex): *Goethe and Wittgenstein on the Limits of Science.* – Leonard Olschner (London): *Lichtenberg in London.* – Charles Louth (Oxford): *Goethe's Sonnets.* – – Im Gedenken an Elizabeth M. Wilkinson fand ein Symposion u. a. mit folgenden Referaten statt: Terence James Reed (Oxford): *Schiller's Aesthetics.* – Lesley Sharpe (Bristol): *Is the Aesthetic Education of Man the Aesthetic Education of Woman?* – Elinor Shaffer (London): *Schiller and Coleridge: translating Aesthetics.* – Hugh Barr Nisbet (Cambridge): *Goethe's Conception of Form.* – Roger Stephenson (Glasgow): *The anachronic Solidity of „Faust".* – John Williams (St. Andrews): *The Importance of Rests.*

Italien

Riva del Garda

Der engagierte Vorsitzende der Goethe-Freunde vom Gardasee, Dr. Franco Farina (Viale Trento 30, 38006 Riva del Garda), berichtet eindrucksvoll von der Goethe-Wanderung am Gardasee: „Die Goethe-Wanderung am Gardasee nahm im Jahre 2001 eine bestimmt einzigartige Entwicklung. Diesmal landete Goethe mit einem Zweimaster im Hafen von Malcesine vor ungefähr zwei Millionen in ganz Italien verstreuten TV-Zuschauern. Es war eine Originalübertragung vom italienischen Sender Rete 4, mit dem Titel *La domenica del villaggio (Der Sonntag im Dorf)*, die eben Malcesine gewidmet war. Von den Einwohnern des Seedorfes feierlich empfangen, begrüßte der alljährlich zum Gardasee „wiederkommende" Dichter – von Franco Farina verkörpert – die am Kai Wartenden und den an jenem frühherbstlichen Oktobertag trübe aussehenden See, indem er ihn als *bel tenebroso* apostrophierte, und erwähnte sein tragikomisches Abenteuer in Malcesine (wobei sich herausstellte, daß man heute die malerische Festung am See ganz getrost nachzeichnen kann). Bei der Landung begleiteten Goethe zwei lebhafte Musiker, ein mit Tragbügel und Eimern versehenes, anmutig wie im Tanze sich bewegendes Mädchen und die von Goethes Seite untrennbare „Muse" – in der Wirklichkeit Maria Luisa Crosina, die eifrig und munter seit mehreren Jahren mit Franco Farina in Goethes Fußstapfen tritt".

Rom

Vorsitzender: Prof. Dr. Marino Freschi, Università di Roma Tre, Dipartimento di letterature comparate, Via Castro Pretorio, 20, 00185 Rom. – Vortragsreihe von Prof. Dr. Marino Freschi am Philosophischen Institut zum Thema *Goethe e l'idea di natura*: *L'esoterismo settecentesco in Germania.* – *Goethe e la filosofia ermetica.* – *Il „Werther" e il concetto di natura dello „Sturm und Drang".* – *La „svolta" italiana.* – – Vorträge in der Casa di Goethe, u. a. Vorstellung des Buchs von Giorgio Manacorda: *Materialismo e masochismo Il „Werther", Foscolo e Leopardi.* – Margaretha Huber (Rom): *Novalis. „Die Christenheit oder Europa".* – Axel Zerdick (Berlin): *Ein Land, zwei Sprachen? Interkulturelle Konflikte im vereinten Deutschland.* – – Tagung in der Casa di Goethe zum Thema *Goethe in der ideologischen Auseinandersetzung der ersten Hälfte des 20. Jahrhunderts*: Ursula Bongaerts (Rom): *Grußwort und Einführung.* – Karl Robert Mandelkow (Hamburg): *Der „Geist von Weimar" und der „Tag von Potsdam". Goetherezeption im politischen Spannungsfeld in den zwanziger und dreißiger Jahren in Deutschland.* – Giacomo Marramao (Rom): *Tra „Konservative Revolution" e „Kritische Theorie": la fortuna di Goethe fra le due guerre.* – Pier Carlo

Bontempelli (Cassino): *Goethe durante il Terzo Reich.* – Bernd Witte (Düsseldorf): *Walter Benjamin und Goethe.* – Paolo Chiarini (Rom): *Il politico apolitico. Le „Considerazioni" di Thomas Mann come „Bildungsroman" e apertura al mondo di Goethe.* – Gert Mattenklott (Berlin): *Carl Einstein im Kontext der jüdischen Goetherezeption.* – Michele Cometa (Palermo): *Goethe e* Lukács. – Christoph König (Marbach): *Goethe unter den Wissenschaftskünstlern der Moderne.* – Tito Perlini (Venezia): *La figura di Goethe nell'interpretazione di Georg Simmel.*

Japan

Tokio

Präsident: Prof. Dr. Kazuo Hosaka, German Literature Dept., College of Humanities and Sciences, Nihon University, 3–25–40, Sakurajosui Setagaya-ku, Tokio, 156-0045 Japan. – Mit dem Goethe-Preis wurde ausgezeichnet: Hideki Asai (Tokio): *Über Ottilies Hungertod in Goethes „Wahlverwandtschaften".* – – Symposion (unter der Leitung von Prof. Tatsuyuki Kamio): *Die Goethe-Zeit, medientheoretisch interpretiert.* Es referierten: Prof. Aeka Ishihara (Tokio): *Goethe und das Fernrohr.* – Prof. Yuji Nawata (Tokio): *Die Drucktypen und die Literatur der Goethe-*Zeit. – Prof. Yoshio Birumachi (Tokio): *Vom Lautlesen zum Stillesen.* – Prof. Ryozo Maeda (Tokio): *Entstehung der modernen Autor-Leser-Beziehung am „Terminal" der Allgemeinen Post.*

Osaka (Zweigstelle von Tokio)

Unter der Leitung von Prof. Motoyasu Nakamura fand eine Feier anläßlich des 252. Geburtstags von Goethe statt. Prof. Tomohiko Matsumura (Kioto) sprach zum Thema *Lesende Liebespaare: „Die Göttliche Komödie", „Werther" und „Der Vorleser".* Im Anschluß trafen sich die Goethefreunde zu einer musikalischen Soiree.

Toiama (Zweigstelle von Tokio)

Unter der Leitung von Prof. Haruhiro Okunuki fand ein Vortragsabend mit Prof. Rikiya Nishiyama (Tokio) statt: *Weimar, „Geschwister", Emmendingen – neue Begegnungen mit Goethe.* Im Anschluß wurde der Film *Die Brücke* vorgeführt.

Jugoslawien

Belgrad

Vorsitzender: Prof. Dr. Mirko Krivokapić, Zrmanjska 16, 11030 Belgrad. – Dr. Savica Toma (Belgrad): *Die serbischen Übersetzungen von Goethes „Faust I". Eine Versanalyse.* – Prof. Dr. Rade Božović, Prof. Dr. Mirko Krivokapić, Prof. Dr. Darko Tanasković (Belgrad): *Goethe und Hafis* (Vortragsreihe). – Prof. Dr. Mirko Krivokapić und Zlatko Krasni (Belgrad): *„Deutsche Lyrik von Goethe bis zur Gegenwart"* (Buchpräsentation).

Kolumbien

Bogotá

Präsident: Prof. Dr. Eduardo Gómez, Apartado Aéreo 22108, Bogotá. – Intensivierung der Zusammenarbeit mit der Psychoanalytischen Gesellschaft: Dr. Celia Spranggon: *Literatur und Psychoanalyse.* – Prof. Dr. Eduardo Goméz: *Dualismus und Ethik im „Faust I".* – Die Vizepräsidentin Carmen Viktoria Janssen arbeitet an einem Sammelband mit Goethe-Interpretationen aus den letzten 100 Jahren in Kolumbien. Das für 2002 geplante Buch *„Diskurse und Studien über Goethe in Kolumbien"* präsentiert eine Auswahl von Aufsätzen über Goethes Werk, verfaßt von kolumbianischen Intellektuellen und deutsch-kolumbianischen Mitgliedern der Goethe-Gesellschaft.

Korea

Seoul

Präsident: Prof. Dr. Sam-Huan Ahn, German Department, Seoul National University, Shinlim-Dong, Seoul 151-742. – Traditionsgemäß führt die Goethe-Gesellschaft im Frühjahr und im Herbst Kongresse zu Ehren Goethes durch. Auf Vorschlag der Weimarer Goethe-Gesellschaft werden dazu deutsche Goethe-Forscher zu Gastvorträgen eingeladen, so im März 2001 Prof. Dr. Bernd Leistner (Chemnitz): *Goethe – uns Gegenwärtige betreffend?* – – Vortragsveranstaltungen: Prof. Dr. Albert Meier (Kiel): *Goethe und die Musik.* – Prof. Dr. Albert Meier (Kiel)/Dr. Heide Hollmer (München): *„Ich angelte nach Ruhm und nach Lob". Herzogin Anna Amalia von Sachsen-Weimar-Eisenach.* – Prof. Dr. Sam-Huan Ahn (Seoul National Univ.): *Spuren von spinozistischer und leibnizscher Weltanschauung bei Goethe.* – Dr. Woo-Ho Cho (SNU): *Das geschichtliche Bewußtsein Goethes.* – Prof. Dr. Min-Suk Choe (Ewha Univ.): *Der literarische Salon der deutschen Romantik.* – Dr. Tscheong-Yun Eun (Sungshin Univ.): *Peter Handkes „Falsche Bewegung" und Goethes „Wilhelm Meisters Lehrjahre".* – Prof. Dr. Eun-Soo Jang (Hankuk Univ.): *Peter Steins „Faust"-Inszenierung.* – Prof. Dr. Hyon-Jin Kim (SNU): *„Doctor Faustus" von Christoph Marlowe.* – Dr. Ihmku Kim (Yonsei Univ.): *Die Kulturanthropologie René Girards und die Literaturkritik.* – Dr. Soo-Jung Kim (Kyungbuk Univ.): *Karl Philipp Moritz' „Magazin zur Erfahrungsseelenkunde".* – Prof. Dr. Su-Yong Kim (Yonsei Univ.): *Mephisto, Faust und das Böse.* – Dr. Youn-Ock Kim (Sungshin Univ.): *Zum Werdegang des Ich in den Gedichten von Thomas Mann.* – Prof. Dr. Inn-Ung Lee (Hankuk Univ.): *Eine Studie über Goethes „Urfaust".* – Prof. Dr. Hong-Bae Lim (SNU): *Schillers ästhetische Erziehung und Kunstautonomie.* – Prof. Dr. Jong-Dae Lim (SNU): *Die „Römischen Elegien" als Erlebnisdichtung.* – Prof. Dr. Soon-Hee Oh (SNU): *Die Metamorphose der Zeit in der Klassischen Walpurgisnacht.* – Dr. Hee-Kyung Park (Sungkyunkwan Univ.): *Die Kindheitsdarstellung in Therese Hubers Roman „Luise".* – Prof. Dr. Jong-Ho Pee (Hanyang Univ.): *Der Mythos und das künstlerische Bild bei Nietzsche.*

Lettland

Riga

Vorsitzende: Dr. Gundega Grinuma, Universität Lettlands, Institut für Literatur, Folklore und Kunst, Kr. Barona iela 32–20, 1011 Riga. – Zyklus von Vorlesungen und Diskussionen: *Goethe. Mein Zeitgenosse?* Dr. Aleksandrs Smits (Hamburg/Riga): *Erfahrungen im Unterricht bei der Vermittlung von Goethes Werken in Burma, den Niederlanden und in Griechenland.* – Prof. Dr. Juris Kastiņš (Riga): *Goethes „West-östlicher Divan"* (mit Lesung seiner neuesten Nachdichtungen). – Dr. Juris Baltputnis (Pinneberg/Riga): *Goethe und der Orient. Motive aus dem „West-östlichen Divan"* (mit Informationen über seine Fremdenführertätigkeit im Iran, Jemen und in anderen Ländern). – Veranstaltung zum 70. Geburtstag von Viesturs Grants. Der Graphiker aus Riga erzählt von Goethes Rolle in seiner Lebensgeschichte und der seiner Familie. Er stellt seine Arbeiten und die von ihm illustrierten Bücher vor. – Mudite Šneidere (Riga): *Meine liebsten Goethe-Gedichte* (Rezitation und Vortrag über die Goethe-Bezüge in ihren Erinnerungsbüchern *„Die vom Leben Verbrannten"* und *„Antra"*). – Prof. Dr. Ilmārs Lazovskis (Riga): *Goethe aus der Sicht eines Arztes.* – Māra Zālite (Riga): *Gedanken über Goethes „Faust" und über das unvollendete Schauspiel von Rainis „Der moderne Faust"* (mit Informationen über ihre Arbeit am Drama *„Margarethe"* nach Motiven aus Goethes *„Faust"*). – Prof. Dr. Dietrich Loeber (Kiel): *Die Tätigkeit meines Vaters in der Goethe-Gesellschaft Riga vor dem Zweiten Weltkrieg.* – – Feierlichkeiten zum 250. Geburtstag von Jakob Michael Reinhold Lenz: Gedenkfeier im Goethe-Institut Riga: Beata Paskevica (Riga): *Der Sturm-und-Drang-Dichter aus Sesswegen*; Videofilm *„Lenz"* (1992, Regie: E. Günther). – Internationale wissenschaftliche Konferenz: *Jakob Michael Reinhold Lenz und die deutsche Literatur des Baltikums im 18. und 19. Jahrhundert in Riga und Cesvaine/Sesswegen* mit einer Exkursion nach Cesvaine/Sesswegen *Auf Lenz' Spuren in Livland.* – Abschluß des Jubiläumsjahres mit Abendvorträgen: Dr. Māra Grudule (Riga): *Lenz in der Geschichte der lettischen* Literatur; Dr. Jānis Zālitis (Riga): *Lenz und Goethe. Das Verhältnis zwischen Eigenem und Fremdem in der lettischen Literatur.* – – Arbeit mit Jugendlichen: Vorbereitung des internationalen Seminars *Mephisto im 21. Jahrhundert* in Kooperation mit der Europäischen Jugendbildungs- und Begegnungsstätte Weimar. Teilnahme der Sieger des von der Goethe-Gesellschaft veranstalteten Wettbewerbs am Seminar in Weimar (3.–11.2.2001). Treffen der Seminarteilnehmer mit den Vorstandsmitgliedern der Gesellschaft und Rückblick auf die in Weimar gewonnenen

Erfahrungen. – – Goethe im Kino: Videofilme aus der Folge *„Reisen mit Goethe"* (als Ergänzung zum Programm der Vortrags- und Diskussionsabende der Gesellschaft). – *„Lotte in Weimar"* (Verfilmung des gleichnamigen Romans von Thomas Mann). – – Popularisierung der Arbeit der Gesellschaft: Treffen mit den Leitern der Vereinigungen der Deutschlehrer der Bezirke Lettlands; regelmäßig Informationen und Interviews in Presse, Rundfunk und Fernsehen über aktuelle Ereignisse im Leben der Goethe-Gesellschaft Lettlands.

Österreich

Wiener Goethe-Verein

Präsident: Prof. Dr. Herbert Zeman; Geschäftsstelle: Stallburggasse 2, 1010 Wien. – Dr. Georg Springer: *Verdi in Wien. Biographisches und Autobiographisches.* – *Wilhelm Busch und Christian Morgenstern. Humoristische Dichtung* (Lesung und Diskussion). – *Arnold Schönberg und das deutschsprachige Liedschaffen seiner Zeit* (Workshop mit Ildikó Raimondi; Vorträge von Prof. Dr. Hartmut Krones und Prof. Dr. Herbert Zeman; Liederabend mit Ildikó Raimondi). – *Jugendlesekultur gestern und heute* (Podiumsdiskussion mit Vertretern aus Deutschland, Österreich und der Schweiz). – *Kunst- und Kulturreise nach Weimar* (Exkursion). – *Heitere Balladen* (Lesung und Diskussion). – *Johann Wolfgang Goethe: „Faust I" und „Faust II"* (Besuch der Inszenierung von Peter Stein im Kabelwerk Wien). – *Internationales Nestroy-Symposion* (Diskussionsleitung: Prof. Dr. Herbert Zeman). – *„Auf des Lebens heit'ren Wogen fliegt mein Schifflein leicht dahin"* (Soiree mit Ildikó Raimondi, Herwig Pecoraro und Walther Fink anläßlich des 200. Geburtstags von Albert Lortzing).

Rußland

Ishewsk

Vorsitzender: Prof. Dr. Vladimir A. Avetisjan, ul. Lichwinzewa 68 a, kw. 7, 426034 Ishewsk. – Prof. Dr. Vladimir A. Avetisjan: *Goethe und Luther.* – Ders.: *Indische Motive in Goethes Schaffen.* – Ders.: *Goethe in England (1800–1850).* – Prof. Dr. Alexander V. Erochin: *Goethe und das Silberne Zeitalter in der russischen Kultur.* – Ders.: *Goethe und der russische Symbolismus.* – Dr. Nadeshda K. Alexandrowa: *Goethe in Österreich. Etappen der Rezeptionsgeschichte.*

Kaliningrad

Vorsitzender: Dr. Wladimir Gilmanow, Karl-Marx-ul. 57–2, 236001 Kaliningrad. – Veröffentlichung eines Buches von Prof. Dr. Wladimir Greschnych zur deutschen Romantik mit dem Titel *„Mysterium des Geistes"*, in dem Goethe ausführlich behandelt wird.– – Internationale Konferenz zum Thema: *Aktuelle Literaturprobleme: Kommentar zum 20. Jahrhundert.* Referate von Mitgliedern der Goethe-Gesellschaft: Dr. Wladimir Gilmanow: *Der „Tod Gottes" als semantischer Tod der Kultur (philologische Reflexionen im Kontext des Werks von Johann Georg Hamann).* – Dr. Marina Potjomina: *Das Genre der Ballade im 20. Jahrhundert.* – Dr. Arkadij Kusnetzow: *Der Aphorismus und die Kontexte seiner Funktionalisierung: Johann Wolfgang von Goethe und Robert Musil.* – – Vortragsveranstaltungen: Dr. Wladimir Gilmanow: *Leben und Wahrheit in Goethes „Faust".* – Ders.: *Goethes „Wahlverwandtschaften", auch ein juristischer Roman?* (in Anlehnung an das Korreferat zur 77. Hauptversammlung der Goethe-Gesellschaft in Weimar) – Ders.: *Liebe als Entsagung in Goethes „Wahlverwandtschaften".* – Ders.: *Goethe und das Silberne Jahrhundert der russischen Kultur* (auf deutsch gehalten in Kiel, organisiert von der Goethe-Gesellschaft Kiel und vorgetragen in Heppenheim, organisiert von der Partnerschaft Ostpreußen/Kaliningrad e. V.). – Dr. Marina Potjomina: *Rhythmus und Intonation in Goethes Balladen.* – Tanja Sawenko: *Das Thema Selbstmord in Goethes „Die Leiden des jungen Werther" und in Plenzdorfs „Die neuen Leiden des jungen W.".* – Nadja Chimtschenkowa: *Die Idee der Freiheit in Dostojewskis „Legende über den Großinquisitor" und in Goethes „Faust".* – Natascha Laskowaja: *Das Thema des Bösen in Goethes „Faust".* – Ajgul Nasyrowa: *Die Grammatik der Liebe in Goethes „Wahlverwandtschaften".*

Moskau

Vorsitzender: Prof. Dr. Sergej W. Turajew, ul. Bol. Gnezdnikowski 10/704, 10300 Moskau. – Vortragsveranstaltungen: Prof. Dr. Sergej W. Turajew: *Zur Goetheforschung in der Sowjetunion (1945–1960).* – Irina Kasakowa (Samara): *Mittelalterliche Reminiszenzen in Goethes „Faust".* – Maria S. Čerepennikowa (Moskau): *Martial und Goethes „Epigramme. Venedig 1790" sowie mythische Motive in Goethes „Römischen Elegien".* – Alexandra Schajdrowa (Samara): *Chinesisches bei Goethe.* – Dr. L. P. Michajlowa (Moskau): *Goethe als Kinder- und Jugendlektüre zur Zeit der Jahrhundertwende.* – Dr. Galina I. Danilina (Tjumen): *Die Tradition der deutschen Klassik in der modernen österreichischen Literatur.* – O. Puzko (Moskau): *Motive und Gestalten von Hölderlin in der Musik des italienischen Komponisten L. Nono.* – – Eine spezielle Tagung war der Goethe-Forscherin Professor Dr. Elena Wolgina zum Gedenken gewidmet. – – Anläßlich des E.-T.-A.-Hoffmann-Jubiläums hat Natalja Lopatina von der Hoffmann-Konferenz in Kaliningrad berichtet. Dazu wurden Musikwerke von Hoffmann gespielt. – – Arbeit am Band *„Goethe in der russischen Kultur des XX. Jahrhunderts".* In diesem Band sind nicht nur literaturwissenschaftliche Beiträge, sondern auch Beiträge über Goethe als Naturforscher und über Goethes Bedeutung für die Geschichte der russischen Graphik enthalten.

St. Petersburg

Vorsitzender: Dr. habil. Rostislaw Danilewski, Prosp. Engelsa 135, kw. 53, 194356 St. Petersburg. – Im Jahre 2001 hat die Goethe-Gesellschaft zwei öffentliche Sitzungen durchgeführt. Behandelt wurde in der ersten Sitzung das Thema *Goethe und die Literaturen Rußlands, Deutschlands und Österreichs*: Prof. Dr. Gennadi Stadnikow: *Einleitende Worte.* – Dr. Galina Thieme: *Über einen Faustischen Impuls in der russischen Dichtung.* – Dr. habil. Rostislaw Danilewski: *Goethe in der russischen Literatur im ersten Drittel des 20.* Jahrhunderts. – Prof. Dr. Aada G. Beresina: *Hermann Hesses „Steppenwolf" und Goethes „Faust".* – Ingeborg Reinmüller (Graz): *Dichtung und Käferkunde. Geschichte als Naturgeschichte bei Goethe und Ernst Jünger.* – – In der zweiten öffentlichen Sitzung wurden folgende Vorträge zum Thema *Goethe und das Theater* gehalten: Prof. Dr. Gennadi Stadnikow: *Die Dramatik Goethes.* – Dr. J. A. Sadownikowa: *Goethes Ansichten über die Bühnenästhetik.* – Dr. W. W. Lezowitsch: *Goethe und Puschkin. Geschichte der beiden Jubiläen.* – Prof. Dr. B. A. Smirnow: *Goethes „Faust" und Oscar Wildes „The Picture of Dorian Gray".* – D. A. Mitrofanowa: *Charles Gounod und Arrigo Boito: Faust und Mephisto in der Geschichte des Musiktheaters des 19. und 20. Jahrhunderts.* – Dr. L. Korowina: *Themen und Sujets Goethes auf dem Musiktheater des 19. und 20. Jahrhunderts.* – – Vorbereitung eines Sammelbandes der genannten Vorträge unter dem Titel *„Goethe, sein Leben, sein Schaffen, seine Traditionen"* (Redaktoren: Prof. Dr. Gennadi Stadnikow und Dr. habil. Rostislaw Danilewski).

Tambow

Vorsitzende: Prof. Dr. Lili Kaufmann, Tambower Staatliche Dershawin-Universität, Sowjetskaja ul. 93, kw. 64 a, 392622 Tambow. – Teilnahme von Mitgliedern der Goethe-Gesellschaft Tambow an der Sitzung der Goethe-Kommission in Moskau. Vortrag von Prof. Dr. Lili Kaufmann: *Lenz in Rußland.* – V. Kutschenkowa: *Tambower Gönner der Kunst und Mäzene am Ende des 19. Jahrhunderts.* – *Heinrich von Kleist: „Der zerbrochene Krug"* (Filmvorführung). – Bericht von Studenten (Mitglieder der Goethe-Gesellschaft Tambow)) über ihre Teilnahme an einem Goethe-Seminar in Weimar (2000). – Prof. Dr. Lili Kaufmann: *Europäische Romantik* (Dia-Vortrag). – *G. E. Lessing: „Minna von Barnhelm"* (Filmvorführung). – Vorbereitungen zum Empfang einer Delegation aus Wetzlar. – Seminar unter der Leitung von Prof. V. Bajew und Prof. Dr. B. Winokurow: *Deutschland nach dem 2. Weltkrieg.* – Prof. Dr. Lili Kaufmann: *Deutsche Professoren an der Moskauer Universität. Die erste Hälfte des 19. Jahrhunderts* (Vortrag in der Akademie der Wissenschaften St. Petersburg). – Rezitationsabend: Dichtungen von Rainer Maria Rilke und Hermann Hesse in der Übersetzung von T. Kurbatowa und J. Perekopskaja. – Gemeinsames Programm mit den Mitgliedern der Wetzlarer Goethe-Gesellschaft: Eröffnung einer Bücherausstellung (Bücher aus dem Zentrum für Verbreitung deutscher Literatur Moskau-Frankfurt) durch Angelika Kunkel

(Wetzlar), Dr. I. Besukladowa und O. Dronowa; Konzert jüngerer Mitglieder der Goethe-Gesellschaft unter Teilnahme von Solisten der Tambower Philharmonie; Treffen mit behinderten Kindern mit gemeinsamer Fotoausstellung über die Partnerarbeit; Treffen der Wetzlarer Gäste mit Studenten, Aspiranten und Dozenten des Lehrstuhls für Deutsche Philologie der Tambower Staatlichen Dershawin-Universität; Ballettbesuch. – Veranstaltungen für die Teilnehmer eines internationalen Goethe-Seminars in Weimar. – Treffen der Mitglieder mit dem Generalkonsul der BRD aus Saratow. – Teilnahme von Studenten am Symposium junger Goethe-Forscher und zur 77. Hauptversammlung der Goethe-Gesellschaft in Weimar. – Zusammenkunft von Mitgliedern der Goethe-Gesellschaft mit einer deutschen Delegation aus Potsdam. – Zweiwöchige Zusammenarbeit mit Dr. K. Unsicker (Marburg) und Studenten, Aspiranten, Dozenten des Lehrstuhls für Deutsche Philologie (Vorlesungen, Seminare und Filmaufführungen mit anschließender Diskussion). – Treffen von Mitgliedern der Goethe-Gesellschaft Tambow mit Gymnasiasten des Goethe-Gymnasiums Wetzlar. – Konzert mit Musik von Mozart und Brahms. – Übergabe der von Herrn Ebert erworbenen russischen Dokumente aus dem 19. Jahrhundert als Schenkung an das Tambower Gebietsmuseum. – *Eindrücke über Dostojewskij* (Lesung).

Schweiz

Bern

Präsidentin: Prof. Dr. Henriette Herwig, Albert-Ludwigs-Universität Freiburg, Deutsches Seminar II, Werthmannplatz 3, 79085 Freiburg. – Zusammenkunft von Mitgliedern der Goethe-Gesellschaft und Gästen aus dem In- und Ausland zu mehreren Anlässen: im Kunsthaus Zürich anläßlich der Lesung von Maria Becker aus den Tagebüchern Lavaters als Begleitprogramm zur großen Ausstellung *„Johann Caspar Lavater. Das Antlitz – eine Obsession"*; beim Ausflug ins Urnerland auf den Spuren Goethes, zu dem auch eine Wanderung auf dem alten Gotthardweg gehörte; und bei der zweitägigen Jahrestagung in St. Gallen zum Thema *Goethes (schweizerische) Landschaften – produktives Begegnen* unter der Leitung von Prof. Dr. Johannes Anderegg und Prof. Dr. Hans-Jürgen Schrader mit folgenden Vorträgen: Prof. Dr. Adolf Muschg: *Goethes Schweizerreisen als Initiation.* – Dr. Margrit Wyder: *Natur- und Kulturphänomene am Vierwaldstädter See, mit Goethes Augen.* – Dr. Anne Bohnenkamp: *Landschaften in Goethes „Faust".* – Prof. Dr. Hellmut Thomke: *Erfahrung, Wirken und Dichten auf Reisen, dargestellt am Beispiel der zweiten Schweizerreise Goethes im Jahr 1779.* – Dr. Ulrike Längle: *„Goethe war total verweichlicht". Blicke auf die Schweizer Berge von Sebastian Münster, Goethe und anderen.* – Prof. Dr. Hans Vaget: *Werther in den Schweizer Alpen.* – Prof. Dr. Martin Stern: *Goethe und das Hochgebirge.* – Prof. Dr. Pascal Griener: *Drawing and Seeing. Goethe as an amateur artist.* – Prof. Dr. Alois Brandstetter: *Notizen eines Stubenhockers über einen Landschaftsreisenden.*

Slowakei

Bratislava

Vorsitzender: Prof. Dr. Ivan Cvrkal, Pädagogische Fakultät der Comenius-Universität Bratislawa, Lehrstuhl für Germanistik, Račianka 59, 81334 Bratislawa. – K. Köttner-Benigni (Eisenstadt/Österreich), E. Farkasowa (Bratislawa): *Im Sinne Goethes. Literatur als Brücke zwischen den Kulturen* (Autoren aus Österreich und der Slowakei lesen aus ihren Werken). – Prof. Dr. Hans-Dieter Ludwig (Berlin): *Zum Beitrag der Weimarer Klassik für die Bereicherung der deutschen Sprache.* – Prof. Dr. Lothar Ehrlich (Weimar): *Goethes „Faust". Wandlungen einer Konzeption* (der gleiche Vortrag wurde vor Studenten der Philosophischen Fakultät der Comenius-Universität gehalten). – Ders.: *Der fremde Goethe. Die Deutschen und ihr Dichter* (Vortrag im Goethe-Institut InterNationes).

Tschechien

Prag

Vorsitzender: Dr. Milan Tvrdik, Katedra Germanistiky FF UK, Nám Jana Palacha 2, 11836 Praha. – Prof. Dr. Nicholas Boyle (Cambridge): *Vorstellung seiner Goethe-Monographie.* – Prof. Dr. Alois Wierlacher (Bayreuth): *Das Kulturthema Essen oder Toleranz beginnt in der Küche.* – Anläßlich von Goethes Todestag Spaziergang durch den Kleinseitner Friedhof in Prag zu Gräbern von Persönlichkeiten aus der Goethe-Zeit unter der Führung von Prof. Dr. Kurt Krolop. – Enge Zusammenarbeit mit der Ortsvereinigung der Goethe-Gesellschaft in Hamburg.

Ukraine

Sumy

Vorsitzende: Dr. Vira Schkoljarenko, Pädagogische Universität Sumy, Lehrstuhl für romanische und germanische Sprachen, Romenskaja 87, 40002 Sumy. – Wissenschaftliche Konferenz zum Thema *Goethe und die ukrainische Literatur.* – Dr. Gawrilo: *Ukrainische Übersetzungen von Goethes Werken in der vorrevolutionären Periode.* – Dr. Vira Schkoljarenko: *Aphorismen Goethes in der Übersetzung Schewtschenkos.* – Oberlehrerin Kiritschenko: *Ukrainische Rezeption der Werke Goethes zur Sowjetzeit.* – Oberlehrerin Mischakowa: *Übersetzungen von Goethes „Faust" in der ukrainischen Literatur.* – Lehrer Matjuschenko: *Goethes Werke als Ansporn für ukrainische Dichter.* – Studentin Woronowa: *Frankos Übersetzung von „Hermann und Dorothea".* – Traditionelles Weihnachtstreffen von Mitgliedern der Goethe-Gesellschaft Sumy und Studenten der Fakultät für Fremdsprachen mit einem Kulturprogramm und einer Filmvorführung von Goethes *„Faust".*

USA

Goethe Society of North America

Präsident: Prof. Dr. Hans Rudolf Vaget, Department of German, Smith College, Northampton, MA 01063. – Special GSNA Session *Weltliteratur. Goethe's Cross-Cultural* Projects (Moderator: Irmgard Wagner, George Mason Univ.) mit folgenden Vorträgen: Susan Bernofsky (Bard College): *The Paradox of the Translator: Goethe and Diderot.* – Tod Kontje (Univ. of California, San Diego): *Goethe's Multicultural Masquerades.* – Gregory Maertz (St. John's Univ., N. Y.): *Cultural Appropriation and its Discontents.* – – GSNA Sponsored Panel *Goethe and the Writing of Literary History* (Panel Chair: Claudia Brodsky Lacour, Princeton Univ.) mit folgenden Vorträgen: Monika Nemon (The Univ. of Memphis): *The Non-Writing of Literary History. Friedrich Heinrich Jacobi's Elimination.* – Andrea Ryan (Princeton Univ.): *The Currency of the Color Theory.* – Bernhard Kuhn (Union College): *Literary and Natural History in Goethe's Autobiographical and Scientific Writings.*

American Goethe-Society, Washington DC

Präsidentin: Dr. Katrin Komm, University of Maryland, Department of Germanic Studies, 3215 Jimenez Hall, College Park, MD 20742. – Die American Goethe-Society kann für das Jahr 2001 auf eine Reihe von interessanten Veranstaltungen zurückschauen, die im Auditorium der Deutschen Botschaft, Washington DC, einen geeigneten Veranstaltungsort fanden. Den Auftakt bot Professor Peter Rollberg (George Washington University) mit seinem Vortrag *Rußlands Schwierigkeiten mit Goethe: Tolstoi, Dostojewski und andere in ihrem Verhältnis zum deutschen Klassiker.* Professor Rollberg ging der Frage nach, warum Goethe in Rußland zwar respektiert und zitiert wurde, jedoch niemals den Ruhm eines Friedrich Schiller, E. T. A. Hoffmann oder Heinrich Heine genoß. An zwei weiteren Abenden präsentierten die Komparatistikprofessoren und Filmemacher John Fuegi und Jo Francis (University of Maryland) zwei ihrer Filme, die als Teil der insgesamt dreizehnteiligen Filmserie *Women of Power* Bezüge zur deutschen Kulturgeschichte herstellten. Der erste Film *In the Symphony of the World: A Portrait of Hildegard of Bingen* zeichnete das Leben der von Goethe bewunderten „Renaissance-Frau" Hildegard von Bingen nach. Der zweite Film beleuchtete das Leben Ruth Berlaus, der Geliebten und engen Mitarbeiterin Bertolt Brechts in *Red Ruth: That Deadly Longing.* Dr. Katrin Komm (University of Maryland) referierte aus aktuellem Anlaß zum Thema *Mythos Europa* und ging auf einer Reise in die europäische Vergangenheit der Frage nach, inwieweit wir uns als Deutsche auch als Europäer identifizieren. Den Abschluß der diesjährigen Veranstaltungsreihe bot Professor Elke Frederiksen (University of Maryland) mit ihrem Vortrag *Germanistik, German Studies, German Cultural Studies in den USA: Paradigmenwechsel und neue Perspektiven.* Der Vortrag spürte neuen theoretischen Ansätzen nach, die seit 1989 in der wissenschaftlichen Auseinandersetzung mit der deutschen Sprache und Literatur an US-amerikanischen Universitäten zu beobachten sind.

Ausschreibungstext zur Vergabe von Goethe-Stipendien

Die Goethe-Gesellschaft in Weimar fördert seit 1993 durch Stipendien, die wir größtenteils privaten Spenden von Mitgliedern und Freunden unserer Gesellschaft verdanken, wissenschaftliche Projekte, die der Erforschung von Leben und Werk Goethes dienen oder die Rezeption des Dichters in den verschiedenen Nationalliteraturen zum Gegenstand haben.

Wissenschaftlerinnen und Wissenschaftler aus ost- und südosteuropäischen Ländern werden besonders berücksichtigt.

Bedingungen

Voraussetzung für die Bewerbung um ein Goethe-Stipendium ist die Promotion oder die weit fortgeschrittene Arbeit an der Dissertation. Die Bewerbungsunterlagen sollten bestehen aus der Angabe des Forschungsthemas, einer Projektbeschreibung (ca. eine Seite), einem kurzen Lebenslauf, der den wissenschaftlichen Werdegang erkennen läßt, zwei Referenzen und, falls gegeben, einer Publikationsliste. Die Bewerbung ist jederzeit möglich.

Das Stipendium beträgt 1000 € monatlich. Vergeben werden im allgemeinen dreimonatige Stipendien; eine Verlängerung ist nach begründetem Antrag möglich. Regelungen zur Übernahme der Reisekosten werden individuell vereinbart.

Die Goethe-Gesellschaft vermittelt den Stipendiaten Gästewohnungen. Der vom Stipendiaten zu begleichende Mietanteil von ca. 150 bis 200 € richtet sich nach Größe und Ausstattung der Wohnung. Unabdingbar ist eine gültige Krankenversicherung. Diese ist individuell mit der Geschäftsstelle zu klären.

Die Stipendiaten können in öffentlichen Kolloquien, die dem interdisziplinären wissenschaftlichen Gespräch dienen, über ihre Projekte berichten. Diese Stipendiaten-Kolloquien werden von der Direktion Forschung und Bildung der Stiftung Weimarer Klassik und Kunstsammlungen organisiert. Die Goethe-Gesellschaft ermöglicht die Publikation besonders qualifizierter Abhandlungen im Goethe-Jahrbuch. Von den Stipendiaten wird ein kurzer Abschlußbericht über ihre Tätigkeit erwartet. Gebeten sei zudem, bei einer Publikation der Ergebnisse auf die Förderung durch die Goethe-Gesellschaft hinzuweisen.

Arbeitsmöglichkeiten

Stipendiaten der Goethe-Gesellschaft können im Goethe- und Schiller-Archiv, im Goethe-Nationalmuseum und in der Herzogin Anna Amalia Bibliothek arbeiten. Zudem stehen die Bestände des Thüringischen Hauptstaatsarchivs, der Hochschule für Musik „Franz Liszt" und der Bauhaus-Universität Weimar (Sammlungen, Bibliotheken) für Forschungsarbeiten zur Verfügung.

Bewerbungen

Anträge für die Vergabe des Goethe-Stipendiums sind zu senden an:

Goethe-Gesellschaft in Weimar
Präsident
Burgplatz 4
99423 Weimar.

(Telefon: 0 36 43 - 20 20 50, Fax: 0 36 43 - 20 20 61,
e-mail: goetheges@aol.com, www.goethe-gesellschaft.de)

Die Mitarbeiter dieses Bandes

Dr. habil. *Wolfgang Albrecht*, Stiftung Weimarer Klassik und Kunstsammlungen, Burgplatz 4, 99423 Weimar

Priv.-Doz. Dr. *Andreas Anglet*, Venloer Straße 353, 50823 Köln

Safia Azzouni, Danckelmannstraße 52/II, 14059 Berlin

Dr. *René Jacques Baerlocher*, C. F. Meyer-Straße 32, 4059 Basel, Schweiz

Dr. *Alwin Binder*, Krüsbreede 38, 48157 Münster

Senatsdirektor a. D. *Sepp Binder*, Auf der Königsbitze 8, 53639 Königswinter

Dr. *Anke Bosse*, Universität Notre-Dame de la Paix, Institut für deutsche Sprache und Literatur, Rue de Bruxelles 61, 5000 Namur, Belgien

Dr. *Monika Braß*, Württembergische Landesbibliothek Stuttgart, Konrad-Adenauer-Straße 8, 70047 Stuttgart

Prof. Dr. *Theo Buck*, Theresienstraße 18, 52072 Aachen

Dr. *Andreas Döhler*, Stiftung Weimarer Klassik und Kunstsammlungen, Burgplatz 4, 99423 Weimar

Dr. *Sebastian Donat*, Ludwig-Maximilians-Universität München, Institut für Allgemeine und Vergleichende Literaturwissenschaft (Komparatistik), Schellingstraße 3, 80799 München

Michael Engelhard, Leyenkaulstraße 8, 53343 Wachtberg

Dr. habil. *Jochen Golz*, Stiftung Weimarer Klassik und Kunstsammlungen, Burgplatz 4, 99423 Weimar

Prof. Dr. Dr. h. c. mult. *Volkmar Hansen*, Goethe-Museum Düsseldorf, Schloß Jägerhof, Jacobistr. 2, 40211 Düsseldorf

Dr. *Dorothee von Hellermann*, Latourlaan 23, 6213 GG Maastricht, Niederlande

Prof. Dr. *Günter Jäckel*, Seidelbaststraße 2, 01259 Dresden

Prof. Dr. *Willi Jasper*, Universität Potsdam, Moses Mendelssohn-Zentrum, Am Neuen Markt 8, 14467 Potsdam

Prof. Dr. Dr. h. c. *Werner Keller*, Friedrich-Schmidt-Straße 54, 50933 Köln

Hee-Ju Kim, Albert-Ludwigs-Universität Freiburg, Deutsches Seminar II, Postfach, 79085 Freiburg

Prof. Dr. *Gustav Körner*, Musäusring 24 b, 07747 Jena

Prof. Dr. *Mirko Krivokapič*, Zrmanjska 16, 11030 Beograd, Jugoslawien

Dr. *Georg Kurscheidt*, Stiftung Weimarer Klassik und Kunstsammlungen, Burgplatz 4, 99423 Weimar

Prof. Dr. *Meredith Lee*, 928 Sharon Road, Santa Ana, California, 92706 USA

Dr. *Letizia Mancino-Cremer*, Mombertplatz 23, 69126 Heidelberg

HDoz. Dr. *Dieter Martin*, Albert-Ludwigs-Universität Freiburg, Deutsches Seminar II, Postfach, 79085 Freiburg

Priv.-Doz. Dr. *Reinhard Mehring*, Rheinallee 122, 40545 Düsseldorf

Prof. Dr. *Albert Meier*, Christian-Albrechts-Universität zu Kiel, Institut für Neuere Deutsche Literatur und Medien, Leibnizstraße 8, 24118 Kiel

Prof. Dr. *Klaus-Detlef Müller*, Eberhard-Karls-Universität Tübingen, Deutsches Seminar, Wilhelmstraße 50, 72074 Tübingen

Dr. *Waltraud Naumann-Beyer*, Zentrum für Literaturforschung, Geisteswissenschaftliche Zentren Berlin, Jägerstraße 10/11, 10117 Berlin
Dr. *Petra Oberhauser*, Goethe-Gesellschaft in Weimar, Burgplatz 4, 99423 Weimar
Prof. Dr. *Norbert Oellers*, Rüngsdorfer Straße 11, 53173 Bonn
Dr. habil. *Regine Otto*, Stiftung Weimarer Klassik und Kunstsammlungen, Burgplatz 4, 99423 Weimar
Dr. *Bärbel Raschke*, Oberdorfstraße 19, 04299 Leipzig
Andreas Remmel, Endenicher Straße 97, 53115 Bonn
Paul Remmel jr., Endenicher Straße 97, 53115 Bonn
Dr. *Joachim Rees*, Forschungszentrum Europäische Aufklärung, Gregor-Mendel-Straße 21/22, 14469 Potsdam
Dr. *Angelika Reimann*, Pestalozzistraße 26, 07749 Jena
Dr. *Elke Richter*, Stiftung Weimarer Klassik und Kunstsammlungen, Burgplatz 4, 99423 Weimar
Prof. Dr. *Karl Richter*, Preußenstraße 11, 66386 St. Ingbert
Dr. *Thomas Richter*, Helene-Mayer-Ring 12, 80809 München
Dr. *Stefania Sbarra*, Università degli Studi di Ferrara, Dipartimento di Scienze umane, Via Savonarola 27, 44100 Ferrara, Italien
Prof. Dr. *Fritz Schlawe* (†), Peter-Goessler-Straße 7, 72076 Tübingen
Steffen Schneider, Aixer Straße 27, 72072 Tübingen
Carola Sedlacek, Stiftung Weimarer Klassik und Kunstsammlungen, Burgplatz 4, 99423 Weimar
Dr. *Siegfried Seifert*, Abraham-Lincoln-Straße 10, 99423 Weimar
Dr. *Michael Sielaff*, Schrödingerstraße 46, 07745 Jena
Dr. *Michael Stark*, Volkfeldstraße 37, 96049 Bamberg
Dr. *Thorsten Valk*, Albert-Ludwigs-Universität Freiburg, Deutsches Seminar II, Postfach, 79085 Freiburg
Dr. *Marcus Ventzke*, Friedrich-Schiller-Universität Jena, Sonderforschungsbereich 482: Ereignis Weimar-Jena – Kultur um 1800, Humboldtstraße 34, 07743 Jena
Dr. *Norbert Christian Wolf*, Freie Universität Berlin, Institut für Deutsche und Niederländische Philologie, Habelschwerdter Allee 45, 14195 Berlin
Dr. *Yvonne Wübben*, Kastanienallee 52, 10119 Berlin
Dr. *Edith Zehm*, Ludwig-Maximilians-Universität München, Institut für Deutsche Philologie, Schellingstr. 3, 80799 München

GOETHE-BIBLIOGRAPHIE 2001

Bearbeitet von SIEGFRIED SEIFERT

auf der Grundlage der in der Herzogin Anna Amalia Bibliothek zu Weimar von HEIDI ZEILINGER *erstellten „Internationalen Bibliographie zur deutschen Klassik"*

Diese Bibliographie erfaßt die Goethe-Literatur des Berichtsjahres 2001 und Nachträge aus dem Jahr 2000. Erneut war aus einer hohen Zahl von Publikationen, die nach den Forschungen und Kolloquien des Jubiläumsjahres 1999 gedruckt wurden, eine Auswahl des wissenschaftlich und rezeptionsgeschichtlich Wesentlichen zu treffen. Auf Zeitungsartikel und Rezensionen mußte aus Platzgründen verzichtet werden; die Rezensionen werden jedoch in der „Internationalen Bibliographie zur deutschen Klassik" (Saur-Verlag München, zuletzt Folge 47. 2000) nachgewiesen.

Die bibliographischen Aufnahmen entsprechen den Regeln für die alphabetische Katalogisierung (RAK). Das Register enthält die Namen von Autoren, Übersetzern und Illustratoren. Redaktionsschluß für diese Folge war der 30. Juli 2002.

Mein besonderer Dank gilt Frau Heidi Zeilinger und Frau Brigitte Becker-Ebenau von der Herzogin Anna Amalia Bibliothek für vielfältige und großzügige bibliographische und programmtechnische Unterstützung. Der Dank gilt weiterhin all jenen, die durch Hinweise und eingesandte Belegexemplare unsere Arbeit unterstützt haben. Die Herausgeber Goethescher Texte und die Autoren von Publikationen über Goethe werden gebeten, durch Belegexemplare und Informationen diese bibliographische Übersicht, die auch im kommenden Jahr fortgesetzt werden wird, zu unterstützen.

Siegfried Seifert

Gliederung

I. Primärliteratur

1. Werkausgaben

[Keine Veröffentlichungen.]

2. Teilausgaben

1 Mit Goethe durch das Jahr : e. Kalender für das Jahr … - Düsseldorf ; Zürich : Artemis & Winkler. 2002 / Ausw., Anm. u. Quellenverz. von Effi *Biedrzynski*. - 2001. - 143 S. : Ill.
Die 54. Folge des Goethekalenders steht unter dem Thema „Goethes Diener".

2 Johann Wolfgang Goethe, Zeichnungen / [hrsg.] von Petra *Maisak*. - Durchges., verb. u. bibliogr. erg. Aufl. - Stuttgart : Reclam, 2001. - 325 S. : zahlr. Ill.

3 Écrits autobiographiques [Teils., franz.] : 1789 - 1815 / trad. de l'allemand par Jacques *Porchat* ; trad. rév., compl. et annot. par Jacques *Le Rider*. - Paris : Bartillat, 2001. - 550 S. : Ill.

4 Ensayos sobre arte y literatura [Teils., span.] /ed. de Regula *Rohland de Langbehn*. - Málaga : Univ. de Málaga, 2000. - 170 S. - (Analecta malacitana ; 29)

5 Polaritás [Teils, ungar.] : válog. írások / ford.: *Görög* Lívia. - Pécs : Halász és Társa, [2000]. - 127 S. - (Seneca könyvek)

3. Briefausgaben und Briefwechsel

6 Von den herrlichsten Kunstwerken umgeben … : der Briefwechsel zwischen Johann Wolfgang von *Goethe* und Johann Gottlob von *Quandt* / nach den Handschr. hrsg. u. kommentiert von Walter *Schmitz* u. Jochen *Strobel*. - Dresden : Thelem, 2001. - LXXI, 369 S. : Ill.
J. G. von Quandt (1787–1859), Dresdner Kunstschriftsteller. Briefwechsel aus den Jahren 1828 bis 1832.

7 Original-Brief von Johann Wolfgang von Goethe im Museum für Naturkunde Gera / [kommentiert von] Christel *Russe*. - In: Thüringer Museumshefte. Jg. 10. Gera 2001. H. 1, S. 57–58 : 1 Faks.
Mit Abdruck u. Faksimile des Briefes an den Köstritzer Arzt Carl Ludwig Schottin vom 27. Oktober 1819. Der Text wurde in der WA, IV, Bd. 32, Weimar 1906, S. 88–89 nach dem Briefkonzept veröffentlicht.

8 „Zarten Seelen ist gar viel gegönnt" : Naturwissenschaft u. Kunst im Briefwechsel zwischen C. G. Carus und Goethe / [bearb. von] Stefan *Grosche*. Mit e. kunsthistor. Beitrag von Jutta *Müller-Tamm*. - Göttingen : Wallstein, 2001. - 308 S. : Ill. + 1 Faltbl.

9 [Brief an Christian Georg Carl Vogel. Carlsbad, 7. 8. 1808. Erstveröffentl. mit fotograf. Wiedergabe der Handschrift.] - In: Jahrbuch des Freien Deutschen Hochstifts. [Jg.] 2001. Tübingen 2001. S. 333 u. Abb. 7.

4. Einzelausgaben

10 Faust : erster und zweiter Teil / in Bildern von Jürgen Bernhard *Kuck*. - Berlin : Lehmanns, 2001. - 198 S. : überw. Ill.
Comic.

11 Faust : der Tragödie erster Teil ; mit Materialien / ausgew. von Bernd *Mahl*. - Stuttgart [u. a.] : Klett, 2001. - 204 S. : Ill. - (Editionen für den Literaturunterricht) (Editionen mit Materialien)

12 Faust : Tragödie, 1. Teil / in Berner Mundart übertr. von Werner *Martignoni*. - Belp : Teaterverl. Elgg, 2001. - 134 S.

13 Faust : tragedija v dve časti [Faust I und II, bulgar.] / prevel ot nemski Valeri *Petrov*. - Sofija : Zacharij Stojanov, 2001. - 596 S. : Ill.

14 Faust : a tragedy [Faust I und II, engl.] ; interpretive notes, contexts, modern criticism / transl. by Walter *Arndt*. Ed. by Cyrus *Hamlin*. - 2nd ed. - New York [u. a.] : Norton, 2001. - XIII, 737 S. - (A Norton critical edition)
Erste Ausg. 1976. - Darin neben der engl. Übersetzung beider Teile des „Faust" u. Erläuterungen des Herausgebers weiterhin u. a. ausgew. Ill., Bemerkungen Goethes über seinen „Faust" u. Äußerungen von Zeitgenossen über den „Faust" von Wilhelm von Humboldt (1790) bis Ralph Waldo Emerson (1840) sowie Wiederabdr. von wissenschaftl. Beiträgen amerikan. Forscher zum „Faust" aus den Jahren 1973 bis 1997. Mit „Selected bibliography".

15 Faust : een tragedie [Faust I, niederl.] ; met illustraties van Eugène *Delacroix* en Max *Beckmann* / vertaald door Ard *Posthuma*. - Amsterdam : Athenaeum, 2001. - 534 S. : Ill.

16 Faust [Faust I und II, ungar.] / ford. *Jékely* Zoltán ; *Kálnoky* László. - Budapest : Európa Könyvkiadó, 2001. - 534 S. - (Európa diákkönyvtár)

17 Das Idyll zu Sesenheim : Goethe u. Friederike Brion [Gedichte aus der Straßburger Zeit] / zsgest. u. gesprochen von Gert *Westphal*. - Hamburg : Litraton, [2000]. - 1 CD (ca. 48 Min.) - (digital audio)

18 Gedichte für Menschen im Beruf / Institut für Betriebslinguistik (Hrsg.) - Paderborn : IFB-Verl., 2001. - 59 S.

19 Gedichte / hrsg. von Bernd *Witte*. - Stuttgart : Reclam, 2001. - 1166 S. : Ill. - (Reihe Reclam)

20 Götz von Berlichingen mit der eisernen Hand : ein Schauspiel 1773 ; Text u. Kommentar / mit e. Kommentar von Wilhelm *Große*. - Frankfurt a. M. : Suhrkamp, 2001. - 242 S. - (Suhrkamp BasisBibliothek ; 27)

21 Iphigenie auf Tauris : ein Schauspiel / Text u. Materialien bearb. von Klaus *Peter*. - Berlin : Cornelsen, 2001. - 128 S. : Ill. - (Klassische Schullektüre)

22 Iphigenie auf Tauris : e. Schauspiel / Anm. von Joachim *Angst* u. Fritz *Hackert*. - Durchges. Ausg. - Stuttgart : Reclam, 2001. - 79 S. - ([Reclams] Universal-Bibliothek ; 83)

23 Die Leiden des jungen Werthers : Originaltext u. Werklesung ; Einf. in Leben u. Werk ; Kommentar, Interpretation, Materialien. - Version 1.2. - Berlin : Cornelsen, 2001. - (LiteraMedia) (Cornelsen Software)

24 Die Leiden des jungen Werther. - Frankfurt a. M. [u. a.] : Insel-Verl., 2001. - 172 S. - (Insel-Taschenbuch ; 2775)

25 Die Leiden des jungen Werther / Nachw. von Ernst *Beutler*. - Durchges. Ausg. - Stuttgart : Reclam, 2001. - 164 S. - ([Reclams] Universal-Bibliothek ; 67)

26 Die Leiden des jungen Werther [georg.] / übers. von Jason *Bakradse*. - In: Goethe - 250 : Wissenschaftl. Konferenz des Rusthaweli-Instituts für georg. Literatur [der Akademie der Wissenschaften Georgiens]. Hrsg. von Guram *Tschocholidse*. - Tbilissi, 2001. - S. 167–284.
Erstdr. 1900 in der Zeitschrift „Moambe" (Tbilissi).

27 I dolori del giovane Werther [Die Leiden des jungen Werther, italien.] / trad. di Gaetano *Grassi*. Con un saggio introd. di Massimo *Lardi*. - Riprod. anastatica dell'edizione del 1782. - Locarno : Dadò pro Grigioni Italiano, 2001. - 273 S. - (Collana Pro Grigioni Italiano ; 8)
Orig.-Ausg. u. d. T.: Werther, Opera Di Sentimento Del Dottor Goethe ... Tradotta da Gaetano Grassi. In Poschiavo, Per Guiseppe Ambrosioni.

28 Het lijden van de jonge Werther [Die Leiden des jungen Werther, niederl.] / vertaald door Thérèse *Cornips*. Met een nawoord van Gerrit *Komrij*. - 11. dr. - Amsterdam : Querido, 2001. - 174 S. - (Salamander Klassiek)

29 Cierpienia młodego Wertera [Die Leiden des jungen Werther, poln.] / przeł. Leopold *Staff*. Oprac. Olga *Dobijanka-Witczakowa*. - Wyd. 4., uzup. - Wrocław [u. a.] : Zakład Narodowy im. Ossolińskich, 2000. - CX, 145 S. : Ill. - (Biblioteka narodowa : Ser. 2 ; 22)

30 Maximen und Reflexionen, Sprüche / Nachw. von Rüdiger *Görner*. - Zürich : Manesse-Verl., 2001. - 394 S. - (Manesse-Bibliothek der Weltliteratur)

31 Maximes et réflexions [Maximen und Reflexionen, franz.] / prés., trad. et annoté par Pierre *Deshusses*. - Paris : Payot et Rivages, 2001. - 128 S. - (Rivages poche ; 343 : Petite bibliothèque)

32 Reineke Fuchs / gesprochen von Katharina *Thalbach*. Regie: Ina *Schulz* ; Anja *Hasse*. – Hamburg : Jumbo, 2001. – 2 CDs (ca. 100 Min.). : stereo. ; in Behältnis – (GoyaLit)
Auch als Tonkassetten.

33 Reineke Fuchs in der Kunst : Reineke Fuchs von Johann Wolfgang v. *Goethe* nach der Originalausg. 1794 mit Kostbarkeiten aus der Sammlung Friedrich von *Fuchs*. – Wien : Österr. Kunst- und Kulturverl., 2001. – 144 S. : zahlr. Ill. (überw. farb.)

34 Romerska elegier [Römische Elegien, schwed.] / övers. och efterord av Lars *Bjurman*. Teckn. av Hendrik *Nyberg*. – Stockholm/Stehad : Östlings Bokförl. Symposion, 2000. – 100 S. : Ill.

35 West-Östlicher Divan [Ausz.] / Vorw. Matthias *Kleinert*. – Limit. Privatausg. – Stuttgart, 2001. – Getr. Zählung.

36 West-östlicher Divan : ausgew. Gedichte / Holzschnitte von Gabriele *Just*. – Weimar : Pavillon-Presse, 2001. – [28] Bl. : Ill.
Aufl. 25 Ex.

II. Sekundärliteratur

1. Allgemeines. Gesamtdarstellungen zum Leben und Werk. Bibliographien

37 *Bahr*, Ehrhard ; *Stewart*, Walter K.: North American Goethe dissertations : 1989–99 supplement. – In: Goethe Yearbook. Vol. 10. Rochester, NY 2001. S. 263–275.

38 *Borchmeyer*, Dieter: Goethe. – In: Deutsche Erinnerungsorte. Bd. 1. – 2., durchges. Aufl. – München, 2001. – S. 187–206 : Ill.

39 *Fick*, Monika: Goethes Naturbegriff : neuere Publikationen. – In: Philosophische Rundschau. Bd. 48. Tübingen 2001. H. 1, S. 49–68.
Literaturbericht.

40 *Günther*, Rolf Samuel: Johann Wolfgang Goethe – Nachlese zu meinem 250. Geburtstag / aufgeschrieben von Rolf Samuel *Günther*. Mit e. Nachw. von Günther *Mahal*. – Vaihingen/Enz : IPa-Buch, 2001. – 264 S., [8] Bl. : Ill.
Fingierte, Goethe in den Mund gelegte „Autobiographie“ als eine Art Rechtfertigung in Reaktion auf das Goethe-Jubiläum 1999.

41 *Goethe-Wörterbuch* / hrsg. von der Berlin-Brandenburgischen Akademie der Wissenschaften, der Akademie der Wissenschaften in Göttingen u. der Heidelberger Akademie der Wissenschaften. Bd. 4, Lfg. 5. 6. – Stuttgart : Kohlhammer, 2001.
Bd. 4, Lfg. 5. Grundähnlichkeit – Halm. – Sp. 513–640. – Bd. 4, Lfg. 6. Hälmchen – Hauptunternehmung. – Sp. 641–768.

42 *Lefebvre*, Jean-Pierre: Goethe, modes d'emploi. – Paris : Belin, 2000. – 245 S.

43 *Maaser*, Michael: Goethe und kein Ende? : das Goethe-Jubiläum 1999 u. sein Ertrag. – In: Historische Zeitschrift. Jg. 273. München 2001. H. 1, S. 95–109.

44 *Seifert*, Siegfried: Goethe-Bibliographie 1999 / bearb. auf der Grundlage der in der Herzogin Anna Amalia Bibliothek zu Weimar von Heidi *Zeilinger* erstellten „Internationalen Bibliographie zur deutschen Klassik“. – In: Goethe-Jahrbuch. Bd. 117. Weimar 2000 [ausgeg. 2001]. S. 405–460.

45 *Williams*, John R.: The life of Goethe : a crit. biography. – Reprinted. – Oxford [u. a.] : Blackwell, 2000. – XIV, 318 S. : Ill. – (Blackwell critical biographies ; 10)

2. Biographisches. Beziehungen zu Zeitgenossen

46 *Arlt*, Siegfried: Goethe in Chemnitz . – In: Augenblick und Ewigkeit : Goethe, die Chemnitzer u. die Weltliteratur / Goethe-Gesellschaft Chemnitz e.V. [Hrsg. von] Helga *Bonitz* ; Siegfried *Arlt*. – Chemnitz, 2001. – S. 27–37 : Ill.
Zu Goethes Aufenthalt am 28. 9. 1810.

47 *Avetisjan*, V[ladimir] A.: Gete i Karlejl' : k voprosu o formirovanii getevskoj koncepcii mirovoj literatury. – In: Izvestija Akademii Nauk. Serija literatury i jazyka. God izd. 60. Moskva 2001. Nr. 3, S. 27–37. [Goethe und Carlyle : zur Herausbildung der Goetheschen Konzeption e. Weltliteratur.]

48 *Baerlocher*, René Jacques: Walther von Goethe – Epilog zu einem Jubiläumsjahr. – In: Goethe-Jahrbuch. Bd. 117. Weimar 2000 [ausgeg. 2001]. S. 180–200.

49 *Bey Herrn Rath Göthe auf dem Grosen Hirschgraben: eine zahlreiche auserlesene Bibliotheck* : die Büchersammlung Johann Caspar Goethes ; Ausstellung des Freien Deutschen Hochstifts, Frankfurter Goethe-Museums, vom 27. August bis 28. Okt. 2001 / Konzeption der Ausstellung: Doris *Hopp* ; Christoph *Perels*. – Frankfurt a. M. : Freies Deutsches Hochstift, Frankfurter Goethe-Museum, 2001. – 25 S. : Ill.

50 *Boerner*, Peter: Neues zu Goethe : Mitteilungen aus den Gedankenbüchern Caroline von Wolzogens. – In: Konvergenzen : Studien zur dt. u. europ. Literatur ; Festschrift für E. Theodor Voss / hrsg. von Michael *Ewert* u. Martin *Vialon*. – Würzburg, 2000. – S. 37–45.
Mit Erstveröffentl. von 29 Bemerkungen über Goethe.

51 *Busch-Salmen*, Gabriele: „Er war unermüdet im Studiren des eigentlichsten Ausdrucks" : Goethes Zusammenarbeit mit dem Hofsänger Johann Wilhelm Ehlers. – In: Goethe-Jahrbuch. Bd. 117. Weimar 2000 [ausgeg. 2001]. S. 126–143 : Ill., Noten.

52 *Butler*, Michael: Goethe and Switzerland. – In: Publications of the English Goethe Society. N. S. Vol. 70. Leeds 2001. S. 16–28.

53 *Charue*, Jeanine ; *Charue*, Jean: Napoléon et Goethe : quelques aperçus. – In: Mélanges offerts à Paul Colonge : études rassemblées / textes réunis par Pierre *Vaydat*. – Lille, 2001. – S. 37–44. – (UL 3 Travaux et recherches)

54 *Chiarini*, Paolo: La „distanza" da Goethe : Fanny Mendelssohn e alcune „circostanze italiane". – In: Studi germanici. N. S. Anno 38 (2000). Roma 2001. No. 3 = No. 112, S. 427–442.

55 *Düll*, Siegrid: „Minervens Geburt" – nur ein Schattenspiel? : Siegmund von Seckendorffs Geburtstagsüberraschung für Johann Wolfgang Goethe (1781). – In: Das Spiel mit der Antike : zwischen Antikensehnsucht u. Alltagsrealität ; Festschrift zum 85. Geburtstag von Rupprecht Düll / hrsg. von Siegrid *Düll* [u. a.] – Möhnesee, 2000. – S. 129–163 : Ill. – (Arianna)

56 *Ebner*, Fritz: Goethe und Merck im Gespräch über Kunst und Künstler. – Darmstadt : [Ortsvereinigung der Goethe-Gesellschaft], 1999. – 21 S.

57 *Fabian*, Dietrich: Goethe – Roentgen : ein Beitrag zur Kunstmöbelgeschichte des 18. Jh. – 5 , wesentl. erw. Aufl. – Bad Neustadt/S. : Fabian, 2001. – 44 S. : überw. Ill.
Darin über Goethes Kenntnis der Arbeiten der Kunsttischlerfamilie Roentgen.

58 *Frühwald*, Wolfgang: Zum Goethe-Bild Ludwigs I., Königs von Bayern. – In: Literatur in Bayern. Jg. 2001. München 2001. H. 65, S. 2–11 : Ill.

59 *Gerlach*, Harald: Die völlig paradiesische Gegend : auf Goethes Spuren zwischen Rhein, Saar u. Mosel / hrsg. von Ralph *Schock*. – Blieskastel : Gollenstein, 2001. – 172 S. : Ill. – (Reihe „Spuren")

60 *Gersdorff*, Dagmar von: Goethes Mutter : e. Biographie. – Frankfurt a. M. [u. a.] : Insel-Verl., 2001. – 460 S. : zahlr. Ill., graph. Darst.
Literaturverz. S. 435–444.

61 *Goethe und Lenz* : die Geschichte e. Entzweiung ; e. Dokumentation / hrsg. von Matthias *Luserke*. – Frankfurt a. M. [u. a.] : Insel-Verl., 2001. – 199 S. – (Insel-Taschenbuch ; 2750)

62 *Guthke*, Karl S.: Goethes Weimar und „Die große Öffnung in die weite Welt". – Wiesbaden : Harrassowitz, 2001. – 202 S. : zahlr. Ill. – (Wolfenbütteler Forschungen ; 93)
Darin u. a. über Johann Christian Hüttners Vermittlung engl. Kultur u. Literatur u. über die Rolle engl. Besucher bei Goethe u. in Weimar.

63 *Häfner*, Ludwig: Goethe und der Hetschburger Fuhrmann : aus e. alten Hetschburger Familienchronik nacherzählt. – In: Weimarer Heimat : Blätter für Natur, Geschichte u. Kultur des Landkreises Weimar. H. 15. Weimar 2001. S. 57–59 : Ill.
Anekdote aus dem Jahr 1829. Goethe verhilft dem Fuhrmann zur Adresse des Empfängers einer Holzfuhre.

64 *Hahn*, Barbara: Augen, Blicke, Augenblicke : Metaphern des Sehens zwischen Charlotte von Stein u. Goethe. – In: Deutsche Vierteljahrsschrift für Literaturwissenschaft und Geistesgeschichte. Jg. 75. Stuttgart 2001. H. 1, S. 60–70.

65 *Hahn*, Barbara: Mit Goethe im Bad : Begegnungen im Exterritorialen: Rahel Levin, Sara u. Marianne Meyer. – In: Monatshefte für deutschsprachige Literatur und Kultur. Vol. 92. Madison/Wis. 2000. Nr. 3, S. 336–350.
Begegnungen in Karlsbad 1795.

66 *Hahn*, Karl-Heinz: „Dann ist Vergangenheit beständig ...“ : Goethe-Studien / Einf. von Werner *Keller*. Ausw. u. Red.: Siegfried *Seifert*. – Weimar : H. Böhlaus Nachf., 2001. – 215 S. : 1 Titelb. – (Schriften der Goethe-Gesellschaft ; 68)
Darin u. a.: Goethe und Weimar – Weimar und Goethe (1976), S. 16–38. – Carl August von Sachsen-Weimar : e. Versuch (1982), S. 39–69. – Im Schatten der Revolution – Goethe und Jena im letzten Jahrzehnt des 18. Jahrhunderts (1979), S. 84–105.

67 *Hayashi*, Masanori: Auf dem Weg nach Krakau : Goethes Schlesienreise im Jahre 1790. – In: Goethe-Jahrbuch = Gēte-nenkan. Bd. 43. Tôkyô 2001. S. 13–30 u. dt. Teil, S. 58. [In japan. Sprache mit dt. Zsfassung.]

68 *Heene*, Rainer: Christiane von Goethes letzte Erkrankung. – In: Fortschritte der Neurologie/Psychiatrie. [Jg.] 2000. Stuttgart 2000. S. 483–487.

69 *Hein*, Karsten: Ottilie von Goethe : (1796 - 1872) ; Biographie u. literar. Beziehungen der Schwiegertochter Goethes. – Frankfurt a. M. [u. a.] : Lang, 2001. – 698 S. – (Europäische Hochschulschriften : Reihe 1, Deutsche Sprache und Literatur ; 1782)
Zugl.: Düsseldorf, Univ., Diss., 2000.
Literaturverz. S. 665 - 698

70 *Heß*, Ulrich: Der Weimarer Park / hrsg. von Volker *Wahl*. – In: Mitteldeutsches Jahrbuch für Kultur und Geschichte. Bd. 8. Köln [u. a.], 2001. S. 49–64 : Ill.
Darin u. a. über Goethes Einfluß auf die Anfänge des Weimarer Parkes an der Ilm.

71 *Hultzsch*, Erasmus: Goethe und die Ginkgobäume seiner Zeit. – In: Ginkgo : Ur-Baum u. Arzneipflanze ; Mythos, Dichtung u. Kunst / hrsg. von Maria *Schmidt* u. Helga *Schmoll* gen. *Eisenwerth*. – 2., erg. u. aktualisierte Aufl. – Stuttgart [u. a.], 2001. – S. 49–54 : Ill.

72 *Jägersberg*, Otto: Goethes [Körper-]Größe. – In: Literatur im interkulturellen Dialog : Festschrift zum 60. Geburtstag von Hans-Christoph Graf v. Nayhauss / Manfred *Durzak* u. Beate *Laudenberg* (Hrsg.) – Bern [u. a.], 2000. – S. 158–159 : 1 Ill. – (Iris ; 15)
Ironische Reflexion.

73 *Johann Heinrich Wilhelm Tischbein (1751–1829)* : Goethes Maler u. Freund zum 250. Geburtstag ; Kabinettausstellung aus den Beständen des Freien Deutschen Hochstifts vom 15. 2. bis zum 8. 4. 2001... / bearb. von Petra *Maisak* [u. a.] – Frankfurt a. M. : Freies Deutsches Hochstift, Frankfurter Goethe-Museum, 2001. – 30 S. : Ill.

74 *John*, Timo: Adam Friedrich Oeser (1717 - 1799) : Studie über e. Künstler der Empfindsamkeit. – Beucha : Sax-Verl., 2001. – 255 S. : Ill.
Darin u. a. über Oesers Einfluß auf Goethe u. über Oesers künstler. Tätigkeit in Weimar.

75 *Kästner*, Ingrid: Goethes Mitwirkung bei der Besetzung akademischer Positionen in Russland. – In: NTM. Internat. Zeitschrift für Geschichte u. Ethik der Naturwissenschaften, Technik u. Medizin. N. S. Jg. 2001. Basel 2001. H. 9, S. 105–117.
Dass. als Sonderdr., Basel, 2001.

76 *Kanz*, Kai Torsten: „... man weiß nur was man einem Manne schreiben soll mit dem man einmal persönlich verhandelt hat“ : zum Briefwechsel Goethes mit Christian Gottfried Nees von Esenbeck. – In: Naturwissenschaften um 1800 : Wissenschaftskultur in Jena-Weimar / hrsg. von Olaf *Breidbach* u. Paul *Ziche*. – Weimar, 2001. – S. 203–215.

77 *Kaufmann*, Sylke ; *Kaufmann*, Dieter: Goethe, der Thüringisch-Sächsische Verein [für Erforschung des Vaterländischen Altertums, Halle a. d. Saale] und die Entwicklung der Altertumskunde in den Jahrzehnten nach 1800. – Weißbach : Beier & Beran, 2001. – 341, 16 S. : Ill. – (Beiträge zur Ur- und Frühgeschichte Mitteleuropas ; 27)

Darin u. a.: Zur Entwicklung der Altertumskunde in Sachsen-Weimar-Eisenach in den Jahrzehnten nach 1800 und zur Tätigkeit von Christian August Vulpius, S. 118–207.

78 *Keil*, Rolf-Dietrich: Mickiewicz bei Goethe [1829]. – In: „Von Pol zu Pol Gesänge sich erneun …" : das Europa Goethes u. seine Nationalautoren / hrsg. von Jochen *Golz* u. Wolfgang *Müller*. – Weimar, 2001. – S. 126–134. – (Schriften der Goethe-Gesellschaft ; 67)

79 *Kessler*, Hans Joachim: Heilendes Wasser und sprudelnde Quellen : Begegnung mit histor. Bädern in Thüringen / hrsg. von der Sparkassen-Kulturstiftung Hessen-Thüringen … – Altenburg : Reinhold, [2001]. – 99 S. : zahlr. Ill.
Darin u. a. über Goethes Beziehungen zu Bad Berka. Das Bad Berkaer Quartett : Goethe(s) Geist, Schütz und Coudray, S. 53–59.

80 *Klauß*, Jochen: Der „Kunschtmeyer" : Johann Heinrich Meyer: Freund u. Orakel Goethes. – Weimar : Böhlau, 2001. – VI, 358 S. : Ill.

81 *Koschwitz*, Hansjürgen: Wider das „Journal- und Tageblattverzeddeln" : Goethe als Kritiker u. Leser der Presse. – In: Buchhandelsgeschichte (Beilage zum Börsenblatt für den deutschen Buchhandel). [Jg.] 2000. Frankfurt a. M. 2000. H. 2, S. 87–93 : Ill.

82 *Linder*, Jutta: „Falsche Tendenzen" : der Staatsdiener Goethe u. der Dichter. – Soveria Mannelli (Catanzaro) : Rubbettino, 2001. – 204 S. : Faks.

83 *Löhneysen*, Wolfgang von: Pierre-Jean David d'Angers: Goethe. – In: W. von *Löhneysen*: Im Blickfeld: Goethe u. Schopenhauer ; Abhandlungen zu Literatur u. Kunst. – St. Augustin, 2001. – S. 7–13 : Ill.

84 *Luserke*, Matthias: Mutmaßung III oder die „Eseley" : Spekulation über e. naheliegende Erklärung. – In: M. *Luserke*: Lenz-Studien : Literaturgeschichte - Werke - Themen. – St. Ingbert, 2001. – S. 229–260.

85 *Nowak*, Kurt: Karl von Hase - liberales Christentum zwischen Jena und Rom. – In: Zeitschrift des Vereins für Thüringische Geschichte. Bd. 55. Jena 2001. S. 229–259 : Ill.
Darin u. a. über Hases Antrittsbesuch bei Goethe anläßlich seiner Berufung an die Universität Jena.

86 *Pletschacher*, Peter: Der Traum vom Fliegen : Johann Wolfgang von Goethe = Dream of flight / Idee, Konzeption u. Text: Peter *Pletschacher*. Übers.: Laura *Lindsey*. – Oberhaching : Aviatic Verl., 2001. – 59 S. : zahlr. Ill. (z. T. farb.)
Über Goethes Verhältnis zur Erfindung des Luftballons u. zur Ballonfahrt; mit eingestreuten Zitaten aus Goethes Werken.

87 *Porezag*, Karsten: Familien- und Gründungsgeschichte bis 1903. – Wetzlar : Porezag, 2001. – 448 S. : Ill. – (Hensoldt / Karsten Porezag ; 1)
Darin u. a. zwei „Briefe an Johann Wolfgang von Goethe" von 1813 (S. 31–32), in denen Heinrich Christoph Hensoldt sich erhoffte, in weimarische Dienste zu kommen.

88 *Quak*, Udo: Trost der Töne : Musik u. Musiker im Leben Goethes. – Berlin : Aufbau-Verl., 2001. – 234 S. : Ill.

89 *Rehfeld*, Hans-Jürgen: „Sonne, du grosses Gestirn" (F. Nietzsche) : Goethes schlesische Reise ; mit e. Seitenblick auf Heinrich von Kleists Reise ins Riesengebirge. – In: Beiträge zur Kleist-Forschung. [H.] 2001. Frankfurt a. d. Oder 2001. S. 213–241.

90 *Richter*, Thomas: Doris Zelters Briefe nach Weimar, 1818 - 1834 : Teil II: „ich weine mich täglich satt" – Die Briefe an Goethes Umkreis ; (Folge 2: 1832 - 1834). – In: Goethe-Jahrbuch. Bd. 117. Weimar 2000 [ausgeg. 2001]. S. 247–274.

91 *Schneider*, Rolf: Lieb im Leib : Johann Wolfgang von Goethe u. Ulrike von Levetzow. – In: R. *Schneider*: Ich bin ein Narr und weiß es : Liebesaffären dt. Literaten. – Berlin, 2001. – S. 13–17. – (Aufbau-Taschenbücher ; 1755)

92 *Die Universität Jena* : Tradition u. Innovation um 1800 ; Tagung des Sonderforschungsbereichs 482: „Ereignis Weimar – Jena. Kultur um 1800" vom Juni 2000 / hrsg. von Gerhard *Müller* [u. a.] – Stuttgart : Steiner, 2001. – 237 S. : Ill. – (Pallas Athene ; 2)
Darin passim vielfache Bemerkungen zu Goethes Wirken für die Universität Jena; s. vor allem: *Bauer*, Joachim: Die Universität Jena zwischen Tradition und Reform, S. 47–62. – *Müller*, Gerhard: Perioden Goethescher Universitätspolitik, S. 135–153 : graph. Darst. – *Bach*, Thomas: Dem

Geist der Zeit eine neue Richtung geben : die Naturphilosophie u. die naturphilosoph. Professoren an der Universität Jena, S. 155–174. – *Müller*, Gerhard: Die extraordinäre Universität – Jenas Modernisierungsweg, S. 191–195. – *Poljanski*, Igor: Der außerordentliche Garten : zur Geschichte des Herzoglichen Botanischen Gartens zu Jena, S. 205–219.

93 *Viaggio in Italia* : un corteo magico dal Cinquecento al Novecento ; [Ausstellungskatalog,] Genova, Palazzo Ducale, 31 marzo - 29 luglio 2001 / di Giuseppe *Marcenaro*; Piero *Boragina*. – Milano : Electa, 2001. – 399 S. : zahlr. Ill.
Darin u. a. zu Goethes italienischer Reise, S. 209–243. – *Lanza Tomasi*, Gioacchino: I viaggiatori in Sicilia al tempo di Goethe, S. 384–385.

3. *Weltanschauung. Dichterisches und wissenschaftliches Schaffen*

94 *Ahn*, Sam-Huan: Spuren von spinozistischer und leibnischer [!] Weltanschauung bei Goethe. – In: Goethe-Yongu = Goethe-Studien. Bd. 13. Seoul 2001. S. 155–176. [In korean. Sprache mit dt. Zsfassung.]

95 *Annali* / Istituto Universitario Orientale di Napoli. Sezione Germanica. N. S. Anno 9 (1999) [ausgeg. 2001]. Napoli 2001. Nr. 1/2 [Goethe-Sonderheft]. 260 S. : Ill.
Beiträge einer Tagung „Goethe: Poesia e natura" in Napoli 1999. – Darin u. a.: *Agazzi*, Elena: Ipocondria e dietetica di Goethe, S. 15–33. – *Chiarini*, Paolo: Tutto è foglia [Zu Goethes botan. Ansichten], S. 55–62. – *Destro*, Alberto: Modi della scrittura scientifica, modi della scrittura letteraria in Goethe, S. 95–106. – *Giacomoni*, Paola: Scienza e poesia della terra in Goethe, S. 107–125. – *Mazzocut-Mis*, Maddalena: La morfologia di Goethe tra funzionalismo e strutturalismo, S. 127 bis 147. – *Moretti*, Giampiero: Hölderlin e l'essenza della poesia : breve storia di un'incomprensione, S. 149–161. – *Ritter Santini*, Lea: Paesaggio con cascata [Über Goethes Verhältnis zur Landschaftsmalerei u. sein Petrarca-Bild], S. 177–215 : Ill. – *Venuti*, Roberto: Sotto il vulcano : alcune considerazioni su „natura" e „storia" nel tardo Goethe, S. 217–236. – *Vercellone*, Federico: Composizione dell'infinito : Goethe e Novalis, S. 237–245.
Mit dt. Zsfassungen zu den Beiträgen.

96 *Bahr*, Ehrhard: Goethe's concept of „Volk" and his disagreement with the contemporary discourse from Herder to Fichte. – In: Searching for common ground : Diskurse zur dt. Identität 1750–1871 / Nicholas *Vazsonyi* (Hg.) – Köln [u. a.], 2000. – S. 127–140.

97 *Barner*, Wilfried: Goethe und Lessing : eine schwierige Konstellation. – Göttingen : Wallstein-Verl., 2001. – 56 S. : Ill. – (Kleine Schriften zur Aufklärung ; 10)

98 *Barry*, David: Faustian pursuits : the political-cultural dimension of Goethe's „Weltliteratur" and the tragedy of translation. – In: The German quarterly. Vol. 74. Cherry Hill, NJ 2001. Nr. 2, S. 164–185.

99 *Bennett*, Benjamin: Goethe as woman : the undoing of literature. – Detroit : Wayne State University Press, 2001. – 274 S. – (Kritik)

100 *Breidbach*, Olaf: Transformation statt Reihung - Naturdetail und Naturganzes in Goethes Metamorphosenlehre. – In: Naturwissenschaften um 1800 : Wissenschaftskultur in Jena-Weimar / hrsg. von Olaf *Breidbach* u. Paul *Ziche*. – Weimar, 2001. – S. 46–64.

101 *Brown*, Jane K.: Der Drang zum Gesang: on Goethe's dramatic form. – In: Goethe Yearbook. Vol. 10. Rochester, NY 2001. S. 115–124.

102 *Butzlaff*, Wolfgang: Goethe : „Trostlos zu sein ist Liebenden der schönste Trost" ; gesammelte Studien zu Werk u. Rezeption. – Hildesheim [u. a.] : Olms – Weidmann, 2000. – 278 S. – (Germanistische Texte und Studien ; 66)
Darin u. a.: «Je lirai, je penserai, j'écrirai – vive la plume!» : Goethes französ. Briefe, S. 11–72. – Goethe als Übersetzer (1989), S. 73–119. – Goethes Mystifikationen (1996), S. 121–147.

103 *Calhoon*, Kenneth S.: The Gothic imaginary : Goethe in Strasbourg. – In: Deutsche Vierteljahrsschrift für Literaturwissenschaft und Geistesgeschichte. Jg. 75. Stuttgart 2001. H. 1, S. 5–14.

104 *Cassirer*, Ernst: Goethe und die mathematische Physik : e. erkenntnistheoret. Betrachtung (1921). – In: E. *Cassirer*: Aufsätze und kleine Schriften (1902–1921) / Text u. Anm. bearb. von

Marcel *Simon*. – Hamburg, 2001. – S. 268–315. – (Gesammelte Werke : Hamburger Ausgabe / Ernst Cassirer ; 9)

105 *Celle*, Karsten: Die Geburt der Natur aus dem Geiste der Rhetorik : zur Schematisierung von Natur u. Genie bei Dennis u. Goethe. – In: Erschriebene Natur : internationale Perspektiven auf Texte des 18. Jh. / hrsg. von Michael *Scheffel* [u. a.] – Bern [u. a.], 2001. – S. 145–167. – (Jahrbuch für internationale Germanistik : Reihe A, Kongreßberichte ; 66)

106 *Chiaroscuro* : italienische Farbholzschnitte der Renaissance und des Barock ; [Ausstellung.] Casa di Goethe, Rom, 25. 4. 2001 - 23. 7. 2001 ; Kunstsammlungen zu Weimar, 19. 8. 2001 – 21. 10. 2001 ; Haus der Kunst, München, 17. 10. 2002 - 12. 1. 2003 / Konzeption u. Katalog: Dieter *Graf* ; Hermann *Mildenberger*. – Berlin : G+H-Verl., 2001. – 211 S. : überw. Ill. – (Im Blickfeld der Goethezeit ; 4)

Darin u. a. im Beitrag „Chiaroscuro in Weimar" von H. *Mildenberger* (S. 9–35) u. a. über Goethes Beschäftigung mit dem Chiaroscuro-Holzschnitt u. seinen Essay „Julius Cäsars Triumphzug, gemahlt von Mantegna" 1823.

Dass. – [italien. Ausg. u. d. T.] Chiaroscuro : xilografie a colori di artisti italiani del Rinascimento e del Barocco : supplemento al catalogo Chiaroscuro ... / trad. Germana *Carlino* [u. a.] – Roma : Casa di Goethe, 2001. – 119 S. : überw. Ill.

107 *Cho*, Woo-Ho: Das geschichtliche Bewußtsein Goethes. – In: Goethe-Yongu = Goethe-Studien. Bd. 13. Seoul 2001. S. 177–202. [In korean. Sprache mit dt. Zsfassung.]

108 *Debon*, Günther: Goethes Berührungen mit China. – In: Goethe-Jahrbuch. Bd. 117. Weimar 2000 [ausgeg. 2001]. S. 46–55.

109 *Durchgeistete Natur* : ihre Präsenz in Goethes Dichtung, Wissenschaft u. Philosophie ; wissenschaftl. Festival, Frankfurt a. M. vom 7. bis 9. 5. 1999 zu Ehren des 250. Geburtstags Goethes / Alfred *Schmidt*; Klaus-Jürgen *Grün* (Hrsg.) – Frankfurt a. M. [u. a.] : Lang, 2000. – 321 S. : Ill. (z. T. farb.)

Darin: *Schmidt*, Alfred: Die Natur im Dichten und Denken Goethes, S. 15–28 u. 289–291.

Licht und Auge: Böhme, Gernot: Goethes Farbenlehre als Paradigma einer Phänomenologie der Natur, S. 31–40 u. 291. – *Siemsen*, Fritz ; *Stützle*, Norbert: Goethe und der Elektromagnetismus : Im Anfang war die Tat, S. 41–56 u. 291–295. – *Singer*, Wolf: Goethe - ein Konstruktivist?, S. 57 bis 66 u. 295–296. – *Wuthenow*, Ralph-Rainer: Natur in Goetheschen Gedichten, S. 67–79 u. 296. – *Sarris*, Viktor: Goethes Farbenlehre aus heutiger wahrnehmungspsychologischer Sicht, S. 81–90 : Ill. u. 296–297.

Geist und Gestalt: Kuhn, Dorothea: Die Idee der Morphologie bei Pflanzen und Tieren, S. 93 bis 100. – *Korf*, Horst-Werner ; *Storch*, Gerhard: Goethes Entdeckung des Zwischenkieferknochens und seine Wirbeltheorie des Schädels, S. 101–113 : Ill. u. 297–298. – *Grün*, Klaus-Jürgen: Goethe und Darwin - war Goethe ein Evolutionstheoretiker?, S. 115–125 u. 298–300. – *Zizka*, Georg: Goethe und die Botanik – Morphologie im Wandel der Zeit, S. 127–135 : 1 Ill. u. 300–301. – *Schad*, Wolfgang: Goethes Zeitauffassung und die heutige Heterochronieforschung, S. 137–143 u. 301–302. – *Kreft*, Gerald: Ornament und Programm : zur Ästhetik der Goethe-Zitation bei jüd. Neurowissenschaftlern in Frankfurt a. M., S. 144–157 : Ill. u. 302–306.

Elemente und Kosmos: *Gebelein*, Helmut ; *Grabner*, Erich-Walter: Chemie und Alchemie in Goethes poetischen und wissenschaftlichen Werken : Versuche zum Anschauen u. Begreifen, S. 161–176 : graph. Darst. u. 306. – *Schönwiese*, Christian-Dietrich: Wolken und Witterung aus der Sicht Goethes und heute – „Ein Angehäuftes, flockig löst sich's auf", S. 177–185 : Ill. u. 307. – *Kienzle*, Ulrike: Des Menschen Stimme und die Unendlichkeit der Musik : Goethes anthropolog. „Tonlehre", S. 187–204 : 1 Tab. u. 307–311. – *Villwock*, Jörg: Die Weile der Ewigkeit : Goethe u. das kosm. Naturverständnis der Griechen, S. 205–216 u. 311–312. – *Trömel*, Martin: Über Goethe hinaus? : Goethe u. die moderne Naturwissenschaft, S. 217–221 u. 312–313.

Natur und Freiheit: Jeziorkowski, Klaus: Der poetisch-philosophische Naturbegriff Goethes, S. 225 bis 230 u. 313. – *Schipperges*, Heinrich: Goethe und die Kunst zu leben, S. 231–239 u. 313–314. – *Siefert*, Helmut: Goethe und die Medizin, S. 241–249 u. 314–316. – *Görnitz*, Thomas: Goethe – Künstler, Naturforscher und philosophischer Denker – auch heute ein inspirierender Partner,

S. 251–259 u. 316. – *Saltzer*, Walter G.: Goethe – Naturwissenschaft, Kunst und Welterleben komplementär, S. 261–275 u. 316–318.

110 *Egger*, Irmgard: Diätetik und Askese : zur Dialektik der Aufklärung in Goethes Romanen. – München : Fink, 2001. – 284 S.
Zugl.: Wien, Univ., Habil.-Schr., 2000.

111 *Egger*, Irmgard: „Verbinden mehr als Trennen" : Goethe u. die plast. Anatomie. – In: Germanisch-romanische Monatsschrift. N. F. Bd. 51. Heidelberg 2001. H. 1, S. 45–53.

112 *Förster*, Eckart: Goethe and the „Auge des Geistes". – In: Deutsche Vierteljahrsschrift für Literaturwissenschaft und Geistesgeschichte. Jg. 75. Stuttgart 2001. H. 1, S. 87–101.
Darin über Goethes wissenschaftsgeschichtl. Methode.

113 *Fuhrmann*, Manfred: Goethes Übersetzungsmaximen. – In: Goethe-Jahrbuch. Bd. 117. Weimar 2000 [ausgeg. 2001]. S. 26–45.

114 *Geulen*, Hans: „Und was ist Schönheit?" : Marginalien zu Goethes Brief an Friederike Oeser vom 13. Februar 1769. – In: „Das Schöne soll sein" : Aisthesis in der dt. Literatur ; Festschrift für Wolfgang F. Bender / hrsg. von Peter *Hesselmann* [u. a.] – Bielefeld, 2001. – S. 161–178.

115 *Gille*, Klaus F.: „... uns ist nun die Betrachtung um so viel bequemer gemacht" : Goethes Lektüre des „Nibelungenliedes". – In: Poesie als Auftrag : Festschrift für Alexander von Bormann / hrsg. von Dagmar *Ottmann* [u. a.] – Würzburg, 2001. – S. 71–82.

116 *Goethe e l'Italia* / a cura di Marino *Freschi*. – Rom : Donzelli, 2000 [ersch. 2001]. – 196 S. : Ill.
Darin: *Ascarelli*, Roberta: Osservando la Rotonda di Palladio, S. 11–35. – *Barbera*, Sandro: Goethe e le forme del „Singspiel", S. 37–53. – *Beyer*, Andreas: „...was ein Mensch vermag ..." : Anmerkungen zu Goethes Würdigung des Michelangelo, S. 55–67. – *Crescenzi*, Luca: Praxis : le note di Goethe alla „Vita" di Benvenuto Cellini, S. 69–80. – *De Seta*, Cesare: Goethe, Tischbein, Kniep e Angelika Kauffmann : un problematico sodalizio, S. 81–104 : Ill. – *D'Onghia*, Gabriella: L'eco di „Die Vögel" nel racconto del „Viaggio in Italia", S. 105–112. – *Koopmann*, Helmut: Goethe, Frau von Stein und Italien, S. 113–134.

117 *Goethe und der Pietismus* : Beiträge eines Symposions ..., das vom 25. bis 27.3.1999 in den Franckeschen Stiftungen stattfand / hrsg. von Hans-Georg *Kemper* u. Hans *Schneider*. – Tübingen : Verl. der Franckeschen Stiftungen Halle im Max Niemeyer Verl., 2001. – VIII, 278 S. – (Hallesche Forschungen ; 6)
Darin: *Raabe*, Paul: Goethe und Bogatzky : eine Marginalie [Bogatzky war der Autor des Erbauungsbuches „Güldnes Schatz-Kästlein der Kinder Gottes...", 1718. – Goethes Mutter besaß davon die 17. Aufl. von 1745], S. 1–11. – *Peucker*, Paul: Die Diaspora der Herrnhuter Brüdergemeine in Frankfurt am Main im 18. Jahrhundert [Darin u. a. über Goethes Interesse für Zinzendorf u. die Brüdergemeine sowie über seine Bekanntschaft mit Susanna Katharina von Klettenberg], S. 13 bis 23. – *Daniel*, Thilo: Johann Michael von Loëns Auseinandersetzung mit Nikolaus Ludwig von Zinzendorf und der Brüdergemeine, S. 25–43. – *Schneider*, Hans: „Mit Kirchengeschichte, was hab' ich zu schaffen?" : Goethes Begegnung mit Gottfried Arnolds „Kirchen- und Ketzerhistorie", S. 79–110. – *Dohm*, Burkhard: Radikalpietistin und „schöne Seele" : Susanna Katharina von Klettenberg, S. 111–134. – *Weigelt*, Horst: Johann Kaspar Lavater und Goethe : zwischen Nähe u. Distanz, S. 135–156. – *Benrath*, Adolf: Die Freundschaft zwischen Goethe und Jung-Stilling, S. 157–170. – *Kemper*, Hans-Georg: „Göttergleich" : zur Genese der Genie-Religion aus pietist. u. hermet. „Geist", S. 171–208. – *Soboth*, Christian: Willkommen und Abschied : der junge Goethe u. der Pietismus, S. 209–230. – *Schrader*, Hans-Jürgen: Salomonis Schlüssel für die „halbe Höllenbrut" : radikalpietistisch tingierte „Geist=Kunst" im Faustschen „Studierzimmer", S. 231 bis 256. – *Niggl*, Günter: Goethes Pietismus-Bild in „Dichtung und Wahrheit", S. 257–268.

118 *Goethe und Italien* / hrsg. von Willi *Hirdt* u. Birgit *Tappert*. – Bonn: Bouvier, 2001. – VIII, 353 S. : Ill. – (Studium Universale ; 22)
Darin u. a.: *Baum*, Richard: Der Genius Italiens – Goethes dritte Reise in den Süden als Wendepunkt im Schaffensprozeß, S. 1–55. – *Collini*, Patrizio: Nel nome del padre: Goethe a Venezia, S. 57–76. – *Di Benedetto*, Arnaldo: Interesse di Goethe per Alfieri, S. 69–75. – *Fancelli*, Maria: „... aber das, was jetzo Kunst ist, muß Handwerk werden" : Goethe, Firenze e l'idea del Rinas-

cimento, S. 77–90. – *Freschi*, Marino: Il Cagliostro di Goethe, S. 91–104. – *Hirdt*, Willi: Goethe und die Terzarima, S. 125–134. – *Lennartz*, Rita: Attitüde und Gewand – Vom Umschreiben der Kunst : Goethes „Sendschreiben" von 1812 über „Der Tänzerin Grab", S. 135–180 : 11 Ill. – *Memmolo*, Pasquale: Goethes Lachen in Italien – Et in Arcadia ego!, S. 181–202. – *Merzhäuser*, Andreas: Bologneser Verwirrungen : Goethes Begegnungen mit dem frühmodernen Italien, S. 203–220. – *Ponzi*, Mauro: Goethes Bild von Rom: Fiktion u. Wahrheit, S. 275–291. – *Steinhagen*, Harald: Die Metamorphose der Pflanzen : zu Goethes naturwissenschaftl. Denken, S. 329–339. – *Tellini*, Gino: Ancora su Goethe e Manzoni, S. 341–353.

119 *Goethe : Ungewohnte Ansichten* : Beiträge zu e. Ringvorlesung der Philosoph. Fak. der Univ. des Saarlandes im Wintersemester 1999/2000 / hrsg. von Karl *Richter* u. Gerhard *Sauder*. – St. Ingbert : Röhrig, 2001. – 386 S. : Ill. (z. T. farb.) – (Annales Universitatis Saraviensis : Philosophische Fakultäten ; 17)
Darin u. a.: *Böhme*, Gernot: Natur hat weder Kern noch Schale : Goethes Methode der Naturbetrachtung, S. 9–21. – *Lichtenstern*, Christa: „Geprägte Form, die lebend sich entwickelt" – Goethe u. die Skulptur, S. 23–63 : Ill. – *Dittmann*, Lorenz: Goethes Farbenlehre im Kontext der Koloritgeschichte, S. 65–113 : Ill. – *Braun*, Werner: Plundersweilern und die musikalischen Jahrmärkte [Zu Goethes Verhältnis zum zeitgenössischen Musiktheater], S. 115–133. – *Nager*, Frank: Goethe - heilkundig [Darin u. a. über Goethes Krankheiten, sein „Ringen mit der Depression" u. sein „psychotherapeutisches Vermächtnis"], S. 135–157. – *Müller-Dietz*, Heinz: Goethes Rechtsdenken zwischen Konservatismus und Modernismus, S. 187–221. – *Müller*, Gerhard H.: Goethe und die Steine, S. 223–253. – *Richter*, Karl: Der andere Goethe und die Anfänge einer unlyrischen Lyrik, S. 311–332. – *Wadle*, Elmar: Rechtsprobleme um Nachdruck und geistiges Eigentum in Goethes Praxis, S. 345–386.

120 *Goethe nach 1999* : Positionen u. Perspektiven / hrsg. von Matthias *Luserke*. – Göttingen : Vandenhoeck & Ruprecht, 2001. – 175 S.
Darin u. a.: *Sauder*, Gerhard: Goethes Ästhetik der Dämmerung, S. 45–55 u. 157–158 – *Dörr*, Volker C.: Zwischen Intertextualität und Kolportage : das Deutungspotential von „Briefen, Tagebüchern und Gesprächen" im Falle der Zusammenarbeit Goethes mit Schiller, S. 57–66 u. 158–159. – *Gnam*, Andrea: „Geognosie, Geologie, Mineralogie und Angehöriges" : Goethe als Erforscher der Erdgeschichte, S. 79–87 u. 162–164.

121 *Grohnert*, Dietrich: Goethe und die Weltliteratur. – In: Augenblick und Ewigkeit : Goethe, die Chemnitzer u. die Weltliteratur / Goethe-Gesellschaft Chemnitz e. V. [Hrsg. von] Helga *Bonitz* ; Siegfried *Arlt*. – Chemnitz, 2001. – S. 68–78.

122 *Häntzschel*, Günter: Das Ende der Kunstperiode? : Heinrich Heine u. Goethe. – In: Goethes Kritiker / hrsg. von Karl *Eibl* [u. a.] – Paderborn, 2001. – S. 57–70.

123 *Hahn*, Karl-Heinz: „Dann ist Vergangenheit beständig ..." : Goethe-Studien / Einf. von Werner *Keller*. Ausw. u. Red.: Siegfried *Seifert*. – Weimar : H. Böhlaus Nachf., 2001. – 215 S. : 1 Titelb. – (Schriften der Goethe-Gesellschaft ; 68)
Darin u. a.: „Die Wissenschaft erhält ihren Werth, indem sie nützt" : über Goethe u. die Anfänge der technisch-wissenschaftl. Welt (1979), S. 70–83. – Lesarten zum Briefwechsel zwischen Goethe und Schiller : Beitrag zur Rezeptionsgeschichte der Korrespondenz (1984), S. 106–125.

124 *Hamprecht*, Bodo: Goethes Farbenlehre – die andere Art, Naturwissenschaft zu betreiben. – In: B. *Hamprecht*: Was ist Farbe ? : Aufsätze, Farbexperimente u. Optikkatalog aus dem Museum für Astronomie und Technikgeschichte der Staatlichen Museen Kassel / hrsg. von Ludolf von *Mackensen*. – 2., erg. Aufl. – Kassel, 2001. – S. 11–64 : Ill. – (Schriften zur Naturwissenschafts- und Technikgeschichte ; 6)

125 *Hansen*, Volkmar: Was Sternwarten sehen können : kosmolog. Anschauung bei Lichtenberg u. Goethe. – In: Buchpersonen, Büchermenschen : Heinz Gockel zum Sechzigsten / hrsg. von Gudrun *Schury* [u. a.] – Würzburg, 2001. – S. 61–71.

126 *Hansen*, Volkmar: „Die wunderbare Gesammtheit seines Stils" : Goethe u. Hamann. – In: Johann Georg Hamann : 1730 – 1788 / Goethe-Museum Düsseldorf, Anton-u.-Katharina-Kippenberg-Stiftung. Hrsg. von Volkmar *Hansen*. – Düsseldorf, 2001. – S. 7–8.

127 *Heimerl*, Joachim: Systole und Diastole – Studien zur Bedeutung des Prometheussymbols im Werk Goethes : Versuch e. Neubestimmung. – München : Iudicium, 2001. – 396 S. – (Cursus ; 18) Zugl.: München, Univ., Diss., 2001.

128 *Hofmann*, Peter: Goethes Theologie. – Paderborn [u. a.] : Schöningh, 2001. – 542 S. Zugl.: Münster (Westfalen), Univ., Habil.-Schr., 2000.

129 *Insekten als Symbole göttlicher Verehrung und Schädlinge des Menschen* : ausgew. Kapitel der kulturgeschichtl. u. angewandten Entomologie / Max-Planck-Institut für Verhaltensphysiologie Seewiesen. Hermann *Levinson* u. Anna *Levinson*. – München : Pfeil, 2001. – 119 S. : Ill., graph. Darst. – (Spixiana : Supplement ; 27)
Darin u. a.: Goethes Insekten und Insekten-Nachbildungen in Weimar, S. 11–32.

130 *Ishihara*, Aeka: Goethe und die Astronomie seiner Zeit : e. astronomisch-literar. Landschaft um Goethe. – In: Goethe-Jahrbuch. Bd. 117. Weimar 2000 [ausgeg. 2001]. S. 103–117.

131 *Joachimsthaler*, Jürgen: Fluchtphantasien und die flüchtige Thematisierung Flüchtender bei Goethe. – In: Flucht und Vertreibung in der deutschen Literatur : Beiträge / hrsg. von Sascha *Feuchert*. – Frankfurt a. M. [u. a.], 2001. – S. 57–80. – (Gießener Arbeiten zur neueren deutschen Literatur und Literaturwissenschaft ; 21)

132 *Der junge Goethe* : Genese u. Konstruktion e. Autorschaft / Waltraud *Wiethölter* (Hrsg.) – Tübingen [u. a.] : Francke, 2001. – 184 S.
Darin: *Birus*, Hendrik: Im Gegenwärtigen Vergangnes : die Wiederbegegnung des alten mit dem jungen Goethe, S. 9–23. – *Graevenitz*, Gerhart von: Das Frankfurtische Karneval : Goethes Bilder des Fremden, S. 25–37. – *Greiner*, Bernhard: Purim in Plundersweilern : der karnevalist. Goethe ; („Jahrmarktsfest zu Plundersweilern", „Der Triumph der Empfindsamkeit", „Iphigenie auf Tauris", Prosafassung), S. 39–64. – *Hörisch*, Jochen: Der Gott Goethe(s), S. 65–80. – *Landfester*, Ulrike: „Pergamente von Engeln auf und ab gerollt" : das Genie u. sein Schreibmaterial im Werk des jungen Goethe, S. 81–101. – *Müller*, Klaus-Detlef: Die Vater-Stadt : Frankfurt in Goethes autobiograph. Schriften, S. 103–116. – *Neumann*, Gerhard: „Heut ist mein Geburtstag" : Liebe u. Identität in Goethes „Werther", S. 117–143. – *Osterkamp*, Ernst: Dämmerung : Poesie u. bildende Kunst bei Goethe, S. 145–161. – *Wellbery*, David E.: „Spude dich Kronos" : Zeitsemantik u. poetolog. Konzeption beim jungen Goethe, S. 163–181.

133 *Junod*, Philippe: Diderot et Goethe : un dialogue paradoxal. – In: Ecrire l'histoire de l'art : France – Allemagne 1750–1920. – Paris, 2000. – S. 97–105. – (Revue germanique internationale ; 13)

134 *Keller*, Werner: Die Religiosität des späten Goethe. – In: Hölderlin : Philosophie u. Dichtung / hrsg. von Valerie *Lawitschka*. – Tübingen, 2001. – S. 291–306. – (Turm-Vorträge ; 5.1992/98)

135 *Kerry*, Paul E.: Enlightenment thought in the writings of Goethe : a contribution to the history of ideas. - Rochester, NY [u. a.] : Camden House, 2001. – X, 243 S. – (Studies in German literature, linguistics, and culture)

136 *Klassik und Anti-Klassik* : Goethe u. seine Epoche / hrsg. von Ortrud *Gutjahr* u. Harro *Segeberg*. – Würzburg : Königshausen & Neumann, 2001. – 310 S.
Darin u. a.: *Mandelkow*, Karl Robert: Weimarer Klassik : Gegenwart u. Vergangenheit e. dt. Mythos, S. 5–17. – *Wild*, Reiner: Die moderne Form : Goethes Balladen von 1797 als Teil des Projekts „Klassik", S. 63–88. – *Dotzler*, Bernhard J.: Goethe und sein Ende : das Medium „Welt-Literatur", S. 89–107. – *Blessin*, Stefan: Todesbilder in Goethes Romanen [„Die Leiden des jungen Werther", „Wilhelm Meister", „Die Wahlverwandtschaften"] und einigen Erzählungen von Jean Paul, S. 157–183. – *Varga*, Péter: Goethes Judenbild und das Goethebild der Juden : Goethes Verhältnis zum Judentum: Aktuelles u. Historisches, S. 185–194. – *Stein*, Malte: „Frauen-Schönheit will nichts heißen" : Ansichten zum Eros als Bildungstrieb bei Winckelmann, Wilhelm von Humboldt u. Goethe, S. 195–218.

137 *Krippendorff*, Ekkehart: Jefferson und Goethe. – Hamburg : Europ. Verl.-Anst., 2001. – 212 S. : Ill. – (Eva Duographien ; 12)
Vergleichende Betrachtung ihres Lebenswerkes.

138 *Kuhn*, Dorothea: Ballonfahrt : Erfahrung und Phantasie [Darin zu den Experimenten mit Ballons in der Goethezeit und ihrer Widerspiegelung in der zeitgenöss. Literatur, auch zu Goethes

Beschäftigung mit dieser Materie]. – In: Jahrbuch / Henning-Kaufmann-Stiftung zur Pflege der Reinheit der deutschen Sprache. Bd. 1995/99. Marburg 2001. S. 124–143.
139 *Leistner*, Bernd: Goethe, uns Gegenwärtige betreffend? – In: Goethe-Yongu = Goethe-Studien. Bd. 13. Seoul 2001. S. 405–422. [In dt. Sprache.]
140 *Leistner*, Bernd: „... und lassen Ihren Taucher je eher je lieber ersaufen" : zum entstehungsgeschichtl. Hintergrund von Schillers Balladen. – In: B. *Leistner*: Von Goethe bis Mörike : Nachworte zu dt. Gedichten. – Erkelenz, 2001. – S. 21–35.
Darin auch zur Zusammenarbeit mit Goethe in der Periode der Entstehung der Balladen.
141 *Leśniak*, Slawomir: Kierkegaard und Goethe. – In: Orbis litterarum. Vol. 56. Oxford ; Kopenhagen 2001. Nr. 3, S. 221–229.
142 *Löhneysen*, Wolfgang von: Goethes Kunstgeschichte (1982). – Goethe und die französische Kunst (1958). – In: W. von *Löhneysen*: Im Blickfeld : Goethe u. Schopenhauer ; Abhandlungen zu Literatur u. Kunst. – St. Augustin, 2001. – S. 14–40 : Ill. u. 41–94 : Ill.
143 *Lohner*, Marlene: Goethes Caravanen : Verkörperungen der Phantasie im Spätwerk. – Frankfurt a. M. [u. a.] : Lang, 2001. – 118 S. – (Analysen und Dokumente ; 44)
Darin u. a.: „Doch du warst mein Zeitvertreib / Goldne Phantasie ..." – Bilder der Phantasie im West-östlichen Divan. – „Mit Poesie umsponnen" : Neues zur Marienbader Elegie. – Der enge Durchgang : Sprachbilder von Geburt, Tod und Erneuerung im Faust. – „Das Blau erlogner Meere" : Wirkungen des West-östlichen Divan auf Gottfried Benn.
144 *Meier*, Albert: Goethe und die Musik. – In: Goethe-Yongu = Goethe-Studien. Bd. 13. Seoul 2001. S. 423–437. [In dt. Sprache.]
145 *Meister*, Monika: Zur Geschichte mißglückter Lektüren : Heinrich von Kleists „Zerbrochner Krug" u. die Weimarer Uraufführung in der „Inszenierung" Johann Wolfgang von Goethes. – In: Maske und Kothurn. Jg. 43. Wien 2000. H. 1/3, S. 29–43.
146 *Mommsen*, Katharina: Goethe und die arabische Welt. – 3. Aufl. – Frankfurt a. M. : Insel-Verl., 2001. – 669 S.
Dass. – [Teilausg. u. d. T.:] Goethe und der Islam / hrsg. u. mit e. Nachw. vers. von Peter Anton von *Arnim*. – Frankfurt a. M. ; Leipzig : Insel-Verl., 2001. – 527 S. – (Insel-Taschenbuch ; 2650)
147 *Neumeyer*, Harald: „Wir nennen aber jetzt Melancholie" (Adolph Henke) : Chateaubriand, Goethe, Tieck u. die Medizin um 1800. – In: Kunst und Wissenschaft um 1800 / hrsg. von Thomas *Lange* u. Harald *Neumeyer*. – Würzburg, 2000. – S. 63–88. – (Stiftung für Romantikforschung ; 13)
148 *Nickel*, Gisela: Neues von „Camarupa" : zu Goethes frühen meteorolog. Arbeiten. – In: Goethe-Jahrbuch. Bd. 117. Weimar 2000 [ausgeg. 2001]. S. 118–125.
149 *Niggl*, Günter: Biblische Welt in Goethes Dichtung (1984). – In: G. *Niggl*: Studien zur Literatur der Goethezeit. – Berlin, 2001. – S. 180–200. – (Schriften zur Literaturwissenschaft ; 17)
150 *Oesterle*, Günter: Maskerade und Mystifikation im „Tiefurter Journal" : Prinz August von Gotha – Johann Wolfgang Goethe – Jacob Michael Reinhold Lenz. – In: Poesie als Auftrag : Festschrift für Alexander von Bormann / hrsg. von Dagmar *Ottmann* [u. a.] – Würzburg, 2001. – S. 43–54.
151 *Oesterle*, Ingrid: Der „neue Kunstkörper" in Paris und der „Untergang Italiens" : Goethe u. seine dt. Zeitgenossen bedenken die „große Veränderung" für die Kunst um 1800 durch den „Kunstraub". – In: Poesie als Auftrag : Festschrift für Alexander von Bormann / hrsg. von Dagmar *Ottmann* [u. a.] – Würzburg, 2001. – S. 55–70.
152 *Padilla Gálvez*, Jesús: Nichts ist dunkler als das Licht : das Problem der Farben bei Wittgenstein, Goethe, Rizzetti u. Newton. – In: Philosophisches Jahrbuch. Bd. 108. Freiburg 2001. T. 2, S. 259 bis 273.
153 *Parlasca*, Klaus: Heinse und Goethe in Venedig : ihre Bemerkungen zu antiken Skulpturen. – In: Altertumskunde im 18. Jahrhundert : Wechselwirkungen zwischen Italien u. Deutschland / hrsg. von der Winckelmann-Gesellschaft. Red.: Stephanie-Gerrit *Bruer* [u. a.] – Stendal, 2000. – S. 75 bis 80. – (Schriften der Winckelmann-Gesellschaft ; 19)
154 *Pfotenhauer*, Helmut: Bild versus Geschichte : Thesen zur Funktion des novellist. Augenblicks in Goethes Romanen. – In: Bildersturm und Bilderflut um 1800 : zur schwierigen Anschaulichkeit der Moderne / hrsg. von Helmut J. *Schneider* [u. a.] – Bielefeld, 2001. – S. 91–112.

155 *Pickerodt*, Gerhart: Willkommen *ist* Abschied : zum Verhältnis von Nähe u. Distanz bei Goethe. – In: Konvergenzen : Studien zur dt. u. europ. Literatur ; Festschrift für E. Theodor Voss / hrsg. von Michael *Ewert* u. Martin *Vialon*. – Würzburg, 2000. – S. 46–56.

156 *Pikulik*, Lothar: Begegnung mit dem Leben im Kunstgebilde : zu Goethes Betrachtung der Igeler Säule u. Stefan Georges Gedicht „Porta Nigra" (1992). – In: L. *Pikulik*: Signatur einer Zeitenwende : Studien zur Literatur der frühen Moderne von Lessing bis Eichendorff. – Göttingen, 2001. – S. 89–102 : Ill.

157 *Pouget*, Jean-Michel: La science goethéenne des vivants : de l'histoire naturelle à la biologie évolutionniste. – Bern [u. a.] : Lang, 2001. – XV, 433 S. – (Contacts : Sér. 3, Études et documents ; 56)

158 *Reed*, Terence J.: Meister von niemand : Goethe u. die Autorität des Schriftstellers. – „Am Anfang schuf ..." : zum Entstehungsprozeß in der Dichtung von Goethe bis Celan. – „Seit ein Gespräch wir sind ..." : Literatur u. interkulturelle Verständigung. – In: T. J. *Reed*: Humanpraxis Literatur : Essays um Goethe. – Jena ; Weimar, 2001. – S. 11–28, 29–51 u. 53–72.

159 *Reed*, Terence J.: Unter allen Gipfeln : zu den Grundlagen Goetheschen Denkens. – In: Goethe-Jahrbuch. Bd. 117. Weimar 2000 [ausgeg. 2001]. S. 56–66.

160 *Reich-Ranicki*, Marcel: Ein Jüngling liebt ein Mädchen : dt. Gedichte u. ihre Interpretationen. – Frankfurt a. M. ; Leipzig : Insel-Verl., 2001. – 144 S.
Darin u. a. Interpretationen der Gedichte „Recensent", „Freudvoll und leidvoll ..." (aus „Egmont") u. „Alles geben die Götter ...", alle ursprünglich erschienen in der Reihe „Frankfurter Anthologie" der „Frankfurter Allgemeinen Zeitung" 1994 ff., S. 35–46.

161 *Riedel*, Manfred: Der hermeneutische Kanon des Klassischen : Goethe u. Winckelmann. – Zwischen Dichtung und Philologie : Goethe u. Friedrich August Wolf (1995). – In: M. *Riedel*: Kunst als „Auslegerin der Natur" : Naturästhetik u. Hermeneutik in der klass. dt. Dichtung u. Philosophie. – Köln [u. a.], 2001. – S. 47–75 u. 76–96.

162 *Rossbacher*, Karlheinz: „Ihr Traum ist sehr artig", sagte Goethe : Johann Peter Eckermann möchte ein anderer sein. – In: Literatur als Geschichte des Ich : Karlheinz Rossbacher zum 60. Geburtstag / hrsg. von Eduard *Beutner* u. Ulrike *Tanzer*. – Würzburg, 2000. – S. 55–76.

163 *Simmel*; Georg: Aufsätze und Abhandlungen : 1909 – 1918 / hrsg. von Rüdiger *Kramme* [u. a.] – Frankfurt a. M. : Suhrkamp, 2001. – 586 S. : Ill. – (Gesamtausgabe / Georg Simmel ; 12)
Darin u. a.: Fragmente eines Goethe-Buches : aus dem Kapitel über Goethe und Kant (1909), S. 9–21. – Goethes Rechenschaft (1912), S. 316–323. – Das Verhältnis von Leben und Schaffen bei Goethe (1912), S. 324–333. – Die Wahrheit und das Individuum : aus e. Goethebuch (1912), S. 334–350. – Goethes Liebe (1912), S. 351–361. – Polarität und Gleichgewicht bei Goethe (1912), S. 362–368. – Goethe und die Frauen (1912), S. 369–373. – Die Stetigkeit in Goethes Weltbild (1912), S. 374–380. – Goethes Individualismus (1912), S. 388–416.

164 *Söring*, Jürgen: Goethe und die Verwandlungen des Eros. – In: Eros & literatur = Eros & littérature / hrsg. von Roger W. *Müller Farguell*. – Freiburg/Schweiz, 2001. – S. 65–95. – (Colloquium Helveticum ; 31)

165 *Stellmacher*, Wolfgang: Goethes Puppenspiel : vom Sinn u. Gewinn der zykl. Komposition. – Frankfurt a. M. [u. a.] : Lang, 2001. – 198 S. : Ill.
Das „Neueröffnete moralisch-politische Puppenspiel" umfaßt die drei Kleinkomödien „Des Künstlers Erdewallen", „Jahrmarktsfest zu Plundersweilern" u. „Ein Fastnachtsspiel vom Pater Brey". Für die gemeinsame Veröffentlichung kam der „Prolog" hinzu.

166 *Teller*, Jürgen: Aus: Erkenntnistheoretische Probleme in der Goetheschen Farbenlehre [Erstveröffentl. nach e. Typoskript von 1954]. – Totalität, Polarität, Steigerung, Menschenbezug : Grundbegriffe von Goethes Naturauffassung (1984). – In: J. *Teller*: Hoffnung und Gefahr : Essays, Aufsätze, Briefe 1954 – 1999 / hrsg. von Hubert *Witt*. – Frankfurt a. M., 2001. – S. 169–175 u. 193–204.

167 *Tobin*, Robert D.: Doctor's orders : Goethe and Enlightenment thought. – Lewisburg, PA [u. a.] : Bucknell University Press [u. a.], 2001. – 255 S.
Darin vor allem über Goethes Verhältnis zur Medizin der Aufklärung.

168 *Vaget*, Hans Rudolf: The „Augenmensch“ and the failure of vision : Goethe and the trauma of dilettantism. – In: Deutsche Vierteljahrsschrift für Literaturwissenschaft und Geistesgeschichte. Jg. 75. Stuttgart 2001. H. 1, S. 15–26.
Zu Goethes Lyrik.

169 *„Von Pol zu Pol Gesänge sich erneun …“* : das Europa Goethes u. seine Nationalautoren / hrsg. von Jochen *Golz* u. Wolfgang *Müller*. – Weimar : H. Böhlaus Nachf., 2001. – 220 S. – (Schriften der Goethe-Gesellschaft ; 67)
Darin u. a.: *Neuhaus*, Volker: Die Literatur Westeuropas in Goethes Dichten und Denken, S. 41 bis 46. – *Lehmann*, Jürgen: Die Literaturen Osteuropas im Dichten und Denken Goethes, S. 47 bis 63. – *Chartier*, Pierre: Goethe und Diderot : die Übersetzung des „Neveu de Rameau“, S. 76 bis 83. – *Urbahn de Jauregui*, Heidi: Goethe und das literarische Frankreich des 18. Jahrhunderts : Goethe, Voltaire u. Diderot, S. 84–102. – Danilevski [*Danilevskij*], Rostislav [Jur'evič]: Goethe und Puschkin : e. vergleich. Betrachtung, S. 115–125.

170 *Voßkamp*, Wilhelm: Goethes Klassizismus im Zeichen der Diskussion des Verhältnisses von Poesie und bildender Kunst um 1800. – In: Goethe-Jahrbuch = Gēte-nenkan. Bd. 43. Tôkyô 2001. Dt. Teil, S. 45–55.

171 *Weiss*, Walter: Goethes „Ich“. – In: Literatur als Geschichte des Ich : Karlheinz Rossbacher zum 60. Geburtstag. / hrsg. von Eduard *Beutner* u. Ulrike *Tanzer*. – Würzburg, 2000. – S. 47 bis 54.

172 *Westöstlicher und nordsüdlicher Divan* : Goethe in interkultureller Perspektive / Ortrud *Gutjahr* (Hg.) – Paderborn [u. a.] : Schöningh, 2000. – 278 S.
Darin u. a.: *Fink*, Gonthier-Louis: Universalismus, Alterität und Kommunikation : die Wandlungen von Goethes Europa-Bild, S. 5–40. – *Chiarini*, Paolo: Goethe, die Deutschen und Europa, S. 41–49. – *Minden*, Michael: Goethe als europäischer Romanschriftsteller, S. 51–58. – *Veit*, Walter F.: Selbstverwirklichung, Entsagung und der Orient, S. 89–107. – *Gutjahr*, Ortrud: „Jeder sei auf seine Art ein Grieche! Aber er sei's“ : die Antike als Kultur- u. Imaginationsraum im Werk Goethes, S. 109–126. – *Meier*, Albert: Wir Cimmerier : zur Logik e. Kulturdifferenz bei Goethe u. einigen Zeitgenossen, S. 127–139. – *Reed*, Terence J.: „Pythagoräisches Stillschweigen“, oder: wie man Italien nicht beschreibt : kleine Epistemologie der italien. Reise, S. 141–149. – *Stern*, Martin: Schön – erhaben – ungeheuer : Goethes Naturästhetik in den Dokumenten seiner Schweizer Reisen, S. 151–163. – *Weinrich*, Harald: Weimarer Lesarten eines hippokratischen Aphorismus [Über „Vita brevis, ars longa = Kurz ist das Leben, lang ist die Kunst“], S. 187–196.

173 *Wirtz*, Thomas: Dichter auslegen : über Bild u. Begriff im Briefwechsel zwischen Goethe u. Schiller. – In: Bildersturm und Bilderflut um 1800 : zur schwierigen Anschaulichkeit der Moderne / hrsg. von Helmut J. *Schneider* [u. a.] – Bielefeld, 2001. – S. 53–70.

174 *Wolf*, Norbert Christian: Streitbare Ästhetik : Goethes kunst- u. literaturtheoret. Schriften 1771 – 1789. – Tübingen : Niemeyer, 2001. – IX, 566 S. – (Studien und Texte zur Sozialgeschichte der Literatur ; 81)
Zugl.: Berlin, Freie Univ., Diss., 1999.

4. *Zu einzelnen Werken*

Alexis und Dora

175 *Hinderer*, Walter: Das Rätsel in Goethes „Alexis und Dora“. – In: Goethe-Jahrbuch = Gēte-nenkan. Bd. 43. Tôkyô 2001. Dt. Teil, S. 13–25.

Alter Feuersegen

176 *Michel*, Christoph: Goethe, die Kinder und die Magie des Wortes : Überlegungen zu dem Gedicht „Alter Feuersegen“. – In: Goethe : Ungewohnte Ansichten ; Beiträge zu e. Ringvorlesung der Philosoph. Fak. der Univ. des Saarlandes im Wintersemester 1999/2000 / hrsg. von Karl *Richter* u. Gerhard *Sauder*. – St. Ingbert, 2001. – S. 333–344. – (Annales Universitatis Saraviensis : Philosophische Fakultäten ; 17)

Am acht und zwanzigsten August 1826

177 *Bay*, Jürgen: Das Glück der Freundschaft [mit Carl Friedrich Zelter] : zu e. späten Gedicht Goethes. – In: Goethe-Jahrbuch. Bd. 117. Weimar 2000 [ausgeg. 2001]. S. 286–287 : 1 Ill.

Amor als Landschaftsmaler

178 *Renner*, Ursula: Eros, Melancholie und Medien : Goethes „Amor als Landschaftsmahler". – In: Jahrbuch des Freien Deutschen Hochstifts. [Jg.] 2001. Tübingen 2001. S. 1–29.

An den Herzog Carl August

179 *Leistner*, Bernd: „Durchlauchtigster" – „Der Kaiserin Ankunft" : zu zwei Goetheschen Gelegenheitsgedichten. – In: B. *Leistner*: Von Goethe bis Mörike : Nachworte zu dt. Gedichten. – Erkelenz, 2001. – S. 9–20.

Annette

180 *Marx*, Reiner: Anakreontik als lyrische Initiation : zu Lessings „Kleinigkeiten" u. Goethes „Annette". – In: Literatur und Kultur des Rokoko / hrsg. von Matthias *Luserke* [u. a.] – Göttingen, 2001. – S. 135–145.

Auf dem See

181 *Keller*, Jules: Eine unbekannte Fassung des Goetheschen Gedichts „Auf dem See". – In: Goethe-Jahrbuch. Bd. 117. Weimar 2000 [ausgeg. 2001]. S. 278–281.
Mit Transkription des Textes u. fotograf. Wiedergabe der Hs. einer Fassung für Lili Schönemann 1775.

Das Blümlein Wunderschön

182 *Nikolaeva*, Natalija G.: Gete – Deržavin : russko-nemeckij poėtičeskij dialog. – In: Deutsch-russischer Dialog in den Philologien = Nemecko-russkij dialog v filologii / hrsg. von Herbert *Jelitte* u. Maria *Horkavtschuk*. – Frankfurt a. M. [u. a.], 2001. – S. 143–151. – (Beiträge zur Slavistik ; 44)
Darin vor allem zur Übersetzung des Gedichts „Das Blümlein Wunderschön" ins Russische durch Gavriil Romanovič Deržavin.

Clavigo

183 *Pailer*, Gaby: Identität als Inszenierung : Soziales, nationales u. geschlechtl. Rollenbewußtsein in Goethes „Clavigo". – In: Goethe nach 1999 : Positionen u. Perspektiven / hrsg. von Matthias *Luserke*. – Göttingen, 2001. – S. 99–110 u. 166–169.

Der Kaiserin Ankunft

184 *Leistner*, Bernd: „Durchlauchtigster" – „Der Kaiserin Ankunft" : zu zwei Goetheschen Gelegenheitsgedichten. – In: B. *Leistner*: Von Goethe bis Mörike : Nachworte zu dt. Gedichten. – Erkelenz, 2001. – S. 9–20.

Dichtung und Wahrheit

185 *Brandes*, Peter: Goethes Na(h)me. – In: Weimarer Beiträge. Jg. 47. Wien 2001. H. 4, S. 540–558.
Darin zum 10. Buch von „Dichtung und Wahrheit" und besonders über Goethes Straßburger Begegnung mit Herder.

186 *Niggl*, Günter: Goethes Pietismus-Bild in „Dichtung und Wahrheit". – In: Goethe und der Pietismus : Beiträge eines Symposions ... das vom 25. bis 27. 3. 1999 in den Franckeschen Stiftungen stattfand / hrsg. von Hans-Georg *Kemper* u. Hans *Schneider*. – Tübingen, 2001. – S. 257–268. – (Hallesche Forschungen ; 6)
Dass. –In: G. *Niggl*: Studien zur Literatur der Goethezeit. – Berlin, 2001. – S. 157–171. – (Schriften zur Literaturwissenschaft ; 17)

187 *Niggl*, Günter: Das Problem der morphologischen Lebensdeutung in Goethes „Dichtung und Wahrheit" (1999). – In: G. *Niggl*: Studien zur Literatur der Goethezeit. – Berlin, 2001. – S. 142 bis 156. – (Schriften zur Literaturwissenschaft ; 17)

188 *Remak*, Henry H. H.: Die novellistische Struktur des „Gretchenabenteuers" in „Dichtung und Wahrheit" (1959). – Autobiography or fiction? : Johann Wolfgang and Johann Caspar Goethe's „Schöne Mailänderinnen" and the „Frankfurter Gretchen" as novellas (1988). – In: H. H. H. *Remak*: Structural elements of the German novella from Goethe to Thomas Mann. – [New ed.] – New York [u. a.], 2001. – S. 47–55 u. 56–101. – (North American studies in nineteenth-century German literature ; 14)

189 *Vincent*, Deirdre: Text as image and self-image : the contextualization of Goethe's „Dichtung und Wahrheit" (1810 - 1813). – In: Goethe Yearbook. Vol. 10. Rochester, NY 2001. S. 125–153.

Egmont

190 *Buck*, Theo: Zur Dramaturgie des Schlusses von Goethes „Egmont". – In: Wahlverwandtschaften in Sprache, Malerei, Literatur, Geschichte : Festschrift für Monique Boussart / hrsg. von Irene *Heidelberger-Leonard* u. Mireille *Tabah*. – Stuttgart, 2000. – S. 35–45. – (Stuttgarter Arbeiten zur Germanistik ; 388 : Unterreihe Salzburger Beiträge ; 40)

191 *Deiters*, Franz-Josef: „Du bist nur Bild" : die Selbstbegründung des Geschichtsdramas in Goethes „Egmont". – In: Geschichtserfahrung im Spiegel der Literatur : Festschrift für Jürgen Schröder zum 65. Geburtstag / hrsg. von Cornelia *Blasberg* u. Franz-Josef *Deiters*. – Tübingen, 2000. – S. 65–88. – (Stauffenburg-Festschriften)

192 *Lipiński*, Krzysztof: Freiheit und Liebe in Goethes „Egmont". – In: Studien zur Deutschkunde = Studia Niemcoznawcze. Bd. 21. Warszawa 2001. S. 343–357.

193 *Mickel*, Karl: Egmont-Szenen : zwei Szenen u. e. anderer Stückschluß, einzufügen in Schillers Bearbeitung von Goethes Egmont. – In: Neue deutsche Literatur. Jg. 49. Berlin 2001. H. 3, S. 64–75.

Epigramme. Venedig 1790

194 *Bernsdorff*, Hans: Goethes erstes „Venezianisches Epigramm" und seine antiken Vorbilder. – In: Antike und Abendland. Bd. 47. Berlin [u. a.] 2001. S. 164–175.

195 *Golz*, Jochen: Der Publikumsfreund Schiller und sein Autor Goethe : e. Blick in die Werkstatt der „Venezianischen Epigramme". – In: Literarische Zusammenarbeit / hrsg. von Bodo *Plachta*. – Tübingen, 2001. – S. 121–130.

196 *Häntzschel*, Günter: „Überschriften" und „Kapitel" : die „Welt" der „Venetianischen Epigramme" Goethes. – In: Lichtenberg-Jahrbuch. [Jg.] 2000. Saarbrücken 2001. S. 127–144.

197 *Rahe*, Konrad: Die Gestalt Christi in Goethes „Venezianischen Epigrammen". – In: Neue Zeitschrift für systematische Theologie und Religionsphilosophie. Jg. 42. Berlin 2000. H. 2, S. 160–180.

198 *Wild*, Reiner: „Ich ließ mich Fremder verführen" : Goethes „Römische Elegien" u. „Venezianische Epigramme". – In: Sexualität im Gedicht : 11. Kolloqium der Forschungsstelle für europ. Lyrik / hrsg. von Theo *Stemmler* u. Stefan *Horlacher*. – Mannheim ; Tübingen, 2000. – S. 195 bis 210. – (... Kolloquium der Forschungsstelle für Europäische Lyrik ; 11)

Erlkönig

199 *Itoh*, Takatatsu: Überlegungen zur Konjunktion „und" in Goethes Ballade „Erlkönig". – In: Goethe-Jahrbuch = Gēte-nenkan. Bd. 43. Tôkyô 2001. S. 51–65 u. dt. Teil, S. 59–61. [In japan. Sprache mit dt. Zsfassung.]

200 *Menzel*, Wolfgang: Der Erlkönig - verschieden vertont : der Vergleich der Erlkönig-Vertonungen von Franz Schubert u. Carl Loewe erschließt unterschiedl. Interpretationen der Ballade. – In: Praxis Deutsch : Zeitschr. für den Deutschunterricht. Jg. 28. Velber b. Hannover 2001. H. 169, S. 41–45 : Ill.

Farbenlehre

201 *Yamamoto*, Atsushi: Aktualität von Goethes „Farbenlehre" : Wirkung auf das frühe Bauhaus (mit e. Beispiel: Hirschfeld-Mack). – In: Goethe-Jahrbuch = Gēte-nenkan. Bd. 43. Tôkyô 2001. S. 123–141 u. dt. Teil, S. 64. [In japan. Sprache mit dt. Zsfassung.]

Faust (s. a. *Urfaust*)

202 *Bernhardt*, Rüdiger: Erläuterungen zu Johann Wolfgang von Goethe, Faust Teil I. – Hollfeld : Bange, 2001. – 148 S. : graph. Darst. – (Königs Erläuterungen und Materialien ; 21)

203 *Böhme*, Gernot: Kann man Goethes „Faust" in der Tradition des Lehrgedichts lesen? . – In: Goethe-Jahrbuch. Bd. 117. Weimar 2000 [ausgeg. 2001]. S. 67–77.

204 *Bohm*, Arnd: The double talk of the witch's arithmetic (Hexen-Einmal-Eins) in „Faust I". – In: Michigan Germanic studies. Vol. 25 (1999). Ann Arbor, Mich. 2001. Nr. 2, S. 149–166.

205 *Bohm*, Arnd: Margarete's innocence and the guilt of Faust. – In: Deutsche Vierteljahrsschrift für Literaturwissenschaft und Geistesgeschichte. Jg. 75. Stuttgart 2001. H. 2, S. 216–250.

206 *Bohm*, Arnd: Typology and history in the „Rattenlied" („Faust" I). – In: Goethe Yearbook. Vol. 10. Rochester, NY 2001. S. 65–83.

207 *Bohnenkamp*, Anne: Übersetzungen im interkulturellen Vergleich : Bericht von e. internationalen Symposion zu Goethes „Faust", Weimar, 15.–19. 8. 1999. – In: Goethe-Jahrbuch. Bd. 117. Weimar 2000 [ausgeg. 2001]. S. 227–233.

208 *Borchmeyer*, Dieter: „Faust" – Goethes verkappte Komödie. – In: Die großen Komödien Europas / hrsg. von Franz N. *Mennemeier*. – Tübingen [u. a.], 2000. – S. 199–225. – (Mainzer Forschungen zu Drama und Theater ; 22)

209 *Brandes*, Peter: Entstellte Klassik : Goethes „barbarische Komposition" des „Faust". – In: Klassik und Anti-Klassik : Goethe u. seine Epoche / hrsg. von Ortrud *Gutjahr* u. Harro *Segeberg*. – Würzburg, 2001. – S. 119–135.

210 *A companion to Goethe's Faust* : parts I and II / ed. by Paul *Bishop*. – Rochester, NY [u. a.] : Camden House, 2001. – XLIV, 318 S. – (Studies in German literature, linguistics, and culture)
Darin: *Bishop*, Paul: Introduction : Reading „Faust" today, S. XIII-XLIV. – *Robertson*, Ritchie: Literary techniques and aesthetic texture in „Faust", S. 1–27. – *Swales*, Martin: The character and characterization of Faust, S. 28–55. – *Destro*, Alberto: The guilty hero, or the tragic salvation of Faust / transl. [form the italian] by Charles *Hindley*, S. 56–75. – *Durrani*, Osman: The character and qualities of Mephistopheles, S. 76–94. – *Dye*, Ellis: Figurations of the feminine in Goethe's „Faust", S. 95–121. – *Williams*, John R.: The problem of the mothers, S. 122–143. – *Phelan*, Anthony: The classical and the medieval in „Faust II", S. 144–168. – *Schößler*, Franziska: Progress and restorative utopia in „Faust II" and „Wilhelm Meisters Wanderjahre", S. 169–193. – *Smith*, Peter D.: „Was die Welt im Innersten zusammenhält" : scientific themes in Goethe's „Faust", S. 194–220. – *Hamlin*, Cyrus: Goethe's „Faust" and the philosophers, S. 221–242. – *Stephenson*, Roger H.: The diachronic solidity of Goethe's „Faust", S. 243–270. – *Luke*, David: Translating „Faust" : a personal statement, S. 271–282. – *MacDonald*, Robert David: „Faust" : the play in production, S. 283–289.

211 *Crescenzi*, Luca: Ermeneutica morfologica : la traduzione del Vangelo di Giovanni nel „Faust I" (vv. 1224–1237). – In: Contraddizioni del moderno nella letteratura tedesca da Goethe al Novecento : per Ida Cappelli Porena / a cura di Giovanna *Cermelli*. – Pisa, 2001. – S. 31–41. – (Memorie e atti di convegni ; 11)

212 *Cusatelli*, Giorgio: Proposta per una fonte goethiana. – In: Annali / Istituto Universitario Orientale di Napoli. Sezione Germanica. N. S. Anno 9 (1999) [ausgeg. 2001]. Napoli 2001. Nr. 1/2 [Goethe-Sonderheft], S. 77–81.
Über e. Quelle für Goethes „Faust" II, 1. Akt, „Kaiserliche Pfalz",den Titel „Herzog von Parma" (statt „Kaiser") betreffend. Mit dt. Zsfassung.

213 *Dmitrovskij*, A[leksej S.]: „Faust" Gete i „Evgenij Onegin" Puškina. – In: Baltijskij filologičeskij kur'er. Naučnyj žurnal. God izd. 2000 Kaliningrad 2000. Nr. 1, S. 6–12. [Goethes „Faust" u. Puškins „Eugen Onegin".]

214 *Eke*, Norbert Otto: Faustisches im Schatten Goethes : Nikolaus Lenaus vormärzlicher „Faust" – e. Erinnerung. – In: Literaturkonzepte im Vormärz / Red.: Michael *Vogt* [u. a.] – Bielefeld, 2001. – S. 243–260. – (Jahrbuch / FVF, Forum Vormärz-Forschung ; 6.2000)

215 *Ernst*, Ulrich: Theologische Diskurse in der Schlußszene von Goethes „Faust II". – In: „daß gepfleget werde der feste Buchstab" : Festschrift für Heinz Rölleke zum 65. Geburtstag am 6. Nov. 2001 / hrsg. von Lothar *Bluhm* [u. a.] – Trier, 2001. – S. 141–174.

216 *Fomin*, D[mitrij] V.: Russkie illjustratory „Fausta" I. V. Gete. – In: Bibliotekovedenie : naučno-praktičeskij žurnal. God izd. 2001. Moskva 2001. Nr. 5, S. 48–54 : Ill.

217 *Gaier*, Ulrich: Johann Wolfgang Goethe, Faust : der Tragödie Erster Teil. – Stuttgart : Reclam, 2001. – 300 S. : Ill. – ([Reclams] Universal-Bibliothek : Erläuterungen und Dokumente ; 16021)

218 *Gaier*, Ulrich: Wissenschaftssatire in Goethes „Faust". – In: Uni literarisch : Lebenswelt Universität in literar. Repräsentation / Reingard M. *Nischik* (Hrsg.) – Konstanz, 2000. – S. 47–65. – (Texte zur Weltliteratur ; 2)

219 *Gëte v russkoj kul'ture XX veka = Goethe in der russischen Kultur des XX. Jahrhunderts* / pod redakc. G[aliny] V. *Jakuševoj*. – Moskva : „Nauka", 2001. – 383 S. : 1 Titelb., Ill.
Darin u. a.: *Išimbaeva*, G[alina] G.: „Faust i gorod" Lunačarskogo v kontekste „vechovskoj" problematiki [Lunačarskij's „Faust und die Stadt" im Kontext der „Jahrhundert"-Problematik]. –

„Ognennyj angel“ : faustovskie kontaminacii Valerija Brjusova i Sergeja Prokof'eva [„Der feurige Engel“ : die faust. Kontaminationen von Valerij Brjusow u. Sergej Prokof'ev], S. 70–84 u. 85–99. – *Davydova*, T[at'jana] T.: Faustovskaja kollizija v romane Evgenija Zamjatina „My“ [Die faustische Kollision in dem Roman „Wir“ von E. Zamjatin], S. 110–125. – *Zenkin*, K[onstantin] V.: „Faust“ v muzyke S.V. Rachmaninova [„Faust“ in der Musik von S.V. Rachmaninov], S. 182–190. – *Zdorik*, T[at'jana] B.: „Faust“ v blokadnom Leningrade : (o perevode professora I. I. Šafranovskogo) [„Faust“ in Leningrad während der Blockade : zur Übersetzung von Prof. I. I. Šafranovskij. Mit Abdr. der Teilübersetzung des 1. Akts von „Faust“ II], S. 329 bis 344.

220 *Goethes Faust* : Peter Steins Inszenierung in Bildern ; erscheint anläßlich der Aufführung der Faust-Inszenierung von Peter Stein in Berlin (21./22. 10. 2000 – 15. 7. 2001) und in Wien (8./9. 9. bis 16. 12. 2001) / Photographien von Ruth *Walz*. – Köln : DuMont, 2001. – 158 S. : überw. Fotos.
Mit Besetzungslisten zu jeder Szene.

221 *Grair*, Charles A.: Seducing Helena : the court fantasy of „Faust II“, act III. – In: Goethe Yearbook. Vol. 10. Rochester, NY 2001. S. 99–114.

222 *Häselbarth*, Renate: Ein Faust, der Thieme heißt. – In: Weimar-Kultur-Journal. Bd. 10. Weimar 2001. Nr. 2, S. 26–27 : Szenenfotos.
Darin über Thomas Thieme als Darsteller des Faust in der Inszenierung des „Faust“ I von Julia von Sell u. Karsten Wiegand am Dt. Nationaltheater Weimar.

223 *Hanovs*, Deniss: Der lettische „Faust“ : Ansichten e. jungen Zuschauers. – In: Triangulum. Germanist. Jahrbuch für Estland, Lettland u. Litauen. Folge 7. Riga 2000. S. 22–31.

224 *Harzer*, Friedmann: „Hinweg zu Proteus!“ : Goethes „Poetische Metamorphosen“ in der „Klassischen Walpurgisnacht“. – In: Goethe nach 1999 : Positionen u. Perspektiven / hrsg. von Matthias *Luserke*. – Göttingen, 2001. – S. 31–43 u. 152–156.

225 *Haug*, Walter: Der Teufelspakt vor Goethe oder wie der Umgang mit dem Bösen als „felix culpa“ zu Beginn der Neuzeit in die Krise gerät. – In: Deutsche Vierteljahrsschrift für Literaturwissenschaft und Geistesgeschichte. Jg. 75. Stuttgart 2001. H. 2, S. 185–215 : graph. Darst.

226 *Heidenreich*, Gert: Lear und Faust – zwei Narren? : e. Rede im Krieg. – In: Shakespeare-Jahrbuch. Bd. 136. Bochum 2000. S. 24–39.

227 *Hillger*, Andreas: Goethe im Reißwolf : Julia von Sell u. Karsten Wiegand inszenieren „Faust I“ in Weimar [am Dt. Nationaltheater]. – In: Die deutsche Bühne : das Theatermagazin. Jg. 72. Köln 2001. H. 5, S. 48 : Szenenfotos.

228 *Hölscher-Lohmeyer*, Dorothea: „Zwar ist es leicht, doch ist das leichte schwer“ : Anmerkungen zu e. neuen Edition des „Faust II. Teil“. – In: Hölderlin : Philosophie u. Dichtung / hrsg. von Valerie *Lawitschka*. – Tübingen, 2001. – S. 273–290. – (Turm-Vorträge ; 5.1992/98)
Darin zur „Faust“ II-Edition in der Münchner Goethe-Ausgabe des Hanser-Verlags.

229 *Hofmann*, Peter: „Faust“, die „Farbenlehre“ und „das Wesen der menschlichen Freiheit“ : über Goethes Schelling-Kritik. – In: Philosophisches Jahrbuch. Jg. 107. Freiburg 2000. H. 2, S. 443–470.

230 *Ilgner*, Richard: Die Ketzermythologie in Goethes Faust. – Herbolzheim : Centaurus-Verl., 2001. – 194 S. – (Frauen in der Literaturgeschichte ; 12)

231 *Jang*, Eun-Soo: Peter Steins „Faust“-Marathonvorstellung. – In: Goethe-Yongu = Goethe-Studien. Bd. 13. Seoul 2001. S. 97–115. [In korean. Sprache mit dt. Zsfassung.]

232 *Kawtiaschwili*, Wenera: Faust-Problematik im Schaffen von Galaktion Tabidse. – In: Goethe – 250 : Wissenschaftliche Konferenz des Rusthaweli-Instituts für georg. Literatur [der Akademie der Wissenschaften Georgiens]. Hrsg. von Guram *Tschocholidse*. – Tbilissi, 2001. – S. 46–57 u. 125–134. [In dt. u. georg. Sprache.]

233 *Kemp*, Friedhelm: Faust und seine Metamorphosen. – In: Spiegel der Welt : Handschriften u. Bücher aus drei Jahrtausenden ; e. Ausstellung der Fondation Martin Bodmer Cologny in Verbindung mit dem Schiller-Nationalmuseum Marbach ... Ausstellung und Katalog: Martin *Bircher* in Zsarb. mit ... – 3., durchges. Aufl. – Cologny ; Marbach a. N., 2000. – S. 341–347 : Ill. – (Marbacher Kataloge ; 55)

234 *Kim*, Su-Yong: Mephisto, Faust und das Böse : zwei Formen der Dialektik der Aufklärung. – In: Goethe-Yongu = Goethe-Studien. Bd. 13. Seoul 2001. S. 29–69. [In dt. Sprache mit korean. Zsfassung.]

235 *Kolago*, Lech: Zur Symbiose von Musik und Text in Anton Radziwills Vertonung des „Faust" von Goethe : Goethes Zusatzverse für diese Komposition. – In: Studien zur Deutschkunde = Studia Niemcoznawcze. Bd. 21. Warszawa 2001. S. 113–146 : Noten.

236 *Kröger*, Wolfgang: Johann Wolfgang Goethe, Faust I. – Stuttgart : Reclam, 2001. – 68 S. : Ill. – (Universal-Bibliothek ; 15301 : Lektüreschlüssel für Schüler)

237 *Lefebvre*, Joël: Observations sur le comique dans „Faust I" (1985). – In: J. *Lefebvre*: Etudes allemandes : littérature, idéologies. – [Romainmôtier], 2000. – S. 63–84. – (Essais)

238 *Leutner*, Petra: Cyborgs und Zwitterwesen : Goethes Gestalten Mignon [„Wilhelm Meisters Lehrjahre"] u. Helena [„Faust" II]. – In: Goethe nach 1999 : Positionen u. Perspektiven / hrsg. von Matthias *Luserke*. – Göttingen, 2001. – S. 89–98 u. 164–166.

239 *Lipiński*, Krzysztof: Die natürliche Genesis in der „Klassischen Walpurgisnacht". – In: Studien zur Deutschkunde = Studia Niemcoznawcze. Bd. 22. Warszawa 2001. S. 409–427.

240 *Löhneysen*, Wolfgang von: Arthur Schopenhauers Kommentar zu Goethes „Faust" (1999). – In: W. von *Löhneysen*: Im Blickfeld: Goethe u. Schopenhauer : Abhandlungen zu Literatur u. Kunst. – St. Augustin, 2001. – S. 125–176 : Ill.

241 *Loskutov*, A. I.: „Malen'kie tragedii" Puškina i „Faust" Gete : obščie principy edinstva liriki i dramy. – In: Filologičeskie nauki. God izd. 2001. Moskva 2001. Nr. 6, S. 21–29. [Die „Kleinen Tragödien" Puškins und Goethes „Faust" : allgemeine Prinzipien der Einheit von Lyrik u. Drama.]

242 *Maar*, Paul: Von Faust zu F. A. u. s. T. : über die schwierige Arbeit, ein Theaterstück für Kinder zu verfassen. – In: Lese-Erlebnisse und Literatur-Erfahrungen : Annäherungen an literar. Werke von Luther bis Enzensberger ; Festschrift für Kurt Franz zum 60. Geburtstag / hrsg. von *Günter Lange*. – Baltmannsweiler, 2001. – S. 16–24.

243 *Mattenklott*, Gert: Gründgens als Mephisto in Goethes „Faust". – In: „Als Schauspieler fühle ich mich" : Gustaf Gründgens (1899 – 1963) ; e. Berliner Symposion / hrsg. von Erika *Fischer-Lichte* u. Dagmar *Walach*. – Berlin, 2000. – S. 59–68.

244 *Max Beckmann* : 143 Federzeichn. zu Goethes „Faust. Der Tragödie zweiter Teil" ; Ausstellung des Freien Deutschen Hochstifts / Frankfurter Goethe-Museum, 15. 10. 2000–3. 12. 2000 ; Begleitheft / Konzeption u. Gestaltung der Ausstellung: Petra *Maisak* ; Christoph *Perels*. – Frankfurt a. M. : Freies Deutsches Hochstift / Frankfurter Goethe-Museum, 2000. – 16 S. : Ill.

245 *Mehlmann*, Alexander: Kleine Faustregeln für Mephisto : spieltheoret. Fingerzeige zu Goethes „Faust". – In: Klassik und Anti-Klassik : Goethe u. seine Epoche / hrsg. von Ortrud *Gutjahr* u. Harro *Segeberg*. – Würzburg, 2001. – S. 109–117.

246 *Naumenko*, Anatolij M.: Goethes „Faust" in ostslawischen Übersetzungen. – In: Das Wort : germanist. Jahrbuch. [Jg.] 2000/2001. Moskau 2001. S. 177–195.
Darin über Übersetzungen ins Russische, Belorussische und Ukrainische.

247 *Oh*, Soon-Hee: Metamorphose der Zeit von Geschichte zu Ontologie in der „Klassischen Walpurgisnacht". – In: Goethe-Yongu = Goethe-Studien. Bd. 13. Seoul 2001. S. 71–96. [In korean. Sprache mit dt. Zsfassung.]

248 *Oittinen*, Vesa: Die „ontologische Wende" von Lukács und seine „Faust"-Interpretation. – In: Lukács : Jahrbuch der Internationalen Georg-Lukács-Gesellschaft. Bd. 5. Bielefeld 2001. S. 67 bis 99.

249 *Postma*, Heiko: Gute Nacht, Goethe! : Friedrich Theodor Vischer u. sein „Faust III" / für die Goethe-Gesellschaft Hannover hrsg. von Peter *Meuer*. – Hannover : Revonnah, 2001. – 79 S. : Ill.

250 *Quillitzsch*, Frank: Weimar: Goethes „Faust" mit Thomas Thieme in der Titelrolle. – In: Theater der Zeit. Jg. 56. Berlin 2001. H. 5, S. 49–50 : Szenenfotos.
Zur Inszenierung des „Faust" I von Julia von Sell u. Karsten Wiegand am Dt. Nationaltheater Weimar.

251 *Reichstein*, Reinhard: Über himmlische und irdische Liebe : Betrachtungen zur Bergschluchten-Szene in Goethes „Faust". – In: Jahrbuch des Freien Deutschen Hochstifts. [Jg] 2001. Tübingen 2001. S. 30–40.

252 *Rennie*, Nicholas: Between Pascal and Mallarmé : Faust's speculative moment. – In: Comparative literature. Vol. 52. Eugene/Or. 2000. Nr. 4, S. 269–290.

253 *Rohmer*, Eric: L'organisation de l'espace dans le Faust de Murnau. – Paris : Cahiers du Cinéma, 2000. – 143 S. : Ill. – (Petite bibliothèque des Cahiers du cinéma ; 4)

254 *Rüger*, Hartmut: „Das Unzulängliche hier wird's Ereignis" : neun Annäherungen an Goethes Faust / Vorw. von Jochen *Golz*. – [Heidenheim/Brenz] : Hartmut Rüger, [2001]. – [13] Bl. : überw. Ill.

255 *Santoli*, Vittorio: Commento alla I parte del „Faust", 6. – In: Studi germanici. N. S. Anno 38 (2000). Roma 2001. No. 3 = No. 112, S. 497–545.

256 *Scherer*, Ludger: „Faust" in der Tradition der Moderne : Studien zur Variation e. Themas bei Paul Valéry, Michel de Ghelderode, Michel Butor u. Edoardo Sanguineti ; mit e. Prolog zur Thematologie. – Frankfurt a. M. [u. a.] : Lang, 2001. – 234 S. – (Bonner romanistische Arbeiten ; 74) Zugl.: Bonn, Univ., Diss., 1999.

257 *Schings*, Hans-Jürgen: Dante, Byron und Faust. Der Prolog von „Faust II". – In: Westöstlicher und nordsüdlicher Divan : Goethe in interkultureller Perspektive / Ortrud *Gutjahr* (Hg.) – Paderborn [u. a.], 2000. – S. 197–209.

258 *Schings*, Hans-Jürgen: Faust und der „Gott der neuern Zeit" : Goethe als Kritiker des Faustischen. – In: Goethe-Jahrbuch = Gēte-nenkan. Bd. 43. Tôkyô 2001. Dt. Teil, S. 33–43.

259 *Schlawe*, Fritz: Geistesgeschichtliche Aspekte der Goethe-Forschung in Rußland zu Beginn und nach dem Ende der UdSSR. – In: Studia Germanica Universitatis Vesprimiensis : Zeitschrift des Lehrstuhls für deutsche Sprache und Literatur an der Universität Veszprém. Vol. 5. Veszprém 2001. Nr. 2, S. 155–179.

260 *Schneider*, Helmut J.: Das Licht der Welt : Geburt u. Bild in Goethes Faustdichtung. – In: Deutsche Vierteljahrsschrift für Literaturwissenschaft und Geistesgeschichte. Jg. 75. Stuttgart 2001. H. 1, S. 102–122.

261 *Schöne*, Albrecht: Die Frankfurter Gretchentragödie : szen. Lesung aus den Akten des Kindsmordprozesses von 1771/1772 am 26. Okt. 2000 in Darmstadt / eingerichtet von Albrecht Schöne. – In: Jahrbuch der Akademie der Wissenschaften zu Göttingen. Jg. 2000. Göttingen 2001. S. 75–103.
Dass. – [u. d. T.] Die Frankfurter Gretchentragödie : aus den Akten des Kindsmordprozesses von 1771/1772 für eine szenische Lesung eingerichtet u. eingel. von Albrecht *Schöne*. – In: Neue Sammlung. Jg. 41. Seelze-Velber 2001. H. 2, S. 263–286.

262 *Schrader*, Hans-Jürgen: Salomonis Schlüssel für die „halbe Höllenbrut" : radikalpietistisch tingierte „Geist=Kunst" im Faustschen „Studierzimmer". – In: Goethe und der Pietismus : Beiträge eines Symposions ... das vom 25. bis 27. 3. 1999 in den Franckeschen Stiftungen stattfand / hrsg. von Hans-Georg *Kemper* u. Hans *Schneider*. – Tübingen, 2001. – S. 231–256. – (Hallesche Forschungen ; 6)

263 *Spohr*, Mathias: Das Problem der Vanitas : Goethes „Faust" u. das Faust-Sujet im populären Musiktheater. – In: Maske und Kothurn. Jg. 45. Wien 2001. H. 3/4, S. 71–91.

264 *Stockinger*, Ludwig: Goethes „Faust" als „romantisches Drama". – In: Prägungen und Spuren : Festgabe für Günter Mieth zum 70. Geburtstag / hrsg. von Bärbel *Raschke* [u. a.]. – Leipzig, 2001. – S. 27–53.

265 *Takahashi*, Yoshito: Yukio Mashima und „Faust". – In: Westöstlicher und nordsüdlicher Divan : Goethe in interkultureller Perspektive / Ortrud *Gutjahr* (Hg.) – Paderborn [u. a.], 2000. – S. 211–219.

266 *Teletova*, N. K.: Tragedija „Faust" Gete i poėma „Molodec" [Mariny Ivanovnoj] Cvetaevoj. – In: Russkaja literatura. God izd. 2000. St.-Peterburg 2000. Nr. 1, S. 78–102. [Goethes „Faust" u. das Poem „Molodec" von M. I. Cvetaeva.]

267 *Tetruaschwili*, Läila: „Amor die intellectualis" in Goethes „Faust". – In: Goethe – 250 : Wissenschaftliche Konferenz des Rusthaweli-Instituts für georg. Literatur [der Akademie der Wissen-

schaften Georgiens]. Hrsg. von Guram *Tschocholidse.* – Tbilissi, 2001. – S. 14–34 u. 91–112. [In dt. u. georg. Sprache.]

268 *Vaget,* Hans Rudolf: Neue Wege zu Goethes „Faust"? : review essay. – In: Colloquia Germanica. Bd. 34. Tübingen 2001. H. 1, S. 57–64.

269 *Vaget,* Hans Rudolf: Wer Vieles bringt, wird manchem etwas bringen : zur Situation der Faust-Philologie im Jubiläumsjahr 1999. – In: Goethe-Philologie im Jubiläumsjahr – Bilanz und Perspektiven : Kolloquium der Stiftung Weimarer Klassik u. der Arbeitsgemeinschaft für germanistische Edition 26. bis 27. 8. 1999 / hrsg. von Jochen *Golz.* – Tübingen, 2001. – S. 29–42. – (Beihefte zu editio ; 16)

Gedichte von einem Polnischen Juden

270 *Lamping,* Dieter: Assimilation und Ambivalenz : Goethes Rezension der „Gedichte eines pohlnischen Juden" von Isachar Falkensohn Behr. – In: „daß gepfleget werde der feste Buchstab" : Festschrift für Heinz Rölleke zum 65. Geburtstag am 6. Nov. 2001 / hrsg. von Lothar *Bluhm* [u. a.] – Trier, 2001. – S. 97–106.

Götter, Helden und Wieland

271 *Herboth,* Franziska: „Das will er aber nicht drucken lassen" : Anmerkungen zur Druck- u. Rezeptionsgeschichte von Goethes Personalsatire „Götter, Helden und Wieland". – In: Goethe nach 1999 : Positionen u. Perspektiven / hrsg. von Matthias *Luserke.* – Göttingen, 2001. – S. 67–78 u. 160–162.

Götz von Berlichingen

272 *Bernhardt,* Rüdiger: Erläuterungen zu Johann Wolfgang von Goethe, Götz von Berlichingen. – Hollfeld : Bange, 2001. – 128 S. – (Königs Erläuterungen und Materialien ; 8)

273 *Davies,* Steffan: Goethe, theatre and politics : „Götz von Berlichingen" from 1771 to 1804. – In: Publications of the English Goethe Society. N. S. Vol. 70. Leeds 2001. S. 29–45.

274 *Kakauridse,* Nanuli: Goethes Rede „Zum Shakespeare-Tag" und „Götz von Berlichingen". – In: Goethe – 250 : Wissenschaftliche Konferenz des Rusthaweli-Instituts für georg. Literatur [der Akademie der Wissenschaften Georgiens]. Hrsg. von Guram *Tschocholidse.* – Tbilissi, 2001. – S. 58–66 u. 135–142. [In dt. u. georg. Sprache.]

275 *Lange,* Horst: Wolves, sheep, and the shepherd : legality, legitimacy, and Hobbesian political theory in Goethe's „Götz von Berlichingen". – In: Goethe Yearbook. Vol. 10. Rochester, NY 2001. S. 1–30.

276 *Schischinaschwili,* Irina: Zur dramatischen Form in Goethes „Götz von Berlichingen". – In: Goethe – 250 : Wissenschaftliche Konferenz des Rusthaweli-Instituts für georg. Literatur [der Akademie der Wissenschaften Georgiens]. Hrsg. von Guram *Tschocholidse.* – Tbilissi, 2001. – S. 84–88 u. 161–165. [In dt. u. georg. Sprache.]

Hermann und Dorothea

277 *Kesting,* Hanjo: Die Frucht eines wohlangewandten Lebens : Goethe u. sein Epos „Hermann und Dorothea". – In: H. *Kesting*: Nachlese : Essays zur Literatur. – Göttingen, 2000. – S. 51 bis 63.

278 *Kissler,* Alexander: „Mein träumend Gefühl" : Thomas Manns „Gesang vom Kindchen" als allegor. Dichtung u. seine Beziehung zu Goethes „Hermann und Dorothea". – In: Euphorion. Jg. 95. Heidelberg 2001. H. 2, S. 211–236.

279 *Niggl,* Günter: Die Polarität „antik und modern" in Goethes Versepos „Hermann und Dorothea" – In: G. *Niggl*: Studien zur Literatur der Goethezeit. – Berlin, 2001. – S. 106–118. – (Schriften zur Literaturwissenschaft ; 17)

280 *Rowland,* Herbert: Goethe's „Hermann und Dorothea" and the chaotic and complex order in history. – In: Disrupted patterns : on chaos and order in the enlightenment / ed. by Theodore E. D. *Brown* and John A. *McCarthy.* – Amsterdam ; Atlanta/GA, 2000. – S. 176–189. – (Internationale Forschungen zur allgemeinen und vergleichenden Literaturwissenschaft ; 42)

Iphigenie auf Tauris

281 *Bernhardt,* Rüdiger: Erläuterungen zu Johann Wolfgang von Goethe, Iphigenie auf Tauris. – Hollfeld : Bange, 2001. – 179 S. – (Königs Erläuterungen und Materialien ; 15)

282 *Engert*, Rolf: Iphigenien-Dichtungen von der Antike bis zur Gegenwart : Euripides, Jean Racine, Johann Wolfgang Goethe, Gerhart Hauptmann ; e. Vorlesung Dresden, 1949. – Leipzig : Max-Stirner-Archiv, 2001. – 241 S.

283 *Fischer-Lichte*, Erika: Probleme der Rezeption klassischer Werke – am Beispiel von Goethes „Iphigenie" (1977). – In: E. *Fischer-Lichte*: Ästhetische Erfahrung : das Semiotische u. das Performative. – Tübingen [u. a.], 2001. – S. 95–120.

284 *Gutjahr*, Ortrud: Charlotte von Steins „Dido" – eine Anti-Iphigenie?. – In: Klassik und Anti-Klassik : Goethe u. seine Epoche / hrsg. von Ortrud *Gutjahr* u. Harro *Segeberg*. – Würzburg, 2001. – S. 219–246.

285 *Lefebvre*, Joël: Mythe, tragédie et utopie dans „Iphigénie en Tauride" de Goethe. (1991). – In: J. *Lefebvre*: Etudes allemandes : littérature, idéologies. – [Romainmôtier], 2000. – S. 85–100. – (Essais)

286 *Meuthen*, Erich: Das Entsetzen der schönen Seele : über die rhetor. Dimension des ästhet. Scheins bei Goethe u. Kleist. – In: Goethes Kritiker / hrsg. von Karl *Eibl* [u. a.] – Paderborn, 2001. – S. 45–56.

287 *Neumann*, Gerhard: Erkennungsszene und Opferritual in Goethes „Iphigenie" und in Kleists „Penthesilea". – In: Käthchen und seine Schwestern : Frauenfiguren im Drama um 1800 ; internat. Kolloquium des Kleist-Archivs Sembdner, 12. u. 13. Juni 1997 in der Kreissparkasse Heilbronn / Red.: Günther *Emig* u. Anton Philipp *Knittel*. – Heilbronn, 2000. – S. 38–80. – (Heilbronner Kleist-Kolloquien ; 1)

288 *Niggl*, Günter: Die Geburt der deutschen Klassik : zu den Entstehungsbedingungen von Goethes „Iphigenie" (1986). – In: G. *Niggl*: Studien zur Literatur der Goethezeit. – Berlin, 2001. – S. 63–80. – (Schriften zur Literaturwissenschaft ; 17)

289 *Wagner*, Jörg: Die Humanität siegt : ein Essay zu Goethes Drama „Iphigenie auf Tauris". – Preetz : Bahnsen, 2000. – 22 S. – (Akademische Abhandlungen ; 4)

Italienische Reise

290 *Böning*, Thomas: „Und es scheint als wenn ich wenigstens würde sehen lernen" : zur Aktualität von Goethes italienischer Reise im Kontext von Rilkes „Sonetten an Orpheus" u. Handkes drei „Versuchen". – In: T. *Böning*: Alterität und Identität in literarischen Texten von Rousseau und Goethe bis Celan und Handke. – Freiburg i. Br., 2001. – S. 265–307. – (Rombach Wissenschaften : Reihe Litterae ; 83)

291 *Gephart*, Werner: Goethe als „Gesellschaftsforscher"? Eine soziolog. Lektüre der „Italienischen Reise". – In: Goethe und Italien / hrsg. von Willi *Hirdt* u. Birgit *Tappert*. – Bonn, 2001. – S. 105 bis 124. – (Studium Universale ; 22)

292 *Lange*, Wolfgang: Auf den Spuren Goethes unfreiwillig : Rolf Dieter Brinkmann in Italien. – In: Deutsche Italomanie in Kunst, Wissenschaft und Politik / hrsg. von Wolfgang *Lange* u. Norbert *Schnitzler*. – München, 2000. – S. 255–281.

293 *Nell*, Werner: Reflexionen und Konstruktionen des Fremden in der europäischen Literatur : literar. u. sozialwissenschaftl. Studien zu e. interkulturellen Hermeneutik. – Sankt Augustin : Gardez!-Verl., 2001. – 496 S. : graph. Darst. – (Komparatistik im Gardez! ; 2)
Zugl.: Mainz, Univ., Habil.-Schr., 1995. – Darin u. a.: Goethes „Italienische Reise" - die Formgebung der Erfahrung, S. 169–225.

294 *Niggl*, Günter: Der Zusammenhang von Fremd- und Selbsterfahrung in Goethes „Italienischer Reise" (1992). – In: G. *Niggl*: Studien zur Literatur der Goethezeit. – Berlin, 2001. – S. 172–179. – (Schriften zur Literaturwissenschaft ; 17)

295 *Remak*, Henry H. H.: Autobiography or fiction? : Johann Wolfgang and Johann Caspar Goethe's „Schöne Mailänderinnen" and the „Frankfurter Gretchen" as novellas (1988). – In: H. H. H. Remak: Structural elements of the German novella from Goethe to Thomas Mann. – [New ed.] – New York [u. a.], 2001. – S. 56–101. – (North American studies in nineteenth-century German literature ; 14)

296 *Steiger*, Bruno: In Venedig. – In: Manuskripte : Zeitschrift für Literatur, Kunst, Kritik. H. 40. Graz 2000. S. 26–28.
Gedicht über Goethes Aufenthalt in Venedig 1786.

297 *Weigel*, Sigrid: Der Ort als Schauplatz des Gedächtnisses, zur Kritik der „Lieux de mémoire", mit e. Ortstermin bei Goethe u. Heine. – In: Weimar - Archäologie eines Ortes / im Auftr. der Stiftung Weimarer Klassik hrsg. von Georg *Bollenbeck* [u. a.] – Weimar, 2001. – S. 9–22.
Darin u. a. über die Darstellung von Goethes Verona-Erlebnis in der „Italienischen Reise".

298 *Winkler*, Markus: „Weder Kunst noch Natur, sondern beides zugleich" : zum Bild der menschl. Gesellschaft in Goethes „Italienischer Reise". – In: Bildersturm und Bilderflut um 1800 : zur schwierigen Anschaulichkeit der Moderne / hrsg. von Helmut J. *Schneider* [u. a.] – Bielefeld, 2001. – S. 71–89 : Ill.

Der König in Thule

299 *Weber*, Albrecht: Johann Wolfgang Goethe: „Der König von[!] Thule". – In: Lese-Erlebnisse und Literatur-Erfahrungen : Annäherungen an literar. Werke von Luther bis Enzensberger ; Festschrift für Kurt Franz zum 60. Geburtstag / hrsg. von Günter *Lange*. – Baltmannsweiler, 2001. – S. 117–127.

Die Leiden des jungen Werther

300 *Bent*, M[ark] I.: „Verterovskij" kod v „Ochrannoj gramote" B. Pasternaka [Der „wertherische" Code in B. Pasternaks „Schutzbrief"]. – In: Gëte v russkoj kul'ture XX veka = Goethe in der russischen Kultur des XX. Jahrhunderts / pod redakc. G[aliny] V. *Jakuševoj*. – Moskva, 2001. – S. 126–135.

301 *Ehrich-Haefeli*, Verena: Die Syntax des Begehrens : zum Sprachwandel am Beginn der bürgerl. Moderne : Sophie La Roche: „Geschichte des Fräuleins von Sternheim", Goethe: „Die Leiden des jungen Werther". – In: Sprachkontakt, Sprachvergleich, Sprachvariation : Festschrift für Gottfried Kolde zum 65. Geburtstag / hrsg. von Kirsten *Adamzik* [u. a.] – Tübingen, 2001. – S. 139–169.

302 *Gille*, Klaus F.: „Ein Kerl, ungekämmt und völlig vergammelt" – Ulrich Plenzdorfs „Die neuen Leiden des jungen W." – In: Das Jahrhundert Berlins : eine Stadt in der Literatur / hrsg. von Jattie *Enklaar* [u. a.] – Amsterdam, 2000. – S. 131–146. – (Duitse kroniek ; 50)

303 *Johann Wolfgang Goethe, Die Leiden des jungen Werthers* : Originaltext u. Werklesung ; Einf. in Leben u. Werk ; Kommentar, Interpretation, Materialien / Sekundärtexte: Wilhelm *Große*. Sprecher/innen: Rita *Russek* ; Peter *Fricke*. – Berlin : Cornelsen, 2001. – 1 CD-ROM. : farb., mit Ton. + Beil. ([8] Bl.) ; in Behältnis. – (LiteraMedia)

304 *Martin*, Ariane: Goethe … und Lenz! : Plädoyer für e. vergleichsorientierte Rezeptionsforschung mit Blick auf den „Werther". – In: Goethe nach 1999 : Positionen u. Perspektiven / hrsg. von Matthias *Luserke*. – Göttingen, 2001. – S. 111–120 u. 169–171.

305 *Neumann*, Gerhard: „Heut ist mein Geburtstag" : Liebe u. Identität in Goethes „Werther". – In: Der junge Goethe : Genese u. Konstruktion e. Autorschaft / Waltraud *Wiethölter* (Hrsg.) – Tübingen [u. a.], 2001. – S. 117–143.

306 *Niggl*, Günter: Erzählspiegel in Goethes „Werther" (1995). – Ossian in Goethes „Werther" (2000). – In: G. *Niggl*: Studien zur Literatur der Goethezeit. – Berlin, 2001. – S. 11–29 u. 30–46. – (Schriften zur Literaturwissenschaft ; 17)

307 *Orle Tantillo*, Astrida: A new reading of „Werther" as Goethe's critique of Rousseau. – In: Orbis litterarum. Vol. 56. Oxford ; Copenhagen 2001. Nr. 6, S. 443–465.

308 *Philipp*, Eckhard: Verstehen in kleinen Schritten – Edgars Annäherung an Goethes „Werther" : zur Sprache Plenzdorfs in „Die neuen Leiden des jungen W.". – In: Literatur im interkulturellen Dialog : Festschrift zum 60. Geburtstag von Hans-Christoph Graf v. Nayhauss / Manfred *Durzak* u. Beate *Laudenberg* (Hrsg.) – Bern [u. a.], 2000. – S. 515–541. – (Iris ; 15)

309 *Poppe*, Reiner: Ulrich Plenzdorf, Die neuen Leiden des jungen W. : Ansichten, Wertungen, Kommentare ; Anregungen für den Deutschunterricht. – Hollfeld : Beyer, 2000. – 77 S. : graph. Darst. – (Analysen und Reflexionen ; 20 : Interpretationen)

310 *Wender*, Herbert: Probleme der „Werther"-Edition. – In: Goethe nach 1999 : Positionen u. Perspektiven / hrsg. von Matthias *Luserke*. – Göttingen, 2001. – S. 23–30 : 1 Ill. u. 148–152.

Das Märchen

311 *Drewermann*, Eugen: Goethes Märchen tiefenpsychologisch gedeutet oder die Liebe herrscht nicht. – Düsseldorf [u. a.] : Walter, 2000. – 351 S. : Ill.

312 *Niggl*, Günter: Verantwortliches Handeln als Utopie? : Überlegungen zu Goethes „Märchen" (1988). – In: G. *Niggl*: Studien zur Literatur der Goethezeit. – Berlin, 2001. – S. 91–105. – (Schriften zur Literaturwissenschaft ; 17)

313 *Oesterle*, Günter: Die „schwere Aufgabe, zugleich bedeutend und deutungslos" sowie „an nichts und alles erinnert" zu sein : Bild- u. Rätselstrukturen in Goethes „Das Märchen". – In: Bildersturm und Bilderflut um 1800 : zur schwierigen Anschaulichkeit der Moderne / hrsg. von Helmut J. *Schneider* [u. a.] – Bielefeld, 2001. – S. 185–209.

Mignon („Kennst du das Land ...")

314 *Rizzuti*, Alberto: Il canto di Mignon fra intonazione strofica e „Durchkomposition". – In: Goethe und Italien / hrsg. von Willi *Hirdt* u. Birgit *Tappert*. – Bonn, 2001. – S. 293–311 : Noten. – (Studium Universale ; 22)

Die natürliche Tochter

315 *Weimar*, Klaus: Der Blick und die Gewalt der Stimme : zu „Die natürliche Tochter". – In: Deutsche Vierteljahrsschrift für Literaturwissenschaft und Geistesgeschichte. Jg. 75. Stuttgart 2001. H. 1, S. 39–59.

Novelle

316 *Hoffmann*, Daniel: „Der Löwe brüllt, wer sollte sich nicht fürchten?" : zur utop. Restauration der alten Stammburg in Goethes „Novelle". – In: Zeitschrift für deutsche Philologie. Jg. 120. Berlin [u. a.] 2001. H. 4, S. 527–539.

317 *Jahn*, Bernhard: Das Hörbarwerden des unerhörten Ereignisses : Sinne, Künste u. Medien in Goethes „Novelle". – In: Euphorion. Jg. 95. Heidelberg 2001. H. 1, S. 17–37.

318 *Rösch*, Ewald: Goethes „Novelle" : durch Arbeit gleich, durch Taten groß, durch Liebe frei. – In: Aurora : Jahrbuch der Eichendorff-Gesellschaft für die Klassisch-Romantische Zeit. Bd. 61. Stuttgart 2001. S. 33–54.

Pandora

319 *Cassirer*, Ernst: Goethes „Pandora" (1918/19). – In: E. *Cassirer*: Aufsätze und kleine Schriften (1902–1921) / Text u. Anm. bearb. von Marcel *Simon*. – Hamburg, 2001. – S. 243–267. – (Gesammelte Werke : Hamburger Ausgabe / Ernst Cassirer ; 9)

Pindar

320 *Jølle*, Jonas: Goethe's translation of Pindar's „Fifth Olympian ode". – In: Goethe Yearbook. Vol. 10. Rochester, NY 2001. S. 50–64.

„Ein rascher Sinn ..."

321 *Heene*, Rainer: „Ein rascher Sinn, der keinen Zweifel hegt" : e. Gedicht aus Goethes Nachlaß. – In: Goethe-Jahrbuch. Bd. 117. Weimar 2000 [ausgeg. 2001]. S. 144–153.

Regeln für Schauspieler

322 *Jian*, Wang: Über Goethes „Regeln für Schauspieler". – In: Literaturstraße. Chinesisch-dt. Jahrbuch für Sprache, Literatur u. Kultur. Bd. 1. Bochum ; Beijing 2000. S. 83–100.

Reineke Fuchs

323 *Kluge*, Gerhard: Der Schelm - ein Ästhet : zu Goethes „Reineke Fuchs". – In: „Das Schöne soll sein" : Aisthesis in der dt. Literatur ; Festschrift für Wolfgang F. Bender / hrsg. von Peter *Hesselmann* [u. a.] – Bielefeld, 2001. – S. 193–204.

Reise in die Schweiz 1779

324 *Lohse*, Nikolaus: Die Begehung der Grenze : Goethes Selbstinterpretation der Schweizreise von 1779. – In: Goethe-Jahrbuch. Bd. 117. Weimar 2000 [ausgeg. 2001]. S. 78–91.

Reisezehrung

325 *Leistner*, Bernd: „Reisezehrung" : zu e. Goethe-Sonett über die Liebe (1999). – In: B. *Leistner*: Von Goethe bis Mörike : Nachworte zu dt. Gedichten. – Erkelenz, 2001. – S. 37–50.

Rembrandt der Denker

326 *Niefanger*, Dirk: Narrative Verwandlungen : e. intermediales Verfahren in Bildbeschreibungen Wilhelm Heinses, Heinrich von Kleists u. Johann Wolfgang von Goethes. – In: Jahrbuch der Deutschen Schillergesellschaft. Jg. 45. Stuttgart 2001. S. 224–249 : Ill.
Darin u. a. über Goethes „Rembrandt der Denker", S. 242–249 : 1 Ill.

Das Römische Carneval

327 *Oehlenschläger*, Eckart: Goethes Schrift „Das Römische Carneval" : e. Versuch über die Formalisierbarkeit des Tumults. – In: Goethe und Italien / hrsg. von Willi *Hirdt* u. Birgit *Tappert*. – Bonn, 2001. – S. 221–239. – (Studium Universale ; 22)

Römische Elegien

328 *Hahn*, Karl-Heinz: Der Augenblick ist Ewigkeit : Goethes „Römische Elegien" (1988). – In: K.-H. *Hahn*: Goethe-Studien / Einf. von Werner *Keller*. Ausw. u. Red.: Siegfried *Seifert*. – Weimar, 2001. – S. 126–141. – (Schriften der Goethe-Gesellschaft ; 68)

329 *Lim*, Jong-Dae: [Die „Römischen Elegien" als Erlebnisdichtung.] – In: Goethe-Yongu = Goethe-Studien. Bd. 13. Seoul 2001. S. 129–153. [In korean. Sprache.]

330 *Pronin*, V[ladislav] A.: Gёte i Brodskij : „Rimskie ėlegii" [Goethe u. Brodskij : „Römische Elegien"]. – In: Gёte v russkoj kul'ture XX veka = Goethe in der russischen Kultur des XX. Jahrhunderts / pod redakc. G[aliny] V. *Jakuševoj*. – Moskva, 2001. – S. 159–168.

331 *Wild*, Reiner: „Ich ließ mich Fremder verführen" : Goethes „Römische Elegien" u. „Venezianische Epigramme". – In: Sexualität im Gedicht : 11. Kolloqium der Forschungsstelle für europ. Lyrik / hrsg. von Theo *Stemmler* u. Stefan *Horlacher*. – Mannheim ; Tübingen, 2000. – S. 195 bis 210. – (... Kolloquium der Forschungsstelle für Europäische Lyrik ; 11)

Stella

332 *Hammerstein*, Dorothee: Der Fürst spricht: Grausamkeiten zuerst : Marius von Mayenburg u. Goethe auf Pariser Bühnen – u. Machiavelli in hohem Stil. – In: Theater heute. Jg. 42. Berlin 2001. H. 8/9, S. 46–49 : Szenenfotos.
Darin u. a. über eine „Stella"-Aufführung in Bobigny unter der Regie von Bruno Bayen.

333 *Pikulik*, Lothar: Goethes „Stella. Ein Schauspiel für Liebende" (1980). – In: L. *Pikulik*: Signatur einer Zeitenwende : Studien zur Literatur der frühen Moderne von Lessing bis Eichendorff. – Göttingen, 2001. – S. 74–88.

Tagebuch der ersten Schweizer Reise

334 *Hahn*, Karl-Heinz: Von Zürich nach Weimar : Goethes Tagebuch 1775 (1985). – In: K.-H. *Hahn*: Goethe-Studien / Einf. von Werner *Keller*. Ausw. u. Red.: Siegfried *Seifert*. – Weimar, 2001. – S. 11–15. – (Schriften der Goethe-Gesellschaft ; 68)

Tagebuch der italienischen Reise für Frau von Stein

335 *Anderegg*, Johannes: „... wenn ich dir es nicht mittheilen könnte" : zu Goethes Briefen an Charlotte von Stein auf der Reise nach Rom. – In: Goethe Yearbook. Vol. 10. Rochester, NY 2001. S. 84–98.

Torquato Tasso

336 *Jacobs*, Angelika: „Torquato Tasso" : Goethes Antwort auf Rousseau. – In: Klassik und Anti-Klassik : Goethe u. seine Epoche / hrsg. von Ortrud *Gutjahr* u. Harro *Segeberg*. – Würzburg, 2001. – S. 35–62.

337 *Niggl*, Günter: Lied und Tat : die Frage der Kunstautonomie in Goethes Schauspiel „Torquato Tasso" (1990). – In: G. *Niggl*: Studien zur Literatur der Goethezeit. – Berlin, 2001. – S. 81–90. – (Schriften zur Literaturwissenschaft ; 17)

338 *Oellers*, Norbert: Goethes „Torquato Tasso". – In: Goethe und Italien / hrsg. von Willi *Hirdt* u. Birgit *Tappert*. – Bonn, 2001. – S. 241–251. – (Studium Universale ; 22)

339 *Schneider*, Helmut J.: Goethes Schauspiel „Torquato Tasso" und Tassos Hirtenspiel „Aminta" : e. Skizze zum Fortleben der pastoralen Tradition. – In: Goethe und Italien / hrsg. von Willi *Hirdt* u. Birgit *Tappert*. – Bonn, 2001. – S. 313–327. – (Studium Universale ; 22)

Der Totentanz

340 *Hochholzer*, Rupert: Goethes Ballade „Der Totentanz" : Anmerkungen zum altertüml. Wortschatz u. zu volkstüml. Motiven. – In: Lese-Erlebnisse und Literatur-Erfahrungen : Annäherun-

gen an literar. Werke von Luther bis Enzensberger ; Festschrift für Kurt Franz zum 60. Geburtstag / hrsg. von Günter *Lange*. – Baltmannsweiler, 2001. – S. 102–116.

Trilogie der Leidenschaft

341 *Butzlaff*, Wolfgang: „Trostlos zu sein ist Liebenden der schönste Trost" : neue Beitr. zur Interpretation der „Marienbader Elegie". – In: W. *Butzlaff*: Goethe : „Trostlos zu sein ist Liebenden der schönste Trost" ; gesammelte Studien zu Werk u. Rezeption. – Hildesheim [u. a.], 2000. – S. 149–179. – (Germanistische Texte und Studien ; 66)

342 *Leistner*, Bernd: „Doch tückisch harrt das Lebewohl zuletzt" : zu Goethes Gedicht „An Werther" (1999). – In: B. *Leistner*: Von Goethe bis Mörike : Nachworte zu dt. Gedichten. – Erkelenz, 2001. – S. 51–60.

Triumph der Empfindsamkeit

343 *Hoshino*, Sumiko: Über Goethes Satire „Der Triumph der Empfindsamkeit". – In: Doitsu bungaku-ronkô. [H.] 42. Ôsaka 2000. S. 41–62. [In japan. Sprache mit dt. Zsfassung.]

Über die verschiedenen Zweige der hiesigen Tätigkeit

344 *Henke*, Silke: Bestandsaufnahme und Zukünftiges : Goethes Vortrag „Über die verschiedenen Zweige der hiesigen Tätigkeit". – In: Gesprochene Sprache - transdisziplinär : Festschrift zum 65. Geburtstag von Gottfried Meinhold / hrsg. von Margret *Bräunlich* [u. a.]. – Frankfurt a. M. [u. a.], 2001. – S. 73–82. – (Hallesche Schriften zur Sprechwissenschaft und Phonetik ; 5)

Über Kunst und Altertum

345 *Birus*, Hendrik: Der Entzug des Hier und Jetzt : Goethes „Ueber Kunst und Alterthum" an der Schwelle zum Zeitalter der techn. Reproduzierbarkeit des Kunstwerks. – In: Medien der Präsenz : Museum, Bildung u. Wissenschaft im 19. Jh. / hrsg. von Jürgen *Fohrmann* [u. a.] – Köln, 2001. – S. 11–25. – (Mediologie ; 3)

Unterhaltungen deutscher Ausgewanderten

346 *Bluhm*, Lothar: Goethes „incalculable Productionen" : zur Kontextualität von „Wilhelm Meisters Lehrjahren" und den „Unterhaltungen deutscher Ausgewanderten". – In: Der europäische Roman zwischen Aufklärung und Postmoderne : Festschrift zum 65. Geburtstag von Jürgen C. Jacobs / hrsg. von Friedhelm *Marx* [u. a.] – Weimar, 2001. – S. 35–50.

347 *Kiefer*, Sascha: „Gesellige Bildung" : ein Ideal des Rokoko u. seine Fortschreibung in Goethes „Unterhaltungen deutscher Ausgewanderten" (1795). – In: Literatur und Kultur des Rokoko / hrsg. von Matthias *Luserke* [u. a.] – Göttingen, 2001. – S. 235–249.

348 *Müller*, Hans-Harald: „Flucht vom Schauplatz politischer Zerrüttung"? – In: Westöstlicher und nordsüdlicher Divan : Goethe in interkultureller Perspektive / Ortrud *Gutjahr* (Hg.) – Paderborn [u. a.], 2000. – S. 165–175.

349 *Pirro*, Maurizio: Die antihermeneutische Stellung Goethes in den „Unterhaltungen deutscher Ausgewanderten". – In: Orbis litterarum. Vol. 56. Oxford ; Copenhagen 2001. Nr. 6, S. 417 bis 442.

Urworte. Orphisch

350 *Schärf*, Christian: Orpheus als Orakel: Metamorphose u. Kosmogonie beim späten Goethe im Hinblick auf „Urworte. Orphisch". – In: Goethe-Jahrbuch. Bd. 117. Weimar 2000 [ausgeg. 2001]. S. 154–164.

351 *Swales*, Erika: Johann Wolfgang von Goethe, „Urworte. Orphisch". – In: Landmarks in German poetry / ed. by Peter *Hutchinson*. – Oxford [u. a.], 2000. – S. 57–71.

Urfaust

352 *Hinck*, Walter: Kritisch-produktive Aneignung des „Erbes" : Bertolt Brechts Goethe-Rezeption („Urfaust"-Inszenierung) (1986). – In: W. *Hinck*: Literatur als Gegenspiel : Essays zur dt. Literatur von Luther bis Böll / hrsg. u. eingel. von Gert *Ueding*. – Tübingen, 2001. – S. 179–213. – (Promenade)

353 *Lee*, Inn-Ung: Eine Studie über den „Urfaust" von Goethe : unter besond. Berücks. der szen. u. sprachl. Gestaltung. – In: Goethe-Yongu = Goethe-Studien. Bd. 13. Seoul 2001. S. 1–28. [In korean. Sprache mit dt. Zsfassung.]

Venezianische Epigramme s. *Epigramme. Venedig 1790*

Die Wahlverwandtschaften

354 *Böning*, Thomas: Narcissus' Kinder : das Ich u. die Anderheit in Schlegels „Lucinde" u. Goethes „Die Wahlverwandtschaften". – In: T. *Böning*: Alterität und Identität in literarischen Texten von Rousseau und Goethe bis Celan und Handke. – Freiburg i. Br., 2001. – S. 75–126. – (Rombach Wissenschaften : Reihe Litterae ; 83)

355 *Cottone*, Margherita: „... Und in Gottes Namen, sei der Versuch gemacht!" : il lessico delle „Wahlverwandtschaften" come „Zwischenraum"? – In: Annali / Istituto Universitario Orientale di Napoli. Sezione Germanica. N. S. Anno 9 (1999) [ausgeg. 2001]. Napoli 2001. Nr. 1/2 [Goethe-Sonderheft], S. 63–76. [Mit dt. Zsfassung.]

356 *Craemer*, Susanne: Medusas Schopf? : Anmerkungen zur Symbolik in Goethes „Wahlverwandtschaften" u. der Taviani-Verfilmung [von 1996]. – In: Publications du Centre Universitaire de Luxembourg. Germanistik / Département des Lettres Allemandes. Vol. 15. Luxembourg 2001. S. 13–19.

357 *Joseph*, Erkme: Ottilie und Hans Castorp im Spannungsfeld von Eros, Humanität und mystischer Natur-Konnivenz : über „Wahlverwandtschaften" in Goethes gleichnamigem Roman u. Thomas Manns „Zauberberg". – In: Thomas-Mann-Jahrbuch. Bd. 14. Frankfurt a. M. 2001. S. 169–187.

358 *Kimura*, Naoji: Goethes „Wahlverwandtschaften" und die japanische Romantik. – In: Der europäische Roman zwischen Aufklärung und Postmoderne : Festschrift zum 65. Geburtstag von Jürgen C. Jacobs / hrsg. von Friedhelm *Marx* [u. a.] – Weimar, 2001. – S. 51–62.

359 *Kister*, Stefan: Text als Grab : sepulkrales Gedenken in der dt. Literatur um 1800. – Bielefeld : Aisthesis-Verl., 2001. – 250 S. : Ill.
Zugl.: Tübingen, Univ., Diss., 2001. – Darin u. a.: Grabtext : Die Wahlverwandtschaften, S. 156 bis 238.

360 *Lennartz*, Rita: „Von Angesicht zu Angesicht" : Lebende Bilder u. tote Buchstaben in Goethes „Die Wahlverwandtschaften". – In: Bildersturm und Bilderflut um 1800 : zur schwierigen Anschaulichkeit der Moderne / hrsg. von Helmut J. *Schneider* [u. a.] – Bielefeld, 2001. – S. 145–183 : Ill.

361 *Mehigan*, Tim: Zur Frage der Selbstorganisation des Lebendigen in Goethes literarischem Experiment der „Wahlverwandtschaften". – In: Roman und Ästhetik im 19. Jahrhundert : Festschrift für Christian Grawe zum 65. Geburtstag / Tim *Mehigan* ; Gerhard *Sauder* (Hrsg.) – St. Ingbert, 2001. – S. 13–31. – (Saarbrücker Beiträge zur Literaturwissenschaft ; 69)

362 *Orle Tantillo*, Astrida: Goethe's Elective affinities and the critics. – Rochester, NY [u. a.] : Camden House, 2001. – XXIV, 241 S. – (Studies in German literature, linguistics, and culture : Literary criticism in perspective)
Darin u. a. über die Aufnahme der „Wahlverwandtschaften" bei Grillparzer, Eichendorff u. Hebbel.

363 *Reschke*, Nils: Das Kreuz mit der Anschaulichkeit - Anschauung über/s Kreuz : die Lebenden Bilder in den „Wahlverwandtschaften". – In: Bildersturm und Bilderflut um 1800 : zur schwierigen Anschaulichkeit der Moderne / hrsg. von Helmut J. *Schneider* [u. a.] – Bielefeld, 2001. – S. 113–143 : Ill.

364 *Reschke*, Nils: „Die Wirklichkeit als Bild" : lebende Bilder in Goethes „Wahlverwandtschaften". – In: Medien der Präsenz : Museum, Bildung u. Wissenschaft im 19. Jh. / hrsg. von Jürgen *Fohrmann* [u. a.] – Köln, 2001. – S. 42–69 : Ill. – (Mediologie ; 3)

365 *Sampaolo*, Giovanni: „Proserpinens Park" : Goethes „Wahlverwandtschaften" als „mythologische" Kritik der Moderne. – In: Aurora : Jahrbuch der Eichendorff-Gesellschaft für die Klassisch-Romantische Zeit. Bd. 61. Stuttgart 2001. S. 9–31.

366 *Schneider*, Helmut J.: Wahllandschaften : Mobilisierung der Natur u. das Darstellungsproblem der Moderne in Goethes „Wahlverwandtschaften". – In: Rereading Romanticism / hrsg. von Martha B. *Helfer*. – Amsterdam [u. a.], 2000. – S. 285–300. – (Amsterdamer Beiträge zur neueren Germanistik ; 47)

367 *Schwartz*, Peter J.: Eduard's egotism : historical notes on Goethe's „Elective Affinities". – In: The Germanic review. Vol. 76. Washington, DC 2001. Nr. 1, S. 41–68.

368 *Sill*, Oliver: Birgit Vanderbeke: „Alberta empfängt einen Liebhaber" (1997) ; Johann Wolfgang von Goethe: „Die Wahlverwandtschaften" (1809). – In: O. *Sill*: Der Kreis des Lesens : eine Wanderung durch die europ. Moderne. – Bielefeld, 2001. – S. 48–71.

369 *Teller*, Jürgen: Gedanken zu Goethes „Wahlverwandtschaften" (1982). – In: J. *Teller*: Hoffnung und Gefahr : Essays, Aufsätze, Briefe 1954 – 1999 / hrsg. von Hubert *Witt*. – Frankfurt a. M., 2001. – S. 205–232.

Der Wandrer

370 *Ehrich-Haefeli*, Verena: Die Kreativität des „Genies" (Goethes „Wandrer") : zur psychohistor. Archäologie der modernen Individualität. – In: Von Rousseau zum Hypertext : Subjektivität in Theorie u. Literatur der Moderne / hrsg. von Paul *Geyer* [u. a.] – Würzburg, 2001. – S. 151 bis 178.

371 *Powers*, Elizabeth: From genre to gender: on Goethe's „Der Wandrer". – In: Goethe Yearbook. Vol. 10. Rochester, NY 2001. S. 31–49.

Wandrers Nachtlied („Der du von dem Himmel bist ...")

372 *Toyama*, Tomoko: Das Gebet und die Ruhe : zwei Gedichte mit gleichem Namen: „Wandrers Nachtlied". – In: Goethe-Jahrbuch = Gēte-nenkan. Bd. 43. Tôkyô 2001. S. 85–101 u. dt. Teil, S. 62. [In japan. Sprache mit dt. Zsfassung.]

373 *Wandrers Nachtlied* („Über allen Gipfeln ist Ruh ...")
Miyake, Yukio: Metapher in Schuberts Liedern : am Beispiel „Wanderers Nachtlied" (D. 768). – In: Goethe-Jahrbuch = Gēte-nenkan. Bd. 43. Tôkyô 2001. S. 1–11 u. dt. Teil, S. 57. [In japan. Sprache mit dt. Zsfassung.]

374 *Toyama*, Tomoko: Das Gebet und die Ruhe : zwei Gedichte mit gleichem Namen: „Wandrers Nachtlied". – In: Goethe-Jahrbuch = Gēte-nenkan. Bd. 43. Tôkyô 2001. S. 85–101 u. dt. Teil, S. 62. [In japan. Sprache mit dt. Zsfassung.]

375 *Zin'kevič*, E[lena] S.: „Gornye veršiny" Gēte-Lermontova v russkoj muzyke XX veka [„Wandrers Nachtlied" von Goethe-Lermontov in der russ. Musik des 20. Jh.]. – In: Gēte v russkoj kul'ture XX veka = Goethe in der russischen Kultur des XX. Jahrhunderts / pod redakc. G[aliny] V. *Jakuševoj*. – Moskva, 2001. – S. 171–181.

West-östlicher Divan

376 *Blessin*, Stefan: Goethes „West-östlicher Divan" und die Entstehung der Weltliteratur. – In: Westöstlicher und nordsüdlicher Divan : Goethe in interkultureller Perspektive / Ortrud *Gutjahr* (Hg.) – Paderborn [u. a.], 2000. – S. 59–71.

377 *Bosse*, Anke: „Perles poétiques" issues d'un „matériau prodigieux" : lecture et écriture dans la genèse du „Divan occidental-oriental" de Johann Wolfgang von Goethe. – In: Genesis : revue internationale de critique génétique. No. 17. Paris 2001. S. 11–43 : Ill.

378 *Chatami*, Mohammed: Vortrag des Präsidenten der Islamischen Republik Iran bei einem Treffen mit den Denkern und Kulturschaffenden Deutschlands am 12. Juli 2000 in Weimar [Darin u. a. zum „West-östlichen Divan"]. – In: Goethe-Jahrbuch. Bd. 117. Weimar 2000 [ausgeg. 2001]. S. 13–17.
Rede anläßlich der feierl. Enthüllung eines Denkmals mit Versen Goethes u. Hafis' im Weimarer Park an der Ilm; vergl. Nr. 384.

379 *D'Erme*, Giovanni M.: La visione goethiana dell'Oriente : nell'annesso di „Note e saggi" al „Divano occidentale-orientale". – In: Annali / Istituto Universitario Orientale di Napoli. Sezione Germanica. N. S. Anno 9 (1999) [ausgeg. 2001]. Napoli 2001. Nr. 1/2 [Goethe-Sonderheft], S. 83–94. [Mit dt. Zsfassung.]

380 *Eilert*, Heide: „Daß ich eins und doch doppelt bin" : über Goethes Gedicht „Gingo biloba". – In: Ginkgo : Ur-Baum u. Arzneipflanze ; Mythos, Dichtung u. Kunst / hrsg. von Maria *Schmidt* u. Helga *Schmoll* gen. *Eisenwerth*. – 2., erg. u. aktualisierte Aufl. – Stuttgart [u. a.], 2001. – S. 55–64 : Ill.

381 *Groddeck*, Wolfram: Verstellte Verwahrung : Poesie u. Redekunst in Goethes „West-östlichem Divan". – In: Poetik & Rhetorik / publ. par Christina *Vogel* [u. a.] – Bern, 2001. – S. 89–101. – (Colloquium Helveticum ; 30.1999)
Mit franz. Zsfassung, S. 101.

382 *Kauffmann*, Bernd: West-Eastern Divan Workshop & Orchestra 1999/2000 – ein Dialog der Kulturen. – In: Goethe-Jahrbuch. Bd. 117. Weimar 2000 [ausgeg. 2001]. S. 22–25.

383 *Kiefer*, Sebastian: Wortmusik und mystische Erfahrung : Anmerkungen zu Goethes Gedicht „Selige Sehnsucht". – In: Weimarer Beiträge. Jg. 47. Wien 2001. H. 3, S. 403–417.

384 *Kraft*, Gisela: Goethe und Hafis als Vermächtnis. – In: Palmbaum : literarisches Journal aus Thüringen. Jg. 9. Bucha b. Jena 2001. H. 1/2, S. 210–216 : Ill.
Darin zum 2000 eingeweihten Denkmal im Weimarer Park an der Ilm, vergl. Nr. 378.

385 *Lied mit eignem Feuer* : Goethes „West-östlicher Divan" als interkulturelles Experiment ; Tagung der Evangelischen Akademie Iserlohn, 31.5.–1. 6. 2000 / hrsg. von Reinold *Schmücker*. – Iserlohn : Evang, Akademie; Institut für Kirche und Gesellschaft, 2001. – 80 S.
Darin: *Richter*, Karl: Der andere Goethe und die Anfänge einer unlyrischen Lyrik, S. 6–20. – *Bohnenkamp*, Anne: West-östlicher Divan, S. 21–42. – *Bosse*, Anke: „Des Divans Prose" : die „Noten und Abhandlungen zu besserem Verständniß des West-östlichen Divans", S. 43–58. – *Knaupp*, Michael: Dichters Himmelfahrt : das Paradies in Goethes „West-östlichem Divan", S. 59–74. – *Sareika*, Rüdiger: „Selige Sehnsucht" - ein Lied mit eignem Feuer? : Andacht am Himmelfahrtstag 2000, S. 75–78.

386 *Lopatina*, N[atal'ja] I.: Ivan Tchorževskij – perevodčik „Zapadno-vostočnojo divana" [Ivan Tchorževskij – der Übersetzer des „West-östlichen Divan"]. – In: Gëte v russkoj kul'ture XX veka = Goethe in der russischen Kultur des XX. Jahrhunderts / pod redakc. G[aliny] V. *Jakuševoj*. – Moskva, 2001. – S. 136–145.

387 *Richter*, Karl: Rokoko-Reminiszenzen in Goethes „West-östlichem Divan". – In: Literatur und Kultur des Rokoko / hrsg. von Matthias *Luserke* [u. a.] – Göttingen, 2001. – S. 277–288.

388 *Sampaolo*, Giovanni: Dialogo di natura : una lettura di „In tausend Formen magst du dich verstecken …" dal „West-östlicher Divan" di Goethe. – In: Contraddizioni del moderno nella letteratura tedesca da Goethe al Novecento : per Ida Cappelli Porena / a cura di Giovanna *Cermelli*. – Pisa, 2001. – S. 43–48. – (Memorie e atti di convegni ; 11)

389 *Schwieder*, Gabriele: Goethes „West-östlicher Divan" : eine poetolog. Lektüre. – Köln [u. a.] : Böhlau, 2001. – VIII, 242 S.
Zugl.: Zürich, Univ., Diss., 1999/2000.

390 *Weber*, Werner: Zwei Gedichte aus Goethes „Divan". – In: Spiegel der Welt : Handschriften u. Bücher aus drei Jahrtausenden ; e. Ausstellung der Fondation Martin Bodmer Cologny in Verbindung mit dem Schiller-Nationalmuseum Marbach … Ausstellung und Katalog: Martin *Bircher* in Zsarb. mit … – 3., durchges. Aufl. – Cologny ; Marbach a. N., 2000. – S. 386–395 : Ill. – (Marbacher Kataloge ; 55)
Über „Erschaffen und Beleben" („Buch des Sängers") u. „An vollen Büschelzweigen …" („Buch Suleika"). Mit fotograf. Wiedergabe der Handschriften.

391 *Witte*, Bernd: „Hegire" : transkulturelle Übersetzung in Goethes „West-östlichem Divan". – In: Poesie als Auftrag : Festschrift für Alexander von Bormann / hrsg. von Dagmar *Ottmann* [u. a.] – Würzburg, 2001. – S. 83–92.

392 *Witte*, Bernd: West-östliche Wahlverwandtschaften : zu Goethes Gedicht „An Suleika". – In: Wahlverwandtschaften in Sprache, Malerei, Literatur, Geschichte : Festschrift für Monique Boussart / hrsg. von Irene *Heidelberger-Leonard* u. Mireille *Tabah*. – Stuttgart, 2000. – S. 47–56. – (Stuttgarter Arbeiten zur Germanistik ; 388 : Unterreihe Salzburger Beiträge ; 40)

Wilhelm Meister

393 *Ammerlahn*, Hellmut: Der Strukturparallelismus von Wilhelms kreativer, bildender und tätiger Vergangenheitsbewältigung in Goethes Meister-Romanen. – In: Goethe Yearbook. Vol. 10. Rochester, NY 2001. S. 154–190.

394 *Birus*, Hendrik: „Größte Tendenz des Zeitalters“ oder „ein Candide, gegen die Poësie gerichtet“? : Friedrich Schlegels u. Novalis' Kritik des „Wilhelm Meister“. – In: Goethes Kritiker / hrsg. von Karl *Eibl* [u. a.] – Paderborn, 2001. – S. 27–43.

395 *Bluhm*, Lothar: „Du kommst mir vor wie Saul, der Sohn Kis' ...“ : „Wilhelm Meisters Lehrjahre“ zwischen „Heilung“ u. „Zerstörung“. – In: „daß gepfleget werde der feste Buchstab“ : Festschrift für Heinz Rölleke zum 65. Geburtstag am 6. Nov. 2001 / hrsg. von Lothar *Bluhm* [u. a.] – Trier, 2001. – S. 122–140.

396 *Bluhm*, Lothar: Goethes „incalculable Productionen“ : zur Kontextualität von „Wilhelm Meisters Lehrjahren“ und den „Unterhaltungen deutscher Ausgewanderten“. – In: Der europäische Roman zwischen Aufklärung und Postmoderne : Festschrift zum 65. Geburtstag von Jürgen C. Jacobs / hrsg. von Friedhelm *Marx* [u. a.] – Weimar, 2001. – S. 35–50.

397 *Böhmel Fichera*, Ulrike: Goethes „Wilhelm Meister“ : ein Arzt zwischen Erfahrungswissenschaft u. Heilkunst. – In: Annali / Istituto Universitario Orientale di Napoli. Sezione Germanica. N. S. Anno 9 (1999) [ausgeg. 2001]. Napoli 2001. Nr. 1/2 [Goethe-Sonderheft], S. 35–53. [Mit dt. Zsfassung.]

398 *Eun*, Tscheong-Yun: Peter Handkes „Falsche Bewegung“ als eine Rezeption und Dekonstruktion von Goethes „Wilhelm Meisters Lehrjahre“. – In: Goethe-Yongu = Goethe-Studien. Bd. 13. Seoul 2001. S. 203–237. [In korean. Sprache mit dt. Zsfassung.]

399 *Fues*, Wolfram Malte: „Wanderjahre“ im Hypertext. – In: Klassik und Anti-Klassik : Goethe u. seine Epoche / hrsg. von Ortrud *Gutjahr* u. Harro *Segeberg*. – Würzburg, 2001. – S. 137–156.

400 *Giesler*, Birte: „... wir Menschen alle sind Palimpseste ...“ : Intertextualität in Hedwig Dohms „Schicksale einer Seele“ am Beispiel der Verarbeitung von Goethes „Wilhelm Meisters Lehrjahre“. – Herbolzheim : Centaurus-Verl.-Ges., 2000. – VI, 120 S. – (Thetis ; 10)

401 *Hahn*, Karl-Heinz: Zeitgeschichte in Goethes Roman „Wilhelm Meisters Lehrjahre“ (1981). – In: K.-H. *Hahn*: Goethe-Studien / Einf. von Werner *Keller*. Ausw. u. Red.: Siegfried *Seifert*. – Weimar, 2001. – S. 142–156. – (Schriften der Goethe-Gesellschaft ; 68)

402 *Hillmann*, Heinz: Die ironische Gründung der schönen Biographie : Goethes „Wilhelm Meister“. – In: Der europäische Entwicklungsroman in Europa und Übersee : literar. Lebensentwürfe der Neuzeit. – Darmstadt, 2001. – S. 15–39.

403 *Kohn*, Brigitte: „Denn wer die Weiber haßt, wie kann der leben?“ : die Weiblichkeitskonzeption in Goethes „Wilhelm Meisters Lehrjahren“ im Kontext von Sprach- u. Ausdruckstheorie des ausgehenden 18. Jh. – Würzburg : Königshausen & Neumann, 2001. – 461 S. – (Epistemata : Reihe Literaturwissenschaft ; 356)
Zugl.: Köln, Univ., Diss., 1999.

404 *Lefebvre*, Joël: Arrière-plans d'histoire du théâtre dans „La vocation théâtrale de Wilhelm Meister“ (1989). – In: J. *Lefebvre*: Etudes allemandes : littérature, idéologies. – [Romainmôtier], 2000. – S. 47–61. – (Essais)

405 *Leutner*, Petra: Cyborgs und Zwitterwesen : Goethes Gestalten Mignon [„Wilhelm Meisters Lehrjahre“] u. Helena [„Faust“ II]. – In: Goethe nach 1999 : Positionen u. Perspektiven / hrsg. von Matthias *Luserke*. – Göttingen, 2001. – S. 89–98 u. 164–166.

406 *Paulin*, Roger: Wilhelm Meister liest Shakespeare : über Wilhelm Meisters Shakespeare-Verständnis. – In: „Von Pol zu Pol Gesänge sich erneun ...“ : das Europa Goethes u. seine Nationalautoren / hrsg. von Jochen *Golz* u. Wolfgang *Müller*. – Weimar, 2001. – S. 179–190. – (Schriften der Goethe-Gesellschaft ; 67)

407 *Perrone Capano*, Lucia: Goethe e il mondo sensibile : l'immaginazione del senso nei „Wanderjahre“. – In: Annali / Istituto Universitario Orientale di Napoli. Sezione Germanica. N. S. Anno 9 (1999) [ausgeg. 2001]. Napoli 2001. Nr. 1/2 [Goethe-Sonderheft], S. 163–176. [Mit dt. Zsfassung.]

408 *Perrone Capano*, Lucia: Traduzione e intertestualità : Shakespeare nel „Wilhelm Meister“. – In: Contraddizioni del moderno nella letteratura tedesca da Goethe al Novecento : per Ida Cappelli Porena / a cura di Giovanna *Cermelli*. – Pisa, 2001. – S. 25–30. – (Memorie e atti di convegni ; 11)

409 *Ricca*, Cristina: Der „Harfner" Domenico Antonio Giovinazzi. – In: Goethe-Jahrbuch. Bd. 117. Weimar 2000 [ausgeg. 2001]. S. 282–285.
Goethes Frankfurter Italienischlehrer D. A. Giovinazzi als vermutl. Vorbild für die Harfner-Gestalt in „Wilhelm Meisters Lehrjahren".

410 *Saße*, Günter: „Sinn ist mehr Glück" : die symbol. Ordnung der Pädagogischen Provinz in Goethes „Wanderjahren". – In: Westöstlicher und nordsüdlicher Divan : Goethe in interkultureller Perspektive / Ortrud *Gutjahr* (Hg.) – Paderborn [u. a.], 2000. – S. 177–186.

411 *Saße*, Günter: Der Sohn als Vater : Wilhelm Meisters Weg vom „unbefiederten Kaufmannssohn" zur „zweifelhaften Vaterschaft". – In: Jugend : Psychologie - Literatur - Geschichte ; Festschrift für Carl Pietzcker hrsg. von Klaus-Michael *Bogdal* [u. a.] – Würzburg, 2001. – S. 133–146.

412 *Saße*, Günter: „Die Zeit des Schönen ist vorüber" : Wilhelm Meisters Weg zum Beruf des Wundarztes in Goethes Roman „Wilhelm Meisters Wanderjahre oder Die Entsagenden". – In: Internationales Archiv für Sozialgeschichte der deutschen Literatur. Jg. 26. Tübingen 2001. H. 2, S. 72–97.

413 *Schößler*, Franziska: Progress and restorative utopia in „Faust II" and „Wilhelm Meisters Wanderjahre". – In: A companion to Goethe's Faust : parts I and II / ed. by Paul *Bishop*. – Rochester, NY [u. a.], 2001. – S. 169–193. – (Studies in German literature, linguistics, and culture)

414 *Yamamoto*, Kayo: Die literarische Selbstreflexion in Goethes „Wilhelm Meisters Lehrjahre". – In: Doitsu bungaku. H. 106. Tôkyô 2001. S. 101–111. [In japan. Sprache it dt. Zsfassung.]

415 *Zecevic*, Patricia D.: The speaking divine woman : López de Úbeda's „La Pícara Justina" and Goethe's „Wilhelm Meister". – Oxford [u. a.] : Lang, 2001. – 294 S. – (European connections ; 2)

Zahme Xenien

416 *Wild*, Inge ; *Wild*, Reiner „Die holden jungen Geister" : Jugend in Goethes „Zahmen Xenien". – In: Jugend : Psychologie - Literatur - Geschichte ; Festschrift für Carl Pietzcker / hrsg. von Klaus-Michael *Bogdal* [u. a.] – Würzburg, 2001. – S. 147–159.

Der Zauberflöte zweiter Teil

417 *Meinhold*, Günter: Zauberflöte und Zauberflöten-Rezeption : Studien zu Emanuel Schikaneders Libretto „Die Zauberflöte" u. seiner literar. Rezeption. – Frankfurt a. M. [u. a.] : Lang, 2001. – 313 S. – (Hamburger Beiträge zur Germanistik ; 34)
Zugl.: Hamburg, Univ., Diss., 2000. – Darin auch über Goethes „Der Zauberflöte zweiter Teil" und Christian August Vulpius' Bearbeitung der „Zauberflöte" für das Weimarer Hoftheater.

Zueignung

418 *Sauder*, Gerhard: Der Dämmerung Schleier und Goethes „Zueignung". – In: Goethe : Ungewohnte Ansichten ; Beiträge zu e. Ringvorlesung der Philosoph. Fak. der Univ. des Saarlandes im Wintersemester 1999/2000 / hrsg. von Karl *Richter* u. Gerhard *Sauder*. – St. Ingbert, 2001. – S. 279–310 : Ill. – (Annales Universitatis Saraviensis : Philosophische Fakultäten ; 17)

Zum Schäkespears Tag

419 *Kakauridse*, Nanuli: Goethes Rede „Zum Shakespeare-Tag" und „Götz von Berlichingen". – In: Goethe – 250 : Wissenschaftliche Konferenz des Rusthaweli-Instituts für georg. Literatur [der Akademie der Wissenschaften Georgiens]. Hrsg. von Guram *Tschocholidse*. – Tbilissi, 2001. – S. 58–66 u. 135–142. [In dt. u. georg. Sprache.]

5. Wirkungs- und Forschungsgeschichte. – Text- und Buchgeschichte. – Gesellschaften und Jahrbücher. – Gedenkstätten, Sammlungen und Ausstellungen

420 *Anz*, Thomas: „Eine gerade Linie von Goethe zu Freud" : zum Streit um die Verleihung des Frankfurter Goethe-Preises im Jahre 1930. – In: Buchpersonen, Büchermenschen : Heinz Gockel zum Sechzigsten / hrsg. von Gudrun *Schury* [u. a.] – Würzburg, 2001. – S. 223–234.

421 *Bahr*, Ehrhard: The silver age of Weimar : Franz Liszt as Goethe's successor ; a study in cultural archaeology. – In: Goethe Yearbook. Vol. 10. Rochester, NY 2001. S. 191–202.

422 *Baumann*, Jürgen: Goethe für Kinder – Wege zu Goethe? – In: Aus „Wundertüte „ und „Zauberkasten" : über die Kunst des Umgangs mit Kinder- u. Jugendliteratur ; Festschrift zum 65. Geburts-

tag von Heinz-Jürgen Kliewer / hrsg. von Henner *Barthel* [u. a.] - Frankfurt a. M., 2000. - S. 571 bis 580. - (Kinder- und Jugendkultur, -literatur und -medien ; 9)

423 *Belski*, Franca: J. W. von Goethe e la „Nuova Antologia". - In: Nuova antologia : rivista di lettere, scienze ed arti. Anno 136. Vol. 586. Firenze 2001. Fasc. 2218, S. 318–330.
Darin über die Beiträge über Goethe in der „Nuova Antologia" seit 1866 als Beispiele der italienischen Goethe-Rezeption.

424 *Berghahn*, Klaus L.: Ein klassischer Chiasmus : Goethe u. die Juden, die Juden u. Goethe. - In: Goethe Yearbook. Vol. 10. Rochester, NY 2001. S. 203–221.

425 *Bishop*, Paul ; *Stephenson*, R[oger] H.: Zarathustras Evangelium des Schönen : Nietzsche u. die klass. Weimarer Ästhetik. - In: Sprachkunst. Jg. 32. Wien 2001. H. 1, S. 1–26.

426 *Bunzel*, Wolfgang ; *Landfester*, Ulrike: Lust und Verleumdung : krit. Bemerkungen zu Henning Boetius' Novelle „Tod in Weimar". - In: Umbruch der Kulturen - die europäischen Revolutionen von 1848/49 / hrsg. von Wolfgang *Bunzel* [u. a.] - Berlin, 2000. - S. 271–274. - (Internationales Jahrbuch der Bettina-von-Arnim-Gesellschaft ; 11/12.1999/2000)

427 *Butzlaff*, Wolfgang: Goethe : „Trostlos zu sein ist Liebenden der schönste Trost" ; gesammelte Studien zu Werk u. Rezeption. - Hildesheim [u. a.] : Olms - Weidmann, 2000. - 278 S. - (Germanistische Texte und Studien ; 66)
Darin u. a.: „Saatfrüchte sollen nicht vermahlen werden" : Käthe Kollwitz - ein Leben mit Goethe (1999), S. 181–211. - Gottfried Benn und Goethe (1986), S. 213–241. - Gottfried Benn - Sänger ohne Musik?, S. 242–270.

428 *Chin*, Sang-Bum ; *Schirmer*, Andreas: Goethe und China : e. Sichtung. - In: Eins und doppelt : Festschrift für Sang-Kyong Lee ; Beiträge aus Theaterwissenschaft, Literaturwissenschaft, Ostasienwissenschaften / hrsg. von Mihee *Kim* [u. a.] - Frankfurt a. M., 2000. - S. 234–294.

429 *Cleve*, Ingeborg: Goethe in der DDR. - In: Goethe : Ungewohnte Ansichten ; Beiträge zu e. Ringvorlesung der Philosoph. Fak. der Univ. des Saarlandes im Wintersemester 1999/2000 / hrsg. von Karl *Richter* u. Gerhard *Sauder*. - St. Ingbert, 2001. - S. 159–186. - (Annales Universitatis Saraviensis : Philosophische Fakultäten ; 17)

430 *Di Benedetto*, Arnaldo: Vittorio Alfieri tra Parini e Goethe (e oltre). - In: Italienische Aufklärungsliteratur im Zeichen europäischer Beziehungen : Beiträge zu Parini, Alfieri u. Da Ponte / Erika *Kanduth* (Hrsg.) - Frankfurt a. M., 2000. - S. 63–72. - (Wiener Beiträge zu Komparatistik und Romanistik ; 9)

431 *Dilk*, Enrica Yvonne: „... mit Verlegerschnelle in ein fremdes Idiom hinübergetrieben ..." : Eduard von Bülow zwischen Goethe, Tieck u. Manzoni. - In: Publications du Centre Universitaire de Luxembourg. Germanistik / Département des Lettres Allemandes. Vol. 15. Luxembourg 2001. S. 27–38.

432 *Drews*, Jörg: Eine angenehme Überraschung : e. nüchterner Rückblick aufs Goethe-Jahr. - In: Triangulum. Germanist. Jahrbuch für Estland, Lettland u. Litauen. Folge 7. Riga 2000. S. 10–21.

433 *Eckert*, Brita: Goethe-Rezeption im Exil 1933 bis 1949. - In: Exile im 20. Jahrhundert / hrsg. im Auftr. der Gesellschaft für Exilforschung von Claus-Dieter *Krohn* [u. a.] - München, 2000. - S. 230–253. - (Exilforschung ; 18)

434 *Frolov*, Georgij A.: Puškin i Gete : dialogi na perechode vekov. - In: Deutsch-russischer Dialog in den Philologien = Nemecko-russkij dialog v filologii / hrsg. von Herbert *Jelitte* u. Maria *Horkavtschuk*. - Frankfurt a. M. [u. a.], 2001. - S. 197–207. - (Beiträge zur Slavistik ; 44) [Puškin u. Goethe : Dialoge am Wechsel der Jahrhunderte.]

435 *Fry*, Ingrid E.: Elective androgyny: Bettine Brentano-von Arnim and Margaret Fuller's reception of Goethe. - In: Goethe Yearbook. Vol. 10. Rochester, NY 2001. S. 246–262.

436 *Gëte v russkoj kul'ture XX veka = Goethe in der russischen Kultur des XX. Jahrhunderts* / pod redakc. G[aliny] V. *Jakuševoj*. - Moskva : „Nauka", 2001. - 383 S. : 1 Titelb., Ill.
Darin u. a.: *Jakuševa*, G[alina] V.: Obrazi motivy Gëte v otečestvennoj slovesnosti XX veka (Rossija, SSSR, Russkoe zarubež'e) [Goethes Gestalt und Goethesche Motive im russ. Schrifttum des 20. Jh. : Rußland, UdSSR, russ. Kultur im Ausland], S. 11–44. - *Ratgauz*, G[rejnem] I.: Gëte v russkoj poėzii XX veka [Goethe in der russ. Dichtung des 20. Jh.], S. 45–63. - *Mikuševič*,

V[ladimir] B.: „Das Ewig-Weibliche“ v poėzii russkogo simvolizma [„Das Ewig Weibliche“ in der Dichtung des russ. Symbolismus], S. 64–69. – *Čerepennikova*, M[argarita] S.: Ital’janskie motivy v dramaturgii I. V. Gëte i M. I. Cvetaevoj [Italienische Motive in der Dramatik J. W. Goethes u. M. I. Cvetaevas], S. 100–109. – *Davydova*, T[at’jana] T.: Gëtevskie reminiscencii v „Kaščeevoj cepi“ M. Prišvina [Goethische Reminiszenzen in der „Kette des Katschej“ von M. Prišvin], S. 146–152. – *Turaev*, S[ergej] V.: Gëte v tvorčestve Mariėtty Šaginjan [Goethe im Schaffen von M. Šaginjan], S. 153–158. – *Konnov*, V[ladimir] P.: Romansy N. K. Metnera na stichi Gëte [Die Romanzen von N. K. Metner zu Gedichten Goethes], S. 191–207. – *Fomin*, D[mitrij] V.: Obrazy Gëte v russkoj knižnoj grafike XX veka [Goethesche Gestalten in der russ. Buchgraphik des 20. Jh.], S. 208–250 : Ill. – *Fel’dman*, L[ev] G.: Gëte-naturalist i razvitie estestvoznanija v Rossii [Der Naturforscher Goethe und die Entwicklung der Naturwissenschaften in Rußland], S. 253–276. – *Ljubarskij*, G[eorgij] Ju.: Gëtevskie idei v russkoj biologii XX veka [Ideen Goethes in der russ. Biologie des 20. Jh.], S. 277–288. – *Michajlova*, L[judmila] P.: Gëte v detskom čtenii serebrjanogo veka [Goethe in der Kinderlektüre des silbernen Jh.], S. 291–296. – *Turaev*, S[ergej] V.: Stranicy sovetskoj gëteany [Seiten der sowjet. Goethepflege], S. 297–307. – *Fomin*, D[mitrij] V. ; *Lopatina*, N[atal’ja] I.: Gëtevskie toržestva 1932 goda v pis’mach i dokumentach [Die Goethefeiern 1932 in Briefen und Dokumenten], S. 308–328. – *Jakuševa*, G[alina] V.: Gëtevskaja komissija v Moskve [Die Goethe-Kommission der Russ. Akademie der Wissenschaften in Moskau], S. 345–348. – *Erochin*, A[leksandr] V.: Itogi i rubeži : pjat’ vypuskov „Gëtevskich čtenij“ [Ergebnisse und Etappen : die fünf Bände der „Goethe-Studien“ 1984–1999], S. 349–370.

437 *Gilman*, Sander L.: Nietzschean parody : an introduction to reading Nietzsche. – 2nd, expanded ed. – Aurora, Colo. : Davies Group Publ., 2001. – XVIII, 180 S. – (Critical studies in the humanities)
Erstausg. Bonn 1976. Text teilw. in dt. Sprache. – Darin u. a.: Nietzsche and Goethe, S. 43–64.

438 *Goethe-Medaille, verliehen am 22. März 2001* / Goethe-Institut zur Pflege der Deutschen Sprache im Ausland und zur Förderung der Internationalen Kulturellen Zusammenarbeit. – München, 2001. – 31 S.
Darin die Laudationes von Peter *Wapnewski* auf die Preisträger 2001: Adonis (Ali Ahmad Esber), Sofia Gubaidulina, Gerardo Marotta u. Werner Spies.

439 *Goethe – 250* : Wissenschaftliche Konferenz des Rusthaweli-Instituts für georg. Literatur [der Akademie der Wissenschaften Georgiens]. Hrsg. von Guram *Tschocholidse*. – Tbilissi : Verl. „Merani-3“, 2001. – 284 S.
Darin u. a.: *Laschkaradse*, David: Goethe in der Rezeption von Ilija Tschawtschawadse, S. 9–13. – [Die folgenden Beiträge in dt. u. georg. Sprache.] *Bugadse*, Gia: Überlegungen zur praktischen Anwendung von Goethes „Farbenlehre“ in der Malerei : aus dem Sammelwerk „Gedanken über das Vorübergehende“, S. 35–41 u. 113–120. – *Bregadse*, Lewan: Goethe auf den Seiten der „Kaukasischen Post“ [Wochenschrift für dt. Auswanderer in Georgien, Tiflis 1906–1914 u. 1919–1921], S. 42–45 u. 121–124. – *Lomidse*, Gaga: Goethes Konzeption der Wiederkehr zum väterlichen Schoss und „Das Schlangenhemd“ von Grigol Robakidse, S. 70–77 u. 145–152. – *Chuchua*, Anna: Die Funktion des „Inneren Monologs“ in Th. Manns Roman „Lotte in Weimar“, S. 78–83 u. 153–160.

440 *Goethes Kritiker* / hrsg. von Karl *Eibl* ; Bernd *Scheffler*. – Paderborn : Mentis-Verl., 2001. – 208 S.
Darin u. a.: *Feilchenfeldt*, Konrad: Die „Kunst der Interpretation“ im Goethe-Kult des Ehepaars Varnhagen, S. 71–86. – *Hettche*, Walter: „Schafe“ und „Nachplapperer“ : Theodor Fontane u. die Goethe-Rezeption des 19. Jh., S. 87–99. – *Frühwald*, Wolfgang: Das Goethejahr 1932 : Thomas Mann liest Goethe, S. 101–116. – *Pornschlegel*, Clemens: Versgehüpfe, Reimgeklingel, Singsang : Heideggers Auseinandersetzung mit Goethe, S. 117–134. – *Friedrich*, Hans-Edwin: „Ich war unehrerbietig genug“ : Arno Schmidts Auseinandersetzung mit dem Goethe-Kult der Nachkriegszeit, S. 135–151. – *Matala de Mazza*, Ethel: Goethe-Dämonologie : Anmerkungen zu Hans Blumenberg, S. 153–171. – *Hanuschek*, Sven: „Jeder Mensch muß wieder ruiniert werden“ : Goethes Werk als Fundus u. Spielmaterial bei Eckhard Henscheid, S. 173–190. –

Reinhardt, Hartmut: Der Ermittler : über den amerikan. Goethe-Kritiker W. Daniel Wilson, S. 191–208.

441 *Große*, Jürgen: Phänomen-Erkenntnis : Goethisches bei Geschichtsdenkern des 19. u. 20. Jh. - Stuttgart : Heinz, 2001. - 103 S. – (Stuttgarter Arbeiten zur Germanistik ; 391)
Darin u. a. zur Goetherezeption bei Thomas Carlyle, Jacob Burckhardt, Johan Huizinga u. Friedrich Gundolf.

442 *Gurvic-Liščiner*, Sofija D.: Tvorčestvo Aleksandra Gercena i nemeckaja literatura : očerki i materialy. – Frankfurt a. M. [u. a.] : Lang, 2001. – 349 S. – (Deutsch-russische Literaturbeziehungen ; 11) [Das Schaffen Aleksandr Herzens : Studien u. Materialien.]
Darin u. a.: Gercen i Gëte : tvorčeskie „vstreči" [Herzen u. Goethe : schöpfer. „Begegnungen"], S. 69–134.

443 *Hentschel*, Barbara: Kandinsky und Goethe : „Über das Geistige in der Kunst" in der Tradition Goethescher Naturwissenschaft. - Berlin : Wiss. Verl. Berlin, 2000. – 132 S. : Ill.

444 *Hinck*, Walter: Der „große Jupiter"? : zum Wandel in Heinrich Heines Goethe-Bild. – In: Goethe-Jahrbuch. Bd. 117. Weimar 2000 [ausgeg. 2001]. S. 165–179.

445 *Honold*, Alexander: Der Leser Walter Benjamin : Bruchstücke einer dt. Literaturgeschichte. – Berlin : Verl. Vorwerk 8, 2000. – 431 S. : Ill.
Darin u. a. [Kapitel 3]: Blinde Wahl: Goethe, S. 107–158.

446 *Jahrbuch / Henning-Kaufmann-Stiftung zur Pflege der Reinheit der deutschen Sprache*. Bd. 1995/99. Marburg 2001.
Darin u. a.: *Pörksen*, Uwe: Laudatio für Prof. Dr. Dorothea Kuhn : anläßlich der Verleihung des „Deutschen Sprachpreises" der Henning-Kaufmann-Stiftung zur Pflege der Reinheit der deutschen Sprache 1998, S. 109–123. – *Kuhn*, Dorothea: Ballonfahrt : Erfahrung und Phantasie [Darin zu den Experimenten mit Ballons in der Goethezeit und ihrer Widerspiegelung in der zeitgenöss. Literatur, auch zu Goethes Beschäftigung mit dieser Materie], S. 124 bis 143.

447 *Jakuševa*, Galina V.: Goethe in der sowjetischen Literatur (1940er – 1980er Jahre) / aus dem Russ. übers. von Fritz *Schlawe*. – In: Goethe-Jahrbuch. Bd. 117. Weimar 2000 [ausgeg. 2001]. S. 201–216.

448 *Judersleben*, Jörg: Philologie als Nationalpädagogik : Gustav Roethe zwischen Wissenschaft u. Politik. – Frankfurt a. M. [u. a.] : Lang, 2000. – 342 S. – (Berliner Beiträge zur Wissenschaftsgeschichte ; 3)
Literaturverz. S. 316 - 335. – Zugl.: Berlin, Humboldt-Univ., Diss., 2000.
Darin vielfache Bemerkungen zu G. Roethe als Goetheforscher u. Präsident der Goethe-Gesellschaft, s. Personenregister.

449 *Karthaus*, Ulrich: Der Mann ohne Eigenschaften und Hans Castorp : Nachfahren Fausts u. Wilhelm Meisters. – In: Thomas-Mann-Jahrbuch. Bd. 14. Frankfurt a. M. 2001. S. 9–26.

450 *Kemper*, Dirk: Nun sag', wie hast du's mit der Revolution : das Ringen um eine neue Kulturpolitik u. Wissenschaftskonzeption im Spiegel der Goethe-Forschung. – In: Germanistik der siebziger Jahre : zwischen Innovation u. Ideologie / Silvio *Vietta* ; Dirk *Kemper*, Hrsg. – München, 2000. – S. 169–199.

451 *Kim*, Gyu Chang: Vermittlungs- und Übersetzungsgeschichte Goethes in Korea. – Frankfurt a. M. [u. a.] : Lang, 2001. – 207 S. – (Tübinger Studien zur deutschen Literatur ; 17)
Zugl.: Tübingen, Univ., Diss., 2000.

452 *König*, Christoph: Aufklärungskulturgeschichte : Bemerkungen zu Judentum, Philologie u. Goethe bei Ludwig Geiger. - In: Jüdische Intellektuelle und die Philologien in Deutschland : 1871 – 1933 / hrsg. von Wilfried *Barner* u. Christoph *König*. – Göttingen, 2001. – S. 187–202. – (Marbacher Wissenschaftsgeschichte ; 3)

453 *König*, Christoph: Hofmannsthal : ein moderner Dichter unter den Philologen. – Göttingen : Wallstein, 2001. – 499 S. – (Marbacher Wissenschaftsgeschichte ; 2)
Zugl.: Berlin, Humboldt-Univ., Habil.-Schr. – Darin u. a.: Goethe in Hofmannsthals Kultur, S. 95–171.

454 *Koopmann*, Helmut: Thomas Mann: „Lotte in Weimar". – In: Große Werke der Literatur : e. Ringvorlesung an der Univ. Augsburg / hrsg. von Hans Vilmar *Geppert*. Bd. 7. Tübingen [u. a.], 2001. – S. 173–189.

455 *Krippendorff*, Ekkehart: Goethe in China – Reiseeindrücke eines Politologen im September 1999. – In: Goethe-Jahrbuch. Bd. 117. Weimar 2000 [ausgeg. 2001]. S. 242–246.

456 *Kümmel*, Friedrich: Zur Rezeption von Goethes naturwissenschaftlichen Schriften bei Georg Misch, Josef König und Hans Lippe. – In: Dilthey-Jahrbuch für Philosophie und Geschichte der Geisteswissenschaften. Bd. 12. 1999/2000. Göttingen 2000. S. 225–238.

457 *Lebedeva*, O. B. ; *Januškevič*, A. S.: Neizvestnye perevody V. A. Žukovskogo iz Gete. – In: Russkaja literatura. God izd. 2001. Sankt-Peterburg 2001. Nr. 2, S. 76–82. [Unbekannte Goethe-Übersetzungen von V. A. Žukovskij.]

458 *„Leuchtendes Zauberschloß aus unvergänglichem Material"* : Hofmannsthal u. Goethe ; Ausstellung im Freien Deutschen Hochstift Frankfurter Goethe-Museum 12. Nov. 2001 bis 13. Januar 2002 / hrsg. von Joachim *Seng*. – Heidelberg : Ed. Isele, 2001. – 376 S. : zahlr. Ill.
Darin u. a.: *Seng*, Joachim: Ein Bruder Goethes : Ansichten u. Einsichten zu einer Wahlverwandtschaft Hofmannsthals, S. 245–294 : Ill. – *Rölleke*, Heinz: Hofmannsthals „Jedermann" und Goethes „Faust" : Parallelen u. Übernahmen, S. 295–305 : Ill. – *König*, Christoph: Zur modernen Komplizenschaft zwischen Poesie und Philologie, S. 307–325 : Ill. – *Jäger*, Lorenz: Tradition und Krise : Goethes Präsenz in Hofmannsthals Reden u. herausgegebenen Werken nach 1912, S. 327–337 : Ill. – *Heumann*, Konrad: Sich-orientieren im Dasein : Hofmannsthals Vortrag vor dem Wiener Goethe-Verein (1902) im Kontext seines Ringens um die dramat. Form, S. 339–356 : Ill. – *Heumann*, Konrad: Die Prinzessin : Hofmannsthals Notizen zu e. Tasso-Vortrag (1902) u. die „Unterhaltung über den ‚Tasso' von Goethe" (1906), S. 357–369 : Ill.
Vergl. hierzu: *Seng*, Joachim: „Leuchtendes Zauberschloß aus unvergänglichem Material" – Hofmannsthal u. Goethe : eine Ausstellung im Freien Deutschen Hochstift/Frankfurter Goethe-Museum. – In: Kulturberichte / Arbeitskreis selbständiger Kultur-Institute e. V. [Jg.] 2001. Bonn 2001. H. 2, S. 7–9 : Ill.

459 *Leuschner*, Ulrike: Wissenschaft im Schatten des Meisters : Gundolfs Gestaltbiographie „Goethe". – In: Goethe nach 1999 : Positionen u. Perspektiven / hrsg. von Matthias *Luserke*. – Göttingen, 2001. – S. 121–131 u. 171–174.

460 *Luserke*, Matthias: Über das Goethe-Jahr 1999 : Versuch e. Rückblicks. – In: Goethe nach 1999 : Positionen u. Perspektiven / hrsg. von Matthias *Luserke*. – Göttingen, 2001. – S. 133–143 u. 174–175.

461 *Mandelkow*, Karl Robert: Gesammelte Aufsätze und Vorträge zur Klassik- und Romantikrezeption in Deutschland. – Frankfurt a. M. [u. a.] : Lang, 2001. – 380 S.
Darin: Wandlungen des Klassikbildes in Deutschland im Lichte gegenwärtiger Klassikkritik (1977), S. 21–40. – West-östliche Goethe-Bilder : zur Klassikrezeption im geteilten Deutschland (1982), S. S. 41–60. – Die bürgerliche Bildung in der Rezeptionsgeschichte der deutschen Klassik (1985), S. 61–76. – Goethes Naturauffassung im Urteil der Rezeptionsgeschichte (1987), S. 77–96. – Natur und Geschichte bei Goethe im Spiegel seiner Rezeption im 19. und 20. Jahrhundert (1988), S. 97–122. – Goetherezeption im Zeichen der deutschen Wiedervereinigung (1991), S. 123–131. – Die Goethe-Gesellschaft in Weimar als literaturwissenschaftliche Institution (1991), S. 133–145. – Johann Wolfgang von Goethe (1995), S. 147–155. – Zwischen Weimar und Potsdam : Aspekte der Goetherezeption in den zwanziger u. dreißiger Jahren in Deutschland (1996), S. 157–172. – Weimarer Klassik : Gegenwart u. Vergangenheit e. dt. Mythos (1999), S. 173–184. – Rezeptionsgeschichte als Erfahrungsgeschichte : Vorüberlegungen zu dem Versuch e. Wirkungsgeschichte Goethes in Deutschland (1981), S. 187–208. – Goethe-Forschung als Paradigma literaturwissenschaftlicher Methodendiskussion im 20. Jahrhundert (1992), S. 209–221. – Neue Gelehrsamkeit : zum Paradigmawechsel in der Goetheforschung an der Wende von den siebziger zu den achtziger Jahren (1999), S. 223–235. – Mein Weg zur Rezeptionsgeschichtsschreibung im Diskussionsfeld zwischen Produktionsästhetik und Rezeptionstheorie (2000), S. 237–247. – Liberale Sachlichkeit : der Literaturwissenschaftler Herman Meyer

(1976), S. 251–267. – Das Goethe-Bild Ernst Beutlers (1985), S. 269–286. – Das Goethebild Georg Simmels (1976), S. 287–301. – Verweigerte Anpassung : Konstanten u. Wandlungen des Klassik-Bildes im literaturwissenschaftl. Werk Max Kommerells (1997), S. 303–314. – Bemerkungen zum Goethebild Ernst Cassirers (1999), S. 315–323. – „Das Klassische nenne ich das Gesunde, und das Romantische das Kranke" (Goethe) : literaturwissenschaftl. Reflexionen über das Verhältnis von Krankheit u. Gesundheit (1985), S. 327–339.

462 *Marcu*, Grigore: Translatorische Fehlleistungen und Kunstgriffe : vergleich. Analyse rumän. Goethe-Übersetzungen. – In: Zum Thema Mitteleuropa : Sprache u. Literatur im Kontext / hrsg. von Markus *Bauer*. – Iasi ; Konstanz, 2000. – S. 131–146. – (Jassyer Beiträge zur Germanistik ; 8)

463 *Mishima*, Kenichi: Ist Goethe in Japan noch zitierbar? – In: Goethe-Jahrbuch = Gēte-nenkan. Bd. 43. Tôkyô 2001. Dt. Teil, S. 27–31.

464 *Mondot*, Jean: Goethe à Francfort (avril-juillet 1999). – In: Etudes germaniques. Année 56. Paris 2001. No. 2, S. 235–238.
Zu den Frankfurter Veranstaltungen und Feiern zum Goethe-Jubiläum 1999.

465 *Nadji*, Mehdi: Das Goethe-Jahr [1999] im Lande Hafis'. – In: Goethe-Jahrbuch. Bd. 117. Weimar 2000 [ausgeg. 2001]. S. 18–21.

466 *Noll*, Chaim: Rom in Weimar : das Haus am Frauenplan, Goethe, Kafka und in die Ferne führende Folgerungen. – In: Deutsche Italomanie in Kunst, Wissenschaft und Politik / hrsg. von Wolfgang *Lange* u. Norbert *Schnitzler*. – München, 2000. – S. 283–301.

467 *Oguri*, Hiroshi: Goethe nach dem Fest. – In: Goethe-Jahrbuch = Gēte-nenkan. Bd. 43. Tôkyô 2001. Dt. Teil, S. 5–12.

468 *O-Ton Goethe* : das „Goethe-Wörterbuch" (GWb) / Michael *Niedermeier* ; Georg *Objartel* ; Rüdiger *Welter*. – In: Zeitschrift für Germanistik. N. F. Jg. 11. Berlin 2001. H. 3, S. 596–600.

469 *Petrovskaja*, E. V.: Gete i Russo v tvorčeskom samosoznanii molodogo Tolstogo: „poėzija" i „pravda". – In: Russkaja literatura. God izd. 2001. Sankt-Peterburg 2001. Nr. 1, S. 80–92. [Goethe u. Rousseau im künstler. Selbstverständnis des jungen Tolstoj : „Dichtung" u. „Wahrheit".]

470 *Pontzen*, Alexandra: Kein Liebhaber des Vulkans : Goethes Italienerfahrung im Spiegel moderner Belletristik. – In: Goethe und Italien / hrsg. von Willi *Hirdt* u. Birgit *Tappert*. – Bonn, 2001. – S. 253–274. – (Studium Universale ; 22)

471 *Pubanz*, Benno: Über Goethe reden, heißt Fragen an die eigene Zeit, ihre Zeugen und Ziele zu stellen : Festrede des Präsidenten des Landesverbandes Mecklenburg u. Vorpommern des Kulturbundes am 28. August 1999 im Thronsaal des Schweriner Schlosses zum 250. Geburtstag von Johann Wolfgang Goethe. – In: Germanistyka : Studia i materialy; [Seria] L. [Bd.] 15. Zielona Góra 2000. S. 169–177.

472 *Reich-Ranicki*, Marcel: Der Liebling der Götter: Goethe. – In: M. *Reich-Ranicki*: Vom Tag gefordert : Reden in dt. Angelegenheiten. – 2. Aufl. – Stuttgart [u. a.], 2001. – S. 93–101.
Ergänzter Teilabdr. der Rede zur Verleihung des Goethe-Preises 1999 an Siegfried Lenz, gehalten am 28. August 1999 in der Frankfurter Paulskirche.

473 *Schlichtmann*, Silke: Geschlechterdifferenz in der Literaturrezeption um 1800? : zu zeitgenöss. Goethe-Lektüren. – Tübingen : Niemeyer, 2001. – VIII, 303 S. – (Untersuchungen zur deutschen Literaturgeschichte ; 107)
Zugl.: Trier, Univ., Diss., 1998. – Darin u. a.: Die liebende Leserin – Bettina Brentano: Ein Paradebeispiel?, S. 36–51. – „Die Wahlverwandtschaften" – Ethik versus Ästhetik?, S. 139–152.

474 *Schmeling*, Manfred: Der undeutsche Deutsche? : Goethe u. die franz. Intellektuellen zwischen den Weltkriegen. – In: Goethe : Ungewohnte Ansichten ; Beiträge zu e. Ringvorlesung der Philosoph. Fak. der Univ. des Saarlandes im Wintersemester 1999/2000 / hrsg. von Karl *Richter* u. Gerhard *Sauder*. – St. Ingbert, 2001. – S. 255–278. – (Annales Universitatis Saraviensis : Philosophische Fakultäten ; 17)

475 *Schwinge*, Ernst-Richard: Wolfgang Schadewaldts Studien zu Goethe : vorgelegt in der Sitzung vom 28. April 2001. – Göttingen : Vandenhoeck & Ruprecht [u. a.], 2001. – 27 S. – (Berichte aus den Sitzungen der Joachim Jungius-Gesellschaft der Wissenschaften e. V., Hamburg ; Jg. 19, H. 3)

476 *Stark*, Michael: Fröhlicher Positivismus : zur Goethe-Gedenktafel in Bamberg. – In: Buchpersonen, Büchermenschen : Heinz Gockel zum Sechzigsten / hrsg. von Gudrun *Schury* [u. a.] – Würzburg, 2001. – S. 253–259.

477 *Strack*, Friedrich: Von Goethe und Schiller verkannt und gegängelt? : Hölderlins Auseinandersetzung mit der Weimarer Klassik. – In: Jahrbuch des Freien Deutschen Hochstifts. [Jg.] 2001. Tübingen 2001. S. 122–150.

478 *Strick*, Gregor: Ich und Goethe oder wie Arno Schmidt sich als Klassiker konstruiert. – In: Zettelkasten : Aufsätze u. Arbeiten zum Werk Arno Schmidts = Jahrbuch der Gesellschaft der Arno-Schmidt-Leser. Bd. 20. Wiesenbach ; Frankfurt a. M. 2001. S. 195–228.

479 *Suga*, Yoichi: Goethe und Hebbel. – In: Goethe-Jahrbuch = Gēte-nenkan. Bd. 43. Tôkyô 2001. S. 31–49 u. dt. Teil, S. 59. [In japan. Sprache mit dt. Zsfassung.]

480 *Sugita*, Hiroko: Dionysos Goethe, das letzte Bild, das Nietzsche von Goethe hatte. – In: Goethe-Jahrbuch = Gēte-nenkan. Bd. 43. Tôkyô 2001. S. 67–84 u. dt. Teil, S. 61–62. [In japan. Sprache mit dt. Zsfassung.]

481 *Thomas-Mann-Handbuch* / hrsg. von Helmut *Koopmann*. – 3., aktualisierte Aufl. – Stuttgart : Kröner, 2001. – XVIII, 1036 S. : Ill.
Darin u. a. im Kapitel „Thomas Mann und die literarische Tradition“ (S. 95–136) über Schiller und Goethe; ferner über „Lotte in Weimar“ (S. 423–446) sowie „Doktor Faustus und Goethes Faust“ (S. 492–493).

482 *Thüring*, Hubert: Geschichte des Gedächtnisses : Friedrich Nietzsche u. das 19. Jh. – München : Fink, 2001. – 391 S.
Zugl.: Basel, Univ., Diss.
Darin u. a.: Die Symbolisierung des Subjekts : Literatur der Klassik (Goethe), S. 85–114. – Die Systematisierung des Subjektiven : Philosophie des Idealismus (Hegel, Goethe), S. 120–148.

483 *Tunkel*, Tobias: „Das verlorene Selbe“ : Paul Celans Poetik des Anderen u. Goethes lyr. Subjektivität. – Freiburg i. Br. : Rombach, 2001. – 377 S. – (Rombach Wissenschaften : Reihe Cultura ; 18)

484 *Voigt*, Friedemann: Kultur und Bildung bei Georg Simmel, Ernst Cassirer und Adolf Harnack : Lehr- u. Wanderjahre der Goethe-Rezeption in Kulturphilosophie u. Theologie. – In: Die Prägnanz der Religion in der Kultur : Ernst Cassirer und die Theologie / Dietrich *Korsch* [u. a.] (Hrsg.) – Tübingen, 2000. – S. 179–200. – (Religion und Aufklärung ; 7)

485 *Weimarer Klassik in der Ära Honecker* / hrsg. von Lothar *Ehrlich* u. Gunther *Mai*. – Köln [u. a.] : Böhlau, 2001. – 315 S.
Darin u. a.: *Ehrlich*, Lothar [u. a.]: Weimarer Klassik in der Ära Honecker, S. 7–28. – *Mühlberg*, Dietrich: Ostdeutsche Kulturwissenschaft und Weimarer Klassik, S. 77–108. – *Ehrlich*, Lothar: Die Klassik-Debatte in „Sinn und Form“ 1973/74, S. 109–126. – *Leistner*, Bernd: Goethe, Hoffmann, Kleist et cetera : zu e. Kapitel DDR-Literatur der siebziger, achtziger Jahre, S. 127–135. – *Stuber*, Petra: Klassik als Symptom : DDR-Theater zwischen 1970 u. 1990, S. 137–156. – *Gerlach*, Harald: Erfahrungen mit dem Klassik-Konzept auf dem Theater der DDR zwischen 1972 und 1989, S. 157–167. – *Wiedemann*, Dieter: Klassik medial – Literaturverfilmungen der DEFA und des Fernsehens der DDR, S. 169–179. – *Schandera*, Gunter: Klassik im Film : am Beispiel von „Lotte in Weimar“, S. 181–191. – *Gärtner*, Marcus: „Bibliothek deutscher Klassiker“ [im Aufbau-Verlag Berlin und Weimar] : die Klassiker im Leseland, S. 193–218. – *Cleve*, Ingeborg: Klassik vor Ort – Präsentationsformen und Aneignungsweisen, S. 233–265. – *Oellers*, Norbert: Aus Bonn in Weimar, 1971–1989, S. 295–306.

486 *Wende*, Waltraud: „Die deutsche Kultur und die umliegenden Dörfer halten den Atem an“ : zur Wirkungsgeschichte e. Klassikers. – In: Klassik und Anti-Klassik : Goethe u. seine Epoche / hrsg. von Ortrud *Gutjahr* u. Harro *Segeberg*. – Würzburg, 2001. – S. 19–33.

487 *Westöstlicher und nordsüdlicher Divan* : Goethe in interkultureller Perspektive / Ortrud *Gutjahr* (Hg.) – Paderborn [u. a.] : Schöningh, 2000. – 278 S.
Darin u. a.: *Osten*, Manfred: War Goethe ein Japaner?, S. 221–225. – *Avetisjan*, Vladimir A.: Goethe und Puschkin, S. 227–240. – *Böschenstein*, Bernhard: Goethes Stimme im deutsch-fran-

zösischen Konzert von Hofmannsthals „Buch der Freunde", S. 241–150. – *Hornfeck*, Susanne: Goethepreise – Der Dichter als kulturpolitisches Programm, S. 251–261.

488 *Wimmer*, Ruprecht: Goethe und das Gänsespiel : Anmerkungen zu Thomas Manns „Lotte in Weimar". – In: Der europäische Roman zwischen Aufklärung und Postmoderne : Festschrift zum 65. Geburtstag von Jürgen C. Jacobs / hrsg. von Friedhelm *Marx* [u. a.] – Weimar, 2001. – S. 205–218.

489 *Wuneng*, Yang: Die chinesische Tradition des literarischen Übersetzens und mein Weg als Goethe-Übersetzer. – In: Goethe-Jahrbuch. Bd. 117. Weimar 2000 [ausgeg. 2001]. S. 234–241.

490 *Yuan*, Lu: Faust and my translation of it in China. – In: Literaturstraße. Chinesisch-dt. Jahrbuch für Sprache, Literatur u. Kultur. Bd. 1. Bochum ; Beijing 2000. S. 63–70.

491 *Yushu*, Zhang: Goethe und die chinesische Klassik. – In: Literaturstraße. Chinesisch-dt. Jahrbuch für Sprache, Literatur u. Kultur. Bd. 1. Bochum ; Beijing 2000. S. 71–82.

*

492 *Damm*, Sigrid: „Ich maße mir nicht an, Leben beschreiben zu können" : Sigrid Damm über ihre Arbeit an dem Bestseller „Christiane und Goethe. Eine Recherche". – In: Literaturen : das Journal für Bücher und Themen. Jg. 2001. Berlin 2001. Nr. 7/8, S. 36–38.

493 *Gloning*, Thomas ; *Welter*, Rüdiger: Wortschatzarchitektur und elektronische Wörterbücher : Goethes Wortschatz u. das Goethe-Wörterbuch. – In: Chancen und Perspektiven computergestützter Lexikographie : Hypertext, Internet u. SGML ; XML für die Produktion u. Publikation digitaler Wörterbücher / hrsg. von Ingrid *Lemberg* [u. a.]. – Tübingen, 2001. – S. 117–132. – (Lexicographica : Series maior ; 107)

494 *Goethe-Philologie im Jubiläumsjahr – Bilanz und Perspektiven* : Kolloquium der Stiftung Weimarer Klassik u. der Arbeitsgemeinschaft für germanistische Edition 26. bis 27. 8. 1999 / hrsg. von Jochen *Golz*. – Tübingen : Niemeyer, 2001. – VI, 194 S. : Ill. – (Beihefte zu editio ; 16)
Darin: *Raabe*, Paul: Die Weimarer Goethe-Ausgabe nach hundert Jahren, S. 3–19. – *Kuhn*, Dorothea: Probleme mit der Leopoldina-Ausgabe von Goethes Schriften zur Naturwissenschaft, S. 21 bis 28. – *Vaget*, Hans Rudolf: Wer Vieles bringt, wird manchem etwas bringen : zur Situation der Faust-Philologie im Jubiläumsjahr 1999, S. 29–42. – *Richter*, Karl: Vorüberlegungen zu einer historisch-kritischen Ausgabe von Goethes Gedichten / unter Mitw. von Herbert *Wender*, S. 43 bis 54. – *Fricke*, Harald: Literaturtheorie und gelbe Zettel : zur Neuedition von Goethes Spruchprosa, S. 55–70 : 2 Ill. – *Seifert*, Siegfried: Was kann die Goethe-Bibliographie für die Goethe-Edition leisten?, S. 71–79. – *Schmid*, Gerhard: Die Inventarisierung des Goethe-Nachlasses im Goethe- und Schiller-Archiv : e. Zwischenbilanz, S. 81–85. – *Henke*, Silke: Das Goethe-Inventar als archivisches Findhilfsmittel und Quelle der Goethe-Philologie : Ergebnisse u. Nutzungsmöglichkeiten, S. 88–98 : 2 Ill. – *Koltes*, Manfred: Die Regestausgabe der Briefe an Goethe : Geschichte – Aufgaben – Stand, S. 99–111 : 6 Ill. – *Zehm*, Edith: Überlieferung und Textdarstellung : Textprobleme im zweiten Bd. der Edition von Goethes Tagebüchern, S. 113–122. – *Richter*, Elke: Zur historisch-kritischen Gesamtausgabe von Goethes Briefen, S. 123–145. – *Kurscheidt*, Georg: Überlegungen zur Kommentierung von Briefen mit Beispielen aus Goethes Briefen, S. 147–165. – *Schmid*, Irmtraut: Goethes Amtliche Schriften in der [Goethe-Ausgabe der Frankfurter] Bibliothek deutscher Klassiker, S. 167–174. – *Wahl*, Volker: Goethes amtliche Schriften als Editionsaufgabe des Thüringischen Hauptstaatsarchivs Weimar, S. 175–194.

495 *Hahn*, Karl-Heinz: Briefe an Goethe. Gesamtausgabe in Regestform : Begründung u. Einl. zu Bd. 1 (1980). – In: K.-H. *Hahn*: Goethe-Studien / Einf. von Werner *Keller*. Ausw. u. Red.: Siegfried *Seifert*. – Weimar, 2001. – S. 157–180. – (Schriften der Goethe-Gesellschaft ; 68)

496 *Henn*, Marianne: Goethes erster Verleger Weygand : e. Richtigstellung [richtig: *Johann* Friedrich Weygand statt Christian Friedrich; richtig: 1743–1806 statt 1742–1807]. – In: Goethe-Jahrbuch. Bd. 117. Weimar 2000 [ausgeg. 2001]. S. 275–277.

497 *Mattausch*, Josef: Das Goethe-Wörterbuch – Hilfsmittel für den literarischen Übersetzer. – In: Goethe-Jahrbuch. Bd. 117. Weimar 2000 [ausgeg. 2001]. S. 217–223.

498 *Patsch*, Hermann: Wie aus Claudius Goethe wurde : ein apokryphes Claudius-Zitat in Schleiermachers Grabrede auf Carl Friedrich Zelter. – In: Jahresschriften der Claudius-Gesellschaft. Bd. 10. Kiel ; Hamburg 2001. S. 38–49.
Darin über einen Claudius-Text, der irrtümlich für Verse Goethes gehalten wurde.

499 *Richter*, Thomas: Zur Kenntnis der „Doppelhandschriften" von Goethe und Zelter. – In: Editio : internationales Jahrbuch für Editionswissenschaft. Bd. 15. Tübingen 2001. S. 136–148 : Ill.
Über handschriftliche Blätter, auf denen Niederschriften Goethes u. Zelters vereint sind. Sie betreffen Gedichttexte Goethes mit Vertonungen u. Bemerkungen Zelters, die authentische Zuschreibungen u. Datierungen ermöglichen sowie Bemerkungen auf der Korrespondenz Goethe – Zelter.

500 *Trapp*, Gerhard: Johannes Urzidils „Goethe in Böhmen" : Entstehungsgeschichte u. Nachwirkungen im Spannungsfeld der dt.-tschech. Kulturbeziehungen. – In: Stifter-Jahrbuch. N. F. Jg. 13. München 1999. S. 33–64 : Ill.

501 *Wadle*, Elmar: Rechtsprobleme um Nachdruck und geistiges Eigentum in Goethes Praxis. – In: Goethe : Ungewohnte Ansichten ; Beiträge zu e. Ringvorlesung der Philosoph. Fak. der Univ. des Saarlandes im Wintersemester 1999/2000 / hrsg. von Karl *Richter* u. Gerhard *Sauder*. – St. Ingbert, 2001. – S. 345–386. – (Annales Universitatis Saraviensis : Philosophische Fakultäten ; 17)

502 *Zabka*, Thomas: „Von einem Wort läßt sich kein Jota rauben" : zur Überinterpretation von Buchstaben u. Satzzeichen in der neueren Goethephilologie. – In: Goethe nach 1999 : Positionen u. Perspektiven / hrsg. von Matthias *Luserke*. – Göttingen, 2001. – S. 9–21 u. 147–148.

*

503 *AugenBlick* : Mitteilungen des Freundeskreises des Goethe-Nationalmuseums e. V. / Red.: Dieter *Höhnl* ; Jochen *Klauß*. – Weimar, 2001.
[Jg.1.] Nr. 1–4. – 2001. [Je 4 S. : Ill.] – Darin Mitteilungen zur Tätigkeit des Freundeskreises u. über seine Leistungen zur Unterstützung des Goethe-Nationalmuseums u. seiner Erschließungsarbeiten.

504 *Augenblick und Ewigkeit* : Goethe, die Chemnitzer u. die Weltliteratur / Goethe-Gesellschaft Chemnitz e. V. [Hrsg. von] Helga *Bonitz* ; Siegfried *Arlt*. – Chemnitz : Goethe-Gesellschaft Chemnitz e. V., 2001. – 100 S. : Ill.
Darin u. a.: *Bonitz*, Helga [u. a.]: 75 Jahre Goethe-Gesellschaft Chemnitz, S. 3–25. – *Pickenhahn*, J. C. F. ; *Arlt*, Siegfried: Göthefeier in Chemnitz 1849, S. 40–42. – *Arlt*, Siegfried: Der Gründer [der Goethe-Gesellschaft Chemnitz, Prof. Dr. O. P. Happach], S. 43–57. – *Bonitz*, Helga ; *Mendt*, Dietrich: Lichtbringer des Geistes : Hommage an Arthur Mendt [nach 1953 Leiter des „Goethekreises Chemnitz"], S. 59–67. – Tätigkeitsberichte der Goethe-Gesellschaft Chemnitz von 1926 bis 2001, S. 89–98.

505 *Goethe-Jahrbuch* / im Auftr. der Goethe-Gesellschaft hrsg. von Jochen *Golz*, Bernd *Leistner* u. Edith *Zehm*. – Weimar : H. Böhlaus Nachf.
Bd. 117. – 2000 [ausgeg. 2001]. – 463 S. : Ill., 1 Kt.
Darin u. a.: Rezensionen, S. 289–345. – Aus dem Leben der Goethe-Gesellschaft: *Golz*, Jochen: Im Gedenken an Prof. Dr. Momme Mommsen. 29. 1. 1907–1. 1. 2001, S. 346–348. – Chronik : (August 1999 – Sept. 2000), S. 349–371. – Tätigkeitsberichte der Ortsvereinigungen für das Jahr 1999, S. 372–391. – Aus dem Leben ausländischer Goethe-Gesellschaften, S. 392–400.
Die wissenschaftlichen Beiträge sind in den betreffenden Sachgruppen einzeln verzeichnet.

506 *Goethe-Jahrbuch = Gēte-nenkan* / [Hrsg.:] Goethe-Gesellschaft in Japan. – Tôkyô : Goethe-Gesellschaft in Japan.
Bd. 43. – 2001. – 64, 146 S.
Die wissenschaftlichen Beiträge sind in den betreffenden Sachgruppen einzeln verzeichnet.

507 *Goethe Yearbook* : Publications of the Goethe Society of North America / ed. by Thomas P. *Saine* and Simon *Richter*. – Rochester, NY : Camden House.
Vol. 10. – 2001. – 334 S.
Die wissenschaftlichen Beiträge sind in den betreffenden Sachgruppen einzeln verzeichnet.

508 *Goethe-Yongu = Goethe-Studien* / [Hrsg.:] Koreanische Goethe-Gesellschaft. - Seoul : Koreanische Goethe-Gesellschaft.
Bd. 13. - 2001. - 466 S.
Die wissenschaftlichen Beiträge sind in den betreffenden Sachgruppen einzeln verzeichnet.
509 *Hahn*, Karl-Heinz: „Dann ist Vergangenheit beständig ...“ : Goethe-Studien / Einf. von Werner *Keller*. Ausw. u. Red.: Siegfried *Seifert*. - Weimar : H. Böhlaus Nachf., 2001. - 215 S. : 1 Titelb. - (Schriften der Goethe-Gesellschaft ; 68)
Darin u. a.: Goethe-Gesellschaft und Gegenwart : e. Versuch (1986), S. 181–198. - Versäumte Gelegenheit : Thomas Mann kandidiert für den Vorstand der Goethe-Gesellschaft in Weimar (1988), S. 199–213.
510 *Jahrbuch des Freien Deutschen Hochstifts* / hrsg. von Christoph *Perels*. - Tübingen : Niemeyer: [Jg] 2001. - 2001. - VI, 354 S. : Ill.
Darin u. a.: Jahresbericht 2000/2001 [Darin u. a.: *Maisak*, Petra: Das Frankfurter Goethe-Haus 1989–2001. - Bei den Neuerwerbungen der Handschriftenabt. u. a. ein bisher unveröffentl. Brief Goethes an Christian Georg Carl Vogel vom 7. 8. 1808, mit fotograf. Wiedergabe der Hs.], S. 293–354.
511 *Kuhn*, Irène: Kultureller Transfer beim Übersetzen : Bericht über e. Arbeitsgruppe der internationalen Konferenz der Goethe-Übersetzer, Erfurt, 18. - 21. 8. 1999. - In: Goethe-Jahrbuch. Bd. 117. Weimar 2000 [ausgeg. 2001]. S. 224–226.
512 *Mitgliederverzeichnis der Goethe-Gesellschaft* : Redaktionsschluß 31. 3. 2001. - Weimar : Goethe-Gesellschaft, 2001. - 173 S.
513 *Otto*, Hans-Günther: 25 Jahre Goethe-Gesellschaft Rudolstadt. - In: Jahrbuch : Geschichte und Gegenwart / Landkreis Saalfeld-Rudolstadt. Jg. 10. Rudolstadt 2001. S. 114–118 : Ill.
514 *Publications of the English Goethe Society* / ed. by Jeremy D. *Adler* [u. a.] - Leeds : Maney.
N. S. Vol. 70. Papers read before the Society 2000. - 2001. - 93 S.
Darin u. a.: Chronicle; Rules, S. 87–93.

*

515 *Andy Warhol* : Goethe, Serigraphien, 1982 ; [Ausstellung im Frühjahr 2000] / Galerie Uwe Opper. - Kronberg i. T., 2000. - 58 S. : zahlr. Ill.
516 *Das Archiv der Goethezeit* : Ordnung - Macht - Matrix / hrsg. von Gert *Theile*. - München : Fink, 2001. - 312 S. : Ill. - (Jahrbuch der Stiftung Weimarer Klassik ; 2001)
Darin u. a.: *Theile*, Gert: Die Akten des Goethesangs : Selbstverwaltung u. Individualität im Zeichen des Archivs, S. 11–30 : Ill. - *Zons*, Raimar: Domesday, Buchenwald, Weimar [Darin u. a. über „Goethes Muster archivarischer Lebensselbsterschaffung“], S. 31–43. - *Wetzel*, Michael: In Mignons Mausoleum : der Bildersaal als Archivschrift, S. 63–81. - *Ulbricht*, Justus H.: Das Archiv der Goethe-Gesellschaft : e. Fallbeispiel, S. 131–155 : Ill. - [Tätigkeitsberichte der Einrichtungen der Stiftung Weimarer Klassik, u. a.:] *Golz*, Jochen: Goethe- und Schiller-Archiv, S. 253–263 : Ill. - *Knoche*, Michael: Herzogin Anna Amalia Bibliothek, S. 270–283 : Ill. - *Kauffmann*, Bernd: Goethe-Nationalmuseum, S. 284–289 : Ill. - *Ehrlich*, Lothar: Forschungsförderung und -organisation, S. 295–299.
517 *Dufay*, François: Die Herbstreise [Le voyage d'automne, dt.] : französ. Schriftsteller im Okt. 1941 in Deutschland ; e. Bericht / aus dem Franz. von Tobias *Scheffel*. - Berlin : Siedler, 2001. - 189 S. : Ill., Kt.
Darin u. a. über den Aufenthalt der Schriftstellergruppe in Weimar u. speziell im Goethehaus vom 23. bis 26. Okt., im Kapitel: Weimarer Schattenspiele, S. 79–104.
518 *Goethes Wohnhaus in Weimar* / Stiftung Weimarer Klassik. Gisela *Maul*, Margarete *Oppel*. Mit Beitr. von Erich *Trunz* [u. a.] - 2., aktual. Aufl. - München [u. a.] : Hanser, 2000. - 158 S. : zahlr. Ill.
519 *Hamm*, Ernst P.: Goethes Sammlungen auspacken : das Öffentliche u. das Private im naturgeschichtl. Sammeln. - In: Sammeln als Wissen : das Sammeln u. seine wissenschaftsgeschichtl. Be-

deutung / hrsg. von Anke te *Heesen* [u. a.] – Göttingen, 2001. – S. 85–114. – (Wissenschaftsgeschichte)

520 *Lebensbilder Thüringer Archivare* / hrsg. vom Vorstand des Thüringer Archivarverbands. Red.: Katrin *Beger* [u. a.] – Rudolstadt : Hain-Verl., 2001. – 276 S. : Ill.
Darin u. a.: *Wahl*, Volker: Willy Flach (1903–1958) : Archivar im Staatsarchiv Weimar 1931–1934, Direktor der Staatsarchive 1934–1958, zugleich des Goethe- und Schiller-Archivs Weimar 1954–1958, S. 72–87 : Ill. – *Arnold*, Günter: Karl-Heinz Hahn (1921–1990) : Archivar im Staatsarchiv Weimar 1952–1954 u. im Goethe- und Schiller-Archiv Weimar 1954–1958, Direktor des Goethe- und Schiller-Archivs 1958–1986, S. 96–103 : Ill. – *Müller-Harang*, Ulrike: Hans Wahl (1885–1949) - Direktor des Goethe- und Schiller-Archivs Weimar [und des Goethe-Nationalmuseums] 1928–1949, S. 262–269 : Ill.

521 *Nickol*, Thomas: Über eine Landkarte des Harzes aus Goethes „Miscellan-Atlas". – In: Goethe-Jahrbuch. Bd. 117. Weimar 2000 [ausgeg. 2001]. S. 92–102 : Ill.

522 *Oppel*, Margarete: Die Faszination der Steinschneidekunst : Goethes Gemmen / fotografiert von Sigrid *Geske*. – In: Thüringer Museumshefte. Jg. 10. Gera 2001. H. 3, S. 40–46.

523 *Das Römische Haus in Weimar* / Andreas *Beyer* [u. a.] – München ; Wien : Stiftung Weimarer Klassik bei Hanser, 2001. – 152 S. : 1 Titelb., zahlr. Ill. (z. T. farb.)
Infolge der besonderen Verantwortung Goethes für die Errichtung und Ausstattung des Römischen Hauses wird Goethe vielfach behandelt, vor allem in den folgenden Beiträgen: *Beyer*, Andreas: Dorisch in Weimar – zu Goethes architektonischem Lehrgebäude, S. 11–24. – *Berger*, Joachim: Carl August als Bauherr und Bewohner des Römischen Hauses, S. 25–39. – *Fischer*, Kai: Die Tätigkeit des Architekten Johann August Arens am Bauprojekt Römisches Haus, S. 40–47. – *Herzog*, Doris: Das Römische Haus und die zeitgenössische Architekturtheorie, S. 48–62. – *Boettcher*, Ines: Johann Heinrich Meyer und die künstlerische Ausgestaltung im Römischen Haus, S. 63–74. – *Müller-Harang*, Ulrike: Die Inneneinrichtung des Römischen Hauses : seine Nutzung durch drei Generationen der großherzogl. Familie, S. 82–95. – *Müller*, Ulrich: „Ziehet das Genie des Orts zu Rathe; (...) es mahlet, indem ihr pflanzet, und zeichnet Entwürfe, indem ihr anleget" : der Park aus zeitgenöss. Sicht, S. 96–109. – *Schneider*, Angelika: Die Parkpartien am Römischen Haus, S. 110–131. – *Frebel*, Reimar: Die Restaurierung des Römischen Hauses 1996–1999, S. 132–147. – Bibliographie zum Römischen Haus, S. 148–151.

524 *Weimar – Archäologie eines Ortes* / im Auftr. der Stiftung Weimarer Klassik hrsg. von Georg *Bollenbeck* [u. a.] – Weimar : H. Böhlaus Nachf., 2001. – 215 S. : Ill. (z. T. farb.)
Darin u. a.: *Espagne*, Michel: Das kulturelle Gedächtnis im Kontext deutsch-französischer Kulturbeziehungen [U. a. über die Weimarer Sammlungen], S. 23–37. – *Bothe*, Rolf: Zur Entstehung der Kunstsammlungen in Weimar, S. 38–73. – *Steierwald*, Ulrike: Sammlungskonzepte an Jahrhundertwenden : Die Weimarer Bibliothek 1800 u. 2000, S. 80–97 : Ill. – *Golz*, Jochen: Das Literaturarchiv als Gedächtnisort und Ort der Kanonbildung [Darin vor allem zum Goethe- und Schiller-Archiv], S. 109–119. – *Niedermeier*, Michael: „Die ganze Erde wird zu einem Garten" : Gedächtniskonstruktionen im frühen dt. Landschaftsgarten zwischen Aufklärung u. Geheimnis [Darin u. a. zum Weimarer Park an der Ilm], S. 120–175. – *Jäger*, Jürgen: Parkkunstwerk – Erinnerungsstätte – Naturraum : 150 Jahre Auseinandersetzung um das Bild der Weimarer Parkanlagen, S. 176–184. – *Schmid*, Gerhard: Nationale Forschungs- und Gedenkstätten der klassischen deutschen Literatur in Weimar : Gewinn u. Verlust von 35 Jahren „Erbepflege" in der DDR, S. 196–205. – *Bollenbeck*, Georg: Normative Höhe und tiefer Fall : Weimar – der dt. Symbolort, S. 206–215.

Namenregister

Liste der im Jahr 2002 eingegangenen Bücher

Helga Bonitz/Siegfried Arlt: Augenblick und Ewigkeit. Goethe – die Chemnitzer und die Weltliteratur. Chemnitz 2001

Günter Niggl: Studien zur Literatur der Goethezeit. Berlin 2001

Paul E. Kerry: Enlightenment Thought in the Writings of Goethe. A Contribution to the History of Ideas. Rochester, NY 2001

Goethe-Jahrbuch der Goethe-Gesellschaft in Japan. Bd. XLIII. Tokyo 2001

Goethe-Jahrbuch der Goethe-Gesellschaft in Japan. Bd. XLIV. Tokyo 2002

Leonardo Pica Ciamarra: Goethe e la storia. Studio sulla „Geschichte der Farbenlehre". Napoli 2001

Liviu Rusu: Goethe. Câteva aspecte. Presa Universitară Clujeană. Cluj-Napoca 2001

Fritz U. Krause. Verehrung und Distanz. Christian Dietrich Grabbe (1801–1836). Festgabe zum 200. Geburtstag des Detmolder Dichters, im Auftrag der Grabbe-Gesellschaft e. V. Detmold. Detmold 2001

Acta Neophilologica, 34. 1–2. Ljubljana 2001

Palmbaum. Literarisches Journal aus Thüringen. Hrsg. von der Thüringischen Literarhistorischen Gesellschaft Palmbaum e. V., 10. Jg., Heft 1. Bucha 2002

Goethe-Studien der Goethe-Gesellschaft in Korea. Bd. 13. Seoul 2001

„... von der musikalischen Seite unser Freund, von der politischen unser Widersacher ...". Der Tonkünstler Johann Friedrich Reichardt und Goethe. Ausstellungskatalog des Goethe-Museums Düsseldorf. Hrsg. von Volkmar Hansen. Düsseldorf 2002

Rainer Kawa (Hrsg.): Studien zum IV. und VI. Buch der „Lehrjahre". Dortmund 2002

ГЁТЕ. Жизнь. Творчество. Традиции. Мир и Семья. Санкт-Петербург 2002

Thomas Mann. Ein Klassiker der Moderne. Fünf Vorträge zur Würdigung des Dichters aus Anlaß seines 125. Geburtstages. Jahresgabe 2001 der Ortsvereinigung Hamburg der Goethe-Gesellschaft in Weimar e. V. Halle (Saale) 2001

Irene Husar: Die weltweite Wirkung der deutschen Weimarer Klassik. Schewtschenko und Goethe. Donetsk 2001

Shakespeare-Jahrbuch der Deutschen Shakespeare-Gesellschaft. Bd. 138. Bochum 2002

Astrida Orle Tantillo: The will to create. Goethe's philosophy of nature. Pittsburgh 2002

Astrida Orle Tantillo: Goethe's Elective Affinities and the Critics. Rochester, NY 2001

Hebbel-Jahrbuch der Hebbel-Gesellschaft e. V. Hrsg. von Monika Ritzer und Volker Schulz. Heide (Holstein) 2002

West-östlicher Divan. Auszüge. [Deutsch – Farsi, übersetzt von Mahmoud Haddadi]. Stuttgart 2001 [limitierte Privatausgabe]

Walter Salmen: Johann Friedrich Reichardt. Komponist, Schriftsteller, Kapellmeister und Verwaltungsbeamter der Goethezeit. Hildesheim u. a. 2002

Goethe and the English-Speaking World. Essays from the Cambridge Symposium for his 250th Anniversary. Ed. by Nicholas Boyle and John Guthrie. Rochester, NY 2002

Gretchen L. Hachmeister: Italy in the German Literary Imagination. Goethe's „Italien Journey" and Its Reception by Eichendorff, Platen, and Heine. Rochester, NY 2002

Jane V. Curran: Goethe's Wilhelm Meister's Apprenticeship. A Reader's Commentary. Rochester, NY 2002

Erich Josef Maier: Goethes Lebensphilosophie. Puchheim 1999

Runhild Böhm: „Die Natürliche Tochter" als Ausdruck von Goethes Verhältnis zur Französischen Revolution. Tübingen 2002

Hölderlin-Jahrbuch der Hölderlin-Gesellschaft. Hrsg. von Bernhard Böschenstein, Michael Franz und Ulrich Gaier. 32. Bd. 2000–2001. Eggingen 2002

Per Øhrgaard: Goethe und Dänemark. Jahresgabe der Goethegesellschaft Kiel e. V. Kiel 2002

Dr. Faust's, des berühmten Schwarzkünstlers und Teufelbanners Kreuz- und Querfahrten, so wie lustige Abenteuer und schreckliche Höllenfahrt. Faksimile-Druck der Ausgabe 1856. Hrsg. von Bernd Mahl. Stuttgart 2002

Neil H. Donahue: Karl Krolow and the Poetics of Amnesia in Postwar Germany. Rochester, NY 2002
Maria Franca Frola: Le Affinità Elettive. Ricerca sulle fonti alchemiche. Milano 2002
Katharina Strohkirch: Zum Löwen geboren. In: Acta Universitatis Stockholmiensis. Stockholmer Germanistische Forschungen. Stockholm 2002
Alwin Binder: Faustische Welt. Münster 2002
Schriften der Theodor-Storm-Gesellschaft. Hrsg. von Karl Ernst Laage und Gerd Eversberg. Bd. 51. Heide (Holstein) 2002
Publications of the English Goethe Society. New Series Vol. LXXI. Hrsg. von Jeremy D. Adler, Martin W. Swales and Ann C. Weaver. Leeds 2002
Mitteilungen der Japanischen Gesellschaft für Germanistik. Nr. 108. Hrsg. von Teruaki Takahashi. Tokyo 2002
Goethe-Blätter. Schriftenreihe der Goethe-Gesellschaft Siegburg e. V. Hrsg. von Andreas Remmel und Paul Remmel jr. Bd. 1. Bonn 2002
Marcel Reich-Ranicki: Goethe noch einmal. Reden und Anmerkungen. Stuttgart, München 2002
Etudes Germano-Africaines 1983–2002. Jahresschrift für Afrikanische Germanistik, hrsg. von A. Booker Sadji. Dakar 2002
Marc Buhl: Der rote Domino. Frankfurt am Main 2002
Forschungsberichte zur Germanistik. Hrsg. vom Japanischen Verein für Germanistik im Bezirk Osaka-Kobe. Heft 43. Osaka 2001
Die deutsche Literatur. Hrsg. von der Japanischen Gesellschaft für Germanistik. Heft 108. Tokyo 2002
Schriften des „Wilhelm-Meister"-Projekts Lanstrop. Hrsg. von Rainer Kawa. Heft 1. Dortmund 2002
Gu Zhengxiang: Deutsche Lyrik in China. Studien zur Problematik des Übersetzens am Beispiel Friedrich Hölderlin. München 1995
Karl Peter Gregori: Persönlichkeiten an der Seite Goethes. Carl Gustav Carus. O. O. 2002
Jahrbuch der E. T. A. Hoffmann-Gesellschaft. Hrsg. von Hartmut Steinecke, Detlef Kremer, Franz Loquai und Steven Paul Scher. Bd. 10. Berlin 2002.
Jahrbuch der Schopenhauer-Gesellschaft. Hrsg. von Matthias Koßler, Dieter Birnbacher und Heinz Gerd Ingenkamp. Bd. 83. Würzburg 2002
Hansjürgen Koschwitz: Wider das „Journal- und Tageblattsverzeddeln". Goethes Pressesicht und Pressenutzung. Münster 2002
„Diari e lettere dall'Italia (1786–1788)". Hrsg. von Roberto Venuti. Rom 2002
Cultura Tedesca. Heft 13. Hrsg von Marino Freschi. Rom 2000
Cultura Tedesca. Heft 19. Hrsg. von Domenico Mugnolo. Rom 2002
Cultura Tedesca. Heft 20. Hrsg. von Sandro Barbera. Rom 2002
Theatralia. Revista de Teoria del Teatro. Bd. 4. Teatro hispánico y literatura europea. Hrsg. von Jesús G. Maestro. Vigo 2002
Zblizenia. Polska Niemcy. Pismo Uniwersytetu Wrocławskiego. 3 (33). Wrocław 2002
Mitteilungsblatt der Paul-Ernst-Gesellschaft e. V. 2000/2001/2002. Ulm 2002
Goethe Yearbook. Publications of the Goethe Society of North America. Vol. X. Rochester, NY 2001
Senckenberg, Goethe und die Naturwissenschaften. Erweiterte Manuskripte der Vorträge, gehalten aus Anlaß der Sonderausstellung „quer durch Europa" im Naturmuseum Senckenberg vom 17. Juli 1999 bis 2. Januar 2000. Hrsg. von Fritz F. Steininger und Anne Kossatz-Pompé. Stuttgart 2002
Jahrbuch der Deutschen Schillergesellschaft. Hrsg. von Wilfried Barner, Christine Lubkoll, Ernst Osterkamp und Ulrich Ott. 46. Jg. Stuttgart 2002

Bildnachweis

Abb. 1	Dresden, Sächsische Landes- und Universitätsbibliothek, Handschriftenabteilung, Msc. Dresd. P. 125, fol. 1
Abb. 2 u. 3	Dresden, Sächsische Landes- und Universitätsbibliothek, Handschriftenabteilung, Msc. Dresd. P. 125
Abb. 4	Fotografie: Staatsbibliothek Bamberg
Abb. 5–8	Stiftung Weimarer Klassik und Kunstsammlungen, Bestand: Goethe-Nationalmuseum; Hans Ruppert: Goethes Bibliothek. Katalog. Weimar 1958, Nr. 4183 (Aufnahme Angelika Kittel)
Abb. 9	Universitätsmuseum Tartu
Abb. 10	Privatsammlung Norddeutschland
Abb. 11	Stiftung Weimarer Klassik und Kunstsammlungen
Porträt Jutta Hecker	Foto privat
Porträt Siegfried Unseld	Foto Suhrkamp Verlag

Siglen-Verzeichnis

AA	Johann Wolfgang von Goethe: Gedenkausgabe der Werke, Briefe und Gespräche. Hrsg. von Ernst Beutler. 24 Bde. u. 3 Ergänzungsbde. Zürich 1948–1971 [Artemis-Gedenkausgabe].
AS	Goethes Amtliche Schriften. Veröffentlichung des Staatsarchivs Weimar. Bd. I: 1776–1786. Hrsg. von Willy Flach. Weimar 1950. Bd. II. Bearbeitet von Helma Dahl. 1. Halbbd.: 1788–1797. Weimar 1968. 2. Halbbd.: 1798–1819. Weimar 1970. Bd. III: Erläuterungen zu den Schriften 1788–1819. Bearbeitet von Helma Dahl. Weimar 1972. Bd. IV: Register. Bearbeitet von Helma Dahl. Weimar 1987.
BA	Goethe: Poetische Werke. Kunsttheoretische Schriften und Übersetzungen. 22 Bde. Berlin, Weimar 1960–1978 [Berliner Ausgabe].
FA	Johann Wolfgang Goethe: Sämtliche Werke. Briefe, Tagebücher und Gespräche. 40 Bde. Hrsg. von Hendrik Birus u. a. Frankfurt/M. 1987 ff. [Frankfurter Ausgabe].
Goethe-Handbuch	Goethe-Handbuch. 5 Bde. Hrsg. von Bernd Witte, Theo Buck, Hans-Dietrich Dahnke, Regine Otto und Peter Schmidt. Stuttgart, Weimar 1996–1999.
GJb	Goethe-Jahrbuch (auch für alle anders lautenden Titel des Jahrbuchs). Weimar 1880 ff.

Gespräche	Goethes Gespräche. Eine Sammlung zeitgenössischer Berichte aus seinem Umgang auf Grund der Ausgabe und des Nachlasses von Flodoard Freiherrn von Biedermann ergänzt und hrsg. von Wolfgang Herwig. 5 Bde. Zürich, Stuttgart, Bd. 4–5: Zürich, München 1965–1987.
GT	Johann Wolfgang Goethe: Tagebücher. Historisch-kritische Ausgabe. Im Auftrag der Stiftung Weimarer Klassik hrsg. von Jochen Golz unter Mitarbeit von Wolfgang Albrecht, Andreas Döhler und Edith Zehm. Stuttgart, Weimar 1998 ff.
GWb	Goethe-Wörterbuch. Hrsg. von der Berlin-Brandenburgischen Akademie der Wissenschaften, der Akademie der Wissenschaften in Göttingen und der Heidelberger Akademie der Wissenschaften. Bd. 1 ff. Berlin, Stuttgart 1978 ff.
HA	Goethes Werke. Hamburger Ausgabe in 14 Bänden. Hrsg. von Erich Trunz. Hamburg 1948–1964 [Hamburger Ausgabe].
HA Briefe	Goethes Briefe. 4 Bde. Hrsg. von Karl Robert Mandelkow und Bodo Morawe. Hamburg 1962–1965.
HA Briefe an Goethe	Briefe an Goethe. 2 Bde. Hrsg. von Karl Robert Mandelkow. Hamburg 1965 bis 1969.
LA	Goethe. Die Schriften zur Naturwissenschaft. Vollständige mit Erläuterungen versehene Ausgabe im Auftrage der Deutschen Akademie der Naturforscher. Leopoldina. Begr. von Lothar Wolf und Wilhelm Troll. Hrsg. von Dorothea Kuhn und Wolf von Engelhardt. 11 Text- und (bisher) 10 Kommentarbde. Weimar 1947 ff. [Leopoldina-Ausgabe].
MA	Johann Wolfgang Goethe: Sämtliche Werke nach Epochen seines Schaffens. Münchner Ausgabe. 21 Bde. (in 33). Hrsg. von Karl Richter in Zusammenarbeit mit Herbert G. Göpfert, Norbert Miller, Gerhard Sauder und Edith Zehm. München 1985 ff. [Münchner Ausgabe].
SchrGG	Schriften der Goethe-Gesellschaft. Weimar 1885 ff.
SNA	Schillers Werke. Nationalausgabe. 1940 begründet von Julius Petersen. Fortgeführt von Lieselotte Blumenthal, Benno von Wiese, Siegfried Seidel. Hrsg. im Auftrag der Stiftung Weimarer Klassik und des Schiller-Nationalmuseums in Marbach von Norbert Oellers. 40 Bde. Weimar 1943 ff.
WA	Goethes Werke. Hrsg. im Auftrag der Großherzogin Sophie von Sachsen. 143 Bde. Weimar 1887–1919. Nachdruck München 1987. [nebst] Bd. 144–146: Nachträge und Register zur IV. Abt.: Briefe. Hrsg. von Paul Raabe. Bde. 1–3. München 1990 [Weimarer Ausgabe].

Hinweise zur formalen Gestaltung von Manuskripten

1 Manuskripte bitte in zweifacher Ausfertigung – 1½zeiliger Abstand (auch bei den Anmerkungen), Zeilenbreite 15 cm, Schrifttyp Arial, durchgängige Schriftgröße 12 Punkte, einseitig beschrieben, in einem Umfang von höchstens 22 Seiten – und zusätzlich in Form einer Diskette (ab WORD 6.0; als DOC- oder RTF-Datei) einsenden an:

Redaktion des Goethe-Jahrbuchs
Dr. Petra Oberhauser
Postfach 2251
99403 Weimar.

2 Der Name des Verfassers steht in Versalien über der Hauptüberschrift. Überschriften enden ohne Punkt.

3 a Absätze werden durch Einzug gekennzeichnet, größere Sinnabschnitte durch eine Leerzeile.

3 b Vers- und Prosazitate (Primär- und Sekundärliteratur) von vier und mehr Zeilen werden in der Regel durch Einrückung hervorgehoben. Anführungszeichen entfallen dann.

4 Alle Titel von Werken und Aufsätzen werden im Text und in den Anmerkungen kursiv und ohne Anführungszeichen wiedergegeben. Ausnahme: Anführungszeichen werden benötigt bei Zitaten oder im Titel – Beispiel: Meyer, Herman: *„Zarte Empirie". Studien zur Literaturgeschichte.* Stuttgart 1963. Vgl. auch die Beispiele unter Punkt 12.

5 a Zitate werden im Text und in den Anmerkungen durch „Anführungszeichen" kenntlich gemacht.

5 b Zitate in Zitaten werden durch ‚einfache Anführungszeichen' wiedergegeben.

6 Hervorzuhebende Stellen (bitte sparsam verwenden!) sind im Manuskript durch unterbrochene Linie zu markieren.
Im Jahrbuch erscheinen diese Stellen dann g e s p e r r t.

7 Einklammerungen innerhalb von runden Klammern und Auslassungen in Zitaten werden durch eckige Klammern [...] gekennzeichnet.

8 a Die Anmerkungen erscheinen im Jahrbuch als Fußnoten, im Manuskript als Endnoten. Sie werden hochgestellt, nicht mit Klammern versehen und innerhalb eines Beitrags stets durchgezählt.

8 b Eine Anmerkungszahl folgt auf das Satzzeichen, wenn sie sich auf den gesamten Satz bezieht. Sie steht vor dem Satzzeichen, wenn sie sich nur auf das vorausgehende Wort oder die vorausgehende Begriffseinheit (Wortgruppe) bezieht.

8 c Auch bei langen Anmerkungen sollten Absätze möglichst vermieden werden; statt dessen kann ein neuer Abschnitt durch einen Gedankenstrich vom vorherigen abgesetzt werden.

8 d Die Anmerkungen beginnen mit einem Großbuchstaben und enden mit einem Punkt. Namen von Autoren, Herausgebern oder Bearbeitern werden nicht hervorgehoben.

9 Allgemeine bibliographische Begriffe werden abgekürzt (z. B.: Bd., Diss., Hrsg., hrsg. von, Jb., Jg., Nr., S., V., Zs. usw.).

10 Die verwendete Goethe-Ausgabe wird mit der entsprechenden Sigle im direkten Zitatanschluß nachgewiesen (z. B.: WA I, 5.1, S. 100; vergleichbar wird verfahren bei AA, FA, HA, LA, MA). Die Auflösung der Siglen erfolgt über ein Siglen-Verzeichnis am Ende des Jahrbuchs.

11 Wird ein Titel wiederholt zitiert, erscheint lediglich der Nachname des Autors mit Verweis auf diejenige Stelle, an der er vollständig genannt ist: Vulpius (Anm. 10), S. 132 f.

12 Für die Zitierweise in den Anmerkungen gelten folgende Beispiele:

Italienische Reise (HA 11, S. 9–349).

Friedrich Schiller: *Ueber das Erhabene.* In: *Schillers Werke. Nationalausgabe.* Bd. 21. *Philosophische Schriften. Zweiter Teil.* Unter Mitwirkung von Helmut Koopmann hrsg. von Benno von Wiese. Weimar 1963, S. 38–54.

Katharina Mommsen: *Goethe und die arabische Welt.* Frankfurt/M. 1988, S. 86 f.

Vgl. Reinhart Kosellek: *Goethes unzeitgemäße Geschichte.* In: GJb 1993, S. 27–39; hier S. 28.

Margarethe Beckurts: *Zur Bedeutung der Novelle in Goethes „Wahlverwandtschaften".* In: Zs. für deutsche Philologie 103 (1984), Sonderheft, S. 75 f.

Peter Michelsen: *Fausts Erblindung.* In: *Aufsätze zu Goethes „Faust II".* Hrsg. von Werner Keller. Darmstadt 1992, S. 345–356.

Heinrich Voß an Charlotte von Schiller, 12. 11. 1809; zit. nach: Härtl (Anm. 4), S. 73.

Bitte zitieren Sie stets einheitlich und folgerichtig.

13 Autorinnen/Autoren von Abhandlungen, Dokumentationen und Miszellen erhalten 30 Sonderdrucke, Autorinnen/Autoren von Rezensionen erhalten 8 Sonderdrucke.